북경 천도 연구

아라미야 마나부(新宮 學)

1955년 야마가타(山形) 현 출신
1978년 토오호꾸대학(東北大學) 문학부 졸업
1983년 토오호꾸대학(東北大學) 대학원 문학연구과 박사과정 이수
1983년 고쿠시칸대학(國士館大學) 문학부 강사
1988년 야마가타대학(山形大學) 인문학부 조교수
2001년 야마가타대학(山形大學) 인문학부 교수로서 현재에 이르다(문학박사)
2003년 토오호꾸대학(東北大學) 대학원 문학박사학위 취득

주요 논저

「通州·北京間の物流と在地社會」山本英史編『傳統中國の地域像』, 慶應義塾大學出版
　　會, 2000.
「初期明朝政權の建都問題について」『東方學』94輯, 1997.
「明代前期北京の官店塌房と商稅」『東洋史研究』49卷 1號, 1990.
「明末清初期一地方都市における同業組織と公權力」『史學雜誌』96編 9號, 1987.
『北京遷都の研究 -近世中國の首都移轉-』, 汲古書院, 2004.
『近世東アジア比較都城史の諸相』, 白帝社, 2014.

북경 천도 연구　北京 遷都 研究

초판인쇄일　2016년 2월 20일
초판발행일　2016년 2월 25일

지 은 이　아라미야 마나부(新宮 學)
옮 긴 이　전순동, 임대희
발 행 인　김선경
책 임 편 집　김소라
발 행 처　서경문화사
　　　　　　주소 : 서울시 종로구 이화장길 70-14(동숭동) 105호
　　　　　　전화 : 743-8203, 8205 / 팩스 : 743-8210
　　　　　　메일 : sk8203@chol.com
등 록 번 호　제300-1994-41호

ISBN　　978-89-6062-181-7　　93910

정가 30,000원

北京宮城之圖

북경성 궁전의 그림(萬曆年間北京城內圖)

명대 만력 년간 간

목판 수채(手彩)

세로 99.5cm×가로 49.5cm

가노우 고우기찌(狩野亨吉)文庫 舊藏.

그림 속에 작자나 제작 년대를 보여주는 기록은 없다.

　상단의 운문(韻文)에 당시의 "萬曆當今福壽延四海"라고 하여, 만력제(萬曆帝)의 수복(壽福)에 대해서 언급하고 있는 점으로 보아, 전체가 인쇄된 것은 만력(萬曆) 연간이다. 겉표지에는 "萬曆年間北京城內圖"라고 묵서(墨書)되어 있지만, 묘사되어있는 것은 내성(內城) 부분 뿐이다. 가정(嘉靖) 32년(1553)에 건설된 외성(外城) 부분이 묘사되지 않은 점으로 보아서, 원본(原本) 지도는 이전인 가정 전반기에 제작되었을 가능성이 높다. 궁내성(宮內城)의 삼대전(三大殿)의 명칭이 가정41년에 변경되기 이전인 봉천전(奉天殿)·화개전(華蓋殿)·근신전(謹身殿)이라고 기재되어 있는 점도 그러한 가능성을 보여주고 있다.

　지도의 좌측 아래의 역대제왕묘(歷代帝王廟)는 그 위치가 정확하지 않지만 가정 10년에 건설되었다는 점도 그러한 가능성을 보여주고 있으며, 마찬가지로 가정 15년에 완성된 실록등을 보관하는 황사성(皇史宬)이 묘사되어 있지 않은 점도 그러한 추정을 보강해 주고 있다. 어찌되었던, 현존하는 북경성의 지도로서는 가장 이른 것이며, 궁전(宮殿)·관서(官署)·사묘(寺廟)의 배치나 당시 사람들에게 의식되고 있던 도시 경관을 살펴보는 데에 귀중한 자료이다.

　그리고, 궁성 서쪽의 "남성전(南城殿)"에 "景太在此養兵"이라 하여, "景太(泰) 황제가 이곳에서 양병(養病) 하였다"고 기재되어 있고, 동쪽의 "남정궁(南正宮)"에는 "正統上位轉來居此" 있는 것으로 보아, "정통(正統) 황제가 몽골에서 석방된 뒤에 이곳으로 옮겨와 거(居)하였다"고 기록되어, 지도 제작자가 영종(英宗)의 복벽(復辟)에 대하여 관심을 가지고 있었음을 추측할 수 있다.

경북대학교 아시아연구소(CASKNU)
아시아총서 제5집

북경 천도 연구

-근세 중국의 수도(首都) 이전-

아라미야 마나부(新宮 學) 지음

전순동 · 임대희 옮김

서경문화사

출국하는 비행기 안에서 잠깐 보았던 어느 신문에서 치우(蚩尤)를 주인공으로 하는 소설이 연재되고 있는 것을 읽었다. 중국에서 알려진 최초의 전쟁은 신농(神農)이 부수(斧燧)를 토벌한 전쟁이며, 그 뒤에는 황제(黃帝)와 치우(蚩尤)의 탁록(涿鹿) 싸움이 잘 알려져 있다. 약 4~5천 년 전, 산서(山西) 서남부의 황제족(黃帝族)과 염제족(炎帝族)이 융합한 후 황하 양쪽 계곡을 따라 오늘날 화북(華北) 대평원의 서부지대로 뻗어나갔다. 그에 비해서, 하북·산동·안휘 지역의 접경지역에서 흥성하였던 치우(蚩尤)의 구려(九黎)족들은 동쪽에서 서쪽으로 발전하여 나갔다. 이 두 세력이 맞닥뜨리게 된 것이 바로 탁록(涿鹿)이라는 곳으로서 이곳에서 이들은 오랜 전쟁을 치렀다. '탁록(涿鹿)의 싸움'은 여러 가지 이야깃거리를 남기고 있지만, 마침내 이 전쟁에서 승리한 부락 연맹의 수령인 황제(黃帝)는 화하(華夏)족의 공동 조상이 되었다. 탁록(涿鹿)이라는 곳은 당시에는 매우 중요한 전략적인 위치에 놓여있었던 것이다.

그런데, 이 전쟁과 비슷한 내용이 인도에도 있는데, 오릿사(Orissa) 전쟁이라는 것이다. 기원전 3세기에 마우리아 왕국의 아쇼카 왕이 가링가 왕국을 정복하는 과정에서 오릿사에서 매우 격렬하고 참혹한 전쟁을 치르게 되었다. 그후에 이곳에서 불교의 수행승(修行僧)을 만나게 되어서 불교에 귀의하게 되었다고 한다. 그리고, 기원전 2세기에는 쟈이나교의 수행자들이 이 서쪽 지역에서 고행(苦行)을 시작했다고 한다. 지금도 이곳에는 사찰들이 매우 많으며, 인도 국기(國旗)에 들어있는 바퀴둘레도 이곳에 있는 사찰에서 비롯된 것이다. 이 지역은 마치 한국의 오대산 자락의 물이 홍천강(洪川江)에 모이는 지형을 가지고 있으며, 홍천에서 바다에 맞닿아 있는 것과 유사하다고 볼 수 있다. 그리고 오릿사 주의 변두리 산악 지역에 철광(鐵鑛)과 석탄(石炭)이 무진장 매장되어 있으며, 아직 거의 개발되지 않았다고 보면 된다.

위에서 언급한 두 곳 모두, 지금은 옛 전쟁의 모습을 찾아보기는 힘들고, 각기 현지에서는 포근한 바람결이 자연스럽게 불어오는 따사한 곳이다. 그런데, 여기서 장황하게 옛 전쟁터의 이야기를 하는 것은 우리가 외국에 제대로 잘 진출하기 위해서는 전략적인 접근이 필요하다는 점을 이야기하고 싶었기 때문이다. 위의 오릿사(Orissa)지역에는 POSCO가 포항제철 규모의 제철소를 짓기 위해서 지금 몇 년 동안 여러 가지 절차를 진행 중이다. 인도내의 규정이 있기에 서둘러서 될 일도 아니다. 현지 사정에 걸맞게 추진할 수 밖에 없을 것이고, 이를 위해서는 현지의 정서를 파악해야만 한다. 현지 주민의 감성은 한국 사람과는 전혀 다르다는 것도 이해해야한다. 물론, 그 가운데에는 오로지 보상비를 높이기 위해서 무지한 주변사람들을 동원해서 사업 자체에 항거하게 만드는 악덕인도 있을 것이다. 이러한 복잡한 환경 속에서 현지의 부정확한 언론 보도에만 너무 민감해서도 안 될 것이고, 또 한편으로는 의사소통의 방법이 전혀 없이 너무 무시해서도 안 될 것이다.

지금, 한국 경제를 활성화시킬 수 있는 가장 좋은 방법은 각국과 좋은 조건의 FTA를 체결하여, 한국에서 생산된 물품들을 좋은 조건으로 세계 각국으로 파는 것이다. 이 방법은 국내의 실업률 문제를 해결하면서도 우리의 삶의 질도 보장받을 수 있는 길이다. 그러나, 다른 나라들이 이렇게 우리에게 유리한 방식을 그대로 바라보고만 있을 리는 없다. 그렇다면, 우리는 어느 정도의 어려움을 감수하면서 외국으로 진출해 나갈 수밖에 없다. 그러려면, 우리가 진출하기에 적합한 외국을 제대로 잘 선정하여야 할 것이고, 또한 그렇게 선정된 외국에 대해서 심도 깊게 파악하여야 할 것이다. 또한, 진출방식에 있어서는 개별적인 진출보다는 선단형(船團型)의 진출이 바람직하다는 이야기도 덧붙여두고 싶다.

이제 우리가 외국에 진출할만한 남아있는 분야는 한정되어 있을 것이다. 어느 한 분야의 개개 기업이 진출하는 것은 결코 바람직하지 않다. 장소 선정에서도 그러하다. 이제 남아있는 시장은 대상 지역의 특수성 때문에 우리 쪽에서 기업이 진출하는 것이 유리할 경우에 나가야 할 수 밖에 없겠다. 적어도, 아직은 외국기업이 많이 들어가 있지 않지만, 적어도 항구 하나만은 좋은 조건을 갖추고 있는 곳으로 들어가야 할 것이다. 가령, 인도 오릿사 주(州)의 바로 남쪽에 있는 Andhra Pradesh 주(州) Vishakhapatnam 시(市)는 인구 300만 도시인데, 천혜(天惠)의 항구를 가지고 있는 곳으로 유명하다. 이곳에서 한국 기업에 여러 가지 좋은 조건을 제시한다면, 우리들이 그곳으로 진출할 수 있는 여지가 있는데, 어느 하나의 기업이 진출해서는 안 될 것이다. 대단위 기업이 들어가면서, 그 부품공장들도 같이 들어가고, 그 하부의 부품공장도 또한 들어가게 되어서, 심지어는 그곳에 한국음식점마저도 들어갈 수 있도록 되어야 한다.

본 연구소는 아시아 각 지역에 대한 연구를 촉진하고자 2008년에 설립되었는데, 그 가운데에서도 중국과 인도에 중점을 두고 있다. 중국에 관한 연구는 최근 40여 년 동안 많은 진전을 이룩했지만, 중국·일본 및 서구 각국 등의 다른 나라에 비해서는 아직도 다루어지지 않고 있는 분야가 꽤 남아있다. 특히 학문적인 융합이 필요한 부문에서는 이를 수용해 줄 수 있는 대학 내의 학과가 제대로 없다보니 전공하는 교수가 제대로 갖추어지기가 쉽지 않아서, 전공자가 거의 없는 편이다. 가령, 전통 중국법은 그 당시 시대에는 지금과는 다른 법체계 속에서 살았던 것이므로, 우리들의 법문화 전통을 이해하는 데에 필수적인 분야이지만, 법학에서도 소홀히 취급되고 역사학에서도 힘들일 수 있는 형편이 되지 못 하는 형편이다.

인도에 관련해서는 문학·철학·종교·미술 및 요가 등의 분야에서는 이미 세계적인 수준의 성과를 이룩하고 있다고 자랑할 만하다. 그러나, 현실적으로 중소기업들이 경제적으로 인도에 진출하려 할 때에 기초적인 이해를 위한 학문적인 뒷받침이 모자란다는 지적을 받게 된다. 인도에 대해서 사회적·경제적으로 체계적인 정리가 필요하다. 이들 각 분야에 관련된 내용에 대해서는 활용할만한 자료가 부족하다. 마치, 두상(頭像)은 잘 만들었는데, 신체 전체의 모습을 다듬어내지 못하는 조각상과 같다고나 할까.

앞으로, 본 연구소에서는 상업성이 좀 떨어지더라도, 각 지역을 이해하기 위해서 꼭 출판되어야 할 도서를 선정하여 세상에 햇빛을 보게 하고 싶다. 각 분야를 골고루 다루어주면서도 전체적으로 커다란 윤곽을 그릴 수 있도록 기획하고 싶다. 그리하여, 우선은 앞으로 10년동안 아시아 지역과 관련한 도서를 50권정도 만들어내고 싶다. 이러한 책들이 바탕이 되어서, 우리들이 해당 지역을 이해하는 데에 자그마한 징검다리 역할을 할 수 있었으면 좋겠다. 한편으로는 학술적인 접근을 시도하면서도, 다른 한편으로는 우리 학계가 성장하는 데에 뒷받침이 되고 있는 이 사회에 보답하는 방편이 되었으면 좋겠다. 적어도 우리의 다음 세대가 이 세계에서 풍요롭고 희망차게 살아가는데, 서로가 도울 수있는 방안이 그 가운데에 배어있기를 기대하는 바이다.

실은 지금 한국의 몇몇 주요 기업 산하의 연구소에서는 풍부한 자금력과 훌륭한 인력을 바탕으로 하여 해외지역에 대한 상당한 정보력을 갖추고 있는 경우가 많다. 그러면서도 그들이 갖고 있는 훌륭한 정보력이 사회에 스며들지는 않고 있다. 이것은 그들 기업 연구소들이 애초에 설립 목적이 사회전체를 대상으로 하고 있지는 않기 때문에, 이점에 대해서 안타깝게 생각할 필요는 없을 것이다. 이러한 점에서 대학 부설 연구소는 한편에서는 그 자체가 가지는 전문연구과제도 수행하면서, 다른 한편으로는 해외에 관련된 이해를 사회에 환원시키려는 노력도 겸할 수 있다. 어쩌면 사회에서 필요로 하는 내용을 서비스하는차원일 것이다. 바로 이러한 점에서 대학 부설 연구소가 건실하게 육성되어야할 필요가 있는 것이다. 본 연구소에서는 이러한 사회적인 수요를 충분히 살펴가면서, 국가사회에 이바지하고 싶다. 앞으로 본 연구소가 추진하는 아시아총서가 사회 각지에 좋은 기여를 할 수 있도록 최선을 다하고자 한다.

2009년
인도 오릿사에서
경북대학교 아시아연구소
소장 임대희(任大熙)

본서는, 박사학논문을 하나로 모은 졸저(拙著) 『北京遷都의 硏究 -近世中國의 首都移轉-』(汲古書院, 2004年 1月)을 한국어로 번역한 것이다. 번역하는 데에 힘써주신 任大熙 敎授와 全淳東 敎授께 먼저 감사의 말씀을 드리고 싶다.

오랜 친구인 임 교수(경북대학교 아시아연구소장)로부터 번역하겠다는 이야기가 있었던 것은, 아마도 2006년이 저물어가던 무렵이었다고 기억하고 있다. 일본어로 발표된 졸저(拙著)가, 중국사연구의 오랜 전통을 갖고 있는 한국학계에서 새로운 독자를 얻을 수 있게 되는 점은 실로 영광스러운 일이다. 다음해 정월에 곧바로 전자 자료를 임 교수에게 보내었다. 그로부터 9년 가까운 세월이 흘렀다. 그 사이에도 끊임없이 학술서를 정성스럽게 번역하는 작업과, 한국의 독자를 위해서 본서의 이해를 깊게 하려고 여러 가지로 강구하는데에 많은 시간을 할애한 임 교수 등의 수고에 경의(敬意)를 표한다.

본서에서 시도한 점은 북경 천도의 역사과정을 『명실록』 등의 근본 사료를 바탕으로 상세하게 복원하는 것을 바탕으로 하여서, 오랫동안 명조 정치사의 한 사건으로 가두어져 있던 북경 천도의 문제점들을, 근세 중국 나아가서는 동아시아세계의 역사적 전개 속에서 올바르게 자리매김하는 것이었다.

한국어판인 본서는, 박사학위논문의 집필 중에 썼던 졸론(拙論) 「近世中國에서 首都北京의 成立」[이또우 다께시(伊藤毅) 等編〈시리즈都市・建築・歷史5〉] 『近世都市의 成立』(2005年9月 東京大學出版會)도 수록하고 있다. 임 교수의 생각에 따른 것이었다. 저서의 의도를 이해하기 위해서 몹시 유익하며, 가장 먼저 읽어주시도록 권유하고 싶다.

부언하자면, 현재 중국에서도 졸저(拙著) 『北京遷都의 硏究』의 번역 작업이 진행되고 있다. 이것이 실현되면, 동아시아의 일본・한국・중국의 3국에서 널리 읽혀지게 되리라. 동아시아 지역에서 함께 살아가는 사람들이 근세와 근대의 역사를 잊지 않고, 앞으로도 한층 더 협조와 교류를 희구하는데 도움이 된다면 다행스럽다고 생각된다.

끝으로, 동아시아의 학술교류를 향상시킨다는 관점에서, 일본의 학술서의 출판을 맡아주신 한국의 서경문화사(書景文化社) 김선경(金善景) 사장님께 깊이 감사의 말씀을 드리고 싶다. 또한, 한국에서의 번역 출판을 곧바로 허락해 주신 일본의 규우꼬(汲古)서원의 이시자까 사또시(石坂叡志) 전(前)사장 및 동경대학출판회 편집국에 감사의 말씀 드립니다. 더욱이, 일본어판과 마찬가지로 귀중서(貴重書)인 「萬曆年間北京城內圖」의 천연색 도판을 게재하도록 허가해 주신 모교(母校) 토오호꾸대학(東北大學) 부속도서관 정보서비스 과(課)에 감사드린다.

2015년 10월
일본 국립 야마가타대학(山形大學)에서
아라미야 마나부(新宮 學)

북경 천도 연구
서설

들어가며

중국은 5천 년이라는 긴 세월을 거쳐 오면서, 오랜 문명과 넓은 판도를 자랑하고 있지만, 명(明)의 북경 천도처럼 한 왕조가 그 수도를 위도 8도, 곧 남북으로 1,000km 이상이나 떨어진 먼 곳으로 옮긴 예는 없었다. 아마 이것은 세계 역사상 보기 드문 사례일 것이다. 유일하게 예외가 있다면 중국 역사 가운데, 여진족이 세운 금(金)의 침공을 받아 할 수 없이 남쪽으로 내려간 송(宋)나라를 들 수 있을 것이다. 그렇다 하더라도 동경 개봉부에서 임시 수도인 항주까지는 위도 약 5도, 곧 750km 밖에 되지 않는 거리다. 하지만 명의 경우는 강한 의지를 가지고 아주 먼 거리로 수도를 옮겼으니, 그것이 지니는 의미가 전혀 다르다. 실로 명의 북경 천도는 명왕조 300년간의 최대 사건이라고 하더라도 과언이 아니다.

따라서 이 천도는 자연히 정치는 물론 사회·경제 전반에 걸친 체계의 변화를 불러일으키게 될 것이 예상된다. 특히, 고대 중국 역사에서 흔히 보이는 동서로의 수도 이동이 아니라 남북으로의 수도 이동이었으니, 이것은 생태계나 농업 생산의 본연의 자세를 바꾸어 놓고, 나아가 국가재정 및 사회생활 전반에 걸쳐 큰 영향을 미쳤을 것이다. 그럼에도 불구하고 종래의 명대사 연구에서 이에 대한 검토가 충분히 이루어졌다고 보기는 어렵다.

물론 북경 천도의 배경과 같은 문제에 대해서는 홍무(洪武)시기에서 영락(永樂)시기에 이르는 초기 명조 정치사 연구 가운데, 비교적 많은 연구자들이 관심을 가지고 거기에 대해 언급해 왔다. 이런 연구는 주로 제위계승을 둘러싼 황실 내부의 싸움인 '정난(靖難)의 변'의 귀결로서 논한 것이 일반적이다. 그런가 하면 초기 명왕조의 정권 확립 과정이나 원·명 교체라는 왕조의 역사적 성격과 관련지어 논한 경우도 많이 있다.

여기에서는 1930년대부터 현재에 이르기까지의 여러 연구들을 검토함으로써, 정치·사회사로서의 북경 천도 연구를 과제로 한 그 기초 작업을 꾀하고자 한다. 여기에서 다룬 여러 논고가 각각 나름대로의 시점에서 다양하고 풍부한 내용을 지니고 있다. 하지만 이들 내용 전부를 여기에서 소개하기는 어렵고, 본장에서는 어디까지나 저자의 관심 바탕에 있는 북경 천도의 연구사 정리에 관련된 것 만이라는 점을 먼저 밝혀 둔다. 또한 본장에서는 번잡을 피하기 위해 경칭을 사용하지 않겠다.

Ⅰ. 북경 천도 연구 현황

1. '정난의 변' 연구로부터의 접근

1) 북변 방위를 중시하는 입장

명대 북경 천도에 관한 본격적 연구는 1935년에 발표된 오함(吳晗)의 연구에서부터 시작되었다. 오함은 「명대 정난의 변과 국도 북천」[1]이라는 논문에서, 태

---

1) 吳晗, 「明代靖難之役與國都北遷」 『淸華學報』 10권 4기(1935). 후에 『吳晗史學論著選集』 제1권(人民出版社, 1984)에 다시 수록하였다. 또한 '북경 천도 연구'로 한정하지 않고, 널리 '북경사 연구'를 다룬 것이라고 한다면, 나이토 코난(內藤湖南, 필명 臥遊生)이 간단하고 요령 있게 해설한 「北京城の沿革」 『太陽』 1卷 1號(1895)를 근대 이후 북경사 연구의 효시로 볼 수 있다.
    〈옮긴이 주〉 영락제의 북경 천도에 대해서 전순동, 「永樂帝의 北京 遷都와 그 意義」

조 홍무제(洪武帝)가 죽은 후에 일어난 제위계승 문제, 그리고 건문제(建文帝)의 삭번 정책이 '정난의 변'[2]의 발단이 되었다고 지적하고, 여기서부터 북경 천도의 문제를 다루었다. 건문제의 삭번 정책을 비판하여 정난의 변을 일으켰던 영락제(永樂帝)가 즉위 후에는 태도를 바꾸어, 다른 번왕이 자신의 방식을 답습하지 않을까 하는 염려에서 건문제의 삭번 정책을 계승하였다. 건문 4년에 선부(宣府)의 곡왕(谷王)을 호광 장사(湖廣長沙)로, 영락 원년에 대녕(大寧)의 영왕(寧王)을 강서 남창으로 옮겼는데, 이것은 제왕들의 군사권을 회수하기 위함이었다. 이런 삭번 정책의 결과로 생긴 북변방위력의 약화 문제를 바로 세워나가기 위하여 북경 천도가 이뤄졌다는 것이다. 또한 북송의 사례를 염두에 두면서, 정통 14년(1449)에 일어난 '토목(土木)의 변', 가정(嘉靖) 29년(1550)의 '경술(庚戌)의 변' 등의 사례를 들어 대 몽골 방위라는 관점에서 군사의 중심과 정치의 중심을 일치시킨 북경 천도를 긍정적으로 평가하였다.[3]

『중국사연구』 65(2010)에서는 북경 천도가 강남체제라는 지방정권적 성격을 벗어나 중화제국이라는 통일적 지배체제를 확립하였다는 데에 의의가 있음을 밝혔다.

2) 정난의 변에 관한 연구사를 정리한 것으로는 단조 히로시(檀上寬)의 「明初建文朝の歷史的位置」 『中國-社會と文化』 7호(1992)가 있으며, 이것은 후에 『明朝專制支配の史的構造』(汲古書院, 1995)에 다시 수록되었는데, 이것이 이해에 도움이 된다. 그리고 가와고에 야스히로(川越泰博)의 『明代建文朝史の研究』(汲古書院, 1997)의 서언에는 1928년 이래의 「建文朝史研究文獻一覽(稿)」이 소개되어 있다.
    〈옮긴이 주〉 정난의 변과 명초기의 조명 관계에 대한 종합적인 연구로는 박원호, 『明初朝鮮關係史研究』(일조각, 2002), 전체적인 이 시대의 배경에 대한 이해를 위해서는, 寺田隆信·增井經夫, 『중화제국의 완성』(송정수 옮김, 문덕사, 1992)도 도움이 될 것이다.

3) 吳晗은 이 논문이 발표된 지 20 수년이 지난 후인 1962년의 강의록 『明史簡述』(中華書局, 1980)에서도 이러한 천도에 대하여 높이 평가하고 있다(31~38쪽). 다만 북경 천도가 몽골의 군사적 침공을 막고, 국가적 통일을 보장했다는 점에 그치지 않고, 북경주변지역의 생산의 발전과 문화 수준의 고양, 그리고 도시의 번영에 유리한 조건을 초래했다는 것을 다시 부언하였다. 또한 이들을 기초로 하여 청나라는 입관 후에 계속 북경을 수도로 삼았고, 나아가 중화인민공화국 성립 후에도 북경이 수도로 정해졌다는 것까지 언급하고 있다.
    영락제의 북경 천도에 대하여 부언하면, 현재 중국에서는 '개혁과 대외 개방 정책' 하에 적극적인 대외 정책을 편 영락제를 높이 평가하고 있다. 郭厚安, 「"靖難之役"及其對明代專制主義中央集權的影響」 『西北師院學報』(1982)이나 張華, 「略論明成

이와 같이 오함의 선구적인 연구는 중국은 물론 일본의 명대 역사 연구에도 큰 영향을 주었다.[4] 하지만 정난의 변에서 출발한 오함의 경우, 천도가 실현되는 역사적 과정에 대하여 그 분석이 충분히 이루어졌다고 보기는 어렵다. 당시의 연구가 『명실록(明實錄)』을 거의 이용할 수 없었던 시기에 이루어졌다는 것도 한 이유가 될 것이다.

또한 정난의 변 이후, 몽골의 군사적 위협을 좀 지나치게 강조한 면이 있다.[5] 일반적으로 천도의 가장 큰 이유로 거론되고 있는 몽골에 대한 방위 문제는 『태종실록(太宗實錄)』을 들춰보면 분명히 알 수 있듯이, 영락제 즉위 초에는 그다지 의식되지 않았다. 확실히 영락 원년 9월에 진원후(鎭遠侯) 고성(顧成)이 상주한 것처럼, 당시 명조로서는 서남의 소수민족이나 동남의 왜구(倭寇)에 비교하여, 북방의 몽골 잔존세력은 가장 경계해야 할 대상이기는 하였다. 하지만 이

祖的歷史地位」『南京大學學報(哲學社會科學)』(1982년 3기)는 삭번 정책과 밀접하게 관련되어 있던 북경 천도가 국방과 황권강화에 중요한 역할을 하였음을 지적하고 있다. 또 商傳은 『永樂皇帝』(北京出版社, 1989)에서, 천도와 함께 진행된 군사력의 북방 이전이 명조의 국가 통일에 중요한 역할을 했다고 했고, 張德信, 「明成祖遷都述論」『江海學刊』(南京, 1991년 제3기)도 북경 천도가 명조 통치의 강화뿐만 아니라, 변경의 평화와 정치 안정으로 인하여 사회경제 및 대외 교류 면에 적극적인 역할을 하게 되었다고 보고 있다.

4) 李光璧, 『明朝史略』(湖北人民出版社, 1957), 呂士朋, 「明初建都問題」『中央日報』(1958년 4월 22일자), 山根幸夫, 「明帝國の形成と發展」『世界の歷史』11, 〈ゆらぐ中華帝國〉(筑摩書房, 1961). 근래의 陳梧桐, 「明成祖爲何遷都北京」『文史知識』(1984년 제3기), 湯綱·南炳文 『明史』(上海人民出版社, 1985), 許振興, 「論明成祖對北邊蒙古民族的備禦政策」『西北史地』(1986년 2기), 萬依, 「論朱棣營建北京宮殿·遷都的主要動機及後果」, 故宮博物院編 『禁城營繕紀』(紫禁城出版社, 1992) 등은 모두 다 북변 방위를 천도의 주요 이유로 삼고 있다.

5) 吳晗 논문에 보이는 북변 방위의 중시는 1931년 9월 18일의 柳條湖 사건 이래, 중국 동북부를 침략하고 선통제 溥儀를 옹립하여 만주 괴뢰국가인 '僞滿洲國'을 세우게 된 일본군의 위협이라는 집필 당시의 상황과도 밀접한 관련이 있다고 생각된다. 해당 논문이 발표된 1935년 당시의 오함은 전년 8월에 청화대학 사학과를 졸업하고 그 학교 조교가 되었다. 그는 조교로 근무하는 한편, 크리스트교계 신문 『益世報』에서 간행하는 '史學'을 주관하는 일을 맡고 있었다. 蘇雙碧·王宏志, 『吳晗傳』(北京出版社, 1984) 참조. 또한 정난의 변 이후에 나타난 몽골의 군사적 위협에 대해서는 萩原淳平, 「明朝の政治體制」『京都大學文學部紀要』11호(1967)의 지적도 좋은 참고가 된다.

상주를 접한 후 영락제가 신하들에게 말하고 있듯이, 황제 자신이 친히 정벌해야 할 정도의 위협적인 존재로 인식되지는 않았다.[6] 오히려 천도 실현의 과정과 천도 후에 거듭된 '몽골 친정' 가운데 그 위협이 강조되었고, '토목의 변'이 일어나자 방위상의 중요성이 현실화되었다고 할 수 있겠다.[7]

그리고 오함의 초기 연구에 해당되는 이 논문에서는 북변방위의 문제로부터 대몽골 방위상의 의의나 한족에 의한 국가 통일의 유지가 일방적으로 평가된 결과, 한족 중심주의적 색채가 짙게 깔려 있다는 점도 부정할 수 없다.[8]

그렇다 하더라도 오함이 주원장의 통치정책을 동남 경제지역에 수도를 두고 '동북' 변경지역에 여러 왕들을 봉하였다는 데서, 군현제와 봉건제의 '절충책'으로 포착한 점은 주원장 정권이 확립한 '남경=경사체제'가 지니는 과도기적 성격을 고려하고 있다는 점에서 극히 중요한 사실이다.

---

6) 『明太宗實錄』卷23, 永樂 원년 9월 辛卯, 同書 卷24, 永樂 원년 10월 戊辰, "上謂侍臣曰, (中略) 朕今休息天下 惟望時和歲豊 百姓安寧. 至於外夷, 但思有以備之, 必不肯自我擾之, 以罷弊生民. 近(顧)成言 今日惟當安養中國, 愼固邊方. 此言甚合朕意. 蓋斯人老成 非喜功好勝之流, 以是特可獎之."

7) 吳晗을 비롯하여 많은 학자들은 영락제가 즉위 후, 영왕을 강서로 보내고, 대녕위 일대의 땅을 정난의 변에 참가하여 공을 세운 '朶顏三衛'(兀良哈 3위라고도 한다. 朶顏衛는 古北口에서 山海關까지, 泰寧衛는 廣寧前屯衛의 서쪽에서 廣寧鎭 白雲山까지, 福餘衛는 백운산 이북으로부터 開元까지의 지역을 말함)에게 준 것을 가지고, 북변이 공허한 상태가 되어 遼東·廣寧·錦義와 宣府·懷來와의 연락이 두절되었다고 하여 이를 '실책'이라고 하고 있지만, 반대로 이것은 영락제가 당초 몽골 위협을 그만큼 의식하지 않고, 동맹자로서의 올양합 3위를 상정하고 있었음을 보여주는 것이리라. '실책'이라고 이해하는 것은 명말부터 청초에 걸쳐 명나라가 멸망되어가는 과정에서 정착된 것이라 할 수 있다.

8) 吳晗은 1944년에 출판한 『明太祖』(「吳晗史學論著選集」 第一卷, 人民出版社, 1988年 所收), 149쪽에서, 홍무제가 북벌을 개시할 때에 발한 격문을 참신한 '민족 자주 독립적인 새로운 정책'으로 평가하고 있다. 이에 반해, 중화인민공화국 성립 후에 나온 『朱元璋傳』(生活·讀書·新知識, 三聯書店, 1965), 130쪽에서는, '중국은 종래부터 하나의 다민족 국가였다'라는 입장에서, 이 격문은 한족 지주 지식인의 '대한족주의 사상'을 나타낸 것으로, '낙후적'이고 '반동적'이라면서 종래의 평가를 수정하고 있다.
〈옮긴이 주〉 오함의 『주원장전』은 오함 지음, 박원호 옮김, 『주원장전』(지식산업사, 2003)으로 번역되어 주원장 이해에 크게 도움을 주고 있다.

더불어 오함은 홍무제가 남경에 수도를 정한 것은 당시의 여러 경제적 환경에 따른 제약 때문이었다고 말하고 있다. 첫째, 남경이 동남의 중요 경제 지역의 중심에 위치하고 있다는 점. 둘째, 남경에는 오왕시대부터 내려온 궁전이 있었다는 점. 셋째, 주원장 집단이 '강회(江淮)의 자제'라고 불리는 봉양(鳳陽) 출신의 동향 집단으로 되어 있는데, 그 집단은 향리에서 멀리 떨어져 나가는 것을 바라지 않았다는 점 등을 들고 있다.

2) 영락제의 심리나 성격을 중시하는 입장

북경 천도를 결정하는데 북변 방위의 문제와 더불어 영락제 자신의 심리적 요인이 존재하고 있었다는 것이 일찍부터 지적되어 왔다. 이를 테면, 데라다 타카노부(寺田隆信)는 개설서의 언급이기는 하지만, 천도의 이유로 찬탈자 영락제에 대한 강남의 여론이 비등하고 있었기에 영락제가 남경에 그대로 머무는 것은 마음 편한 일이 아니었고, 또한 북평(北平)은 연왕의 창업지인데다 대(對)몽골작전에 대한 전략상의 요충지였다는 점을 지적하였다.[9]

근래에는 대만의 장혁선(張奕善)이 「명성조(明成祖) 정치권력 중심의 북으로의 이동(北移)에 관한 연구」[10]에서, 특히 한 절(節)을 설정하여 북경 천도를 논하였다. 그것에 의하면, 다방면에 걸친 천도의 원인 가운데에서도 종래부터 지적되어 왔던 북변방위문제는 하나의 견해이기는 하지만, 그 전모를 명확히 밝히기가 힘들다고 지적하고, 심리적 요인의 중요성을 언급하였다. '임오순난(壬午殉難)'이라 불리는 즉위 당초 남경에서 건문제(建文帝) 관료들을 참살(慘殺)할 때

---

9) 오따기 마쯔오(愛宕松男)·테라다 타까노부(寺田隆信), 『中國の歷史』 6〈元·明〉(講談社, 1974), 272쪽. 후에 『モンゴルと大明帝國』(講談社學術文庫, 1998)으로서 복간되었다.
〈옮긴이 주〉 이 책은 한국에서 번역되었다. 愛宕松男의 부분은 『중국의 역사; 대원제국』(윤은숙·임대희 옮김, 혜안, 2013)으로 출판되었으며, 寺田隆信의 부분은 『중국의 역사; 대명제국』(서인범·송정수 옮김, 혜안)으로 출판되었다.
10) 張奕善, 「明成朝政治權力中心北移的硏究」, 『國立臺灣大學歷史系學報』 10·11期 合刊(1984). 후에 『朱明王朝史論文集 —太祖·太宗篇』(國立編譯館, 1991)에 수록, 292쪽.

받은 반작용과 제위 찬탈의 오명을 씻어 내기 어려운 영락제의 심리적 요인을 상세히 서술하고, '남경에서 제위에 오르는 것은 오히려 바늘방석에 앉는 것과 같은 것'이어서, 여러 가지 이유를 들어 남경을 떠나려고 했으며, 살해와 찬탈에 대한 양심적 가책이야말로 북경 천도를 서두르게 한 주요 요인 가운데 하나였다고 지적하고 있다.

또한 대만의 주홍(朱鴻)은 「明成祖與永樂政治(명성조와 영락정치)」에서 이러한 심리적 요인에 덧붙여 새롭게 영락제의 성격에 주목하였다.[11] 정난의 변으로 제위를 찬탈한 영락제로서는 자신의 심리적 응어리를 없애고 찬탈의 오명을 씻는 일이 그의 정치행위의 주요 동기가 되었다. 여기에 '간질' 증상을 가진 인격적 특징까지 곁들여져, 그는 정치를 하는 데서 언제나 큰 업적을 바라게 되었다. 또한 영락제가 천도를 실시한 것은 그 자신이 자손만대 받들어지는 명조의 '백세불천(百世不遷)의 군주'가 되어, 태조 주원장을 능가하는 지위를 획득하고자 했기 때문이었다. 따라서 북경 천도는 영락제가 자신의 역사적 지위를 긍정하고, 찬탈로 획득한 정권을 합법화하려 한 가장 중요한 일이었다고 결론을 내렸다.

주홍의 연구에서 가장 주목되는 점은 영락제가 어린 시절(원말 명초)부터 간질증상을 가지고 있었고, 그 후에도 종종 일어나는 발작으로 고통을 받았으며, 만년(영락 13, 4년간)에 증상이 한층 격화되었다는 점을 처음으로 밝혔다는 사실이다. 사실 영락제에게 상식을 벗어난 행위라든지, 몇몇 기개 있고 장대한 사업들이 있는데, 이것들도 그의 심리적, 성격적인 면을 이해하고 나면, 수긍할 수 있는 측면도 많다.

하지만 영락제 시대의 정치를 이해하는데 있어서 황제의 개인적인 심리나 성격만을 전면에 내세우는 것은 다소 일면적이라고 할 수 밖에 없다. 물론 천도는 황제 자신의 주도권에 의해 이루어진 것이기는 하지만, 여러 가지 다양한 사회생산이나 경제활동의 토대를 형성하는 기반 시설의 정비를 포함한 거대 계획이라는 점에서, 그 계획이 우여곡절을 동반하는 가운데 사회에 받아들여지는 과정

---

11) 『國立台灣師範大學歷史研究所專刊』 17, 1988, 102·248쪽.

과 명초의 시대 상황에 대한 고찰도 함께 이루어져야 할 것이다.

둘째로, 북경 천도의 결과, 영락제에게서 '안민(安民)의 이상'이 파괴되었다고 하여, 대부분의 연구자들과는 달리 천도의 의의를 부정적으로 파악하고 있다는 점도 한 특징이다.[12] 그 근저에는 극히 도덕적인 역사 이해에 바탕을 두고 있는 듯하다.[13]

2. 초기 명조 정권 확립 과정으로부터의 접근

다음으로, 일본 연구자에게 많이 보이는 초기 명조 정권의 확립 과정으로부터 접근을 시도해 보려 한다. 지금까지 이루어진 초기 명조 정권의 연구를 보면, '태조(太祖)'와 '성조(成祖)',[14] 어느 쪽이나 다 창업의 의미를 나타내는 묘호를 부여하면서 모두 개성적인 홍무제와 영락제의 치세를 어떻게 이해할 것인가가 관심이었다.

먼저 제2차 세계대전 이전의 연구에서는 일본 명대사 연구의 개척자라 할 수 있는 시미즈 타이지(淸水泰次)의 이해를 살펴보겠다.[15] 시미즈에 의하면, 영락제의 정치는 태조 홍무제 정치의 계승이고, 건문제 말살이라는 출발점으로 나쁜 결과가 초래되어 "반동 복구(反動復舊)의 정책을 취한 결과, 뛰어난 영주였음에도 불구하고 기대될 만큼의 새로운 기축을 창출해내지 못했다"고 하지만, 태조가 완성할 수 없었던 민정과 그 외의 일에 대해서 '유종의 미'를 거둔 것도 적지 않다고 언급하고 있다. 또 북경 천도와 그 후에 일어난 '조운(漕運) 문제'에

---

12) 毛佩琦,「建文新政和永樂"繼統"」『中國史硏究』 1982년 2기에서 북경 천도는 결코 "高名한 義擧"는 아니었다고 하면서 부정적 견해를 피력하고 있다.

13) 이것과 좋은 대조를 이루는 것이 張華의 논문 「略論明成祖的歷史地位」『南京大學學報(哲學社會科學)』(1982년 3기)로, 여기에서는 제위 찬탈에 대한 유교적 정통 사상에 근거한 비난에서 탈피하여, 건문제가 아니라 영락제가 홍무제의 '安養生息'이라는 정책의 진정한 계승자였다고 하고 있다.

14) '成祖'라는 묘호는 嘉靖帝 때 붙여진 것으로, 당초의 묘호는 '太宗'이었다.

15) 『世界歷史大系』 7〈東洋中世史(4), 明代史〉(平凡社, 1935) 淸水泰次 담당 부분, 275~277쪽.

대한 언급을 하면서도, 영락제의 정치를 태조의 정치와 큰 차이를 인정하지 않고, 연속적인 면을 강조하고 있다고 할 수 있다.

1) 정치체제의 확립을 중시하는 입장

영락 시기의 정치체제 확립을 중시하는 입장으로서는 하기와라 준페이(萩原淳平)의 「명조의 정치체제」[16]가 있다. 하기와라 연구의 내용은 이렇다.

① 태조 홍무제는 '봉양체제'로써 중국 전체를 통일했지만, 통일 후의 내정 면에서 봉양체제의 한계를 느끼고, '화남체제'로 교체하여 비약적인 발전을 이룩하였다. 하지만 남경에 도읍한 화남체제에서는 화북의 군사와 거기에 따른 정치·경제체제에 한계가 뒤따랐다. 또 '정난의 변'의 주원인은 홍무제가 구축한 화남체제에 바탕을 둔 과거 출신의 새로운 관료 집단과 그 브레인이 되었던 학자들과의 협력에 의한 과격한 혁신 정책에 있었다.

② 이러한 화남체제를 타파하여, 북경 천도를 중심으로 하고, 북방 친정(親征)을 지렛대로 삼아 전면적 규모의 정치 체제를 수립한 인물이 영락제였다. 그런 의미에서 명조의 지배 체제를 실제로 구축한 사람은 영락제였다고 하면서 영락기 정권 확립론을 주장하고 있다.

③ 천도의 이유에 대해서도 북경이 연왕 시대의 근거지라든지, 북변 방위에 적합한 지역이기 때문이라는 것이 아니고, '화남체제에서 통일 체제로의 대 전환'이라는 정책상의 중대 전환이 의도되어 있었다고 하고 있다.

하기와라는 '봉양체제'를 봉양 출신이 주축이 되는 집단지도체제로 보고, 호유용(胡惟庸) 사건을 계기로 이들이 타파되었으며, 그 후에 군주 독재 체제를 확립하는 과정에서 성립된 것이 '화남체제'라고 보고 있다. 다만, 이 화남체제와 이후에 이어지는 천도 후의 통일 체제를 지탱하고 있던 각각의 여러 세력에 대해서는 충분히 설명되어 있지는 않다.

또한 오함이 천도의 이유로서 중시 했던 북변방위에 대해, 하기와라는 자신

---

16) 萩原淳平, 「明朝の政治體制」 『京都大學文學部紀要』 11호(1967).

이 연구해 온 명조 시기의 몽골 동향에 관한 연구[17]를 발판으로 삼아, 대외 문제는 상대적인 관계에 있는 것으로, 영락제 당시에는 명초에 비해서 북방 민족의 세력이 약한 상태였다고 언급하고 있다. 몽골 친정의 주요 목적도, 북방 민족의 제압이 아니라 오히려 '내치(內治)'에 있고, "영락제의 통솔권이 미치기 힘든 군사부문까지 직접 지휘할 수 있는 체제, 이른바 군사력의 중앙집권화를 꾀하였다"라고 하는 점도 흥미롭다.

최근에는, 마츠모토 다카하루(松本隆晴)가 오함의 견해와는 반대로, 영락 연간에는 '북경수도체제'를 강화시켜 나갔기 때문에, 북변방위가 희생되었던 점을 지적하였다.[18] 이런 견해도 영락 연간의 정치체제 확립을 중시한 것이라고 할 수 있다.

2) 수도의 위치 선택을 중시하는 입장

수도의 위치 선택을 중시하는 지정학적 연구로서는 파머(Edward L. Farmer)의 『명초양경제도(明初兩京制度)』가 있다.[19] 이에 의하면,

① 수도의 위치 선택은 일종의 정치 제도의 확립이다. 수도는 '국경 컨트롤', '군사통수권 장악', '재원 컨트롤'이라는 3대 기능을 갖는 것 외에, 일종의 '이데올로기'나 '문화형태'를 표현하고 있고, 정권의 합법성을 강조하고 있으며, 거기

---

17) 萩原淳平의 몽골에 관한 연구는, 후에 『明代蒙古史硏究』(同朋舍, 1980)라는 책을 내어 정리했다.

18) 松本隆晴, 「明代前期の北邊防衛と北京遷都」『明代史硏究』 26호(1998). 후에 『明朝北邊方位體制の硏究』(汲古書院, 2001)에 수록.

19) Farmer, Edward L., *"Early Ming Government : The Evolution of Dual Capitals."* Harvard University Press:1976(范德著, 「明初兩京制度」). 파머는 자기 연구를 沙學浚의 '地緣政治理論'(『中國歷史地理』 台北, 1957)에 의거하고 있다고 했으나 아직 보지 못했다. 근년의 파머 논문 「論明之移都北京」(『明史硏究』 4집, 1994)에서 명조의 북경 천도는 경제적 중심과 변경 전략의 결합, 그리고 이족(夷族) 국도의 한족 정권 기지에로의 化歸(domestication)라는 두 개의 역사적 조류가 융합한 결과라 하고 있다. 그리고 원·명·청 세 왕조시기에 북경이 수도로서 계속된 점과 더불어 그 실질적 차이가 무엇인가를 비교하는 일도 중요하다고 지적하고 있다.

에 사회조직에 유효하게 개입하여 그 지위를 강화시켜 나가는 것이다.

② 수도를 설치하는 데에는 왕조의 지리적 형세와 균형이 잘 맞아야 하고, 수도와 다른 지역과의 관계는 통치자가 어떤 목표를 추구하고 있는가를 보여주고 있는 것이다. 명대의 외환(外患)은 북방에 있고, 그런 대외 관계를 고려하여 북변방위에 유리하다는 것이 필수적이었다.

③ 역대 수도의 변천을 보면, 당나라 이전에는 관중 지구의 장안을 도성으로 삼았고, 때로는 낙양을 부도(副都)로 삼았으며, 온 나라의 형세를 보면 동서로 이동하는 형태였다. 당나라 말기부터 권력의 중심은 관중(關中)에서 동쪽 대평원지대로 이동하였고, 권력의 기축은 남북으로 이동하는 추세를 보였다. 이런 점으로 보아, 명초에 태조 주원장이 남경에 수도를 정한 것은 잘못이었다고 하면서, 영락제의 북경 천도를 긍정적으로 평가했다.

파머의 연구는 명초 양경제도에서 나타난 수도의 위치 선택의 문제를 왕조의 정치체제 확립 문제와 관련 지어 이론적으로 고찰한 최초의 연구서이다. 이에 대해서는, 이미 단조 히로시(檀上寬)[20] 및 주홍[21]에 의해서, 상세한 소개와 비판적 검토가 이루어졌기 때문에, 이들 연구를 참조해주기 바란다.

거기에도 지적되어 있듯이, 파머의 연구는 수도의 위치론을 중심으로 전개되었기 때문에, 수도 북경의 성립과정에 대한 생성론적인 고찰은 미진한 상태로 끝나 있다. 특히 연구 대상이 원말·홍무 연간부터 홍희 연간(1355~1425)까지로 한정되어 있어, 천도 직후에 일어난 삼전(三殿) 소실 후 북경의 위상에 대한

---

[20] 파머(Farmer, Edward L)가 양경제도 운용 면에서의 효과를 적극적으로 평가하고 있는데 반하여, 檀上寬는 천도 반대 세력의 존재에 주목하면서 양경제도에 대하여 소극적인 평가를 내리고 있다. 또 천도 문제에 대해서도 '여론'의 움직임이나 강남의 지주계급의 입장을 강조하면서, 대외적인 측면이 아니라 대내적인 측면의 분석이 필요하다고 지적하고 있다. 『東洋史硏究』 第37卷 1호(1978)의 檀上寬의 서평 참조.

[21] 朱鴻은 파머의 연구에 대하여 북경 천도에 관한 이론적 고찰이라는 점에서는 깊이 있는 글이라고 평가하면서도, 그 논리가 지리적 결정론에 기울어져 있고, 영락제 개인의 주관적 요인을 경시한 점을 비판하고 있다. 『明史硏究專刊』 第3期(1980) 소재의 서평 참조.

커다란 동요[22)]가 충분히 인식되어 있다고 보기는 어렵다. 또한 이와 관련해서 선덕(宣德)기부터 정통(正統)기에 걸친 제2차 북경행재기(北京行在期)[23)]에 대한 문제가 고려되어 있지 않았기 때문에, 북경 천도를 실시한 이후에도 계속 양경 제도를 채택하지 하지 않으면 안 되었던 이유를 명확히 밝혀내지 못하였다고 생각된다.

최근 중국사회과학원 역사 연구소의 만명(万明) 교수[24)]는 이상과 같은 파머의 연구에 바탕을 두고, 선덕·정통기까지를 새롭게 시야에 넣어 고찰하였다. 그는 홍무 개국기부터 정통 초년에 이른 양경제도의 형성과 확립과정을 창설기, 변화기, 확립기로 나누어 고찰하였다. 황제의 권력 강화를 위해 채택되었던 양경제도가 정치·군사적 중심과 경제적 중심의 유기적 결합에 의해 효율적인 전국 통치를 가능하게 했다고 밝히고 있다.

3) 전제 지배 체제의 확립을 중시하는 입장

홍무제부터 영락 연간에 이른 초기 명나라 왕조 정권 확립 과정에서 천도 문제를 중시한 것은 단조 히로시(檀上寬)의 「명 왕조 성립기의 궤적 -홍무조의 의옥사건과 수도문제를 둘러싸고-」[25)]이다. 단조는 홍무기와 영락기 사이를 단

---

22) 삼전 소실 후, 수도 북경으로서의 지위에 대한 동요 문제에 대해서는, 본서 제5장 「남경 환도」 참조 바람.

23) 제2차 북경=행재기라는 것은 洪熙 원년 3월부터 정통 6년 말(1425~1441)까지를 가리키고 있다. 이에 반해 제1차 북경=행재기는 영락 7년 3월부터 영락 18년 말까지의 기간이다. 다만, 이 기간에는 영락제가 두 차례 남경으로 돌아왔던 시기가 포함되어 있다. 제2차 북경=행재기에 선덕제 하에서 북경 정도의 궤도수정이 추진된 과정에 대해서는 본서 제6장 「홍희에서 선덕까지」에서 고찰하였다.

24) 万明, 「明代兩京制度的形成及其確立」『中國史研究』 1993년 1期.

25) 檀上寬, 「明王朝成立期の軌迹 -洪武朝の疑獄事件と京師問題をめぐって-」『東洋史研究』 37卷 3號(1978). 후에 檀上寬, 『明朝專制支配の歷史的構造』(汲古書院, 1995)에 수록, 41쪽. 최근 藤高裕久(후지타카 히로히사), 「明初における專制權力の背景について -洪武と永樂」(『史觀』 제145冊, 2001)도 명초의 강대한 황제 권력의 확립을 다루고 있다는 점에서는 단조가 제기한 문제를 공유하고 있지만, 영락정권의 특이성을 중시하였다는 점에서는 다르다.

절로 보는 종래의 통설과 달리, 홍무에서 영락으로 이어지는 추이를 정권확립 과정의 일관된 움직임으로 파악하고자 했다. 영락제는 즉위 직후 내린 조칙에서 나타난 글자 그대로 "진실로 홍무조의 방침을 계승하고자 했다"고 보았고, 오히려 건문제의 시기를 '일시적인 역행시대'로 파악하였다. 이러한 단조의 이해에 중요한 근거는 홍무제 만년에 거론된 북방 천도 계획[26]이다. 이에 근거해서 "천도는 홍무 조정 이래의 방침이고, 마침 영락제가 구체적인 도시로 북경을 선택하였는데 … 어디까지나 태조 주원장의 유지를 실현한 것에 불과하다"고 이해하고 있다.

단조(檀上)의 연구는 홍무기부터 영락기에 이르는 초기 명왕조 정권의 궤적을, '강남 지주층의 이익 대변 기관'이었던 폐쇄적인 '남인정권'에서, 중화제국=통일왕조로 탈피해가는 과정을 내재적으로 파악해, 이런 정권 확립 과정에서 우여곡절을 거친 홍무기의 '경사(京師)문제'를 잘 위치시키고, 더욱이 그 연장선 상에서 북경 천도를 파악하고자 하였다. 1970년대까지의 명초 연구가 주원장 집단에 관한 협의(狹義)의 정치사 연구와 지주제나 이갑제 연구로 대표되는 사회경제사적인 접근으로 양분되어 있었는데, 단조는 이 양자를 유기적으로 결합시킨 새로운 정치 사회사 연구의 지평을 열었던 것이다.

여기에서 말하는 '남인정권에서 통일왕조로'라는 비약의 도식은 앞에서 소개한 하기와라(萩原)의 '화남체제에서 통일체제로의 비약적인 전환'과 거의 같다. 다만 하기와라의 경우, 영락제에 의해서 명조 지배 체제가 확립되었다고 보는 것에 반해, 단조의 경우에는, 오히려 홍무 13년의 '호유용 옥사 사건'을 거친 시점을 명조 전제 지배 체제의 '제1차 확립기'로 중시하고 있다는 점이 다르다.[27]

---

26) 이른바 홍무제 만년의 북방 천도 계획에 대한 실증적 비판은, 본서 제1장 「초기 명조 정권의 건도문제」 참조.

27) 檀上寬는 「元·明交替の理念と現實 -義門鄭氏を手掛りとして-」 『史林』 제65권 제2호(1982). 후에 주(25) 전술한 단조(檀上) 저서의 수록 가운데에서, "북경 천도에 의해서 중앙관을 북경으로 옮긴 명조 권력은 명초 강남 사회의 잔재를 근절하고, 남인 정권화의 길을 막음으로서 일원적 통일 지배의 확립을 보았다"라고 천명했다. 그러나 근간의 「初期明帝國體制論」 『岩波講座 世界歷史』 11〈中央ユ-ラシアの統合〉

천도의 배경을 논하는데 있어서, 오함이나 파머가 주로 북변 방위의 문제에서 고찰하고 있는가 하면, 하기와라와 단조는 모두 정권의 내부적 요인을 중시하고 있다. 그런데 하기와라는 주로 군사력의 중앙집권화의 문제에서 북경 천도를 설명하고 있는 데에 반하여, 단조는 '여론'이라는 강남 지주계급의 동향[28]에 주목하고 있다는 점도 큰 차이를 보이고 있다. 단조의 실증 연구에서는 주원장 정권의 확립 과정에 대한 검토가 주목적이었는데, 이 과정에서 천도 문제가 부상해 오는 배경을 설명하면서도, 영락제에 의한 북경 천도, 그 자체의 역사과정이 구체적으로 고찰되지는 않았다.

덧붙여 말하자면, 단조가 이야기 하고 있는 '남인정권', '진정한 통일왕조의 확립', '일원적 통일지배'라는 논점은 후에 단조 자신도 언급하였듯이 한족 사회 내지는 중국 본토를 염두에 두고 있었다.[29] 그러나 영락제의 관심이 이러한 한족사회 내부에 그치지 않고, 몽골·원조 시대로 확대시킨 '중화 세계'를 이어받아 농경 사회뿐만 아니라 유목 사회에까지 미치고 있었다는 사실에 대해서는 별로 주의를 기울이지 않았다. 이것은 1970년대까지 일본에서의 중국사 연구가 강한 일국 주의적 시점에 영향을 받고 있었기 때문일 것이다. 뒤에서도 언급하겠지만 미야자키 이치사다(宮崎市定)가 일찍이 논했던 '동아 공동체'라는 관점은 이 시기에 아직 충분히 받아들여지지 않았다고 할 수 있다.

거의 같은 시기에 호소노 코오지(細野浩二)[30]도 홍무 연간의 '남경 경사 체

(岩波書店, 1997)에서는 "영락시대는 주원장처럼 중화 논리 가운데서 행동하는 것에 지나지 않고, 명대사상 극도의 이채로움을 발하면서도, 일시적으로 허울 좋은 덩굴로 끝나고 말았다"라고 하는 것으로 보아, 단조(檀上)는 홍무조의 '제1차 확립기'를 보다 중시하고 있음이 분명하다.

28) 鄭克晟, 『明代政爭探源』(天津古籍出版社, 1988) 제1편 제5장 「朱棣與江南地主及遷都」. 鄭克晟, 「明初江南地主的衰落與北方地主的興起」『明淸史探實』(中國社會科學出版社, 2001)도 영락정권과 강남 지주와의 대립 관계로부터 북경 천도를 설명하고 있다.

29) 檀上의 최근 저서 「永樂皇帝 -中華'世界システム'への夢」(講談社, 1997)에서는 영락제가 동아시아 세계로 확대해 나가는 華夷統一의 '세계 시스템'을 구축하려 했다는 점을 보다 강조하고 있다.

30) 細野浩二, 「元·明交替の論理構造 -南京京師體制の創出とその態樣をめぐって-」. 무

제'의 역사적 구조를 논하는 가운데, 이 체제하에서 의제(擬制) 원조적 명조의 지배 확립을 도모해야 할 건문제에 대하여, 명태조의 '일시동인(一視同仁)'의 지배 확립의 지향으로부터 나온 '제왕 요청 논리'에 존립기반을 두고 있던 연왕 주체(朱棣)가 정난의 변에서 승리하고 북경 천도를 실시하여, 명태조의 '일시동인'적 지배를 확립했다는 것을 간파하여 서술하고 있다.

3. 근세 사회사나 동아시아 세계의 전개로부터의 접근

세번째로, 최근 새롭게 주목받고 있는 것이 근세 사회사나 동아시아 세계의 전개로부터의 접근이다.

1) 은(銀) 경제의 계기를 중시하는 입장

지금까지 소개한 연구의 대부분은 북경 천도가 지니는 의의를 정치사적 맥락에서 자리매김하고자 한 것이었다. 이에 대해, 천도의 사회·경제·역사적 의의에 관해 언급한 것이 기타무라 히로나오(北村敬直)의 「청대의 시대적 위치(淸代の時代的位置)」[31]이다.

화폐 경제의 발달이 '아편 전쟁=근대로의 첫걸음'이 되었다는 점을 중시한 기타무라(北村敬直)는 명청시대에 은경제가 발달했던 계기로서 외국 은의 유입과 함께 북경 천도의 결과, 점점 일치하려던 정치와 경제의 중심이 다시 분리되었던 점에 주목하고 있다(국내적 계기). 북경 천도는 전제 국가의 형태가 초래한

稻田大學文學部東洋史硏究室編, 『中國前近代史硏究』(雄山閣出版, 1980).
〈옮긴이 주〉윤정분, 「永樂帝의 經筵 운영과 그 특징」(『중국사연구』 49집, 2007)은 영락제의 경연활동이 영락 정권의 확립 과정에서 정통성 확립과 국가 이념 정립에 중요 수단이 되었다고 지적하고 있다.
31) 北村敬直, 『思想』 292호(1948). 후에 『淸代社會經濟史硏究』(朋友書店, 1978) 第1章 「淸初の社會と經濟」로서 수록.

당연한 결과로, 궁정과 관료와 군대라는 대량의 소비인구를 북경을 중심으로
한 중국의 북쪽 한 모퉁이로 집중시키게 되었고, 이로 인하여 생산지와 소비지
가 분리되었다. 이것은 태조 홍무제가 제정한 현물 경제의 국가 체제를 영락제
자신의 손으로 다시 무너뜨리는 역할을 한 것이 되었고, 납세를 매개로 한 위
로부터의 은경제가 전국적으로 파급되어 갔다고 하고 있다.

이러한 북경 천도가 가지는 사회·경제·역사적 의의를 묻는 선구적 가설이
2차 세계대전 직후 이른 시기에 이미 나타나고 있었음에도 불구하고, 당시 명
청사 연구에서는 충분한 검토가 이루어지지 못하였다. 확실히 세역 은납화의
단서로서, 관료에 의한 위로부터의 '강한 화폐 획득 욕구'[32]가 강조되기는 했지
만, 천도와 함께 동반된 재정 시스템의 변화가 정면으로 논해진 적은 거의 없
었다. 일조편법(一條鞭法)이나 지정은(地丁銀) 제도를 비롯하여 세량(稅糧)과 요
역(徭役)의 은납화 문제로부터 시작되었던 부역제도사연구에서도 명초·홍무 연
간에 실시되었던 이갑제 해체 문제는 주로 생산관계·생산력이나 상품 생산의
측면에서 설명되어, 국가의 재정 시스템을 크게 규정했을 가능성이 있는 수도
의 위치 문제는 거의 고려 대상으로 하지 않았기 때문이다.[33]

근년에는 오타 유끼오(大田由紀夫)가 원말·명초기 휘주(徽州)의 토지 매매계

---

32) 鼈宮谷英夫,「近世中國における賦役改革(1)(2)」『歷史評論』1卷2·3호(1946) ; 田中
正俊·佐伯有一,「15世紀における福建の農民反亂」『歷史學研究』167호(1954).

33) 예를 들면, 1970년대까지 기본적인 개설서의 하나로 주목받아 왔던 西嶋定生 편,
『東洋史入門』(有斐閣, 1967)「Ⅱ. 東アジア世界の形成と展開」에서는 북경 천도나 북
변 방위 등, 정치·군사적 요인에 대한 언급은 전혀 볼 수 없다. 그런 가운데 세량수
송이나 북변에서의 군량 조달의 문제에 관심을 둔 연구로서는 吳緝華,『明代海運
及運河的研究』(中央研究院歷史語言研究所專刊 43, 1961), 星斌夫,『明代漕運の研
究』(日本學術振興會, 1963), 寺田隆信,『山西商人の研究』(東洋史研究會, 1972) 등이
있다. 또 모리마사오(森正夫)는「15世紀前半太湖周邊地代における國家と農民」『名
古屋大學文學部研究論集』38(1965)(후에『明代江南土地制度の研究』, 同朋舍, 1988
에 수록)에서 세량수송과 밀접한 관련이 있는 강남 델타의 세량징수 제도의 개혁
을 다루었다. 그는 1430년 이후의 절징례(折徵例)에서 국가에 의한 소경영농민 보
호 측면을 실증하기 위하여 아주 상세한 분석을 하고 있지만, 차차 이러한 시책을
불가피하게 만든 영락 천도 이후의 세량수송이나 재정 시스템의 전환을 보다 중시
해야 할 것이다.

약에서 엿볼 수 있는 화폐유통의 변천에 대한 분석을 통해, 세량 은납을 촉진시킨 요인을 종래 언급되어 온 민간에서의 은 거래의 보급과 이와 관련된 초법(鈔法)의 부진에서가 아니라, 원격지간의 대규모적인 재물 이동을 필수로 하는 영락제 이후 '행정·재정 시스템'으로의 전환에서 찾고 있다.[34] 명조의 행정·재정 시스템의 전환이라는 '위로부터'의 요인을 앞서 서술한 기타무라(北村敬直)가 지적한 것 이상으로 중시하고 있는 점도 주목되지만, 이 시스템 전환을 초래한 것이 다름 아닌 북경 천도였다는 것이다.

2) 원·명의 연속성을 중시하는 입장

앞에서 소개한 초기 명조 정권의 확립 과정으로부터의 접근이 주로 명대사 입장에서 고찰된 데 반하여, 원·명 혁명의 연속성이라는 시각에서 고찰한 연구가 미야자키 이치사다(宮崎市定)의 「홍무에서 영락으로 -초기 명조 정권의 성격-[35]」이다.

미야자키에 의하면, 원·명의 교체는 '민족 혁명'이라는 인상과는 달리, 몽골이 지배했던 원조(元朝)의 유풍을 답습한 점이 많다고 하고, 구체적인 예로서 문관보다 무관을 중시한 점이라든지, 군무의 세습, 제자(諸子)를 분봉시킨 동성봉건제(同姓封建制) 등을 들고 있다. 그리고 태조 주원장의 정책에는 몽골이 형성했던 '동아공동체'라는 통상 블록을 해체하고, 중국 본토를 강역으로 한 단일 민족 국가 형성을 지향하려는 면이 보이는 데 반하여, 영락제 정권에는 중국을 중심으로 한 동아공동체의 형성을 의도하고 있고, 원조로의 회귀성이 보인다는 것이다. 영락제의 경우, 대외적인 자세와 더불어 북경 천도에서 보이듯이, 태조가 취한 정책에서의 전환이 나타나 있어, 오히려 원의 세조 쿠빌라이의 후계자로서의 측면이 보이고 있다는 점을 강조했다.

---

34) 大田由紀夫,「元末明初期における徽州府下의의 貨幣動向」『史林』76卷 4호(1993) ; 「南京回歸 -洪武體制의 形成-」『名古屋大學 東洋史硏究報告』25호(2001).

35) 宮崎市定,「洪武から永樂へ -初期明朝政權의 性格-」『東洋史硏究』 제27卷 제4호 (1969). 후에 『宮崎市定全集』제13卷(岩波書店, 1992)에 수록.

이러한 홍무에서 영락으로의 변화는 영락제 개인적인 성향에서 유래한 것이 아니라, 동아시아 세계 전체의 움직임을 배경으로 삼은 것이었다. 즉, 세계의 대세가 통상 블록을 취하고 있던 원제국의 부활을 필요로 하고 있었으며, 결과적으로 명조는 건국이념에 반하여 스스로 변질하면서 원제국의 후계자가 되지 않으면 안 되었다고 말하고 있다.

이러한 미야자키의 문제 제기는 역사를 설명하는데 단대사(斷代史)적인 고찰로 수습할 수 없는 탓이라 그런지, 발표 당시에는 그 이론이 제대로 받아들여지지 않았다. 그런데 1980년대에 들어와 단조가 이 학설을 재평가하고, 강남지방의 존재형태를 근거로, 원·명 교체의 연속성과 단절성의 문제에 대하여 고찰하였다.[36]

근년에 몽골 시대를 유라시아 세계사에 위치시키려는 시도를 활발히 하고 있는 스기야마 마사아키(杉山正明)[37]도 명조가 여러 측면에서 '대원(大元) 울루스'의 패턴을 계승하고, 중국 본토에 머무르지 않는 중화통일왕조를 처음으로 형성했던 점을 강조하고 있다(기억으로서의 '몽골·시스템'). 또한 북경 천도에 관해 서술하면서 미야자키처럼 영락제가 '역행'[38]의 아버지, 홍무제와는 다른 의

---

36) 주(25) 전술 檀上 논문 「元·明交替の理念と現實 -義門鄭氏を手掛りとして-」(1982). 毛佩琦도 북변 방위를 중시하는 종래의 견해를 비판하고, 북경 천도는 대도(북경)에 수도를 정한 원조를 계승하려는 것이었다고 하고 있다. 「論永樂遷都」 『光明日報』 1987년 7월 22일자.

37) 杉山正明, 『クビライの挑戰 -モンゴル海上帝國への道』(朝日新聞社, 1995), 251~253쪽.

38) 杉山正明는 홍무 정치의 '소극적'이고 '내향적'인 점을 신랄하게 비판한다. 중화인민공화국 성립 후, 주원장 정권에 대한 평가가 높아지는 가운데, 그의 후퇴성에 일찍이 주목한 사람이 愛宕松男, 「朱吳國と張吳國 -初期明王朝の性格に關する一考察-」 『文化』 17卷 6호(1953)(후에 『愛宕松男東洋史學論集』 제4卷, 三一書房 1988)였다. 오따기(愛宕)에 의하면, 홍무 정치는 "통일적이면서 동시에 봉건적"이라고 하는 이중적 성격을 가지고 있고, "근세 시대이면서 중세를 지향하는 형태로 자기 분열하고 있다"라고 하여, 근세사 가운데에서 주원장 정권이 가지는 특이성을 강조하였다. 또 이와이 시게키(岩井茂樹), 「中國專制國家と財政」 『中世史講座』 6, 〈中世の政治と戰爭〉(學生社, 1992)도 재정사의 시각에서 토지세 이외의 관세·상세를 중시하지 않던 명조 건국 당초의 재정 정책의 특이성을 지적하고 있다. 고바야시 카즈미(小林一美), 「朱元璋の恐怖政治 -中華帝國の政治構成に寄せて-」 『山根幸夫教授退

미에서 명제국의 '건설자'이고, '대원(大元) 울루스'의 재현을 기획하고 있었다는 점도 지적하고 있다.

더욱이 왕검영(王劍英)·왕홍(王紅)의 「원 대도에서 명 북경으로까지의 변천과 발전을 논함 -관련 기사의 신빙성을 분석하며-(論從元大都到明北京的演變和發展 -兼析有關記載的失實-)」[39]는 명의 북경성은 원의 대도를 크게 개조하여 이루어 졌다고 하면서도, 전체적인 규격 면에서는 원나라 대도의 영향을 크게 받았다 고 진술하고 있다. 도성 계획상에 있어서도 원·명의 연속성이 새롭게 주목된다 고 할 수 있을 것이다.

3) 다민족국가의 형성을 중시하는 입장

농경사회와 유목사회의 경계선 상에 위치한 북경은 원래 '경계도시(境界都市)' 로서의 성격을 지니고 있고, 역사적으로 볼 때 화(華)·이(夷) 양 세계의 중심으 로서 화이질서의 총합을 상징하는 곳이기도 하다.[40] 단조 히로시도 최근 자신 의 저서 『영락제』[41]에서 북경 천도를 새롭게 "화이질서 통합을 향한 마지막 단 계"로 보았다.

이에 대하여 중국에서는 화이질서는 역사적으로 존재하고 있던 이념문제에 그치지 않고, 현실적으로 세계 최대의 다민족 국가라는 점과 밀접하게 관련지 으려 하고 있다. 1985년에 간행된 『북경사』[42]에서, 허대령(許大齡)·장인충(張仁

休記念明代歷史論叢』(汲古書院, 1990)은 모택동의 평가와 관련하여, 중화 제국의 대 한족주의와 국제주의와의 상극 가운데서 주원장의 정치를 풀어내려 하였다.

39) 『燕京學報』(燕京研究院) 新1期(1995).

40) 본서 제5장 「남경 환도」. 妹尾達彦, 「中華の分裂と再生」『岩波講座 世界歷史』9卷 (岩波書店, 1999), 13쪽에서, 장안은 북경과 같이 '內 중국'과 '外 중국'의 경계 영역 에 위치하고 있고, 내 중국의 통치와 외 중국의 외교 기능을 함께 겸비하고 있다는 것이 양 도시를 오랜 기간에 걸쳐 중국의 수도로 삼게 한 근본 요인이라고 지적하 였는데, 이러한 지적은 중요한 의미를 지니고 있다.

41) 주(25)에 소개된 檀上의 저서.

42) 北京大學歷史系 北京史 編寫組 『北京史』(北京出版社, 1985 ; 增訂版 1999). 「後記」 에 의하면, 그 초고는 1960년에 완성되었다고 한다.

忠)은 명조 성립 후에도 명조와 원조 잔존 세력과의 대립 갈등이 있었음에도 불구하고, 변경의 각 민족과 내지 한족과의 '연계'문제는 계속 강화되어 갔고, 몽골과 동북부에 근접한 북평(北平, 후의 북경)이 통일된 다민족국가 수도로서의 우월한 조건을 지니고 있었다는 점을 강조하고 있다.

염숭년(閻崇年)의 「명영락제천도북경술의(明永樂帝遷都北京述議)」[43]도 마찬가지로 천도를 다민족국가의 형성이란 점에서 설명하려 하였다. 북경에 수도를 둔 여러 왕조들 가운데, 전연(前燕)·요(遼)·금(金)·원(元)·청(淸) 등은 새외 민족(塞外民族)인데 반하여, 명조만은 예외로, 영락제가 남경에서 북경으로 천도한 것은 중국 도성사상(都城史上) 하나의 전환점이었다. 그리고 영락제의 천도는 홍무제의 유지를 결코 완전히 이어받은 것이 아니라 지리와 역사, 군사와 민족, 정치와 사회 등을 고려한 후에 내린 중대한 정책 결정이었다고 하고 있다. 그 결과, 명조의 북변 지배 및 다민족국가통일을 강화하고, 더욱이 천도가 현재 도시 북경의 기본 계획을 만들어 놓아, 북경은 명청대 양대 오백년이 계속된 왕조를 이룩함으로써 중화문명의 상징이 되었다고 말하고 있다.

1990년대에 들어와서는 북경시 사회과학원·조자서(曹子西) 주편 『북경통사(北京通史)』 제6권 〈명대사〉[44]를 집필한 하수덕(賀樹德)은 근세 이래 한족과 북방민족간의 투쟁과 융합, 그에 관련한 군사적 추세 등을 살핀 후, 그것으로부터 북경 천도를 역사적 필연으로 파악하였다.

반면, 이와는 대조적으로, 모패기(毛佩琦)[45]는 영락제에 대해 논하는 가운데에, 영락제는 원조가 이룩한 '진정한 화이일체·사해혼일(四海混一)의 국가'를 계

---

43) 『中國古都硏究』 1輯(1985). 후에 閻崇年, 『燕步集』(北京燕山出版社, 1989)에 수록.
44) 『北京通史』(全10卷)(中國書店, 1995). 본서에 대해서는 『東方』 186호(1996)에 간략한 소개를 했으므로 참조하기 바란다. 晁中辰, 『明成祖傳』(人民出版社, 1993)은 천도는 여러 요인에 의해서 결정되었다고 하고, 종래 지적되고 있는 대몽골 방위의 군사적 필요성 외에, 중화 민족에게 장기간에 걸쳐 나타난 융합과 발전이라는 정치적 필요성, 그리고 우월한 자연 지리 조건이나 심리적 요인을 지적하고 있다.
45) 毛佩琦·李焯然, 『明成祖歷史理論』(文津出版社, 1995) 民族篇 5, 遷都論. 역시 천도의 이유로서는 북경이 흥왕의 땅이라는 것과 이민족 제어에 편리하다는 것을 들고 있으나, 萩原처럼 애초부터 대 몽골 방위를 중시해서가 아니라, 황위의 권력 강화와 발전에 목적이 있다고 하고 있다.

승하려고 했지만, 주로 대 몽골 정책의 실패로 말미암아 통일된 다민족국가를 계승 발전시킬 수 없었던 점을 중시하고 있다. 영락제 개인적인 권력욕과 야심에서 출발한 북경 천도는 중국의 다민족국가 통일과 발전의 추세에 잘 부합해 가고 있었으면서도, 그의 후계자들에게는 계승되지 못하였고, 명조나 그 후계자의 입장에서 보면, 천도는 '뛰어난 행동'이 아니었다고 언급하고 있다.

중국의 다민족국가 형성 문제는 그간 일본의 연구 분야에서 별로 다룬 적이 없었지만,[46] 이것은 중국근세사회의 성립을 고찰하는 데에 피할 수 없는 문제라 생각된다. 이 점은 향후 깊이 검토되어야 할 큰 과제이다.

II. 과제와 방법

지금까지 북경 천도에 관련된 여러 연구를 크게 세 가지 면으로 나누어 소개하여 왔다.

첫번째로 소개한 '정난의 변' 연구로부터의 접근 방법은 북경 천도를 둘러싼 다양한 문제점들을 연왕 내지는 영락제의 시대로 제한시켜 버리는 경향(협의의 정치사)을 갖고 있다.

두번째로 거론한 초기 명조정권 확립과정으로부터의 연구는 군사나 사회경제, 지정학적 관점 등을 고려한 광의의 정치사로서 평가할 수가 있다. 하지만, 홍무·건문·영락으로 이어지는 초기 명왕조의 역사 전개를 단절인가 연속인가를 판단하는 한 지표로서 천도문제가 다루어진 것에 지나지 않고 있어, 북경 천도 계획의 전체상에 대한 충분한 검토가 이루어졌다고 보기는 어렵다.

최근 들어 새롭게 주목받고 있는 제3의 접근방법으로, 근세사회사나 동아시

---

46) 근년의 石橋崇雄, 『大淸帝國』(講談社, 2000)은 다민족국가로서의 현대 중국과 직접 연결되는 다민족 왕조라는 시각에서 청조의 형성과 확립을 논하고 있다.
〈옮긴이 주〉 이 책은 이시바시 다카오 지음, 홍성구 옮김, 『대청제국; 1616~1799』(휴머니스트, 2009)으로 번역 출판되었다. 아울러, 한국에서 쓰여진 청대사 개설서로는, 임계순, 『淸史 -만주족이 통치한 중국』(신서원, 2001)이 있다. 미국과 유럽의 연구 성과도 충실히 반영하였으며, 체계적인 서술로 신뢰받는 업적이라고 할 수 있다.

아세계 속에 북경 천도를 위치시키려는 입장은, 종래의 단대사(斷代史)적인 연구나 일국사적 연구의 문제점을 새로 검토하여, 한족중심주의의 함정에 빠지기 쉬운 중국사연구를 상대화하려는 경향을 지니고 있다.

이상과 같은 그간 연구의 전개 과정을 발판으로 삼아 본다면, 북경 천도 계획의 전체상을 실증적으로 명확히 해야 한다는 것이 무엇보다 먼저 중요한 과제로 떠오른다. 그리고 서두에서도 이야기 했듯이, 정치는 물론 경제·사회의 전반에 걸친 시스템의 변경을 야기 시킬 것이 예상된 북경 천도의 역사적 의의를, 초기 명조정권의 확립과정 뿐만 아니라, 원·명의 연속성, 나아가 근세사회사의 전개라는 수직축, 동아시아 세계의 전개나 여러 민족들의 동향이라는 수평축, 이 두 축이 교차하는 가운데 북경 천도를 위치시키는 것이 또 다른 하나의 과제로 대두한다. 바꾸어 말하면, 오랜 동안 명조의 정치사 속에서 하나의 사건으로만 갇혀 있던 북경 천도의 문제점들을 근세 중국[47] 또는 동아시아 세

---

47) 여기에서 본서의 부제로도 사용한 '근세 중국'이라고 할 경우의 '근세' 개념에 대해 약간 언급해 두고자 한다. 종래, 중국사에서는 '근세'라는 개념이 무엇보다도 근대 국민 국가의 성립을 설명하기 위한 개념으로서 사용되었다. 신해혁명 후의 1914년, 內藤湖南은 『支那論』에서 송대, 곧 10세기 이후를 특히 '근세'라고 했다. 『支那論』이 현실적으로 진행되고 있는 중국에서의 공화제의 출현을 이해할 수 있도록 쓰인 것처럼, 거기에서 자각적으로 비로소 사용된 '근세' 개념도 중국의 국민 국가 형성에 이르는 역사를 설명하기 위해서 준비된 것으로, 서유럽의 근대와의 비교를 강하게 의식하였던 것이다.
제2차 세계대전 후에는 열강에 식민지화 되어 있던 아시아 지역의 민족 독립과 '사회주의 국가'의 성립이라는 현실 앞에서, '세계사의 발전 법칙'에 바탕을 둔 시대구분 논쟁이 활발하게 전개되게 되었다. 일찍이 內藤湖南이 근세로 파악한 송대 이후의 사회를 마르크스주의 역사학의 영향을 받아, 생산 관계로서의 지주=전호 관계를 중시하는 입장에서, '중세 봉건제(농노제)'의 사회로 파악하였다. 이에 대해, 內藤湖南의 학문을 계승한 宮崎市定는 「東洋的近世」(『宮崎市定全集』 2권, 岩波書店, 1992. 初出 1950)에서, 통일·분열·재통일이라는 단계를 거친 유럽과의 비교사적 시각에서 송 왕조의 천하 통일로써 동양의 근세 단계로 설정했다. '국민주의'의 발흥으로서 근세적 통일이 달성되었다고 하는 것처럼, 동아시아 세계의 근세를 논하기 보다는 어디까지나 중국 일국의 발전을 추적하려는 것이었다. 이와 같이, 50년대부터 70년대에 걸쳐서 전개되었던 시대 구분 논쟁에서 초점이 된 것은 중국 일국의 발전 단계를 둘러싼 것이었다. 첨예하게 대립한 두 개의 학설이 있기는 하였지만, 쌍방이 추구한 것은 국민 국가로서의 중국 성립에 이르는 단계를 측정하

계의 역사적 전개 가운데 해방시키려는 시도가 요청되고 있다고 할 수 있겠다.

기 위한 '잣대'였다고 할 수 있을 것이다.

그 후, 80년대에 들어와 전후 역사학의 패러다임(paradigm)이 바뀌는 가운데, 발전 단계론에 바탕을 둔 역사 파악은 크게 후퇴함과 동시에, 중국 사회의 고유한 구조를 중시하려는 입장에서, 유럽 모델을 비유럽 사회에 적용하려는 고대·중세·근대의 3분법적 파악도 그 의의를 갑자기 상실하게 되었다.

근년, 근세 개념은 일국사적 구속에서 벗어나, 새로이 유라시아 규모로의 일체화나 동아시아 세계에서의 시대적 공시성을 나타내는 것으로 사용되어지게 되었다. 예를 들면, 杉山正明는 '근세'라고는 분명히 말하고 있지 않지만, 13·14세기에 인류사상 최대의 판도를 실현한 몽골에 의한 대통합에 주목하면서, 유라시아와 북아프리카는 몽골 시대를 통하여, '중세'의 잔재를 씻어 내고, '포스트 몽골 시대'라고도 부를 수 있는 시기를 거침으로써 '근대'로 서서히 바뀌어 갔다고 했다. 이른바 서유럽의 '대항해 시대'도 어디까지나 몽골 시대의 완만한 일체화를 전제로 해 일어난 것이라고 강조했다(杉山正明, 「中央ユーラシアの歷史構圖 −世界史をつないだもの−」, 岩波講座, 「世界歷史」 11卷, 岩波書店, 1997). 한편 岸本美緖는 "일종의 편의적인 방법에 지나지 않는다"라고 선을 그으면서, 16세기부터 18세기까지를 동아시아의 '근세'로 파악했다(岸本美緖, 『東アジアの「近世」』山川出版社, 1998. 同「時代區分論」 『岩波講座 世界歷史』 1卷, 岩波書店, 1998). 이것은 일본사의 근세나 유럽사에서 말하는 근세(Early Modern)와도 거의 겹치고 있다고 한다. 그것은 아시아의 여러 지역의 국가 체제나 사회경제가 유럽과 같기 때문에 그런 것이 아니고, 또 '세계 시스템론'과 같이 서로 다른 체제가 하나의 분업 시스템 속에 착실히 통합되어 있다는 인식에 근거한 것도 아니며, "다양한 개성을 가지는 여러 지역이 서로 영향을 서로 주고 받으면서 16세기부터 18세기라고 하는 이 시대의 격동의 리듬을 공유하고 있다는 인식에 의거한 것"으로, 말하자면 완만한 공시성으로 파악하는 사고이다.

여기에서는 중국 수도의 이동, 즉 은주시대부터 오대 북송까지의 동서의 이동, 그 이후 현재까지에 이르는 남북 이동에의 변화를 고려하면서, 기간을 좀 길게 잡아 13세기 이후부터 18세기까지를 동아시아의 근세로 파악하고자 한다. 杉山正明가 말하는 '몽골 시대'와 岸本美緖가 말하는 '격동의 리듬'을 준비한 '포스트·몽골 시대'에 있어서, 각 지역에서의 독자적인 행보, 그 결과로 생긴 격동의 현상에도 주의를 기울이고 싶기 때문이다. 이것은 중세부터 근대로의 이행기를 적극적으로 평가하려는 입장에서 나온 것으로, 근세 사회의 고유한 특징으로서 통일화·집권화·상업화·세속화 등을 들 수가 있다. 이러한 동아시아 세계에서의 공시성의 존재야말로 근세 중국에서의 수도 북경 성립의 특징도 부각시키게 될 것이라고 생각한다. 또한 중국 국도의 동서 이동으로부터 남북 이동으로 변화에 주목한 연구로서 閻崇年의 「中國都城遷移的大十字趨勢」(『燕步集』, 北京燕山出版社, 1989 수록. 원재, 中國古都學會編, 『中國古都硏究』 2輯, 浙江人民出版社, 1986)이 있고, 妹尾達彦에 의한 자세한 소개가 있다(妹尾達彦, 「中華の分裂と再生」 『岩波講座 世界歷史』 9卷, 岩波書店, 1999).

이러한 문제들에 대하여 실증적인 방법을 동원하여 본서의 각장은 서술되어 있다. 사료에 근거한 실증적 작업은 새삼 두 말할 필요도 없이 역사연구의 기본 방법이지만, 본서가 특히 의미를 부여한 점에 대해 먼저 언급해 두고자 한다.

첫째, 본서에서 다루는 시기의 문제다. 종래, 영락 19년(1421)의 북경 천도라고 하듯이 하나의 정치사적 사건으로 다루어져 왔던 천도 문제를 홍무·건문기에서 영락·홍희·선덕·정통 연간까지 시야를 확대시켜, 초기 명조정권의 확립과정 속에 포함시켜 다루었다. 특히, 정난의 변 이후에 성립된 영락정권 하에서 진행되었던 남경·북경 '양경체제'의 창시(1403)에서 '북경 천도'(1411)의 실현에 이르기까지의 과정, 그 직후 봉천전(奉天殿) 이하 삼전의 소실을 계기로 발생한 수도로서의 북경의 지위 동요, 영락제의 사후 홍희제에 의해 내려진 '남경 환도'의 결정(1425), 선덕제 하에서 진행된 영종 즉위 후 정통 6년에 확정된 '북경 정도(北京定都)'(1441)라는 여러 우여곡절을 거친 북경의 수도화 과정에 착목[48]하여, 그 과정을 면밀히 조사함으로써 새롭게 북경 천도 계획의 전체상을 명확히 하고자 하였다.

그리고 남경과 북경의 양경 문제에 대해, 지금까지 통찰력 있게 고찰한 연구로는 화회(華繪)나 노수국(盧秀菊)에 의한 연구가 이미 존재하고 있다.[49] 다만 이들의 연구는 남경이나 북경의 설정을 각각 황제의 성격이나 지향성으로부터 설명하는데 그치고 있다. 명조정권이 그 기반을 확립해 가는 과정에 주목한 하기와라나 단조·파머의 연구는 이러한 시점의 협소함을 뛰어넘고 있다. 그렇다고 하더라도 단조가 영락 19년의 북경 천도를 초기 명조정권의 확립으로 삼고, 파머가 홍희 초년(1425)까지를 분석 대상으로 삼고 있듯이, 천도 직후 삼전소실이 불러 일으킨 파문은 의외로 낮게 평가되고 있다. 본서에서는 영락제의 뒤를 이

---

48) 남경에서 북경으로의 수도 이전을 남경·북경 양경체제 창시(1403년)→북경 천도 (1421년)→남경 환도(1425년)→북경 정도(1441년)라는 일련의 과정에 주목하여 설명한 저자의 대범한 착상에 대해서는, 熊本崇 編, 『中國史槪說』(白帝社, 1998)에 수록된 졸고, 제5장 제2절 '북경 천도'에서도 언급한 적이 있다.

49) 華繪, 「明代定都兩京的經過」『禹貢半月刊』2-11(1935). 盧秀菊, 「明代南北兩京建置之經過」『史繹』4(1967).

은 홍희제에 의한 남경 환도의 결정이라든지, 선덕제와 정통제 하에서 이루어진 북경 정도라는 궤도수정의 과정도 포함시켜 고찰하려 한다.

둘째, 연구에 이용된 각 사료의 성격에 대해 개략적으로 서술하고자 한다.

먼저 근본사료로 사용된 실록에 대해서이다. 초기 명조의 정권성립 과정과도 겹치는 홍무에서 정통 연간은 영락제에 의해 제도가 혁파된 건문조(建文朝)를 제외하고 『태조실록』부터 『태종실록』·『인종실록』·『선종실록』·『영종실록』에 이르기까지 역대 왕조의 실록이 다행히 남아 있어 귀중한 동시대 사료로 이용할 수 있다. 다만, 이들 실록은 흔히 『명실록』으로 일괄해서 취급되는 경우가 많지만, 편찬 시기가 각각 다르고, 다음 절에서 상세하게 서술하겠지만, 북경으로 수도를 이전하는 일이 실현되기까지 여러 가지 우여곡절을 거친 정치과정의 영향도 받고 있기 때문에, 이들 실록을 이용하는 데는 주의가 필요하다.

다음으로 정사(正史)의 문제다. 지금까지 명대사 연구 가운데 기본 사료의 하나로서 사용되어 온 것은 『명사(明史)』다. 청조의 학자 조익(趙翼)이 일찍부터 지적하였듯이, 이 『명사』는 역대 정사 가운데에서 비교적 높은 평가를 받아 온 정사다.[50] 분명히 청조 입관 직후인 순치 2년(1645)에 편찬 명령이 내려진 『명사』는 강희 18년(1679)에 편찬 사업이 시작되어, 건륭 4년(1739) 7월에 최종적으로 완성되었으니, 그것이 간행되기까지 60년이라는 긴 세월이 소요되었다.[51] 이것은 명조 성립 후인 홍무 3년(1370) 10월에 완성되고, 제1·2차 간행을 합쳐도 편찬시기가 1년 정도 밖에 되지 않은 『원사』의 편찬과는 대조적이다.[52] 그리고 야사를 배제하고 실록을 자료로 삼아 편찬한다는 방침을 택한 것도 그 특징으로 지적되고 있다. 하지만 강희(康熙) 연간에 실시한 『명사』 편찬에서 명사(明史) 감수관(監修官)이었던 대학사 왕희(王熙)가 강희 26년 시기에 명실록을 참조하지 않았다고 한 것을 보면,[53] 대만의 중앙연구원 역사어언연구소에서 영인한

---

50) 趙翼, 『二十二史箚記』 卷31, 「明史」. 內藤湖南, 『支那史學史』 12, 淸朝の史學(弘文堂, 1949). 후에 『內藤湖南全集』 제11卷(筑摩書房, 1969)에 수록.

51) 『明史』 附, 「張廷玉上明史表」. 李晉華, 「明史纂修考」 『燕京學報』 專號之三(1933).

52) 『元史』 附, 「宋濂目錄後記」.

53) 『康熙起居注』 康熙 26년 4월 12일 己未條, "上曰 爾等 看所修明史曾參看實錄否. 王

영인본(影印本)54)이 출간되어 『명실록』을 아주 편리하게 사용할 수 있는 오늘날 우리들보다도, 『명실록』의 이용이 제약되어 있었던 것이다.

강희제는 위의 지시를 내렸을 때, 정사로서의 『명사』를 완성한 후에도, 그 편찬에 이용된 실록을 잘 보전하도록 새삼 령을 내렸다. 이것은 강희제가 친히 "후세에 근거나 증거로 삼을 수 있도록 해야 한다"55)고 말하면서 보존의 목적을 밝히고 있듯이, 역사 연구라는 측면에서도 극히 합리성이 농후한 판단이었다. 그 결과 '후세'의 역사가인 우리들도 그 열람이 가능하게 된 이상, 적어도 남겨진 실록을 바탕으로 『명사』에 대한 사료 비판이 이루어져야 할 것이다. 이러한 의미에서 『명사』의 사료적 가치는 실록에 비하여 상당히 낮고, 오히려 18세기 시점에서의 역사적 평가로서 상대화시켜 이용해야 할 것이다.

명대 후반이 되면, 출판업이 성행함에 따라 필기본이나 잡기들이 인쇄되어 출판되었다. 이들은 종래 개인의 비망록이나 독서 노트 정도로 기록되어 있어 세상의 빛을 보는 일이 드물었던 것이다. 이들을 모아 정리한 『기록휘편(紀錄彙編)』이나 『국조전휘(國朝典彙)』와 같은 대규모의 총서 출판은 명말에 역사 기술을 즐기는 장고(掌故)의 학풍이 성행하고 있었다는 것을 잘 보여주고 있다.56) 이들 가운데에는 천하의 형편을 논한 형세론(形勢論)이나 경사론(京師論)도 종종 보이나, 실록 등의 근본 사료와 비교하면, 사실을 바탕으로 한 고증이라기보다는 동시대 사람들의 '통념'이 서술된 경우가 많았다. 더욱이 장고류에 실록의 초록 또는 저보(邸報, 정부 발표문) 등을 편찬하고, 독자적인 코멘트를 가한 진건

熙奏曰, 臣等未曾參看. 上曰 所修明史文字固好, 但此事關係重大, 若不參看實錄, 虛實何有得知. 他或可以文章逞能, 修史直書實事, 豈宜以空言文飾乎. (中略) 明史修完之日, 應將實錄珍存, 令後世有所考據.(下略)」, 『淸聖祖仁皇帝實錄』卷130, 康熙 26년 4월 辛未條.

54) 中央研究院歷史語言研究所 校印本은 미국의 국회도서관이 기증한 北平圖書館紅格鈔本의 마이크로필름을 사용하여 영인하고. 홍격본의 결권 결항은 별책으로 보완하고 있다. 자세한 것은 黃彰健, 「校印國立北平圖書館藏紅格本明實錄序」「後記」참조.

55) 주(53)의 인용문.

56) 大木康, 「明末江南における出版文化の研究」『廣島大學文學部紀要』卷50 特輯號1 (1991). 井上進, 『中國出版文化史』(名古屋大學出版會, 2002).

(陳建)의 『황명자치통기(皇明資治通紀)』나 고대(高岱)의 『홍유록(鴻猷錄)』같은 사서도 정사 편찬보다도 앞서 출판되었고, 많은 독자를 갖고 있었다. 이러한 사서들이 독서인들 사이에서 명말에 거의 칙찬서처럼 여겨지고 있었다는 것은, 초횡(焦竑)의 『국사경적지(國史經籍志)』가 경(經)·자(子)·사(史)·집(集)의 분류에 앞서 '칙찬'서에 이어서 '기주시정(紀注時政)'이라는 항목을 두어 이들 사서류를 많이 수록하고 있다는 사실에서도 명백하다. 그런데 청조의 금서 정책이 행해지고, 건륭 연간에 일단 정사로서의 『명사』가 편찬되자, 이러한 역사서들은 모두 '야사'로 격하되고 말았다. 하지만 이들 '야사'도 청나라에 의해 '승조(勝朝, 전대의 왕조)'의 역사가 확정되기 이전의 동시대사적 평가를 이야기하는 작품으로서 이용될 여지가 있다.

지방지의 종류에 대해서 이야기 하자면, 출판 활동이 성행하고 있었던 강남에 비해 화북의 출판 건수는 실로 빈약하지만, 천도 문제를 지역 사회사적 측면에서 고찰하는 데는 도움이 된다. 다만 지방지 편찬자는 궁중의 실록을 열람할 기회가 없었으리라 생각되기에, 그 사료에 대한 가치도 제한이 따르게 된다. 대표적인 지방지로 만력(萬曆) 『순천부지(順天府志)』 6권이 있지만, 북경 성 내에 관한 기술은 간략한 편이다. 또한 순천부 부곽의 완평현(宛平縣)에 관한 심방(沈榜), 『완서잡기(宛署雜記)』 20권(만력 21년 간행, 1593)은 '잡지지(雜地志)'로 분류되는 경우가 많은데, 완평현의 지현인 심방이 편찬한 경위를 보아도 지방지로 간주할 수 있고, 지역에 대한 기술도 풍부하다. 더불어 『완서잡기』는 존경각문고(尊經閣文庫)에 소장되어 있으며, 천하에 단 한권 밖에 없는 책이다.[57] 게다가 명조 멸망 후에는 손승택(孫承澤)의 『춘명몽여록(春明夢餘錄)』 70권(순치 연간 간행)이나 주이존(朱彝尊) 『일하구문(日下舊聞)』(강희 27)처럼, 명조의 북경에 관한 고적이나 연혁을 정리한 출판물도 간행되었다.

마지막으로, 이 시기에는 황제를 가까이에서 보좌한 관료들의 개인 문집이 꽤 많이 남아 있다는 것도 다른 시대에 볼 수 없는 특징으로 지적할 수 있다.

---

57) 『宛署雜記』는 尊經閣文庫所藏本을 기초로 排印本이 1961년에 北京出版社에서 출판되었는데, 1980년에는 北京古籍出版社에서 재차 출판하였다.

육부상서 급에서는 영락·홍희·선덕 연간에 걸쳐 20년 이상 호부상서로 활약한 하원길(夏原吉), 영락 초년과 선덕 연간 전반에 공부상서로 있던 황복(黃福)의 문집 2점으로 적은 편이지만, 그에 비해서 한림원이나 내각 관료들의 문집은 많이 남아 있다. 이 시기는 말할 것도 없이 내각 제도가 싹트는 시기[58]에 해당하는데, 『명사』 권109, 재보연표(宰輔年表) 1에 의하면 전각대학사(殿閣大學士)로 재임한 사람으로는 해진(解縉)·황회(黃淮)·호광(胡廣)·양영(楊榮)·양사기(楊士奇)·김유자(金幼孜)·호엄(胡儼)·양부(楊溥)·권근(權謹)·장영(張瑛)·진산(陳山)·마유(馬愉)·조내(曹鼐) 등 13명의 인물이 보인다. 그 가운데 재임 기간이 3년이 채 되지 않은 권근이나 진산을 제외하고, 양부·장영·조내 이외의 인물들은 모두 자신의 문집을 남기고 있다. 더욱이 한림원학사나 시강·시독까지 포함시킬 때, 왕달(王達)·증계(曾棨)·왕직(王直)·이시면(李時勉)·진순(陳循) 등도 문집을 남기고 있다.[59] 이들 문집은 실록과 대조하여 활용하면, 황제의 의도나 중추적 정권의 동향을 밝혀내는데 귀중한 사료가 될 것이다.

Ⅲ. 『태종실록』 편찬에서 보이는 천도의 영향

영락제 초년부터 정통제 기간에 이르는 수도 이전의 과정을 정치·사회적 입장에서 살펴보려 할 경우, 곤란한 문제가 남게 된다. 그것은 영락제의 천도 계획을 밝혀내는데 근본 사료가 되어야 할 『태종실록』이 사료적 가치를 잘 갖추고 있지 못하다는 것이다.[60]

---

58) 王其榘, 『明代內閣制度史』(中華書局, 1989), 제2장.

59) 현재로는 『景印四庫全書珍本』(台灣商務院書館, 1978~1982)이나 『文淵閣四庫全書』의 영인본(台灣商務院書館, 1986; 上海古籍出版社, 1987)에 이어 『續修四庫全書』(同編纂委員會編, 上海古籍出版社, 1995), 『四庫全書存目叢書』(同編纂委員會編, 莊嚴文化事業有限公司, 1997) 등이 새롭게 편집 출판되어 용이하게 이용할 수 있게 되었다. 存目叢書의 가치에 대해서는 季羨林·劉俊文, 「四庫存目と四庫全書存目總書」 『汲古』 27호(1995) 참조.

60) 顧誠은 명조 전기의 실록 가운데에서 유독 『太宗實錄』만이 당해 시기의 전국의 경

명초 실록의 양을 중앙연구원 역사어언연구소본을 가지고 서로 비교해 보면 다음과 같다.

표 1. 명초 각 실록의 분량

구분	권수	황제	재위기간	전체 쪽수[61]	1년당 쪽수
태조실록	257권	홍무제	31년	3244	105
태종실록	274권	영락제	22년	2338	108
인종실록	10권	홍희제	1년	314	314
선종실록	115권	선덕제	10년	2601	260
영종실록	361권	정통제	그 가운데 14년간만	3553	254

극히 개략적인 비교이기는 하지만, 이 비교표만 보아도 『태조실록』과 『태종실록』의 1년당 기록량이 다른 실록에 비해 적다는 것을 알 수 있다. 이에 대해서는 청초에 명사 총재관으로서 『명사』편찬에 종사한 서건학(徐乾學)도 「수사조의(修史條議)」에서 다음과 같이 지적하였다.

> 명실록 가운데, 홍무·영락의 양조가 가장 간략하다. 홍치제의 것보다 상세하지 못하고, 그리고 초방(焦芳)이 쓴 포폄에 특히 전도(顚倒)가 많다. 만력제보다 조잡하지 않지만, 고병겸이 수찬하고 서술한 것은 취할만한 것이 하나도 없다. 서술에 정통하고, 상세하고 간략하며, 치우지지 않고 잘 기록된 것은 가정제(嘉靖帝)의 것뿐이다. 인(仁)·선(宣)·영(英)·헌(憲)은 문황(文皇)보다 뛰어나고, 정덕(正德)·융경(隆慶)은 가정제에 미치지 못하고 있다. 이것이 명조실록의 개요이다.[62]

지(耕地) 수량이 기재되어 있지 않은 사실을 지적하고 있다. 「明前期耕地數新探」 『中國社會科學』 1986년 4기.

61) 총 페이지수의 항목에서는, 『太祖實錄』의 명조 성립 이전의 부분 28권과 『태종실록』에 포함되어 있는 「奉天靖難事蹟」 9卷은 제외시켰다.

62) 劉承幹撰, 『明史例案』 2卷, 「修史條議」 "明之實錄, 洪·永兩朝最爲率略. 莫詳於弘治, 而焦芳之筆褒貶殊多顚倒. 莫疎於萬曆, 而顧秉謙之修纂敍述一無足釆. 其敍事精明而詳略適中者, 嘉靖一朝而已. 仁·宣·英·憲勝於文皇, 正德隆慶劣於世廟. 此歷朝實錄之大槪也."

명대의 실록 가운데에서도, 태조와 태종의 두 실록이 가장 조잡하게 기록되었고, 후대의 인종·선종·영종·헌종의 실록은『태종실록』보다 우수하다고 보고 있다.

원래 전자의『태조실록』은 명말에 심덕부가『만력야획편』에서 지적[63]한 바와 같이, 정난의 변에 의한 연왕의 제위 찬탈을 정당화하기 위해서 두 번이나 고쳐 편집된 전과 있는 실록이었다.[64] 이에 비해 후자에 관한 연구는 지금까지 정난의 변이나 '임오순난'의 사실에 대한 왜곡과 위조 문제를 중심으로 지금까지 상세하게 연구되어져 왔다.[65] 그러나 북경 천도를 비롯한 내정에 관한 서술은『태종실록』자체가 미비하다는 것에 대해서는 지금까지 별로 논해지지 않았다.

앞에 언급한 역조의 실록을 가지고 영락 원년 정월에 실시된 남경·북경 양경체제의 창시부터 19년의 천도에 이르기까지의 부분과 천도부터 정통 6년 11월 북경 정도(定都)에 이르기까지 부분으로 둘로 나누어 그 분량을 비교해 봐도, 천도 이전의 분량이 훨씬 적은 것을 알 수 있다. 종래 북경 천도의 과정에 관한 실태가 충분히 해명되지 않았던 것도『태종실록』의 사료적 불비라는 점이

---

63) 『萬曆野獲編』卷1,「國初實錄」, "本朝太祖實錄修于建文中. 王景等爲總裁. 後文皇靖難, 再命曹國公李景隆監修, 而總裁則解縉, 盡焚舊草. 其後 永樂9年 復以爲未善. 更命姚廣孝監修, 總裁則楊士奇. 今所傳本是也, 然前兩番所收, 則不及見矣."

64) 吳晗,「記《明實錄》」『國立中央研究院歷史語言研究所集刊』18기(1948);『吳晗史學論著選集』제2卷(人民出版社, 1986)에 수록. 黃彰健,「讀明刊毓慶勳懿集所載明太祖與武定侯郭英勅書」『國立中央研究院歷史語言研究所集刊』34(1963);『明淸史研究叢稿』(臺灣商務印書館, 1977)에 수록. 間野潛龍,『明代文化史研究』(同朋舍, 1979, 원재 1963) 제1장, 명실록의 연구, 謝貴安,『明實錄研究』(文津出版社, 1995). 陳學霖,「《明實錄》與明初史事研究」林徐典編『漢學研究之回顧與前瞻』歷史哲學卷(中華書局, 1995)에 수록된 글 참조. 특히 間野潛龍의 논문은 청말 이래의 명실록에 관한 연구 및『태조실록』과『태종실록』에 나타난 개찬과 왜곡에 관한 연구사를 개괄하고 있어 실록에 대한 이해에 도움이 된다. 명실록의 사료적 가치와 이것을 바탕으로 한 각종 사료집에 대해서는 근년에 간행된 李國祥·楊昶等 編,『明實錄類纂』(武漢出版社, 1990~1995)에 관한 책 레뷰, 졸고「地域別とテ ーマ別分類からなる明實錄の史料集成」『東方』138호(1992)에서 언급한 적이 있다.

65) 王崇武,『明靖難史事考證稿』, 國立中央研究院歷史語言研究所專刊 25(1948).

한 요인이라고 생각된다.[66] 이로 인해 지나치게 간략하게 서술되어 있는 『태종실록』의 내용은 천도를 둘러싼 여러 가지 불협화음을 은폐하기 위하여, 북경영건에 관한 기사가 의도적으로 제한된 것은 아닌가 하는 의심마저 들 정도다.

그러나 여기서는 이러한 『태종실록』의 사료적 불비는 실은 천도라는 곤란한 계획 자체에도 기인하고 있는 것이 아닌가 하는 시각에서 검토해 보려고 한다. 원래 천도의 어려움은 영락제가 정난의 변 이후, 양경체제를 창시하고 나서 천도를 단행하기까지 근 20년의 세월이 소요되었다는 것에도 잘 나타나 있다. 따져보면, 이 기간은 영락제의 재위 기간의 대부분에 해당한다. 그 사이 황제는 세 번 북경을 순행했고, 그 가운데 두 번 몽골친정에도 나섰다.

황제가 수도 남경을 떠나 부재한 기간은 황태자 주고치(朱高熾)가 감국(監國)으로서 황제를 대신해 정무를 대행했다. 그는 뒷날 홍희제가 되는데, 병약한 관계로 재위 1년도 채 되지 않아 생을 마쳤다. 그렇다고 하더라도 그 감국의 시기를 포함한 '20여 년'을 '성덕성정(聖德聖政)'으로 형용하는 것[67]은 황태자 감국이 바로 황제의 직무를 대행했기 때문이었다.

영락제의 치세를 후세에 전하는 『태종실록』은 황제 사후 10개월 뒤인 홍희 원년(1425) 5월에 시작해, 선덕 5년(1430) 정월에 실록 130권이 완성되어 황제에게 헌정되었다. 감수관은 영국공 장보(張輔)·행재이부상서 건의(蹇義)·행재호부상서 하원길(夏原吉)이었고, 총재관은 행재병부상서겸 화개전대학사 양사기(楊士奇)·행재공부상서겸 근신전대학사 양영(楊榮)·행재예부상서겸 무영전대학사 김유자(金幼孜)·태상시경겸 행재한림원학사 양부(楊溥)·행재호부상서 진산(陳山)·예부상서 장영(張瑛) 등이었다.[68] 당시의 북경은 홍희제의 남경 환도의 결

<hr>

66) 『태종실록』이 잘 갖추어져 있지 않다는 점 외에, 예를 들면, 연왕 시대부터 북평(후의 북경)에 왕부를 가지고 있던 영락제가 천도에 즈음하여 과거 '大都'라는 이름을 가진 원의 수도 시설을 어느 정도까지 그대로 계승할 수 있었을까 하는 두 왕조에 걸쳐 있는 곤란한 문제도 존재한다. 본장 제2장에서 다룬 연왕부의 문제는 그 일례이다.

67) 『明宣宗實錄』 卷5, 洪熙 元年 윤7월 乙未條.

68) 『明仁宗實錄』 卷10, 洪熙 원년 5월 癸酉 및 『明宣宗實錄』 卷61, 宣德 5년 정월 壬戌條. 단, 관직은 宣德 5년 정월 당시의 것이다.

정[69)으로 말미암아, 다시 '행재(行在)'라는 이름이 붙여졌지만, 결국 환도는 실현되지 않았기 때문에, 편찬 작업은 당연히 북경에서 이루어졌다.

그런데 명대의 실록 편찬이 북경에서 행해진 것은 이것이 처음은 아니다. 현존하는 삼수본(三修本)의 『태조실록』은 순행처인 북경에서 황제에게 증정되었는데 그에 대한 편집 작업도 북경에서 행해졌을 것이다.[70) 다만, 이것은 어디까지나 감수관인 하원길과 총재관인 양영 이하의 사람들에 의해 최종적인 개정 작업이 북경에서 이루어졌고, 편집 작업의 기초는 남경에서 이루어졌을 것이다.[71) 건문제 시대에 편찬된 초수본(初修本) 『태조실록』은 말할 것도 없고, 영락 초년에 해진(解縉) 등에 의한 재수본의 편집도 북경 천도 이전의 남경에서 행해졌다. 당연히 수도 남경에 보관되어 있던 홍무시대의 당안류(檔案類)를 이용하는 것이 가능했던 것이다.

이렇게 보면 『태종실록』의 편찬은 천도 후 북경에서 본격적으로 간행된 최초의 사례이다. 그러나 그 때문에 이 실록의 편집 작업에서는 영락시대의 정치를 이야기하는 근본 사료를 충분히 이용할 수 없었을 가능성이 높다. 그렇게 말할 수 있는 것은 영락제의 치세 22년간의 대부분을 차지하는 18년간은 수도가 아직 남경에 있어, 이 시기의 주본류(奏本類)도 남경에 많이 보관되어 있었기 때문이다.

이러한 사정은 남경에서 감국으로서 오랫동안 정무를 대행했던 홍희제의 실

---

69) 본서 제5장 「남경 환도」.

70) 『明太宗實錄』卷200, 永樂 16년 5월 庚戌朔, "監修實錄官行在戶部尙書 夏原吉 總裁官行在翰林院學士兼右春坊右庶子楊榮等 上表進太祖高皇帝實錄. 上具皮弁服御奉天殿受之. 披閱良久, 嘉獎再四曰, 庶幾少副朕心. 又顧原吉等曰, 此本朝夕以資覽閱. 仍別錄一本, 藏古今通集庫."

71) 『明太宗實錄』卷93, 永樂 7년 6월 己酉條에는, "賜書皇太子, 令諭右春芳大學士兼翰林院侍讀 黃淮·左春芳左諭德兼翰林院侍講楊士奇, 以太祖高皇帝御製文集及洪武實錄, 點檢完備封識, 付 老成內官一人, 同錦衣衛指揮王眞及翰林院官 鄒緝·梁潛 李貫·王洪, 送赴北京. 仍令淮·士奇於朝臣內愼擧謹厚篤實文學可稱者數人偕來"라고 되어있어, 「洪武實錄」을 북경으로 운송한 기사가 보인다. 이 때, 환관들과 함께 운송한 문관으로는 한림원 추집 양잠 이관 왕홍 등이 있었다. 또한 주(64) 謝貴安의 저서 39쪽에서, 『태조실록』의 북경에의 운반을 북경 천도 후로 하고 있는데 그것은 잘못이다.

록『인종실록』이 북경에서 편찬될 경우도 마찬가지였다. 감국 시대의 사적은 남경에 많이 남아 있었을 것이다. 다만 채 1년이 되지 않은 재위 기간 동안의 주본류는 모두 북경에 보관되어 있었기 때문에 형편이 좋았다. 그렇다하더라도 홍희 원년 윤7월에 다시 남경과 북경의 각 관청에 문서를 보내, 홍희제에 관한 사적을 구하고 문책(文册)을 종류별로 엮어서 국사관(國史館)에 보내게 했다.

> 행재예부, 인종 소황제(昭皇帝) 실록을 찬수함에 있어서, 남북 이경(二京)의 각 아문에게 공문을 보내고, 진사 육징(陸徵) 등을 각 포정사(布政司) 및 군현에 보내어 사적(事蹟)을 구하게 하고, 문책(文册)을 종류별로 엮어 모두 사관(史館)으로 보내어 등재를 준비하게 하였다.[72]

다음 해 선덕 원년 4월, 봉천문에 나아간 선덕황제는 실록에 기재해야 할 내용을 아직 보내지 않은 내외의 관청이 있음을 지적하면서 행재 예부상서에게 직접 그 독촉을 명하였다.[73] 여기에 보이는 실록 편찬에는 앞의 『인종실록』에만 국한하지 않고, 동시에 병행하여 편집 작업이 진행되고 있던 『태종실록』도 포함시켜 이해하더라도 좋을 것이리라.

이상의 고찰을 보면, 북경에서 『태종실록』을 편찬하는데, 남경 육과에 수장되어 있던 이른바 북경 천도 이전의 주본류를 충분히 이용하지 못했을 가능성이 대두하게 된다. 이때, 검토해야 할 중요한 문제가 남게 된다. 그것은 남경에 수장되어 있던 방대한 양의 주본류를, 천도 후 북경에 이송한 사실은 없었는가 하는 문제이다. 이를 테면, 북경에 새로 설치한 문연각 장서의 태반은 남경의 문연각에서 각각 일부씩을 옮겨 와서 된 것들이었다.[74] 이 도서 운반의 책임을 맡은 자는 진순(陳循)이었는데, 그는 영락 13년에 북경에서 처음 치러진 과거시

---

72) 『明宣宗實錄』 卷5, 洪熙 원년 윤7월 壬子, "行在禮部, 以纂修仁宗昭皇帝實錄, 移文南北二京各衙門, 及遣進士陸徵等分往各布政司曁郡縣, 採求事蹟, 類編文册, 悉送史館, 以備登載."

73) 『明宣宗實錄』 卷16, 洪熙 원년 4월 庚辰條.

74) 孫承澤, 『春明夢餘錄』 卷12, 文淵閣, "永樂辛丑(19年), 命修撰陳循, 將南內文淵閣書各取一部至京, 計取書一百櫃, 載以十艘. 又遣官四出購買. 故閣中所積書, 計二萬餘部, 近百萬卷. 刻本 十三, 抄本十七, 蓄積之富, 前古所未有也."

험[75])에서 수석으로 합격하고, 한림원 수찬으로 활동하던 인물이었다.[76] 진순과 같은 고향 사람인 왕상(王翔)에 의해 씌어진 『방주선생연보(芳州先生年譜)』(영락) 신축조에 더 자세하게 그 경위가 기록되어 있다.

이해 3월, 남경 한림원에 칙명을 내렸다. 무릇 문연각에 보관된 고금 일체의 서적은 1부 보존되어 있는 것부터 100부 이상 있는 것까지, 각각 한부씩을 취하여 친히 북경으로 보내고, 남은 것은 모두 표하여 봉해서 옛날처럼 잘 간수하여 두도록 하였다. 공(公)은 수대로 취하니 모두 백 상자가 되었다. 내관 소우(蕭愚)는 수레와 배를 잘 감독하고 살펴, 배 10척에 분산 적재하고, 공은 편수 임지(林誌)·이정(李貞)·진경저(陳景著)·서길사 왕고(王翺) 등 30명과 함께 보호하며 따라갔다. 4월 6일에 경사에 이르러 서적을 올려 바쳤다. 공과 여러 사람들은 모두 수도에 머물렀다. 마침 삼대전이 소실되어 백관에게 조서를 내려 직언을 구하였다. 공은 민력을 과용하는 사례 몇 가지를 말하고, 재화를 입은 까닭이 여기에 있는 것이라고 이야기 하였다. 다른 사람의 말에 비하여 모두 절실하고 옳은 말이었으므로 혼자서만 화를 면하였다.[77]

남경의 한림원에 대하여 문연각에 소장되어 있는 고금의 서적 가운데 각 1부씩을 이송하라는 명이 나온 것은 영락 19년 3월의 일이었다.[78] 진순이 문연

---

75) 영락 13년에 실시된 북경 전시에 대해서는, 본서 제3장 「북경 천도」 제4절 참조.

76) 『國朝憲徵錄』 卷13, 內閣2, 前大學士陳循, "循 字德遵, 江西泰和縣人. 永樂乙未廷試第一, 授翰林院修撰, 賜第萬寶坊. 駕行北京, 命循取秘閣書詣行在, 遂留侍焉."

77) 陳循, 『芳洲文集』 附 「芳洲先生年譜」(永樂) 辛丑, "是年 三月, 勅南京翰林院. 凡文淵閣所貯古今一切書籍, 自有一部至有百部以上, 各取一部, 親送至京, 餘悉封識收貯如古. 公如數取共得百櫃. 中貴蕭愚督操駕舟, 十艘分載, 公與編修林誌 李貞 陳景著 庶吉士王翺等三十人護行. 四月六日至京書進. 公等悉留京師. 會三殿災, 詔百官求直言. 公言過用民力數事, 致災之由在此. 比他言皆切美, 故獨不及於患."

78) 청의 朱彝尊 撰·朱昆田 補遺, 「日下舊聞」 卷6, 宮室4, 明1의 補遺에는, "永樂17年3月, 上在北京, 遺侍講陳敬宗至南京起取文淵閣所古今書籍, 自一部至百部以上, 各取一部北上. 皇太子乃遣修撰陳循與數齎送, 其餘封貯本閣[割註, 南京詹事府志]"이라 하고 있다. 이에 의하면, 영락 17년에 벌써 준비가 시작된 것으로 여겨지지만, 이것은 '영락 19년'의 잘못일 것이다. 그 전거로서 명시되어 있는 「南京詹事府志」는 명의 邵點이 찬수한 것으로, 전20권으로 되어 있다. 북경 도서관 소장의 선본은 1권에서 3권까지의 잔결본으로, 여기에는 상기 인용 부분이 실려 있지 않으며, 逸文이다.

각에서 1부씩 꺼내, 모두 100개의 상자를 만들고, 환관 소우가 배 10척에 이 상자들을 싣고 북경으로 운반하였다. 동료 편수 임지·이정·진경저·서길사 왕고 등 30명이 동행했으며, 북경 궁중에 올려 바친 것은 4월 6일이었다.[79]

이 문연각 장서의 운반 작업에서 알 수 있는 것은 천도와 함께 남경에 수장되어 있던 모든 도서를 북경으로 옮긴 것이 아니라, 최소한 한부씩으로 한정되어 있었다는 사실이다. 이 천도 직후, 도서의 이송 책임자로서 영락 13년에 북경에서 최초로 실시된 전시(殿試)에서 수석 합격한 진순 등이 기용되었다는 점[80]을 보아도, 어느 쪽이냐 하면, 천도와 더불어 문화의 중심이 남경에서 북경으로 이동하고 있다는 상징적인 의미가 담겨져 있다. 그러나 그 이송이 각각 서적 1부 씩으로만 되어 있다는 것은, 나머지 서적을 남경에 보존해 두기 위해서라기보다는 방대한 수송비용을 절약하기 위해서였다. 이점은 영락 연간에 편찬되어 남경 내부에 수장되어 있던 『오경대전』이나 『사서대전』, 『성리대전』 등의 도서가 모두 북경으로 운송되는 데는 천도 12년 후인 선덕 7년 12월까지 기다리지 않으면 안 되었다는 것에서도 확인할 수 있다.[81]

또 지방지를 새롭게 북경으로 모으는 작업도 폈다. 천도 계획이 이미 완성되어 있던 시점에서 제3차 순행이 이루어졌는데, 순행 중인 영락제는 영락 16년 6월에 북경에서 지방지 편찬을 명령하였다.[82] 그러나 이것은 남경에 소장하고

---

79) 그 이틀 후에 일어난 삼전 화재와 그 후에 수도 북경의 지위를 둘러싸고 일어난 동요에 대해서는 본서 제5장 「남경 환도」 참조. 陳循도 조칙을 받들어 진언한 한 사람이지만, 재앙의 이유가 북경 건설로 말미암은 민력의 소모에 있다고 한 그의 건의는 어긋남이 없는 바른 지적이라 하여 혼자만 화를 면했다고 한다.

80) 한림원 편수 林誌는 영락 10년 남경에서 행해진 과거 시험에서 2등, 榜眼으로 합격하였으며 전 단계의 회시에서는 수석, 곧 會元으로 합격하였다. 李貞은 영락 13년에 북경에서 새롭게 행해진 과거 시험에서 방안(2등)이었으며, 陳景著는 영락 13년의 과거 시험에서 3등, 곧 探花로 진사가 되었다. 서길사 王翺 역시 영락 13년의 진사로 그는 제2갑 95명 가운데의 필두였다.

81) 『明宣宗實錄』 卷97, 宣德 7년 12월 甲午, "勅南京司禮監, 悉送所貯五經四書及性理大全等書, 赴北京." 『五經大典』·『四書大典』·『性理大典』 등 3대전은 영락 12년 11월에 편찬이 시작되고, 영락 15년 3월에 완성되었다. 『明太宗實錄』 卷158, 영락 12년 11월 甲寅條 및 卷186, 영락 15년 3월 乙未條.

82) 『明太宗實錄』 卷201, 永樂 16년 6월 乙酉, "詔纂修天下郡縣志書. 命行在戶部尚書

있던 지방지를 일괄해서 북경에 운반하여 온 것이 아니라, 새로운 자료나 이전의 지방지들을 모아 와 북경에서 다시 편찬했다는 데에 주목해야 할 것이다.

지금까지 살펴본 것은 초본이든 간행본이든 모두가 도서류로, 주본과 같은 당안 자료는 당연히 달리 취급되었을 것이다. 국가의 세역징수와 관계있는 부역황책(賦役黃册)의 경우는 어떻게 되었을까. 다행히 『명선종실록(明宣宗實錄)』 권15, 선덕 원년 3월 무오조의 기사는 이에 대하여 명료한 답을 제시해 주고 있다.

> 행재호부가 상주하기를 "영락 20년에 전국에서 올라온 부역황책에 대하여 관고(官庫)가 없으면 모두를 각 성루에 수장하여 둔다. 예규에 따라 구책(舊册)과 대조하여 차이를 꼼꼼히 살펴야 한다. 구책은 모두 남경 후호(後湖)에 있으므로, 신책(新册)을 남경으로 보내서 관례대로 대조하기를 바란다"고 하였다. 이에 따랐다.[83]

이것을 보면, 종래 남경의 후호, 곧 현무호(玄武湖)에 보관되어 있던 부역황책도 당연한 일이지만 천도한 후에는 북경으로 모아지는 체제가 취해졌다. 다만 북경으로 보내어진 것은 천도 다음 해인 영락 20년에 새롭게 작성된 부역황책 뿐으로, 홍무 이래의 구책은 여전히 남경 후호에 그대로 보관되어 있었다. 이 때문에 신책과 구책과의 차이를 대조 점검하는 데 불편함이 따랐다. 결국 새로 만든 부역황책을 다시 남경으로 보내도록 한 것은 전 황제인 홍희제의 남경 환도의 결정이 선덕 원년 3월에 그 나름대로 영향력을 가지고 있었을 뿐 아니라,[84] 북경에서의 수장 공간 문제도 관련되어 있고, 어쩌면 남경으로부터의 수송비용 문제도 만만치 않았기 때문이었을 것이다. 이후 명 일대의 부역황책은 남경에 보관하는 체제가 되었다.[85]

夏原吉·翰林院學士兼右春坊右庶子楊榮·翰林院學士兼右春坊右諭德金幼孜總之. 仍命禮部遣官徧詣郡縣, 博采事蹟及舊志書."

83) 『明宣宗實錄』 卷15, 洪熙 원년 3월 戊午, "行在戶部奏. 永樂二十年 天下所進賦役黃册無官庫, 皆於各城樓收貯; 例應比對舊册磨算異同. 緣舊册皆在南京後湖, 欲以新册送南京, 如例查對. 從之."

84) 본서 제6장 「홍희에서 선덕까지」.

85) 韋慶遠, 『明代黃册制度』(中華書局, 1961). 다만, 영락 20년의 부역황책이 일단 북경

새로운 부역황책만이 북경으로 보내어진 사례를 보아 추측할 수 있듯이, 홍무 이래 방대한 양의 황책이나 주본 등의 당안류를 모두 새로 건설된 수도 북경으로 옮기는 일은 막대한 비용이 드는 일이었다. 관료나 군대에 대한 식량 공급 면에서 많은 어려움을 겪고 있던 당시의 물류 상황을 고려해 볼 때, 남경에 보존되어 있던 홍무 이래의 당안을 모두 북경으로 옮긴다는 것은 도저히 불가능한 일이었을 것이다. 선덕 6년에 태운법(兌運法)으로 조운의 수송력이 개선되기[86] 전까지는 운반비를 최저한으로 하지 않으면 안 되었다. 전술한 남경의 궁내 수장 도서의 이송이 늦어져, 이듬해인 선덕 7년에 시작되었다고 하는 것은 바로 이것을 잘 말해주고 있는 것이다.

이상의 상황 증거로 보아, 선덕 5년에 헌정된 『태종실록』은 편찬 과정에서, 천도 이전의 방대한 당안 자료들이 천도 후에도 그대로 남경에 보관되고 있었기에, 실록 편찬 과정에서 이들 자료들을 충분히 활용할 수 없었다는 것이 분명해진다. 영락 연간의 태반을 차지하는 수도=남경 시대의 '일상생활'을 알 수 있는 전국 각지에서 올라온 상주는 그 내용의 일상성 때문에 감국으로 있던 황태자가 처리할 사항으로 되어 있고, 처리 후에도 그대로 남경에 보관되어 있었기 때문에, 북경에서 실록을 편찬할 때, 그 자료들을 활용할 수 없었던 것이다.

당연한 일이지만, 천도 후에는 모든 상주가 북경으로 집중되는 체제가 확립되었다.[87] 그 후 영락제가 죽은 영락 22년까지의 몇 년간은 모든 주본이 북경으로 모이는 체제가 확립된 이상, 이 부분의 실록은 이전에 비해 더 충실하게 되었을 것이지만, 실제로는 반드시 그렇게 되지 못했다. 오히려 보다 간략하게 된 부분도 많았다. 이것은 천도 후, 영락제가 몽골친정으로 너무 바쁜 탓으로, 미처 내정을 돌아볼 시간이 없었기 때문이었을 것이다. 영락제의 몽골 친정(親征)은 영락 20년·21년·22년, 그리고 그가 죽을 때까지 계속되었다.[88] 그런데

　　으로 보내어졌다는 사실에 대해서는 언급하고 있지 않다.
86) 星斌夫, 『明代漕運の硏究』(學術振興會, 1963), 제1장 참조.
87) 본서 제4장 「북경순수와 남경감국」.
88) 和田淸, 「明初の蒙古經營」『東亞史硏究(蒙古編)』(東洋文庫, 1959).
　　〈옮긴이주〉영락제의 친정에 대해서는, 전순동, 「영락제의 외정과 정치적 의의」『중

그는 친정 때마다 북경 순행 때처럼 정식으로 황태자에게 '감국'을 명하였다.[89] 그건 그렇다 하더라도, 천도 후에는 친정 때만 아니라 평상시에도 내정을 황태자에게 맡기는 일이 많았다. 또 만년에는 질병이 악화되어 외조에 나가는 일이 적어졌고, 정치의 대부분을 황태자에게 위임하여 결정하게 하였다. 자신의 실록인 『태종실록』권274, 영락 22년 8월 임오조에도, "말년에 질병을 얻어, 외조에 나가는 일이 적었고, 정사는 모두 황태자에게 위임하여 이를 처리했다. 군국의 중무도 반드시 스스로 결정하도록 하였다"라고 명기하고 있다.[90] 이러한 이유로 인하여 천도 후에도 실록의 내용이 이전에 비해 비약적으로 충실해질 수는 없었던 것이다.

게다가 본서 제5장에서 자세히 서술하겠지만, 영락 말년은 궁정의 삼전 소실로 말미암아 북경 천도를 둘러싼 여론의 동요가 표면화되던 시기였고, 결국 영락제 사후에 새로 즉위 한 홍희제에 의해 남경 환도가 결정되었다. 이러한 경위를 상세히 기록한다는 것은 영락시대의 대부분을 차지하고 있는 북경 천도 계획 자체에 대한 평가와도 관련되어 있기에, 실록 편찬을 담당한 사관이 이를 기피했을 가능성도 크다. 『태종실록』의 권말에는 다른 실록과 마찬가지로 태종 영락제의 업적을 정리하여 기록하고 있는데, 이상할 정도로 거기에도 북경 천도에 관한 기술이 전혀 보이지 않고 있다.[91] 이것은 『태종실록』이 홍희제에 의

국사연구』54(2008) 참조.

89) 『明太宗實錄』卷247, 永樂 20년 3월 丁丑, "以親征告天地·宗廟·社稷. 命皇太子監國. 諭之曰(省略)." 같은 책, 卷261, 永樂 21년 7월 辛丑, "告天地 宗廟 社稷, 發京師兵. 命皇太子監國." 같은 책, 卷270, 永樂 22년 4월 戊申, "以親征胡寇, 命皇太子告天地·宗廟·社稷(中略), 命皇太子監國."

90) 『明太宗實錄』卷274, 永樂 22년 8월 壬午條, "晚有疾 鮮於外朝 政事悉付皇太子決之. 至軍國重務 必自決." 『明仁宗實錄』卷2中, 永樂 22년 9월 乙酉條에도 "誅光祿寺寺丞蕭成, 罷光祿寺卿井泉爲民(中略) 蓋 上在東宮, 永樂十八年, 初至自南京(中略) 太宗皇帝時有疾, 或竟月不一臨外朝, 蓋終未知"라 하여 병질로 인하여 한 달에 한 번도 조정에 나가지 않았다는 것을 언급하고 있다. 이러한 상황은 『朝鮮王朝實錄』卷12, 세종 3년(명, 永樂 19) 5월 戊子條에도, "通事林密回自京師言, '三月二十八日至北京. 帝以風痺不視事已久, 太子受朝'"라고 하고 있어, 영락제의 질병이 확인된다. 조선에서 파견된 조공 사절에 대한 회견도 황태자가 대신하고 있었던 것이다.

91) 『明太宗實錄』卷274, 永樂 22년 12월(是年九月壬午)條.

한 남경 환도의 결정이 내려진 직후에 편찬을 착수하였고, 환도 결정의 구속력이 아직도 남아 있던 선덕 5년에 완성되었다는 것과도 무관하지 않을 것이다. 또 삼전이 소실된 이상, 이들 건설 과정 내용을 일일이 상세하게 기록해 둘 필요도 없다고 생각하였을 것이다.

이상 여러 상황 증거와 추론을 동원하여 볼 때, 북경 천도 계획 자체가 왕조실록 편찬 사업에도 영향을 미치고 있었다는 것이 분명하게 드러났다.[92] 제2차 세계대전 이후에 명청사 연구의 폭이 크게 확대된 이유 가운데의 하나는 방대한 명실록이나 청실록의 영인본이 널리 보급되어 그 역할이 컸다는 것이다. 한 왕조를 거의 아우를 수 있는 실록이 현존하고 있는 것은 명·청 두 왕조뿐이며, 이들은 역사 연구에 많은 편리성을 제공해주고 있다. 특히 사회경제사 분야에서는 제도나 경제 사료로서의 등질성이 주목되어 왔다. 그러나 황제 사후에 개별적으로 편찬된 실록은 편찬시의 제약성에서 자유로울 수가 없었고, 각각의 '개성'도 지니고 있다. 그 개성이란 그때그때의 정치 상황, 나아가 그 시대의 시스템이나 물적 조건으로 규정된 역사 인식에 바탕을 두겠지만, 각 실록이 가지는 개개의 개성으로부터 역사를 정성들여 꼼꼼히 재구성하는 작업도 필요하다고 생각한다.

끝으로 본서 각 장절 서술의 토대가 된 기존 발표 논문과 게재 잡지를 소개하면 다음과 같다. 다만 여러 논문을 바탕으로 한권의 연구서를 발간하는 과정에서 표기의 통일성을 꾀하였고, 발표 후 연구의 진전을 바탕으로 사료나 참고문헌이 보충되었음을 밝혀둔다.

서장
도입부 「북경 천도 연구사 서설」 「山形大學史學論集」 19호, 1999년 2월
  1. 위와 같음
  2. 새로 씀
  3. 「북경순수와 남경감국 -『태종실록』 편찬으로 본 북경 천도의 그림자-」 『동북대학

---

[92] 영락 16년 5월에 증정 된 『明太祖實錄』 삼수본의 내용에도, 진행 중인 북경 천도 계획이 반영되고 있다는 점에 대해서는, 본서 제1장 「초기 명조 정권의 건도문제에 대하여」의 주(12)를 참조하기 바란다.

동양사론집』6집, 1995년 1월의 일부를 기초로 가필 보정했다.
제1장 「초기 명조 정권의 건도문제에 대해 -홍무24년 황태자의 섬서 파견을 둘러싸
　　고-」『동방학』94집, 1997년 7월
제2장 「명초 연왕부를 둘러싼 여러 문제」『東洋史硏究』60권 1호, 2001년 6월
제3장
처음에 「영락 북경 천도 계획의 여러 단계 -남북 양경체제의 시행-」『동북대학 동양사
론집』9집, 2003년 7월
　1. 새로 씀
　2. 「영락 북경 천도 계획의 여러 단계 -남북 양경체제의 시행-」『동북대학 동양사론
　　　집』9집, 2003년 7월
　3. 새로 씀
　4. 「영락 13년 을미과(乙未科)에 대하여 -행재북경에서 최초로 행해진 회시와 전시에 대
　　　해-」「명대사 연구회 창립 35년 기념논문집』, 汲古書院, 2003년 7월(그 외는 새로 씀)
　5. 새로 씀
제4장 「북경순수와 남경감국 -『태종실록』편찬으로 보는 북경 천도의 그림자-」『동북
　　대학 동양사론집』6집, 1995년 1월(일부는 대폭 가필하여 「북경사범대학 학보」(사
　　회과학판) 1995년 증간, 1996년 1월에 「북경순수와 남경감국 -영락 천도의 역사
　　궤적」으로 발표했다.)
제5장 「남경 환도 -영락 19년 4월 삼전 소실의 파문-」和田傳德 교수 고희 기념『명청
　　시대의 법과 사회』, 汲古書院, 1993년 3월.
제6장 「홍희로부터 선덕에 -북경 정도에의 길-」『중국사학』3권, 1993년 10월
제7장 새로 씀
부편1. 「명초 북경의 부민층 강제 이주에 대하여 -소위 「부호」의 궤적을 중심으로-」『동
　　　양학보』64권 1·2호, 1983년 1월
부편2. 「명말 청초기의 여러 사료에 보이는 연왕부=서원 소재설의 재검토 -명초 연왕부
　　　를 둘러싼 여러 문제 보론-」「山形大學 역사·지리·인류학 논집』3호, 2002년 3월
결어(새로 씀)

제1장
초기 명조 정권의
건도문제에 대하여
-홍무 24년 황태자의 섬서 파견을 중심으로

도입부

일찍이 고대부터 황하 유역에 통일 국가를 형성해 온 중국은 위진·남북조 시대 이후, 장강 유역의 하곡(河谷)평야나 강남 델타 지방이 개발됨으로써, 중국 경제의 중심이 점차 동남으로 이동하기 시작했다. 오대 이래 북송에 이르는 여러왕조의 대부분이 수도를 개봉에 정한 것도 이러한 경제적 중심의 변화를 근거로 한 것이었다. 그 후 근세 사회를 맞이하자, 만리장성 밖의 북방민족이 군사적 우위를 바탕으로 요·금·원 왕조를 세우고, 농경 지역과 유목·수렵 지역과의 경계선상에 가까운 현재의 북경으로 수도를 옮겼다. 그 결과 한족 정권은 강남으로 쫓겨나게 되었다. 이리하여 '제2차 남북조'[1]라 할 수 있는 남북 분열의 정국이 중국 본토에서 재현되었다. 당 멸망 이후 3백여 년에 걸쳐 계속된 분열의 형세는 원 세조 쿠빌라이 칸에 의해서 영역적 통일이 이룩되었으면서도, 몽골족에 의한 정복왕조 치하의 90여 년간 사회는 여전히 분열적 측면이 온존

---

[1]   愛宕松男·寺田隆信, 『中國の歷史』 6, 元·明(講談社, 1974), 12~14쪽(이 책에 관해서는 本書의 〈서론 -북경 천도 연구 서설〉 주(9) 참조). 植松正, 『元代江南 政治社會史研究』(汲古書院, 1996), 序章 第2節.

하고 있었다.

원조가 후반기를 맞이한 천력(天曆) 원년(1328), 남북 분열의 경계에 가까운 회수(淮水) 부근에서 주원장이 태어났다. 그는 성장하여 홍건군에 가담하였으며, 남하하여 마침내 홍무 원년(1368) 정월에 응천부(남경)에서 명조를 건국했다. 나아가 대장군 서달(徐達)을 북방으로 파견해 8월에 원의 수도 대도(大都)를 공략함으로써 이민족 통치에 종지부를 찍었다. 이리하여 남북으로 분열된 사회를 통일해야한다는 과제는 명조에 다시 이어지게 되었다.

명은 경제 선진 지역의 지위를 확고히 하고 있던 강남에 수도를 정하고 전국을 통일한 최초의 왕조이다. 이것은 정치적 중심과 경제적 중심을 일치시킨 새로운 시도라고도 평가될 수 있을지도 모른다.[2] 그렇지만 이러한 시도는 오래 가지 못했다. 태조 홍무제가 죽은 후에 일어난 '정난의 변'으로 제위를 빼앗은 영락제가 영락 19년(1421)에 북경으로 천도를 단행했기 때문이다.

이와 같이 홍무제와 영락제의 정책 기조에는 분명한 단절이 보인다. 이러한 점에 주목해, 원·명 혁명의 연속성이라고 하는 시점에서 고찰을 시도한 연구가 미야자키 이치사다(宮崎市定) 논문 「홍무에서 영락으로 -초기 명조 정권의 성격-」[3]이다. 미야자키는 영락 정권이 건문제의 문신 정치를 타도하고 무신 정치를 부활시키려고 한 점을 들어, 태조 정치를 계승한 측면을 인정하면서도, 몽골 친정이나 안남평정 등 적극적인 대외 정책을 펼쳐서, 중국을 중심으로 한 '동아 공동체' 통상 블록 형성을 의도하고 있었다면서, 영락제의 정치에는 오히려 원조로의 회귀성이 보이고 있다는 점에 주목했다. 또한 영락제의 정치에 보이는 쿠빌라이 후계자로서의 측면도 지적하였다.

그 후 단조 히로시(檀上寬)는 홍무제가 만년까지 '북방 천도'의 계획을 가지고 있었다고 하는 흥미로운 시각에서, 이치시다의 견해와는 대조적으로, 홍무

---

2) 宋濂, 『宋學士文集』翰苑續集 卷5, 大明日曆序, "嗚呼, 惟天立辟, 惟辟奉天. 其能混合三光五嶽之氣者, 蓋可數也. 然挺生於南服, 而致一統華夏之盛, 自天開地闢以來, 惟皇上爲. 然其功高萬古, 一也."
3) 宮崎市定, 「洪武から永樂へ -初期明朝政權の性格-」 『東洋史研究』 27卷 4호(1969). 후에 『宮崎市定全集』 제13卷(岩波書店, 1992)에 수록.

에서 영락 시대로의 연속성을 중시하는 견해를 제시했다.[4] 단조의 연구는 홍무에서 영락 연간에 이르는 초기 명조 정권의 궤적을 "강남 지주층의 이익 대변 기관"으로서의 폐쇄적인 '남인 정권'에서 탈피해 나가는 과정으로 파악하고, 그것도 내재적 요인에 착목하여, 이런 정권 확립 과정 가운데 여러 우여곡절을 거친 홍무기의 '경사문제'를 다루었던 것이다. 종래의 명초 연구가 주원장 집단에 관한 협의의 정치사 연구와 지주제나 이갑제 연구로 대표되는 사회경제사적 연구로 양분되어 있었는데, 단조의 연구는 이런 양자를 유기적으로 결합시킨 새로운 정치 사회사 연구의 문을 열었던 것이다.

다만 여기에서는 영락제에 의한 북경 천도의 단행도 홍무제 이래의 방침으로 여겨 "종종 영락제는 구체적인 도시로서 북경을 선택했는데, (중략) 어디까지나 태조 주원장의 유지를 실현시키려는 것에 불과하다"(단조 저서 41쪽)라고 한 것처럼 홍무와 영락과의 연속 면이 보다 강조된 결과, 초기 명조사를 크게 바꿔 놓은 '정난의 변'과 거기에 이어져 북경 천도가 가지는 의의는 역사의 뒤안길로 내몰려진 감이 든다.

홍무제 만년의 북방 천도 계획에 대해 언급한 것은 단조 논문이 처음은 아니다. 일찍이 1935년에 오함이 『명사』나 정효(鄭曉)가 찬한 『금언(今言)』 등의 사료를 제시하여, 홍무 초년부터 24년에 이르는 시기에 홍무제는 북변을 제어할 필요상 자주 서북으로 천도할 계획을 가지고 있었다고 하였다.[5] 북변의 군사적

4) 檀上寬, 「明王朝成立期の明王朝成立期の軌跡 -洪武朝の疑獄事件と京師問題をめ
     ぐって-」 『東洋史研究』 37卷 3호(1978). 후에 『明朝專制支配の歷史的構造』(汲古書
     院, 1995)에 수록. 단조의 저서 전체가 가지는 의의에 대해서는, 拙評, 「1995年の回
     顧と展望, 東アジア(中國-明・淸)」 『史學雜誌』 105編 5號(1996) 참조.
5) 吳晗, 「明代靖難之役與國都北遷」 『淸華學報』 10卷 4期(1935). 『朱元璋傳』(生活・
     讀書・新知三聯書店, 1965), 159쪽에도 같은 견해를 말하고 있다. 또한 미국의 파
     머(Farmer, E.L.)나 張奕善도 오함의 연구에 의거해 홍무 24년 11월에 홍무제
     가 서안천도를 계획하고 있었다는 것을 언급하고 있다. Farmer, E.L., *Early Ming
     Government: The Evolution of Dual Capitals*. Harverd University press, 1976.
     pp.93~94. 張奕善, 「明成祖政治權力中心北移の研究」 『國立臺灣大學歷史系學報』
     10・11期 合刊(1984). 후에 『朱明王朝史論文集 -太祖・太宗編』(國立編譯館, 1991)
     에 수록.

통제의 강화를 이유로 한 오함과 '남인 정권'으로부터의 탈피라고 하는 새로운 시점을 내건 단조와의 사이에는 큰 차이가 있기는 하나, 만년에 홍무제가 세운 천도 계획 자체는 벌써 많은 연구자들에게 받아들여지고 있다고 할 수 있다.

그러나 명대사 연구의 기본 사료인 실록에는 홍무제 만년의 천도 계획에 대한 언급이 전혀 보이지 않는다. 더욱이 현존하는 『태조실록』은 제위를 찬탈한 영락제의 명령에 의해 다시 수정되었기에, 그 기술에는 영락제의 의지가 반영된 '분식(粉飾)'이나 '곡필(曲筆)'이 많이 있음이 지적되고 있다.[6] 다만 단조가 지적하고 있듯이, 영락제의 북경 천도가 홍무제의 북방 천도 계획을 계승한 것이라면, 천도 계획의 전말도 실록 가운데 크게 다루어도 좋았을 터인데, 사실은 그렇게 되어 있지 않았다. 이것은 홍무제 만년의 북방 천도 계획이 실록 편찬 당시에 영락제가 행하려 하고 있던 북경 천도를 정당화하는 것이라고 생각하고 있지 않았다는 것을 말해 주고 있는 것이리라.

본장에서는 특별히 홍무제가 만년에 이르기까지 북방 천도를 기획하고 있었다는 것을 보여주는 홍무 24년의 황태자 섬서 파견 문제를 재검토하고자 한다. 이 황태자를 섬서에 파견한 것은 천도와 다른 목적으로 행해진 것이며, 적어도 중도(中都) 건설을 단념한 홍무 10년대 이후는 남경을 중심으로 하는 체제가 확립되어 있었기 때문에 홍무 24년 시기에 홍무제 자신이 '서안 천도'를 계획하고 있었다고 이해하는 것은 타당하지 않다는 것을 분명히 밝혀, 영락제가 단행한 북경 천도의 역사적 의의를 규명하는 기초 작업으로 삼고자 한다.

I.『명사』주표(朱標)전의 문제점

전술한 것처럼, 수도 문제를 초기 명왕조의 정권 확립 과정으로 평가한 단조(檀上)의 연구는 이어 받아야 할 분석 방법이기는 하지만, 홍무조와 영락조를

---

6)   王崇武, 『明靖難史事考證稿』(中央硏究院 歷史語言硏究所專刊 25, 1948).

일관하여 연속성으로 파악하려는 것은 더 검토해 볼 여지가 있다. 물론 홍무정권과 영락정권과의 정책 기조에 차이(특히 대외 정책상 소극책과 적극책)가 있다는 것은 단조(檀上)도 인정하고 있다. 하지만 영락조를 특징짓는 혁혁한 대외 정책도 '중화 황제의 논리'로부터 출발한 것으로, 남인 정권으로부터 탈피하여 통일 정권으로의 형성, 곧 영락제가 명조의 "일원적 통일 체제"를 완성함으로써 가능하게 되었다고 하고 있다.

더욱이 단조는 영락제가 "기본적으로는 홍무제의 방침을 계승 발전시킨 것"(단조 저서 40쪽)이라고 이해하고, 그 중요한 이유로, 북경 천도를 들어 "이 천도야말로 주원장의 의지를 잘 계승한 것"[7])이라고 하였다. 이러한 견해의 전제는 홍무 연간에 이미 "북방으로의 천도 계획"이 존재했다고 하는 사실에 근거하고 있다. 단조에 의하면, 북방 천도 계획은 홍무 23년의 '이선장의 옥'을 거쳐 "정치·경제상에서 보다 나은 단계의 국가 기초를 다져나간 명조 정권"이 새로운 정책으로 끌어낸 것으로, "홍무 24년 8월, 홍무제는 황태자로 하여금 서안 지방을 순찰하도록 하여, 그 곳으로 천도할 뜻을 표명했다"(단조 저서 같은 책 65쪽)고 하고 있다.

그런데 단조가 그 논거로 내세우고 있는 것은 『명사』 권115, 홍종효강황제(興宗孝康皇帝, 주표) 전에 보이는 다음의 사료이다.[8)

〈사료 A〉
홍무 24년 8월 태자에게 명하여 섬서를 순무하게 하였다. 이보다 앞서 황제는 응천부와 개봉부를 남경과 북경으로 삼고, 임호를 중도로 삼았다. 어사 호자기(胡子祺)가 상서하여 아뢰기를 "천하의 형세를 볼 때 수도로 삼을 만한 곳이 4군데 있습니다. 하동은 지세가 높아 서북을 제어하고 있습니다. 요나라가 이미 이곳을 도읍지로 삼았습니다. 그렇지만 그 땅은 몹시 춥습니다. 변량은 황하·회수를 끼고 있어 일찍이 송나라가 여기에 도읍하였습니다. 그러나 그 땅은 너무 평평하고 넓어서 요새로 삼을 만한 곳이 없습니다. 낙양은 주공이 이곳을 수도로 정하였고, 주나라와 한나라가 이곳으로 옮겼습니다. 그렇지만 숭산과 망산은 효

7)   檀上寬, 「漢民族國家の復興」 『アジアの歷史と文化』 4(同朋舍出版, 1994).
8)   檀上寬, 『明朝專制支配の歷史的構造』(汲古書院, 1995)의 79쪽의 주(78)에서 인용.

산이나 함곡관, 또는 종남산과 같은 험조함이 없습니다. 간수·전수·이수·낙수는 경수·위수·파수·산수와 같은 웅장함이 없습니다. 그 백이하산의 빼어남(산하의 험조함)에 의거하고 제후의 기대를 존중해야 할 것은 온 천하에 관중과 같은 곳은 없다고 하기 때문입니다"라고 하였다. 황제가 그 말을 듣고 좋다며 칭찬하였다. 이때에 태자에 일러 말하기를 "천하 산천 가운데, 오직 진의 땅만이 험요하다고 한다. 너는 거기에 가서 풍속을 살피고, 진의 부로자제들을 위로 하여라"고 하였다. 이에 여러 문무관을 골라 태자를 수행하도록 하고 그들을 파견하였다. (중략) 태자는 돌아와 섬서의 지도를 헌상하였는데, 뒤이어 병이 들었다. 병중에도 수도 건설의 방책을 상언하였다.[9]

그러나 이 『명사』 주표전의 기록을 자세히 살펴보면, 홍무제가 "그 땅(서안)에 천도할 뜻을 표명했다"는 것은 어디에도 명기되어 있지 않다. 사료에서 홍무 24년 8월 이후의 동향으로서 확실히 읽어낼 수 있는 것은 다음의 3가지이다.

① 황제의 실제 명령에 의해 황태자가 섬서 지방을 순무하였다.

② 순무의 목적은 험요로 알려진 서안의 풍속을 시찰해, 그 백성을 위로하는 데 있었다.

③ 황태자는 남경으로 돌아와 섬서 지도를 황제에 헌상 한 직후 병에 걸렸지만, 건도를 더욱 제안하고 있었다.

내용을 간추리면 이상의 3가지에 지나지 않으며, 황제가 서안 땅에 천도할 뜻을 가지고 있다는 것은 어디에도 보이지 않는다.

그리고 황태자를 섬서에 파견한 사실은 『명태조실록』 권211, 홍무 24년 8월 을축(11일)의 조에서도 확인할 수 있다.

---

9)　24년 8월, 勅太子 巡撫陝西. 先是,帝以應天·開封爲南·北京,臨濠爲中都. 御史胡子祺 上書曰, "天下形勢地可都者四. 河東地勢高, 控制西北. 堯嘗都之. 然其地苦寒. 汴梁 襟帶河·淮, 宋嘗都之. 然其地平曠, 無險可憑, 洛陽周公卜之,周·漢遷之. 然嵩·邙非 有殽函·終南之阻. 澗·瀍·伊·洛非有涇·渭·灞滻之雄. 夫據百二河山之勝,可以聳諸 侯之望,舉天下莫關中若也"帝称善. 至是, 諭太子曰, "天下山川惟秦地號爲險固. 汝往 以省觀風俗,慰勞秦父老子弟"於是擇文武諸臣扈太子行. (中略) 比還,獻陝西地圖,遂病. 病中上言經略建都事.

〈사료 B〉

　태자에게 명하여 섬서를 순무하게 하였다. 홍무제는 황태자에게 일러 말하기
를 "천하 산천 가운데, 오직 진중의 땅만이 험요하기로 이름나 있다. 지난번 네
동생으로 하여금 그 땅을 분봉하여 준지 이미 십 수 년이 되었다. 네가 한번 거기
에 유람하여 풍속을 살펴보고, 진의 부로자제들도 위로하도록 하여라"고 하였다.
이에 여러 문무관을 골라 태자를 따르게 하고 모두에게 도중 여비를 지급하였다.
그리고 지나는 부·현에 명하여 그들을 묵게한 후 보고하도록 하였다.[10]

　이 실록의 기록도 천도에 관해서는 언급하지 않고 있고, 파견 목적도 『명사』
와 같이 섬서 지방의 풍속 시찰이나 백성의 위로라고 적고 있을 뿐이다.[11]

　그러면 단조는 〈사료 A〉의 어디를 보고 황태자 파견 이유를 서안 천도에 있
다고 했던 것인가? 인용된 사료에서 판단하면, 밑줄 친 부분부터라고 생각할
수 있다.[12] "선시(先是) … 지시(至是)"라는 관용구는, 시간적으로 거슬러 올라
가는 배경 등을 설명하는 경우에 사용되는 것으로, 확실히 홍무제가 황태자를
섬서에 파견한 계기가 된 것이 어사 호자기(胡子祺)의 서안 천도 제안인 것으로
읽어 낼 수 있다.[13]

　그런데 어사 호자기의 제안이 제출되었던 시기를 보면, 다음의 『명태조실록』
권106, 홍무 9년 6월 무자 조에 분명히 나와 있듯이, 홍무 24년 섬서 파견 직전

---

10)　命皇太子 巡撫陝西. 上諭皇太子曰, "天下山川惟秦中號爲險固. 嚮命汝弟分封其地,已
　　十數年. 汝可一游以省觀風俗,慰勞秦民". 於是擇文武之臣扈從,皆給道里費. 仍命經過
　　府縣以宿頓聞.

11)　佐藤文俊는 「明·太祖の諸王封建ついて」 和田博德敎授古稀記念 『明淸時代の法と社
　　會』(汲古書院, 1993). 후에 『明代王府の硏究』(硏文出版, 1999)에 수록. 여기에서 이
　　실록의 기술을 바탕으로 하여 섬서 파견의 목적을 황태자에게 '옛 원에 대한 실제
　　적 방위와 지방의 실정을 견문시키기 위해서'(160쪽)라고 하고 있다.

12)　다만 명대 후기 이후에 성립된 사료에서는 홍무제가 천도를 위해서 황태자를 파견
　　했다고 서술한 것도 많이 있다. 예를 들면, 명의 정덕 6년에 진사 姜淸이 쓴 『姜氏
　　秘事』 卷1에, "洪武24年, 太祖以江南地薄, 頗有遷都之意. 八月命皇太子往視關洛, 皇
　　太子志欲定都洛陽, 歸以獻圖"라고 있다. 그러나 이 점에 관한 근본 사료인 『明太祖
　　實錄』에는 전혀 언급이 없고, 그 사료의 근거도 명확하지 않다.

13)　사족이지만, 호자기가 올린 상서에 대하여 洪武帝가 "稱善"이라고 한 것은 그의 의
　　론에 대한 적극적인 지지라기보다는 가벼운 찬의를 표현한 것에 지나지 않는다.

일이 아니고, 훨씬 더 거슬러 올라가 홍무 3년의 일이었다.[14]

〈사료 C〉

팽주지주 호자기를 승진시켜 연평부 지부로 삼았다. 호자기는 길안의 길수사 람이었다. 홍무 3년에 유사로서 천거되어 경사에 가서 이부 예부의 선발시험에 응시하고, 합격하여 선발된 사람이 19명이었다. (중략) 선별에 관여하였다. 마침 태사가 문재(文才)가 보인다고 아뢰었다. 황제가 기뻐하였다. 19인 모두 감찰어사로 발탁되었다. 자기가 먼저 상서하여 관중을 수도로 삼을 것을 청하였다. 그 개략을 보면 다음과 같다. (중략) 황제는 그 건의한 상주문을 보고 좋다고 칭찬하였다. 마침내 광서안찰사 첨사로 승진하였다. (중략) 이에 이르러 연평부 지부로 승진하고 그 이듬해에 병을 얻어 관직 생활을 마쳤다.[15]

---

14) 『明太祖實錄』卷54, 홍무 3년 7월 己亥條에 의하면, 胡子祺는 감찰어사에서 광서 안찰사 첨사로 승진되어 있었으므로, 감찰어사 재임의 하한선은 홍무 3년 7월이 다. 실은 『明史』卷147, 胡廣傳의 附傳에서도 상서의 시기를 '홍무 3년'이라 하고 있 다. 또 가정 23년에 간행된 吳樸의 「龍飛記略」에도, 홍무 3년 3월조에 "監察御史 胡子祺請遷都關中, 不報"라 하고 있다. 이에 대해, 吳晗,「明代靖難之役與國都北遷」 『淸華學報』10卷 4期(1935). 『朱元璋傳』(生活·讀書·新知三聯書店, 1965)이나 張 奕善,「明成祖政治權力中心北移的硏究」『國立臺灣大學歷史系學報』10·11期 合刊 (1984), 후에 『朱明王朝史論文集 -太祖·太宗編』(國立編譯館, 1991)에서, 상서의 시 기를 홍무 9년으로 하고 있는 것은 잘못된 것이다. '호자기'의 '자기'는 그의 字이 고, 이름은 秀昌이며, 그가 죽은 것은 홍무 10년 5월이었다(胡廣, 『胡文穆文集』卷 14, "先考中憲大夫延平府君贈翰林學士奉政大夫墓表"). 또한 실록이 호자기의 부전 을 기재하는데, 그가 사망한 날에 하지 않고 연평부 지부로 승관한 날에 기록하고 있는 것은 실록의 통례상 조금 이례적이다. 그의 아들 호광은 영락 16년 5월에 삼 수된 현행 『太祖實錄』총재관의 중심인물이었다(『明太宗實錄』卷120, 永樂 9年 10 月 乙巳조 및 胡儼, 「頤庵文選」卷上, "文淵閣大學士兼左春坊大學士贈慈善大夫禮 部尙書 謚文穆胡公墓誌銘"). 따라서 이 기술에는 총재관 호광과의 관계가 추정되 고, 실록의 중수사업 가운데서 호자기의 墓表 일부(서안 천도의 제안 포함)가 실 록에 가필되었을 가능성이 높다. 그렇게 말할 수 있는 것은 호광의 묘표에는, "嗚呼, 先公棄諸孤三十有六年, 未克以表于阡, 將無昭著先德"이라고 하고 있듯이, 홍무 10 년에 아버지의 사망으로부터 36년을 경과한 영락 11년 경에 쓰인 것으로, 이 시점 에서는 이미 북경 순행도 행해져 천도의 움직임은 현실화 되고 있었기 때문이다. 홍무 초년에 남경으로부터 북방으로 건도를 주장한 호자기의 제안은 삼수본 편찬 단계에서 선견지명이 있는 것으로 높이 평가되어 실록에 들어간 것 같다.

15) 陞彭州知州胡子祺爲延平府知府. 子祺吉安吉水人. 洪武三年以儒士擧赴京, 試於吏 禮二部, 中選者十九人. (中略) 與選列. 適太史奏, 文星見. 上喜, 十九人皆擇監察御史.

따라서 앞의 『명사』의 기술 자체에는 중대한 문제점이 있다고 아니할 수 없다. 즉 『명사』의 기술(사료 A)이 〈사료 B〉와 〈사료 C〉의 안이한 접합에 의해서 이루어진 것이 아닌가 하는 의문이다. 이 점을 확인하는 것은 쉬운 일이 아니지만, 적어도 어사 호자기가 관중(서안) 천도를 제안한 홍무 3년부터 황태자가 섬서에 파견된 24년까지의 20년 여의 세월의 공백을 메우지 못하는 한, 『명사』 주표전의 기술에서 섬서 파견의 목적이 '서안 천도'에 있었다고는 결코 할 수 없을 것이다.

Ⅱ. 황태자 파견의 목적

1. 진왕부(秦王府)문제

그렇다면 황태자를 섬서에 파견한 목적이 어디에 있었을까? 이에 대해서 다시 검토해 보고자 한다. 홍무 24년 8월, 황제가 황태자에게 내린 유지에는, "풍속을 살피고 진(秦)의 백성을 위로할 것"이라고 하였으므로, 공포된 파견의 목적은 진왕부가 놓인 섬서의 풍속 시찰과 그 백성을 위로하는 것에 있었다. 남경을 출발해 거의 1개월 후인 9월 9일에, 황태자는 서안에 도착했다. 관료나 지역 유력자의 환영을 받은 황태자는 그들을 위로하고 은과 교초를 하사하였다.[16]

그런데, 지방 시찰을 위해 황태자가 이 시기에 다름 아닌 서안에 파견된 데는 실은 다른 이유가 있었다. 『명사』 권116, 제왕열전1, 진민왕상전(秦愍王樉傳)에,

> 홍무 3년에 번왕에 봉해졌고, 11년에 서안으로 취번(就藩)하였다. (중략) 22년

子祺首上書, 請都關中. 其略言曰, (中略) 上覽奏稱善. 尋陞廣西按察司僉事. (中略) 至是, 陞延平府知府, 踰年以疾卒於官.

16) 『明太祖實錄』卷212, 洪武 24년 9월 癸巳. 또한 『逆臣錄』卷1, 侯 張翼에 의하면, 남옥을 비롯하여 북변 방위 임무를 띠고 있던 공신들도 이 때 서안에 모여들고 있었다. "一招, 洪武二十四年(중략) 至九月初九日, 各處公侯都到陝西朝東宮殿下, 方得與涼國公相見"

에 대종정원을 고쳐 종인부라 하고, 상(樉)을 종인령으로 삼았다. 홍무 24년 상의 과실이 많았으므로, 경사로 소환하고 황태자로 하여금 관중·섬서를 순시하게 하였다. 황태자가 돌아왔는데, 이 일로 일이 풀렸다. 이듬해 영을 내려 귀번하게 했다.[17)

라고 하고 있는데, 이것이 중요한 단서다. 이에 의하면, 홍무제의 둘째 아들 진왕(秦王) 주상(朱樉)은 홍무 11년, 그의 나이 23세 때 서안에 취번(就藩)했고, 홍무 22년에는 황족의 족칭과 본적·계보 등을 관장하는 종인부의 장관인 종인령으로 취임하였다. 그런데 진왕이 종인령으로 있을 때에 많은 허물과 과실을 거듭하고 있었기 때문에 그가 남경에 소환되는 사건이 일어났다.

황태자가 섬서에 파견된 것은 그 직후였다. 진왕에 대한 사건 조사와 뒷수습을 위하려는 목적이 있었음을 추측할 수 있다. 확실히 『명태조실록』 권211, 홍무 24년 8월 기묘(을묘의 착오) 삭조에는, "진왕 상(樉)을 소환해 경사로 돌아오게 하였다"라고 하고 있으므로, 진왕을 소환한 것은 황태자 파견의 령이 내려지기 10일 전의 일이었다.[18) 진왕의 과실 내용에 대해서는 실록에 직접적인 언급이 없다.[19) 다만 담천(談遷)의 『국각(國権)』 권9의 같은 날 기록에

진왕 상(樉)은 궁궐 기와가 푸르게 된 것을 보고, 장차 경병문(耿炳文)을 살해해야겠다고 생각했다. 홍무제는 진왕을 불러 귀환시키려 했다. 시일이 오래 지난후, 다시 절강에서 사람들을 사 왔다. 이때에 이르러 진왕을 경사로 소환하였다가 12월에 다시 서안으로 돌아가게 했다.[20)

---

17) 『明史』卷116, 諸王列傳1, 秦愍王樉傳, "洪武三年封 十一年就藩西安. (중략) 二十二年改大宗正院爲宗人府, 以樉爲宗人令. 二十四年以樉多過失, 召還京師, 令皇太子巡視關陝. 太子還, 爲之解. 明年命歸藩"

18) 『國権』9卷은 섬서 파견의 날을 8월 1일로 기록하고 있지만, 그것은 구속한 날의 잘못이라고 생각한다.

19) 또한 『明太宗實錄』卷19, 永樂 2년 4월 甲子條에, 영락제가 楚의 세자 孟烷에게 손수 써 보낸 글이 나오는데, 거기에 "昔秦愍王遣於浙江買人口, 祖皇帝聞而怒之. 秦府官屬及浙江郡縣承行者被罪. 前鑑不遠也"라는 관련 기사가 보인다.

20) 談遷 『國権』卷9, 洪武 24년 8월 乙卯朔, "秦王樉見宮瓦碧, 將殺耿炳文. 上召王還. 久之, 又市人浙江. 至是召還京師, 十二月遣歸"

라는 기사가 있다. 진왕은 과거 진왕부 좌상(左相)으로서 왕부 설립의 준비 책임을 맡았던 경병문(耿炳文)[21]을 살해하려 하였고, 더불어 인신매매를 했는데, 이런 일은 황제의 분노를 샀고, 그 결과 진왕이 경사로 소환되었다고 하고 있다.

다만 이 기사는 명말 청초의 담천이 의거한 사료가 무엇인지 확정할 수 없다는 점, 서안으로 귀환이 허락되었던 그 시기(후술)에 잘못이 있다는 점 등, 문제가 없는 것은 아니다. 그러나 다행히도 『명태조실록』 권210, 홍무 24년 7월 임자조에 황제가 진왕부에서 퇴직한 장사(長史) 문원길(文原吉)에 내린 유지에서도 진왕 과실의 일단을 엿볼 수 있다.

> 좌장사 문원길이 옛날 진부에 있을 때 그 소임을 잘 마침에, 그로 말미암아 왕부가 안정이 되고, 민들은 마을에서 즐겁게 지낼 수 있었다. 일단 그가 퇴직하고 돌아가자, 왕부가 흉하고 민심이 어지러워졌다. 그렇게 된 까닭은 뭇 소인들이 간사하여 그릇된 된 일을 저지르고 있기 때문이다. 이에 충량한 사람과 간악한 도적은 확연히 드러난다. 짐으로 하여금 경들이 밤낮으로 잊지 않기를 바라게 한다.[22]

이를 보면, 문원길이 퇴직한 후, 진왕을 보좌하는 관료들 가운데 적격자가 부족했기 때문에, 진왕부에서는 재난이 생기고 민중의 생활이 요란하게 된 것이라고 말하고 있다.[23] 재난의 내용에 대해서는 분명하지 않지만, 문원길이 퇴

---

21) 耿炳文은 홍무 2년에 군대를 주둔시켜 섬서를 든든히 지켰고, 홍무 3년에 진왕부 좌상 겸 섬서행성우승이 되어 張興侯에 봉해졌다. 焦竑, 『國朝獻徵錄』 卷8, 「張興侯耿炳文傳」.

22) 『明太祖實錄』 卷210, 洪武 24년 7월 壬子, "左長史文原吉, 昔在秦府終其任, 而國賴以安, 民樂田里. 一旦致政而歸, 國凶而民擾. 所以然者, 由群小憸邪導其爲非. 於是 忠良姦昭然可見. 使朕念卿夙夜不忘"

23) 朱國禎, 『皇明史槪』 皇明大政記, 卷7에는 "(太祖)念天下形勢在西北, 金陵偏左, 宮殿稍窪, 欲徙都關中. 秦王聞之, 有怨言. 召入京錮之, 命太子巡撫. (중략) 計定, 赦秦王, 將改封. 僅五閏月, 二十五年四月 太子薨"라고 되어 있어, '서안 천도'에 의해서 어쩔 수 없이 봉지가 바뀌게 될 진왕이 원망의 말을 했던 것이 소환된 이유로 되어 있다. 건륭 연간에 편찬된 『明鑑綱目』 卷1도 동일한 기사를 싣고 있다. 그러나 이것은 어디까지나 견강부회에 지나지 않을 것이다. 진왕이 사면된 것은 후술하겠지만 황태자 사후인 홍무 25년 7월의 일이고, 천도로 말미암아 봉지가 바뀔 것에 대한

직한 것은 홍무 21년 9월[24]이므로, 문제가 발생한 것도 그 이후가 된다. 그러나 이러한 사실이 밝혀지기 시작한 것은 황제가 특별히 사자를 보내어 문원길에 폐물을 내린 홍무 24년 7월을 그렇게 거슬러 올라가지 않을 것이다. 홍무 23년 9월에, 진(秦)왕·진(晉)왕·연왕 등의 세자에게 내려질 황금 약 9kg의 금인 주조를 예부에 명한 적이 있다.[25] 그 직후에 세자 진왕(秦王)에 대해서만 주조가 정지된 것은 아마 이 시기에 문제가 발각된 것과 관계가 있었음이 틀림없을 것이다.

어쨌든, 이러한 배경으로 홍무 24년 8월 1일에 진왕이 남경으로 소환되었다고 생각할 수 있다. 그리고 10일 남짓 후에 황태자가 섬서에 파견되었는데, 홍무제의 유지 가운데에 나와 있는 "진의 민을 위로하라"라는 말대로, 진왕부가 안고 있던 혼란 가운데서 서안의 민중을 위로하는 것이 파견 목적의 하나였다고 생각할 수 있다.

소환 이후도, 진왕은 진(晉)·연·주·초·제·상의 6왕부와는 달리, 향신료 후추를 하사받지 못하는 등,[26] 분명히 남경에서 근신에 가까운 처분을 받고 있었다고 추측된다. 그 후 근신 처분을 마치고 서안으로 돌아가게 된 것은 홍무 25년 7월의 일이었다.[27] 이보다 앞서 5월에는 근신 기간 동안이었던 진왕을 보좌했다고 생각되는 기선 왕기(王紀) 등 13인에게 비단과 백초(帛鈔)를 하사하였다.[28] 그 후 특별한 문제가 일어나지 않은 것 같아서 홍무 26년 3월에 진왕부 호위병을 증강(서안 중호위·좌호위·우호위의 3위 설치)하였던 것이다.[29]

그런데 가정(嘉靖) 36년의 서문(序文)으로 되어 있는 고대(高岱) 『홍유록(鴻猷錄)』 권7, 봉국연경(封國燕京)에는,

---

진왕의 움직임에 대해서도 관견으로는 이것을 뒷받침할만한 자료가 없다.
24) 『明太祖實錄』 卷193, 洪武 21년 9월 丙申條. 역시 주(8)의 左藤의 논문 가운데, 문원길이 홍무 24년까지 좌장사의 지위에 있었다고 한 것은 잘못된 표현일 것이다.
25) 『明太祖實錄』 卷204, 洪武 23년 9월 戊午條.
26) 『明太祖實錄』 卷214, 洪武 24년 11월 丙午條.
27) 『明太祖實錄』 卷219, 洪武 25년 7월 庚辰條.
28) 『明太祖實錄』 卷217, 洪武 25년 5월 庚寅條.
29) 『明太祖實錄』 卷226, 洪武 26년 3월 辛酉條·庚午條·甲戌條.

(홍무) 23년 경오, 문황제(연왕)가 이미 왕부로 돌아갔다. 태조는 제왕들이 군대의 일을 잘 알기를 원하였다. 그리하여 즉시 칙서를 내려 진왕(秦王)이 진왕(晉王)·연왕을 이끌고 여러 장수들을 감독하게 하고 길을 나누어 북쪽에 남은 몽골군을 정벌하게 했다. 진왕(秦王)·진왕(晉王)의 군대가 오랫동안 출정하지 않았다. 문황제는 부우덕(傳友德) 등을 이끌고 사막으로 나가, 이도산(迤道山)에 이르러, 몽골 장군 내아불화(乃兒不花)를 사로잡아 돌아왔다. 진왕이 상언하길 문황제는 절제하기를 준수하지 않았습니다라고 하였다. 문황제 역시 상서하여 스스로 진술하였다. 태조는 그 정황을 알고 문황제를 칭찬하고 위로하였다. 그리고 칙유를 내려 진왕을 훈계하였다.[30]

이 자료에 의하면, 북변의 군사적 지휘권을 제왕들에게 맡기려 하였던 홍무제가 홍무 23년에 진(秦)왕에게 진(晉)왕과 연왕을 인솔하고 북쪽의 몽골군을 정벌하도록 명했을 때, 진(秦)왕과 진(晉)왕의 군대가 오랫동안 출정하지 않아, 진(秦)왕이 훈계를 받는 사건이 있었다는 것이다. 이에 대해『명태조실록』권199, 홍무 23년 정월 정묘조에는, "진(晉)왕과 현 황제(연왕)에게 조서를 내려 각각 자신의 군대를 이끌고 가서 몽골을 정벌하게 했다"고 하고 있어, 진왕과 연왕에게 북정 조서가 내려졌다고 하고 있다. 진(晉)왕이 몽골 군대를 찾아내지 못하고 귀환했다고 한 것에 반해,[31] 연왕이 내아불화(乃兒不花)를 평정하였고, 이로 말미암아 홍무제는 기뻐서 여러 신하들에게 "사막을 말끔히 한 사람은 연왕이다. 짐도 이로써 북변에 대한 걱정이 없어졌다"고 말했다고 한다.[32] 현존하는『태조실록』은 전술한 것처럼 두 번이나 개편되어 바로 잡았기에 영락제의 의지가 강하게 반영되어 있는데, 이 부분도 그 가운데의 하나일 것이다. 그것은 그렇다 하더라도, '엄의영무(嚴毅英武)'[33]라고도 평가되는 둘째 아들 진(秦)왕을

---

30) 高岱,『鴻猷錄』卷7, 封國燕京, "二十三年 庚午, 文皇帝旣之國. 太祖欲諸王知軍旅之事, 乃勅秦王率晉王·燕王督諸將分道北征殘虜. 秦王·晉王師久不出. 文皇帝率傳友德等出砂漠, 至迤道山, 擒虜將乃兒不花還. 秦王上言, 文皇帝不遵節制. 文皇帝亦上書自列. 太祖廉知其情獎慰之. 仍降勅諭戒秦王".

31)『明太祖實錄』卷200, 洪武 23년 3월 癸巳條.

32)『明太祖實錄』卷201, 洪武 23년 윤4월 癸亥條.

33) 傳維鱗,『明書』卷86, 皇子諸王宗室記, 秦記에, "秦王樉, (中略) 王生而岐嶷, 嚴儀英武. 上委以關西兵事, 得專行賞罰. 歲秋巡邊, 大將皆聽節制. 御軍整肅, 所過秋毫

제쳐놓고, 셋째 아들 진(晉)왕과 넷째 아들 연왕에게만 출정을 명했다고 실록이 기록하고 있는 것은 관할구역의 차이가 있다고 하더라도 어딘가 좀 부자연스러우며, 고대(高岱)가 『홍유록(鴻猷錄)』에서 언급한 바와 같이 진(秦)왕도 북정 명령을 받았을 가능성을 배제할 수는 없다.

2. 진왕부(晉王府) 문제

황태자 서안 파견에 앞서, 태원(太原)에 있던 셋째 아들 진왕(晉王) 주강(朱棡)이 모반을 꾀하고 있다는 것이 고발되었다.[34] 『명사』 권116, 제왕열전1, 진공왕강전(晉恭王棡傳)에,

> 홍무 3년에 봉해지고 11년에 태원에 취번하였다. (중략) 어떤 사람이 강이 모반을 꾀하고 있다고 고하였다. 황제는 노하여, 이를 벌하고자 하였다. 이때 태자가 힘써 구했기에 죄가 면해졌다. 24년 태자가 섬서를 순회하고 돌아올 때에, 강도 태자를 따라 궁궐로 돌아왔다. 홍무제가 명하여 그를 다시 취번하게 하였다. 이 때부터 지난날의 태도를 바꿔 자신을 낮추었고, 관속을 대하는 데에도 모두 예를 차렸다. 다시 공손하며 삼가는 태도가 있었다.[35]

라고 한 것이 그것이다. 고발 내용을 들은 황제는 격노해, 진(晉)왕을 처벌하려고 했다. 그러나 황태자의 구명 탄원에 힘입어 진왕은 처벌되지 않았다. 황태자가 섬서를 시찰하고 돌아올 때에 진왕도 함께 남경으로 입궐했다.

無犯, 未嘗妄戮一人"이라고 하고 있다. 또 王世貞, 「弇山堂別集」 卷32, 同姓諸王表의 "秦愍王樉"도 秦王의 군사적 계략에 대해 다루고 있다. 역시 佐藤文俊도 주(101)의 앞 논문에서, 현행의 실록에는 秦王에 관한 기사가 적고, 평가도 좋지 않은 것을 지적하고 있다.

34) 朱鴻, 『明成祖與永樂政治』(國立臺灣師範大學 歷史研究所專刊 17, 1988)은 王崇武, 『奉天靖難記註』를 인용하고, 이 고발이 연왕의 음모일 가능성을 지적하고 있다.

35) 『明史』 卷116, 諸王列傳1, 晉恭王棡傳, "洪武 三年封, 十一年 就藩太原. (중략) 或告棡有異謀, 帝大怒, 欲罪之. 太子力救得免. 二十四年 太子巡陝西歸, 棡隨來朝. 勅歸藩. 自是折節, 待官屬皆有禮, 更以恭愼聞".

강청(姜淸) 『강씨비사(姜氏秘史)』 권1은 보다 상세하게 그 경위를 밝히고 있다.

> 홍무 15년에 고황후가 붕어하였다. 태조는 정사를 돌보는데 싫증이 나서 황태자에게 모든 정무를 결재하게 하되, 다만 군국의 중대한 일만 보고를 받고 처리하였다. (중략) 1년 남짓 되어 태조가 다시 친정하였다. 때마침 밀고하는 자가 있어, 진왕 강(棡)이 역모하고 있다는 소식을 들었다. 태조는 사람을 보내어 조사해 보니, 병사들을 오대산에 몰래 숨겨 두고 있었다. 반역의 형태를 이미 구체적으로 갖추고 있었기에, 태조는 크게 노하고, 군사를 발하여 이를 토벌하고자 하였다. 황태자가 말하기를, "강의 반항할 시기 이미 늦었습니다. 밀고한 것을 강은 아직 틀림없이 모르고 있을 것입니다. 지금 군사를 내 보낸다 하더라도, 만일 강이 명령을 거부한다면, 이로 말미암아 부자간에 서로 적이 될 것입니다. 저에게 순변(巡邊)시켜 함께 오도록 하는 것만 못합니다"라고 했다. 태조는 크게 기뻐했다. 이에 황태자가 나가 연(燕)·대(代) 및 진(晋)을 지나 열흘간 머물었는데 크게 환대를 받았다. 황태자가 떠나는데, 진왕이 배웅하여 하남 경계에 이르렀다. 황태자가 말하기를 "부왕은 너 보기를 원한다. 함께 가는 것이 좋겠구나"라고 했다. 진왕은 생각할 겨를도 없이 바로 명을 받아드리고, 드디어 황태자를 따라 함께 경사에 이르렀다. 황태자가 머리를 조아려 절하며 애원하였다. 이에 진왕을 서인(庶人)으로 강등시켜 경사에 머물게 하였다.[36]

진왕(晋王) 주강(朱棡)이 오대산에 무기를 숨겨 놓고 모반을 기획하고 있다는 것이 분명히 드러나자, 이에 격노한 홍무제는 군대를 동원해 진왕을 토벌하려고 했다. 그러나 사건의 원만한 해결을 바라던 황태자는 자기 자신이 스스로 북변을 시찰하고, 진왕을 남경으로 데려올 것을 황제에게 제안했다. 그 제안이 받아들여지자, 황태자는 연·대·진의 각 왕부를 순력했다고 한다.

또한 『강씨비사(姜氏秘史)』에 의하면, 밀고한 시기는 홍무 15년 이후인 것이

---

36) 姜淸, 『姜氏秘史』 卷1, "洪武十五年高皇后崩. 太祖倦勤, 命皇太子裁決庶政, 惟軍國重務以聞. (중략). 歲餘太祖復親政. 時有告密者, 以晋王棡逆謀聞. 太祖遣人察之, 藏兵五臺山. 反形已具, 太祖大怒, 欲發兵討之. 皇太子曰, 棡反期尙遲. 告密者姜未必知. 今以兵往, 萬一姜拒命, 是父子爲敵也. 莫若令臣巡邊, 因與俱來. 太祖大悅. 於是, 皇太子出巡歷燕·代及晋, 居浹旬歡甚. 皇太子行, 晋王送及河南界. 皇太子曰, 父皇欲見汝 可偕行. 晋王倉卒受命, 遂從至京. 皇太子叩頭乞哀. 乃降爲庶人居京師", 만력 연간에 간행된 屠叔方의 『建文朝野彙編』 卷1, '遜國編年'에도 동일한 기사가 실려 있다.

확실하다. 그러나 황태자가 북변을 순력하는 것은 24년이 최초이니, 이때의 일이라고 한정할 수 있다. 또 황태자가 연왕부가 놓인 북평(후의 북경)이나 대왕부가 놓인 대동까지 갔는가의 여부에 대해서는 실록에 전혀 언급이 없다. 그러나 황태자가 서안에 도착한 9월 9일부터 남경으로 돌아 온 11월 28일(경술)까지는 족히 2개월 이상의 기간이 있어, 북평(북경)까지 발을 내디뎠을 가능성도 부정할 수 없다.[37] 다만 열세번째 아들 대왕(代王) 주계(朱桂)가 실제로 대동에 취번한 것은 홍무 25년 9월[38] 이후의 일로, 순변 중에 황태자가 대왕과 만날 수는 없다. 어쨌든 황태자가 북변을 시찰하고 돌아온 그 날에, 진왕(晉王)도 남경으로 들어 와 입궐했다는 것이 실록에 의해 확인될 수 있어,[39] 진왕을 데려오는 데 성공했다는 것을 알 수가 있다.

전술한 것처럼 이 시기 진왕(晉王)은 연왕과 함께 공신을 대신하여 북변 방위의 실질적 책임을 지고 있었다.[40] 진왕이 음모를 기획하고 있었다는 고발을 받은 사실에 대해서는 실록과 같은 동시대의 사료에는 유감스럽게도 확인할 수 없다.[41] 그러나 황태자가 섬서로 출발한 후인 8월 21일, 홍무제가 황태자에게 보낸 유지에서 그 흔적을 엿볼 수 있다.

　　이제 너로 하여금 섬서를 순행하도록 명한다. 바야흐로 강을 건너려 할 때, 날씨가 갑자기 변하고, 동남쪽에서 번개가 쳤다. 네가 서북으로 가는데 자연조화를 가지고 말한다면, 번개는 천위(天威)이다. 너는 앞서 가고, 번개가 뒤 쫓는데, 이

---

37) 당시 육로로 북평(북경)에서 남경까지 가는 데에는 거의 1개월이 걸렸다. 본서 제6장「홍희에서 선덕까지」참조.

38) 『明太祖實錄』卷221, 洪武 25년 9월 癸卯條.

39) 『明太祖實錄』卷214, 洪武 24년 11월 庚戌條.

40) 『明太祖實錄』卷199, 洪武 23년 정월 丁卯. 卷201, 같은 해 윤4월 乙丑條.

41) 다만 진왕에게 내린 칙유를 주로 수록한 명 초본 『太祖皇帝欽錄』(『圖書季刊』1卷 4期, 1971년 所收)에는 홍무 24년 9월 9일에 舍人 漢玉이 봉천전에서 황제의 명령을 받은 "爾去對殿下說. 罪重的釘將來. 罪輕的 就那裏廢了(欽此)"라는 성지를 신고 있다. 날짜로 판단하건데, 진왕에 관한 것이라 생각된다. 대내 궁궐에 수장되어 있던 본 사료의 가치에 대해서는 昌彼得의 "敍錄"참조. 본 사료는 佐藤文俊의 가르침을 받고 또한 그의 호의로 이용할 수 있게 되었다.

것은 위세를 떨칠 징조다. 그러나 10일 동안 오래도록 어두컴컴한데 비가 오지 않았다. 점법에 따르면 음모가 있을 징조다. 그러니 너는 항상 거동을 삼가하고, 음식을 절제하며, 숙위를 엄히 하고, 군자를 가까이하고 소인을 멀리 해야 할 것이다. 힘쓸 것은 어진 마음을 잘 간직하고 본성을 잘 키워나가는 일이며, 은혜를 베풂으로써 하늘의 뜻이 되돌아오도록 하는 것이다. 번개의 길조, 아직은 믿을만 하지 못하다. 너는 매사에 언행을 조심하여라.[42]

황제는 황태자가 섬서로 가기 위해 양자강을 건넜을 때, 일행의 뒤를 쫓는 것 같은 천둥소리를 길조로 인정하면서도, 10일 이상이나 계속되던 비가 내릴 것 같으면서도 내리지 않는 음울한 기후로 말미암아, 음모 기획의 낌새를 탐지하고, 황태자에게 특히 주의를 촉구하였던 것이다.

홍무 23년 당시, 홍무제는 제왕에게 북변의 군사권을 부여하는 일을 추진하는 한편, 10년 전의 〈호유용의 옥〉을 되풀이 하여 이선장 이하 여러 공신들을 숙청하려 하였다. 숙청 대상은 타도하고자 한 공신들은 물론이고, 그들과 혼인 관계를 맺고 있던 제왕까지 확대되었기 때문에 그들도 적지 않게 동요하였다. 여덟번째 아들로 장사에 취번하고 있던 담왕(潭王) 주재(朱梓)가 스스로 분신자살한 것은 왕비 어씨(於氏)의 아버지인 도독 현(顯)과 형제인 지휘 호(琥)가 '호유용의 옥'에 연좌되어 주살되었기 때문이었다.[43] 그리고 취번 후 거의 10년을 경과한 북방의 제왕들도 홍무제의 기대에 미치지 못하여, 제왕봉건체제에도 여러 문제가 계속 발생하고 있었다. 22년 11월, 산동 연주부(兗州府)에 취번하고 있던 열번째 아들 노왕(魯王) 주단(朱檀)은 금석약(金石藥), 곧 금석이 든 약을 먹고 요절했기 때문에, 홍무제는 '황왕(荒王)'이라는 시호를 내렸다.[44] 다음 12월에는, 다섯번째 아들로 개봉에 취번하고 있던 주왕(周王) 주숙(朱橚)이 제멋대

42) 『明太祖實錄』卷211, 洪武 24년 8월 乙亥, "今命爾巡行陝西. 方渡江之際 天道赫然 有變, 雷起東南. 爾征西北, 以造化言之, 雷天威也. 爾前行, 雷後隨, 威震之兆也. 然 一旬之間, 久陰不雨. 占法, 主陰謀事, 爾宜愼擧動, 節飮食嚴宿衛, 親君子遠小人. 務 在存仁養性, 施恩布惠, 以回天意. 雷之嘉兆, 未可恃也. 爾其愼之".

43) 『明太祖實錄』卷201, 洪武 23년 4월 丙申條 ;『國権』卷9, 동년 동월 甲午朔條 ; 『明史』卷116, 諸王一, 潭王傳.

44) 『明太祖實錄』卷198, 洪武 22년 12월 庚戌條.

로 봉국을 떠나 봉양(鳳陽)으로 옮겨가 살았기 때문에 운남으로 유배되는 사건[45]도 일어났다.

이미 고찰한 진(秦)왕이나 진(晋)왕의 사례도, 제왕봉건제 자체가 가지는 문제점이 현실로 드러나 있음을 말해주고 있는 것이다. 따라서 24년의 황태자 섬서 파견은 서안으로 천도한다는 것을 목적으로 행해진 것이 아니라, 사토(佐藤文俊)가 이미 지적한 북변 방위의 실정을 살피기 위한 시찰이라는 의미와 더불어 수도를 남경에 둔 것을 전제로 하여 북변 중심으로 배치된 제왕봉건체제가 안고 있는 여러가지 문제를 조정하는 것이라는 맥락에서 이해되어져야 한다고 생각한다.

Ⅲ. 홍무 8년 이후 수도 남경의 건설 과정

지금까지의 고찰을 통해 황태자의 섬서 파견은 '서안 천도'를 위해서가 아니라, 진왕(秦王)이나 진왕(晋王)이 일으킨 문제에 대한 해결이나 북변 시찰에 있었음이 밝혀졌다. 그렇다면 이 파견 사실 외에 이 시기에 '서안 천도'의 움직임이 간파되었는가의 여부에 대해서 좀 더 검토해 보겠다.

이 시기에 천도 문제가 부상된 배경으로, 단조(檀上寬)는 "주원장으로서는 최후 탄압이라고 여겼던 〈이선장의 옥〉 사건을 거쳐, 일단 국내가 안정되었던 당시, 강남과의 지겨운 인연도 완전히 끊고, 심기일전의 정책을 추진하려고 한 것은 아니었겠는가. 다시 말하면, 국가 통일 이래의 숙원인 남인 정권으로서의 폐쇄적인 국가로부터 탈피하는 것이 바로 이 천도에 달려 있었다"(檀上 저서 65쪽)고 설명하고 있다. 그러나 실제로는 홍무 25년 4월 황태자가 병으로 갑자기 죽자, 천도 계획은 바로 중단되고 말았다고 하고 있다. 그 이유로 『천하군국이병서(天下郡國利病書)』 제8책, 강녕노안(江寧盧安), 남경 궁전의 기술을 바탕으로,

---

45) 『明太祖實錄』 卷198, 洪武 22년 12월 甲辰條. 주왕이 개봉으로의 復國이 허용된 것은 홍무 24년 12월의 일이다. 동서 卷214, 洪武 24년 12월 庚午條.

"주원장은 가장 사랑하는 황태자를 잃은 충격과 노령으로 말미암아, 그 이후 새롭게 토목공사를 일으켜 천도할 기력도 없어진 것 같다"(같은 책 66쪽)고 추정하고 있다.

> 처음 대내궁궐은 연미호를 메워 이것을 조성했다. 지세가 가운데는 내려앉고, 남쪽은 높고 북쪽은 낮아, 홍무제는 후에 이것을 후회하며 뉘우쳤다. (홍무 25년 광록시(廣祿寺)의 조신(竈神)에게 제사하는 글에 이르기를, "짐이 천하를 다스리기 수 십 년, 일마다 옛 것을 따라 사건을 풀어나갔다. 생각건대 궁성의 앞은 높고, 중간은 움푹 들어가 있어, 형세가 어울리지 않으므로, 본래 천도하려고 하였다. 지금 짐은 늙고, 정력이 이미 다 쇠하였다. 또한 천하가 새롭게 다 평정되어 있어, 민을 수고롭게 하는 것을 원치 않는다. 또한 흥망이 몇 차례 있었으니, 지금은 다만 하늘의 뜻에 따를 뿐이다. 오직 바라기는 짐의 이 마음을 거울삼아, 그 자손을 복되게 하는 것을 … 등등."[46]

관견으로 말하면, 이 사료는 『천하군국이병서』에만 실려 있는 것이고,[47] 게다가 제문(祭文)의 일부분 밖에 채록되어 있지 않아, 전체 문장의 뜻이 조금 명료하지 않은 면도 있다.

조왕신(竈王神)을 제사하는 습관이 남경에서는 매년 12월 24일 저녁 때에 이루어졌다. 이 날 조왕신이 하늘로 올라가, 그 집에 1년간에 생긴 잘못이나 허물을 온 만물을 주재하는 상제에게 보고한다고 생각되었기 때문에, 입막음으로 맛있는 떡 종류를 올리는 행사다.[48] 따라서 후반 부분의 "또한 흥망이 몇

---

46) 『天下郡國利病書』第8册, 江寧盧安, 南京宮殿, "初大內, 塡燕尾湖爲之. 地勢中下, 南高而北卑, 高皇帝後悔之. 〔二十五年祭廣祿寺竈神文曰, 朕經營天下數十年, 事事按古有緒. 惟宮城前昂中窪, 形勢不稱, 本欲遷都. 今朕年老, 精力已倦. 又天下新定, 不欲勞民. 且廢興有數, 只得聽天. 惟願鑑朕此心, 福其子孫〕云云"〔 〕안은 단조의 인용 부분.

47) 『全明文』卷33, 朱元璋(上海古籍出版社, 1992)에도 "祭廣祿寺竈神文"이 실려 있으나 똑같이 『天下郡國利病書』에서 인용한 것이다. 역시 朱國禎, 『涌幢小品』卷4, 都城에도, 동일한 기사가 실려 있음을 후에 알게 되었기에 여기에 부언해 둔다.

48) 正德 『江寧縣志』(『南京文獻』 5, 南京市通志館, 1947년 所收) 卷2, 風俗. 본 사료는 三木聰의 호의로 이용할 수 있었다.

차례 있었으니, 지금은 다만 하늘의 뜻에 따를 따름이다. 오직 바라기는 짐의 이 마음을 거울삼아, 그 자손을 복되게 하는 것"이라고 하는 문장은 그 해 4월에 일어난 황태자의 급사(急死)라는 불행을 뒤돌아보고, 주씨 가문의 운명을 하늘에 맡기지 않을 수 없었던 주원장의 홍무 25년 때의 심정을 솔직하게 토로한 것이라고 생각된다. 그렇지만 "궁성의 앞은 높고, 중간은 움푹 들어가 있어, 형세가 어울리지 않으므로"라고 하는 풍수 문제에서 발단했다고 보는 천도 문제가, 오함이나 단조가 말하듯이 전년의 이른바 '서안 천도'의 움직임을 가리키는 것이라고 단정할 수는 없다. 오히려 홍무 2년 9월에 시작하였다가 후에 중지되었던 중도(中都) 건설49)이나, 전술한 홍무 3년 어사 호자기의 서안 천도 제안에 대해서 황제가 찬성의 뜻을 나타낸 사실들이라고 생각된다.

그렇게 말할 수 있는 것은 대내궁궐의 대부분에 상당하는 연미호(燕尾湖; 前湖)를 매립해 신 궁전을 건설한 것은 오왕 시대인 지정 26년(1366)의 일로, 풍수상의 문제는 주원장 자신이 일찍 초기 단계부터 인식하고 있었다고 생각되기 때문이다. 그 후 홍무 11년에 새롭게 남경을 경사로 삼는다는 결정이 이루어졌던 것이다. 사료가 결여되어 있기 때문에 입증하기는 어렵지만, 개인적인 견해로는 홍무제가 홍무 20년대에 이르러서도 역시 남경 이외의 어느 곳에 수도를 옮겨야겠다는 계획을 세웠다고는 생각할 수 없다. 이 점을 확인하기 위해서, 이 시기 순조롭게 진행되고 있던 남경의 수도 건설 과정에 주목하여 더 살펴보고자 한다.

근년 장천(張泉)의 연구50)에 의하면, 명초 남경성의 건설 과정이 다음의 5단계로 나누어져 있다.

제1단계 : 지정 16~25년(1356~1365)-작전 근거지로서의 시기

---

49) 松本隆晴, 「明代中都建設始末」『東方學』67輯(1984). 후에 「明代北邊防衛體制の研究」(汲古書院, 2001)에 수록. 王劍英, 『明中都』(中華書局, 1992).
   〈옮긴이 주〉 명태조의 중도 건설 포기에 대해서는 전순동, 「명태조 중도 건설 포기의 배경에 대하여」『호서사학』36(2003) 참고.
50) 張泉, 「明初南京城的規劃與建設」『中國古都研究』2輯(1986).

제2단계 : 지정 26~홍무 2년(1366~1369)-응천부가 수도로 정해졌던 시기
        [제1차 건설 러시기]
제3단계 : 홍무 2~8년(1369~7135)-개봉에 '북경'을 세우고, 중도(中都, 봉양 : 鳳
        陽)와 남경의 건설이 병행되어 추진되던 시기
제4단계 : 홍무 8~31년(1375~1398)-중도 포기로 '북경'을 폐지하고 다시 남경
        을 경사(京師)로 삼았던 시기[제2차 건설 러시기]
제5단계 : 건문원~영락 18년(1399~1420)-북경 천도를 위한 준비 시기

　문제의 섬서 파견이 이루어졌던 홍무 24년은, 제4단계, 즉 제2차 건설 러시
기에 해당한다. 이 기간은 홍무 2년 9월에 시작하던 중도 건설을 목전에 두었
다가 8년 4월, 돌연 중지한 시점에서 시작한다. 대내궁전이나 태묘·사직단의 개
수 공사에 착수하고, 그 완성에 이어 11년 정월에 남경이 다시 '경사'로 정해졌
다. 그 후에도 궁전은 물론 성벽이나 대로 및 군민(軍民)의 가옥 등 건설 러시가
계속되어, 수도 남경의 기반 시설 정비가 진행되었다.
　그런데 이 제4단계를 필자 나름대로 상세하게 검토해 보면, 다음과 같은 3기
로 나눌 수 있다.
　제1기(홍무 8~11)-중도건설 중지 조서에 이어, 8년 9월 남경의 대내궁전 개축
조서가 발표되어, 이른바 남경 회귀의 현상이 진행되던 시기.[51]
　태묘·사직단, 천지를 함께 제사하는 환구(圜丘, 大祀殿) 등을 개축하고 일련
의 예제상의 건물정비가 추진되었다. 그리고 10년 10월 대내궁전의 완성에 즈
음하여 그 이듬해 정월에 남경을 '경사'로 정하고 북경(개봉)을 폐지했다. 중도성
(中都城, 鳳陽)의 서남 교외에 있는 황릉에 지금도 서 있는 황릉비(皇陵碑)는 그
해 4월에 홍무제가 자신의 손으로 쓴 것인데, 그 비문 가운데에 "금릉(남경)에 수
도를 정하였다"라고 명언한 다음, 황릉의 이장도 기획했으면서도, 점술가의 반대

---

51)　근년, 大田由紀夫,「南京回歸 -洪武體制の形成-」『名古屋大學東洋史研究報告』25
　　號(2001)도, 홍무 정권의 홍무 8, 9년 이후의 남경 회귀의 움직임을 고찰하고, 이
　　후, 남방에 기축을 두는 '홍무체제'가 형성되었다고 하고 있다.

사진 2. 주원장 부모릉에 있는 "明皇陵 無字碑"

사진 1. 주원장 부모릉에 있는 명황릉비

로 중지시킨 경위도 언급하고 있다.[52]

제2기(홍무 11~16)-황성의 동북쪽에 있는 종산(鐘山, 紫金山) 남쪽으로 산릉(능묘)지역을 선정하여 산릉 건설에 착수하던 시기.

마황후가 병으로 드러눕게 되자, 산릉 건설은 초미의 관심사가 되었다. 14년 12월 종산의 땅이 선정되어 건설이 진행되던 가운데, 이듬해 8월에 마황후가 서거했다. 다음 달 황후의 관(梓宮)을 능묘에 매장하고, 이를 '효릉(孝陵)'으로 명명했다. 16년 5월에는 효릉전(孝陵殿)도 완성했다. 이에 앞서, 황성의 서북쪽에 있는 계명산지구의 정비와 산릉건설에 따라 어쩔 수 없이 이전하게 된 영곡사(靈谷寺) 등 동북 지구도 재개발하였다.

제3기(홍무 16~31)-궁전이나 능묘의 건설이 일단락되고, 문무 여러 관청의 이전 정비, 대로·교량, 성곽·성문, 경관(京官)의 관사, 국자감생 숙소 등 수도 전반의 기반 시설 정비 및 확충이 꾀해지던 시기.

---

52) 『明太祖實錄』卷118, 洪武 11년 4월.『天潢玉牒』附「帝皇陵碑」.
〈옮긴이 주〉 鳳陽에 있는 명황릉에는 碑가 두군데 있는데, 서로 마주 보고 있다. 하나는 본문에서 언급한 바대로 홍무제가 쓴 글이 새겨져 있는 皇陵碑이고, 나머지 하나는 아무 글자도 없는 明皇陵無字碑이다. 그런데, 이 碑의 규모는 明成祖가 그의 부친의 능묘에 功德을 기리기 위하여 神功聖德碑를 세우려고 준비하고 있었던 "陽山 碑材"(78쪽에 사진을 실었음)에 비하면 규모가 크게 차이난다.

먼저 19년 12월에, 통제(通濟)·취보(聚寶)·삼산(三山)·홍무(洪武) 등의 문이 개수되고, 후호성(後湖城)과 육부 담장이 신축되었다.[53] 특히 홍무제의 '마지막 거처'였던 서궁(西宮)[54] 건설도 22년에 시작되었다. 그 다음 23년에는 외성(외곽성) 15문[55]과 각 천호소(千戶所)가 새로 설치되었다. 이것은 종산(鐘山)이나 우화대(雨花臺) 등 중요한 산들을 외곽성 내에 포함시켜 호위를 강화함과 동시에, 크게 변형된 남경성의 도성 계획을 보다 전통적인 방법으로 조정하였다. 10월에 종래의 남북 두 병마 지휘사를 동(東)·서(西)·남(南)·북(北)·중(中)의 5성병마지휘사(五城兵馬指揮使)로 개편한 조처는[56] 그간 확대 정비되었던 수도 남경의 도시 공간을 다시 획정하는 일이 되었다. 그 후, 홍무제의 재위 기간이 끝날 때까지 남경의 정비는 계속 이어졌다. 25년, 종인부·오부·육부·태상시·흠천감이 개축되었다.[57] 형부·도찰원·대리시 등 형법 관련의 관청은 홍무 17년 이미 태평문 밖으로 이전되었으나[58] 종인부와 이호예병공의 오부가 광경문(홍무문)의 동쪽으로, 중좌우전후의 오군도독부와 태상시·흠천감은 서쪽으로 이전되었고, 문무 여러 관청이 황성의 남쪽 좌우로 나누어져 나란히 들어서게 되었다. 나아가 대내 금수교, 단문·승천문루, 장안동문과 서문, 두 개의 문이 건설되어 황성으로서의 위엄이 한층 더 두드러지게 되었다. 27년 8월에는 경도주루(京都酒樓, 5樓)가 증축되고, 10월에는 한림원·첨사부·통정사사, 금의·기수 2위 등이 잇달아 재건되었고, 30년에는 국자감과 공자묘도 개수되었다.

그런데 홍무제가 '서안 천도'를 표명했다고 하는 홍무 24년 8월은 제3기에 해당한다. 이 시기는 확실히 수도 전반의 기반 시설 정비가 최종 단계에 이르고 있던 때다. 상황 증거에 지나지 않는다고는 하더라도, 이러한 시기에 새로운 천

---

53) 『明太祖實錄』卷179, 洪武 19년 12월 乙酉條.
54) 『明太祖實錄』卷197, 洪武 22년 10월 壬寅條. 아울러 홍무제가 서궁에서 죽은 것에 대해서는 同書 卷257, 洪武 31년 윤5월 乙酉條에 보이고 있다.
55) 『明太祖實錄』卷201, 洪武 23년 4월 4일 更子條. 馴象·安德·鳳臺·雙橋·夾岡·上方·高橋·滄波·麒麟·仙鶴·姚方·觀音·佛寧·上元·金川이라는 15군데의 문이다.
56) 『明太祖實錄』卷205, 洪武 23년 10월 丙子條.
57) 『明太祖實錄』卷220, 洪武 25년 8월 癸酉 ; 卷222, 동년 10월 己酉條.
58) 『明太祖實錄』卷160, 洪武 17년 3월 丙寅條.

사진 3. 효릉 비석으로 만들어지고 있던 〈陽山 碑材〉

도 계획이 이루어졌다고는 도저히 생각하기 어렵다. 또 수도 문제를 생각할 때, 궁전과 함께 중요한 것은 산릉(능묘)의 위치이다. 남경 교외에 효릉의 건설이 시작되었던 제2기 이후는 남경 이외 다른 지역으로의 천도 문제가 재부상할 가능성은 극히 적었다고 보아야 할 것이다.[59]

더욱이 황태자 파견의 1개월 전인 7월, 부민층을 남경으로 강제 이주시킨 사실도 주목해 볼 만하다.

> 황제(홍무제)가 공부 신하에게 일러 말하기를 "옛날 한 고조는 천하의 부호들을 관중으로 옮겼다. 짐은 처음에는 이를 따르지 않았다. 그러나 지금 생각해 보니, 경사는 천하의 근본으로, 마땅히 이와 같이 하지 않을 수 없음을 알았다. 짐은 지금 부민을 경사에 들어와 살게 하고자 한다. 경들은 이에 유사로 하여금 장정과 재산이 풍부한 자를 조사하여 그들을 분견(分遣)해서 들어와 살도록 하라"라고 하였다. 이에 공부는 천하의 부민을 옮겨 왔다. 이주해 온 사람은 대략 5,300호였다.[60]

---

59) 『明太祖實錄』 卷153, 洪武 16년 3월 庚戌條에 나와 있는 간의대부 唐鐸의 발언을 보아도, 이 시기에 이미 천도 문제가 매듭지어져 있었음이 엿보인다.
〈옮긴이 주〉 明成祖 朱棣는 부친의 능묘에 功德을 기리기 위하여 神功聖德碑를 세우려고 준비하고 있었다. 그 石材를 가져오기 위해서 南京市 江寧區 湯山 西北쪽의 陽山南坡에서 준비하고 있었다. 이를 陽山碑材라고한다. 棲霞灰岩을 이용하여 마련하고 있었는데, 碑座碑額碑身의 3部分으로 구성되고 있다. 총 높이는 78m에 달하고, 총 중량은 31167ton에 이른다. 지금도 이 지역 부근은 明文化村이라고 불리운다.
60) 『明太祖實錄』 卷210, 洪武 24년 7월 庚子, "上諭工部臣曰, 昔漢高祖徙天下豪富於關中. 朕 初不取. 今思之, 京師天下根本, 迺知事有當然不得不爾. 朕今亦欲令富民入居

홍무제는 한 고조가 실시한 관중 사민(徙民)의 고사를 끌어들여, 서안이 아닌 수도 남경으로의 강제 이주를 결정했던 것이다. 영락 연간에 실시된 북경에로의 부민층 이주에 대하여 고찰한 본서의 '부편(附篇)' 1에서도 언급하겠지만, 담당관청이 공부(工部)라는 데서 알 수 있듯이, 부민층 강제 이주는 수도 남경의 도시 건설과 밀접하게 관련되어 있었던 것이다.[61] 곧 당시 수도 건설의 총마무리가 순조롭게 진행되고 있던 남경으로서는 역시 더 많은 노동력과 재원을 필요로 하고 있었던 것이다.[62] 홍무제의 지시에 의해서 결정된 이 부민들의 이주는 황제 자신이 당시의 남경 건설에 얼마나 전력을 기울이고 있었는가 하는 것을 잘 말해주고 있는 것이다.

맺음말

끝으로 황태자가 섬서 파견에서 돌아와 '섬서 지도'를 헌상한 것에 대해 고찰함으로서 본장을 매듭짓고자 한다. 전술한 『명사』 권115, 주표전에 보이는 지도 헌상에 관한 부분의 기사는 융경(隆慶) 원년(1567)의 서(序)를 가지고 있는 정효(鄭曉)의 『오학편(吾學編)』 권14, 황명동성제왕전(皇明同姓諸王傳), '의문태자전(懿文太子傳)'에 다음과 같은 거의 같은 문장의 기사가 있어, 『명사』는 분명히 이것에 의한 것임을 알 수 있다.

> 최근 돌아와서 섬서도(陝西圖)를 바치고 드디어 병이 들었다. 병중에 건도(建都)의 경략(經略)을 상언하였다. 25년 4월 병자일에 죽었다.[63]

이 점에 관해서 황태자 주표나 그 아들 주윤문(朱允炆, 후의 건문제)을 폄하하

京師. 卿其令有司驗丁産殷富者, 分遣其來. 於是工部徙天下富民, 至者凡五千三百戶"
61) 본서 부편 제1장 「명초 북경의 부민층 강제 이주에 대해」 참조.
62) 『明太祖實錄』 卷203, 洪武 23년 7월 辛亥條.
63) 鄭曉, 『吾學編』 卷14, 皇明同姓諸王傳, 懿文太子傳, "比還, 獻陝西圖, 遂病. 病中上言經略建都事. 二十五年 四月 丙子卒".

는 영락제의 입장에서 다시 편찬한 현행『태조실록』에는 아무런 언급이 없으면
서도,[64] 『명사』나『오학편』에서 서안[65]으로 건도를 집요하게 제안하고 있던 사
람은 홍무제가 아니고 병상의 황태자였다는 점은 주목할 만하다.

　방효유(方孝孺)의 문집『손지재집(遜志齋集)』권24,「의문황태자 만시십장(懿文
皇太子輓詩十章)」에는 다음과 같은 율시가 수록되어 있는데, 거기에 황태자가 서
안의 '상택도(相宅圖)'를 헌상했다는 것을 언급하고 있다.

　　　"황태자가 상택도를 헌상하고 / 궁전으로 돌아오자 갑자기 병이 들었네. / 제
　　위에 오르기를 목전에 두고 죽었으니, / 선학(仙鶴)이 슬피 울도다. / 어느 누구도
　　태고의 삼황(三皇)과 같은 (황태자의) 정치를 계승할만한 자가 없으니. / 허무함이
　　천하 사람들의 마음에 엄습할 뿐이로다. / 관중 분지의 부로들은 / 지금도 천자
　　의 깃봉을 달고 임하기를 바라고 있네"[66]

　두말할 필요도 없이, 방효유는 건문제에 의해 중용되었고, 정난의 변 후에도
제위를 찬탈한 영락제에게 끝까지 굴하지 않고 항거하다가 학살된 인물이다.
영락 연간에는 방효유와 관계된 사람들에 대한 보복의 손이 혹독하였을 뿐 아
니라, 그의 시문을 소장하고 있는 것만으로도 사형에 처해질 정도였다고[67] 하
니, 아버지의 죽음을 애도하는 이 건문제의 시가 후세에게 전해지고 있다는 것
은 참으로 다행한 일이라 생각된다.

　그런데 이 시가 지어진 것은 시의 5~6구절로부터 판단하건데, 주윤문이 황
태손에 책립[68]되기 이전의 일이라고 생각된다. 이것은 아마 방효유가 한중부학
(漢中府學)의 교수가 되어 섬서에 간 홍무 25년경의 일로, 부임하면서 서안에 들
렀을 때의 실제 견문에 입각한 것이리라. 이 시에서 읊어지고 있는 것은 장차

64)『明太祖實錄』卷214, 洪武 24년 11월 庚戌條, "皇太子還自陝西"
65) 姜清,『姜氏秘史』卷1(앞의 주(10)의 사료)나 徐學聚,『國朝典彙』卷8, 東宮의 洪武24년
　　조에는 서안이 아니고 낙양의 지도를 바쳤다고 하고 있는데, 이것은 오류일 것이다.
66) 相宅圖方獻 還宮疾遽侵, 鼎龜縣宝命 笙鶴動哀音, 誰紹三皇治 徒傾四海心, 關中諸父
　　老 猶望翠華臨
67)『明史』卷141, 方孝孺전.
68)『明太祖實錄』卷221, 洪武 25년 9월 庚寅條.

도래할 주표의 치세에 관한 것으로, 고대·중세의 수도였던 고도(古都) 서안으로의 천도 실현을 기대하고 있던 그곳 부로(父老)들의 모습이다. 삼대(특히 주대)의 정치를 이상시하고, '복고주의'의 사상을 강하게 가진 방효유의 정치사상[69]과도 통하는 것임에 틀림없다.

따라서 홍무 24년의 단계에서 '서안 천도'를 적극적으로 추진하고자 한 것은 홍무제가 아니라 오히려 황태자였음을 알 수 있다. 남경에서 북방으로 천도하려 하였던 것에 대해서는, 단조도 지적하였듯이 오히려 공통적인 생각을 가졌을 영락제가 도리어 황태자에 의한 섬서의 지도 헌상과 천도 제안의 전말을 『태조실록』에서 말살시켰는데, 그것은 그 제안이 형 황태자, 곧 건문제의 아버지인 주표에 의해서 강하게 주장되었기 때문이 아니었을까 하는 생각이 든다.[70] 적어도 미완으로 끝난 홍무조 만년(晚年)의 북방 천도 논의는 영락 연간 당시, 황제가 추진하고 있던 북경 천도를 정당화 하는 것으로는 이해되지 않았기 때문에 '정사'로서의 실록에는 남겨지지 않았을 것이다. 이후 황태자의 섬서 지도 헌상의 일화는 태조 주원장의 공포정치로부터의 전환을 바라는 사람들이나 제위를 찬탈당한 건문제를 동정하는 사람들에 의해서 '야사' 가운데 전해 내려오고 있는 것이다.

영락제의 북경 천도로부터 30년 가까이 지난 정통 14년(1449), 토목의 변이 일어나, 북경은 오이라트(몽골의 한 부족)의 침입을 받는 위기를 맞는다. 한 때 수도의 '남천'도 검토되었지만, 병부좌시랑 우겸(于謙)의 반대로 북경을 사수하기로 하였다. 이 위기를 극복함으로 말미암아, 정통 6년 11월에 북경 정도(定都)가 결정되고, 북경은 수도로서의 지위를 한층 더 단단한 반석위에 올려놓게 되었다.[71]

이후 홍무조 만년의 북방 천도 논의는 새로운 의미를 가지게 되었다. 그것은 홍무시기에 홍무제 자신이 남경에 만족하지 않고 서안 등 북방으로 천도하려

---

69) 檀上寬, 「方孝孺の政治思想 -明初の理想的君主觀-」『堺女短期大學紀要』 19(1984).

70) 王崇武의 고찰에 의하면, 현행 『明太祖實錄』 편찬 이전에 성립되고, 영락제 입장에서 쓴 『奉天靖難記註』에도 홍무 24년의 북방 천도 논의에 관한 기사는 빠져 있다. 『奉天靖難記註』(中央研究院歷史語言研究所專刊 28, 1948).

71) 본서 제7장 「북경 정도」 참조.

는 논의가 이미 존재하고 있었다는 것이다. 그리고 이런 사실은 왕조 창시자인 태조 홍무제의 '선견지명'과 영락제에 의한 북경의 선택을 정당화하는 논거가 되었기 때문이다. 소주 사람 왕기(王錡, 1433~1499)는 축윤명(祝允明)의 서(序)가 있는 『우포잡기(寓圃雜記)』에서, 오대 이래의 북방민족의 침입으로 '정강의 변'을 초래한 것은 풍수설에 따라 산형이나 지세를 갖춘 땅에 수도를 두지 않았기 때문이고, 원을 멸한 태조 주원장은 즉위 당초, 북방으로 천도를 생각하고 있었지만, 중원지역은 이민족이 유린하여 황폐했기 때문에 강남에 수도를 정하였다는 것이다. 그리고 북평(북경)은 원대의 구도(舊都)로, 북방민족을 제어할 수 있기 때문에, 주체(후의 영락제)를 연왕으로 봉했다는 점, 거기에 영락제가 북경순수를 반복한 후 천도를 단행했다는 점 등을 말하면서, "연(燕)을 도읍지로 삼은 의지, 실제 태조가 처음 시작하였고, 태종이 능히 이것을 완수했다"라고 매듭지었다.[72] 그러나 이것은 왕기와 같은 '토목의 변'을 거친 15세기 중반 이후까지 생을 향유한 자만이 가질 수 있는 '역사의 후지혜(後知惠)' 외에는 아무것도 아니라는 것이 확실할 것이다.

본장에서는 홍무 24년의 황태자 섬서 파견의 목적이 홍무제의 서안 천도 계획을 위해서였다고 하는 『명사』 권115, 주표전의 기술에 바탕을 둔 오류를 실록 등 관련 사료를 통해 밝혀내었다. 이것은 '정사'라고는 하지만, 18세기에 성립된 『명사』도 편찬물에 지나지 않는다는 종래의 이해에 그 예증을 새롭게 하나 첨가하는 것에 지나지 않을지도 모른다. 그렇지만 여기서 분명한 사실은 남경을 '경사'로 정한 홍무 11년 이후, 홍무제가 남경을 수도로 한 국가체제를 확립하려 했다는 것이 재확인 되었다. 처음 이 남경=경사체제 가운데서야 말로 북변에 배치된 진왕이나 연왕의 군사적 역할이 중요시 되어 왔던 것이다. 여기에 홍무제 사후의 연왕에 의한 제위 찬탈의 극이 배태된 이유도 존재하는 것이다. 이러한 이해를 바탕으로 할 때에, 정난의 변과 그 후에 이어지는 북경 천

---

72) 『寓圃雜記』卷1, 建都. 역시 왕기는 축윤명처럼 蘇州의 市隱으로, 정권에 참가한 '남인'이라 말하기는 어렵지만, 북경 천도를 五代 이래의 추세 가운데, 역사적 필연이라고 본 것은 흥미롭다. 가정 45년의 자서를 가진 鄭曉, 『今言』卷4도, 남경이 서북으로부터의 군사적 위협을 제어할 수 없다는 것을 지적한 점은 『우포잡기』와 궤를 같이 하고 있다.

도가 가지는 초기 명조사의 역사적 의의, 곧 정치의 중심(中心)과 경제의 중심(重心)을 일치시킨 남경=경사체제에서 양자를 분리시키는 '북경 시스템'[73]으로의 개편으로 말미암아 생기는 중요한 의미가 분명하게 될 것이다. 북방민족의 대두로 말미암은 제2차 남북 분열의 시대를 맞이한 중국 사회는 군사력이 뛰어난 '북방'과 생산력이 우세한 '남방'이라고 불리듯이 정치와 경제의 분리가 장기간에 걸쳐 이어져 왔다. 이러한 분열의 영역적 통일을 몽골족이 세운 원이 완수했다 하지만, '한지(漢地)'에 세량·과차의 법, 강남에 양세법이라는 남북에 서로다른 세법[74]을 시행한 데서 단적으로 나타나 있듯이, 사회의 저변에는 아직도 분열 시대의 유제(遺制)가 온존하고 있었다. 이갑제의 시행과 이것을 기초로 한 하세·추량의 징수는 명조가 원조로부터 이어 받은 남북 일원적 지배라고 하는 과제를 해결하기 위한 하나의 처방전이었다. 따라서 이러한 남북 분열을 최종적으로 통일시킨 명조 정권에서, 홍무·건문조의 과도기를 거쳐 영락 연간에 스스로 선택한 북경 시스템은 국가와 사회의 괴리를 특징으로 하는 중국 근세 사회의 틀을 완성한 의미를 지니고 있다고 전망해도 좋을 것이다.

---

73) 방대한 수송비용과 관리비용을 통해 유지되었던 조운제도는, '북경 시스템'을 지지하는 중요한 기둥이었다. 조운제도에 대해서는, 星斌夫, 『明代漕運の研究』(學術振興會, 1963)가 있지만, 星에 의해서 정력적으로 추진된 조운연구를 새삼 북경 시스템의 확립 과정상에서 평가할 필요가 있다. 그리고 이 시스템의 성립은 명조의 대외 정책과도 밀접하게 관련되고 있다. 예를 들면, 남경=경사체제에서 시작되었던 정화(鄭和)의 남해 원정에 나타난 명조의 대규모적인 수상 수송력과 그것을 지탱하는 재력은 천도 후 북경 시스템의 유지를 위해 쏟을 필요가 있었고, 이 시스템이 본격적으로 기능하기 시작한 宣德 연간을 최후로 원정은 중지하게 되었다고 생각된다. 그런 의미에서 영락제 하에서 호부상서로 북경으로의 물류 체제 확립에 힘을 쏟은 하원길이 황제의 죽음을 알게 된 직후, 황태자(후의 홍희황제)의 국정 자문에 대해서, 남해 원정의 중지를 진언한 것은 상징적이다. 후에 본서 제5장 「남경 환도」 참조. 또한 '북경 시스템'에 대해서는, "제12회(1998) 明淸夏合宿 NewsLetter"의 보고 요지 졸고 「北京遷都硏究序說」 참조. 이 보고에서 가설로서 '북경 시스템'의 분석 틀을 제기한 것은 종래의 명청사회경제사 연구의 기점으로 놓여 있던 태조 주원장의 홍무체제가 가지는 과도적 성격을 분명히 하기 위해서였다.
〈옮긴이 주〉 북경 천도와 대운하 및 조량 문제에 대해서는 조영헌, 「북경 수도론과 대운하」『중국사연구』 55(2008), 『대운하와 중국상인』(민음사, 2011) 참조.

74) 愛宕松男, 「元の中國支配と漢民族社會」. 岩波講座, 『世界歷史』 9(岩波書店, 1970). 후에 『愛宕松男東洋史學論集』 第4卷(三一書房, 1988) 수록.

제2장
명초 연왕부를 둘러싼 여러 문제

도입부

가난한 농민의 가정에서 태어나 황제의 자리까지 오른 주원장은 홍무 원년 (1368) 정월에 즉위하고, 조강지처 마씨를 황후로, 14살 된 세자 표를 황태자로 책립했다. 다음 해 4월에는 창립된 지 얼마 되지 않은 명왕조가 흔들리지 않도록 하기 위해, 제왕봉건제를 채택하기로 하고 『조훈록(祖訓錄)』편찬에 나섰다. 1년 후인 3년 4월, 둘째 아들 주상(朱樉) 이하 9명의 아들과 형님의 손자인 주수겸(朱守謙)을 제왕으로 책봉했다.[1)]

책봉된 10명의 제왕이 거주하는 왕부는 서안, 태원, 북평 등 서북 지방을 비롯한 행성급의 중심지에 설치되었다. 남경(南京)·봉양(鳳陽)을 근간으로 하는 직예(直隸)지역을 포함하여 배치된 왕부에는 왕조를 지키는 '울타리'로서, 군사적으로 중요한 역할이 주어졌던 것이다.[2)]

---

1) 이 때 둘째 아들 朱樉은 秦王, 셋째 아들 朱棡은 晋王, 넷째 아들 朱棣는 燕王, 다섯째 아들 朱橚(주소)는 吳王, 여섯째 아들 朱楨은 楚王, 일곱째 아들 朱榑은 齊王, 여덟째 아들 朱梓은 潭王, 아홉째 아들 朱杞는 趙王, 열째 아들 朱檀은 魯王, 종손 朱守謙은 靖康王으로 봉해져, 10명의 왕이 출현하였다.

2) 왕부 제도에 대해서는 布目潮渢, 「明朝諸王政策とその影響」 『史學雜誌』 55편

본장에서 다루고 있는 넷째 아들 주체(朱棣)는 당시 10살의 나이에 '연왕'으로 봉해졌다. 연왕이라는 왕작을 받은 것은 장차 옛 주대의 연국(燕國) 계성(薊城)이 있던 북평에 왕부가 두어지는 것을 의미하고 있었다. 이 지역은 두말할 것도 없이 원의 수도인 '대도(大都)'이다. 명조 성립 후, 홍무 원년, 대장군 서달 등의 북벌군이 이곳에 쳐들어오자, 순제 이하 원조 황실은 황급히 수도를 버리고 북쪽 몽골지방으로 도망쳤다. 명조는 이곳을 점령하고 8월에 북평부라 개칭하였다.

제왕책봉 수개월 후인 홍무 3년 7월에는 왕부 건설 조서가 내려졌다. 각 왕부의 궁성 건설 예정 지역이 결정된 후, 이듬 해 10월부터 왕부 건설 공사가 시작되었다. 책봉 10년 후인 홍무 13년 3월, 만 20살의 연왕이 드디어 북평에 건설된 연왕부에 부임하였다.

이 연왕의 궁전은 태조 주원장이 그 자손에게 왕실의 '가법(家法)'으로 남긴 『조훈록』의 영선에, "무릇 제왕의 궁실은 이미 정해진 격식에 따라 지을 것이며, 분(分)에 넘치는 것은 허락하지 않는다. 연은 원대에 있던 옛 궁궐에 의한다"[3]라고 명기되어 있는 것처럼, 연왕부는 기정의 격식에 준거한 다른 왕부와는 달리, 예외적으로 원나라 수도 이래의 궁실을 답습한다고 되어 있다. 그러나 근년에 궁실의 소재지를 둘러싸고 중국에서 논쟁이 계속 되고 있다.

논쟁의 출발점이 된 것은 1979년의 왕박자(王璞子) 논문 「연왕부와 자금성(燕王府與紫禁城)」[4] 및 1982년의 왕검영(王劍英) 논문 「연왕부 즉 원 고궁 구내고(燕

3·4·5호(1944). 『隋唐史研究』(東洋史研究會, 1968)에 수록. 佐藤文俊, 「明太祖の諸王封建について」 『明淸時代の法社會』(汲古書院, 1993). 『明代王府の硏究』(硏文出版, 1999)의 수록을 참조했다.

3) 『祖訓錄』 營繕, 「凡諸王宮室, 竝依已定格式起蓋, 不許犯分. 燕因元之舊有」 北平圖書館藏明抄本(中國史學叢書 『明朝開國文獻(3)』 所收)에는 홍무 6년 5월의 태조 주원장의 序가 있다. 그러나 黃彰健은 「論『祖訓錄』頒行年代並論明初封建諸王制度」 『國立中央硏究院 歷史語言硏究所集刊』 32本[후에 『明淸史硏究叢稿』(台灣商務印書館, 1977)에 수록]에서, 홍무 14년에 반포된 개정본이라는 것을 분명히 하였다. 또한 본문 인용 부분은 홍무 28년에 반포된 『皇明祖訓』 영선의 기술인데 이것 역시 『祖訓錄』과 같다.

4) 『故宮博物院院刊』 1979年 1期.

王府卽元故宮舊內考)」5)였다. 이 두 논문을 요약하면, 다음의 다섯 가지로 정리할
수 있다.

① 『태조실록』이나 『황명조훈』 등 왕조 측의 초기의 사료에 연왕부가 '원구
내전'에 있었다고 하고 있으므로, 연왕부는 태액지(太液池) 서편의 융복궁(隆福
宮)이 아니라 동편의 대내궁성에 놓여 있었다.

② 영락 7년(1409)의 북경 순행에 앞서, 연왕부의 궁전을 남경처럼 봉천전·화
개전·근신전의 삼전, 건청궁·곤녕궁이라는 이궁의 명칭으로 고쳐 행재소로 삼
았다.

③ 영락 14년에는 이것들을 철거하고 새로 자금성을 건설하기 위해서, 융복
궁 터에 '서궁'을 건설하고, 자금성이 완성될 때까지 일시적인 '시조소(視朝所, 조
정에 나가 정사를 돌보는 곳)'로 삼았다.

④ 영락 15년 5월, 3차 북경 순행에 오른 영락제는 서궁의 봉천전에서 조하
를 받고, 정식으로 북경 건설에 착수하였으며, 19년 정월에 새로 완성한 자금성
으로 궁궐을 옮겼다.

더욱이 왕검영은 ⑤ 소순 『고궁유록(故宮遺錄)』의 서문을 기초로, 종래 얘기
되던 명초 원의 궁전 파괴는 잘못된 것으로, 원의 고궁은 원조 멸망 후에도, 자
금성 건설이 본격적으로 시작될 때까지 50년간 보존되어 이용되고 있었다고
했다.6)

지금까지 주설(朱偰)의 연구7)로 대표되듯이, 연왕부가 설치되었던 곳은 태액

---

5) 『北京史論文集』 제2집(1982). 王劍英·王紅, 「論從元大都到明北京的演變和發展 -兼
析有關記載的失實」 『燕京學報』(燕京研究院, 1995) 新1期도, 마찬가지로 연왕부의
소재지에 대해 논하고 있다.

6) 王璞子는 이와 달리 원의 고궁은 연왕부의 건설에 의해 해체되어 홍무 이후의 남
경 궁전의 제2차 개수나 중도 황성 건설에 재이용되었다고 말하고 있다.

7) 朱偰, 『元大都宮殿圖考』(原刊 1936, 北京古籍出版社重印, 1990), 『明淸兩代宮苑建
置沿革圖考』(原刊 1947, 北京古籍出版社重印, 1990). 그리고 문화대혁명 이전에 원
고가 완성되었다고 하는 中國社會科學院 考古研究所 編, 『明淸北京城圖』(地圖出
版社, 1986)의 부표2 "明北京城復原圖建置資料表"도 西苑의 萬壽宮(仁壽宮)을 명
대 홍무 연간의 연왕부로 보고 있다.

지의 서측, 이른바 '서원(西苑)'의 땅[8]이라고 이해되어 왔다. 이에 반해, 이 두 개의 논문이 제시한 새로운 학설은 도리어 동쪽의 대명전(大明殿)이나 연춘각(燕春閣)이 세워져 있던 원의 대내에 연왕부가 있었고, 영락 7년의 순행 이후에도 여기에 행재소가 설치되었다고 하는 것이다. 이것이 사실이라면, 황제의 아들 주체는 〈정난의 역〉을 계기로 연왕에서 영락제로 그 지위가 크게 바뀌었음에도 불구하고, 건물을 다시 고치기 위해서 일시 서궁에 체재한 기간을 제외하고는 거의 일관하여 태액지 동편에 거처를 두고 있었다는 것이 된다.

그 후, 과홍효(果鴻孝)[9]·강순원(姜舜源)[10]·이섭평(李燮平)[11] 등의 연구가 뒤이어 발표됨으로써 이전의 새로운 학설에 대한 비판이 가해졌다. 이들의 주된 논점은 금원을 가리키는 '내전(內殿)'이라는 말에 근거하여 내전을 '대내'라고 한정시키고 있는 문제점, 예제의 관점에서 보아, 전조의 대내가 그대로 왕부로 고쳐졌을 가능성의 부정, 그리고 영락 연간의 북경 순행기에 있었던 행재소 위치로부터 거꾸로 연왕부의 위치를 추정하려는 시도 등 논점이 다방면에 걸쳐 있지만, 논쟁은 아직도 결론을 내리지 못하고 있다.

그간의 연왕부 소재지를 둘러싼 논쟁이 필자의 흥미를 끈 것은 단지 일개 왕부가 어디에 놓여 있었는가 하는 정도에 그친 것이 아니고, 그 왕부의 궁성 위치가 영락 연간의 북경 건설과 얼마나 밀접한 관계를 가지고 있었는가 하는 것을 밝히려는 것이다. 다만, 종래의 연구는 연왕부의 궁실이 놓인 궁성 위치만을 다루고, 왕부 전체의 구조는 대체로 문제 삼지 않았다. 따라서 본장에서는 영락 이후 북경 건설과정을 고찰하기 위한 전제로, 이들의 논쟁으로 말미암아 떠오르게 된 논점을 재검토하여, 연왕부 궁성의 소재지를 확정하고, 나아가 궁성과 주변 성벽의 이중구조로 되어 있는 연왕부의 구조를 구명하려 한다. 동시

---

8) 명청시대의 '西苑'은 대내자금성에서 보아 서쪽의 금원을 가리키며, 후술하겠지만 太液池 서측만이 아니라 동측도 포함하고 있으므로, 정확히 말하면 서원 서측(서내)라고 말해야 할 것이다. 그러나 본서에서는 그간의 통례에 따라 서원 서측의 서내 부분을 가리켜 서원이라는 용어를 사용하겠다.

9) 果鴻孝, 『明初燕王府址考』, 北京市社會科學院歷史所編, 『北京史研究(1)』(1986).

10) 姜舜源, 「元明之際北京宮殿沿革考」『故宮博物院院刊』 1991年 4期.

11) 李燮平, 「燕王府所在地考析」『故宮博物院院刊』 1999年 1期.

에 왕부가 원의 고궁 내에 설치되어진 배경을 추찰함으로서, 연왕부가 다른 여러 왕부 가운데서 점하고 있는 그 위상에 대해서도 고찰하고자 한다.

I. 연왕부 궁성의 소재지에 대하여

1.『태조실록』의 관련 기사 재검토

전술한 것처럼 주설(朱偰)로 대표되어지는 통설은 연왕부=서원설이다. 이 설의 주요 근거는 다음에 소개하는 손승택(孫承澤)의『춘명몽여록』을 비롯하여 명말청초에 기록된 여러 사료였다.

> 명 태종 영락 14년, 어가가 북경에 순행하였다. 이로 인해 궁성 영건을 의논하였다. 처음 연왕의 저택은 원의 고궁으로 하였다. 지금의 서원이며. 조문(朝門)을 앞에 개설하였다. 원나라 사람들은 불교를 중시하여, 조문 밖에 대자은사(大慈恩寺)를 두었는데 지금의 사소(射所)이다. 동쪽에는 회창(灰廠)이 있고, 중간에 좁은 길이 있다. 그러므로 황장 서남 한쪽 모서리만 건물이 없었다.[12]

손승택은 명·청 양조에 걸쳐 관직에 있었는데, 명대 북경의 장고집(掌故集)이라고도 할만한『춘명몽여록』을 청초 순치(1644~1661) 연간에 간행하였다. 그 가운데 연왕부 궁성의 소재지를 서원의 땅에 비정하면서도, 그 근거는 제시하고 있지 않다.『춘명몽여록』이전에도 명대 후반에 이르면 이러한 지적이 나타나지만,[13] 그 이전의 제 사료에서는 연왕부 궁성의 소재에 대해 언급한 것이 극히 드물다. 이에 대해서, 새로운 학설인 원의 대내궁성(大內宮城)설은 명초에 성립한 사료 가운데 유일하다고 할 수 있는『태조실록』의 기사를 기초로 주장하고

---

12) 孫承澤,『春明夢餘錄』卷6, 宮闕, "明太宗 永樂十四年 車駕巡幸北京, 因議營建宮城. 初燕邸因元故宮, 即今之西苑, 開朝門於前. 元人重佛, 朝門外有大慈恩寺, 即今之射所, 東爲灰廠, 中有夾道, 故皇牆西南一角獨缺"
13) 명말청초의 제 사료에 보이는 연왕부=서원소재설의 계보에 대해서는 본서의 부편 2에서 자세히 논하겠다.

있기에, 이 사료부터 검토하고자 한다.

연왕이 실제로 북평에 취번한 것은 전술한 것처럼 홍무 13년 3월이었다.『명 태조실록』권127, 홍무 12년 11월 갑인 조에, 취번에 앞선 수개월 전에 연왕부 (燕王府)가 완성되고, 완성된 도면을 중앙에 제출했다는 기사가 실려 있다.

> 연왕부 조영에 대하여, 공사 마치고 도면을 그려 제시하였다. 그 규격을 보면 사직단·산천단, 두 단(壇)은 왕성 남쪽 오른쪽에 둔다. 왕성의 사대문, 동문은 체 인문이라고 하고, 서문은 준의문이라고 하며, 남문은 단례문이라 하고, 북문은 광 지문이라고 한다. 문루·낭무 모두 272칸이다. 중앙에 승운전을 두고, 11칸으로 한 다. 그 뒤에는 원전을 두고, 그 다음에 존심전을 두며, 각각 9칸이다. 승운전의 양 무(兩廡)는 좌우에 두 개의 전을 둔다. 존심전·승운전으로부터 양무를 돌아 승운 문에 이르기까지 옥(屋)을 두는데, 138칸이다. 전의 후방으로 전·중·후 삼 궁을 두고 각각 9칸으로 하고, 궁문의 양상(兩廂) 등의 실(室)은 99칸이다. 왕성 밖을 둘러싸는 외성 사문을 보면, 남쪽은 영성문이라 하고, 다른 3개의 문은 왕성문의 이름과 같다. 외성 안의 당고(堂庫) 등 여러 건물은 138칸이다. 무릇 궁전 실옥은 811칸이다.[14]

이에 의하면, 연왕부는 왕성과 왕성 밖 외성의 이중구조로 되어 있다. 여기 에서 말하는 왕성은 이른바 궁성으로, 체인문, 준의문, 단례문, 광지문의 4문 과 성벽으로 둘러싸인 부분이다. 그 안에는 승운전·원전·존심전의 삼전과 전· 중·후의 삼궁이 배치되어 있고, 중심을 이루는 승운전은 11칸이다.[15] 왕성 밖 외성에도 4개의 문이 설치되어 있는데, 남문인 영성문 이외의 삼문은 궁성문의

---

14) 『明太祖實錄』卷127, 洪武 12년 11월 甲寅, "燕府營造訖工, 繪圖以進. 其制, 社稷· 山川二壇 在王城南之右. 王城四門, 東曰體仁, 西曰遵義, 南曰端禮, 北曰廣智. 門樓· 廊廡二百七十二間. 中曰承運殿, 十一間, 後爲圓殿, 次曰存心殿, 各九間. 承運殿之兩 廡爲左右二殿. 自存心·承運周廻兩廡至承運門爲屋百三十八間. 殿之後爲前·中·後三 宮, 各九間, 宮門兩廂等室九十九間. 王城之外, 周垣四門, 其南曰靈星, 餘三門 同王城 門名. 周垣之內, 堂庫等室一百三十八間 凡爲宮殿室屋八百十一間"

15) 王璞子 논문(「燕王府與紫禁城」『故宮博物院院刊』1979-1)이 이미 지적하고 있듯 이, 연왕부 乘運殿의 칸수가 원의 대명전의 칸수와 똑같이 11칸이라고 한 것은 주 목할 만하다.

이름과 같았다. 그 남서쪽으로 사직단과 산천단이 세워져 있었다.[16] 안팎을 합쳐 모두 궁전실옥이 811칸이었다.

실록의 이 기록은 연왕부의 궁성 내외에 실이 얼마나 있었는가 하는 데까지 기록하고 있어, 다른 제왕들의 것 보다 훨씬 상세하게 기록되어 있으나,[17] 궁성의 소재지에 대해서는 아무런 언급이 없다. 다만, 같은 『태조실록』 권54, 홍무3년 7월 신묘의 조에 의하면, 제왕부 건설의 조서가 발해진 홍무3년 7월에 이미 일곱 명 제왕의 궁성 건설 예정지가 결정되어 있었던 것을 알 수 있다.

> 조서를 내려, 제왕부를 짓게 하였다. 공부상서 장윤이 말하기를, "제왕의 궁성은 마땅히 각각 그 왕부 사정에 알맞게 땅을 택하되, 진은 섬서의 대치(臺治)를 이용하고, 진은 태원의 신성(新城)을 이용하고, 연은 원나라의 옛 궁전을 이용하고, 초는 무창의 영죽사 터를 이용하고, 제는 청주 익도현치를 이용하고, 담은 담주의 현묘관 터를 이용하고, 정강은 독수봉 앞을 이용하기를 주청합니다"고 하였다. 황제는 그 주청을 옳다 여기고, 이듬해부터 순차적으로 왕성을 조영하도록 하였다.[18]

여기에서 왕부 건설 예정지를 보면, 홍무제의 둘째 아들 진(秦)왕은 서안의 섬서행어사대의 치소, 셋째 아들 진(晉)왕은 태원의 신성, 넷째 아들 연왕은 북평 원대 구 내전, 여섯째 아들 초왕은 무창의 영죽사의 터, 일곱번째 아들 제왕은 청주 익도현의 치소, 여덟번째 아들 담왕은 담주(후의 장사)의 현묘관터를 왕부로 삼도록 하였음을 알 수 있다. 또 조카 정강왕의 경우는, 계림의 독수봉 앞

---

16) 여기에서는, 산천단과 사직단의 위치가 왕성 안인지, 왕성 밖인지 명료하지 않지만, 『明太祖實錄』 卷109, 洪武 9年 閏9月 甲辰條에, "詔諸王國山川·社稷壇, 俱建於端禮門外之西南"라고 하고 있어, 왕성 단례문 밖에 지어졌음을 알 수 있다.

17) 건문 연호를 사용하고, 건문제의 입장에 섰다고 여겨지는 談遷 『國榷』 卷6의 해당 조에는, 이 기사가 실려 있지 않다. 『國榷』의 성격에 대해서는 吳晗, 「談遷和"國榷"」 『吳晗史學論著選集』 第3卷(人民出版社, 1988, 原載 1959年)을 참조.

18) 『明太祖實錄』 卷54, 洪武 3年 7月 辛卯, "詔建諸王府, 工部尚書張允言, 諸王宮城宜各因其國擇地, 請秦用陝西臺治, 晉用太原新城, 燕用元舊內殿, 楚用武昌靈竹寺基, 齊用青州益都縣治, 潭用潭州玄妙觀基, 靖江用獨秀峯前. 上可其奏. 命以明年次第營之"

에 놓인 원 순제의 잠저 만수전을 이용하고 있다.[19]

공부에 의해서 제안된 제왕부의 궁성 건설 예정지가 관아·궁전·사원·도관 등 다양하게 나타나 있는 것은 왕부가 된 각 도시의 여러 조건에 따라 거기에 적당한 부지가 선택되었기 때문이었다.[20] 홍무제는 공부의 제안을 받아들여, 그 이듬해 순차적으로 왕부를 건설하도록 명하고 있다. 덧붙여 말하자면, 산서 태원의 신성으로 예정되어 있던 진왕부의 궁전은 홍무 4년 10월에 건설되기 시작하였지만, 그 다음 해 비가 오지 않고 가물어서 피해가 많아, 반년 정도 공사가 중단되는 일도 있었으며, 이런 과정을 거쳐, 홍무 9년 2월 태원부성의 동북쪽 모서리에 왕성이 건설되었다.[21]

그런데 문제는 연왕부인데, 실록에는 '원의 구 내전'에 지어졌다고 되어 있다. 이것은 모두(冒頭)에서도 언급한 바와 같이, 『조훈록』 영선의 "연은 원의 옛터에 의한다"라고 한 것과는 달리, 그 소재지를 보다 한정적으로 표현하고 있다. 여기에서 말하는 '원의 옛 내전'은 대내고궁을 의미한다고 생각된다. 『태조실록』에는 그 밖에도 '구내'에 대한 용례가 있다. 권29, 홍무 원년 정월 무인 조에, "구내에서 신궁으로 환궁한다"라고 되어 있다. 이것은 명조 창설 후, 홍무제가 오왕시대의 구내에서 새롭게 건설된 궁성으로 옮긴 것을 말한 것이다. 오왕시대의 구내는 남경 건강성내의 원조 이래의 남대(南臺, 江南諸道行御史臺)의 부지에

---

19) 여기서 다섯째 아들 吳王(후의 周王)의 王府 건설지에 대한 기록이 빠져 있는 이유는 명확하지 않다. 오왕은 당초 항주에 취번하도록 되어 있었으나(『明太宗實錄』卷88, 洪武 7年 3月 乙未), 후에 그는 오왕에서 주왕으로 바뀌고 洪武 12年 9月에 개봉에 주왕부가 건설되었다(『明太祖實錄』卷126, 洪武 12年 8月 丁亥). 주왕부로의 변경은 남경 응천부와 함께 홍무 초년 '북경'으로 불리던 개봉이 수도로서의 위치를 완전히 잃어버렸다는 것을 의미하고 있다. 정강왕에 대해서는, 『大明一統志』卷83, 廣西布政司, 桂林府 참조.

20) 佐藤文俊, 「洪武九年葉伯巨の獄死」『明代史研究』20호(1992). 후에 『明代王府の研究』(硏文出版, 1999)에 수록되었는데, 거기에 의하면, "홍무 3년, 분봉된 왕에게 거할 왕성 후보지를 제출하도록 하여"라고(133쪽) 서술하고 있다. 당시 제왕의 권한이 컸다고는 하더라도, 앞에 소개한 『明太祖實錄』卷54의 사료를 이와 같이 해석하는 것은 무리가 있다.

21) 『明太祖實錄』卷68, 洪武 4년 10월, 同書 卷72, 洪武 5년 2월 甲辰 및 「永樂大典」卷200, 太原府2, 建置沿革, 同書 卷201, 太原府3, 城池.

놓여 있었다.22) 또 『태조실록』 권25, 오(吳)원년(1367) 9월 계묘의 조에는 '신내 (新內)'의 용례도 보인다.

> 신내가 완성되었다. 정전은 봉천전이라고 하고, 그 앞에 봉천문을 두었다. 봉 천전 뒤로 화개전이 있고, 화개전 뒤로 근신전이 있으며, 전체를 낭무로 에워쌌 다. 봉천전의 좌우에 각각 누각을 세웠다. 좌는 문루(文樓), 우는 무루(武樓)라고 하였다. 근신전의 뒤로 궁이 있다. 앞에는 건청궁이 있고 뒤로는 곤녕궁이 있다. 6궁이 차례대로 늘어서 있다. 주변에는 황성을 두어 둘렀다. 성문 가운데 남쪽은 오문이라고 하고, 동쪽은 동화문, 서쪽은 서화문, 북쪽은 현무문이라고 하였다. 모든 건물을 소박하게 하고 현란하게 꾸미거나 조각하지 않도록 하였다.23)

완성된 신내에는 봉천전·화개전·근신전의 삼전과 건청궁·곤녕궁의 이궁 및 6궁이 포함되어 있고, 그 주위는 '황성'으로 둘러싸여 있었다. 다만 여기에서 말하는 황성이란, 궁성(자금성)을 둘러싼, 이른바 황성이 아니고, 궁성 그 자체 라는 것을 주의할 필요가 있다. 이것은 남쪽으로 오문, 동쪽으로 동화문, 서쪽 으로 서화문, 북쪽으로 현무문이 배치되어 있다는 데에서 알 수 있다.24) 역시 남경의 궁성과 육부 아문 등을 둘러싸고 있는 황성(주위 14리, 약 7·8km)은 홍 무 6년 6월에 완성되었는데, 당초에는 '내성'이라고 불렀다.25) 그 후 대내궁전의

---

22) 『明太祖實錄』 卷21, 丙午 8月 庚戌條.
23) 『明太祖實錄』 卷25, 오원년 9월 癸卯, "新內成. 正殿曰奉天殿, 前爲奉天門, 殿之後 曰華蓋殿, 華蓋殿之後曰謹愼殿, 皆翼以廊廡. 奉天殿之左右 各建樓, 左曰文樓, 右曰 武樓, 謹愼殿之後爲宮, 前曰乾淸宮, 後曰坤寧宮. 六宮以次序列焉. 周以皇城. 城之門, 南曰午門, 東曰東華, 西曰西華, 北曰玄武, 制皆朴素, 不爲彫飾"
   〈옮긴이 주〉 장강을 건너 강남에 세력을 펴고 있던 주원장은 1356년 응천부(남경) 를 근거지로 부하들에 의해 吳國公으로 추대되어 朱吳國이 성립되었다. 그후 1356 년에 주원장은 吳王으로 추대되었으며, 1366년 12월 소명왕이 죽자 연호를 제정하 여 1367년을 '오(吳)원년'으로 삼았다. 전순동, 『명왕조 성립사 연구』(도서출판개신, 2000) 참조.
24) 만력 연간에 간행된 鄧士龍이 편집한 『國朝典故』 卷2에 수록된 『皇明本紀』에는 "至正丁未(1367), 上命以是年爲吳元年. 春建宮殿及省臺六部, 建太廟于宮城之東北" 이라 하여, '宮城'으로 표현하고 있다.
25) 『明太祖實錄』 卷83, 洪武 6년 6월 辛未朔條.

수축 공사가 완료된 홍무 10년경부터 황성이라는 명칭으로 부르게 되었다고 생각된다.[26]

또 대내의 궁전을 둘러싸고 있는 궁성을 후세와 달리 황성이라고 부른 것은 명초에 한정된 것이 아니고, 원대에도 마찬가지였다. 홍무 원년, 대장군 서달(徐達)은 원의 대도를 접수하자, 지휘 장환(張煥)에게 그 황성을 계측하게 한 적이 있다.

> 대장군 서달(徐達)은, 지휘 장환(張煥)을 보내어 옛 원의 황성을 계측하도록 하였다. 둘레가 1,026장(丈)이었다.[27]

계측한 결과, 황성의 주위가 1,026장(약 3.2km)라고 보고되어 있으므로, 대명전이나 연춘각 등을 중심으로 하는 대내궁성[28]임에 틀림없다. 또 『석진지집일(析津志輯佚)』 「풍속」에는, '황성 동화문 밖'이라는 표현이 있어, 황성에 동화문이 설치되어 있음을 알 수 있다. 『원사』 권99, 병지2, 숙위·위숙군(圍宿軍)에는 황성과 그 외측을 둘러싸고 있는 담장인 소장(蕭牆)에 관한 기술이 있다.

> 성종 원정 2년 10월, 추밀원 신하가 말하기를, "옛날 대조회 때는 황성 밖에 모두 장원(牆垣)이 없었습니다. 그런고로 군을 동원하여 (황성을) 둘러싸게 하고, 그렇게 함으로써 주변을 지키는 일[圍宿]에 대비하였습니다. 이제 장원(牆垣)이 이미 완성되어, 남·북·서편의 경계 지역에 모두 군대를 배치시킬 수 있게 되었습니다. 오로지, 어주고(御酒庫)의 서편 지역은 장소가 협착하여 군대를 수용하기가 어렵습니다. (하략)"고 하였다.[29]

---

26) 『明太祖實錄』 卷116, 洪武 10년 12월 戊申條.

27) 『明太祖實錄』 卷34, 洪武 원년 8월 癸未, "大將軍徐達遣指揮張煥計度故元皇城, 周圍一千二十六丈"

28) 大內宮城은, '內皇城'이라고도 불렀다. 熊夢祥·北京圖書館善本組輯, 『析津志輯佚』 (北京古籍出版社, 1983) 朝堂公字, "(至元四年) 四月甲子, 築內皇城"

29) 『元史』 卷99, 兵志2, 宿衛·圍宿軍, "成宗 元貞二年十月 樞密院臣言, 昔大朝會時, 皇城外皆無牆垣. 故用軍環繞, 以備圍宿. 今牆垣已成, 南北西畔皆可置軍, 獨御酒庫西, 地窄不能容.(下略)"

여기에 보이는 조회 때 몽골군으로 둘러싸 숙직에 대비한 황성이란, 이른바 대내궁성이다.[30] 이 황성을 둘러싼 담장, 소장(蕭牆, 홍문난마장[31]이라고도 함)은 대도 건설 당시에는 설치되어 있지 않았지만, 원정 2년(1296)의 시기에 완성되어 있었다.

이상의 고찰로 보아, 실록에서 말하는 연왕부 궁성이 들어선 원의 '구내'란 당시 '황성'이라고 불리고 있던 후세의 대내궁성을 가리키는 것이라고 일단 볼 수 있다. 다만 대도의 대내궁전 부분은 당초 황성으로 둘러싸여 있었지만, 그 후 소장이 그 외측에 완성되자, 대내가 가리키는 범위에도 변화가 생겼을 가능성도 고려할 필요가 있다.

원의 대도의 궁전 배치에 대해서는 원말의 도종의(陶宗儀)가 지은 『남촌철경록』 권21, 궁궐 제도의 기술이 가장 상세하고 정확하게 기록되어 있다고 여겨져 여기에 소개한다.[32]

> 대내의 남쪽은 여정문(麗正門)에 임하고 있다. 황제가 조회하며 정사를 처리하는 곳을 대명전이라 하고, 연춘각이라고도 하는데, 궁성의 둘레는 9[6]리[33] 30보, 동서 480보, 남북 615보, 높이 35척이며 벽돌을 쌓았다. 지원 8년 8월 17일, 신시(申時)에 공사 첫 삽을 떴고, 이듬해 3월 15일 장인들이 다듬었다. (중략) 융복전은 대내 궁궐의 서쪽, 흥성궁 앞에 있다. (중략) 흥성궁은 대내의 서북, 만수산의 정 서쪽에 있고, 주위를 벽돌담으로 둘렀다. (중략) 만수산은 대내의 서북, 태액지(太液池)의 북쪽에 있으며 금인(金人)은 이를 경화도(瓊花島)라고 이름지었다. (중략) 태액지는 대내의 서쪽에 있고, 주위 약간의 거리에 부용(芙蓉)을 심었다.[34]

30) 楊寬, 『中國古代都城制度史研究』(上海古籍出版社, 1993), 473~477쪽. 원의 궁성과 소장과의 관계에 대해서는 주로 楊寬의 연구를 참조했다.

31) 王璧文, 「元大都城坊考」 『中國營造學社彙刊』 6卷 3期(1936). 蕭洵, 『故宮遺錄』, "南麗正門內曰千步廊, 可七百步, 建靈星門. 門建蕭牆, 周廻可二十里, 俗號紅門闌馬牆" 『元史』 卷77, 祭祀志6, 至元 7年.

32) 王劍英, 「蕭洵《故宮遺錄》考辨」 『北京史研究(一)』(1986).

33) 朱偰, 『元大都宮殿圖考』(北京古籍出版社重印, 1990) 15항의 고증에 따른다. 蕭洵, 『故宮遺錄』에는 "內城廣可六, 七里"라 하고 있다.

34) 陶宗儀, 『南村輟耕錄』 卷21, 宮闕制度, "大內南臨麗正門. 正衙曰大明殿, 曰延春閣,

여기서 설명하고 있는 궁전은 주위 6리 30보(약 3.4km)의 궁성 내측의 대명궁·연춘각으로 되어 있는 대내 '정아(正衙)'에 머무르지 않고 '주위 20리 쯤'(蘇洵 '故宮遺錄')으로 여겨지는 소장 내의 궁전 모두를 포함하고 있다. 소장 내의 중앙부에는 광대한 물가 공간을 구성하고 있는 태액지가 점하고 있고, 그 동서로 여러 궁전들이 배치되어 있었다. 최초로 정비된 것은 동쪽 부분의 이른바 대내[35]로, 그 후 서쪽의 융복전과 흥성궁(興聖宮)으로 되어 있는 서쪽의 서궁[36]이 정비되었다. 융복전은 남쪽에 있으며, 원래 태자부(太子府)로 건설되었으나, 지대 연간(1308~1311) 이후 태후가 거하는 장소가 되었다. 북측의 흥성궁은, 비빈(妃嬪)들의 거소였다.[37] 또 원말에 간행된 『석진지』에는 다음과 같은 기록이 있는데, 여기에서도 '대내'는 소장 내 전체를 가리키고 있다.

> 승평교는 후재문에 있고 해자의 물을 통해 대내로 들어간다.[38]

즉 승평교는 소장 밖의 해자(현무지) 남쪽에 걸려 있는 다리이기 때문에, 이 후재문이라는 것은 정확하게는 후재홍문이다. 해자의 물이 들어가는 곳은 소장 내의 태액지이며, 여기에서는 소장의 안쪽 전체가 대내라고 불리고 있었다는 것을 알 수 있다. 더욱이 『원사』 권44, 순제본기7, 지정 15년의 조의 "조서를 내려 대내의 하도를 준설하게 하였다"라고 한 대내도 태액지를 포함한 소장의 안쪽 전체를 가리키고 있을 것이다.

宮城周回 九里 三十步, 東西四百八十步, 南北六百十五步, 高三十五尺. 甎甃. 至元八年八月十七日 申時動土. 明年三月十五日 卽工. (中略) 隆福殿在大內之西, 興聖宮之前. (中略) 興聖宮在大內西北, 萬壽山之正西, 周以磚垣. (中略) 萬壽山在大內北, 太液池之陽. 金人名瓊花島. (中略) 太液池在大內西, 周回若干里, 植芙蓉"

35) 太液池 동측의 대내는 '東內'라고도 불렸다. 『元史』 卷99, 兵志2, 圍宿軍, 至治元年八月. 陶宗儀 『南村輟耕錄』 卷26, 后德.

36) 西宮이라는 말은 『元史』 卷90, 百官志6, 儀鸞局에 "至大四年, 仁宗御西宮, 又別立儀鸞局, 設置亦同"라고 있다.

37) 傅熹年, 「元大都大內宮殿的復原研究」 『考古學報』 1993年 1期. 주(30) 전게의 楊寬 著書, 479쪽 참조.

38) 『析津志輯佚』 「河閘橋梁」, "昇平橋, 在厚載門, 通海子水, 入大內".

따라서 앞의 『태조실록』에서 말하는 원의 구내에도 궁성 외에 소장의 안쪽도 포함되어 있다고 생각해야 할 것이고, 구내라고 하는 기술에서 연왕부 궁성의 소재지를 원의 대내궁성(大內宮城)설과 서원(西苑)설의 어느 하나로 특정하여 말할 수 없다는 것이 확실하다.

그런데 『명태조실록』권47, 홍무 2년 12월 정묘의 조에는 '원의 옛 황성 터'를 왕부로 개조하라는 지시를 홍무 황제 자신이 내리고 있었다고 하는 기사를 싣고 있다.

> 호광행성(湖廣行省) 참정(參政) 조요(趙耀)를 다시 북평행성참정(北平行省參政)으로 삼았다. 조요는 처음 호광의 관리로 임명받았다. 이미 사직하였다가, 다시 북평행성 참정으로 있게 되었다. 이때에 이르러 황제는 조요가 이미 서달(徐達)을 좇아 원의 대도를 취하고, 그 풍토민정·변사완급을 익혀 알고 있었기에, 조요를 새로이 북평 관리로 임명하고 또한 그로 하여금 왕부의 궁실을 수호하게 하였다. 이미 불러들이고 일러 말하기를, "듣자하니, 몽골(北口子)의 사람들이 와서 귀부하는 자가 많다고 한다. 그대는 마땅히 빨리 가서 날쌔고 용기있고 쓸만 한 자를 골라 병사로 삼고, 그들에게 매달 식량을 지급하여 주어라. 나머지는 모두 임청·동창의 땅에 거하도록 하며, 이렇게 함으로써 의지할 곳을 잃어버리는 일이 없도록 하라. [조요는 이로써 공부상서 장윤이 취한 '북평궁실도'를 바쳤다. 황제는 그것을 보고 원대 옛 황성 터에 의거하여 왕부를 개조하게 했다. 조요는 명령을 받자 그날 즉시 작별인사를 하고 떠나갔다.][39]

이에 의하면, 호광행성 참정에서 북평행성 참정으로 새로 부임한 조요(趙耀)는 공부상서 장윤이 작성한 '북평궁실도'를 진헌하고, 그 이용 방법에 대해 홍무제가 직접 지시해 주기를 바랐는데, 홍무제는 원의 황성 부지를 왕부로 개조하여 사용하도록 명했다고 한다. 황성은 앞에서 검토해 본 바와 같이, 원·명초에는 대내궁성 부분을 의미하고 있는 것으로 보아, 이 사료에 의하면, 원의 대

---

39) 『明太祖實錄』卷47, 洪武 2년 12월 丁卯, "改湖廣行省參政趙耀爲北平行省參政. 耀初授湖廣, 旣辭 復留之. 至是 上以耀嘗從徐達取元都, 習知其風土民情·邊事緩急, 改授北平, 且俾守護王府宮室. 旣召入諭之曰, 聞北口子人多來歸附者, 汝宜速往, 選其驍勇可用者爲兵, 月給米瞻之. 餘悉處之臨淸東昌之地, 毋令其失所. 耀因奏進工部尙書張允所取北平宮室圖. 上覽之, 令依元舊皇城基, 改造王府. 耀受命卽日辭行"

내에 왕부를 설치할 것이 결정되고, 새로 부임한 북평행성 참정 조요에 의해서 연왕부로의 개조가 이루어졌다는 결론을 도출할 수 있을 것이다.

그렇지만, 이 사료에는 전술한 홍무 3년(1370) 4월 제왕이 책봉되기 이전, 더욱이 같은 해 7월의 각 왕부의 궁성 건설 예정지가 결정되기 이전에, 행성참정 조요에게 원의 고궁이 아니라 '왕부 궁실'의 간수와 보호가 명해지고, 원의 황성 터 개조를 지시했다고 하고 있어, 어딘가 좀 부자연스러운 감을 씻을 수 없다. 물론 전술한 것처럼 홍무 2년(1369) 4월에 『조훈록(祖訓錄)』 편찬에 착수하고 있었기 때문에, 왕부 건설을 둘러싼 검토가 이미 시작되었을 가능성도 부정할 수는 없다. 또 3개월 전인 9월에는 홍무제가 고향인 임호(臨濠)를 중도(中都)로 정하면서,[40] 노신들에게 건도의 후보지를 물은 적이 있다. 서안·낙양·개봉·북평 등이 거론되었는데, 홍무제는 어느 곳이나 다 "좋다"고 한 다음, 남경에 추가하여 임호를 택하여 그곳을 중도로 삼았다. 북평(大都)은 후보지 가운데의 하나로 거론되어 있었고, 완비되어 있는 원 궁실을 어떻게 할까 하는 것이 현안 문제로 대두되었을지도 모른다. 그렇다고는 하더라도, 이 시점에서 원의 고궁이 아니라, 왕부 궁실의 간수와 보호가 명해졌다는 것은 역시 당돌한 처사다. 조요가 북평행성 참정에 재임하고 있던 것은 홍무 4년 9월까지였다고 생각된다.[41] 앞에서도 언급하였듯이 여러 왕부의 건설은 홍무 4년 10월에 착수되었는데, 조요의 재임 기간에는 후술하듯이 연왕부에 대한 개조 공사가 이루어진 흔적이 없는 것으로 보아, 애써 원의 고궁에 대한 향후 이용에 대해서, 홍무제의 의향이 어떤 형태로든 나타났을 것이라고 하는 것이 실상에 더 가까운 얘기가 될 것이다.

설령 왕부로 개조된 원 궁실에 관한 간수와 보호에 대한 논의가 이루어졌다

---

40) 『明太祖實錄』 卷45, 洪武 2년 9월 癸卯. 중도에 대해서는, 松本隆晴, 「明代中都建設始末」 『東方學』 67집(1984). 후에 「明代北邊防衛體制の研究」(汲古書院, 2001)에 수록. 王劍英, 『明中都』(中華書局, 1992).

41) 실록에는 명확한 기사가 나와 있지는 않으나, 홍무 4년 9월에 공부상서 安慶이 북평행성 참정에 임명되었다는 데서 그렇게 판단했다. 『明太祖實錄』 卷68, 洪武 4년 9월 壬戌條.

고 하더라도, 위의 사료 말미의 [ ] 안의 부분은, 그 후 정식으로 결정된 연왕부 건설에 대한 홍무제의 직접적인 지시를 강조하는 기술로 되어 있고, 이 부분이 초수본 당시부터 『태조실록』에 실렸는지의 여부는 많은 의문이 남는다.[42] 주지하는 바와 같이, 건문제 아래에서 편찬된 최초의 『태조실록』은 그 후 영락제 시대에 두 차례나 거듭 고쳐 편찬되었다.[43] 유감스럽게도 현재 우리가 사용하고 있는 것은 삼수본인 『태조실록』뿐으로, 초수본 및 재수본의 현존이 확인되지 않아,[44] 개찬의 흔적을 분명히 밝히기는 어려운 일이다. 하지만 일반적으로 연왕(후의 영락제)에 대한 개별기사가 많은데, 이것은 초수본 당시부터 이미 그렇게 기재되어 있었다고 보기보다는 재수본 이후 영락제의 의향이 반영되어 그렇게 기재되었을 것이다. 또 재수본은 183권 120책인데, 삼수본은 257권 205책으로, 그 분량이 갑자기 증가하고 있는 것으로 보아 왕부 개조에 관한 부분도 삼수본의 단계에서 추가로 기록해 넣었을 가능성이 높다.

더구나 연왕부 궁전의 실상에 대해서는 〈정난의 역〉 당시부터 하나의 쟁점이 되어 있었다. 건문 원년(1399), 남경의 조정은 8개 항목을 내세워 연왕의 불궤(규율 위반)를 비난했다. 그 가운데 하나는 연왕부의 궁전이 분에 넘치게 사치

---

42) 康熙, 『趙州志』 卷10, 屬邑, 인물, 조요전은 이 실록에 근거한 것이라고 생각되는데, "元舊皇城基"를 "舊元城基"라고 재차 말하고 있다. 또 대장군 徐達 휘하에서 활약하고, 대도독부 부도사에서 湖廣行省 參政으로 발탁된 趙耀가 호광으로 가지 않았던 경위에 대해서는, 『明太祖實錄』 卷47, 洪武 2년 11월 丙申條에 보이고 있다.

43) 『萬曆野獲編』 卷1, 國初實錄. 間野潛龍 『明代文化史研究』(同朋舍, 1979) 제1장, 明實錄의 研究.

44) 명말청초의 顧炎武는 만력기의 周藩宗正의 朱鴻이 재수본을 소장하고 있다는 것을 지적하고 있다(『亭林詩文集』 文集 卷3, "答湯荊峴書"). 『明代遼東檔案彙編』(遼瀋書社, 1985) 수록의 『明實錄』 稿本(洪武 25년)을 초수본 실록으로 보는 설(劉玉岐·潘國華, 「『明太祖實錄』稿部分抄本初稿」 『歷史檔案』 1985年 3期)이 있지만, 여기에서는 취하지 않았다. 또 이것을 起居注의 일부로 보는 川越泰博의 새로운 학설(『明代建文朝史の研究』 汲古書院, 1997, 53~55쪽)에 대해서는 졸평(「서평: 川越泰博, 『明代建文朝史の研究』」 『歷史學研究』 721, 1993) 가운데에서 의문을 제기했다. 그 후, 명초 정치사 연구를 보다 심도 있게 할 수 있는 川越泰博, 「明太祖の皇太孫册立をめぐって −新宮學氏の拙著書評に答える−」(中央大學東洋史學研究室編, 『菊池英夫敎授·山岐利男敎授古稀記念アジア史論叢』, 刀水書房, 2000)가 발표되어, 이 문제가 재차 논해지고 있는데, 참조하기 바란다.

스럽고, 다른 왕부에 비해 특출하다는 것이었다. 이러한 비난에 대해 11월, 연왕은 조정에 다음과 같은 상서를 올려 반론하고 있다.

> 상(연왕)은 북평으로 돌아와 사마(士馬)를 휴식시켰다. 이전에 올린 글, 회답을 얻지 못하자, 다시 조정에 상서하여 이르기를 "(중략) 들은 바에 의하면, 조정은 신에게 여덟 가지 불궤가 있다고 하는데, 이것은 기필코 신의 부자일가를 사지에 몰아넣고 용서하지 않으려는 것입니다. (중략) 그 일곱번째는 이르기를 신의 궁실이 사치스럽고, 다른 왕부보다 지나치다는 것입니다. 그러나 이것은 모두 선고(先考)가 하사한 것입니다. 신이 왕부에 부임한 이래 20여 년, 조금도 늘린 것이 없습니다. 각 왕부와 같지 않은 까닭은 대개 『조훈(祖訓)』 영선조(營繕條)에 분명히 말했듯이 연은 원의 옛 자리를 계승한 때문이지, 신이 감히 참람하여 그렇게 된 것이 아닙니다. 이것은 신에게 억울하게 죄를 씌운 것입니다"[45]라고 하였다.

연왕부의 궁전은 태조 홍무제에게 받은 것으로, 취번 이래 20여 년 동안 조금도 증축하지 않았다는 것, 연왕부가 다른 왕부와 같지 않은 것은 『황명조훈』 「영선조」에도 명기되어 있다는 것 등을 들어서, 참월이라는 비판은 맞지 않다고 하면서 반론하고 있다. 연왕부 궁실의 규모와 배치에 관해서 삼수본 『태조실록』에 홍무 연간에 분봉된 25명의 제왕 가운데에서도 이상할 정도로 상세하게 기록이 남아 있는 것은, 아마 건문 연간에 연왕에 대해 퍼부은 이러한 비난을 의식하여 기록한 것임에 틀림없다.

그러므로 연왕부 궁성의 소재지를 확정하는 데 있어서, 아무리 명초 사료라고 하더라도, 영락제의 의향에 의해서 개찬되었을 가능성이 높은 『태조실록』의 '원의 옛 황성 터'의 기술을 근거로 삼아, 이것을 원의 대내 궁성부라고 단정하는 것은 어딘가 문제가 있다고 하지 않을 수 없다.

---

45) 『明太宗實錄』 卷5, 〔建文〕元年 11月 乙亥, "上還北平(北京), 休息士馬. 以前所上書不報, 復上書於朝曰, (中略) 竊聞朝廷論臣有不軌之事八, 是必欲置臣父子一家於死地不宥也.(中略) 其七謂臣宮室僭侈, 過於各府. 此皆皇考所賜, 自臣之國以來二十餘年, 竝不曾一毫增益. 其所以不同各王府者, 蓋祖訓營繕條明言燕因元之舊有, 非臣敢僭越. 此奸臣之枉臣也".

2. 고려 사절의 연왕부 기사

고려 말 조선 초기의 조선측 사료에, 다행히도 홍무기의 연왕부를 언급한 사료가 남아 있다. 권근(權近)의 『양촌(陽村)선생문집』권6에 실려 있는 『봉사록』[46]이 그것이다. 지은이가 직접 쓴 『봉사록』의 자서(自序)에는 "홍무 22년, 기사(己巳), 가을 8월 그믐"에 그 글을 기록한다고 하고 있다. 다만, 할주(割註) 부분의 자주(自註)에는, 동년 9월의 기술 등도 포함하면서도, '북평'의 지명이 사용되고 있는 것으로 보아, 〈정난의 역〉에 의한 연왕의 제위 찬탈 이전에는 성립되어 있었을 것이다.

홍무 22년 6월, 첨제밀직사사 권근은 문하평리 윤승순(尹承順)과 함께 고려에서 명의 수도 남경에 파견되었다.[47] 사절 파견의 목적은 권국사(權國事) 왕창(王昌:고려 창왕)의 입조 허가를 요구하는 데 있었다.[48] 이 『봉사록』에는 오가는 도중이나 남경에서의 기록, 기회 있을 때 읊은 시가 등을 모아 놓고 있다. 사절은 6월에 개경을 출발해 서경(평양)을 거쳐 압록강을 건너, 6월 말에 요동의 고성역에 도착해, 요동도사의 지휘첨사 장흥의 대접을 받았다. 요동에서는 진무 허유의 호송을 받으며, 안산역·우장역·판교역·연산도역·사하역을 거쳐, 산해위 천안역에 이르렀다. 우장역에서 사하·고령역 구간은, 홍무 20년 6월, 원의 명신 목화려(木華黎)의 후예 나하추(納哈出)의 귀순으로 새로 명의 지배하에 들어간 곳으로, 짐 나르는 짐꾼들의 도착이 늦는다든지, 모기로 시달림을 당한다든지 하여 여정에 어려움이 계속되었다고 한다. 산해관에서 만리장성 내로 들

---

46) 본 사료에 대해서는, 夫馬進씨의 가르침을 받았다. 『奉使錄』의 텍스트는 『中韓關係史料輯要』二(珪庭出版社, 1971), 朝天錄(1) 소수 본을 이용했다. 奉使錄, 朝天錄, 燕行錄으로 불리는 명조 출사 기록을 이용한 근년의 연구로, 夫馬進, 「萬曆二年朝鮮使節の"中華"國批判」『山根幸夫教授退休記念明代史論叢』(汲古書院, 1990) 등이 있다. 고려 말기 중국 명과의 외교 관계에 대해서는 末松保和, 「麗末鮮初における對明關係」『史學論叢』2(1941), 『末松保和朝鮮史著作集』第五卷(弘文館, 1996)의 수록을 참조했다.

47) 『高麗史』卷137, 列傳50, 辛禑5, 辛昌元年 6月條.

48) 『明太祖實錄』卷197, 洪武 22년 8月 癸卯條.

어와서는, 영평위 난하역을 거쳐 계주 어양역에서 머물렀다. 이 역에는 일족 모두가 연왕부에 투항해 왔던 '북호위좌승' 승길(勝吉)이 숙박하고 있었다. 권근이 붙인 주에 의하면, 승길은 낙타 4마리, 말 36필, 수레 5량을 거느리고 있었다고 한다.

그 후, 북평부의 연대역(燕台驛)에 머물면서 3차례 연왕부 내에 들어가, 연왕을 뵈었다. 그후 통주에서 수로를 이용하여 남경으로 떠났다. 연대역은 징청방(澄淸坊) 대로 동쪽에 있었는데, 영락 6년 8월에 북경 회동관이라 이름을 고쳐, 외국에서 온 사신들을 이곳에 묵게 했던 곳이다.[49] 아래에 연왕부에 관한 부분을 시와 함께 소개한다.[50]

> 북평성에 들어가다. 그곳은 원의 옛 수도이다
> 굳세고 튼튼한 도성, 사방을 진압하다. 백년 재력 또한 웅강하다.
> 초나라의 노래가 홀연히 술 마시고 흥겨워진 노래 소리에 잠겨든다.
> 이것 하늘이 망하게 한 것이 아니라 자기 스스로 빨리 망한 것이다.

---

49) 『明太宗實錄』卷82, 永樂 6년 8月 辛巳條. 북경의 회동관에 대해서는 蘇同炳, 『明代驛遞制度』第二篇 建置, 第一章 會同館(中華叢書編審委員會, 1969)이나 松浦章, 「明淸時代北京の會同館」, 神田信夫先生古稀記念論集編纂委員會編, 『淸朝と東アジア』(山川出版社, 1992)가 자세해 서술하고 있다. 다만 松浦章의 논문 가운데에서 영락3년 전에 회동관이 북경에 설치되어 있었다고 하는 것은 蘇同炳이 이미 지적하고 있는 正德 『大明會典』卷19, 병부·역전의 내용을 미처 주의하지 못함으로써 생긴 오류(萬曆 『大明會典』도 이것을 답습하고 있음)로, 주의를 요한다. 『明太宗實錄』卷45, 영락 3년 8월 丁丑條에 보이는 '회동관을 수리하였다'는 기사는 조공사절이 증가하였기 때문에 '烏蠻驛'을 회동관에 편입시킨 것을 보아 미루어 짐작할 수 있듯이, 남경의 회동관에 대하여 서술하고 있는 것이다.

50) 權近, 『陽村先生文集』卷6, 奉使錄, "入北平城. 前元舊都也. 翼翼都城鎭四方 百年財力亦雄强 楚聲忽入酣歌裡 非是天亡自速亡 到燕台驛, 進見燕府. 先詣典儀所 所官入啓以是日先太后忌, 不受禮. 命奉嗣葉鴻伴接到館. 七月十五日也. 聖代宗支盛 賢王爵士尊 都城形勝壯 市巷物華繁 白玉開宮殿 紅雲繞陛軒 齊居停受禮翼翼孝思敦. 十六日朝. 典儀所引入端禮門. 王坐承運門受禮. 又命奉嗣饋食. 奉嗣引至西園典膳所致食端禮門前曉明日 甲光輝映擁親兵 赭袍當殿趨庭拜 異味來廚賜坐傾 鹿面雨晴織草茂 雁池風動細紋生 少年奉使遊觀足 老對兒孫字世評 (중략) 十七日將詣燕府, 王命葉奉嗣饋食如前, 令留賜宴 (중략) 十八日 進辭. 時王詣佛寺燒香. 先太后明忌也. 兵衛甚衆. 旣還賜紗. 又命奉嗣致饋. 俄又有三王子連騎而出. 亦詣佛寺燒香"

연대역에 도착하여 연부에 나가 배알하다.

먼저 전의소(典儀所)에 나아가다. 관계관이 들어와 이르기를 "이날은 선태후의 기일을 맞아 예를 받지 않는다"라고 하도다. 봉사(奉嗣) 섭홍에게 잘 대접하여 관에 도착하도록 하다. 7월 15일이었다.

성세에 황손이 성하고 현명한 왕과 관료들이 높임을 받는구나
도성의 형세 뛰어나고 저자와 거리에 물화가 넘치도다
백옥의 궁전 열리고 홍운이 섬돌과 처마를 에워싸고 있구나
기일에 재계하고 예를 받지 않으니
공경과 삼감이 정연하고 효와 사모함이 돈독하도다

먼저 7월 15일에 연왕부의 전의소에 이르러 알현을 신청했는데, 그 날은 바로고 마황후의 기일이라 면회가 허락되지 않았다.

16일에 조견하였다. 전의소 인도를 받아 단례문에 들어갔다. 왕은 승운문에 앉아 예를 받았다. 또 봉사(奉嗣)에 명해 음식을 가져오게 하였다. 봉사를 따라가 서원(西苑)의 전선소(典膳所)에 이르러 식사를 하였다.

단례문 앞에 새벽 날 밝아오고, 갑옷 빛 밝게 비쳐 친병을 호위하네
자포(赭袍) 차림으로 궁전에 나아가 찾아뵙고
별미 주방에서 날라 오고, 대좌 은혜입어 술잔을 기울이니
사슴 목장 오던 비 맑게 개여 잔풀이 무성하고
기러기 노는 못에 바람 지나니 잔물결이 일도다.
젊은이 봉사하니 유람할 만하며 늙어서 자손들에게 이들을 자세히 평하리라.
(중략)

17일 막 연왕부를 나와 하직하려 하는데 왕은 섭봉사에게 명하여 음식을 전과 같이 대접하게 하고, 붙잡아 연회를 베풀어주었다. (중략)

18일 나아가 하직을 아뢰었다. 그 때에 왕은 사찰에 나아가 소향하였다. 선태후(先太后)의 기일이었다. 호위하는 병사들이 심히 많았다. 이미 돌아와 보초(寶鈔)를 하사받았다. 또한 봉사에게 명하여 또다시 먹을 것을 하사하게 하였다. 갑자기 세 왕자가 말을 타고 이어서 나갔다. 역시 사찰로 나가 소향하였다.

그 다음 16일에는 전의소의 안내로 남문의 단례문에서 연왕부 안으로 들어

가, 승운문에서 연왕을 알현했다. 그 후, 봉사의 안내로 서원의 전선소(典膳所)로 가 거기서 식사 대접을 크게 받고 있다. 그리고 떠나기 위해 고별인사를 드리러 17일, 18일 연왕부 대궐에 들어갔다. 특히 18일에는 연왕 세 왕자(朱高熾·朱高煦·朱高燧)가 함께 소향하기 위하여 사찰로 나갔는데 거기서 우연히 만났다. 여기서 말하는 사찰이란 아마 연왕부의 영성문 밖에 있던 경수사(慶壽寺)일 것이다. 경수사는 '정난의 변' 때 연왕의 참모로서 그 임무를 잘 완수해 논공행상에서 일등 공신으로 칭해진 승려 도연(요광효)[51]이 주지승으로 있던 사찰이라는 것도 잘 알려진 사실이다.

그런데 여기서 주목할 것은 16일조에서, 전선소의 소재가 '서원(西園)'이라고 설명되어 있다는 것이다. 서원의 원(園)은 원(苑)과 통하고, 연왕부=서원설의 '서원(西苑)'과 거의 같은 뜻으로 사용되고 있다. 왕부의 식사를 장악하고 있는 왕부관의 전선소는 당연한 일이지만 왕부 내에 있었을 것이기 때문에, 그 전선소가 서원에 있었다고 하는 것은 언뜻 보면 연왕부 궁성도 이른바 서원 내에 있었다는 중요한 근거가 되는 것처럼 보인다.

그러나 이 경우, '서원'이라는 설명이 15일조에 나오는 '연부'의 곳이 아니라, 16일조의 전선소라는 곳에서 처음 나온다는 것이 우선 문제다. 게다가 15일에 처음 등장하는 전선소에는 '서원'이라는 말이 나와 있지 않고, 16일 조의 말미에 처음으로 '서원(西園)'이라는 설명이 부가되어 있다. 이것은 연왕부 전체가 서원에 위치한 것이 아니라, 왕부의 서원에 전선소가 있었다고 해석할 수 있다. 또 종래의 왕부 연구에서는 전선소에 대해 별로 주의를 기울이지 않았는데, 전선소는 승봉사계통의 내관이 근무하는 전선소와 장사사(長史司) 계통의 관리아문으로서의 전선소, 이 두 개의 전선소가 존재하고 있었다.[52] 여기에서 '서원전

---

51) 『光緖畿輔通志』 卷167, 古蹟14, 陵墓3, 房山縣, 明姚廣孝墓에 실린 「明世祖御製神道碑」 『明太宗實錄』 卷198, 永樂 16년 3월 戊寅의 條. 牧田諦亮, 「道衍傳小稿 -姚廣孝의 生涯-」 『東洋史硏究』 18卷2號(1959).

52) 두 개의 典膳所에 대해서는, 이하의 사료 참조 바란다. 『祖訓錄』에는 '내관'과 '직제' 항에 각각 전선소의 기록이 보인다. 같은 책 내관에, "王府官〔(割註) 正官從七品, 佐二官 正八品〕, 承奉司〔(割註) 掌管王府一應雜事. 有事, 呈長史司幷護衛指揮司發落, 與內官衙門無相統攝〕. 承奉正, 承奉副. (中略) 典膳所, 典膳正, 典膳副"라고

선소'라고 특별히 끊어서 이야기 한 것은 아마 궁성 내 서편에 있던 승봉사계통의 전선소를 가리킨 것이라고 생각할 수 있다.

다음으로, 16일 조의 칠언 율시에서 접할 수 있는 녹유(鹿囿)와 안지(雁池)가 어디를 가리키고 있는지가 문제다. 연왕부=서원 소재설을 취한다면, 녹유나 안지에 상응하는 장소를 쉽게 찾아내기가 어렵다. 이에 반해, 연왕부=대내궁성 소재설을 취하면, 서원의 전선소에서 바라다 보이는 안지로서, 대내 궁궐 서쪽에 있는 태액지가 고려될 수 있다. 『원궁사(元宮詞)』 卷40에, "호수 가의 거위, 맑고 깨끗한 물에 비치고, 매(海靑) 항상 내관이 높이 든다. 이궁의 황후, 천자의 수레 좇아, 수레에서 대나무 발을 열고 매를 풀어 놓는 것을 본다"라고 되어 있어, 원궁 태액지에서 기러기를 먹이로 삼아 매 사냥을 하는 모습이 영탄되고 있다. 『원궁사』는 원후(元后) 유모의 딸로 원 궁중에서 오랫동안 생활하고 있던 노파로부터 들은 이야기를 바탕으로 영락초에 주헌왕 주유돈이 정리한 것이다.[53] 또 녹유는 원조의 궁성 서화문 내에 존재하고 있던 녹원(鹿苑)에 해당할 것이다.[54] 혹은 경화도(만수산)의 동쪽을 가리키는 것이라고도 생각할 수 있다. 거기에는, 원대에 영포(靈圃)가 있어, 진기한 새와 짐승들이 많이 사육되고 있었다.[55]

되어 있고, 同書, 직제에, "凡王府官, 長史司(中略), 典膳所, 正八品, 典膳正 一員, 從八品, 典膳副 一員, 司吏一名, 典吏二名"라고 되어 있다. 또 承奉司 아래의 典膳所에 대해서는, 『明太祖實錄』 卷56, 洪武 3년 8월 庚子에, "置王府承奉司, 設承奉一人, 承奉副二人. 典寶·典服·典膳三所, 所設正一人, 副一人, 門官設門正一人, 副一人"이라 하고 있다. 부언하면, 전게의 佐藤文俊 저서 『明代王府の研究』(研文出版, 1999) 제1부 제2장의 표-2 "王府機構"에서는, 장사사와 승봉사의 전선소의 존재가 바르게 명기되어 있다. 덧붙여 주(2) 전게의 布目의 논문에서, 승봉사 이하의 내관은 "諸司職掌"에 보이지 않아 평소 존재하는 常置官이 아니라고 한 것은 잘못으로, 『祖訓錄』이나 『皇明祖訓』에 각각 내관 항목이 설정되어 있는 것으로 보아 적어도 홍무 연간에는 常置官이었다고 생각된다.

53) 傅樂淑, 『元宮詞百章箋注』(書目文獻社, 1995)에 수록된 "後序" 참조.
54) 『析津志輯佚』 城池街市, "西華門, 在延春閣西, 蕭牆外卽門也. 門內有內府諸庫·鹿苑·天閑(日下舊聞考, 卷三十, 宮室, 引析津志)"라 하고 있다.
55) 陶宗儀, 『南村輟耕錄』 卷21, 宮闕制度, "萬壽山在大內西北太液池之陽, 金人名瓊花島. (중략) 又東爲靈圃, 奇獸珍禽在焉"

녹유나 안지라고 하는 표현은 모두 문학적 수사이지만, 연왕부에서는 원 대내의 명칭을 그대로 사용한다는 것은 예제 상 허용되지 않았을 터이기 때문에, 이러한 수사적 명칭이 실제로 사용되었으리라고도 생각할 수 있다.

그리고 원래 서원이란 영락 이후에 완성한 자금성에서 보아, 황성 내의 서쪽 부분을 가리키는 것이었다. 그러므로 엄밀하게 말하면, 서원은 태액지의 동쪽과 서쪽을 다 포함하고 있다.[56] 설령 연왕부가 태액지의 서쪽에 있었다고 하더라도, 그곳이 자금성이 건설되기 이전의 홍무 말에도 서원으로 불려질 가능성은 적다. 그렇게 말할 수 있는 것은, 원대의 서내라는 호칭이 명대에도 답습될 경우에는, 역시 동쪽에 원의 고궁이 현존하여, 어떤 형태로든 사용되고 있다는 것이 전제되기 때문이다.

이상으로 판단해 볼 때, 이 경우의 서원은 이른바 연왕부=서원소재설의 서원과 똑 같이 사용된 것이 아니라, 연왕부의 궁성이 놓인 원의 대내궁성의 서쪽 부분이 단지 서원으로 불려진 것이라고 생각할 수 있다. 또한 서안(西安)에 있던 진왕부의 발굴 보고[57]에 의하면, 진왕부의 전선소(아마 승봉사 계통)가 3개소의 회갱과 '전선소조(典膳所造)'라는 문자가 있는 도자기 파편이 출토된 궁성 서문의 준의문(遵義門) 일대에 놓여 있었다고 하는 것도 이러한 추정을 보강해 주고 있는 것이다.

조선 왕조 성립 전년에 해당하는 홍무 24년 6월, 황제 생일인 만수성절을 축하하기 위해 파견되었던 문하찬성사 조준(趙浚)[58]도 남경으로 가는 도중 북평의 연왕부에 들른 적이 있다.

> 신미년 6월에 중국에 들어가서 성절을 하례하였다. 가는 길 북평부(北平府)를 지나게 되었다. 이때 태종 황제가 연저에 있을 때인데, 황제가 성심껏 조준을 대

---

56) 楊士奇,『東里續集』卷15, "賜遊西苑詩序", 李賢,『古穰集』卷5, "賜遊西苑記", 韓雍 『襄毅文集』卷9, "賜遊西苑記", 葉盛,『水東日記』卷40, "楊鼎自述榮遇數事"는 모두 명대 전기에 씌어진 서원 유람기인데, 그 유람코스는 太液池 양쪽을 다 포함하고 있다.

57) 景惠川·盧曉明,「明秦王府布局形式及現存遺址考察」『文博』1990年 6期. 王長啓, 「明秦王府遺址出土典膳所遺物」『考古與文物』1985年 4期.

58)『高麗史』卷46, 世家, 恭讓王2, 辛未 3년 6월 丙子條.

접하였다. 조준이 물러나와서 사람들에게 말하기를, "왕은 큰 뜻이 있으니 아마 외번(外藩)의 왕에 머물지 않을 것이다."[59]

연왕에게 각별한 대접을 받은 조준은 왕부를 나와, 연왕에게는 외번의 왕에 머무르지 않는 큰 야심이 있다는 것을 다른 사람에게 고하였던 것이다. 이보다 앞선 전년의 3월에는 연왕이 이끈 부대가 옛 원의 태위 내아불화(乃兒不花)를 평정한 일이 있는데, 그 소식을 들은 홍무제는 군신들에게 "사막을 깨끗이 할 자는 연왕이다. 짐은 북쪽을 돌아보는 일에 대한 걱정이 없다"라고 말할 정도였다.[60] 연왕의 군사적인 재능이 홍무제에게 높이 평가되어 북변 방비를 맡게 된 시기였기 때문에, 연왕도 고려 사절에 대해서 성의를 다해 접대했을 것이라는 것은 상상하기 어렵지 않다. 그렇다고 하더라도, 홍무 24년 6월이라면 홍무제가 뒷일을 부탁하려던 황태자가 갑자기 병사하기 이전이다. 이 시점에서 고려 사절 조준이 연왕을 외번의 왕에 머무르지 않는 야심 찬 인물로 이미 간파하였는데, 연왕의 이런 큰 야심이란 지금까지 밝혀온 온 것처럼 전 왕조의 대내 궁궐에 왕부 궁성을 두고 거기서 청년시대를 보내었다고 하는 예외적인 환경 속에서 배태한 것이라고 할 수 있으리라.

또한 조선 건국 후부터는 명조로 가는 사절이 남경으로 가는 도중 연왕부에 들르는 것은 거의 관례가 되다시피 하였다. 홍무 27년 9월, 홍무제의 만수성절, 곧 생일을 축하하기 위해 조선 국왕 이성계가 파견한 세자 일행도 연왕부

59) 『朝鮮王朝實錄』太宗, 卷9, 5年(永樂3年) 6月 辛卯, "辛未六月, 入賀聖節. 道經北平府. 太宗皇帝在燕邸, 傾意待之. 浚退語人曰 王有大志, 其殆不在外藩乎"

60) 『明太祖實錄』卷201, 洪武 23년 윤4월 癸亥朔條. 잘 알려진 이 일화는 후술하듯이 영락제의 뜻을 받들어 개찬된 삼수본 『태조실록』에 실려 있는 기사로, 그 진위를 확실히 알 수 없어 아쉬움이 남는다. 그러나 이것을 계기로 내아불화가 인솔하는 군마나 그 이전 명조에 귀부한 진주·양주·회안 등에 거주하고 있던 타타르 병사와 그 가족을 북평도지휘사에 편입시킨 이상, 이들 다수의 타타르족 병사를 연왕이 발탁하여 쓰는 것을 허락하는 등, 연왕을 중심으로 몽골 병사를 동원한 북변 방위 체제가 형성된 것은 사실이라고 생각된다(『明太祖實錄』卷216, 洪武 25년 2월 乙丑條. 그리고 북평도지휘사 뿐만 아니라 연왕부의 호위 내에도, 홍무 연간에 귀부한 정규 타타르 병사 100여 명이 포함되어 있었다(『明太宗實錄』卷5, (건문) 원년 11월 乙亥條).

에 들렀다. 이때, 연왕은 호위병을 대동하지 않고 세자를 접견하고, 친하게 서로 말을 주고받았다.[61] 다음 홍무 28년에는 조선측이 연왕의 요구에 응하여 안장 챈 조선말을 보낸 일이 있었는데, 이 보고를 들은 홍무제는 조선이 연왕과 사적으로 교류한다 하여 사신일행의 통사(통역관) 송희정(宋希靖)과 말을 관리하던 역관 권을송(權乙松)을 운남 금치위(金齒衛)로 유배시킨 사건도 일어났던 것이다.[62]

지금까지의 고찰을 통해, 연왕부가 원의 소장(蕭牆) 내에 두어졌고, 그 궁성은 원의 대내궁성에 두어졌다는 것을 밝혀 왔다. 다음은 그것이 가지는 의미를 황태자 주체의 북평 배치와 연왕부 건설 과정을 통하여 검토하고자 한다.

Ⅱ. 연왕부 설치를 둘러싸고

1. 황자 주체의 북평 배치

『명태조실록』 권71, 홍무 5년 정월 무인조에는 왕부의 호위(護衛) 설치에 대해 다음과 같은 기사가 나온다.

> 용호위를 고쳐 연산호위로 하였다. 서안·태원·광서, 3호위를 두었다.[63]

홍무 3년에 분봉된 10명의 제왕 가운데에서 조기에 취번이 예정되어 있던

---

61) 『朝鮮王朝實錄』太祖, 卷6, 3年 11月 乙卯條. 『明太祖實錄』卷234, 洪武 27年 9月 乙卯條.

62) 『朝鮮王朝實錄』太祖 卷8, 4년(洪武 28년) 11월 丙寅, "節日使金立堅回自京師曰, 通事宋希靖, 押馬權乙松等被流遐方. 初計稟使金仁祥, 道經燕邸, 復于上曰, 燕王謂臣曰, 爾國王何不送馬於我. 上信之, 立堅去時, 仍附鞍馬以送, 燕王受之以聞. 帝曰, 朝鮮王何得私交. 乃流希靖, 乙松于金齒衛, 再流騰衝府. 그러나 『明太祖實錄』에는 이 사건에 관한 기사가 실려 있지 않다. 당사자인 연왕, 후의 영락제에게 있어서 이것은 좋은 일이 아니었기 때문에, 삼수본의 실록에 싣지 않았을 것이다.

63) 『明太祖實錄』卷71, 洪武 5년 정월 戊寅, "改龍虎衛爲燕山護衛. 置西安·太原·廣西三護衛"

진왕(秦王)·진왕(晉王)·연왕(燕王)·정강왕(靖江王), 이 4명의 왕에 대해, 이 시기에 각각 호위가 배치되었다. 종손인 주수겸(朱守謙)은 별도로 치고, 본래대로라면 자녀의 연령순으로 서안·태원·북평에 호위를 둔다고 기록되어야 할 터인데, 연왕의 연산호위 개편을 우선 먼저 들고, 다음에 다른 3명의 왕의 호위 설치를 모아 기록하고 있다. 이것은 현행 『태조실록』이 연왕, 후의 영락제를 중심으로 기술되어 있다는 것을 단적으로 보여주는 것이다. 바야흐로 영락 16년에 증정된 삼수본 『태조실록』은 연왕의 황위계승의 정당성을 분명히 하기 위하여 개찬된 것이었다. 그렇다고 하더라도, 우리는 명초에 남겨진 근본 사료로서 이것을 이용하지 않을 수 없다는 것이 또한 사실이다. 여기에서는 이러한 현행의 『태조실록』의 성격을 고려하면서, 홍무 시기의 연왕부를 복원해 보고자 한다. 이때 이미 지적한 바와 같이, 제왕 가운데 연왕 주체의 지위는 고정된 것이 아니라, 부단히 변화했다고 하는 점[64]에도 유의해두고 싶다.

연왕이 북평에 봉해진 이유로서 지금까지 연왕 자신의 뛰어난 자질로부터 설명하려는 경향이 많았다. 일찍이 영락제 자신도 황태손 주첨기(朱瞻基, 후의 선덕제)에게 이렇게 말한 적이 있다.

> 천하 이미 평정되고, 고황제는 이전의 옛 수도를 염두에 두고, 여러 아들 가운데에서 골라 나에게 이 한 지방을 다스리도록 명하였다. 나는 오직 밤낮 삼가고 격려하며, 결코 태만하지 않고 우러러 고황제 당부의 소중함에 부합하도록 하였다.[65]

영락제는 북경이 전 왕조의 수도였기 때문에 태조 홍무제가 여러 자녀 가운데에서 특히 자신을 선택해 봉했다고 하고 있다. 인용한 부분 앞에, "영락 년간에 짐이 이미 황조(皇祖)를 섬겼다"는 것으로 보아, 황태손 주첨기(朱瞻基)가 북경 순행 중이거나 또는 천도 후에, 그 서원(西苑)에 있는 금조 이래의 별궁 광한

---

64) 商傳,「〈靖難之役〉前的燕王朱棣」『學習與思考』(1980).
65) 明宣宗朱瞻基撰,「御製廣寒殿記」(沈節甫 『紀錄彙編』 卷7, 所收), "天下旣定, 高皇帝念前故都也, 簡於子, 以命我奠玆一方. 我惟夙夜敬勵, 不堪怠寧, 以仰副高皇帝付託之重"

전에서 영락제에게 직접 들은 내용일 것이다. 순행 중 혹은 천도 후 어느 때라 하더라도, 북경은 이미 수도로 정해져 있었고, 그런 사실을 바탕으로 할 때에, 금조나 원조의 수도였던 그 땅에 특별히 봉해졌다는 것이 자신에 대한 태조의 "당부의 소중함"을 나타내는 것이라는 문맥으로 되어있다. 『명태종실록(明太宗實錄)』 권1에도 같은 내용이 보인다.

> 홍무 3년 4월 을축. 태조가 제자를 분봉하여 왕으로 세우는데, 연은 구경(舊京)이고, 더욱이 북로에 근접하고 있어, 가히 진압하여 복종하게 할 수 있는 자를 택하였다. 그리하여 마침내 황제(영락제)를 봉하였다.[66]

라고 하여, 북경이 원조의 수도인데다가 몽골 세력과 인접되어 있다는 이유도 부가되어, 주체가 선택되었다고 말하고 있다.

이에 대해서 근년, 상전(商傳)이나 주홍(朱鴻)의 연구에서는 연왕이 애초부터 제왕 가운데에서 특별한 지위를 지니고 있지 않았고, 홍무제나 그 당시의 사람들에게 북평이 지닌 중요성도 충분히 인식되지 않았다고 지적하고 있다.[67] 더욱이 사토 후미토시(佐藤文俊)는 "특별히 어느 땅이 중요하다기보다, 북변의 방비는 어느 곳이나 모두 중요하다"고 하면서, "연장 순에 따라 지리적으로 남경에서 먼 지역의 순서대로 취번 시킨 것"이라고 추정하고 있다.[68]

전술한 것처럼, 제왕봉건에 대한 구체적 검토는 『조훈록(祖訓錄)』의 편찬에 착수한 홍무 2년 4월부터 시작되고 있었다. 그러므로 이 문제를 고찰하려면, 이 시점에서 10명의 왕작이 결정되고, 제왕에 분봉되는 3년 4월까지의 북변의 정세를 먼저 검토할 필요가 있다.

먼저 행성 설치를 보면, 홍무 2년 3월에 북평행성이 설치되었다. 이듬해 4월에는 섬서행성과 산서행성이 설치되는 등, 이 시기에 명조 서북 지역의 행정 지배

---

66) 『明太宗實錄』卷1, "洪武三年四月乙丑, 太祖封建諸子, 以燕舊京且近北虜, 擇可以鎭復者. 遂以封上"
67) 주(64)에 전술한 商傳의 논문. 朱鴻, 『明成祖與永樂政治』(國立臺灣師範大學歷死研究所專刊 17, 1988).
68) 佐藤文俊, 『明代王府の研究』(研文出版, 1999), 112쪽.

체제가 확립되어가고 있었다.[69] 왕부는 번병(藩屛)으로서, 군사적 역할이 기대되고 있었지만, 이것과 밀접한 관련을 가지고 있는 행도독부(行都督府)를 보면, 제왕을 봉한 2개월 후인 6월에, 섬서·북평·산서에 각각 행도독부를 설치하였다.

> 섬서·북평·산서행도독부를 설치하였다.[70]

세 개의 행도독부 가운데서도, 군사적 최전선인 섬서행도독부가 먼저 필두로 들어지고 있다. 이 단계에서는 요동 방면에 있던 원나라 장수 나하추(納哈出) 등의 움직임은 아직 활발하지 않았다. 이러한 점에서 이 시기 군사적 최전선은 섬서나 산서로, 북평보다 서안이나 태원 쪽이 군사적으로 중요하다고 간주되었던 것이다. 따라서 최전선부터 둘째 아들 이하를 순서(시계 방향)대로 배치한 결과, 둘째 아들은 진(秦)왕, 셋째 아들은 진(晋)왕, 넷째 아들은 연왕이 되었던 것이며, 앞에서 언급한 영락제 자신의 설명과는 달리, 마침 연왕이 북평에 배치될 가능성이 높았던 것이다.

게다가 같은 책 권111, 홍무 10년 정월 신묘조에 나와 있는 취번 직전의 3왕부 호위의 병사수를 보면, 아래와 같이 거의 비슷하다. 이 시점에서는 3왕부가 함께 동등한 취급을 받고 있었으며, 연왕부에게 특별한 지위가 주어지지 않았다는 것이 증명된다.[71]

> 진부(秦府) 서안호위 구군대 1,451명 우림위군 2,264명 계 3,715명
> 진부(晋府) 태원호위 구군대 1,630명 흥무등위군 2,251명 계 3,881명
> 연부(燕府) 연산호위 구군대 1,364명 금오좌등위군 2,263명 계 3,627명

무엇보다 그 이전의 홍무 6년 5월에는 서안·봉상·평량·경양·연안·공창·임도 등 여러 부에 소속한 구 군대에서 19,000명을 골라 진왕부호위의 군사로 충

---

69) 『明太祖實錄』 卷40, 洪武 2년 3월 癸丑, 卷41, 동년 4월 戊辰條.
70) 『明太祖實錄』 卷53, 洪武 3년 6월 壬申, "設陝西·北平(北京)·山西行都督府"
71) 왕부에 취임할 당시, 호위의 실제 수는, 각각 秦府 3,748인, 晋府 3,281이었다. 『明太祖實錄』 卷117, 洪武 11년 3월 壬午條.

당할 것을 장흥후 경병문에 명령한 적이 있다(같은 책 권82, 홍무 6년 5월 병오년). 당초는 황자(皇子) 가운데에서도 최 연장자인 진왕부의 호위를 증강하여, 서안을 북변 방위의 거점으로 하려 했던 것을 엿볼 수 있다.

이상과 같은 연왕 배치와 호위 편제로 보아 판단한다면, 그 왕부가 원대의 고궁에 설치된 것도 연왕에게 특별한 지위를 주려는 홍무제의 의도에서 나온 것이 아니라, 다른 요인이 존재했다고 생각된다. 이 점을 다음의 연왕부 건설 과정에서 고찰해 보고자 한다.

2. 연왕부 건설 과정

앞에서도 언급한 바와 같이, 제왕의 궁전 건설은 홍무 4년 10월에 태원의 진(晋)왕부에서부터 착수되었다.[72] 연왕부도 아마 홍무 5년 말경에는 시작되었을 것이다. 한림학사 송눌(宋訥)은 동년 가을에 북평을 방문하고, 원의 대도 고궁의 유위전변(有爲轉變)의 상황, 곧 세상사가 변하기 쉬워 덧없음을 영탄하고 있다.[73] 먼저 『서은집(西隱集)』 3권 "客北平聞行人之語感而成詩四首(객북평문행인지어감이성시4수)"의 제2수의 시에

> 행인이 천보랑(千步廊) 앞을 스쳐 지나더니.
> 여전히 궁장(宮牆)을 가리키며 대도를 얘기하는구나.

라고 하고 있다. 원의 천보랑 앞에 다가선 여행자가 눈앞의 궁궐 담장을 가리키며 지난날의 대도의 모습을 설명하였다고 하는 것에서, 궁궐의 담장이 아직 그렇게 많이 파괴되지 않고 남아 있었던 것을 엿볼 수 있다. 또 『서은집(西隱集)』 3권 "壬子秋過故宮十九首(임자추과고궁19수)"의 제7수의 시에는,

---

72) 『明太祖實錄』 卷68, 洪武 4년 10월, "是月(中略), 作諸王宮殿於太原等府"
73) 宋訥, 『西隱集』 卷3, 客北平聞行人之語感而成詩四首(其二), "行人千步廊前過 猶指宮牆說大都". 同卷, 壬子秋過故宮十九首(其七), "九華宮殿燕王府 百辟門庭戌卒家", 同卷(其十三) "虎衛龍揮人不見 戌兵騎馬出蕭牆"

구화궁전(九華宮殿)은 연왕부이고
백벽(百辟)의 문정(門庭)은 수졸(戍卒)의 집이다

라고 하고 있어, 대도의 호화찬란한 궁전이 지금은 연왕부가 되어 수비병이 주둔하고 있다는 것을 표현하고 있다.

더욱이 『서은집(西隱集)』 3권 제13수의 시에는

호위(虎衛)는 섬돌위에서 사람을 보지 못하고
수병(戍兵)은 말을 타고 소장(蕭牆)을 나선다.

라고 하여, 과거 근위병으로 경호되고 있던 궁전의 층계에 이제는 사람 그림자도 보이지 않고, 그 대신 둔수병이 말을 탄 채, 원의 소장 내에 드나드는 모습을 영탄하고 있다. 이 시에서 둔수병에 대한 언급은 있으나, 공장(工匠)의 존재에 대해서는 전혀 언급이 없다. 연왕부로 되었다고 하더라도, 아직 본격적인 공사는 시작되지 않았다고 생각된다.

그런데 홍무 6년 3월에는 연상부(燕相府)가 왕부의 건설공사에 대해 상주하였다.

> 연상부가 말하기를, "지난 조서를 받들어 따르는데, 토목 공사, 민을 피로하게 하고 무리를 많이 동원하고 있습니다. 성지(城池)를 수축하는 일을 제외하고, 나머지 왕부의 관아를 짓는 일은 잠시 중단해야 합니다. 지금 사직·산천단의 망전(望殿)은 아직 덮여 있지 않고, 성문의 벽돌 아직 쌓여 있지 않아서 비바람에 붕괴되지 않을까 염려 됩니다. 바라옵기는 보정(保定) 등 부(府)의 유죄수작(有罪輸作)의 사람(죄 용서해주는 대신 나르고 짓고 하는 일을 하는 죄수)들을 써서 이 공사를 완성하게 하소서"라고 하였다. 상(황제)은 사직·산천단 망전은 극히 정결한 땅이므로, 장인들을 불러 이것을 만들게 했다. 그리고 죄수들에게는 단지 성문 벽돌 쌓는 일만 시켰다.[74]

---

74) 『明太祖實錄』 卷80, 洪武 6년 3월 己未, "燕相府言, 先嘗奉詔, 以土木之工勞民動衆, 除修城池外, 其餘王府公廨造作, 可暫停罷. 今社稷山川壇望殿未覆, 王城門未甓, 恐爲風雨所壞. 乞以保定等府有罪輸作之人完之. 上以社稷山川望殿嚴潔之地, 用工匠爲之. 命輸作之人, 但甓城門."

이에 의하면, 연왕부에는 공사가 이미 시작되어 있었음을 알 수 있다. 앞의 조서에서는 성지(城池) 이외의 왕부아문의 건설공사는 아마 일시적으로 가을까지 중단하도록 하였으나, 사직단·산천단의 망전과 성문에 대해서는 특례로서 장인이나 죄수들을 이용하여 공사가 계속되도록 하였던 것이다.

이때 연왕부 공사를 담당한 사람은 연왕부 좌상으로, 동지대독부사·북평행성참지정사를 겸하고 있던 화운용(華雲龍)이었다.

> 화운용은 북평을 진압하고, 그 위엄과 명성이 현저하였다. 연왕부를 증축하는 일에 그 힘이 컸다.[75]

화운용은 주원장의 고향에서 가까운 정원 사람으로, 일찍이 주원장이 군사를 일으켰을 때 그를 따랐던 사람이다. 북벌 때에는 대장군 서달과 함께 원의 수도인 대도를 공략하였으며, 이로 인해 개국 공신으로서 회안후(淮安侯)에 봉해졌다.[76] 그러나 원의 승상 탈탈(脫脫)의 저택에 살고, 원의 황제나 황후가 사용하던 집기 및 금옥으로 된 보배로운 그릇을 신분에 구애받지 않고 분별없이 사용하기도 하였으며, 거기에 더욱 원을 섬기던 관원 모두를 강남으로 호송하라는 칙지를 실천하지 않아, 남경으로 소환명령을 받았는데, 그때 남경으로 돌아오던 동안, 홍무 7년 6월에 도중에서 죽었다. 이때 홍무제는 6년 11월, 북평에 원 세조묘의 건립을 명하는 등, 과거 원의 수도였던 북평의 정치적 중요성을 재인식하고 있었다.[77] 그러던 가운데, 분별없는 화운용의 사건이 홍무제의 질책 대상이 되었던 것이다.[78] 다만, 그 후 화운용의 유해는 남경 계룡산의 공신묘에 모셔졌고, 그 작위도 아들에게 세습되었으므로 공신의 지위를 잃지는 않은 셈이다.[79]

---

75) 『明太祖實錄』卷90, 洪武 7년 6월 癸亥, "華雲龍鎭北平, 威名甚著. 建造王府, 增築北平城, 其力爲多"
76) 宋濂, 『宋學士文集』 翰苑續集, "勅賜開國輔運推誠宣力武臣榮祿大夫柱國淮安侯華君神道碑銘"
77) 『明太祖實錄』卷86, 洪武 6년 11월 癸丑條.
78) 劉辰『國初事跡』(『國朝典故』卷4, 소수).
79) 『明太祖實錄』卷96, 洪武 8년 정월 辛未, 卷110, 9년 11월 庚寅條.

화운용의 소환 후에는 조국공(曹國公) 이문충(李文忠)이 연왕부 개조 공사에 관여하였다. 이 사실은 연왕이 외사촌형인 이문충에게 보낸 편지에 의해서 알려지게 되었다. 부언하면, 이문충은 당시 정로좌부장군(征虜左副將軍)으로서 산서·북평에서 군마를 관리하며 통솔하고 있었다.[80]

> 연왕 지금 승봉 오상(吳祥)을 파견하고, 친서를 보내었으며, 외사촌형 조국공이 그 편지를 받았다. "영조(營造)에 관한 것입니다. 궁전 모두를 잘 살펴, 존재해야 할 것은 있게 하고, 무용한 것은 제거하여, 모름지기 사리에 맞게 해야 합니다. 그 영방(營房)은 힘써 잘 배치하고, 규정대로 건축을 시작해야 합니다. 성하(城河) 개착하는 일은 인력이 있으면 공사를 일으켜야 할 것입니다. 만약 인력이 부족하다면 얼마동안 놓아두십시오. 지금 무더운 한 여름철이오니, 부디 옥체 보존하시기 바랍니다." 불구(不具). 홍무 9년 4월 일[81]

북평에 취번하기 이전에 봉양(鳳陽)에 체재하고 있던 연왕[82]이 보낸 지시는 원의 궁전에서 이용할 수 있는 것은 재활용하고, 소용없는 것은 없애라는 것이었다. 이러한 지시가 나왔다는 것은 이 단계에서 궁성 건축 공사가 본격적으로 시작되었다는 것을 보여주고 있다. '영방(營房)'이란, 왕부 호위병의 대기소이고, '개하(開河)'는 성하(城河, 湖城河라고도 함)의 개착을 가리키고 있다. 홍무 4년의 규정에 왕부의 성하는 넓이 15장(丈), 깊이 3장으로 정해져 있었지만,[83] 결국 연왕부의 경우는 다른 왕부와 달리 아직 개착하지 않고 있었다. 후술하겠지만, 아마 연왕부는 원나라의 고궁을 이용할 수 있었기 때문에, 공사비를 줄이고, 재원을 절약하기 위해 그렇게 했을 것이다.[84]

---

80) 『明太祖實錄』卷100, 洪武 8년 7월 壬戌條.
81) 『岐陽世家文物述攷』(中國營造學社, 1933)에 실려 있는 瞿兌之, 「李文忠集傳」에, "燕王今遣承奉吳祥賚手書, 致表兄曹國公. 爲營造事. 所有宮殿相度, 可存者存, 若無用者拆去, 須要停當. 其營房務要好去[生]布置, 如法起蓋. 開河之事, 若有人力, 可以興工. 若以力不敷且歇. 今當仲夏, 宜善保, 不具. 洪武九年 四月 日"이라 하고 있다.
82) 『明太祖實錄』卷104, 洪武 9년 2월 庚子條.
83) 朱勤美, 『王國典禮』卷2, 宮室에, "洪武四年定, (中略) 城河十五丈, 深三丈"이라 하고 있다. 『明太祖實錄』卷60, 洪武 4년 정월 戊子條.
84) 홍무제가 왕부의 공사에서 긴급하지 않은 공사를 극력 억제하려고 한 것은 『明太

그런데 연왕이 왕부의 조영에 대해 직접 이런 지시를 내린 것으로 보아, 당초 제왕들에게는 어느 정도 재량이 주어지고 있었음을 엿볼 수 있다. 또 궁전 문무(門廡)나 성 문루의 기와는 황태자 궁전처럼 청색 유리기와(琉璃瓦)로 덮었고,[85] 궁전내의 장식도 동궁에 준하였는데,[86] 이것은 연왕 뿐만 아니라 다른 제왕도 마찬가지였다.

연왕이 이문충에게 이 편지를 보내기 수개월 전 정월에, 연왕의 왕비로써 태부중서우승 위국공 서달의 장녀가 책립되었다.[87] 연왕이 왕비를 맞이한 것은 황태자(홍무 4년 4월, 개평 충무왕 상우춘의 장녀를 책립), 진(秦)왕(4년 9월, 옛 원 태부중서 우승상 하남왕 왕보보(王保保)의 여동생을 책립), 진(晋)왕(6년 8월, 진왕좌부 겸 태원위도지휘사 사성의 딸을 책립)에 이어진 것으로 순번에 걸맞는 일이었다. 그러나 북벌의 공적이 커서, 무신 가운데에서 일등 공신으로 봉해진 서달의 장녀를 왕비로 맞이했다는 것은 그 후 연왕이 북방에서 실력을 쌓아 가는데 있어서 커다란 의미를 지니게 되었다.

그런데 홍무 9년 윤9월, 성변(星變)이 일어나자, 황제가 직언을 구했다. 그러자 이에 응하여 산서의 평요현 훈도 섭백거(葉伯巨, 字는 居升)가 '만언서'를 상주했다. 상주내용은 '분봉태치(分封太侈)' '용형태번(用刑太繁)' '구치태속(求治太速)'의 세 부분으로 되어 있었는데, 섭백거가 "보기 어려울 정도로 근심이 속히 이르리라"고 하면서 중시했던 제왕 분봉책의 문제에 대해서는 정강왕·진(秦)왕·진(晋)왕의 취번과 관련시켜 논한 사토 후미토시(佐藤文俊)의 전문연구가 있다.[88] 여기에서는 특히 연왕부와 관련된 문제를 언급하려 한다. 손순(孫旬) 『황명소초(皇明疏鈔)』 권1, 군도(君道)1, 섭거승(葉居升) '상만언서소(上萬言書疏)'에,

祖實錄』卷80, 洪武 6년 3월 己未, 동서 卷118, 홍무 11년 5월 乙亥條(秦王에게 璽書 하사) 등에 있다.

85) 『明太祖實錄』卷103, 洪武 9년 정월 己未條.
86) 『明太祖實錄』卷105, 洪武 9년 3월 丁巳條.
87) 『明太祖實錄』卷103, 洪武 9년 정월 壬午條.
88) 佐藤文俊, 「洪武九年葉伯巨の獄死」『明代史研究』20호(1992). 후에 『明代王府の研究』(研文出版, 1999)에 수록됨.

국가는 땅을 나누어 분봉하고, 제왕에게 각각의 땅을 주어 번병을 수립하여, 옛 제도 다시 회복하고 있습니다. 그 까닭은 대개 송·원이 고립하고, 종실이 약한 폐단을 경계하기 위함이었습니다. 진(秦)·진(晉)·연·제·양·초·오·민 등의 여러 왕국에 각각 그 땅을 다주어 봉했습니다. 도성궁실의 규정, 크기와 범위가 천자의 도성에 버금가고, 갑병위사를 주어 성하게 했습니다. 신이 우려하는 것은 수세대 후에는 꼬리가 커져서 처리하기가 어렵게 되고, 그런 후에 그 땅을 삭감하고, 그들의 권력을 빼앗으면 곧 원망이 일어난다는 것입니다.[89]

라고 하고 있듯이, 진(秦)·진(晉)·연의 왕국에서는 거의 대부분이 왕부의 영지가 되었고, 그 왕부의 궁실은 천자가 있는 경사로 오인될 정도였다고 하고 있다. 주지하는 바와 같이, 명의 제왕 분봉은 녹미를 주는 식봉제이지, 토지를 할애해 주는 것이 아니었다. 이미 그 해 2월에는, 친왕과 공주에 대한 한 해 고액의 지출비용이 규정되었다.[90] 다만, 섭백거가 상주한 시점에서, 제왕의 취번은 아직 실현되지 않았고, 식봉제도 실제로는 시행되지 않았다. 또 왕국에는 종묘만 아니라 사직단이 설치되어 있었다는 것,[91] 이미 책봉 받은 공주에게는 토지 및 장원을 하사하고, 그들에게 징세권이 주어졌다는 것[92] 등으로 말미암아 잘못 이해된 것이리라.

그 도성 궁실이 천자의 도성으로 오인될 정도라고 섭백거가 지적한 것은 원의 소장 내에 설치된 연왕부를 맨 먼저 염두에 두고 한 말임에 틀림없다. 이것은 방효유의 손발 역할을 한 "섭백거·정사리전"에서 아래와 같이 그 봉지가 '천리를 넘는' 나라의 예로서 연·진·초를 들고, 그 가운데에서도 연왕을 맨 먼저 앞세우고 있는 것에서 엿볼 수 있다.

---

89) 孫旬, 『皇明疎鈔』卷1, 君道1, 葉居升「上萬言書疎」, "國家裂土分封, 使諸王各有分地, 以樹藩屏, 以復古制. 蓋懲宋元孤立, 宗室不競之弊也. 然而秦晋燕齊梁楚吳閩諸國, 各盡其地而封之. 都城宮室之制, 廣狹大小, 亞於天子之都, 賜之以甲兵衛士之盛. 臣恐數世之後, 尾大不掉, 然後削其地而奪之權, 則起其怨"

90) 『明太祖實錄』卷104, 洪武 9년 2월 丙戌條.

91) 『明太祖實錄』卷60, 洪武 4년 정월 丙申條.

92) 佐藤文俊, 『明代王府の研究』(研文出版, 1999), 41쪽.

이른바 분봉이 크게 사치스럽다는 것은, 천자 기내(畿內)의 땅 천리에 지나지 않는데, 연·진·초가 천리를 넘으며, 나이 어려 아직 일에 익숙해 있지 않은 자를 왕으로 봉하고 있어, 일 없으면 곧 교만하고, 일 있으면 곧 참란하기 쉽다. 이것을 사람들은 아직 잘 모르고 있으니, 신이 이른바 근심하는 것은 그것들이 잘 발현되지 않고 있다는 것이다.[93]

무엇보다 이것은 아마 건문 연간에 방효유가 이 전을 쓸 때에, 건문정권에 몸 담고 있던 그가 제왕 가운데에서도 연왕의 존재에 가장 신경을 쓰고 있었기 때문일지도 모른다. 다만, 연왕 즉 후의 영락제 하에 편찬된 삼수본 『태조실록』에 이 '만언서'에 대해 전혀 언급이 없는 것은 오히려 섭백거의 비판이 연왕 자신에게로 향하고 있다는 것을 나타내 보이는 것이리라.

눈앞에 다가온 제왕의 취번을 정비하고 있던 왕부 제도가 비판을 받게 되자, 홍무제는 몹시 흥분하여 "이놈, 어찌 감히 우리 집안의 골육을 헐뜯는가. 내가 이를 보니 마음에 분노가 치밀어 오른다. 하물며 내 자식들로써 이것을 보게 할 수 있겠는가. 속히 잡아들이도록 하라. 내 손수 이를 죽여서 그 고기를 씹어 먹으련다"라고 말했다고 한다.[94]

섭백거는 투옥되어 옥중에서 죽었다. 실은 섭백거가 상주하여 지적한 왕부 제도의 문제점은 조정 내에서도 어느 정도 인식되어 있었던 탓인지, 이후 왕부 규제가 점점 강화되어 나갔다. 홍무 9년에는 왕부관의 행성겸관을 개정하고, 11년에는 행성 소속의 여러 기관에 대한 친왕의 관여가 금지되었다.[95]

또 홍무 11년 7월에는 제왕부의 궁성의 규모에 관한 기준이 새롭게 정해졌다.

공부에서 주상하기를, 제 왕국의 궁성 크기와 범위, 아직도 확립된 규정이 없으니, 청컨대 진부(晉府)를 기준으로 하기 바랍니다. 주위는 339보 5치, 동서는

---

93) 方孝孺, 『遜志齋集』 卷21, 「葉伯巨·鄭士利傳」, "所謂分封太侈者, 天子畿內止地千里, 而燕秦楚踰千里之國, 以封年少未達事之王, 無事則驕佚, 有事則逆爲僭亂. 此人所未知, 而臣所謂爲患難見者也"

94) 方孝孺, 『遜志齋集』 卷21, 「葉伯巨·鄭士利傳」, "其語皆切直. 上大怒曰, 小子乃何敢疎間吾家骨肉. 我見之且心憤. 況使吾兒之耶. 速取以來. 吾將手死之, 而唉其肉耳"

95) 黃彰健, 『明淸史硏究叢書』(台灣商務印書館, 1977), 48쪽.

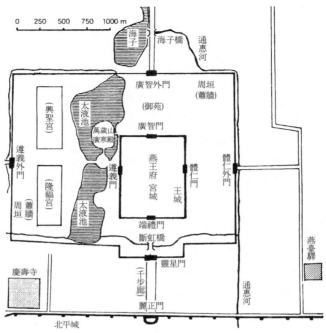

도 1. 연왕부·진왕부 추정도

연왕부가 있던 북평성의 도면은 후인지(侯仁之) 주편 『북경역사지도집』 수록의 '원대도'를, 진왕부가 있던 서안성의 도면은 사념해(史念海) 주편 『서안역사지도집』 '명대서안부성도'를 사용하였다. 규모와 구조를 비교하기 위하여 동일 축척으로 하였다.

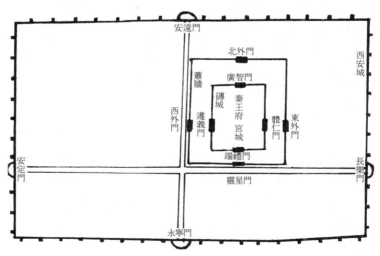

150장 2치 5푼, 남북은 297장 2치 5푼입니다. 칙명을 발하여 좋다고 하였다.96)

　　제왕부의 궁성을 건설하는데, 진(晋)왕부의 규모를 기준으로 삼도록 공부가 제안하여 재가를 얻었다. 그 규모는 주위 3리 309보 5치로 약 2.2km 남짓, 동서는 480m, 남북은 613m이었다. 이것은 앞에 나온 섭백거가 비판한 후에 고쳐 기준이 정해진 것이다. 연왕부의 공사가 끝난 것은 홍무 12년 11월의 일로, 이 기준이 나온 1년 후가 된다. 그러나 지금까지 봐 온 것처럼, 이 결정이 나온 시점에서는 연왕의 궁성 부분은 거의 완성되어 있었기 때문에, 이 기준은 적용되지 않았음이 틀림없다. 그 대신 이후의 『조훈록(祖訓錄)』의 영선 조에는, "무릇 제왕의 궁실은 이미 정해진 격식에 의해 공사를 시작하고, 분수 넘는 것 허락하지 않는다. 연왕부는 전부터 있던 원의 것에 따르도록 한다"라고 하여, 연왕부 적용 제외의 주(注)를 새삼스럽게 붙여 놓았던 것이다. 97)

　　그런데 전술한 것처럼, 『명태조실록』 권127, 홍무 12년 11월 갑인의 조에는, 연왕부의 조영 공사가 완료되고, 그 완성도가 제출되었다는 것이 기록되어 있다. 이에 의하면, 동쪽의 체인문(體仁門), 서쪽의 준의문(遵義門), 남쪽의 단례문(端禮門), 북쪽의 광지문(廣智門)의 4개의 문으로 구성되는 궁성(왕성)과 그 외측을 두르는 주원(담)이 설치된 이중구조로 되어 있음을 알 수 있다. 그러나 주원의 4문 가운데, 별개의 명칭이 주어진 것은 남쪽의 영성문(靈星門) 뿐으로, 동·서·북의 삼문은 따로 이름을 붙이지 않고, 궁성의 체인문, 준의문, 광지문의 이름을 겸하여 사용하였다. 이것은 홍무 7년 정월의 규정에서, 친왕부의 궁성은 어디까지나 동쪽의 체인문, 서쪽의 준의문, 남쪽의 단례문, 북쪽의 광지문, 이 4개의 문을 둔다고만 규정되어 있기 때문이었다.98) 이런 점으로 보아, 실록에서

---

96)　『明太祖實錄』 卷119, 洪武 11년 7월 乙酉, "工部奏, 諸王國宮城(縱廣未有定制, 請以晋府爲準. 周圍三里三百九步五寸 東西一百五十丈二寸五分 南北二百九十七丈二寸五分. 制曰, 可"

97)　역시 高岱, 『鴻猷錄』 卷7, 封國燕京에 "十一年 十一月, 定諸王宮城制式. 太祖曰, 除燕王宮殿仍元舊, 諸王府營造, 不得引以爲式"라고 있다. 『明史紀事本末』 卷16, 燕王起兵, 홍무 11년 12월條에도 동일한 기사가 실려 있으나, 『태조실록』에는 실려 있지 않다. 무엇에 근거한 것인지는 불분명하다.

98)　『明太祖實錄』 卷87, 洪武 7년 정월 乙亥, "定親王國中所居, 前殿曰承運, 中曰圓殿,

말하는 주원은 원대의 소장을 그대로 이용했다고 생각된다.[99]

또 남문의 영성문은 원의 소장(蕭牆) 남문의 영성문과 동일 명칭으로 되어 있는데, 이것은 원대의 것을 답습했을 가능성이 높다.[100] 근년에 강순원은 현재 고궁의 무영전 동쪽에 있는 단홍교를 원 대내의 숭천문(崇天門)의 주교(周橋)라고 주장하면서 원 궁궐의 중심축선을 현재 고궁의 중심축선 서방 150m 전후라고 비정하고 있다.[101] 또 원래 삼홍(三虹)으로 되어 있던 주교의 양측 이홍을 절단하여 일홍으로 개조했던 시기를 영락 연간의 자금성 건설 시기라고 추정하고 있다. 이것은 강순원이 연왕부=서원설에 서있다는 점과도 관계있지만, 연왕부의 궁성이 원의 대내에 위치하고 있었다고 한다면, 주교의 절단은 홍무 연간에 연왕부로 개조했을 때였다고 생각할 수 있다.

주원(周垣) 내에는 궁성 단례문의 동쪽으로 종묘, 서쪽으로 사직단, 더 서쪽으로는 산천단과 기독묘(旗纛廟)가 놓여 있었다.[102] 또 위치는 불분명하지만, 호

後曰存心. 四城門, 南曰端禮, 北曰廣智, 東曰體仁, 西曰遵義. 上曰, 使諸王能覩名恩義斯, 足以藩屛帝室, 永膺多福矣". 예외로 秦王府의 경우에는 주위 5리(약 2.8km)의 궁성(王城, 磚城)과 주위 약 5km 소장의 이중구조로 되어 있었고, 더욱이 궁성 밖으로 護城河가 존재하였다는 것이 알려지고 있다. 가정 『陝西統志』 卷5, 토지3, 봉건. 또 주(57) 전게의 景慧川·盧曉明 논문에 의하면, 진왕부의 왕성 밖에 있던 16m 넓이의 호성하는 현재 매립되어 있지만, 희미하게나마 그 흔적을 엿볼 수 있다고 한다.

99) 『明太宗實錄』 卷43, 영락 3년 6월 戊辰條에는, "上以書諭楚王曰, 朕昔守北藩, 地連邊塞, 與胡虜相接, 實爲重鎭. 護衛巡視 王城及闌馬牆圓牌, 皆朝廷所降, 初無夜開城門鐵牌. 況國家舊制, 在外各城門鎖鑰, 皆屬都司軍衛(省略)"라고 되어 있다. 여기에서 말하는 구 연왕 시대의 호위가 순시하던 난마장(闌馬牆)이란 주(31) 전게의 『故宮遺錄』에 보이는 '洪門闌馬牆'이라고 원조에서 속칭되던 蕭牆을 말한다. 명대에 정식으로는 '周垣'이라고 불렀다.

100) 朱國禎, 『皇明史槪』 皇明大政記, 卷9에, 단례문의 남쪽으로 새롭게 문을 내었다고 하고 있지만, 연왕부=서원설 입장에 서 있기 때문에 여기에서는 취하지 않는다. 그리고 영성문이라는 명칭 자체는 특별히 명명된 것이라기보다는 南郊壇이나 공자묘 등 外垣 정면의 문 등에도 붙여지고 있었다. 袁枚 『隨園隨筆』 卷下, 櫺星門之訛.

101) 姜舜源, 「故宮斷虹橋爲元代周橋考-元大都中軸線新證」 『故宮博物院院刊』 1990年 4期. 원의 주교 일부가 신기하게도 영락 연간의 북경영건에서도 없어지지 않고 남은 것은 구 연왕부의 일부이기도 하였기 때문이었으리라고 생각된다.

102) 『祖訓錄』 禮儀, "凡王國宮城外, 左立宗廟, 右立社稷. 社稷壇之西立風雲雷雨山川神

위지휘사사(護衛指揮使司)나 의위사(儀衛司), 왕부의 녹미를 저장하는 광유창(廣有倉) 등이 설립되어 있었다.[103]

이리하여 연왕부의 조영 공사가 완성된 수개월 후인 홍무 13년 3월, 연왕은 북평에 취번했다. 그간 연산중(中)호위·좌(左)호위 두 호위를 시종하는 군사는 5,710명으로 늘어났고, 9월에는 북평의 대흥우위를 연산우호위로 개편하였는데, 이로써 연왕부의 3호위가 갖추어졌다.[104]

이상, 연왕 주체의 북평 배치와 왕부 건설 과정을 고찰한 결과, 연왕을 북평에 봉한 것은 홍무제가 당초부터 특별한 의도를 가지고 배치한 것이 아니라는 것이 밝혀졌다. 또 연왕부로 원의 고궁이 이용된 것은 홍무 2년 9월에 중도 건설을 둘러싼 논의 가운데, 수도 후보지 가운데의 하나로 거론되면서도 결국은 제외되었던 북평의 궁실[105]을 이용하고, 한편 새로운 공사 추진으로 인한 재정 소모를 극력 억제하려는 재정적인 판단이 우선되었기 때문이었다고 생각된다.

맺음말-정난의 변 전야의 연왕부

본장에서는 명초의 사료, 그 가운데에서도 『태조실록』과 고려 사절의 연왕부 관계 기록을 중심으로 검토하였다. 그 결과 연왕부 궁성이 태액지 동쪽, 원의 대내궁성에 있었다는 것이 확인되었다. 그리고 주체의 북평 배치와 왕부 건

壇. 壇西立旗纛廟".『明太祖實錄』卷134, 洪武 13년 11월 庚子條.

103) 『明太祖實錄』卷104, 洪武 9년 2월 丁酉條.

104) 『明太祖實錄』卷130, 洪武 13년 3월 임인, 동서 卷133, 洪武 13년 9월 庚戌條. 川越泰博은 諸王府 護衛의 군사적 역량의 과대평가를 재검토하는 입장에서, 주(44) 전게의 저서 제2장 제4절,「諸王府の軍事的力量(2) -護衛の兵力數をめぐって-」에서,『國榷』卷7, 洪武 13년 3월 임인 조를 인용하여, 연산중·좌·우 3호위의 병력 수를 5,770명으로, 한 호위의 병력수를 1,923명 정도에 지나지 않는다고 하였다. 그러나 『明太祖實錄』卷130, 해당 조에는, "燕山中左二衛侍從將士五千七百七十人"으로 되어 있다. 川越泰博이 3호위의 병력 수로 삼은 것은『國榷』의 오류에 그대로 휘말려 들어간 것으로, 중·좌 2위의 병력수라고 해야 한다.

105) 『明太祖實錄』卷45, 洪武 2년 9월 癸卯條.

설 과정을 통해서, 삼수본『태조실록』에 묘사된 연왕 주체에 대한 홍무제의 특별한 대우는 사실로 보기가 어렵고, 분봉에서 취번까지 진(秦)·진(晋)·연의 세 왕 모두가 거의 동등하게 취급되었으며, 연왕부가 원의 구내에 설치되었던 것도 주로 재정적 이유가 우선되었기 때문이었다. 호성하(護城河)는 두지 않았고, 연왕부는 태액지 동편의 원의 대내궁궐을 개조한 궁성과 원의 소장을 그대로 이용한 주원과의 이중구조로 되어 있었다는 것이 밝혀졌다.

끝으로 '정난의 변' 전야의 연왕부에 대하여 일별하고 본장을 마치려 한다. 『황명조훈』병위(兵衛)에

> 무릇 왕부의 시위(侍衛)는 지휘 3인·천호 6인·백호 6인·정기군 672인으로, 왕성 4문을 수어하고, 3일에 한 번씩 서로 돌아가며 숙위(宿衛)한다. 그 지휘·천백호·기군은 반드시 세 호위로부터 균등하게 차출되도록 한다.[106]

라고 되어 있어[107] 왕부의 시위는 왕성(궁성)의 단례문, 광지문, 체인문, 준의문의 4개문을 윤번으로 지키도록 규정되어 있다. 그런데 정난의 변이 일어나기 전야의 연왕부의 모습을 보면,『명태종실록』권1에 다음과 같이 기록되어 있다.

> (건문 원년) 6월, 북평도 지휘사 사귀 등이 성에 있는 7위 및 둔전의 병사를 일제히 성내로 배치했기 때문에, 병사가 거리에 넘쳐났고, 연왕의 왕성 외장(外牆)을 포위하는 형태가 되었다. 연왕은 왕성 외장으로부터 갑마(甲馬)가 힘차게 우는 소리를 들었는데, 군사 연습하는 병사들이 휴식하고 있는 것인가라고 생각하여 처음에는 불문에 부쳤다. 더욱이 사귀 등은 목책으로 단례문 등 4대문으로 통하는 길을 차단했다. 연왕은 이런 얘기를 듣자, "병들어서 나갈 수 없으니, 막힌 상태로 놓아 두어라"라고 했다. 사귀 등은 말 타고 휘장 친 채로 왕 성문을 통과하였는데, 말에서 내려오려 하지 않았다. 또 왕성을 수위하는 병사를 죽였지만, 연왕은 조금도 개의치 않았다. 이번에는 사귀 등이 군사들로 하여금 성벽에 올라가

---

106) 『皇明祖訓』兵衛, "凡王府侍衛, 指揮三員·千戶六員·百戶六員·正旗軍六百七十二名, 守禦王城四門, 每三日一次輪直宿衛. 其指揮·千百戶·旗軍, 務要三護衛均撥"

107) 『祖訓錄』兵衛條에도 거의 같은 내용이 있다. "凡王府侍衛, 每指揮貳員率領將軍·猛士, 守禦王宮城正門, 參日壹次輪直宿衛. 每千戶伍員率領百戶拾員·正軍千名, 守禦王宮城肆員(門), 壹日壹次輪直宿衛"

갑주를 몸에 착용하고 무기를 들고 화살을 왕성 안으로 쏘고, 사방에서 북을 쳐서 성 내외를 진동시키게 하였다. 연왕은 이런 소리를 듣자, 좌우 신하들에게 "이것 어떻게 해야 할까"라고 물었다. 지휘 장옥과 주능 등은 "외부의 형세가 이와 같으니, 실로 우려할만한 사태입니다. 신들은 앉아서 당하는 꼴이지요"라고 눈물을 흘리며 대답했다.[108]

여기서 흥미로운 것은 연왕부 수비가 왕성의 4개문이 아니라 왕성(궁성) 밖 외장(外牆)에 있었다는 점이다. 이 점은 『명태종실록』 권2 동년 7월 계유조에도 기록되어 있는데, 연왕 측이 계략을 써 북평도지휘사 사귀(謝貴)와 북평좌포정사 장병(張昺)을 왕부내로 불러 들여 체포했다는 기사에서도 확인된다.

> 곧 힘센 장사들을 단례문내[109]에 몰래 숨겨 놓고, 사람을 보내 사귀와 장병을 불러냈다. 사귀와 장병은 바로 오지 않았다. 오랜 후에 위종(衛從)하는 사람들이 심히 많아졌다. 왕문에 이르자, 문지기가 그 위종하는 사람을 꾸짖어 제어하였기 때문에 오직 사귀와 장병만이 들어올 수가 있었다. 단례문에 이르자, 장사들이 나가 그들을 잡았는데, 그 부하들은 여전히 아무것도 몰랐다.[110]

사귀와 장병을 위종하는 사람들이 제어 당하였던 '왕문'은 단례문(端禮門)이 아니다. 그 문을 통과하여 들어가 단례문에 이르렀다고 하고 있기 때문이다. 그 문은 이미 소개한 『명태조실록』 권127, 홍무 12년 11월 갑인조에 나와 있듯이, 연왕부 완성 보고 기사에 보이는 단례문 밖에 설치된 영성문(靈星門)임이 틀림

---

108) 『明太宗實錄』 卷1, (建文)元年, "六月, 謝貴等在城七衛幷屯田軍兵士, 布於城內, 塡溢街巷, 逼圍王城外牆. 上聞王城外牆甲馬聲, 以爲調練者休息, 不之問, 而謝貴等又以木柵斷端禮門等四門路. 上聞之曰, 我病不出聽其塞. 貴等乘馬張蓋, 過王門不下. 又殺守王城卒, 上猶不在意. 謝貴等令軍士登城, 擐甲執柄, 飛矢入王城, 四面鼓譟, 震動城內外. 上聞之問左右曰, 此何爲者. 指揮張玉·朱能等命曰, 外勢若此, 誠可憂. 臣等座爲魚肉矣". 『奉天靖難記註』 卷1, 洪武 32년 6월조에도 동일한 기사가 실려 있다.

109) 『奉天靖難記註』 卷1, 洪武 32년 7월조에는 "端禮門外"로 되어 있다.

110) 『明太宗實錄』 卷2, (建文) 元年 7월 癸酉, "乃匿壯士端禮門內, 遣人召貴昺. 貴昺不來. 久乃至, 衛從甚衆. 至王門, 門者呵止其衛從 惟貴昺得入. 至端禮門, 壯士出擒之, 其從者猶未知"

없다. 따라서 적어도 '정난의 변' 전야의 시점에서, 연왕부는 『황명조훈』 병위 (兵衛)에 규정한 것과 달리, 단례문 등 4개의 문이 있는 왕성과 전술한 영성문이 있는 왕성 외장에 의해, 이중으로 방위되고 있었던 것이다. 이러한 연왕부의 방위 체제에 대해서, 분별없이 조정의 황성 수어에 준한 방위체제를 취하고 있다는 비판의 소리가 남경 조정 측에서 나오고 있었다.

> 여섯번째로 말씀드리는 것은 신하가 자신의 왕부의 사문(四門)을 수어(守禦) 하는데 부당하게도 황성 수어 규정을 참람하게도 모방하고 있다는 것입니다. 교대가 아주 엄한 것이 마치 조정을 관방하는 것 같습니다.[111]

이에 대해 연왕은 『황명조훈』 병위 조를 내세워, 이것을 준수하고 있었는데, 건문제 즉위 후, 병부에 의해 북변 방위에 호위를 징발하여 갔기 때문에,[112] 왕부 수어 병력이 이전의 인원에 미치지 못하고 있다고 반론하고 있다. 그러나 분을 가리지 못하고 황성수어의 체제를 취하였다는 것에 대해서는 어떤 언급도 없다. 전술한 연왕부의 이중구조에 나온 경호 체제가 황성 수어체제와 유사한 수비 체제로 포착되었을 가능성이 높다.

이 시기 연왕부의 모습을 엿볼 수 있는 사료는 거의 남아 있지 않지만, 축윤명(祝允明)의 『야기』(野記)에는, 홍무 20년대 연왕부 내에서 밤낮을 가리지 않고 비밀리에 진행되고 있던 무기 제조에 관한 일화를 싣고 있다.

> 요광효는 태종문황제를 위해 군대를 훈련시키는데, 지붕을 겹으로 한 중옥(重屋)을 짓고, 담을 두껍게 둘러치고, 옹기그릇과 유리병(瓶缶)을 빽빽이 쌓아 놓고, 주둥이는 안으로 향하게 하였다. 위에서는 주조(鑄造)하고, 아래에서는 거위와 오리를 키워, 조석으로 꽥꽥 시끄럽게 울게 하여 무기 만드는 소리가 밖으로 들리지 않게 하였다. 의문(懿文) 태자가 연저에 이르렀는데, 지하에서 울리는 금고(金鼓) 소리를 듣고 놀라서 병을 얻었다.[113]

---

111) 『明太宗實錄』 卷5, (建文) 元年 11月 乙亥, "其六謂, 臣府中守禦四門, 不當僭擬皇 城守禦之制, 更番甚嚴, 以爲關防朝廷"

112) 건문정권에 의한 연왕부의 호위 조용에 대해서는 川越泰博 『明代建文朝史の硏 究』 제3장 제1절에 서술되어 있다.

113) 祝允明 『野記』(『國朝典故』 卷32 所收), "姚廣孝爲文皇治兵, 作重屋, 周繚厚垣, 以

홍무 24년, 의문 황태자가 섬서에 파견되었을 때, 북평의 연왕부에 들린 사실은 강청(姜淸) 『강씨비사(姜氏秘史)』 권1에도 보인다.[114] 이 때 연왕부 내의 지하로부터 울려 나오는 무기 제조 소리에 놀라 황태자가 병이 났다고 하는 이야기의 진위는 확인하기 어렵다. 하지만 『명사』 권145, 요광효전에도 앞의 무기 제조 부분에 대해서 같은 내용을 싣고 있다.[115] 이렇게 비밀리에 이루어진 무기 제조도 원의 소장 내 전체를 왕부로 사용하고, 그 안으로 넓게 펼쳐진 공간이 있는 연왕부였기에 가능했을 것이다.

계략을 사용하여 도지휘사 사귀와 좌포정사 장병을 잡아 살해한 연왕 측은 그 날 밤중에 북평부성 9개문을 공격하여 새벽까지 8개문을 빼앗고, 마지막으로 남은 서직문(西直門)을 공략해 9개문 모두를 점령했다. 이것이 '정난의 변'의 시작이다. 이후, '정난의 변'을 통하여 연왕 측의 방위선은 당연한 일이겠지만, 높이가 낮은 주원의 왕성 외장이 아니고, 북평성 9문의 성벽에 두어졌다. 출진한 연왕을 대신하여 왕부를 지키면서, 장교나 사민의 처들을 이끌고 북평성 방위의 중심에 있었던 것은 연왕 세자 고치(高熾), 곧 후의 홍희제였고, 또 연왕비, 곧 후의 영락제의 황후 서씨였다.[116] 영락 5년, 북경 천도의 주요 단계의 하나인 영락제의 북경 순행이 화두가 되자, 서황후도 동행하였다. 서황후는 북평성 방위로 고생을 함께 한 아내들에게 은택을 베풀기를 간절히 바랐으면서도 뜻을 이루지 못하고 세상을 떠났다.

瓴甋瓶缶密甃之, 口向內, 其上以鐵鑄, 下畜鵝鴨, 日夕鳴噪, 迄不聞鍛聲. 懿文嘗至燕邸, 聞地道下有金鼓聲, 驚怖至疾". 인용하는 과정에서 李默, 『孤樹裒談』 卷3에 인용된 『野記』에 의해 약간의 자구를 고쳤다.

114) 홍무 24년, 황태자의 섬서 파견에 대해서는, 본서 제1장 「초기 명조 정권의 건도문제에 대하여」 참조.

115) 연왕부 지하에서의 무기 제조에 관해서는 黃潤玉, 『南山黃先生家傳集』(台灣國家圖書館 所藏本) 卷50, "故奉直大夫尙寶司少卿袁公行狀"에, "次日奉旨, 看道衍, 經兵杖局, 煅煉之聲四達, 兼操軍馬. 公啓曰, 如此動作, 人豈不知, 猶掩耳偸鈴, 恐速禍爾. 以臣計之, 莫若沈掘地窖, 上覆以屋, 則聲不遠聞. 況天意有在. 兵仗非莫憂也. 上喜其計"라 하고 있듯이, 袁忠徹이 생각해 낸 안이었다.

116) 『明太宗實錄』 卷69, 永樂 5년 7월 乙卯條. 북경 순행에 대해서는 본서 제3장 「북경 천도」에서 후술하겠다.

북경 천도
-영락 천도 계획의 여러 단계

도입부

북경 천도는 명조 3대 영락제 주체(朱棣) 시대에 실현되었다. '정난의 변'으로 조카 건문제의 제위를 찬탈한 주체(朱棣)는 새로운 정권의 정통성을 내 보이기 위해, 태조 홍무제 정치의 계승을 전면에 내세웠다. 먼저 건문정권 아래에서 삭 번된 주왕·제왕(齊王)·대왕·민왕(岷王)의 작위와 봉지를 부활시킴과 동시에, 개 정된 제도와 관제를 모두 홍무 시기의 것으로 되돌렸다.[1] 그러면서 한편으로 수도 남경에서 북경으로의 천도 준비에 나섰던 것이다.

영락제가 즉위한 시기는 태조 홍무제가 금릉(후의 남경)에 명조를 창설하고 난지 30년 이상이 지난 때였다. 더 거슬러 올라가, 원말 군웅 가운데 한 명으로 서 남경에 근거지를 두었던 지정 16년(1356)까지 포함시켜 계산하면, 거의 반세 기 가까운 세월이 지난 때에 해당한다. 명조 창설 이후, 한때 '경사 문제'를 둘 러싼 논의가 있기는 했지만, 홍무 11년(1378)에 남경을 정식 경사(京師)로 정한

---

1) 檀上寬, 『明朝專制支配の歷史的構造』(汲古書院, 1995). 阪倉篤秀, 「建文帝の政策」 『人文論究』 273卷·4호(1978). 佐藤文俊, 『明代王府の硏究』(硏文出版, 1999). 다만, 佐藤文俊의 저서 64쪽에서는 영락 이후 황태자의 봉토가 모두 내지가 되었던 것에 주목하고, 영락제에 의해서 태조의 제왕봉건 전략이 변경되었음을 지적하고 있다.

이후, 이미 20년이나 지났기에, 남경=경사 체제는 정착되어 있었다.[2] 더욱이 홍무 14년 무렵부터 남경 종산에 건설되기 시작한 산릉(능묘)도 거의 다 완성되었고, 그 이듬해 9월에는 마황후의 재궁(梓宮)이 매장되어 '효릉'이라고 명명되어 있었다. 그런 관계로 영락제 즉위 4년 전인 홍무 31년 윤5월 10일에 붕어한 홍무제도, 7일 후인 음력 16일 곧바로 재궁을 효릉에 안치할 수 있었다.[3] 건문제는 바로 그날 즉위하였던 것이다. 이러한 여러 가지 사실을 살펴보면, 이 단계에서 영락제가 새롭게 추진하려 한 북경 천도 계획은 태조를 계승하려는 여러 시책과는 달리, 홍무 정치의 개혁을 의미하고 있었음이 분명하다.

새삼스럽게 말할 필요도 없이, 도성을 다른 지역으로 옮기는 천도 문제는 역대 중국 왕조에서도 어려운 계획이었음에 틀림없다. 그 때문에, 중국의 여러 왕조들 가운데, 은나라와 같은 고대 도시 국가, 중국 본토를 침입하여 본거지를 남하시킨 이족(夷族) 정권인 북위·금 등은 예외로 한다면, 왕조 창설을 계기로 수도를 옮겨, 그것을 유지하는 것이 통례였다. 이에 반해, 명 영락제의 천도는 같은 왕조이면서도 수도를 새롭게 천도하였다는 점에서 특이하다. 게다가, 전술한 바와 같이 홍무 정치의 계승을 전면으로 내걸지 않을 수 없었던 영락정권이 천도 준비를 추진하였다는 점에서 이중(二重)의 어려움이 따랐다.

이런 어려운 여건 가운데서 추진된 천도 계획은 그야말로 주도면밀한 가운데 준비되었다. 후술하겠지만, 천도 계획의 결정도 여론의 반발이나 비판을 피하기 위해서 공공연히 선포하는 과정을 거치지 않고, 교묘하게 진행하였다. 또한 수도 남경에서 멀리 떨어져 있는 북경에서 추진된 궁전영건의 진행 상황은 근본 사료인『태종실록』을 자세히 살펴봐도, 그렇게 명료하지 않다. 영건에 관련된 여러 가지 사실을 은폐하려 한 것이 아닌가하는 의심을 금할 수 없게 한다.

그런데, 영락 천도 계획의 종착점이라고 말해지는 천도의 실현은 일반적으로 영락 19년(1421) 정월로 알려져 있다. 이것은 정사인『명사』권7, 성조본기의 영락 18년 11월 무진의 조에, "북경 천도를 천하에 조서를 내려 알린다(以遷都北

---

2) 본서 제1장「초기 명조 정권의 건도문제에 대하여」참조.『明史』卷40, 地理志, 南京, "(洪武)11年正月改南京爲京師"
3) 『明太宗實錄』卷1, 洪武 31년 윤5월 乙酉條.『國榷』卷11, 洪武 31년 윤5월 乙酉條.

京詔天下)"라고 기재되어 있는 것에 근거를 두고 있다. 그러나『명사(明史)』가 의
거했을『태종실록』권231의 해당 조에는, "황제는 명년에 새로운 궁전에서 조견
을 받는다고 천하에 조서를 내렸다(上以明年御新殿受朝詔天下)"라고 기록하고, 이
어 바로 뒤에 조서의 본문을 실어놓았다. 그런데 그 조서 가운데 어디에도 '천
도'라는 직접적인 표현은 찾아 볼 수 없다. 원래 '북경'이라는 명칭은 영락 원년
에 성립되었고, 황제 자신도 영락 7년과 11년·15년, 이렇게 세 번에 걸쳐 북경
순행을 거듭하였다.

이 때문에, 같은 시대의 사료를 보면, 천도가 실시된 기년이 여러 가지로 기
록되어 있고, 북경 주변에서 편찬된 지방지조차도 일치하지 않고 있다. 예를 들
면, 융경『창평주지(昌平州志)』권1, 「지리지」·연혁에는 "영락 원년 북경에 천도
하였고, 순천부에 속하였다"라고 해, 영락 원년 설로 기록하고 있다. 청초의 강
희『순천부지(順天府志)』권2, 「건치(建置)」·성지(城池)의 항에는 "명 영락 7년 경
사로 정하고, 영락 19년에 궁실을 영건하고, 더불어 다른 성을 확장했다"라고
되어 있어, 영락 7년 설을 말하고 있다.[4] 또한 정덕『대명회전』에는 "영락 초,
북평을 승격시켜 북경이라 하고, 여기에 행부(行部)를 두어 다스리도록 하였다.
후에 이미 천도하자, 다시 육부를 두어 각각 행재(行在) 모부라고 하였다. 영락
18년 북으로 정도(定都)하고, '행재(行在)'라는 두 글자를 없앴다"[5]라고 되어 있
어, 영락 18년 정도 이전, 순행이 이루어져 행재이부 등이 설치된 시점을 천도
로 보고 있다.

명대 후반에 성립된 야사 역시 여러 가지로 기술하고 있다. 진건(陳建)『황명

---

4) 북경 천도 연구에 선구적 역할을 한 吳晗 논문「明代靖難之役與國都北遷」『淸華
    學報』10卷 4期(1935)에서, "남경은 사실상 (영락) 7년의 북경순수 이후, 이미 정
    치상의 지위를 잃어, 19년에 정식으로 부도로 개칭되었다"(937쪽-번역은 인용자)
    로 하고 있어, 영락 7년 천도설로 보고 있다고 할 수 있다. 다만, 북경순수와 남경
    감국체제 하에서 행해진 양경의 정치적 기능 분담의 실태에 대해서는 충분한 검
    토가 이루어졌다고 보기는 어렵다.
5) 正德『大明會典』卷2, 吏部1 吏部, "永樂初, 陞北平爲北京, 總置行部. 後旣遷都, 又
    分置六部, 各稱行在某部. 十八年定都于北, 除行在二字." 萬曆『大明會典』卷二 吏部
    一, 吏部도, 正德『大明會典』을 답습하고 있지만, 표현에 약간 차이가 난다.

자치통기(皇明資治通記)』권8, 정통 6년 11월의 조는 앞의 정덕『대명회전』의 이해를 거의 답습하고 있다. 주국정『황명사개』는 대정기 권9, 영락 18년 11월의 조에 "(명년 원단의) 정도를 각 왕부에 알리다"라고 기록하고 있는 한편, 권13, 정통 6년 11월 갑오 삭조에도 "북경에 정도하고, 행재라는 글자를 제거했다"라고 되어 있어, 영락 19년과 정통 6년의 기록에는 모두 '정도'라는 표현을 사용하고 있다. 홍무제의 치적을 기록한 오박(吳樸)의『용비기략(龍飛紀略)』(가정 23연간) 제1책에는, "우리 국가가 영락 신축(19년)에 수도를 연경으로 정한 것은 옛 원나라를 따르는 것이다"라고 언급하고 있다. 사서는 아니지만,『북경성궁전지도(北京城宮殿之圖)』(□繪圖版, 東北大學 附屬圖書館·狩野文庫 所藏,「萬曆年間北京城內圖」)의 위 머릿글에는 "영락계미(원년) 북쪽으로 천도하고, 재위는 23년이다"라고 하여, 영락 원년 북경으로 천도했다고 설명하고 있다.

이러한 다양한 기록으로 보아 판단하건데, 아마 청조 건륭 연간에 흠정으로『명사』가 간행될 때까지는 영락 19년 설이 아직 정설로 되어 있지 않았다고 볼수 있다. 그런 탓에『명사』편찬을 명하고, 자기 스스로 명조 역사적 사실에 조예가 깊다고 한 강희제조차도, '어제과금릉론(御製過金陵論)'에서, "명은 문황제의 정난 이후부터 연경을 행재로 하고, 선덕말년에 마침내 천도하여 여기를 수도로 삼았다"라고 하면서 선덕 말년의 설을 택하고 있을 정도다.[6] 따라서 영락 19년에 천도가 이루어졌다고 하는 인식을 확립·정착시키고 있다는 점에서, 정사로서의『명사』간행은 의미가 지대했던 것이다.

먼저 결론적으로 말하면, 뒤에 다시 언급하겠지만,『태종실록』을 검토해 본결과, 필자도 통설로 되어 있는 영락 19년 정월에 천도가 실현되었다고 생각한다. 그렇게 생각하는 것은 새롭게 완성한 봉천전에서 조하(朝賀)의식이 거행 된것을 중시하기 때문이다. 1368년 남경에서 건국된 명왕조가 그 후 정권 확립과정에서 북경으로 수도를 옮겼다는 것은 주지의 사실이다. 천도란『광사원(廣辭苑)』제4판(岩波書店, 1991)에 "수도를 다른 곳으로 옮기는 것, 수도를 바꾸는 것, 수도 옮기기"라고 설명되어 있듯이, 본래 해당 시대 사람들에게 가시적인 형

---

6)『淸聖祖實錄』卷117, 康熙 23年 10月 癸亥, "明自文皇靖難之後, 嘗以燕京爲行在. 宣德末年, 遂徙而都之"

태로 진행되는 정치사 가운데 한 사건일 것이다. 일반적으로 말하면, 그 시대에 사는 사람들이 수도가 옮겨졌다고 인식하는 시점이 반드시 존재해야 한다. 그런데 명의 영락 시기의 천도의 경우, 수도 이전을 둘러싼 일련의 움직임이 단번에 실현된 것이 아니고, 여러 단계를 거쳐, 영락 치세 만년인 영락 19년 정월에 이르러서야 새롭게 이전하여 완성된 궁궐인 봉천전에서 조하의식을 거행함으로써 마침내 천도가 실현되었던 것이다. 바로 여기에 천도 시기를 둘러싼 논란의 한 요인도 존재하고 있는 것이다.

천도 실현 과정에 나타난 전형적인 사례를 제시한다면 다음과 같은 단계를 생각할 수 있다.

① 새 도읍지 설정
② 궁전 건설
③ 최고 권력자의 이동
④ 관료·군대의 이동과 정부의 이전
⑤ 정보·물류 시스템의 확립
⑥ 수도 공간 전체의 완성

①은 종래의 경사인 남경에 대해 새롭게 '북경'을 설정했다는 것이 여기에 해당한다.

②는 봉천전을 비롯한 새로운 궁전이 북경에 완성된 것을 말한다.

③은 권력을 행사하는 황제가 새로운 궁전으로 옮겨와 살면서, 거기서 항상적으로 정치하는 것을 의미한다. 그 이전의 이동은 '순수'에 지나지 않으며, 북경은 '행재'라고 불리고 있었다.

④는 중앙 관청이 건설·정비되고 거기서 실제 정치가 이루어지기 시작한 것을 말한다. 곧 정부 이전이다.

⑤는 정보·물류·화폐가 새 도읍지로 집중되고, 거기에서 전국에 전달·분배되는 시스템이 확립된 것을 말한다. 이를테면, 대운하나 역전의 정비 등을 들 수 있다.

⑥의 수도 공간의 완성은 천도 실시보다 꽤 늦게 나타나는 것이 일반적일 것이다.

이 가운데 ②~⑤는 여러 사정으로 말미암아 시간적으로는 앞서거나 뒤서거나 할 수도 있다. 『명사』의 편자들이 영락 19년 정월에 조하의식이 거행된 시점을 가지고 천도라고 판단한 것은 중국의 전통적 사고를 바탕으로 하여 ②와 ③의 결합을 중시했기 때문이다. 특히 ②의 천명을 받은 황제가 정치를 행하는 장소인 봉천전의 완성이 중시되고 있는 것에 주의할 필요가 있다. 후술하겠지만, 그 봉천전이 천도 직후에 소실되고, 수 년 후에는 영락제도 죽게 되자, 15년 이상이나 북경이 다시 '행재'의 위치로 환원된 것은 ②와 밀접한 관계가 있는 것이다.[7]

다음으로 천도 계획이 개시된 기점에 대해서 살펴보자. 계획의 핵심이 되는 자금성 건설의 개시시기에 대해서는, 1980년대 이래부터 현재에 이르기까지 중국에서 논쟁이 계속되어 왔고, 아직도 결론이 나 있지 않은 상태다. 이것은 천도 계획의 결정을 둘러싼 불투명성이나 『태종실록』의 사료적 성격[8]에 크게 기인한다고 생각된다.

종래 후인지(侯仁之)나 단사원(單士元)의 연구로 대표되듯이, 영락 4년에 내린 조서에 의해서 북경의 궁전 축조가 시작되었다고 이해되어 왔다.[9] 그런데 근년에 왕검영(王劍英)은 「명초 북경 영건 영락 15년 6월 개시에 대하여(明初營建北京始于永樂十五年六月考)-북경 영건 연대에 관한 몇가지 문제점도 아울러 논술함(兼論有關營建北京年代的一些問題)」[10]를 발표해, ① 永樂 4년에 북경 영건의 조서

---

7) 본서 제5장 「남경 환도」 및 제6장 「홍희에서 선덕까지」.
8) 본서 제4장 「북경순수와 남경감국」.
9) 侯仁之, 「元大都城與明淸北京城」 『歷史地理學的理論與實踐』(上海人民出版社, 1979). 후에 "明淸北京城"이라고 제목을 고쳐, 『侯仁之文集』(北京大出版社, 1998)에 所收. 單士元, 『明代營建北京的四箇時期』 『故宮札記』(紫禁城出版社, 1990).
10) 北京史研究會編, 『北京史論文集』(1980). 楊寬, 『中國古代都城制度史研究』(上海古籍出版社, 1993) 제6장 (10) 명대 북경성의 개건도 영락 5년에 개시된 북경의 궁전 건설공사를 구연왕부의 개조(서궁)로 한정하고 있다는 점에서 보면, 15년 설에 가깝다.

가 내려졌을 뿐, 익년 5월 이후 공사 착수 계획은 실행되지 않았다. ② 북경 영건은 영락 14년 11월에 여러 신하들에게 조서를 내려 재차 북경의 영건이 논의된 가운데, 영락 15년 6월에 개시되고, 그 후 3년 반 걸려 영락 18년 12월에 완성되었다는 것 등을 주장했다. 왕검영의 연구는 『태종실록』의 영락 14년 11월의 임인 조를 엄밀하게 해석하려고 시도한 점이라든지, 북경 영건공사에 서궁이나 장릉 건설을 포함시키지 않고 있다는 점 등 공사 내용에 한정하고 있다는 데 특색이 있다.

이에 대해, 왕굉개(王宏凱)는 「명성조 북경 영건 개시는 영락 4년이라는 고찰(明成祖營建北京始于永樂4年考)」[11]에서, ① 북경 영건은 영락 4년 윤7월에 정식 조서가 내려지고, 각종 건설 준비 공정이 개시되었고, 영락 5년 5월부터는 전국 각지에서 모아 온 인부나 장인(匠人)들이 북경 지구에서 영건공정에 종사했다. ② 공정이 거의 실마리가 잡힌 상황에서, 영락 14년 11월에 조서를 내려 제2단계의 공정을 개시하고, 15년 6월에 주요 건축물인 궁전이나 교묘(郊廟) 건설에 착수하였으며, 18년 12월에 완성했다고 했다. 왕굉개의 연구에서는 당시의 영건 공정이 건설 자재의 조달 등의 준비 단계와 영건의 착공 단계로 되어 있는데, 영건개시의 기점은 전자에서 구해야한다고 분명히 밝혔다.

그 후 이섭평(李燮平)은 「영락영건북경궁전탐실(永樂營建北京宮殿探實)」[12]에서 북경 영건을 보다 더 상세히 고찰했다. 『태종실록』에는 북경 영건과정의 실제에 대해 언급한 것이 적고, 영건 착공에 대해서도 확실한 기록이 남겨 있지는 않지만, 영락제의 '덕적(德積)'에 관한 기사나 송례(宋禮)가 재차 목재 벌채를 꾀하였다는 등, 여러 면에서 북경 궁전의 정식 착공이 조서대로 영락 5년 5월에 개시되었다고 그는 말했다. 북경 궁전은 남해자(南海子)의 개착이나 금수교(金水橋)의 완성과 함께 착실히 차례차례 완성되어 가고 있었고, 영락 14년의 문무 군신 등의 의론은 영락 15년 이후의 대규모적인 공사로 나가게 했는데, 이것은 느슨한 공정의 준공을 가속시킨 것에 지나지 않는다고 했다. 이섭평의 연구는 북

---

11) 北京市社會科學院歷史所編, 『北京史硏究(1)』(1986).

12) 『紫禁城建築硏究與保護 -故宮博物院70周年回顧』(紫禁城出版社, 1995).

경영건에 관련된 사실의 은폐 문제를 정면으로 다루었다는 점이 주목된다. 영락 15년 설을 비판하는 왕펑개나 이섭평의 연구가 자재 조달의 곤란성이나 건축학적 시각을 고려하여, 영락 4년 설(사실 이섭평의 경우는 정확히 말하면 영락 5년 설)을 주장하고 있는 것은 수긍할 점이 많다.

이상 소개한 자금성 궁전 건설과정에 초점을 맞춘 논의와는 별도로, 천도 과정이나 정치적 중심 이동에 중점을 둔 것이 있는데, 그것은 염숭년(閻崇年)이나 장혁선(張奕善)의 연구이다. 염숭년은 「명영락제천도북경술의(明永樂帝遷都北京述議)」[13]에서, 천도 과정을 ① 이민에 의해 북경 알차게 만들기, ② 치하통조(治河通漕) 등 물류 기반 정비, ③ 벌목 채석 등 자재 조달, ④ 궁전 성궐의 조영 등 4단계로 나누고 있다. 또 장혁선은 「명성조 정치권력 중심이 북으로 이동한 데 대한 연구(明成祖政治權力中心北移的研究)」[14]에서 개중법(開中法)을 매개로 한 북경으로의 군량 조달이나 조운 이용과 같은 물류 기반 정비에 대해 자세히 논하고 있다.

영락제의 북경 천도를 명조 최대의 계획이라고 파악하고 있는 필자도, '북경 영건'의 범위를 좁은 의미로 이해하지 않고, 천도 계획에 관련된 여러 건설공사를 총체적으로 파악하여, 천도가 실현되는 전 과정을 재구성하고자 한다. 따라서 계획의 기점으로, 영락 원년 정월, 북평에서 북경으로의 승격에 의한 양경체제의 창시, 나아가 그 직전에 이루어진 북평 부흥 정책도 포함시키려 한다. 왕검영의 연구에서는 서궁(西宮, 정사를 돌보던 視朝所)의 건설을 '북경영건'에 포함시키지 않았지만, 이 서궁이 단순한 순행 동안의 행재소(行在所)라기 보다는 그 직후에 시작된 궁전 건설 기간 동안에 사용된 임시 시조소(視朝所)였다고 본다면, 이것도 당연히 북경 천도 계획에 포함시켜야 할 것이다. 또한 궁전 건설에 앞서 추진된 물류 등의 인프라[15] 구축과 정비도 반드시 이 계획에 넣어야 할

---

13) 北京市社會科學院歷史所編, 『北京史研究(1)』(1986). 후에 閻崇年, 『燕步集』(北京燕山出版社, 1989)에 所收.

14) 『朱明王朝史論文集-太祖·太宗篇』(國立編譯館主編, 1991).

15) 인프라(infrastructure)는 일반적으로 운하·도로·항만 등의 산업기반이 되는 사회자본을 의미하지만, 여기에서는 넓은 수도 공간을 구성하는 주민 생활에 관련되는

것이다.

그래서 영락제의 북경 천도 계획 전 과정을 다음 4단계로 나누어 고찰하고
자 한다.[16]

〈영락 천도 계획 4 단계〉
제1단계 : 남북 양경체제의 시행 – 홍무 35년 7월~영락 4년 윤7월
제2단계 : 북경 영건공사의 개시와 제1차 순행 – 영락 4년 윤7월~10년 3월
제3단계 : 제2차 순행과 서궁 건설 – 영락 10년 3월~14년 10월
제4단계 : 제3차 순행과 자금성 건설 – 영락 14년 10월~18년 12월

여기에 전단계로서 '정난의 변'이 끝난 후에 취해진 부흥책의 시기를 더 첨
가할 수 있다. 그 때, 궁전이나 황성의 건설 과정은 물론, '사람'과 '물류'의 이동
에 주목하면서 추구하고자 한다. '사람' 이동의 면은 공사 담당을 위해 전국에
서 동원된 장인이나 인부만이 아니라 관료나 군대, 그리고 그들 정점에 있는 황
제 자신도 천도 이전부터 '순수'라는 명목으로 이동하고 있었다. 제1차에서 제3
차에 이르는 황제 순행 기간 동안에는 경사인 남경이 아니라, 행재소인 북경에
서, 다음 단계로 이어지는 중요 결정이 이루어지고 있었다. '물류' 이동의 면은
큰 목재·벽돌·기와와 같은 건설 자재는 물론, 장인이나 군대·관료들을 먹여 살
리기 위한 충분한 식량, 또한 거기에는 계획이 한창 이루어지고 있던 시기에 죽
은 서황후의 재궁도 포함된다. 이러한 '사람'과 '물류'의 이동과 집중의 최종 귀
결로서 영락제의 북경 천도는 실현되었던 것이다.

사회자본도 포함해 이용하고자 한다.

16) Farmer, Edward L., *Early Ming Government: The Evolution of Dual Capitals*,
   Harvard University Press, 1976. 제1단계(1402~09년), 제2단계(1409~17년), 제3
   단계(1417~21년)의 3단계로 구분하고 있다(p.115).

Ⅰ. '정난의 변' 후의 북평 부흥책–전 단계

'정난의 변'이 주(朱) 황실 내부의 제위를 둘러싼 권력 투쟁에서 발단한 이상, 승자에로의 권력 교체는 피할 수 없는 일이었다.[17] 건문 4년 6월 13일에 남경성의 성문이 열리고, 건문제가 궁전에 있다가 스스로 분사했다는 소식이 [18]전해지자, 갑자기 건문정권을 지지하던 중앙 관료 가운데에서 투항자나 귀순자가 많이 생겨난 것은 권력 이동을 잘 감지한 움직임이었다.

그러나 이 사건을 도의적인 측면에서 볼 때에는 사정이 사뭇 달라진다. 특히 경사 남경을 중심으로 한 강남의 여론은 제위를 찬탈한 영락제에 대해 당연히 비판적이었다. '임오순난(壬午殉難)'이라고 불리듯이, 중앙 관료로 벼슬하지 않고 초야에 묻혀 살던 선비나 서민에 이르는 수많은 순난(殉難)의 사례가 그것을 잘 말해주고 있다. 그 가운데에서도 건문정권(특히 후반기) 정치에 깊게 관여하

---

17) '정난의 변'의 성격에 대해서는 檀上寬,「明初建文朝の歷史的位置」『中國-社會と文化』7號(1992), 주(1) 전술한 檀上의 저서에 나와 있는 연구사 정리는 좋은 참고가 된다. 川越泰博,「それぞれの靖難の役 -燕王・建文政權・諸王」『中央大學文學部紀要』史學科41號(1996)은 종래의 연구에 보이는 '홍무조의 중앙집권화 정책과 제왕 분봉제로 나타난 자기모순의 파탄', '개명 정치를 실행하는 황제 문인 집단과 보수적 황태자 군인 집단의 사이의 투쟁'이라고 파악한 도식적 이해에 대해서, "정난의 변 그 자체를 구성하는 요소는 '사투(사적인 이해관계로 인한 싸움)'라는 용어로 일괄할 수 있다"(127쪽)고 하였다. 다만 1997년에 정리된 자신의 저서 『明代建文朝史の研究』(汲古書院)에는 이 부분이 실려 있지 않고, 사투라는 용어도 사용하지 않았다. 사견으로는 지금까지 지적되어 온 여러 가지 성격 규정과 더불어, 연왕 측이 강하게 의식한 것처럼 정난의 변이 '남북전쟁'(『明太宗實錄』卷69, 영락 5년 7월 乙卯)으로서 싸웠고, 그 귀결로서 표면화된 남북의 대립과 격차 해소라고 하는 과제가 영락정권에 새삼 부여되었다는 점도 중시되어야 한다고 생각한다.
〈옮긴이 주〉 '정난의 변'에 대한 조선의 태도에 대해서는 박원호,『明初朝鮮關係史研究』「제2장 明初 '靖難의 役'과 朝鮮」참조.

18) 『明太宗實錄』卷9下, (建文) 4년 6월 乙丑, "時諸王及文武群臣父老人等 皆來朝. 建文君欲出迎, 左右悉散, 惟內侍數人而已. 乃嘆曰, 我何面目相見耶. 遂閤宮自焚. 上望見宮中煙起, 急遣中使往救. 至已不及, 中使出其屍於火中, 還白上". 『朝鮮王朝實錄』太宗 卷4, 2년(建文 4年) 9월 戊申, "通事康邦祐來自遼東至平壤. 西北面都巡問使飛報, 邦祐言, 六月十三日, 燕王戰勝, 建文皇帝命焚奉天殿, 而自縊于殿中, 后妃宮女四十人自死(下略)"

고 있던 방효유의 책형순난(磔刑殉難)[19]이 특히 유명하다. 그리고 후세까지 전해 내려온 이야기지만, 건문제가 승복 차림으로 몸을 변장해 살아남았다고 하는 '건문손국설화(建文遜國說話)'도 영락제에 대한 이러한 강남 사회의 비판적 의식을 배경으로 성립된 설화라고 생각된다. 따라서 영락제의 즉위 당초, 그 정권이 순조롭게 출발했다고는 결코 말하기 어렵고, 그 정권의 기반도 그렇게 튼튼하지는 못하였다. 그렇기 때문에 즉위 당초, 영락제는 건문 시기에 좌천되었거나 격하되었던 관료에 대하여 대대적으로 복직을 시켰던 것이다.[20]

연왕군이 양자강을 건넌 직후에는 남경 주변이 일시적으로 질서가 어지러워지고, 농기구를 든 촌부들에 의한 약탈과 살인이 횡행했다. 소주(蘇州)의 오강현에서 이런 일이 특히 심하였는데, 혼란을 틈타 사적인 원한을 풀어보려는 자가 속출하기도 하였다.[21] 항주에서는 연왕의 군대가 남경에 입성하였다는 소식을 듣고 죽음을 맹세한 절강 안찰사 왕량(王良)이 연왕의 사자를 붙잡아, 보란 듯이 참형시키려고 하였는데, 그 사자가 군중들에게 탈취되어 뜻을 이루지 못하였다.[22] 또 하남에서는 남양부 무양현의 왕충(王忠) 등이 반란을 일으켜 현의 관리들을 살해했다. 주모자 왕충이 생포되고, 반란자 무리 120명 남짓이 참살되었다. 그 후에도 양민 700명 이상이 뭉쳐 연화지(蓮花池)에서 농성하며 연왕 군대에 저항했다. 광서에서는 유주(柳州) 등지에서 '만민(蠻民)'이 무리 지어 약탈행위를 자행하였는데, 이때 조정에서는 예부 관리를 보내어 수습하게 하고, 그들의 죄를 용서함과 더불어 다시 생업으로 돌아가도록 하였다.[23] 이러한 일들은 남경에 대한 정보가 정확히 전해지지 않았기 때문에, 혼란이 뒤늦게까지 남게 되었다고 생각된다.

그러나 끝까지 연왕군에 저항하던 산동포정사 철현(鐵鉉)이 붙잡히자 각 부

---

19) 『明史紀事本末』卷18, 壬午殉難.
20) 川越泰博,「永樂政權の成立と復活人事」『集刊東洋學』77號(1997).
21) 吳寬, 『匏翁家藏集』卷71,「止庵吳府君墓表」. 商傳, 『永樂皇帝』(北京出版社, 1989), 131쪽 참조.
22) 『國朝獻徵錄』卷84, 浙江1,「浙江按察使王良傳」(忠節錄).
23) 『明太宗實錄』卷10下, 洪武 35년 7월 戊申條, 卷11, 洪武 35년 8월 己卯條.

(府)가 죄다 평정된 산동의 예[24]와 같이, 대국적으로 보면, 연왕이 6월 17일 일단 즉위하자, 질서는 빠른 속도로 회복되었고, 그 이후는 이렇다 할 혼란이나 저항도 없이 신정권으로 이행되어 나갔다고 할 수 있다.

이러한 상황에서, 영락제가 최초로 행한 작업은 홍무정치의 계승이라는 슬로건 아래에 건문조의 '개제(改制)'를 원래대로 회복시켜 신정권으로 그 지지를 모으는 일이었다. 즉위 다음날에 서둘러 건문 연간에 새로 바꾼 홍무조의 정령과 법규를 모두 옛 제도로 회복시키고, 날짜를 헤아리는 기년도 건문기년이 아니라 홍무기년을 사용해, 그 해를 '홍무 35년'으로 한다는 것을 오부(五府)·육부(六部)에 명하였다.[25] 이와 함께 정난의 변 시기에 주된 전쟁터가 되어 극도

---

24) 『明太宗實錄』卷11, 洪武 35년 8월 壬子條.

25) 『明太宗實錄』卷9下, 洪武 35년 6월 庚午(18일), "命五府·六部, 一應建文中所改易洪武政令·格條, 悉復舊制, 遂仍以洪武紀年, 今年稱洪武三十五年, 復諸殿門舊名"이이후, 명말 만력 23년에 이르기까지, '건문'이라는 연호는 고쳐져 있었다. 이 때문에, 이 사이에 편찬된 사서에는 건문 원년·2·3·4년을 홍무 32·33·34·35년 식으로 홍무기년이 사용되고 있다. 후세의 저작물에도 이러한 홍무기년이 사용되고 있는 것이 눈에 띠는 것은 이 시기의 표기에 휘말려들어가 있기 때문이다. 본서에서는 영락제에 의해 이 명이 발해진 6월부터 그 이듬해 연호가 바뀐 12월말까지만, 홍무 35년의 기년을 사용했다. 고염무는 「革除辨」(『顧亭林詩文集』卷1)을 저술해, 『태종실록』에 실린 7월 초하루條에 "一, 今年仍以洪武三十五年爲紀, 其改明年爲永樂元年"이라고 되어 있을 뿐, '혁제'라는 표현이 보이지 않고 있다든지, 영락제 즉위의 6월 기사일 이전의 건문 연간을 단지 원년·2·3·4년으로 표기해, 홍무기년을 사용하지 않았다는 것을 단서로 하여, 영락제 자신은 본래, 즉위 후의 7월부터 이듬해 영락 개원 때까지를 홍무 35년의 기년을 사용하고 있고, 6월 이전의 건문 연호 때까지 모두 고쳐진 것은 아니라는 것, 그리고 황제에게 영합한 신하들이 상소하거나 문서를 수발하는 과정에서 건문 연간에 모두 홍무기년을 사용했기 때문에, 고쳐진 것이 확대 해석되었다고 주장하고 있다. 이에 대해, 王崇武나 吳緝華는 영락 연간에 편찬된 실록에 의거한 『奉天靖難記』에서는 洪武 32·33·34·35년으로 표기되어 있는 것 등을 근거로 들고, 영락 연간의 사서 편찬의 시점에서 건문연호가 사용되지 않았던 것에서, 고염무의 추찰은 사실이 아니라고 부정했다. 王崇武, 『奉天靖難記注』(國立中央硏究院歷史語言硏究所專刊28, 1948), 29쪽. 吳緝華, 「明代建文皇帝傳統皇位上的問題」 『大陸雜誌』 19卷 1期(1959), 동 「明代紀年問題」 『大陸雜誌』特刊2輯(1962), 후에 『明代制度史論叢』下卷(臺灣學生書局, 1971)의 수록 참조. 오집화가 지적하고 있듯이, 영락제 재위 동안에 건문연호를 모두 고쳐버리는 관행이 정착되어 있었던 것은 사실이라고 판단된다. 蛇足이지만, 일례를 들면,

로 황폐해진 북평포정사(영락 원년 정월 북경의 성립과 함께, 북경행부의 소속이 되었지만, 본 절에서는 편의상 '북평'으로 통일하고, 적절히 '북경'을 사용함)를 중심으로 한 북방 부흥에 온 힘을 쏟았다. 홍무 35년 7월에, 구 연왕부에 남아 북평을 지키는 장자 주고치(朱高熾)를 잘 보좌하도록 도독 진규(陳珪)에게 지시한 칙유 가운데에도 "지금 안으로 난이 이미 평정되었으나, 천하는 전쟁에 지쳐 있고, 북방은 황폐가 더욱 심하다"고 서술되어 있다.[26]

〈정난의 변〉으로 피해를 입은 북평 지역은 농업 생산 면에서 황폐화가 심하였다. 그 황폐화가 얼마나 심했는가 하는 것은 북평 부흥 정책이 취해진 직후, 각 부에서 고향을 떠나 유민이 된 사람 가운데 다시 복업(농사에 복귀함)한 호수(戶數)가 130,600여 호에 이르렀다는 북평포정사의 보고에서도 엿볼 수 있다.[27] 또 영락 원년 5월의 통계를 보면, 순천부 이하 8부 소속의 '현 인호'는 189,300여 호, '미복업(아직 농사에 복귀하지 않음)의 인호'는 85,000여 호, '이개종(이미 농사짓고 있음)의 땅'은 63,343경, '미개종(아직 경작되지 않음)의 땅'은 181,454경으로 되어 있다.[28] '미개종' 즉 농작물 붙이지 않은 경지가 '이개종' 곧 농작물 재배를 끝낸 경지에 비해 거의 3배에 이르고 있다는 것이 주목된다. 또 앞에 언급한 복업 인호 130,600호를 고려하면, '정난의 변'이 끝난 직후 향촌에 있던 호수는 이 시점의 현 인호 189,300호에서 복업한 인호 130,600호를 빼고 난 58,700호가 되는 셈이다.

이 지역이 받은 사회적 혼란이 얼마나 컸는가 하는 것은 과거 시험 중지의 결정을 봐서도 알 수 있다. 과거 시험은 통상적으로 3년에 한 번씩 시행하도록 되어 있다. 영락제가 즉위한 해인 홍무 35년은 본래 과거 시험 제1단계인 향시가 치러져야 할 해였지만, '정난의 변'이 끝난 바로 직후였기에 전국적

연왕을 지지한 도연, 곧 요광효가 찬하여, 영락 21년 3월 18일에 세워진 「相城妙智庵姚氏祠堂記」(『逃虚子集』補遺 所收)에서도, "三十二年己卯, 上擧兵平內難, 賓於幕下. 內難平旣(旣平?), 三十五年 壬午登寶位"라고 적어, 홍무기년을 이용하고 있다.

26) 『明太宗實錄』卷10下, 洪武 35年 7月 丙午條.
27) 『明太宗實錄』卷16, 永樂元年 正月 庚辰條.
28) 『明太宗實錄』卷20下, 永樂元年 5月 癸卯條.

으로 과거 시험을 실시하지 못하였다. 직례응천부나 절강포정사 등에서는 1년 뒤늦은 영락 원년에 과거 시험을 실시하였는데, 북평 지역만은 부주현의 학교가 전란으로 황폐되었다는 이유로, 실시를 중단하고 영락 3년에 재개하도록 하였던 것이다.[29]

전후의 황폐화는 북평 뿐만 아니라 화북 일대도 거의 마찬가지였다. 남북을 연결하는 대운하의 요충지에 위치한 동창부(東昌府) 임청(臨淸)에 있는 회통세과국(會通稅課局)의 보고에는 홍무 연간의 상세가 8,753관이었고, 춘계의 통계에 2,032관이 징수되었는데, 영락 원년 당시는 단지 29관 500문밖에 징수되지 못하였고, 이것은 예년의 50분의 1도 안 된다고 호부가 보고하고 있다.[30] 이처럼 전화로 인한 유랑민의 출현과 상품 유통의 정체는 매우 심각한 상태였다.

1. 세역 면제와 진휼

영락제는 전후 황폐한 북평지역에 대한 부흥책을 폈는데, 그 가운데 맨 먼저 취해진 조처는 유랑민을 원적으로 돌려보내고, 세역면제를 비롯한 각종 진휼 정책을 실시한 것이었다. 홍무 35년 7월 초하루, 영락제가 즉위할 때에 발한 특사 규정에는 주된 전장이 되었던 산동·북평·하남 지방에서 전란에 휩싸여 농사짓지 못한 사람들에게, 모두 3년간 세역을 면제해 주고, 전란에 휘말리지 않았던 직례(直隷)의 봉양(鳳陽)·회안(淮安)·서주·저주·양주 지역민들에게도 그해의 하세와 추량을 모두 면제해 주었다. 또한 그 혜택은 다른 지역에까지 미쳐, 하세·추량의 반절을 면제해 주었다.[31] 그 후 건문정권 아래에서 중신으로 활약했던 전 공부상서 엄진직(嚴震直), 호부상서 왕순(王純), 응천부 부윤 설정언(薛正言) 등을 산서·산동·하남·섬서 등지의 포정사에 각각 파견하여 그 실태

---

29) 『明太宗實錄』卷17, 永樂 원년 2월 己巳條.

30) 『明太宗實錄』卷20하, 永樂 원년 5월 甲午條.

31) 『明太宗實錄』卷10상, 洪武 35년 7월 壬午朔, 『皇明詔令』卷4, 成祖文皇帝上,「卽位詔」洪武三十五年七月初一日. 실록과 조령에는 약간 자구에 차이가 있지만, 여기에서는 실록의 기록을 따랐다.

를 조사하게 하였다.32) 아마 이들 조사를 근거로 해서인지, 직례부(直隸府)의 봉양(鳳陽)·회안 등지에서 관우(官牛)를 가져다 북평·산동·하남 지역에 지급하여 주었다.33) 9월에는 호부낭중 이창(李昶)을 파견해 북평포정사 관하의 부·현을 장악하게 했다.34) 이창이 해당 지역에 식량과 경우가 부족하다는 것을 중앙에 호소하자, 황제는 관에서 일소[耕牛]를 구입하여 주도록 했다.35) 북평·산동·하남이나 직례의 봉양·회안·서주·저주·양주의 전화지역에도 그해 바쳐야 할 공공 물료나 하세의 농상사면(農桑絲綿)을 면제해 주었다.36) 또 생활에 어려움을 안고 있는 북평포정사 소속의 순덕·보정 각 부에는 호부를 통하여 교초 30만 정을 긴급히 내려 보내, 이곳 농민들을 진휼하였다. 지급액은 식구 수 1구에서 3구까지는 5정(錠), 4구에서 8구까지는 10정, 9구 이상은 12정, 이런 식으로 차등을 두어 진휼하였다.37)

그 이듬해 영락 원년 3월에는 북평 뿐만 아니라 산동·하남, 직례의 서주·봉양·회안지역의 기근으로 인한 구제를 위해, 근처 위소나 주현에 보관되어 있던 곡식을 풀어 구휼하도록 했다. 4월에는 북경행성 소속의 광평부(廣平府)·순덕부(順德府)의 기민 19,350호에게, 쌀과 보리 19,920석을 지급해 주었는데, 이것은 각 호마다 평균 약 1석이 지급된 셈이다. 5월에는 순천부(順天府) 등 북평 소속 8부 가운데, 아직 복업하지 않은 민들에게 복업을 종용하는 칙서가 발해졌다.38) 3년간의 세량 면제 기간이 경과한 영락 3년에는 순천·보정·영평성 3부의 세량을 2년간 더 면제해 주고 있다.39)

〈표 2〉를 보면, 영락 5년 2월을 경계로, 면제 이유가 전화에서 수재 등으

---

32) 『明太宗實錄』卷10하, 洪武 35년 7월 甲辰條.

33) 『明太宗實錄』卷11, 洪武 35년 8월 甲寅條.

34) 『明太宗實錄』卷12상, 洪武 35년 9월 辛巳朔條.

35) 『明太宗實錄』卷15, 洪武 35년 12월 丙寅條.

36) 『明太宗實錄』卷15, 洪武 35년 12월 庚戌朔·癸丑條.

37) 『明太宗實錄』卷15, 洪武 35년 12월 丁丑條.

38) 『明太宗實錄』卷18, 永樂 원년 3월 甲午, 卷19, 동년 4월 甲子, 卷20하, 동년 5월 癸卯條.

39) 『明太宗實錄』卷38, 永樂 3년 정월 庚申條.

로 이행되어 있고, 이 시기에 전후 부흥 정책이 거의 일단락되었음을 엿볼 수
있다.

표 2. 영락 시기 북경 지역 세역 면제 기사 일람

연월	면제 대상 지역과 내용	출처
건문 4년 7월 (1402)	북평(북경)·산동·하남 전화로 농사짓지 못한 자 3년간 세역 면제(전화)	『태종실록』 권10상, 동년 동월 임오 『황명조령』 권4
건문 4년 12월	북평(북경)·산동·하남·봉양 등 전란으로 민력 회복되지 않은 지방, 세역과 공공물료 면제	『태종실록』 권15 동년 동월 경술
건문 4년 12월	북평(북경)·산서·산동·하남·봉양 등 전화 입은 부현, 영락 원년 하세 농상사면 면제	『태종실록』 권15 동년 동월 계축
영락 원년 5월 (1403)	전국의 황무 전토에 경작자가 없는 곳의 전조 면제	『태종실록』 권20 동년 동월 정축
영락 2년 4월	북경 순천·영평·보정 3부의 시종 충순한 자 세량 면제(19만 9,700여 석)	『태종실록』 권30 동년 동월 을유
영락 2년 8월	북경 영평부 등의 주·현민 세금 2년간 면제(기근)	『태종실록』 권33 동년 동월 신미
영락 2년 8월	북경의 순천 8부 주현의 세량 3년간 면제	『태종실록』 권33 동년 동월 계미
영락 3년 정월	북경의 순천·영평·보정 3부의 토지세 2년간 면제(전화)	『태종실록』 권38 동년 동월 경신
영락 5년 2월	북경의 보정·진정 2부의 세량 3만 2,315석, 건초 59만 5,672속 면제(수해)	『태종실록』 권64 동년 동월 갑인
영락 6년 2월	북경 영락 6년 이후 3년 간 제색과정·문탄세 면제(수해)	『태종실록』 권76 동년 동월 정미 『황명조령』 권5
영락 6년 6월	북경 소속 부현의 급하지 않은 사역 및 매판 금지, 이주자 부역 3년 면제, 정난의 변 공로자 위로하고 돌봄	『태종실록』 권80 동년 동월 경진
영락 7년 12월	산동 제녕부터 북경 양향 사이에서 운송에 공을 세운 호에 세량 면제	『태종실록』 권99 동년 동월 경술
영락 9년 정월	북경의 보정부·기주의 수재민 전조 면제(수해)	『태종실록』 권112 같은 해 같은 달 기축
영락 9년 12월	북경의 순천부·탁주·대흥 등 주현 영락8년의 세량 2만 7,218석·건초 181만 3000여 속 면제	『태종실록』 권122 동년 동월 을미

연월	면제 대상 지역과 내용	출처
영락 10년 3월	북경 소속 부현 세량 면제(수재)	『태종실록』권126 동년 동월 갑진
영락 12년 8월	북경 소속 부현 세량·건초 2년간 면제	『태종실록』권154 동년 동월 병오년
영락 13년 9월	북경 소속 부현의 호구에 식염 면제(수해)	『태종실록』권168 동년 동월 무신
영락 13년 9월	북경·산동·하남 수해 입은 자 요역 면제	『태종실록』권168 동년 동월 경신
영락 13년 12월	북경 순천부 세량 면제(수해)	『태종실록』권171 동년 동월 병술
영락 17년 6월	북경 순천부·패주 등 주현 영락 16년 세량 104,275석 면제	『태종실록』권213 동년 동월 임오
영락 20년 7월	북직례·남직례·산동·하남 수재 입은 부현의 세량 23만 8,340석과 양마용 건초 38만 1,300여 속 면제	『태종실록』권250 동년 동월 계유
영락 21년 8월	북직례·남직례·산동의 수해·한해 입은 부현 세 량과 건초 모두 면제	『태종실록』권260 동년 동월 정축

※ 과세 연체에 대한 면제 사례는 제외

2. 북평 개중(開中)

다음의 긴급조치로서 전시체제하에서 크게 불거진 군대 양성을 위한 군향
(軍餉)의 부족을 메우기 위하여 개중법(開中法)[40)에 의한 미곡 납입을 꾀하였다.
홍무 35년 8월, 영락제는 우선 정난의 변을 지지해 준 북평 각 위(衛)의 식량
부족을 해소하기 위해서, 전국 각지에 행해지고 있던 개중(開中)을 중지하고, 반

---

40) 개중법에 대해서는 藤井宏, 「明代鹽商の一考察」 『史學雜誌』 54卷5·6·7號(1943).
寺田隆信, 「開中法の展開」 『明代滿蒙史硏究』(1963). 후에 『山西商人の硏究 -明代に
おける商人および商業資本』(東洋史硏究會, 1972)에 수록하였는데 이를 참조하기
바람.
〈옮긴이 주〉 명대 개중법에 대해서는 조영헌, 「明代 鹽運法의 變化와 揚州 鹽商 -徽
商과 山陜商의 力學關係의 變化를 中心으로-」 『동양사학연구』 70(2000) 참고.

면 북평 각 창(倉)에 개중이 집중되도록 했다. 대소 관원이나 군민들에게도 모두 소금 전매에 종사할 수 있도록 허가하고, 염인(鹽引, 소금의 판매 허가증) 지급 순번에 관계없이 이들에게 우선 지급하도록 했다. 이때 개중 중지에서 예외로 되어 있던 것은 새로 신설된 운남의 금치위(金齒衛)·초웅부(楚雄府) 및 변경 방위상 중요시 되었던 사천의 염정위(鹽井衛), 섬서의 감주위(甘州衛) 뿐이었다. 이때 회절염은 매 인(引)마다 쌀 3두, 강동염은 2두, 사천염은 1두 5승으로 정했다.[41]

홍무 35년 11월에는 북평서포정사사(北平署布政司事) 의빈(儀賓) 이양(李讓)이 상주하였다. 그것은 홍무 35년 7월 이전의 건문 정권 아래에서 각지의 상민이 미곡을 납입하고 창초(倉鈔, 교부권)를 받았을 뿐이었는데, 아직 염인을 받지 못한 사람에게는 소금 교부권 지급을 일시 중단하고, 거기에 북평 각 창고에 군량을 댄 사람에게 염인을 우선 교부한다는 내용이었다. 호부상서 하원길(夏原吉)은 이양의 상주에 대한 의의를 인정하면서, 이미 미곡을 납입한 상인을 더 이상 기다리게 하는 것은 곤란하다 하여, '유통(流通)문부(文簿)'를 작성하여 북평에 새로 개중한 사람에게 염운사의 순번에 관계없이 염인을 지급할 것을 제안했는데, 그것이 받아들여졌다.[42]

그러나 이러한 북평 지역에 대한 우대조치에도 불구하고 주변의 하남이나 산동 지역에는 쌀값이 폭등한데다가, 납입해야 할 염량액이 많은 적도 있어 예상외로 응모자가 적었다. 이 때문에 12월에는 하남·산동의 쌀값 등귀를 이유로, 회절염의 염량 액수를 정액에서 5승 줄여 2두 5승으로 개정했다.[43] 북평 지역의 미가는 이듬해 영락 원년에도 계속 상승하였기 때문에, 4월에는 강남에서 가까운 산동의 덕주(창)나 제녕, 하남의 위휘지역으로 까지 확대시켜 염량액을 줄여 납입하도록 했다. 이때 자본이 없는 사람에게는 관부에서 교초를 대부해 주겠다고 할 정도로 관심을 쏟았던 것이다.[44]

41) 『明太宗實錄』卷11, 洪武 35년 8월 丁巳條.
42) 『明太宗實錄』卷14, 洪武 35년 11월 壬午條.
43) 『明太宗實錄』卷15, 洪武 35년 12월 乙丑條.
44) 『明太宗實錄』卷19, 永樂 원년 4월 己酉條.

이러한 조치로 말미암아 영락 2년에는 쌀값 등귀도 점차 완화되었다. 그렇기에 북경창이나 덕주창은 모두 염량액을 한 말씩 늘릴 수 있어, 북경창은 3두 5승, 덕주창은 4두 5승으로 개정되었다.[45] 또 건문 연간에 소금 지급 예상이 세워지지 않은 채 인환권을 교부하던 방식을 고쳐 홍무 시기의 옛 제도로 되돌렸다.[46]

부언하면, 홍무 연간에는 공후백작이나 4품 이상의 문무관에게 금지되어 있던 개중을 긴급 조치이기는 하나, 그들에게 허가한 것은 홍무 정치의 중대한 변경이며, 이것은 후에 관료나 세력가가 염권(鹽權)을 독점하는 기원이 되었던 것이다.[47]

3. 수미속죄(輸米贖罪)

개중법 외에 군량부족을 보충하기 위한 조처로서, 죄수에 의한 수미속죄법을 채택하였다. 이것은 북변으로 곡물 수송의 필요성이 증대한 홍무 23년 이후, 일시 실시된 적이 있긴 하였으나,[48] 이번에는 북평의 곡물 수급을 조정하는 방책으로 이용하였다.

홍무 35년 8월 8일에 나온 '죄인수작지례(罪人輸作之禮)'에서는 경죄 가운데

---

45) 『明太宗實錄』卷28, 永樂 2년 2월 戊子, "戶部尙書郁等言, 往年爲北京軍儲不足, 下令開中鹽量, 准浙鹽於北京倉納米者, 每引二斗五升, 於德州倉納米者 每引三斗五升. 今北京新轄地方米價已賤, 若仍准前例, 誠爲虧官, 二處宜通一斗. 從之". 張奕善, 「明成祖政治中心北移的硏究」 『朱明王朝史論集 －太祖·太宗篇』(國立編譯館, 1991)은 일찍이 북평 개중의 문제에 대해 논하고 있다. 다만, 영락 2년의 시점에서 탄력적 조치로서 북경과 德州라는 두 지방의 염인의 염량액을 함께 1두로 개정했다고 하는 것은 잘못으로(313쪽), 黃彰健, 『明太宗實錄校勘記』의 당해 조에서, 廣方言館本이나 抱經樓本에 근거해 "宜通[增]一斗"라고 교정하고 있는 것에 따라야 할 것이다.

46) 『明太宗實錄』卷25, 永樂 원년 11월 戊午條.

47) 中山八郎, 「開中法と占窩」 『池內博士還曆記念東洋史論叢』(座右寶刊行會, 1940). 후에 『中山八郎明淸史論集』(汲古書院, 1995)에 수록.

48) 『明太祖實錄』卷206, 洪武 23년 12월 癸亥, 卷227, 洪武 26년 4월 庚寅條.

태죄 5등·장죄 5등·도죄·유죄 3등에는 각각의 등급에 따른 복역 날수를 정하고, 복역 후에는 석방하도록 하였다. 그리고 십악·인명·강도를 제외하고, 잡범으로 인한 죽을 죄는 종신토록 벌로써 복역하도록 하였다. 그러나 5일 후에, 영락제 자신이 형부와 도찰원에 직접 지시해, 이것을 고쳐, 죄수를 옥중에서 풀어내 주고 대신 미곡 운반에 참여함으로써 죄 값을 치르게 했다. 규정에, 사형의 죄는 쌀 60석, 유죄 3등은 모두 40석, 도죄는 도역기간에 따라 25~10석, 장죄 5등은 곤장 수에 따라 6~4석까지로 했다.[49] 그 후 영락 3년 7월에는, 수미액수를 2배 가깝게 증가시켰다. 잡범 죄는 쌀 110석, 유죄 3등은 80석, 가역유형자에게는 90석, 도죄 3등은 60~30석, 장죄는 25~20석, 태죄는 10석을 (북경의) 경창에 납부하도록 했다.[50] 이러한 미곡은 당연한 일이지만, 3년간의 세량 징수가 면제되어 있었다고는 하더라도 북평(북경) 지역에서는 조달되지 못하고, 전화가 미치지 못한 강남의 강서·호광이나 직례소주부 등의 지역에서 운송되었으리라고 추정된다.[51]

수미속죄의 조치는 〈정난의 변〉 때 연왕을 따르지 않고 직무를 포기한 북평 소속의 주현관 주녕 등 219명에도 적용되어, 곡물 납입으로 속죄하고, 만리장성의 관문인 구베이커우(古北口) 밖의 흥주(哈喇河套)에 보내어 주둔시켰다.[52] 이로 인해 남방에서 군향을 운송하는 노고가 줄어지게 되었다.

---

49) 『明太宗實錄』 卷11, 洪武 35년 8월 己未條·甲子條.
50) 『明太宗實錄』 卷44, 永樂 3년 7월 壬寅條.
51) 『明太宗實錄』 卷33, 永樂 2년 7월 癸巳條. 宮澤知之, 「明代贖法の變遷」(梅原郁編, 『前近代中國の刑罰』, 京都大學人文科學硏究所, 1996)은 극도로 복잡한 명대 속법의 변천 과정을 재정사적인 측면에서 정리한 유용한 책이다. 다만, 여기에 소개한 영락 연간의 수미속죄의 시행 지역을 북평부(후의 순천부)로 한정한 것은 본서와 이해를 달리한다. 이 시기는 북평 이외의 지역에서 미곡을 운송할 필요가 있었기 때문에 구 북평포정사 관할 지역은 물론 중국 전체에 걸쳐 시행되었다고 생각한다. 후에 宣德 4년에 이르면, 陸運을 중심으로 하는 북방으로의 납미액과 수운을 중심으로 하는 남방으로의 납미액이 각각 정해졌다. 『明宣宗實錄』 卷50, 宣德 4年 正月 丙子條. 또 본래 속법의 일종이지만, 본서에서 이민 정책으로 평가한 북평 種田과 북경 천도 계획과의 관계에 대한 언급이 별로 없는 것은 영락기에 관한 그때까지의 정치 사회사 연구의 부족에 있다.
52) 『明太宗實錄』 卷13, 洪武 35년 10월 丁巳條.

4. 사민(徙民) 정책

영락 시기의 사민 정책으로 영락 원년의 북경으로의 부민층 강제 이주는 잘 알려져 있다. 이것은 강남을 비롯한 전국 각지에서 부호 3,000호를 선발하여 북경 성 밖으로 옮겨 상장(廂長)의 역할을 하게 하는 등 소재지의 유력자 육성을 도모한 것이었다.[53] 실은 이외에도 북평 지역 주변에서는 죄수나 일반민호의 이주 지원자를 대상으로 한 대규모 사민 정책이 추진되었다. 그렇게 한 것은 4년간 전시체제에 들어간 이 지역은 전술한 것처럼 전란을 피해 유랑민이 된 사람이 많았고, 경지가 극도로 황폐해졌기 때문이었다.

근년에 서홍(徐泓)이 영락 연간의 사민 정책에 대해서 전면적으로 분석하여 발표하였다.[54] 여기에 따르면 영락 연간을 통하여, 약 100만 명 정도가 이주했고, 그 가운데 반수에 가까운 46만 명 이상이 북경 지역으로 이주했다고 추산하였다. 여기에서는 사민 정책을 정난의 변 후의 부흥 정책에 초점을 맞추어 고찰하고자 한다.

1) 죄수의 이주

죄수를 북평으로 보내 거기서 경작하게 한 종전(種田)은 수작(輸作, 범죄자를 벌로써 노역에 종사케 하는 것)의 일종으로, 본래 속죄법의 범주에 속하지만, 사민 정책으로도 평가할 수 있다. 홍무 35년 9월에, 죄수에 대한 사민 정책을 실시하도록 영락제가 명하였는데, 이미 실시된 수미속죄의 법에는 제도상 재력이 없

---

53) 본서 부편 제1장 「명초 북경의 부민층 강제 이주에 대해」.
54) 徐泓, 「明永樂年間的戶口移徙」(臺灣) 國家科學委員會硏究彙刊 『人文及社會科學』 1
卷 2期(1991). 徐泓의 논문에는 황전 개간과 북경성 기반조성을 주로 한 제1기(홍
무 35년~영락 7년), 황전 개간과 더불어 변방 강화를 위해서 사민을 주력한 제2기
(영락 8~15년), 북경 천도와 관련해 남경의 민장들이 이주한 제3기(영락 16~22년)
로 구분하고 있다.
〈옮긴이 주〉 명대 사민정책에 대해서는 이준갑, 「인구」 『명청시대사회경제사』(이산,
2007) 참고.

는 죄수를 구제할 수가 없다하여, 영락제가 특히 이 제도를 시행하도록 명하였던 것이다. 살인·십악(十惡)이나 강도상해자를 제외하고, 잠시 감금되어 판결을 기다리고 있는 사죄자(死罪者) 및 유죄자(流罪者)에 대해, 가족 동반으로 북평으로 가서 땅을 일구어 경작하게 하였다. 경작 기간은 사죄는 5년, 유죄는 3년으로 하고, 그 기간이 끝나면 등록하여 양민으로 삼았다.

또 도죄(徒罪) 이하로 파면된 관원 가운데에서 골라 비정규적인 수습자로 삼아 그들로 하여금 이주해온 죄수의 농경 작업을 감독하게 했다. 3년 후, 관리 감독의 실적이 좋은 수습자에게는 정식으로 관직을 수여하기도 하였다. 이러한 조처는 재력이 부족한 죄수를 구제하기 위한 조처이지만, 미경작지가 많이 있는 북평 지역의 부흥을 꾀하기 위한 수단이기도 하였다. 같은 날, 군사 계통의 무관이나 병사의 속죄 조례도 정해졌다. 병사나 그 가족이 잡범으로 사죄를 지었을 경우, 북평의 위소에 보내져 둔전 경작에 종사하도록 하였다. 10일 후에는 무강백(武康伯) 서리(徐理)가 이주한 죄수들이 거하고 있는 현장을 살피는 검분(檢分)으로 파견되었다.[55]

영락 원년 8월에는 새롭게 '죄수북경위민종전례(罪囚北京爲民種田例)'로서 정비되었다.[56] 도죄나 유죄의 경우, 악공(樂工)이나 조호(竈戶)는 각각의 직능에 맞는 역에 종사하게 하였고, 노유(老幼)한 사람이나 장애인은 수속(收贖)에서 제외시켰다. 그 외에는 모두 장형을 면제하고 이갑에 편성해 처자와 함께 북경의 영평부 등의 주현에서 민으로서 경작하게 하였다. 장죄의 경우, 관직을 그만두어야 할 경우가 아닌 사람이나, 단정(單丁)의 민으로 토지를 소유해 세량을 부

---

55) 『明太宗實錄』 권12하, 洪武 35년 9월 甲午 및 동년 동월 乙巳, "命武康伯徐理等往北平度地, 以處民之以罪徙者". 또한 역시 『明史』 권77, 食貨志1, 戶口에, "其間有以罪徙者, 建文帝命武康伯徐理等往北平度處之"라고 해, 서리 파견을 '건문제'의 명에 의한 것으로 하고 있는데, 이것은 李洵, 『明史食貨志校注』(中華書局, 1982), 12쪽에서 이미 지적하고 있듯이 분명히 '영락제'의 오류이다.

56) 종래부터 죄 지은 사람에 대하여 형 대신에 充軍하여 변방을 지키도록 하였는데, 그것을 恩軍이라 하였다. 이 은군에 해당하는 장안 좌우문에서의 炊飯 및 국자감 膳夫, 遵化지역 광산이나 제련소에서의 노역, 역졸, 소금운반역도 당시에 존속하고 있었다. 『明太宗實錄』 권49, 永樂 3년 12월 乙酉條.

담하고 있는 사람을 제외하고는 모두 경작하는 일에 종사하도록 하였다. 북중국의 북경행부를 제외한 산동·산서·하남·섬서의 4개 포정사에는 현지의 포정사에서 각각 이갑을 편성한 후, 파견하도록 하고, 남중국의 절강·강서·광동·복건·호광·사천의 6개 포정사나 직례부의 부주에는 일단 남경 호부에 보내 이갑을 편성한 후에 파견하도록 했다. 경죄 가운데에 장죄를 범한 사람에게는 각 사람에게 경우나 농구·종자의 구입대금으로 교초 300관을 지급해 주고, 역을 마친 5년 후에 민전에 준해 세량을 부과하도록 했다. 도죄나 유죄로 이주한 경우의 사람에게는 농구 구입 대금을 지급하지 않고, 3년 후에 세량을 부과하도록 했다. 최초로 순천부 소속의 주현 내에서 황무지의 전답 50무를 지급하고, 그 후 차례대로 영평부 등에 이르도록 했다. 군호의 경우는 군역을 확보할 필요가 있기에, 3정(丁) 이상이 있는 경우만 경작에 종사하게 하였다.[57]

죄수를 현지로 보내는 데는 부정을 막기 위해서 육과급사중이나 행인사를 무리지어 보냄으로써 간악한 폐단을 막도록 하는 조서를 발했다.[58] 이 단계에서는 직례 지역만이었던 것 같은데, 후에 전국으로 확대되었다. 당초에는 죄수를 소속 포정사에서 출신지(적관)별로 이갑에 편성하고 종전(種田)도 지방별로 하려 했다. 그러나 그럴 경우, 이갑편성이 어렵게 되기 때문에, 보정·진정·순천부 등 소속 주현의 출신지를 묻지 않고 순차적으로 배치해 취락을 형성하도록 정하였다.[59] 서리(胥吏)의 경우는 영락 원년의 종전법에 적용되지 않지만, 이듬해 면직된 서리 462인을 북경으로 옮겨 민으로 삼아 종전시킨 적도 있다.[60]

다만, 북경행부 소속의 범죄자의 경우에는 영락 원년의 종전법을 적용시키지 않고 율에 의거해 처벌하였는데, 그 후에는 분명하지 않지만, 북경 소속 서리의 도죄나 유죄를 범한 사람에게도 은전으로서 북경의 인구 적은 지역으로 이주시켜 종전하는 것을 인정하였다. 영락 2년 5월에는, 순안북경감찰어사 주신(周新)이 그 수속과 문서 왕복에 수개월이 걸린다하여, 사죄(死罪)와 직관의

57) 『明太宗實錄』卷22, 永樂 원년 8월 己巳條.
58) 『明太宗實錄』卷13, 洪武 35년 10월 丁丑條.
59) 『明太宗實錄』卷21, 永樂 원년 6월 庚戌條.
60) 『明太宗實錄』卷33, 永樂 2년 7월 己未條.

범죄를 제외하고, 서리의 도죄나 유죄는 북경행부 혹은 감찰어사의 판단으로 종전시키도록 제안해, 그것이 허락되었다. 특히 북경의 경우, 장형의 죄를 범한 자에게도 속전을 허락했다.[61] 더욱이 3년 7월에는, 태죄를 범한 사람으로 재산이 없어 공역(工役)에 복역할 경우, 북경의 종전을 지원하면 그것을 인정하고 있다. 역시 장형 80대 이상의 경우는 즉시 파견하고, 70대 이하는 고향으로 돌려보내 자금을 조달한 후에 주둔지를 신청하도록 하였다.[62]

영락 5년에는, 종래 남북 변방 수자리에서 국경을 지키도록 파견된 사형수에 대해, 남방은 습하고 말라리아 등 풍토병도 많아, 그곳에서 불행하게도 목숨을 잃는 사람이 많다는 이유로, 일시 북경 행부의 부주현에 종전시키는 조처를 취했다.[63] 6년 영에는 군민의 자제이거나 노복으로, 허가 없이 삭발하고 승려가 된 사람에게도, 그 부형과 함께 산서 오대산에서 북경 궁전 건설용 목재를 벌목하고 운반하는 일에 참가한 뒤에, 북경에서 농사를 짓거나 하북성 노룡(盧龍)의 목마장에서 목마 일에 종사하도록 하였다.[64]

이러한 죄수 이주 정책이 기대만큼 성과가 오르지 않고, 농사에 관심을 두지 않은 채, 무리지어 날마다 도시에 모여, 방탕에 빠지거나 상업에 종사한다는 등의 풍문이 일어났다.[65] 그렇다고는 하더라도, 영락 9년에는 종전하는 민호나 충군둔종(充軍屯種)하는 자의 요역 면제 기간 등이 문제가 된 것으로 보아, 그들이 그 후에도 북경 지역에 계속 정착하고 있었음을 알 수 있다.[66] 이때는 지원자와 함께 민호 가운데 장죄가 면제된 사람은 요역 5년, 도죄·유죄의 경우는 3년, 충군둔종하는 자에게는 둔조(屯租) 2년을 면제해 주었다. 다만 이부상서 겸 첨사부첨사 건의(蹇義)의 상주에 의하면, 충군둔종자의 도망도 문제

61) 『明太宗實錄』卷31, 永樂 2년 5월 辛丑朔條, 『國朝獻徵錄』卷84, 絶江1, 按察使, 黃佐, 「周志新傳」.
62) 『明太宗實錄』卷44, 永樂 3년 7월 辛亥條, 『明史』卷153, 宋禮傳.
63) 『明太宗實錄』卷72, 永樂 5년 10월 己丑條.
64) 『明太宗實錄』卷80, 永樂 6년 6월 辛巳條, 『황명경세문편』卷186, 곽도 "비치소".
65) 『明太宗實錄』卷25, 永樂 원년 11월 戊戌條.
66) 『明太宗實錄』卷120, 永樂 9년 10월 乙未條 ; 正德 『大明會典』卷22, 호부7, 호구3, 우면차역.

가 되고 있었음을 알 수 있다.[67] 영락 10년에는 북경에서 이용되지 않은 토지가 많이 있었기 때문에, 하급 관아를 거치지 않고 직접 상급 관아에 송사하는 이른바 월소(越訴)한 경우에는 무죄가 입증되더라도, 율에 의해 받을 태죄는 면제하고, 북경의 양향·탁주·창평·무청 등으로 사민을 시키도록 하였고, 무고로 말미암아 도죄·유죄·태죄·장죄를 범한 사람에게는 노룡·산해·영평·소흥주로 사민을 시켜 각각 종전하도록 했다.[68] 영락 12년 3월에는 거용관 밖에 융경주와 영녕현을 설치하고, 13년 정월에 보안주를 설치하여 이들 모두를 북경행부에 소속시켰는데, 그 때에도 유죄로 말미암아 멀리 외진 곳으로 귀양 보내야 할 자를 이곳으로 이주시켰던 것이다.[69]

2) 일반민호의 이주

일반의 민호를 대상으로 한 이주에는 홍무 35년 9월 산서지방의 태원·평양 2개의 부나 택주(澤州)·노주(潞州)·요주(遼州)·심주(沁州)·분주(汾州) 등 5개 주 내의 "장정은 많으나 경지가 적은 경우 및 경지가 없는 집"의 인정을 나누어 북평 각 부의 주현에 이주시켰다. 그 때, 일소(耕牛)나 농구·종자를 지급해 주고, 5년간 세량을 면제하는 조치가 취해졌다.[70] 영락 2년 9월에도 똑같이 산서의 위와 같은 지역으로부터 각각 1만 명 규모의 사민이 이루어졌다.[71]

---

67) 『明太宗實錄』卷123, 永樂 9년 윤12월 己未條.

68) 『明太宗實錄』卷124, 永樂 10년 正月 壬子條.

69) 『明太宗實錄』卷149, 永樂 12년 3월 丁丑 ; 卷160, 영락 13년 正月 壬戌條

70) 『明太宗實錄』卷12하, 洪武 35년 9월 乙未, "命戶部遣官覈實山西太原·平壤二府, 澤·潞·遼·沁·汾五州丁多田少及無田之家, 分其丁口, 以實北平各府州縣, 仍戶給鈔, 使置牛具子種, 五年後徵其稅"

71) 『明太宗實錄』卷34, 永樂 2년 9월 丁卯, "徙山西太原·平壤·澤·潞·遼·沁·汾民一萬戶 實北京". 同書 卷46, 3년 9월 丁巳, "徙山西太原·平壤·澤·潞·遼·沁·汾民萬戶, 實北京". 徐泓 "明永樂年間的戶口移徙" 『(臺灣) 國家科學委員會硏究彙刊』 人文及社會科學 1卷 2期(1991)에는 후자 사료의 문자가('一'자가 없음) 전자와 똑 같은 것에 부가하여, 대만에 현존하는 명청민국기의 하북성 지방지에는 영락 3년의 이주에 관한 기록이 남아 있지 않은 것으로 보아, 2년의 기사가 중복 기재된 것으로

북평 지역을 비롯한 화북 지방으로의 대규모적인 사민은 홍무 초년과 20·30년대에도 실시되었다. 전자는 홍무 4년, 명 군대가 북벌한 후, 명 제국에 귀속한 산후(山後, 현 하북성 태행산 북쪽 끝에 있음)의 백성이나 사막의 유민들을 북평부 관내로 옮기었는데, 이 때 모두 약 7만 호를 사민시켰다.[72] 후자는 홍무 21·22년과 27·30·31년에, 산서의 택주·노주·심주의 토지가 없는 농민 가운데 정구(丁口)를 분할하여 북평의 진정부·대명부·광평부, 산동의 동창부·임청, 하남의 창덕부·귀덕부·위휘부·개봉부 태강 등으로 옮겼다.[73] 이러한 정책들은 산서의 인구과다·경지부족·변경정책 등, 주로 이주민을 내보내는 측의 요인에 의해서 이루어졌던 것이다.

이에 반해, 영락 초년의 사민정책은 서홍(徐泓)도 이미 지적하였듯이, 정난의 변으로 전화를 입은 북평 지역 부흥 정책으로서의 의미가 강하였다.[74] 그 후에도 사민은 자주 행해졌는데, 영락 4년에는, 호광·산서·산동의 관리 이무(李懋) 등 214명이 민이 되어 북경으로 이주할 것을 신청하였다. 이 경우, 호부가 여비 지급을 명한 것으로 보아, 죄수의 사례는 아닌 것 같다.[75]

추정하고 있다. 타당한 사료 비판이라고 판단되기에 거기에 따른다.

72) 『明太祖實錄』卷66, 洪武 4년 6월 戊申條.

73) 『明太祖實錄』卷193, 洪武 21년 8월 癸丑, 卷197, 22년 9월 壬申·甲戌, 卷198, 22년 11월 丙寅. 卷253, 30년 5월 丙寅, 卷257, 31년 5월 丙寅. '협향'인 산서 지역에서의 이민은, 이민의 집합 지점이 었던 홍동 대괴수 이민으로 알려져 있다. 牧野巽,「中國의 移住傳說 −特히その祖先同鄕傳說を中心として−」第2節, 第3節『牧野巽著作集』第5卷(御茶의 水書房, 1985) 所收. 黃有泉·高勝恩·楚刀,『洪洞大槐樹移民』(山西古籍出版社, 1993). 安介生,『山西移民史』第7章(山西人民出版社, 1999).

74) 주(54)의 徐泓 논문 201쪽. 일례를 들면, 康熙 『趙州志』卷9, 雜考에는, 진정부의 조주와 영진현 경내의 전지 대부분이 황폐했기 때문에, 영락 때 산서 潞安府의 둔류현·장자현의 민들을 이주시켜 개간시켰다고 해서, 받아들이는 측의 요인에서 설명하고 있다. 또 南炳文(川越泰博 譯),「永樂期の移民 −廣宗縣の場合−」『明代史研究』21號(1993)는 하북성 광종현의 지명 내원 조사에 대한 총괄보고를 바탕으로 영락 연간의 이민을 다루고 있다. 덧붙여 1993년에는 그 총괄보고의 서명은 미공개를 이유로 분명히 밝혀지지 않았지만,『廣宗縣地名志』이다. 南炳文,《『廣宗縣地名志』與廣宗縣永樂移民』『明淸史蠡測』(天津敎育出版社, 1996) 참조.

75) 『明太宗實錄』卷50, 永樂 4년 正月 乙未條.

그 후, 부흥 정책이 일단락 된 뒤에도, 북경 지역으로의 이주는 계속 되었다. 5년에는 산서의 평양부·택주·노주나 산동의 등래부의 민 5,000호를 북경으로 이주시키고, 황제가 사냥하고 즐기던 동산인 상림원의 상림원감(上林苑監)에 소속시켜 목축과 재배를 담당하도록 했다. 사민을 시킬 경우, 호마다 노자 돈으로 교초 100정과 먹을 양식 6두가 지급되었다.[76] 영락 7년에는 산동 청주부 안구현 등의 민 800여 호를 진정부의 기주(冀州)나 조강현(棗强縣)으로 이주시켰다.[77] 14년에 산동·산서·호광 지방의 민 2,300여 호를 거용관 밖의 보안주로 옮겼다. 15년에는 토지가 척박하고 험한 산서 지방의 평양부·대동부 울주·광령현의 민 신외산(申外山) 등이 조정에 이르러, 북경의 광평부 청하현이나 진정부 기주·남궁현으로의 이주를 신청해, 그것을 허가한 사례도 있다.[78] 선덕 연간에 들어와서도 융경주(후의 연경주)나 영평부로의 사민이 이루어졌다.[79]

3) 위소의 둔전

명초의 이민은 부주현처럼 '지방 관할 단위'[80]인 '위소'로도 이민이 이뤄졌다. 홍무 22년, 산서의 빈민으로 화북의 대명·광평·동창 삼부로 이주된 사람들에게, 호부 등 행정 계통의 관이 아닌 후군도독 주영(朱榮)이 전 26,072경을

---

76) 『明太宗實錄』卷67, 永樂 5년 5월 乙卯, "命戶部徙山西之平陽·澤·潞, 山東登萊等府州民五千戶, 隷上林苑監牧羊栽種. 戶給路費鈔一百錠·口糧六斗"

77) 『明太宗實錄』卷93, 永樂 7년 6월 庚午, "山東安丘縣民邢義等言, 本邑人稠地隘, 無以自給, 願於冀州棗强縣占籍爲民.從之.仍命戶部, 徙靑州諸郡民之無業者居冀州.凡徙八百餘戶." 그 가운데 200호 남짓은 20년 가까운 세월을 거쳐 棗强縣에 부적하여 정착했다는 것이 알려졌다. 『明宣宗實錄』卷45, 宣德 3년 7월 乙亥條.

78) 『明太宗實錄』卷188, 永樂 15년 5월 辛丑, "山西平陽·大同·蔚州·廣靈等府州縣民申外山等詣闕上言, 本處地磽且窄, 歲屢不登, 衣食不及, 乞分丁於北京廣平·淸河·眞定·冀州·南宮等縣寬閒之處占籍爲民, 撥田耕種, 依例輸稅, 庶不失所. 從之, 仍免田租一年"

79) 『明宣宗實錄』卷51, 宣德 4년 2월 丁酉條.

80) 지방 관할 단위로서 위소를 파악한 시각에 대해서는, 拙稿「明淸社會經濟史硏究の新しい視點 -顧誠敎授の衛所硏究をめぐって-」『中國-社會と文化』13號(1998)를 참조하기 바란다.

지급했다고 보고하고 있는데, 이것은 군사 계통의 위소로 이주했기 때문에 이렇게 보고했던 것이다.[81]

영락정권 성립 후에 특징적인 것은 위소 그 자체가 북평으로 이전되거나 새로 설치되었다는 것이다. 홍무 35년 9월에, 산서행도사소속의 각 위소를 북평 지역으로 옮기고, 그 관군을 동원해 둔전경종(군둔)에 종사하도록 한 것이 그 일례이다. 북평으로 옮겨진 위소는 운천위(→웅현)·옥림위(→정주)·고산위(→보정부)·동승좌위(→영평부)·동승우위(→준화현)·진삭위(→계주)·진로위(→탁주)·정변위(→통주)의 8위이고, 이외의 천성위·양화위·선부 전위의 3위만이 산서행도사 관내 그대로 두었기 때문에, 태반의 소속위소가 대규모적으로 옮겨진 셈이었다.[82]

11월에는 곡왕부 장사호위 내에서의 이주에 발맞추어, 선부호위를 장사호위로 고쳐, 이주시키고 남은 관군으로 선부좌·우위 2위를 설치해, 각각 북평의 보정부와 정주로 옮겼다.[83] 호부상서 왕순(王純)을 10월에 급히 북평으로 파견해, 신창백 당운(唐雲)과 함께 이곳 둔전경종의 경리로 일하도록 한 것은 행정 계통의 주현과 군사 계통의 위소와의 조정이 필요하였기 때문이었으리라.[84] 이듬해 영락 원년에는 정안후 왕충(王忠)을 북경에 파견해 둔전에 종사하는 군민을 현지에 적절히 배정하여 둔전경종을 정리하게 하였다.[85]

둔전에 종사한 군사들에게는 전토 50무 이외에 일소(耕牛)나 농구를 지급했

---

81) 『明太祖實錄』 卷197, 洪武 22년 9월 壬申條.
82) 『明太宗實錄』 卷12하, 洪武 35년 9월 乙巳條. 이 가운데 雲州衛·玉林衛·高山衛·鎭虜衛는 宣德 초년 때에 원래대로 산서행도사의 지배로 되돌렸다. 『明史』 卷41, 地理2, 山西. 명초 북경 지역의 군민 둔전 설치와 촌락의 형성에 대해서는 尹鈞科, 『北京郊區村落發展史』 第6章 第2節(北京大學出版社, 2001)에 상세히 나와 있다. 松本隆晴, 「明代前期の北邊防衛と北京遷都」 『明代史硏究』 26號(1998). 후에 『明代北邊防衛體制の硏究』(汲古書院, 2001)에 수록. 松本氏의 논문은 북변 방위의 약체화라는 문제에 관심을 가지고 산서행도사의 內徙에 대해 논하고 있다.
83) 『明太宗實錄』 卷14, 洪武 35년 11월 乙未條.
84) 『明太宗實錄』 卷13, 洪武 35년 10월 戊寅條, 『明史』 卷151, 王純傳.
85) 『明太宗實錄』 卷14, 永樂 원년 10월 壬午條.

다. 일소(耕牛)는 정난의 변 때 전화를 입지 않았던 강서 지방에서 보내왔다.[86] 이 시기에는 둔전 정책도 정비되었으며, 영락 2년에는 상세한 둔전 상벌 법을 정하여, 둔전을 관리하는 도지휘로부터 천호·백호, 그리고 기군(旗軍)에 이르기까지 매년 둔전의 수확량에 근거하여 상벌하도록 하였다.[87]

후세의 사료인데, 만력 연간의 급사중 학경(郝敬)의 상주에 의하면, '정난의 변' 후에 정예군인 48만 명이 여분으로 남게 되었는데, 그 가운데 12만 명을 경영(京營)으로 돌려보내고, 나머지의 36만 명에게는 둔전이나 목장지를 지급해 순천부 소속의 각 주현 내에 적당히 배치하여 78위가 설치되었다고 한다.[88] 앞서 언급한 북평으로 이주된 산서행도사 소속의 8위도 이 78위 속에 포함되었으리라 여겨진다.

또한 정난의 변 동안에 비대해진 전투 요원에 대해서도 귀농정책이 취해졌다. 홍무 35년 12월, 당시까지 북평·보정·영평부 이 3부의 민 3정(丁) 가운데에서 정군(正軍) 1명을 모집하는 타집법(垜集法)에 의해 충군되었던 민을 군적에 등록시킨 후, 고향으로 돌려보내 농사짓게 하고, 긴급시만 징용하기로 했다. 또 유소년의 경우는 군적에서 빼어 민정으로 고친 조치가 취해졌다.[89] 이것은 지금까지 말한 이주(移住) 정책과는 성격을 달리하고 있지만, 황폐한 농지에 대한 경작자를 확보하려는 점에서는 공통되고 있다. 이런 조치를 실행하는 과정에서 농업 부흥을 주장하는 행정 계통의 북평포정사사 곽자(郭資)와 방위를 중시하는 군정 계통의 북평도사 원용(袁容)간에 서로 의견 대립이 있기도 하였지만, 영락제는 전자의 의견을 중시해 그렇게 정하였던 것이다.

이상 살펴본 것처럼, 갖가지 전후 부흥책을 채택한 결과, 그 성과도 차차 오르기 시작했다. 영락 2년 7월, 호부좌시랑 고박(古朴)의 상주에 의하면, 이 해 북경 순천부 등 8개부에는 풍작이 전망되었고, 교초 300만 관을 내어 기장·조·콩 보리 등을 시가보다 3할 비싸게 매입하여, 북경으로 보내 관군의 봉급으로

---

86) 『明太宗實錄』卷29, 永樂 2년 3월 丙寅條.
87) 『明太宗實錄』卷27, 永樂 2년 正月 丁巳條.
88) 孫承澤, 『春明夢餘錄』卷36, 戶部2, 屯田, 畿輔屯子.
89) 『明太宗實錄』卷15, 洪武 35년 12월 壬申條.

충당하도록 제안하였는데, 그 제안이 받아들여졌다고 한다. 이러한 대규모의 곡물 매입이 이루어졌다는 것은 이 지역이 정난의 변으로 인한 고통에서 서서히 회복되어 가고 있었음을 잘 보여주고 있는 내용이다. 그렇다고는 하더라도, 정난의 변으로 새삼 표면화 된 화북과 강남과의 경제적 격차는 쉽게 해소되지 않았기에, 홍무 이래의 남북 일체화의 과제는 영락정권에도 계속 이어졌던 것이다.[90]

II. 남북 양경체제의 시행-제1단계

1. 북경의 성립

연호가 새로 바뀐 영락 원년(1403) 정월 13일, 영락제는 북평을 북경으로 승격시켜, 남경과 북경, 양경체제를 취하는 결정을 내렸다.

> 남교에서 천지에 대사(大祀)를 지냈다. 황제 돌아와 봉천전에 나아가, 문무군신 앞에서 제사 마쳤음을 고하는 의식을 거행하였다. (중략) 예부상서 이지강 등이 말하기를 "옛적부터 제왕 혹은 포의에서 일어나 천하를 평정하거나, 혹은 외번에서 들어와 대통을 이어받으면, 나라 터 닦기 시작한 땅에 대해 모두 높이고 존중하였습니다. 생각하건데, 북평포정사는 실로 황상께서 운(運)을 타고 왕도(王道)를 흥(興)하게 하는 땅이니, 아무쪼록 태조 고황제의 중도(中都)의 제(制)를 존중하여 경도로 세워야 한다고 생각됩니다"고 하였다. 황제는 제(制)를 내려 '옳다'고 하였다. 이로써 북평을 북경으로 삼았다.[91]

이 결정이 이루어진 날은, 남교의 대사전(大祀殿)에서 천지를 합사한 날인데,

---

90) 『明太宗實錄』 卷33, 永樂 2년 7월 癸巳條.
91) 『明太宗實錄』 卷16, 永樂元年 春正月 辛卯, "大祀天地于南郊. 上還奉天殿, 文武群臣行慶成禮. (中略) 禮部上書 李至剛等言, 自昔帝王或起布衣, 平定天下 或繇外藩入承大統, 而於肇跡之地, 皆有陞崇. 切見, 北平布政司實皇上乘運興王之地, 宜遵太祖高皇帝中都之制, 立爲京都. 制曰可. 其以北平爲北京"

천명을 받는 의례92)로서의 남교 의식을 끝낸 후, 아마 만조(晚朝)93) 자리에서 이 '제(制)'가 나왔다고 추정된다. 따라서 영락제가 천명을 받아 즉위한 것을 새삼 내외에 나타내 보인 날에 맞추어 북평을 북경으로 한다는 것을 발표한 것은 중요한 의미를 담고 있었을 것이다.

　실록의 기재에 의하면, 북경이라고 명명하는 결정이 내려진 경위는, 태조 홍무제 '중도94)의 제'를 본 떠, 영락제 자신의 승운홍왕의 땅,95) 북평을 경사로 격상시켜야 한다는 예부상서 이지강(李至剛) 등 여러 신하들의 제안을 받아 이

---

92)　남교와 수명 의례와의 관계에 대해서는 妹尾達彦,「帝國の宇宙論 −中華帝國の祭天儀禮−」. 水林彪・金子修一・渡辺節夫 編,『王權のコスモロジ』比較歷史學體系1(弘文堂, 1998) 所收.

93)　영락 초년, 이른바 '早朝'와 '晚朝' 두 차례 백관들이 황제를 아뢰었다는 것은『明太宗實錄』卷50, 永樂 4年 正月 丙辰條로 보인다. 명초 만조에 대해서는, 櫻井俊郞,「明代題奏本制度の成立と變容」『東洋史硏究』51卷 2號(1992) 참조.

94)　명초 중도(中都)에 대해서는 松本隆晴,「明代中都建設始末」『東方學』67집(1984). 후에 「明代 北邊防衛體制の研究」(汲古書院, 2001)에 수록. 아울러 王劍英,『明中都』(中華書局, 1992) 참조. 중국을 지리상 남북으로 나누는 경계선상에 가까운 淮水 연안의 濠州(후의 鳳陽)에서 태어난 주원장은, 당조 멸망 이래 300년 이상에 걸쳐 남북으로 분열되어 있던 사회를 일체화시킨다는 과제를 태어나면서부터 떠맡고 있었다. 이것은 향리인 鳳陽에 새롭게 도성을 건설해, '中都' '中立府'라고 명명했던 것에 단적으로 표현되어 있다. 역시 천도 후에 나온 조서에도, "朕躬膺天命, 祇紹鴻圖, 爰做古制, 肇建兩京,[爲子孫萬世帝王之基, 實所以紹皇考太祖高皇帝之初意, 而福天下蒼生於無窮也]"(『皇明詔令』卷6, 成祖文皇帝 下,「奉天殿災諭廷臣勅」永樂 19年 4월 12일. [　] 안은『明太宗實錄』卷236, 영락 19년 4월 壬寅條의 해당 부분에서는 생략되고 있는 부분이다)라고 되어 있어, 양경의 창시는 태조 홍무제의 초지를 이어받는 것이라고 분명히 밝히고 있다. 이 초지라는 것은 이지강이 제안한 것과 대조할 때, 분명히 홍무제의 중도(中都)제도다. 이지강이 북평 승격을 제안할 때, 태조의 중도(中都)제도를 모방하여 그렇게 해야 한다고 했을 뿐, 홍무 24년의 이른바 '서안 천도' 논의를 인용하지 않은 것으로 보아, 영락 연간 당시 북경의 설정이 홍무제 만년의 북방 천도 계획을 계승한 것이 아니라는 것을 알 수 있다. 본서 제1장 「초기 명조 정권의 건도문제」.

95)　『明太宗實錄』卷11, 洪武 35년 8월 丙子條에서 보여주듯이, 영락제 자신도 즉위 직후에는 응천・태평・진강・영국・광덕 등의 5부주를 명왕조의 홍왕의 땅이라고 인식하고 있었으나, 이때에는 새롭게 북평을 영락제 홍왕의 땅이라는 인식이 생겨났던 것이다.

루어졌다는 형식을 취하고 있다. 제안자의 필두인 이지강은 일찍이 의문태자 주표를 받든 적도 있지만, 건문조에서는 호광포정사의 참의가 되었다가 사건

사진 4. 明中都 鼓樓

에 연루되어 감옥에 갇혀 있었는데, 영락제의 부활 인사로 말미암아 통정사 우통정에 발탁된 인물이었다.[96] 그 후에는 영락 원년에 완성된 재수본 『태조실록』 편찬에 참여했고, 홍무시대 정치에 대해서도 잘 알고 있었기 때문에 영락제의 신임을 받아 예부상서가 되었던 것이다. "견강부회를 잘 하고, 수도를 북평에 세우는 의논을 최초로 발안하였다"라고 『명사』 권151, 이지강전에 나와 있듯이, 이 제안은 그의 독자적인 착안이라기보다 영락제의 의향을 근거로 한 최초의 제안이었을 것이다.[97]

그런데 이지강 등의 제안에는, "경사로 삼는다"라고만 되어 있을 뿐, 천도에 관해서는 전혀 언급하고 있지 않은 점이라든지, 제안자의 필두가 예부상서라는

---

96) 『明太宗實錄』 卷10하, 洪武 35년 7월 丙午, 卷15, 동년 12월 庚戌朔條.

97) 楊士奇, 『東里續集』 卷33, 「中順大夫興化府知府李公墓表」. 李至剛은 이름이 鋼이고, 자는 지강이다. 『明史』 이지강전의 기술은 徐乾學, 『徐本明史列傳』 卷28, 李至剛傳의 그것을 그대로 답습하고 있다. 이지강에 대한 이러한 인물 평가는 동료인 解縉에 의한 아래와 같은 인물평가에 기원을 두고 있으며, 영락제 자신도 주지하고 있었다. 廖道南, 『殿閣詞林記』 卷6, 左春坊大學士 李至剛傳, "廖道南曰, (中略) 及攷(解)縉所評至剛語曰, 誕而付勢, 雖才不端. 太宗後擧以告仁宗曰, 至剛朕洞燭之矣. 縉語有徵, 非狂士也". 또한, 鄭克晟, 「明初江南地主的衰落與北方地主的興起」 『明淸史探實』(中國社會科學出版社, 2001)에는 영락제가 즉위한 뒤 즉시 이지강의 의견을 채택해 북경 천도를 결심했다(76쪽)라고 말하고 있는 것은 사태를 너무나 단순화하고 있고, 또 본문에 언급한 이지강의 성격으로 보아도 이 이론에 따르기는 어렵다.

점으로 보아 북경으로의 승격은 어디까지나 예제상(禮制上)의 조치에 불과한 것이라고도 볼 수 있다. 원래 홍무시대의 중도 건립에서는 대규모적인 건설공사가 이루어졌으면서도, 결국 중도로의 천도는 실현되지 못하고, 홍무 8년 4월 이후 존숭의 대상으로 끝났기 때문이다.[98] 이런 점을 중시해 보면, 이지강 들의 제안은 천도까지 생각한 것은 아니었을 것이다.

그렇지만, 그 후의 전개에서 확연히 드러나 있듯이, 영락제 자신은 당초부터 북경 천도의 의도를 명확하게 가지고 있었다고 생각할 수 있다. 다만, 즉위 직후, 황제에 대한 강남의 여론이 삼엄한 가운데서, 태조 홍무제가 남긴 남경=경사 체제를 크게 바꾸는 북경 천도를 쉽게 표명할 수 없었던 것이 당시의 실정이었을 것이다. 더욱이 남교의 제삿날에 당연히 홍무 정치를 계승한다는 인상을 사람들에게 줄 필요가 있었을 것이다.[99]

이러한 점은 양경체제 시행 결정에 앞서, 건문 연간에 삭번된 주왕 숙(橚)·제왕 부(榑)·대왕 계(桂)·민왕 경(梗)의 봉지를 다시 부활시킨다는 조서를 나라 안팎에 내린 것에도 잘 나타나 있다.[100] 이러한 당시의 상황 하에서 태조의 '중도(中都)의 제'를 따른다는 것을 대의명분으로 삼아 남경과 북경이라는 양경체제(兩京體制)의 설정이 교묘하게 선택되었던 것이다.

2. 북경행부와 북경유수행후군도독부의 설치

북경 승격의 결정에 이어 다음 달 2월 3일에는, 북경에 새롭게 유수행후군도

---

98) 『明太祖實錄』 卷99, 洪武 8년 4월 丁巳條.

99) 『明太宗實錄』 卷16, 永樂 元年 正月 乙巳, "上謂禮部臣曰, 昔我太祖高皇帝立綱陳紀, 禮樂制度, 咸有成規. 建文中率皆更改, 使臣民無所遵守. 朕卽位以來, 首詔諸司必遵舊制, 尙恐奉行不違. 爾禮部其申明之"

100) 『明太宗實錄』 卷16, 永樂 元年 春正月 辛卯, "以復周王橚·齊王榑·代王桂·岷王梗舊封, 詔告내中外". 그리고 『皇明詔令』 卷4 成祖文皇帝 上 "復封宗室詔" 永樂 元年 正月 十三日. 역시 건문정권의 아래에서 박탈된 주왕과 제왕의 작위는 영락제 즉위 날에 이미 회복되어 있었다. 『明太宗實錄』 卷9下, (建文) 4년 6월 己巳, "復周王橚·齊王榑爵"

독부(留守行後軍都督府)·행부(行部)·국자감(國子監)이 설치되었다.[101] 그 관제에 대한 자세한 내용은 다음과 같다. 괄호 안의 *은 그 후 영락 원년 동안에 보충된 관원수를 나타낸다.

- 북경유수행후군도독부(北京留守行後軍都督府)
  좌우도독·도독동지·도독첨사(정원 없음) 수령관·경력·도사(각 1명)
- 북경행부
  상서(2명) 시랑(4명) 사무(*2명) 이전(*4명)
  　　이조청리사 : 낭중·원외랑·주사(각 1명)
  　　호조청리사 : 낭중·원외랑(각 1명) 주사(*4명)
  　　예조청리사 : 낭중·원외랑·주사(각 1명)
  　　병조청리사 : 낭중·원외랑·주사(각 1명)
  　　공조청리사 : 낭중·원외랑·주사(각 1명)
  　　형조청리사 : 낭중(1명) 원외랑(2명) 주사(4명)
  　　조마소 : 조마·검교(각 1명)
  　　사옥사 : 사옥(1명)
- 북경국자감
  좨주·사업·감승(각 1명) 전부(1명)
  　　박사·학정·학록·장찬(각 1명) 조교(2명)

이 외에 북평부를 개칭한 순천부, 북평행태복시를 개칭한 북경행태복시의 관제는 종래 그대로였다. 또 북평포정사·안찰사·도지휘사 등의 관청은 폐지하고, 남경의 형부와 호부에 설치된 북평청리사는 북경청리사로, 도찰원에 설치된 북평도는 북경도로 각각 이름을 바꾸었다. 이상의 관제 개편은 지난달에 창시된 남경·북경의 양경체제가 단지 예제상의 조치에 머무르지 않고 실질적으로도 움직이기 시작하고 있다는 것을 보여주는 것이었다.

---

101) 『明太宗實錄』 卷17, 永樂 원년 2월 庚戌條.

그 후 5월에는 북경행부의 상주에 의해, 남경 육부에 준하여 사무(司務) 2명을 두어 직원을 4명으로 늘렸다. 그리고 종래 1명인 호조청리사의 주사를 4명으로 늘렸다. 또 예부에 명해 북경행부 각 관청의 관인을 주조하였다.[102] 이 외, 9년 2월에는 호조청리사 낭중 1명을 증설해 둔전 업무를 관리하도록 하였다.[103]

그리고 유수행후군도독부와 행부가 설치됨에 따라서 북평포정사·안찰사·도지휘사 등의 관청이 폐지되었다는 것에서도 분명히 드러나 있듯이[104] 북경행부는 북평포정사·안찰사에서 바뀌었고, 유수행후군도독부는 북평도지휘사에서 바뀐 그 기능을 계승하였던 것이다. 북경행부의 지위와 역할에 대해서는, 이미 서홍(徐泓)이 자세히 연구해 놓았다.[105] 이에 의하면, 전국의 정무를 관장하는 중앙 육부에는 미치지 못하였다 하더라도, 거기에는 상서와 시랑이 임명되어 있듯이 일반 포정사보다는 그 지위가 상위에 있었다. 또 정난의 변 후의 북경 지역의 부흥책이나 영건공사, 몽골친정 등에 따른 물자 보급 등에도 중요한 역할을 했다는 것을 밝히고 있다.

중앙의 육부와 동등한 지위의 상서를 두었다는 것은 후술할 홍희제의 남경 환도 후, 북경과 같게 남경에도 육부 상서 등의 관을 둔 선례를 연 것이라고 볼 수도 있지만, 행부가 재외의 포정사나 안찰사 기능을 이어받은 이상, 오히려 중앙(腹裏)의 중서성 외에 외지의 지방 통치 최고 기관인 행성에도 승상을 둔 원

---

102) 『明太宗實錄』卷20상, 永樂 원년 5월 壬午. 卷21, 永樂 원년 6월 丁卯. 卷20상, 永樂 원년 5월 乙酉條.

103) 『明太宗實錄』卷120, 永樂 9년 10월 乙巳條.

104) 『明太宗實錄』卷17, 永樂 원년 2월 庚戌, "革北平布政司·按察使及北平都事等衙門"

105) 徐泓, 「明北京行部考」『漢學研究』2卷 2期(1984). 서홍의 논문은 "明北京行部尚書年表"와 "北京行部侍郎年表"를 작성하고 있어, 참조했다. 덧붙여 宮崎市定, 「洪武から永樂へ −初期明朝政權の性格−」『東洋史研究』27卷 4호(1969). 후에 『宮崎市定全集』13권(암파서점, 1922)에 수록(60쪽) 가운데에서, 영락기의 행부와 행재육부를 동일시하고 있는 것은, 올바르지 않다. 북경행부는 영락 원년에 설치된 것이고, 행재육부는 7년에 시작한 3차 북경 순행 기간 동안에 설치된 것이다.

조의 관제[106]와의 유사성을 상기시키고 있다는 점에서, 성립된 지 얼마 되지 않은 영락정권이 홍무·건문 정권 이상으로 원조의 영향을 짙게 깔고 있음을 엿 볼 수 있다. 어쨌든 이것은 영락제가 북경으로 승격시킨 이 지역을 특히 중시하고 있다는 것을 나타내 보이는 것으로, 순행 차 황제가 북경에 체재하기 이전에, 북경행부는 천도 계획를 추진하는 가장 중요한 역할을 수행하는 관청이 되었다.

행부 설치 다음날인 2월 4일에는 호부상서 장북평포정사사 곽자(郭資)와 형부상서장보정부사 낙첨(雒僉)이 행부상서에 임명되었다. 또 사천 안악현 지현 강여즙(康汝楫), 안찰사 첨사 마경(馬京), 임강부 지부 유기남(劉冀南), 호부낭중 이창(李昶) 4명이 좌·우시랑에 임명되었다.[107] 곽자는 하남 창덕부 무안현 출신으로 홍무 18년의 진사였다.[108] 지현에서 발탁된 강여즙은 섬서 서안부의 건주 무공현 출신으로, 연부 장사사의 녹사(錄事)를 담당했으므로 연왕시대부터 신하였다.[109] 마경도 같은 무공현 출신으로, 홍무 18년에 진사가 되어 한림원 편수, 통정사사·대리시경을 역임했었다.[110] 유기남은 일 년 후에 남경 예부 우시랑으로 전직되었다.[111] 이창은 서안부 경양현 출신으로, 홍무 말년에 호부낭중에서 발탁되었다.[112] 출신이 불분명한 낙첨을 제외하고는 모두 북방 출신자로 되어 있다. 이상의 상서 2명, 시랑 4명 등 6명 외에는 여기에 이름이 기록되어 있지 않지만, 다른 사료를 보면, 보정부 청원현 출신의 북평포정사 우참의

---

106) 前田直典,「元朝行省の成立過程」(1945). 후에『元朝史の硏究』(東京大學出版會, 1973)에 수록.

107) 『明太宗實錄』卷17, 永樂 원년 2월 辛亥條. 다만, 실록에는 '劉翼南'이라고 되어 있지만, 雷禮,『國朝列卿記』卷68,「北京行部尚書侍郎行實」에는 '劉冀南'이라고 되어 있어, 여기에 따른다. 劉冀南의 '冀南'이 별호라고 한다면, 옛 '冀州', 즉 하북 출신일 가능성이 높다.

108) 楊榮,『文敏集』卷17,「贈湯陰伯諡忠襄郭公神道碑銘」.『明宣宗實錄』卷107, 宣德 8년 12월 甲寅條.

109) 『明太宗實錄』卷88, 永樂 7년 2월 癸未條.

110) 『明太宗實錄』卷103, 永樂 8년 4월 丙辰條.『明史』卷150, 陳壽傳附, 馬京傳.

111) 『明太宗實錄』卷30, 永樂 2년 4월 庚寅條.

112) 楊榮,『文敏集』卷21,「故資善大夫戶部尚書李公墓誌銘」.

이우직(李友直)[113]이나 소주부 오현 출신의 북평안찰사 부사 허사온(許思溫)[114]도 수성의 공에 의해 행부좌시랑에 승관되었음을 알 수 있다. 다만 전술한 것처럼 본래 시랑의 정원은 4명으로, 2명이 더 추가된 경위는 현재 알 수 없다

그런데, 영락제가 천도를 구상한 시기에 대해서는 지금까지 막연히 즉위한 시점이라고 여겨져 왔으면서도 실제 그 내용이 구체적으로 검토되지는 않았다. 북경행부 설치 직후에 행부상서로 임명된 곽자와 낙첨의 인사는 이 문제를 해결하는데 하나의 단서를 제공해 주고 있다. 그렇게 말할 수 있는 것은 그들 인사가 각각 호부상서나 형부상서로부터의 횡적인 이동으로, 전년 11월과 12월에, 정난의 변 동안에 연왕군의 본거지 방어에 세운 공적에 의해 각각 상서의 지위를 얻었기 때문이다. 그런데 그들은 승관 후 수도 남경으로 간 것이 아니라, 계속 북방에 머물러 북평포정사나 보정부지부를 겸하고 있었던 것이다.[115] 아무리 정난의 변으로 행해진 논공행상이라고 하더라도 일개 지부(정4품)에서 경관인 상서(정2품)로 발탁되는 일은 그 자체가 드문 일이지만 그 관명을 가진 채로 북방에 남아 보정지부나 북평포정사를 겸무하고 있었던 것도 이례적인 일이다.[116]

그러나 이러한 조치로 말미암아 이미 상서 직을 얻고 있던 곽자나 낙첨이 행부 설치 후에 그대로 행부상서로 옮겨 계속 북경 지역의 행정을 담당할 수 있

---

113) 李友直에 대해서는 『明英宗實錄』 卷46, 正統 3년 9월 乙酉條；楊士奇, 『東里續集』 卷27, 「工部尚書 李公神道碑銘」에 보이고 있다.

114) 許思溫에 대해서는 『明太宗實錄』 卷80, 永樂 6년 6월 更子條, 『國朝列卿記』 卷68, 「北京行部尚書侍郎行實」에 보이고 있다. 許思溫은 얼마 되지 않아 영락 원년 6월에 吏部左侍郎에 올랐다. 『明太宗實錄』 卷21, 永樂 원년 6월 癸巳條.

115) 『明太宗實錄』 卷14, 洪武 35년 11월 壬寅, "上以北平左布政使郭資有守城功, 陞戶部尚書, 仍命掌布政司事. 賜銀三百兩, 文綺二十匹, 有副鈔五百錠"；同書 卷15, 12월 庚申, "以守城功, 陞北平保定府知府雒僉刑部尚書, 仍命掌保定府事. 賜銀二百五十兩, 文綺十八匹, 有副鈔四百四十五錠". 그런데 이례적인 발탁을 받았던 낙첨은 수년 후에 죄를 얻어 주살 당했다. 『明太宗實錄』 卷39, 永樂 3년 2월 己巳條.

116) 『明史』 卷111, 七卿年表 1에 의하면, 이 시점까지로 하여 관련된 사례는 건문 원년 7월 형부상서 暴昭가 연왕부의 정찰을 위해 "掌平燕布政司事"가 된 일례가 보인다. 폭소에 대해서는 川越泰博, 『明代建文朝史の硏究』(汲古書院, 1997), 462쪽에 자세히 서술되어 있다.

었다. 이것은 북경행부 설치의 구상이 적어도 전년 11월에 완성돼 있었음을 나타내 보이고 있는데, 이로 보아 영락제가 즉위 직후 일찍이 천도를 기획하고 있었음이 분명하다. 이런 점에서 전술한 영락 원년 정월(正月)의 이지강 등의 제안은 영락제의 의향을 계승한 것에 지나지 않았음을 알 수 있을 것이다.

북경유수행후군도독부에는 연산 좌·우·전, 대흥좌, 제주·제양·진정·준화·통주·계주, 밀운 중·후, 영평·산해, 만전 좌·우, 선부전·회안, 개평·개평중, 흥주 좌둔·우둔·중둔·전둔·후둔, 융경, 동승 좌·우, 진삭·탁록·정변·옥림·운천·고산, 의용 좌·우·중·전·후, 신무 좌·우·중·전·후, 무성 좌·우·중·전·후, 충의 좌·우·중·전·후, 무공 중·노룡·진로·무청·무녕·천진우·영산 등의 61개의 위와 양성·여화·상산의 3개 수어천호소가 예속되어 있었다.[117]

그 후 5월에는 부마도위(駙馬都尉) 광평후(廣平侯) 원용(袁容)이 장북경유수행후군도독부사(掌北京留守行後軍都督府事)로 임명되었다.[118] 원용은 홍무 연간에 연부 의빈(儀賓)으로 선발되어 연왕의 딸 영안군주의 짝이 되어 정난의 변에서 세자 주고치(朱高熾)를 모시며 북평성을 지킨 공이 있었다. 정난의 변 후에는 영안군주가 공주의 지위에 오르면서 원용도 부마도위가 되었기 때문에, 영락정권 성립 후에 북평에 남은 공신 가운데에서는 필두의 위치에 있었다. 그 밖에 성을 수비하는데 공을 세웠던 진공(陳恭)·고실(高實)·제효지(齊孝智)·전상(田祥) 등이 장행후군도독부사(掌行後軍都督府事)에 임명되었다.[119]

북평이 북경으로 승격됨에 따라, 행부나 행후군도독부 이외에 여러 조처가 취해졌다. 원년 2월에 옛 북평포정사의 잡조국(雜造局)과 광영고(廣盈庫)를 북경행부에 소속시켰다.[120] 전술한 것처럼, 북경에는 행부의 설치와 함께 국자감도 남경처럼 설치되어 있었는데, 이것은 종래의 북평부학을 개정한 것이었다. 이

---

117) 『明太宗實錄』卷17, 永樂 원년 2월 辛亥條.
118) 『明太宗實錄』卷20상, 永樂 원년 5월 甲申·己卯條. 『明史』卷121, 公主列傳, 永安公主傳.
119) 『明太宗實錄』卷20하, 永樂 원년 5월 更子·辛丑, 卷24, 永樂 원년 10월 己未條.
120) 『明太宗實錄』卷17, 永樂 원년 2월 丁卯條.

부학의 건물은 원나라의 국자감이었기 때문에, 원래대로 회복된 셈이다.[121] 또 부근의 대흥과 완평, 두 개 현의 현학을 폐지하고, 교충방(敎忠坊)에 있던 대흥현학[122]을 순천부학으로 삼았다. 더불어 당시까지의 순천부학과 대흥현학, 완평현학의 학생 가운데 우수자를 선발해 북경 국자감생에 입학시키고, 그 이외는 순천부 학생으로서 편입시켰다.[123]

영락 2년 2월에는 주로 북경 성내의 경비를 담당하는 북경병마지휘사가 설치되었다. 여기에는 지휘 1명, 부지휘 4명, 수령관리목(首領官吏目) 1명을 두었다.[124] 국자감이나 병마사의 설치는 모두 경사 남경에 준하였다. 3년 8월에는 순천부 세과사의 부사 2명이 증설되었다.[125] 또 양경체제의 시작과 더불어 향후 증대가 예상되는 관료나 사절의 왕래에 대비해 남경과 북경 간에 새롭게 29개의 역참을 늘리기도 하였다.[126]

3. 옛 연왕부의 국사·국직 개변 문제

연왕이 제위에 즉위하자 연왕부도 크게 바뀌었다. 우선 왕부 소속의 3호위는, 즉위 후 즉시 경사 남경의 친군지휘사사에 편입되었다. 연산중호위는 우림(羽林)전위로, 연산좌호위는 금오(金吾)좌위로, 연산우호위는 금오우위로 각각 개명하였다.[127] 북평에 남아 있던 연왕부의 관료 기구도, 다양한 개혁을 서둘렀을 것이다. 실록에 의하면, 북경 승격 후 영락 원년 6월에 내관 계통의 왕부승봉사를 북경내관감으로 고쳤고, 연왕부의 양의(良醫) 진극공(陳克恭)·왕빈(王

---

121) 康熙, 『順天府志』 卷3, 建置, 學校.
122) 永樂大典本, 『順天府志』(北京大學出版社, 1983) 卷12, 大興縣, 學校.
123) 『明太宗實錄』 卷20하, 永樂 원년 5월 甲午條.
124) 『明太宗實錄』 卷28, 永樂 2년 2월 壬午, "設北京兵馬指揮司, 置指揮一員·副指揮四員·首領官吏目一員"
125) 『明太宗實錄』 卷45, 永樂 3년 8월 戊子條.
126) 『明太宗實錄』 卷25, 永樂 원년 11월 丁酉條.
127) 『明太宗實錄』 卷9하, 洪武 35년 6월 辛未條.

彬)·원보(袁寶)를 태의원판(太醫院判)에 승진시켰으며, 전선정(典膳正) 장원(張原)이나 사온(司醞) 소성(蕭成)을 북경광록시(北京光祿寺) 시승(寺丞)으로 승격시킨 것 등이 확인된다.[128]

그렇다고는 하더라도 북평에 놓여져 있던 연왕부가 곧바로 사용되지 않을 수는 없었다. 종래의 연구에서 이에 관한 언급이 거의 없기는 하지만, 전술한 바와 같이 북경에 내관감을 두고, 광록시가 설치되어진 것으로 보아 알 수 있듯이, 북경에는 장남인 세자를 비롯해 아직 많은 친족들이 남아 있었기 때문이다. 정난의 변 동안, 북평에서 유수를 지키고 있던 세자 고치(朱高熾)에 대해서는 황제가 정난의 변 이후에도 그대로 남아, 북변 방위의 요충지인 이곳을 지키고, 장래 일에 대비해 스스로 일반 서무를 맡아 보며, 공문서나 상주문도 친히 살펴보도록 하였다.[129] 북경 승격이 결정된 후, 주고치에게 편지를 보내, 둘째 아들 주고후(朱高煦)와 협력해 군량의 운반 감독 등, 후방을 지원하는 일을 맡아 힘쓰도록 지시했다. 연왕을 따라 남경에 입성한 주고후는 정난의 변 후 일단 북평으로 돌아왔지만, 영락 원년 2월에 몽골 침입에 대비해 개평에 주둔하여 그곳을 지키는 임무를 맡게 되었다.[130] 같은 달, 중앙 관료 가운데에서 북경행부의 관으로 임명된 시랑 이창(李昶), 낭중 서악(徐岳), 주사 왕신(汪新) 등이 북경에 부임했다.[131]

이리하여 양경체제 아래에서 설치된 북경행부가 실제로 움직이기 시작하면서 여러 가지 문제가 부각되었다. 4월, 황제가 내외 문무 군신에게 훈시를 내린 내용 가운데, 태조 이래 관료 가운데에는 역시 회의(懷疑)하며 직무에 전념하지 않는 자가 있다는 것을 지적하고 있다.[132] 또 북경행부상서 곽자에 대해 비방

---

128) 『明太宗實錄』卷21, 永樂 원년 6월 乙亥·乙丑. 卷25, 동년 11월 己酉條.
129) 『明太宗實錄』卷17, 永樂 원년 2월 甲戌 ; 卷24, 永樂 원년 10월 己未條. 아울러 주(16) 파머(Farmer)의 저서, 117쪽에, 『明太宗實錄』卷10하, 洪武 35년 7월 丙午條를 기초로, 영락제 즉위 후 40일에 장자(高熾)를 북방으로 파견했다고 하고 있는데, 이것은 그간의 경위를 오해하고 있는 것이다.
130) 『明太宗實錄』卷11, 洪武 35년 8월 甲戌. 卷17, 永樂 원년 2월 甲戌條.
131) 『明太宗實錄』卷17, 永樂 원년 2월 庚申條.
132) 『明太宗實錄』卷19, 永樂 원년 4월 戊申, "茵祚以來, 思惟文武群臣, 皆皇考舊人, 推誠

중상이 쇄도하자, 황제는 친히 곽자에게 칙문을 보내어, 곽자의 기획 입안에 조리가 잘 서 있고 그 재정 정책도 적절하다고 하면서, 앞으로 일체의 유언비어는 상관하지 말고 자신의 기대에 부응하도록 하라고 요구하였다.[133]

　이러한 비방 중상이 난무하게 된 배경의 하나로, 연왕부의 국사(國社)·국직(國稷)의 개변 문제가 있다. 북경 승격에 따라, 황제 자신이 그 사직 제도에 대한 검토를 명하였기 때문이다. 사(社)·직(稷)이란, 토지와 오곡의 신으로, 명의 제도 가운데, 위로는 경사로부터 아래로 왕부나 부주현 급에, 각각 사직단이 설치되도록 규정되어 있었다.

　　이보다 앞서, 황제가 정신들에게 일러 말하기를, "북경의 옛 봉국(封國)으로 국사·국직이 있었다. 이제 이미 북경이 되었다. 하지만 사직의 예법은 아직도 정해져 있지 않다. 그러니 의논한 후에 보고 하여라"고 하였다. 이렇게 되자, 예부·태상(시)가 의논하여 아뢰기를 "조정·왕국 및 부주현의 사직, 모두 정해진 규칙이 있습니다. 이것을 고전을 통해 살펴 보건데, 따로 양경에 모두 태사태직을 세우는 것은 예가 아닙니다. 이제 북경에 있던 이전의 국사·국직을 새롭게 태사·태직으로 바꾸기가 어렵다고는 하더라도, 그렇다고 갑자기 철폐하기도 어려운 일이니, 마땅히 관을 두어 관리해야 할 것입니다. 만약 황상께서 순수하는 날이 이르면, 안으로 태사·태직의 위를 세워 제사지내야 합니다. 그러므로 순천부에서 별도로 부사·부직을 두어 북경행부 관으로 하여금 때맞추어 제사하게 해야 합니다"고 하였다. 황제는 그 건의를 옳다고 하였다. 이에 즉시 명령을 내려 남경에 있는 산천단·사제서의 예에 따라 북경에 사직단·사제서를 설치하고, 거기에 봉사·사승 각 한명을 두고, 북경행부에 예속시켰다.[134]

　　用之, 纖悉無間. 比聞群臣猶有心懷危疑 不安於職者. 此蓋不達天命, 不明朕心故也"
133) 『明太宗實錄』 卷20상, 永樂 元年 5月 壬午, "勑北京行部尙書郭資曰, 行部統六曹, 政務甚煩, 而卿爲之長, 能悉心彈慮, 爲國爲民. 凡所經劃, 具有條理, 而於糧儲樽節措置, 尤爲得宜. 比聞, 小仁或加怨謗. 古云省己無愆, 奚恤人言. 卿勞心爲國. 朕知之有素. 自今一切浮言, 宜置度外, 勿用芥蒂, 惟懋忠勤, 爲副眷倚"
134) 『明太宗實錄』 卷20상, 永樂 원년 5月 壬午, "先是, 上謂廷臣曰, 北京朕舊封國, 有國社國稷. 今旣爲北京, 而社稷之禮, 未有定制. 其議以聞. 至是禮部·太常會議以爲, 朝廷·王國及府州縣社稷, 俱有定制. 考之古典, 別無兩京立立太社太稷之禮, 今北京舊有國社國稷, 雖難改爲太社太稷, 然亦卒難革去, 宜設官看守. 如遇皇上巡狩之日, 於內設太社太稷之位以祭. 仍於順天府別建府社府稷, 令北京行部官, 以時祭祀. 上

예부와 태상시가 검토한 결과, 고전에 의거하면 양경에 각각 태사·태직을 마련한 전례가 없다는 것,[135] 종래 있던 연왕부의 국사·국직을 태사·태직으로 고치기는 어렵다고는 하더라도, 또한 갑자기 제거하는 것도 어려운 상태이니, 관을 두어 관리시켜야 한다는 것이다. 그리하여 황제가 '순수(巡狩)'할 때에는 옛 연왕부의 사직단 내에 태사·태직의 신위를 마련해 제사하거나, 순천부에 별도로 부사부직을 마련해 북경행부의 관으로 하여금 제사하게 하는 것 등을 제안했는데, 이러한 제안들이 재가를 얻었다. 그 결과 남경의 산천단(山川壇)·사제서(祠祭署)의 예에 준해 북경에 사직단·사제서를 설치하도록 하였던 것이다.

양경체제가 취해졌다고 하더라도 천도가 실현되지 않은 이상, 어디까지나 태조 이래의 수도 남경중심으로 국가 제사를 조직하지 않으면 안 된다고 판단된다. 북경의 사직단·사제서가 대사(大祀)의 위치에 있던 남경의 사직단보다 1단계 낮은 중사(中祀)의 산천단·사제서에 준했다[136]는 것도 이러한 이유에서였다.

북경의 사직단·사제서는 북경행부에 소속되었다. 상서 곽자의 지도하에서 북경에 사직단·사제서의 설치가 추진되었다는 것은 황제의 순행이 정치 일정에 떠올라 왔다는 것을 의미한다. 실록에는 명시되어 있지 않지만, 이러한 움직임에 대한 사람들의 의구심이나 불만이, 전술한 것 같은 비방과 중상의 대상이 되었던 것이다.

역시 이 기사는, 『태종실록』 가운데에서 '순수' 즉 북경 순행에 대해 최초로 언급한 사례이다. 다만 엄밀히 말하면, 순행 자체는 영락제가 시작한 것이 아

可其議. 乃命依在京 山川壇祠祭署例, 設北京社稷壇祠祭署, 置奉祀·祀丞各一員, 隷北京行部"

135) 홍무 연간에 건설된 중도에는 太社太稷이 아니라 大社壇이 설치되어 있었다. 『明太祖實錄』卷65, 洪武 4년 5월 丙寅條.

136) 大祀·中祀·小祀 구별에 대해서는 『明史』卷47, 禮志1, 吉禮1, 五禮에 보이고 있다. 이러한 구별이 있는 이상, 주(16) 전술한 파머(Farmer) 저서 116쪽 및 주(12) 전술 수록의 李爕平 논문 「永樂營建北京宮殿探實」, 35쪽에 남경과 똑 같이 되어 있다고 한 것은 결코 정확하지 않다.
〈옮긴이 주〉 명대 제사제도에 대해서는 이윤석, 「明初 國家權力의 地方寺廟 整備 −中央의 規定과 江南地域의 實際」 『중국학보』44(2001). 同氏, 『明淸時代 江南都市 寺廟의 社會史的 硏究』, 서울대학교 대학원 동양사학과 박사학위논문(2003) 참고.

니라, 태조가 홍무 초기에 남경 응천부와 중도 중립부 사이에서 행해진 선례가 있다.[137] 이것은 대도와 상도의 양도 순행제를 취하고 있던 몽골 원조의 영향을 받아 이루어진 것으로, 홍무 8년을 경계로 이런 순행은 행해지지 않았다.

연왕부의 국사·국직의 개변이 논해지던 이 시기는 전술한 것처럼 세자인 주고치가 북경에 남겨져 있었고, 연왕부 건물도 그대로 존속하고 있었다. 그럼에도 불구하고, 이 개변 문제의 검토를 영락제가 조속히 명한 것은 양경체제 창시 후 다음 단계가 될 북경 순행에 대한 황제의 강한 의지가 그 배경에 깔려 있었다고 생각할 수 있다.

4. 세자의 남경 소환과 조왕의 북경 유수

영락 원년에 시작된 남경과 북경의 양경체제에서는 전술한 것처럼 일찍이 '순수'가 언급되어 있고, 북경 순행은 이미 그 프로그램에 들어가 있었다. 그럼에도 불구하고 곧 바로 이것을 실행으로 옮길 수 없었던 것은 남경에서 즉위한 영락제로서 자신의 권력 기반을 강화하는데 일정 기간의 시간이 요청되었기 때문이었다. 다만, 군사적인 측면의 장악이 그렇게 어렵지 않았던 것은 즉위 후 거의 1년이 지난 원년 8월에, 정난의 변에 종사한 장수와 병사들 가운데, 성친(省親, 귀성)을 희망하는 자에 대하여는 북경귀환이 일부 시행되고 있었다고 하는 점에서도 알 수 있다. 그 후에도 장군과 병사들의 성친은 정기적으로 허가되고 있었다.[138]

그러면, 영락제의 가족은 언제 남경으로 불려 들여졌을까. 우선 비(妃) 서씨(徐氏)가 한발 앞서 정난의 변 때에 북평성을 방위하고 있던 도독첨사 이빈(李彬)의 경호를 받으면서 남경에 도착하였고,[139] 홍무 35년 11월 13일에 황후

---

137) 『明太祖實錄』卷86, 洪武 6년 11월 丁卯條.

138) 『明太宗實錄』卷22, 永樂 원년 8월 甲戌. 卷42, 3년 5월 戊申條.

139) 李賢, 『古穰集』卷10, 「李公神道碑銘」에, "癸未命公率兵護中宮至京師"라 하고 있다. 다만, 癸未(영락 원년)로 하고 있는 것은, 壬午(홍무 35년)의 잘못일 것이다. 실록에 의하면, 이 해의 11월 황후 책립의 날에, 문무백관이나 그의 처(命婦)들이 중

에 책립되었다.[140] 다음 해 영락 원년 11월에는 황장손 주첨기(朱瞻基)가 남경에 불러 들여졌다.[141] 그리고 2년 정월 27일에는 융평후 장신과 부마도위·영춘후 왕녕을 파견하여 세자인 주고치와 둘째 아들 군왕 주고후를 불러들여 왔다. 두 명이 3월 24일에 남경에 도착하자, 4월 4일에 세자인 주고치를 황태자에, 주고후를 한왕에, 셋째 아들 주고수(朱高燧)를 조왕으로 각각 책립하였다.[142] 세자가 왕비 서씨와 함께 먼저 남경으로 들어오지 않고, 1년 이상이나 늦게 들어온 것은, 북경을 진수하고, 북방의 방비를 단단히 할 필요가 있음과 동시에 영락제 자신이 황태자 결정에 골머리를 앓고 있었기 때문이었던 것이다.[143]

세자 주고치를 황태자로 세우자는 청원은, 영락 원년 정월과 3월에 문무 군신으로부터 나왔다. 황제의 동생 주왕도 4월에 이것을 요구하는 글을 황제에게 올렸다.[144] 원래대로라면, 연장자인 세자를 황태자로 세우는 것이 당연하지만, 자신을 닮아 군사적 재능이 있는 둘째 아들 주고후에게 기대하는 면도 있었다.

궁에 축하하고, 연회를 열고 있었기 때문이다.

140) 『明太宗實錄』卷14, 洪武 35년 11월 壬辰條.

141) 『明太宗實錄』卷25, 永樂 원년 11월 癸亥條.

142) 『明太宗實錄』卷27, 永樂 2년 正月 己巳. 卷29, 永樂 2년 3월 乙丑. 卷30, 永樂 2년 4월 甲戌 및 『明仁宗實錄』卷1上.

143) 영락 시기의 태자 책립문제에 대해서는, 藤高裕久, 「永樂朝の皇儲問題をめぐる一考察」『史滴』19(1997)에 자세하게 연구되어 있다. 영락제의 세 명의 아들, 세자 高熾·高煦·高燧가 황태자 책립자로 추천되었고, 이들을 후원하는 사람들로서 각각 행정관료·정난의 공신·환관의 존재가 지적되고 있다. 다만, 청초에 성립한 『明史紀事本末』卷26, 太子監國 등에 의해, '議議' 즉 입태자 문제를 둘러싼 '회의'가 영락시대에 열렸다고 하는 점은 재검토의 여지가 있다. 楊士奇, 『東里文集』卷17, 「前朝列大夫交阯布政司右參議解公墓碣銘」에는 "上初與武臣丘福等二三人議建儲. 文臣惟金忠預. 皆北平時股肱也. 武臣咸請立皇帝二子高煦, 謂其有屬從功, 上不聽. 福等叩首請不已, 終不聽. 遂召公預議, 事定, 然未發. 明年册仁宗皇帝爲皇太子, 封高煦爲漢王"라고 되어 있어, 처음 이 의논에 참가하고 있던 문신은 金忠뿐으로, 연왕부 저택의 옛 신하들에 의한 밀회에 가까울 정도의 회의였다고 생각할 수 있다. 또 『明太宗實錄』卷116, 永樂 9년 6월 戊午條에는 廣西布政司 右參議로 좌천되어 있던 解縉이 交阯布政司로 바꾸어졌던 이유로 "會有言(解)縉嘗洩建儲時密議者"라고 한 것도 이것을 증명한다.

144) 『明太宗實錄』卷16, 永樂 元年 正月 丙戌; 卷18, 同年 3월 戊寅朔; 卷19, 同年 4월 庚戌條.

또 정난의 변 당시 함께 싸운 번저(藩邸)의 구 신하들 가운데에도 구복을 비롯하여 여러 신하들이 황제를 호종(扈從)하여 무공을 크게 세운 주고후를 세우도록 강하게 추천하기도 하였다.[145]

황제는 과거 연왕의 지위에 있던 자신에게 장래 천자가 될 것을 예언한 태상시시승(太常寺寺丞) 원공(袁珙), 홍려시서반(鴻臚寺序班) 원충철(袁忠徹) 부자에게, 세자 주고치와 그 아들 주첨기의 관상을 보게 하였다.[146] 또 한림원시독학사(翰林院侍讀學士) 해진(解縉)에게 물었을 때에도, 해진은 적장자인 주고치를 세워야한다고 했고, 장래가 기대되는 손자인 주첨기에 대해서도 언급하였다. 더욱이 북경행부주사 윤창륭(尹昌隆)을 소환하여 그에게 시험 삼아 물어보도록 추천했다. 윤창융은 건문 연간에 '수후궁소(修後宮疏)'·'지진소(地震疏)'를 제출하여 직언하고, 건문제에게 충고한 인물로 알려져 있었기 때문이었다. 윤창윤은 "장적승통(長嫡承統)은 만고에 걸쳐 인간이 지켜야할 마땅한 도리입니다"라고 했는데, 황제도 이에 동의했다고 한다.[147] 그 밖에 한림원 시독 황회(黃淮)도 똑같이

---

145) 鄧球,『皇明泳化類編』卷37, 功宗, 靖難功臣, 丘福, "丘福善高煦, 永樂二年上議入皇太子, 福爲煦有扈從功, 請立之. 金忠·解縉輩以爲不可而止"및『國朝獻徵錄』卷6, 公2, "淇國公丘福".

146) 『國朝獻徵錄』卷70, 太常寺, 寺丞, 姚廣孝,「太常寺寺丞贈太常寺少卿柳庄袁墓誌銘」에, "及議建儲, 上意有所屬, 遲回累年. 使珙相仁宗曰, 後代人主. 又相宣宗曰, 萬年天子, 於是國本始定"이라 하고 있다. 다만, 이 부분은 인종이나 선종의 묘호를 이용하고 있는 것을 보아도 잘 알 수 있듯이, 영락 16년에 사망한 姚廣孝의 기술이 아니고, 편자인 焦竑이 가필한 부분일 것이다. 황윤옥의 손발이 된 袁珙의 아들 忠徹의 행장(『南山黃先生家傳集』卷50,「故奉職大夫尙寶司少卿袁公行狀」)에는 이 일화가 전혀 언급되어 있지 않다. 그러나 영락제 즉위 후, 袁珙 부자는 즉시 남경에 불러 들여져 원공은 태상시의 시승이 되었는데, 그 후 황제의 뜻에 어긋난 행동이 있다하여 영락 2년 5월까지 금의위의 옥에 투옥되었다. 원년 12월에는 부친 간호 명목으로 忠徹도 투옥되었다. 아마 투옥의 이유는 세자 高熾의 황태자 책립 문제와 관련되어 있었던 것이 아닌가 생각된다.

147) 尹直,『謇齋瑣綴錄』卷4, "及議儲未決, 乃召公預議. 公言, 立嫡以長. 繼曰, 好聖孫, 宸衷頓悟, 事遂定. 後丘福等泄此語於漢庶人, 怨譖不已. 乃調外任, 竟下獄, 尋致以死"; 尹昌隆,『尹訥菴先生遺稿』卷10,「中允尹公訥菴先生行實, 附」. 또한『明史』卷162의 尹昌隆傳에는 연왕의 군대가 남경에 도착하자, 尹昌隆은 연왕의 상주문 가운데 周公이 成王을 보좌한 고사를 인용하고 있다는 것을 이유로, 연왕에 대한

적장자를 세워야 할 것을 황제에게 올렸다.[148] 번저(藩邸)의 구 신하 가운데에는 정난의 변 때 연왕부 장사(長史)를 맡은 병부시랑 김충과 같이 세자를 추천해 은 100냥을 하사받은 사실이 있다.[149] 결국, 황제는 세자를 황태자로 세울 것을 결정했지만, 금방 바로 공표하지 않고 2년 3월 28일에 공표하였다.[150] 최종적으로 영락제가 세자 세우기를 결심한 것은 세자 이상으로 그 아들인 황장손 주첨기에게 황제가 기대를 걸고 있었다는 점도 한 요인으로 작용하였던 것이다.[151]

그런데, 양경체제라고는 하면서도 세자나 황장손을 남경으로 불러 들이고, 거기에 황제 순행도 실현되지 않는 상태에서 승격된 북경은 그 지위가 오히려 저하된 감을 준다. 이 공백을 메우기 위해 취해진 것이 홍무 35년 9월 이래 남경에 내조하고 있던 조왕 주고수를 영락 3년 2월에 다시 북경 '유수(留守)'로 명한 조처이다.

> 조왕 고수(高燧)에게 명하여 북경에 거하게 하였는데, 사뢰(賜賚)가 매우 후하였다. 장사(長史) 육구첨(陸具瞻) 등에게 초(鈔)를 내리는데 차등을 두었다.[152]

공격을 중지하고 입조하도록 건문제에 권하는 상주문을 올렸다고 한다. 그러나 만력 29년 鄒元標가 서문을 지은 『尹訥菴先生遺稿』에는 이에 관련된 기술은 없고, 그 진위도 분명하지 않다. 연왕이 스스로를 주공에게 의탁하고 있었던 것에 대해서는 벤저민·A·엘만(伊東貴之 譯), 「成王は何處に? -明朝初期における儒學とイデオロギー」『中國・社會와 文化』7호(1992)에 잘 나타나 있다.

148) 『國朝獻徵錄』卷12, 內閣1, 陳敬宗, 「榮祿大夫少保戶部尚書兼武英殿大學士諡文簡黃公淮墓誌銘」. 阪倉篤秀, 「永樂十二年の解職赴京をめぐって」『關西學院史學』28號 (2001). 입태자 문제를 실질적으로 해결한 것은 黃淮로 한정하고, 이것이 후에 한왕 주고후에게 원한을 사게 되어 참소를 당하는 원인이 되었다고 하고 있다. 전술 각주 (421)의 藤高裕久, 「永樂朝の皇儲問題をめぐる一考察」에서 『名山藏』臣林記, 「永樂臣解縉傳」이나 본고에서 소개한 몇 개의 사료로 보아, 입태자 문제를 해결한 사람을 黃淮 한 사람으로 한정하기는 어렵다고 생각한다.

149) 『明太宗實錄』卷163, 永樂 13년 4월 甲申條.

150) 『明太宗實錄』卷29, 永樂 2년 3월 己巳條.

151) 皇長孫 朱瞻基가 건문 원년에 연왕부 내에서 태어나 왕비 서씨(후의 서황후)의 손에서 자랐다는 것에 대해서는 『明宣宗實錄』卷1에 자세히 나와 있다.

152) 『明太宗實錄』卷39, 永樂 3년 2월 癸未, "命趙王高燧居北京, 賜賚甚厚. 及賜其長

황제의 셋째 아들 주고수에게 주어진 작위 '조왕'이라는 명칭으로 보아, 춘추전국 시기에 조(趙)나라가 있던 산서 평양부 지역이 그 왕부의 봉토로서 상응할지 모른다. 혹은 조왕부에 설치된 호위와 군목소(群牧所)가 각각 상산 중위·좌위·우위, 상산군목소라고 명명해지고 있는 것으로 보아, 한대 상산군(常山郡)이 설치된 하북의 진정부가 상정되었다고도 생각할 수 있다.[153] 어쨌든, 조왕은 본래의 봉토에 취번하기에 앞서 북경 유수를 명받은 것이다. 그 구체적 임무로 북경병마지휘사에 주어진 야순동패(夜巡銅牌)를 주고받는 일을 장악하고 있었던 것이다.[154]

이 조왕이 유수로서 활동하는데, 국사·국직의 취급이 문제가 되었다. 명나라 제도 가운데, 왕부가 소재하는 부주현에는 그 부주현의 사직은 설치되지 않고, '국사·국직'이라고 불리는 왕부의 사직단이 설치되었다.[155] 취번 시에는 남경의 종산석으로 만든 사주(社柱)를 싣고 "봉국에 갔다"고 되어 있기 때문이다.[156]

　　　이보다 앞서, 예부상서 이지강(李至剛)이 말하기를 "조왕이 봉국에 갔으니, 응당히 산천·사직 등의 신을 제사지내야 하는 데, 아직 단소가 없다면, 순천부의 사직단을 고쳐 사직에 제사할 것을 청합니다. 옛 제도에 유수가 산천에 제사한다는 글은 없지만, 그래도 조의 땅 북악·항산·북진·의무려(醫巫閭) 모두 제사지내야 합니다. 청컨대, 순천부의 산천단을 고쳐 산천에 제사지내기를 청합니다"고 하였다. 영락제가 이르기를, "제사는 크고 중요한 일이니, 이것을 육부대신 및 한림원 유신들과 다시 의론하라"고 하였다. 이에 이부상서 건의·한림학사 해진이 말하기를 "주례의 지관(地官)에, 무릇 나라를 건립하는데, 그 사직을 세운다고 하였

　　　史陸具瞻等 鈔有差"

153) 『明太宗實錄』 卷39, 永樂 3년 2월 庚午條.

154) 『明太宗實錄』 卷58, 永樂 4년 8월 壬辰, "置北京兵馬指揮使夜巡銅牌十面. 命趙王掌之關令. 夜巡一如京師之例"

155) 왕부가 설치된 부주현에는 이전의 사직단을 왕부의 국사·국직으로 고치도록 되어 있었다. 『明宣宗實錄』 卷54, 宣德 4년 5월 己未, "一, 國社國稷·山川等壇, 皆所在有司壇場爲之"라고 되어있다.

156) 『明太祖實錄』 卷103, 洪武 9년 正月 壬午條.

습니다. 『문헌통고』에서는 말하기를, 제후는 나라를 차지하는데, 그 사(社)를 후사(侯社)라 하였습니다. 친왕 유수의 경우는 진실로 명문이 없습니다. 하지만 예는 의로서 일어나는 법입니다. 지금 조왕이 북경을 유수하는 데 당연히 따로 국사·국직·산천 등의 제단을 세워 제사를 드려야 할 것이니, 아무쪼록 예부가 의론한 바와 같이 해야 할 것입니다"고 하였다. 이에 따랐다.[157]

예부상서 이지강(李至剛)은 조왕의 북경 유수를 '봉국으로 들어감(之國)'(국으로 감)이라고 파악하여, 조왕이 산천과 사직 등의 신을 제사지내야 한다면서 순천부의 사직단이나 산천단을 조왕의 사직단이나 산천단으로 고칠 것을 제안했다.[158] 재검토해보라는 명을 받은 이부상서 건의나 한림학사 해진도 친왕 유수의 제사에 대해서는 고전에 명문이 없지만, 예제는 의에서 시작해야 한다고 하여, 예부의 제안에 찬의를 표하였던 것이다.

그런데, 전술한 것처럼 북경에는 구 연왕부의 국사·국직이 여전히 남아 있고, 사직단·사제서의 관에 의해서 관리되고 있었다. 이것을 이용하지 않고 순천부의 부사·부직을 고쳐 사용할 수 있다고 하지만 따로 조왕이 국사·국직을 세운다는 것은 조왕이 왕부에서 구 연왕부를 그대로 계승하는 것이 아니라는 것을 의미한 것이리라. 조왕이 왕부에 머무는 것은 어디까지나 황제 순행이 실현되지 않는 기간, 일시적으로 북경 유수를 담당하는 것이었다. 그 거주지도 구 연왕부 궁성이 아닌 다른 장소에 설치되었다고 추측된다.

앞의 구 연왕부의 국사·국직의 취급을 둘러싼 의론에서, 앞으로 있을 황제

---

157) 『明太宗實錄』卷39, 永樂 3년 2월 壬午, "先是, 禮部尙書李至剛言, 趙王之國, 應祭山川·社稷等神, 未有壇所, 廳改順天府社稷壇祭社稷. 古制留守無祭山川之文, 而趙地北岳·恒山·北鎭·醫巫閭 皆當祭. 請改順天府 山川壇祭山川. 上曰, 祭祀大事, 其與六部大臣及翰林院儒臣再議. 至是, 吏部尙書蹇義·翰林學士解縉言, 周禮地官, 凡建邦國, 立其社稷. 文獻通考云, 諸侯有國, 其社曰侯社, 親王留守之祭, 固無明文. 然禮有可以義起者. 今趙王留守北京, 當別建國社稷·山川等壇致祭, 宜如禮部所議. 從之"

158) 趙王이 북경에서 그가 친히 국사·국직이나 산천의 제신을 제사하고 있던 것은, 『明太宗實錄』卷95, 永樂 7년 8월 壬寅條에 보이고 있다. 또 조왕의 국사 제사가 천도 직전인 영락 18년까지 행해졌다는 것도, 同書 卷222, 永樂 18년 2월 辛亥條에 나와 있다.

의 북경 순행을 염두에 두고 있었는데, 이번 조왕의 국사·국직의 설치를 둘러싼 의론에서도, 황제의 순행을 전제로 하여 처리되었다. 다만, 조왕이 황제를 대신하여 북경에 파견되어 유수를 담당함으로써 황제 순행의 실현은 조금 멀어지게 되었다고 할 수 있을 것이다.

영락제는 영락 3년 5월 예부에 명해 북경 내부(內府) 각 아문의 관방인기(關防印記, 長印)를 주조하게 하였다.[159] 관방인기가 준비되었다는 것은 그 후 북경 내부를 한층 엄중하게 경호하게 되었다는 것을 의미하고 있다. 그런데, 여기에서 말하는 '북경 내부'란 어디를 가리키고 있는 것일까. 일반적으로 내부는 황성내(皇城內)[160]를 의미한다. 단지 이 시점에서는 북경 황성내 궁전 등의 영건공사가 아직 착수되고 있지 않는 이상, 이것은 홍무 연간 이래의 구 연왕부가 황성으로 격상되었다고 생각하는 것이 타당할 것이다. 사실 『태종실록』 권47, 영락 3년 10월 경진의 조에는, 이전 연부기선(燕府紀善) 호안(胡安)을 호과급사중에 오르게 하고, 급사중 송형과 함께 '북경황성'의 감합을 담당하게 한 기사를 싣고 있다. 이 경우 황성도, 구 연왕부 이래의 왕성(원 대도의 소장 부분)을 가리키고 있는 것임에 틀림없다.[161] 또 4년 정월에는 연왕부의 광유고(廣有庫)를 북경 승운고(乘運庫)로 고쳤는데,[162] 이것이 후의 내부 십고(十庫)의 전신이 되었다고 생각할 수 있다.

이상의 고찰에서 밝혀진 바와 같이, 영락 원년 북경으로의 승격, 북경행부·유수행후군도독부 등의 관청 설치로 시작된 남경과 북경의 양경체제는 확실히 북경 천도의 실현을 위한 계획의 제1단계라고 평가할 수 있다. 이 양경체제로 말미암아 그에 상응하는 내실을 꾀해야 했고, 황제의 북경 순행이 다음 단계로 부상되고 있었다. 그러나 순행은 곧 바로 실행될 수 있는 것은 아니었으며, 그

---

159) 『明太宗實錄』 卷42, 永樂 3년 5월 庚辰, "命禮部鑄北京內府各門關防印記"

160) 다만, 명초 남경에서 '內府'라고 하는 경우, 통상과는 달리 午門·東華門·西華門·玄武門의 안, 즉 궁성 내를 가리키고 있던 것 같다. 『明太宗實錄』 卷13, 洪武 35년 10월 丁丑, "命禮部鑄內府午門·東華·西華·玄武四門關防條記"

161) 연왕부의 왕성에 대해서는, 본서 제2장 「명초 연왕부를 둘러싼 여러 문제」 참조.

162) 『明太宗實錄』 卷50, 永樂 9년 正月 壬子條.

실현은 6년 후인 영락 7년 3월까지 기다리지 않으면 안 되었다.

III. 북경 영건공사의 개시와 제1차 순행-제2단계

1. 북경 궁전 건설의 제안

영락 4년 2월, 남경에서는 정난의 변으로 소실된 황성 정문인 승천문이 다시 세워졌다. 즉위 당초부터, 군신에 의한 재건 요청이 있었지만, 영락제는 민력이 회복되지 않았다는 이유로 미루어 왔던 것이다.[163] 남경에 승천문이 세워질 무렵, 북경에는 유수행후군도독부에 소속된 연산 좌·우··전, 제양·제주·대흥좌·통주의 7위를 격상시켜 친군지휘사사로 개칭하였다.[164] 숙위하며 궁성을 경호하는 친군이 북경에 두어졌다는 것은 순행 준비가 정말로 시작되었다는 것을 의미하는 것이다.

그 해 4월, 북경 순천부의 노인 30여 명 가량이 세량면제 조치[165]에 대하여 감사하기 위하여 멀리 남경으로 상경한 적이 있었다. 황제는 멀리서 온 그들에게 광록시에서 준 것보다 더 많은 술과 음식을 대접하고, 나아가 여비도 지급했다. 접견 시에 황제는 정난의 변이 일어난 동안 북방 사람들이 군량의 공급에 얼마나 고심했는가 하는 것을 잠시도 잊어 본 적이 없다고 했다. 게다가 근년의 작황은 어떠한지, 민력은 회복되었는지 등을 물었다. 노인들은 머리를 조아려 경의를 표하고, 폐하의 넓은 은덕으로 활력을 되찾아 편안히 지내고 있으며 차차 태평하던 옛시대로 돌아가고 있는 것 같다고 대답했다. 이에 대해서 황제는 오랫동안 살아왔던 북경에 가봐야지 생각하고 있지만, 민력이 아직 회복되어 있지 않아, 거듭 이렇게 어려워지게 된 것을 안타깝게 생각한다고 말했다.

---

163) 『明太宗實錄』卷51, 永樂 4년 2월 庚午條.

164) 『明太宗實錄』卷51, 永樂 4년 2월 戊寅條.

165) 영락 3년에 북경의 順天·永平·保定 3부의 稅量을 2년간 면제한 것을 가리키고 있다. 『明太宗實錄』卷38, 永樂 3년 正月 庚申條.

그러면서 노인들이 향리로 돌아가면 향촌사람들을 독려하여 농업에 힘쓰고 선행을 좇게 해달라고 당부했다.

노인들이 재차 머리를 조아려 감사하고 물러나자, 황제는 근신들에게 "지금 북방의 백성들은 사람이 중병에서 처음 막 일어난 것과 같으니, 이를 잘 보살펴 주면 편안하게 될 것이다. 그렇게 하지 않으면 병이 점점 더 중해질 것이다. 짐이 밤낮 진심으로 걱정하고 조심하는 까닭이 여기에 있다"라고 말했다.[166] 이때 황제는 노인에게나 신하들 누구에게도 북경 순행에 관해 구체적인 언급을 하지 않았다. 그러나 그간 순행 실시를 주저하게 했던 최대 요인의 하나인 국민 경제력의 회복을 북경 노인들에게서 직접 확인한 이상, 순행이 정치 일정으로 떠오르게 되는 것은 당연한 일이었다.

그래서 수개월 후인 윤7월 5일, 황제 순행에 대비한다는 명목으로 문무 군신으로부터 북경 궁전의 영건이 제안되어 재가를 얻었다. 그리하여 건축 자재의 조달, 각종 장인과 군사·인부의 징발을 명하였다. 천도는 아직 언급되지 않은 채 어디까지나 순행을 위한 것들이라고는 하더라도, 이로 말미암아 북경 영건 공사가 착수되었던 것이다.

> 문무 군신(群臣), 기국공(淇國公) 구복(丘福) 등은 북경 궁전을 건설함으로써 순행에 대비할 것을 청하였다. 마침내 공부상서 송례(宋禮)를 사천으로 보내고, 이부우시랑(吏部右侍郎) 사규(師逵)를 호광에 보내고, 호부좌시랑 고박(古朴)을 강서에 보내고, 우부도어사 유관(劉觀)을 절강에 보내고, 우첨도어사 사중성(史仲成)을 산서에 보내어, 군민을 독려하여 벌목하게 하였다. 사람마다 매달 미 5두, 초 3정을 지급하였다.[167]

제안자의 필두로 이름이 올라와 있는 것은 기국공 구복이다. 그는 봉양(鳳陽) 출신으로, 병졸로 몸을 일으켜 연산중호위 천호 직을 얻었고, 정난의 변이 일

---

166) 『明太宗實錄』 卷53, 永樂 4년 4월 丁卯條.
167) 『明太宗實錄』 卷57, 永樂 4년 윤7월 壬戌, "文武群臣淇國公丘福等請建北京宮殿以備巡幸. 遂遣工部尙書宋禮詣四川, 吏部右侍郎師逵詣湖廣, 戶部左侍郎古朴詣江西, 右副都御史劉觀詣浙江, 右僉都御史〔史〕仲成詣山西, 督軍民採木. 人月給米五斗·鈔三錠(省略).

176 · 북경 천도 연구

어나면서 중군도독동지까지 승진하였다. 그는 말단에서부터 노력하여 올라왔으며, 정난의 변 이후의 봉작(封爵)에서는 공신 1등으로 추대되기도 하였다.[168] 옛 번저 시대부터 황제를 시중든 공신 가운데, 주능(朱能)이 있지만, 그는 당시 안남 원정으로 부재중이었기 때문에, 구복이 제안자의 필두가 된 것은 당연한 일이었다.

다만 여기서 주의해야 할 것은 실록에는 제안자로 '문무 군신'이라고 되어 있으면서도, 무신인 구복 이외에 문신의 이름이 들어 있지 않다는 것이다. 이것은 황제가 추진하려는 천도 계획 단계에서는 아직 옛 번저 시대의 공신 중심으로밖에 지지를 얻지 못하고 있었음을 나타내는 것이 아닐까 하는 생각이 든다.

이러한 추측을 보강해 주는 것이 북경의 궁전 건설 착수 결정이 나오기 전후에, 언론 통제가 강화되고 있었다는 사실이다. 즉, 먼저 7월 18일에 비방금지를 거듭 강화하였고, 9월 30일에는 익명 문서로 투서하는 것을 엄히 금지하는 영을 내렸다.[169] 실록에는 이것들이 나온 배경에 대해 아무런 언급이 없지만, 앞으로 전개될 북경의 대규모 궁전 공사에 대한 반발 여론이나 신하들의 비판에 대비한 것이었다고 생각된다.

또 다른 사료에는 영락 4년 가을에 황제가 군신들에게 "옛날, 도읍지를 세우는 데는 궁전 짓는 것을 필수로 하고 있었다. 짐은 북경을 처음 건설하는데, 넓고 넓은 옛 경관을 살려 영구히 도모하려고 한다. 되돌아 보건데, 건설 공사 일으키는 일, 그것이 과중하면, 그것은 오직 백성을 번거롭게 할 우려가 있을 뿐이다. 하지만 그 일이 뒤늦어져서는 안 된다"[170]라고 해, 영락제 자신이 궁전 건설을 지시했다고 하고 있다. 이 사료는 후술하듯이 한림원관 호광(胡廣)이 황제의 칙명을 받고 저술한 「칙건신목산신사지비(勅建神木山神祠之碑)」의 한 구절이

---

168) 『國朝獻徵錄』卷6, 公2, 「淇國公丘福」(封爵考).
169) 『明太宗實錄』卷56, 永樂 4년 7월 乙巳, "申嚴誹謗之禁"; 同書 卷59, 永樂 4년 9월 丙戌, "申嚴投匿名文書之禁"
170) 胡廣, 『胡文穆文集』卷9, 「勅建神木山神祠之碑」"古者建都必營殿. 朕肇建北京, 恢弘舊觀, 以永飴謨. 顧興作事重, 惟恐煩民, 然不可後. 群臣僉曰, [陛]下愼卹民力, 視之如傷, 而民皆樂於趨事. 皇帝曰, 爾往試哉. 乃命入山以伐材焉"

며, 황제 자신도 이것을 보았을 것이므로, 이쪽이 보다 사실에 가까우리라.

2. 대목 벌채와 자재 운반

1) 목재 조달

북경 궁전 건설에 사용될 목재 조달을 위해서 파견된 지역과 그 감독관을 보면, 아래와 같다.

사천 : 공부상서 송례(宋禮)
호광 : 이부우시랑 사규(師逵)
강서 : 호부좌시랑 고박(古朴)
절강 : 우부도어사 유관(劉觀)
산서 : 우첨도어사 사중성(史仲成)[171]

강순원(姜舜源)의 연구에 따르면, 명조의 궁전에는 오로지 남재(楠材, 녹나무)가 사용되었다. 문루(門樓)에도 주로 남재가 사용되었으며, 일부 삼재(杉材)가 사용되기도 하였다. 그 밖에 송백(松柏)·장재(樟材)·응가재(鷹架材)가 건축의 기초자재나 보조자재로서 사용되었다고 지적하고 있다.[172] 사천이나 호광 지방은 특히 남재의 산지로 알려져 있다. 『태종실록』에는 북경 영건에 관련된 각종의 공사 기록 가운데에서도 채목 관계의 기사를 비교적 많이 다루고 있고, 거기에 동원된 사람들의 부담에 대해서도 언급하고 있다. 이에 실록의 기록을 바탕으

---

171) 『明太宗實錄』의 해당 조 및 黃彰健의 校勘記에는, "右僉都御史 仲成"이라고 되어 있지만, 같은 책 卷16, 永樂 원년 正月 丁亥條에 "陞 (中略) 廣西桂林府同知史仲成 爲右僉都御史"라고 되어 있어 사중성과 동일 인물로 생각되어 '仲成'을 '史仲成'으로 보완한다.

172) 姜舜源, 「明淸朝廷四川採木硏究」 『故宮博物院院刊』 2001年 4期.
〈옮긴이 주〉명대 궁궐 건설을 위한 목재 벌채에 대해서는 김홍길, 「明代 皇木採 辦과 木商」 『역사교육』 125(2013) 참고.

로 각지로부터의 목재 조달 상황을 살펴보면 다음과 같다.

〈사천〉

사천에 파견된 공부상서 송례는 산에 길을 내어 험악한 오지까지 들어가 대목을 조달하고, 그로 인해 황제로부터 포상을 받았다. 특히 양자강 상류에 해당하는 금사강(金沙江) 유역의 마호부(馬湖府)에서 자른 큰 나무가 저절로 움직여 운반되었다는 일화는 유명하다.[173] 영락 5년 3월, 벌채된 둘레 8자 내지 10자 정도가 된 거대한 나무 몇 그루가 어느 날 밤에 사람의 힘도 빌리지 않고 혼자서 움직이기 시작했다. 큰 바위에 의해서 가는 길이 막히면, 야간에 우레 같은 큰 소리와 함께 돌이 깨져 마오강(금사강)의 강변까지 이르렀다는 내용을 공부상서 송례가 보고하고 있다. 궁정 신하들은 이것을 황제의 성덕에 의한 것이라며 칭송했지만, 황제는 그것이 아니라 산천(山川) 신의 신비하고 영험한 힘에 의한 것으로 여겨 그 산을 '신목산(神木山)'이라고 명명하고, 이어 예부낭중 왕우(王羽)를 보내어 제사를 지내었다. 그 곳에는 사당과 한림원 시독 호광이 찬한 비석이 건립되었다.[174] 당지에서는 7년 5월이 되자, 군사와 민부들 모두가 집으로 돌아가 채목을 일시중지 했다.[175]

송례는 그 후 회통하(會通河)의 수복 공사에 종사하였다. 그리고 영락 10년 정월에는 선단을 이끌고 북경까지 곡물을 운반하는 일에 종사했다. 12월에 다시금 사천에서 나무를 베어오라는 명을 받았다. 그는 17년 9월까지 사천에 들어가 있었는데,[176] 안타깝게도 그곳에서 풍토병(말라리아)에 걸려 오랫동안 병

---

173) 『明史』卷82, 食貨志6, 採木之役 ; 胡廣, 『胡文穆文集』卷9 「勅建神木山神祠之碑」. 孫承澤, 『春明夢餘錄』卷46, 工部1, 皇木.

174) 『明太宗實錄』卷65, 永樂 5년 3월 甲子條. 林鴻榮, 「歷史時期四川森林的變遷(續)」『農業 考古』1985년 2期에 의하면, '神木山'을 沐川長官司(현재의 宜賓市屛山縣) 소속의 南現山에 비정하고 있다.

175) 『明太宗實錄』卷92, 永樂 7년 5월 己丑條.

176) 『明太宗實錄』卷124, 永樂 10년 正月 丁未. 卷135, 동년 12월 壬子朔. 卷216, 17년 9월 辛酉條. 또한 『明史』卷111, 七卿年表1, 工部尙書의 永樂 12年 甲午에 "宋禮×月回部"라고 있는 것은, 영락 2년 공부상서 취임 이래의 "九載考績"때문이었다. 『皇明世法錄』卷85, 元勳 「尙書宋公傳」.

을 앓다가 그것이 원인이 되어 영락 20년에 사망했다.[177] 송례의 채목 활동은
그때까지 명조 지배력이 미치지 못하였던 서남 소수민족 오몽만(烏蒙蠻)의 거주
지역에까지 미치고 있었다.[178] 그는 당지 지방지의 '명환전(名宦傳)'에 실리게 되
었는데, 거기에 "무릇 다섯 번이나 촉나라로 들어가, 공덕이 뛰어나고 두드러져,
촉인들은 이것에 의지하였다"[179]라고 하고 있다. 그러나 『태종실록』 권250, 영
락 20년 6월 을해의 조에는 거꾸로 송례는 사소한 허물에도 엄한 형벌로 엄히
다루었기 때문에, 사람들은 그의 가혹한 조처로 괴로워했다고 직필하고 있다.
사천에는 송례 외에 감찰사 고좌(顧佐)도 영락 7년 무렵에 파견되었다.[180]

〈호광〉

호광에 파견된 이부우시랑 사규는 8년 동안 10만 명을 동원해 깊은 산 속에
들어가 목재를 베어 조달했다. 장사꾼이 다니지 않던 해당 지역에서는 우선 도
로를 개설하여 장사꾼을 불러 교역을 활발히 하는 데서부터 시작하지 않으면
안 되었다.[181] 또 영건용의 목재 조달을 최우선으로 했기 때문에, 민간인들의
벌채를 엄히 금했다.[182]

마침 이때, 호광의 장사에는 미륵교도 이법량(李法良)의 반란이 일어났다.[183]
이법량은 강서 출신으로 미륵교를 포교하고 있었는데, 장사부 상담현(湘潭縣)에

177) 『明太宗實錄』卷250, 20년 6월 乙亥, "工部尙書宋禮卒. 禮字大本, 河南永寧人. (中
略) 後陞工部尙書, 初營建北京, 命取材川蜀, 伐山通道, 深入險阻. 還朝, 特被嘉賞,
復再入蜀采木, 得風疾, 久弗治, 遂卒. 禮有才幹, 然馭下嚴刻, 小過輒繩以法, 在蜀數
年, 民苦其酷云"

178) 繆昌期, 『從野堂存稿』卷5, 嚴寺正傳, 「辛丑, 上命尙書宋公禮采木于蜀, 公輔行. 烏
蒙蠻初見漢官, 徒衆擧相驚疑. 一夕 披甲負弩至, 同事者愕不知所出. 公挺身諭以威
德. 蠻衆懾慴叩頭而去. 宋公服公膽略應辯, 自以爲不及也」

179) 萬曆 『四川總志』卷4, 省志, 名宦, 宋禮傳.

180) 『明英宗實錄』卷145, 正統 11년 9월 壬辰條. 『明史』卷158, 顧佐傳.

181) 『國朝獻徵錄』卷31, 尙書, 黃佐 「戶部尙書師公逵傳」.

182) 『明宣宗實錄』卷111, 宣德 9년 6월 甲戌, "行在工部尙書吳中奏, 湖廣山木山場, 永
樂中禁民採伐, 比年犯禁者衆, 材木殆盡"

183) 『明太宗實錄』卷96, 永樂 7년 9월 辛未條.

잠입하자, 후술할 주간(周幹)이 지적하였듯이, 채목을 둘러싼 민중의 불만을 기화로 영락 7년에 반란을 일으켰다.[184] 황태자는 급히 풍성후(豊城侯) 이빈(李彬)을 파견해 강서·호광의 병사를 동원하여 그들을 토벌하게 했다.[185] 이법량의 활동은 근처의 강서 길안부의 안복현까지 이르렀지만, 안찰사첨사 하영(何穎)이 민병을 끌어들여 이것을 저지하고, 다능위지휘동지(茶陵衛指揮同知) 왕귀(王貴)의 추격을 받아 괴멸하였다. 도망가던 이법량은 길수현에서 잡혀 남경으로 호송되었으며, 마침내 거기 남경에서 주살 되었다. 호광에는 영락 5년 당시 형부 우시랑 김순(金純)도 채목을 위해서 호광에 파견되었는데, 그는 간악한 관리들의 수탈을 금하고 혼란을 저지하였다하여 황제로부터 후한 대접을 받기도 하였다.[186]

〈강서〉

호부좌시랑 고박은 강서에서 목재 조달의 임무를 끝내고 '애민 정신'으로 민중들에게 은혜를 후하게 베풀며 도왔다고 해서 황제로부터 포상을 받았다.[187]

〈절강〉

도찰원좌부도사 유관은 당지의 지방관을 독려해, 서리나 민부를 이끌고 계곡과 험한 산을 빠짐없이 돌아다니며 좋은 재목을 일일이 벌채하여 북경에 보냈다.[188] 그 자신 영락 5년 10월에 채목의 일시 중지명령을 전하기 위해 산서에 파견된 것으로 보아, 절강에서의 벌채는 그렇게 장기간에 걸쳐 행해진 것 같지는 않다.[189]

---

184) 野口鐵郎, 『明代白蓮教史の硏究』(雄山閣出版, 1986). 제2편 제2장 제2절 「永樂年間の白蓮教結社」에서는, 이법량의 난과 채목과의 관계에 대해서는 언급이 없다.
185) 『國朝獻徵錄』 卷12, 內閣1, 陳敬宗, 「故榮祿大夫少保戶部尙書兼武英殿大學士諡文簡黃公淮墓誌銘」.
186) 『明太宗實錄』 卷70, 永樂 5년 8월 甲申, 『國朝列卿記』 卷62, 工部尙書行實, 金純傳.
187) 『明太宗實錄』 卷97, 永樂 7년 10월 戊午. 楊士奇, 『東里續集』 卷26, 「戶部尙書古公神道碑銘」.
188) 『國朝獻徵錄』 卷54, 都察院1, 「徒御私劉觀傳」.
189) 『明太宗實錄』 卷72, 永樂 5년 10월 丁未條.

〈산서〉

우첨도어사 사중성은 산서의 군민을 인솔하고 오대산에 들어가 목재 벌채를 감독했다. 그는 중앙의 지시를 잘 이행하지 않고, 감독을 혹독하게 했기 때문에 군민들이 많이 괴로워했다. 관군 백호(百戶)에 대해서까지도 허가 없이 형을 집행했기 때문에 소환되어 처벌받도록 되어 있었는데, 때마침 중풍이 생겨 급사했다.[190] 5년 10월에는 우부도어사 유관(劉觀)을 산서에 급히 파견하여, 일단 군사나 민부의 벌채 작업을 중지시켜 귀환케 하고, 봄에 다시 재개할 것을 명했던 적이 있다. 이것은 황제가 그 지방의 추위를 염려해서였던 것이다.[191]

〈기타〉

상기의 감독관이 파견된 지방 외에, 복건에서도 목재 벌채가 이루어졌다. 죽은 모친의 상중으로 고향 복건으로 돌아온 지 얼마 되지 않았던 한림원시강 양영(楊榮)은 황제의 질문에 대답하면서 '이전 수년에 걸쳐 나무 채벌 운반'에 가뭄으로 인한 재난과 피해로 민력은 극도로 힘들다는 고향 노인들의 말을 소개하였다. 이로 보아 당해 지역에서도 대규모적으로 채목과 운반이 이루어지고 있었음을 알 수 있다.[192] 이것은 채목이 이루어진 강서와 인접한 복건의 소무부(邵武府) 등지에도 협력을 구했기 때문이었을 것이다. 이것을 통괄한 복건좌참정 양남(楊南)은 민의 인정(人丁)이나 전산(田産)을 조사하여 수송 거리를 균등하게 하여 교대로 운반시켰다.[193] 또한 직례 휘주부에서도, 영락 4년에 동지

---

190) 『明太宗實錄』卷139, 永樂 11년 4월 癸亥, "都察院右僉都御史史仲成卒, 仲成慶陽府安化人. (永樂) 4年命率山西軍民採木於五臺山, 仲成不飭履行, 不恤人勞, 督責箠楚, 軍民苦之. 時有管軍百戶亦被箠楚. 上聞之曰, 舊制軍官有罪, 非奏請不得擅問. 仲成不之恤此, 豈知恤軍民哉. 召還將正其罪. 比至, 中風暴卒"

191) 『明太宗實錄』卷72, 永樂 5년 10월 丁未條.

192) 『明太宗實錄』卷116, 永樂 9년 6월 壬子條.

193) 黃淮, 『介庵集』卷9, 「恭參政致仕楊公墓誌銘」, "營建北京, 國之大事. 命下江右採木, 卑福建協相其役, 監臨者獨閩之邵武等府下民赴役疲而顚僕, 狼藉于道. 公聞之若疾疢在躬, 合僚衆籌議, 而親董其事, 覈丁産, 均道里, 更迭接運, 不日告完, 而遠鄉不預, 歡聲洋溢乎四境"

(同知) 유민(劉敏)이 칙명을 받들어 부민(府民) 수천 명을 이끌고 산중에 들어가 목재를 채취한 사실이 있다.[194]

이상, 북경 영건에 이용한 목재는 산서의 태행산맥을 제외하면, 그 대부분이 서남의 사천이나 호광 등 멀리 떨어져 있는 지방에서 벌채하여 왔다. 이것은 명대에 북경의 서부 태행산맥이나 북부의 연산산맥에 삼림이 널리 펼쳐져 있기는 하였지만,[195] 궁전을 짓는 목재로 이용할 수 있는 대목을 많이 기대할 수 없었기 때문이었을 것이다.

그런데, 호광의 "이법량(李法良)의 반란"이 진압되고 나서 수개월 후인 12월, 좌춘방좌중윤 주간은 당지에 파견된 사규에 대해, 조정이 애민을 생각하지 않고 수탈하고 있기 때문에, 민중은 계속 참지 못하고 요적(妖賊)을 따라서 반란을 일으키게 되었다고 규탄하고 있다.

> 좌춘방좌중윤 주간(周幹) 등이 핵실하여 탄핵하기를 "이부우시랑 사규는 명을 받아 호광에 들어가서 목재를 베어 오는데, 조정애민의 마음을 본받아 행하지 않고, 박정하기만 하였습니다. 지난번 상(황제)는 민의 노고를 생각하여 벌채와 운반을 폐하고자 하였으나, 사규는 '백성 섬김과 봉사를 즐기고 있으니, 청컨대 폐하지 않기를 바랍니다'라고 하였습니다. 그리하여 엄히 감독하여 난리가 격심해지게 되었고, 양민은 이법량을 좇아 모반을 일으켰던 것입니다. 금년에는 조칙을 받들어 채목을 파하고, 이미 채집한 나무를 도처에 쌓아놓고 군부들로 하여금 흩어져 돌아가도록 하였습니다. 사규가 또 다시 말하기를, '언덕이 높고, 물

---

194) 『明太宗實錄』 卷97, 永樂 7년 10월 戊午. 嘉靖, 『徽州府志』 卷6, 名宦傳, 國朝, 劉敏傳.

195) 명대 북경 지구의 삼림에 대해서는, 杜欣, 「明代北京地區的森林槪況」 『首都博物館15周年論文選』(地質出版社, 1996) 참조. 다만, 朱國禎, 『湧幢小品』 卷4, 神木에 "昔成祖重修三殿, 有巨木出於盧溝"이라 하고 있는 것을 들어, '西部의 永定河 유역 山地의 森林'에서도 이러한 큰 목재를 조달했다고 하는 것은 嘉靖年間 鳳陽府 五河縣 지방관의 오해로 말미암은 것이다. 같은 책의 인용 부분에 이어서, "因以神木名廠, 二百年來美談"이라고 서술되어 있지만, 神木廠의 명칭의 유래가 된 神木은 전술한 바와 같이 四川에 파견된 宋禮의 보고에 바탕을 두었기 때문이다.
〈옮긴이 주〉 명청시대 삼림분포에 대해서는 김홍길, 「明末淸初의 사회변화와 삼림환경」 『시대전환과 역사인식』(윤세철교수 정년기념역사학논총간행위원회, 2001) 참고.

이 급히 흘러서 멎게 하기 어렵습니다. 아무쪼록 군부를 잡아두었다가 흐름에 따라 내보내어야 합니다'라고 하였습니다. 명을 거역하여 백성을 학대하고, 원망을 아래로 내려 보내고 있습니다. 대신(大臣)들도 이와 같습니다. 청컨대, 그 죄를 바로 잡아 주시기 바랍니다'라고 하였다. 황태자가 이르기를 "사규는 진실로 죄 주어야 할 것이지만, 황제가 파견한 것이니, 돌아올 때를 기다려 주청하여 벌주자"고 하였다.[196]

남경에서 황태자를 시중들고 있던 주간은 호광 장사부 유양현(瀏陽縣) 출신으로, 아마 향리에서 들은 어떤 정보를 바탕으로 이 탄핵 상소를 올렸을 것이다. 이것을 받은 황태자는 사규(師逵)의 죄를 인정하면서도, 황제가 직접 파견한 사람인 이상, 황제가 남경으로 돌아오는 것을 기다려 재차 주청하도록 지시했다. 실록에 실린 이 기사는, 채목을 위한 사자 파견이 영락제의 강한 주도권에 의해 행해졌고, 남경감국으로서 조정의 정무를 대행하고 있는 황태자조차도 어떤 개입도 할 수 없었음을 나타내 보이고 있다. 사규는 그 후 영락 11년 정월까지, 당지에서의 목재 조달에 종사하였던 것이다.[197]

채목을 위한 인부 동원은 변경 지대의 백성이나 둔전 군사가 이용되었던 것 같다. 규정에는 목재 조달에 종사한 사람들에게 매월 미 5두, 교초 3정을 지급하도록 정해져 있었다. 사천의 마호부의 만이장관사(蠻夷長官司)와 평이장관사(平夷長官司)에는 채목에 종사한 군사나 민부에 대하여 조정에서 내려주는 식량이 부족했기 때문에, 그 해의 하세에서 지급할 것을 호부가 제안하였고, 황태자가 특별히 이를 허가해 주었다고 한다.[198] 이로 보아, 일반적으로 동원에 필요한 인건비는 지방에서 독자적으로 조달하지 않을 수 없었다고 생각된다. 그 대

---

196) 『明太宗實錄』卷99, 永樂 7년 12월 甲寅, "左春坊左中允周幹等劾啓, 吏部右侍郎師逵承命往湖廣採木, 不體朝廷愛民之心, 務行刻薄. 向者, 上念民勞欲罷採運, 逵言, 民樂於趨事, 乞不罷, 而嚴程督致激變, 良民從李法良爲叛. 今年奉勅停罷採木, 命將已採之木, 隨處堆垛, 散遣軍夫. 逵又言, 岸高水急, 難以停息, 宜留軍夫順流起運. 方命虐民, 斂怨於下. 大臣如此, 乞正其罪. 皇太子曰, 逵誠可罪, 然皇上所遣, 須其還日奏請罪之". 宋啓明, 『吏部志』卷27, 記苑 "採木被劾"에도 같은 내용이 실려 있다.
197) 『明太宗實錄』卷136, 永樂 11년 正月 己丑條.
198) 『明太宗實錄』卷152, 永樂 12년 6월 辛酉條.

신, 군민(軍民)이 징발된 곳에는 모든 차역(差役)이나 갑판은과(閘辦銀課)의 징수를 정지하도록 조처하였다.[199] 벌채 작업은 겨울 기간 이외도 계속되었기 때문에, 봄 농사철에는 특히 정남이 적은 호나 둔전 군사는 모두 귀환시키라는 지시를 내렸다.[200] 다만, 이러한 중앙의 지시는 현지의 다양한 조건이 얽혀 있어 그대로 실시될 수 있는 것은 아니었다. 예를 들면, 전술한 사규의 진언에도 나와 있듯이, 그 해에 발해진 채목 중지의 명령, 군사나 민부를 해산시키라는 명령이 내려졌지만, 호광 지방은 강기슭이 높고 물이 급류여서 베어진 목재를 그 자리에 쌓아 둘 수 없는 자연 조건으로 인하여 그대로 실시되지 못하고, 운반(運搬)작업이 계속되었던 것이다.

성도부의 한주 십방현(什邡縣)에서는 현 내의 민들이 목재 벌채에 동원되었다. 그로 인해 특산품인 차의 채집이 이루어지지 못했다. 영락 5년부터 10년까지 정부에 조달해야 할 차 16만 605근이 체납된 사실을 밝혀, 교초에 의한 절납을 신청하였다.[201] 이로 보아 사천 지방에서는 주변의 산악 지역에 머무르지 않고 중심의 성도부 관할 지역에도 목재를 벌채하는 데 백성들이 동원되었다는 것을 알 수 있다.

다음으로, 목재 운반에 대해 고찰하고자 한다. 대목 벌채가 이루어진 각지에서 북경까지 목재를 운반하는 경로는 두말할 필요도 없이 장강이나 대운하의 수운을 이용했다. 사천이나 호광의 오지에서 벌목한 큰 목재가 뗏목으로 엮여져 장강을 따라 내려온 후, 양주에서 대운하를 따라 북으로 운반되었다. 도중 남경 용산에 마련된 저목창(貯木廠)에 일시 쌓아두는 경우도 있었다.[202] 그리고 북으로 운하를 따라 올라가 통주 장가만(張家灣)까지 이르렀다. 여기에서 북경 성내에 이르는 최후 구간은 통혜하(通惠河)가 이용되지 않고, 육상 수송이 이용되었다.[203]

---

199) 『明太宗實錄』卷57, 永樂 4년 윤7월 壬戌條.
200) 『明太宗實錄』卷63, 永樂 5년 正月 壬午條.
201) 『明太宗實錄』卷146, 永樂 11년 12월 庚申條.
202) 『明太宗實錄』卷103, 永樂 8년 4월 丙午條.
203) 朱國禎, 『湧幢小品』卷4, 運木 "故事諸省運木, 先於張家灣出水捜運, 以次入神木廠.

5년 말에는 하남의 위휘부 북관갑, 창덕부 탕음현의 탑하, 하북의 대명부 대명현의 애가구, 준현의 이가도구, 산동의 동창부 관도현의 남관도 등 5체운소(遞運所)를 증설하였다. 이들은 북경영건의 준비가 시작되어 물자 수송에 종사하는 사람이 증가함에 따라 거기에 대응한 것이었다.[204]

영락 6년에는 각지에서 벌채된 대목의 운반도 본격화 되어서인지 대운하 연안의 강북이나 하남 지방에서는 목재 운반 감독을 담당하는 도독첨사 왕단(王端), 도지휘동지 임천(林泉), 중도유수사도지휘첨사 우량(牛諒) 및 절강도지휘동지 이성(李晟) 등에 의한 뇌물수수 행위, 공관 훼손 및 착복 사건 등이 속속 발각되었다.[205]

또 목재 운반에 종사하는 군민의 원망과 불만이 많다는 고발을 통정사가 받은 적이 있었는데, 이 일을 조사한 후, 황제는 죄로 인해 북경에서 종전(種田)하고 있는 자의 의도적인 고발 사건으로 처리하도록 하였던 것이다.[206]

영락 6년 6월부터 8월에 걸쳐, 호부상서 하원길(夏原吉)이 목재 운반과 벽돌 및 기와 굽는 일을 순시하기 위해, 남경에서 북경에 이르는 구간에 파견되었다. 그는 관리의 부정과 태업을 단속하기 위해 특별히 금의위의 관교(官校)를 대동하고 파견되었는데, 명령에 따르지 않는 사람에 대해서는 '편의(便宜)행사(行事)'의 권한이 주어졌다. 곧 황제의 지시를 기다리지 않고 그 자신이 직접 형편을 고려하여 적절히 처리하였다.[207] 7월에는 운목(運木)에 종사한 군사들에게 신

　既完, 始取批廻, 動經歲月, 間有水溢漂失, 坐累死亡者." 장가만에서 북경의 신목창까지 육상 운송이 이용되었는데, 이 구간만으로도 1년을 소비하는 경우가 있었던 같다.

204) 『明太宗實錄』 卷74, 5년 12월 丁未條.

205) 『明太宗實錄』 卷76, 永樂 6년 2월 乙未 ; 卷86, 동년 12월 戊戌條. 우량에 대해서는 黃淮 『介巖集』 卷10에, 「絶江僉都指揮事牛公墓碑銘」이 있다.

206) 『明太宗實錄』 卷86, 永樂 6년 12월 丁亥條.

207) 『明太宗實錄』 卷80, 永樂 6년 6월 丁亥, "命戶部尙書夏原吉, 自南京抵北京緣河巡視軍民運木燒磚, 務在撫綏得宜, 作息以時. 凡監工官員作弊害人及怠事者, 悉治如律. 原吉陛辭. 上與鈔二千貫"; 同書 卷82, 永樂 6년 8월 癸未 ; 『明宣宗實錄』 卷62, 宣德 5년 正月 戊辰, "少保兼太子少傅戶部尙書夏原吉卒. (中略) 初建北京, 探宮殿材於東南, 命自南京抵北京, 督視運送, 給以錦衣衛官校, 且命有不率命, 便宜行事, 原

발 21,494켤레를 지급한 기사가 보인다.[208] 이 지급은 앞에서 언급한 하원길의 순시 활동과 관계가 있을 것이다. 이 때 지급된 신발의 수로 판단하건데, 당시 대운하를 따라서 동원된 군사수가 약 2만 명을 넘는 것으로 추정된다.

또 11년 정월에는 각지의 목재 운반을 정지하고 이부시랑 사규 등을 벌채지에서 소환하였다. 이것은 후술할 서황후 재궁(梓宮)의 발인과 제2차 순행을 앞둔 일시적인 조치였다.[209] 호광에서는 영락 12년 이후에도 도지휘동지 황영(黃榮)이 궁전용 목재를 벌채해 북경으로 운반하는 일을 감독한 사례가 보인다.[210]

부언하면, 영락 연간에 옮겨진 대목의 일부는 명말까지 북경의 숭문문(崇文門) 밖에 있는 신목창(神木廠)에 보관되어 있었다고 한다. 그 녹나무는 둘레 2장(丈)으로 약 6.5m에 이르고, 길이가 4장을 넘는 것이었다.[211]

2) 전와 제작

목재와 함께 건축 자재로서 중요한 것은 전와(磚瓦), 곧 벽돌과 기와다. 이 벽돌과 기와를 구워 만드는 전와 소조(燒造)는 영락 4년부터 태녕후 진규(陳珪)와 북경행부 좌시랑 장사공(張思恭)을 통해 시작되었다. 이 일에 종사하는 군장(軍匠)이나 민장(民匠)에게는 식량으로 매월 쌀 5두가 지급되었다.

> 태녕후 진규와 북경행부시랑 장사공에게 명해 군민장을 독려하여 전와를 만들게 하고, 매월 쌀 다섯 말을 지급하였다.[212]

吉於號令中, 備矜恤之意, 人人效用"

208) 『明太宗實錄』 卷81, 永樂 6년 7월 己酉條.

209) 『明太宗實錄』 卷136, 永樂 11년 正月 己丑條.

210) 『明宣宗實錄』 卷104, 宣德 8년 8월 甲午條.

211) 孫承澤, 『春明夢餘錄』 卷46, 工部1, 皇木, "京師神木廠所積大木, 皆永樂時物. 其中最巨者爲樟楄頭, 圍二丈, 長臥四丈餘, 騎而過其下, 高可隱身, 風雨震淋, 已稍朽矣". 萬曆 『大明會典』 卷190, 工部10, 物料, 木植. 神木廠과는 별도로, 朝陽門 밖에 大木廠이 설립되어 있었다.

212) 『明太宗實錄』 卷57, 永樂 4년 윤7월 壬戌, "命泰寧侯陳珪·北京行部侍郎張思恭督軍民匠造磚瓦, 人月給米五斗"

전와 제작을 위한 가마는 북경까지 운반의 편의를 고려하여 하남·산동·직례의 대운하 연안에 설치되었다. 특히 산동의 임청주(臨淸州), 하남의 위귀부(衛歸府) 등이 대표적이었다.[213] 또 북경성 밖에도 가마가 설치되어 일부 제작되었는데, 서북방은 풍수상으로 금지되어 있었다고 한다.[214]

현지 공사 감독으로 태녕후 진규가 중요한 역할을 하였다. 그것은 북경의 군민을 동원할 때에, 무휼(撫恤)을 촉구하는 칙문을 종종 그에게 주었다는 데서 알 수 있다.[215] 임청 근처의 고당주 무성현에 사는 곽호(郭浩)는 전와 제조의 감독에 종사했다. 많은 장정들이 밀집해 생활했기 때문에 전염병이 크게 유행하고, 환자들이 많이 발생하였으며, 생명을 잃는 사람도 속출했다. 현의 의료 담당 기구인 의학훈과(醫學訓科)에서 일하던 그는 잡목으로 침대를 만들어 위생 상태를 개선하기도 하고, 먹을 죽이나 약을 주어 환자를 돌보았으므로 다른 감독자들도 이를 모방했다고 한다.[216] 복건의 태녕지현으로 있던 왕이(王頤)가 발탁되어 산동에 파견되어, 거기서 도역(陶役)을 총괄하면서 20년 가까이 위하(衛河)를 왕래한 것도 전와 제작 때문이었다고 생각된다.[217] 12년 정월, 공부에 명해 제작된 벽돌 운반을 중단시키고, 군사와 민부의 파견을 중지하여, 그들을 모두 고향으로 보낸 것은 영락 4년 이래 시작된 대규모 전와 제작 작업이 일단락되었기 때문이었을 것이다.[218]

전와를 북경으로 운반하는 데는 홍무제 이래 각지의 객선을 대상으로, 배의

213) 『明宣宗實錄』 卷65, 宣德 5년 4월 丁酉, "工部尙書兼詹事府黃福建言三事.(中略) 三言省役之法, (中略). 姑以今日言之, 河南·山東幷直隸軍民旣緣河置窯燒磚"; 同書 卷108, 宣德 9년 2월 乙卯條.

214) 『明英宗實錄』 卷23, 正統 元年 10월 庚辰, "御史劾罪之, 以爲京城外自永樂來置陶冶, 俱有定方. 其西北俱堪輿家當忌"

215) 『明太宗實錄』 卷59, 永樂 4년 9월 乙酉. 卷80, 永樂 6년 6월 庚辰條.

216) 張弼, 『東海文集』 卷4, 「贈承德郞兵部武庫司主事郭公墓表」.

217) 黃淮, 『介庵集』 卷9, 「泰寧知縣王公墓碣銘」.

218) 『明太宗實錄』 卷147, 永樂 12년 正月 己亥條.

크기에 따라 벽돌의 적재량을 정하였다.[219] 영락 17년에는 속법(贖法)으로서 잡범 사죄나 도·유·태·장죄를 범한 관리 군민의 유력자에 의한 전와 운반이 시작되었다. 이런 방법은 그 후에도 계속되어 선덕 연간에 이르기까지 행해졌던 것이다.[220]

목재나 전와 이외에도 궁전 건설공사에 사용되는 각종 자재 조달을 위해서, 각지에 경관(京官)이 파견되었다.[221] 형부주사 엄본(嚴本)이 칙명을 받고 태평부에 가서 자재 조달을 독촉한 일이 있었는데, 그 때 엄본이 일시 거처하고 있던 사찰에 은 수십 냥의 뇌물을 가지고 방문한 사람이 있었다는 일화를 양사기(楊士奇)가 기록하였다. 기한 내에 조달되지 못하면 독촉 차 파견된 관원이 조달하지 못한 데에 대한 벌을 부과하도록 되어 있어, 엄본은 자기 논밭을 팔아 이에 충당할 준비를 하고 있었다고 한다.

3. 공장(工匠)의 징병과 영건공사

영락 4년 목재 조달의 시작과 동시에 공부에게 전국 각지로부터 각종 공장(工匠, 장인)을 모아 영건공사에 동원하도록 하였다. 그리하여 동원된 장인들은 이듬해 5년 5월을 기해 북경에서 공사에 임하게 하였던 것이다.

> 공부에 명하여, 천하의 여러 장인을 징집하도록 하였다. 재경 제위 및 하남·산동·섬서·산서 도사(都司), 중도유수사, 직례 각위는 군사를 선발하고, 하남·산동·섬서·산서 등의 포정사. 직례의 봉양·회안·양주·여주·안주·서주·화주는 민정을 선발하도록 하였다. 이듬해 5월을 기하여, 모두 북경으로 와서 역(役)에 임

---

219) 正德『大明會典』卷157, 工部11, 窯冶·磚瓦事例.

220) 『明太宗實錄』卷213, 永樂 17년 6월 丁丑 ; 『明宣宗實錄』卷16, 宣德 원년 4월 庚寅. 卷55, 宣德 4년 6월 庚午, 宣德 5년 9월 乙巳條. 주(51) 전게의 宮澤知之 논문 364쪽.

221) 楊士奇, 『東里文集』卷9, 「書伊蒿子傳後」, "永樂中, 朝廷初建北京作宮殿, 百工所用, 一賦於民, 而分命京官督辦於郡邑"

하고, 대개 반년 교대로 하며, 각 사람에게 매월 미(米) 5두를 지급하게 했다.[222]

구체적으로, 군정 계통으로는 재경의 여러 위 및 하남·산동·섬서·산서의 도사(都司)와 중도 유수사(留守司)와 직례 각 위(衛)의 군사가 군장(軍匠)으로 선발되었다. 행정 계통에서는 하남·산동·섬서·산서 등의 포정사나 직례(直隸)의 봉양·회안·양주·여주·안주·서주·화주의 민정이 골라졌다.

민정에는 멀리 호광 진주부(辰州府)에서 동지 유숙비(劉叔毖)가 부민들을 이끌고 북경에서 궁전 공사에 종사한 사례도 있다.[223] 전국 각지의 민정을 영건 공사에 대량 동원한 것은 영락 연간의 특징이며, 후에 선덕·정통 연간에는 공사 동원에 군사가 중심이 되어 있었다.[224] 이렇게 징발된 장인들의 규모에 대해서는 확실히 알 수 없으나, 군장(軍匠)에 대해서는 선덕 초년에 2만 6천 명을 넘었다는 사료가 있다.[225]

공사 기간은 반년 교대로 이루어졌으며, 참석한 사람에게 매월 미 5두가 지급되었다.[226] 다만 반년은 어디까지나 원칙에 불과하였으며 상황에 따라 달랐던 것이다. 이를테면 6년 9월에는 추위로 접어드는 시기라 하여 공사를 일시 중단하고, 그 다음 해 2월부터 10월까지를 공사 기간이라고 정하였다.[227] 또 9년 정월에는 기술이 뛰어난 아주 정교한 장인인 수반장(輪班匠)을 사역기간이

---

222) 『明太宗實錄』卷57, 永樂 4년 閏7월 壬戌, "命工部徵天下諸色匠作. 在京諸衛及河南·山東·陝西·山西都司, 中都留守司, 直隸各衛選軍士. 河南·山東·陝西·山西布政司, 直隸鳳陽·淮安·揚州·廬州·安慶·徐州·和州選民丁. 期明年五月, 俱赴北京聽役, 率半年更代, 人月給米五斗." 또한 『明英宗實錄』卷122, 正統 9년 10월 甲子條에 譚廣이 "永樂元年陞大寧都指揮僉事, 董工營建北京"이라 한 것은 아마 이 시기에 군사나 장인들을 감독한 것이리라. 다만, 『明史』卷155의 譚廣傳은 評奠本의 교감기가 이미 지적하고 있듯이 "永樂九年(中略) 董建北京"이라고 연대를 잘못 계산하고 있다. 趙翼, 『二十二史箚記』卷27, 「命南北營建」은 이 『明史』譚廣傳의 잘못을 그대로 답습하고 있다.

223) 『明太宗實錄』卷230, 永樂 18년 10월 乙卯條.

224) 본서 제7장 「북경 정도」.

225) 『明宣宗實錄』卷15, 宣德 元年 3월 癸卯條 ; 『明史』卷157, 張本傳.

226) 正德 『大明會典』卷147, 工部1, 造營1, 內府造作, 事例.

227) 『明太宗實錄』卷83, 永樂 6년 9월 丁未條.

끝난 후에도 1년간 계속 일을 시킨 일이 있는데, 이것이 발각되어, 금의위에 명해 낭중 이하를 붙잡아 심문하였고, 상서 송례에게는 대죄입공(戴罪入功, 집행유예)으로 공부의 직무를 계속 하도록 한 일이 있다.[228] 6년 10월에는 북경 조영 공사에 종사하는 군민의 인부와 장인들에게 솜을 많이 넣어 만든 조끼와 신발 등을 지급하여 주었다.[229]

장인들이 징발된 지역은 전국에 걸쳐 나타나 있지만, 역시 각종 수공업이 발달하고 있던 남경이나 절강 등의 장인들이 대부분을 차지하고 있었다. 다음의 사료는 그것을 잘 보여주고 있다.

> 행재공부상서 오중(吳中)이 상주하기를, "남경 및 절강 등과 같은 곳의 장인들이 기용되어 북경에 이르고, 황제 순행으로 내부의 각 감(監)에서 근무하고 있는데, 이들 모두 아직 일정한 적(籍)이 없습니다. 청컨대 대흥·완평 두 현의 호적에 부적하여 올리도록 한다면 대체로 관리 감독이 잘 될 것입니다"라고 하였다. 이에 따랐다.[230]

흥미로운 것은 앞에서 언급한 영락 4년 윤7월의 결정으로 징발된 장인 외에, 후술할 북경 순행 때에도 남경의 내부 각 감국의 장인들이 관료나 군대와 똑같이 황제 호종 차 북경에 와 머무르고 있었다는 점이다. 반년 교대로 규정되어 있던 전자는 물론, 후자의 각 감국의 장인도 명목은 북경에서의 호종이었지, 이주 명령을 받은 것이 아니라는 것이 천도 후 10년을 경과한 선덕 5년에도 북경의 호적에 등재되지 않았다는 점에서 분명하다. 그러나 실제로는 강제 이주나 다름없었다.

개개의 장인 이주자의 구체적 사례에 대해서는 묘지명 등의 사료에서도 확인된다. 영종 복벽에서 공을 세워 대학사까지 오른 서유정(徐有貞, 처음 이름은

---

228) 『明太宗實錄』卷112, 永樂 9년 正月 己丑條.

229) 『明太宗實錄』卷84, 永樂 6년 10월 辛丑條.

230) 『明宣宗實錄』卷64, 宣德 5년 3월 戊午, "行在工部尚書 吳中奏, 南京及浙江等處工匠起至北京, 及於隨駕各監上工者, 俱未有定籍. 請令附籍於大興·宛平二縣, 庶有稽考. 從之"

理)의 부친, 서진(徐震)이 가족과 함께 남경에서 북경으로 이주한 것도, 영락 7년의 순행에 맞추어 파견된 장인의 예라고 생각된다.[231] 성화(成化) 20년 진사에서 공부좌시랑이 된 하앙(夏昂)의 조상은 소주 오현의 사람이었는데, 홍무 초에 남경으로 이사하여 왔고, 그 후 영락 연간에는 북경으로 옮겨와 완평현의 장적(匠籍)에 올랐다.[232] 성화 14년에 진사가 된 윤승(伊乘)의 일족은 소주 오현 민적의 두드러진 가문이었지만, 홍무 초에 남경(南京)과 봉양(鳳陽)으로 이사하여 응천부 상원현의 장적에 오르게 되었고, 그 일부는 황제를 호종하여 북경으로 이주하여 온 사람도 있었다.[233] 성화 17년에 공부좌시랑으로 생을 마친 괴상(蒯祥)도 역시 소주 오현의 향산(香山) 출신으로 목공으로서 공부에 소속되어 있었다. 그는 기예가 뛰어나 정통 이래의 모든 조영 공사에 관여했다고 하며, 84세로 사망했다는 그의 나이로 보아 이주자의 제2세대라고 생각된다.[234] 순천부 향시에 합격하여 거인이 된 사훈(司訓) 양련(梁璉)은 영락 7년에 부친 양정계(梁庭桂)를 따라 강서 길안부 여릉(廬陵)에서 북경으로 옮겨와, 부학의 생원이 되었다.[235] 강서에서 이주하였다는 것으로 보아, 이것은 각지에서 징발된 사례라 할 수 있을 것이다. 전당 지현 섭종행(葉宗行)처럼 절강의 장인들을 인솔하고 북경으로 가는 도중에 불행하게 죽은 예도 있다.[236] 어찌 되었건 북경으로 옮

---

231) 坂元晶,「明初における京師移徙と歸還 −徐氏の事例−」『岡山大學大學院 文化科學研究科紀要』11號(2001).

232) 『國朝獻徵錄』卷51, 工部2, 李東陽 "通議大夫工部左侍郎夏君昂墓誌銘君", "君姓夏氏, 諱昂, 字景德. 其先 蘇州吳縣人. 國朝洪武初, 以閭右徙實南京, 永樂間再徙京師, 占籍順天之宛平", 『明武宗實錄』卷117, 正德 9年 10月 壬寅條.

233) 吳寬, 『匏翁家藏集』卷42,「伊氏重修族譜序」.

234) 『明憲宗實錄』卷213, 成化 17년 3월 辛丑, "工部左侍郎蒯祥卒. 祥直隸吳縣人. 以木工隸工部, 精于技藝, 自正統以來, 凡百營造, 祥無不預, 積勞累官營繕所丞·太僕寺少卿 工部左右侍郎". 黃甫錄『皇明紀略』, "京師有蒯侍郎衙衕. 爲吳香山人. 斲工也. 永樂間召建大內, 凡殿閣樓榭, 以至回廊曲宇, 隨手圖之, 無不稱上意者. 位至工部侍郎, 子孫猶世二業".

235) 李時勉, 『古廉文集』卷10,「晚圃處士墓誌銘」, "先大父沒之明年(永樂七年)璉父二周右徙實京師, 不肯亦隨徙, 補郡學弟子員, 忝領鄉薦, 得外交官".

236) 『國朝獻徵錄』卷85, 浙江2,「知縣葉宗行傳」.

겨 온 장인들이 정식으로 대흥·완평 2현의 호적에 오르게 된 것은 앞의 사료에서 언급한 것처럼 선덕 연간에 들어온 후부터였다.

그 후, 영락 11년 5월에는 교지(交阯) 출신의 장인 130여 명이 처자와 함께 북경에 이르렀고, 그들에게는 초미(鈔米)와 거실(居室)이 지급되었다.[237] 교지포정사는 영락 5년에 안남을 병합하고 설치한 포정사로, 포정사가 된지 얼마 안된 지역에서도 장인들이 북경으로 왔다는 것은 북경 영건이 바로 화이일통(華夷一統)의 사업으로서 추진되고 있다는 것을 상징적으로 보여주고 있는 것이다. 영락 16년 7월에도 교지우포정사와 교주부 지부가 현승 여헌(黎獻)을 파견해, 노복 두표(杜瓢) 등 500명을 이끌고 북경 영건공사에 협력하겠다고 신청한 일도 있다. 이때는 북경 영건공사가 이미 "자리가 잡혔다"라고 하여 이들의 요구를 거절하고, 대신 교초를 내려 위로하고 귀환시켰던 것이다.[238]

이상과 같이, 영락 4년 윤7월에 순행을 위한 궁전 건설의 결정 아래에서, 전국 각지에서 각종 장인·군사·민정이 그 다음 해 5월을 기하여 북경으로 가도록 되어 있었다. 그런데 이 시기의 북경 조영 공사의 구체적 내용은 지금 분명하지 않은 것이 하나 있다. 그것은 처음에 소개한 영건공사의 개시시기를 둘러싼 논쟁으로, 영락 4년에 결정되지 않았다는 주장의 한 요인이 되고 있다.[239] 그렇지만, 6년 6월에 북경 여러 관청의 문무 신하들에게 내린 조서 가운데에, "평정 이후, 쌓인 피로가 아직 회복되지 않았는데, 요즘 북경 영건을 국가의 대계로 삼고, 부득이 공사를 진행한다면 또 다시 민들을 힘들게 하는 것이다. 그리하여 짐은 늘 마음에 이를 품고 주야로 잊은 적이 없다. 누차 여러 관아에 명하여, 힘써 궁휼을 베풀도록 하였다"[240]라고 말하고 있듯이, 북경의 영건공사

---

237) 『明太宗實錄』 卷140, 永樂 11년 5월 乙巳條.

238) 『明太宗實錄』 卷202, 永樂 16년 7월 辛酉條.

239) 주(10)의 『北京史論文集』에 수록된 王劍英의 논문.

240) 『明太宗實錄』 卷80, 永樂 6년 6월 庚辰(3일)條에, "詔北京諸司文武群臣曰, 北京軍民數年之前, 或效力戎行, 或供億師旅, 備力艱難. 平定以來, 勞悴未蘇, 比以營建北京, 國之大計, 有不得已, 重勞下人. 然隱於朕懷, 不忘夙夜. 屢勅諸司, 務隆體恤(下略)" 라고 되어 있다. 조서에는 정난의 변 이후, 북경 영건공사가 더 부가되어짐으로 인하여, 북경 지역의 군민들에게 거듭 부담을 주고 있다는 데에서 ① 향후 북경 지

가 이미 시작되고 있었음을 확인할 수 있다. 또 5년에 북경 황성 내에서 공사가 시작되었다는 것은 각지에서 모은 민부나 장인들이 궁정 내부에 출입할 때, 종래대로 인수감(印綬監)에서 발행한 증표를 기초로 근무하게 하는 영이 나왔다는 것에서도 엿볼 수 있다.[241] 이와 함께 조영을 명목으로 한 북경의 개중법도 이 해에 시작되었던 것이다.[242]

확실히 이 시기에는 좁은 의미의 궁전 공사에 관한 기술은 별로 남아 있지 않지만, 여러 크고 작은 북경 인프라 구축을 위한 활동이 보이고 있다. 북경 동원의 날로 되어 있던 영락 5년 5월에는 물의 양이 감소하고 진흙으로 막혀 있던 북경 통혜하[243]에 대한 개수 공사가 시작되었다. 이 공사는 교외의 서호경 (西湖景)에서 통류(通流)까지 7개의 수문의 하도를 준설해 내고, 상류 창평현 동남쪽의 백부천(白浮川)에서 서호경 동쪽의 유수 하구까지 12개의 수문을 증설하는 것으로, 북경행부는 당초 민정 20만 명을 동원하여 공사를 추진할 것을 제안했다. 황제는 운량(運糧)군사를 이용해 하도(河道) 준설 공사를 실시하도록 하고, 수문을 설치하는 일에 대해서는 재차 심의하도록 명했다. 9월에는 서호경의 뚝 379장(丈)을 개수하였다.[244] 또 북경성 남쪽의 문명하(文明河)에서 통주에 이르는 구간의 통혜하를 정비하고, 5개의 수문에는 각각 거룻배 20척을 배치했다. 이러한 시설의 관리 운영은 수운이 발달한 호광·강서·하남 지방에

역의 관부에서의 불요불급한 일이나 각종의 매판 행위를 전면 중지하고, ② 이 지역으로의 이주민에게 부역을 3년간 면제하며, ③ 정난의 변 동안 처음부터 끝까지 報恩에 진력한 집(戶)에 대하여 위로하고 물질을 베풀어 주도록 할 것을 지시했다. 더불어 『皇明詔令』 卷5, 成祖文皇帝中, "賜河南等處租糧雜稅詔" 永樂 6년 3월 초6일에도, "比者, 營建北京宮殿, 需材於下, 國之大事, 誠非得已. 軍民趨事赴工, 盡力不懈"라고 되어있어, 자재 조달이 실제로 시작되었음을 말해주고 있다.

241) 正德 『大明會典』 卷147, 工部1, 造營1, 〈內府造作〉 事例, "永樂五年, 令各處上工人匠, 俱照舊印綬監起牌上工, 不許擅自拔取"

242) 『明宣宗實錄』 卷55, 宣德 4년 6월 丁亥條.

243) 通惠河에 대해서는 蔡蕃 『北京古運河與成市供水研究』(北京出版社, 1987) 및 졸고 「通州·北京間의 物流と在地社會 -嘉靖年間의 通惠河改修問題をてかかりに-」, 山本英史編 『傳統中國의 地域像』(慶應義塾大學出版會, 2000).

244) 『明太宗實錄』 卷67, 永樂 5년 5월 丁卯. 卷71, 동년 9월 甲寅條.

서 갑호(閘戶) 11호와 수부(水夫) 460명을 데려와 일을 담당시켰다.[245] 6년 4월
에는 경풍·평진·징청·통류·보제의 6갑이 설치되고 갑관 1명을 두었다.[246] 그
밖에 북경에 있는 각종 지신을 제사하는 제단과 사묘, 제기·악기 등을 수리했
다.[247] 5년에는 궁원(宮苑)을 관리하는 상림서를 상림원감으로 격상시키고 환
관으로 하여금 이를 겸무케 하였다. 그 아래에 양목(良牧)·번육(蕃育) 등 14서
를 두고, 산서나 산동으로부터 사민한 사람들에게 목양과 재배의 일을 담당하
게 하였다.[248] 마정(馬政) 관계로는 북경원마사 6감 24원이 증설되었다.[249] 5년
5월을 기해 전국에서 북경에 모인 군민의 장인이나 인부들은 수도에 상응할만
한 크고 작은 건설 공사에 동원되고 있었던 것이다.

4. 북경 순행의 결정과 서황후의 사망

영락 6년 8월 1일, 영락제는 북경 순행의 시기를 명년 봄이라고 지시하고, 예
부로 하여금 공후백·5군도독부·육부·도찰원·한림원 등의 중신들과 함께 사전
에 실시 요령(행해야 할 사항)을 협의하도록 했다.

> 이듬해 봄에 북경에 황제가 순행하는데, 예부에 명령을 내려 공후백·5부·6
> 부·도찰원·한림원 등 아문관을 만나 마땅히 해야 할일을 논의하게 했다.[250]

---

245) 『明太宗實錄』 卷67, 永樂 5년 5월 戊寅條.
246) 『明太宗實錄』 卷78, 永樂 6년 4월 乙酉條.
247) 『明太宗實錄』 卷68, 永樂 5년 6월 戊子條.
248) 『明太宗實錄』 卷65, 永樂 5년 3월 辛巳 및 卷67, 永樂 5년 乙卯條. 上林署는 북경
  궁전의 영건준비가 시작된 직후의 4년 10월에 上林苑을 개정한 것이다. 동서 卷
  60, 永樂 4년 10월 壬辰條. 원래 상림원은 홍무제가 민업을 방해한다 하여 설치를
  허락하지 않았기 때문에 원의 수도 大都留守 아래에 있던 상림서를 계승한 것이라
  고 생각할 수 있다. 『원사』 卷90, 百官志, 大都留守司, 上林署. 大都留守司에 대해
  서는 渡辺健哉, "元朝の大都留守司について" 『文化』 66卷 1·2호(2002)에 자세하게
  기록되어 있다.
249) 『明太宗實錄』 卷72, 永樂 5년 10월 戊戌條.
250) 『明太宗實錄』 卷82, 永樂 6년 8월 丙子朔, "上以明年巡狩北京, 命禮部會公侯伯·

예부가 주도해 순행 요령을 협의하였다는 것은 순행이 국가 의식으로 여겨져 있었기 때문이었다. 며칠 후인 4일에는 15개 항목의 실시 요령을 제출하여, 재가를 얻었다.[251] 그 내용은 ① 전국의 여러 관청이나 진수 총병관에게 순행 통지, ② 순행 동안의 상주나 조공 사절에 대한 건, ③ 통과하는 지방관청, 북경 관청에서의 황제 알현에 대한 지시, ④ 남경(南京)·효릉(孝陵)·봉양(鳳陽) 등지에서의 제사, ⑤ 호종하는 마보군의 진용과 시종하는 관원의 리스트(〈표 3〉 제1차 북경 순행 시의 시종관 리스트와 호종군 참조), ⑥ 호종하는 문무관에게 말·짐꾼 등 지급, ⑦ 지나는 경로 각 지역에서의 식량과 목초 지급, ⑧ 남경의 문무 군신에 대한 하사금, ⑨ 북경 도착 후의 하사금, ⑩ 황제 탄생일에 대한 건, ⑪ 호종관의 호패, ⑫ 북경 문무아문의 관인과 관방, ⑬ 지나는 지역의 부현 장관에 대한 근무평정 실시, ⑭ 봉양·사주에 있는 능호에 대한 하사 등으로 되어 있다.

1) 시종관 리스트(행재관)

표 3. 제1차 북경 순행에 있어서의 시종관 리스트와 호종군 편성

오부	도독 5명, 수령관 1명, 서리 6명
이부	당상관 1명, 문선 등 사사관 5명, 판사관 20명, 역사감생 40명, 인재 50명, 서리 10명
호부	당상관 1명, 북경 등 12사관 13명, 판사관 10명, 서리 24명
예부	당상관 2명, 의제 등 사사관 7명, 판사관 10명, 서리 12명, 주인국관 1명, 서리 1명, 장인 6명
병부	당상관 1명, 무선 등 사사관 7명, 판사관 5명, 서리 15명
형부	당상관 1명, 절강 등 12사관 12명, 판사관 5명, 서리 12명
공부	당상관 2명, 영선 등 사사관 10명, 판사관 20명, 서리 15명
도찰원	당상관 1명, 절강 등 12도 감찰어사 24명, 판사관 5명, 서리 24명
통정사	당상관 2명, 수령관 1명, 서리 6명

五府·六部 都察院 翰林院等衙門官會議合行事宜"
251) 『明太宗實錄』卷82, 永樂 6년 8월 己卯條.

대리시	당상관 1명, 좌우시관 6명, 서리 10명
태상시	당상관 2명, 수령관 1명, 서리 2명, 찬례랑 4명, 협률랑 1명, 사악 1명, 악무생 20명, 요리사 50명
광록시	당상관 3명, 수령관 1명, 서관 17명, 판사관 6명, 서리 3명, 요리사 1000명
홍려시	당상관 4명, 수령관 1명, 사빈서관 1명, 사의서관 1명, 서반 4명, 명찬 4명, 통효이어자(通曉吏語者) 약간명
한림원	내각관 3명, 시강·수찬·전적 등 관6명, 서재칙수재(書制勅秀才) 8명, 통역관감생 13명
상보사	관2명
	이과급사중 3명, 호과급사중 3명, 예과급사중 4명, 병과급사중 3명 형과급사중 3명, 공과급사중 3명
	중서사인 4명, 사고수재(寫誥秀才) 5명
행인사	행인 10명
태의원	당상관 2명, 어의 2명, 생약고(生藥庫) 관1명, 의사(醫士) 3분의2선발, 서리 3명
흠천감	관3명, 천문생 15명
교방사	봉란 1명, 소무 1명, 사악 1명, 배장·색장·악공 약간명

2) 호종마군(扈從馬軍)·보군(步軍)의 편성

재경	마(馬)·보(步)군 50,000만 명(마군 10,000, 보군 40,000) 가전군(마군 5,000, 보군 5,000) 오군(마군 5,000, 보군 3,5000) 매군(마군 1,000, 보군 7,000) 도지휘·지휘·천백호관령 금의위(장군 500명, 교위 2,500명, 역사 2,000명)
재외	마군 10,000명 산동1,400명 연주부에 주둔 섬서 2,500명 숙주에 주둔 요동 4,000명 하간부에 주둔 호광 1,100명 경성으로 보냄 하남 1,000명 탁주에 주둔

재외	보군 20,000명
	호광무창위·무창좌위 4,000명 봉양에 주둔
	악주·면양 2위 1,000명 봉양에 주둔
	안륙·양양·기주·황주 4위 2,000명 서주에 주둔
	하남남양·진주·신양 3위 1,500명 덕주에 주둔
	여녕위 1,000명 덕주에 주둔
	하남·홍농위 1,000명 대명에 주둔
	휴양·귀덕·영산 3위 1,500명 정주에 주둔
	직례선무·영국·안길 3위 4,000명 탁주에 주둔
	산서 태원 좌·우·전 3위 2,000명 탁주에 주둔
	평양·탁주 2위 2,000명 탁주에 주둔

그리고 11일에는 조서를 내려 이듬해 2월에 순행한다는 것을 내외에 포고하였다.[252]

조칙에 이르기를 성주(서주)는 낙읍을 건설하고, 이도(二都)를 처음 열었다. 유우(순)는 백성을 위해 힘쓰고, 무엇보다도 순성(巡省)을 중시하였다. 짐은 천하에 군림하고, 삼가 법에 따라, 나라를 통어할 초기에 이미 순천부를 승격하여 북경으로 삼았다. 지금 사해(四海)가 편안하고, 만민이 생업에 전념하며, 국가가 무사하다면, 이것은 지방을 때에 맞춰 살핌으로서 이루어진 것이다. 장차 내년 2월에 북경을 순행할 것이며, 황태자로 하여금 감국(監國)하고자 한다. 짐이 통과하여 머무르는 곳에서 친왕이 단지 왕성에서 멀지 않은 곳에 한해서 영접하게 한다. 군민 아문 관리들은 경내에서 조현(朝見)하고, 경과하여 지나는 곳 아니라면 출경하지 말도록 하라. 도중에서 사용할 일체의 음식 공급 비용은 모두 이미 준비되어 있으며, 백성들을 번거롭게 하지 않을 것이니, 여러 관청은 진헌함으로써 폐를 끼치거나 무리를 힘들게 하는 일이 없도록 하라. 내외에 포고하여 모두 널리 알도록 하라.[253]

---

252) 『明太宗實錄』卷82, 永樂 6년 8월 丙戌條.

253) 『皇明詔令』卷5, 成祖文皇帝 中, 永樂 6년 8월 11일「巡狩北京詔」, "奉天承運皇帝詔曰, 成周營洛, 肇啓二都, 有虞勤民, 尤重巡省. 朕君臨天下 祇率典彝, 統御之初, 已陞順天府爲北京. 今四海淸寧, 萬民安業, 國家無事, 省方以時. 將以明年二月巡幸北京, 命皇太子監國. 朕所經過去處, 親王止離王城一程迎接. 軍民衙門官吏人等於境內朝見, 非經過去處, 毋得出境. 道路一切飮食供給之費備, 皆已有備, 不煩於民, 諸司無得有所進獻科擾勞重. 布告內外, 咸使聞知". 이 조서는, 『明太宗實錄』卷82, 永樂 6년 8월 丙戌條에도 실려 있으나 수개 소에 글자의 차이가 있다.

조서의 후반 부분에는 유수를 맡은 황태자에게 남경감국을 명하고,[254] 순행의 경로에 해당하는 지방의 친왕이나 관리·군민이 순행 일행을 맞이할 때의 주의 사항도 지시하고 있다. 양사기에 의해 기초된 이 조칙은 문자 그대로 내외에 포고되었다. 예를 들면 외국에서는 조선 왕조의 하정사가 이 조칙의 초록을 남경에서 본국으로 가져왔다는 기록이 남아 있다.[255]

앞에서도 지적한 것처럼, 영락 4년 윤7월에 제안된 북경의 궁전 건설은 태조 이래의 남경=경사 체제를 변경하기 위한 천도로 인하여 이루어진 것이 아니라, 어디까지나 황제의 순행에 대비한다는 명목으로 착수된 것이었다. 황제 순행의 조서가 발해진 이 시점은 대목이나 전와 등 건설 자재의 수송이 바로 본격화되던 때로,[256] 당연한 일이겠지만, 아직 새 궁전이 완성되어 있었던 것은 아니다. 그럼에도 불구하고, 이 시기에 황제가 북경 순행을 결정한 것은 어떠한 경위에서였을까.

이 사이의 경위에 대해서는 다행히 한림원관 이시면의 손발이 된 심승의 '태복시 소경 심공 묘지명(太僕寺少卿沈公墓誌銘)'에 귀중한 기술이 남아 있다.[257]

> 영락 초, 공(公)은 무리를 이끌고 순수(巡狩)에 대하여 말하였다. 조회에 임하여 황제께 아뢸 상주문을 어전에서 읽었다. 백관들이 이것을 듣고 매우 해괴하게 여기고 굉장히 놀라, 이런 크고 중대한 일을 어찌 이렇게 쉽게 말할 수 있을까라고 생각했다. 하지만 태종황제만이 홀로 기뻐하며, 궁정신하들에게 명하여 즉시

---

254) 본서 제4장 「북경순수와 남경감국」.

255) 王直, 『抑菴文集』 卷11, 「少師泰和楊公傳」, "六年冬以巡狩北京詔天下 命公視草, 上稱善" 및 『朝鮮王朝實錄』 太宗 卷17, 9년 3월(永樂 7년) 己巳條. 이웃나라 조선은 영락 7년 2월에 하정사와는 별도로 순행을 경축하는 사절로 청평군 이백강을 남경에 파견하였다. 同卷, 9년 2월 辛丑條. 일본은 足利義滿의 遣使 昌宜 등이 영락 6년 11월에 조공하고, 12월에는 足利義持가 사신을 보내 부친 足利義滿의 죽음을 전하였으므로, 이 조칙을 받았을 가능성이 있다. 『明太宗實錄』 卷85, 永樂 6년 11월 丁卯 ; 卷86, 永樂 6년 12월 戊子條.

256) 『明太宗實錄』 卷80, 永樂 6년 6월 丁亥條.

257) 다만, 李時勉 자신은 영락 4년 3월부터 7년 봄까지 모친상을 당하여 강서에 가 있어, 남경에는 부재중이었기 때문에, 이 조회에 동석하지 않았을 것 같다. 『古廉文集』 卷12, 附錄, 彭琉 "李時勉行狀".

이것을 의론하여 시행하도록 했다.258)

이에 따르면, 한림원 서길사 심승(沈升)이 국정을 논하는 자리에서 북경 순행에 대한 상주문을 읽어 내려갔는데, 이것을 들은 관료들은 놀라 당황하는 가운데 있었으나, 영락제 혼자만은 좋아하고 정신(廷臣)들에게 즉시 심의하도록 명했다고 하고 있다. 『명태종실록』 권80, 영락 6년 6월 정해 조에는 그 때의 상주 개요가 실려 있다. 다섯 항목으로 된 상주 가운데, 두번째 항목이 순행에 관한 것인데, 이에 관련된 부분을 인용하면,

> 둘째로 아뢰기를 "신이 엎드려 듣자 하오니, 황상께서는 내년을 기하여 북경으로 순행하신다고 들었습니다. 가만히 생각해 보니, 순행이란 제왕(帝王)의 대사요, 사방만국, 구이팔만(九夷八蠻)의 사람들이 모두 나와서 조현(朝見)하는데, 이에 예식에서 군대의 위용이나 의장병의 활동은 삼가야 할 것입니다. 경위 호가의 관군을 성대히 하는 것 외에, 각 위소에서 미리 강건하고 용감한 군사를 선발하고, 수행인원을 늘린다면, 넉넉함과 명망에 경의를 표하게 되고, 뜻밖의 일에 족히 대비하게 되는 것이 될 것입니다. (중략)"라고 하였다. 황제가 이것을 보고 말하기를. "그 말은 모두 옳으니, 해당 관청으로 하여금 시행하게 하라"고 하였다.259)

라고 되어 있다. 이를 보면, 갑자기 북경 순행을 제안하였다고 하기 보다는, 실은 다음해에 순행을 실시하려고 한다는 황제의 의향을 듣고 심승이 순행의 호위에 관해서 맨 앞부분에 넣어 상주하였던 것이다. 상주문에서 순행할 때에는 호종하는 경위관군 외에 각지 위소에서 정예군을 선발하여, 호위하는 인원 배치를 성대하게 할 것을 제안하고 있다.

그리고 양사기(楊士奇)도 진원후 고성(顧成)의 신도비에서, 영락 6년 황제가

---

258) 『古廉文集』卷10,「太僕寺少卿沈公墓誌銘」, "永樂初, 公率重言巡狩事. 方朝會, 讀奏於廷, 百官聞之, 駭然驚異, 以爲此大事豈易言之. 而太宗皇帝獨喜, 命廷臣卽議行之"

259) 『明太宗實錄』卷80, 永樂 6년 6월 丁亥, "其二曰, 伏聞皇上以明年巡幸北京, 切惟巡幸者, 帝王之大事, 四方萬國, 九夷八蠻之人畢來朝見, 於此觀禮, 軍容儀衛, 不可不愼. 盛京衛扈駕官軍之外, 更宜於各衛所, 預選精壯勇銳軍士, 增益扈從之數, 庶足以聳瞻望備不虞. (중략) 上覽之, 曰其言皆是, 令所司施行"

북경 순행의 준비를 추진하고 있었다는 것을 언급하고 있다.

> (영락) 6년 천자의 수레가 막 북경에 순행하고자 하는데, 먼저 공(顧成)을 불러 태자의 감국을 보좌하게 했다. 공이 이르자, 상(황제)은 위로하기를 여러 번 거듭하는 한편, 공을 부른 까닭을 일렀다. 공이 말하기를 "황태자는 어질고 너그러우며, 공손하고 명철하여 부탁한 일을 수행하기에 족합니다. 더욱이 좌우 문무 신하들이 지혜와 학식이 매우 깊으니, 모두 어리석은 신이 거기에 미치지 못합니다"라고 하였다.[260]

영락 원년 이래, 귀주를 든든히 지키고 있던 고성을 일부러 불러 남경으로 소환한 것은, 황제가 순행에 즈음하여 그에게 황태자의 감국을 보좌하도록 하기 위함이었다고 말하고 있다. 실록에 의하면, 고성을 남경에 귀환시키는 칙유가 발해진 것은, 영락 6년 3월의 일이었다.[261] 고성은 황태자가 감국의 대임을 수행하기에 충분하다는 것과 보좌하는 문무관이 이미 존재하고 있다는 것 등을 이유로 고사했기 때문에, 이런 황제의 계획은 결국 실현되지 못하였다.[262]

그러면 황제는 왜 이 시기에 순행을 결정하였을까? 찬탈 즉위 후 6년이 지나, 영락정권도 안정기를 맞이하고 있었다. 또한 영락 초년 이래 현안으로 되어 있던 안남 문제도 영락 5년 5월에 마침내 '평정'되어 교지포정사사가 설치되어, 명조와 같은 부주현제가 시행되고 있었다. 더욱이 동년 9월에는 제1회 남해 원정에 파견되었던 정화(鄭和)가 '해적' 진조의(陳祖義)를 사로잡아 귀국하였고, 동시에 수마트라나 말라카 등 서양제국의 사절도 조공하고 있었다.[263] 확실히,

---

260) 『國朝獻徵錄』卷7, 侯1 楊士奇 〈鎭遠侯贈夏國公謚武毅顧成神道碑〉, "6年車駕將巡狩北京, 豫召公副太子監國. 旣至, 上慰勞再四, 且諭所以召公之意. 公言皇太子仁厚恭務, 明達足任付託. 且左右文武之臣, 其智識深長, 皆非愚臣所及"

261) 『明太宗實錄』卷77, 永樂 6년 3월 己未. 卷78, 동년 4월 戊申條.

262) 楊士奇가 찬한 神道碑 〈鎭遠侯贈夏國公謚武毅顧成神道碑〉(『國朝獻徵錄』卷7, 侯1)에 의하면, "蓋是時, 懷奪嫡志者, 不樂公在京師, 公獨知故, 先幾(機)引去也"라고 되어 있어, 황태자의 상속권을 폐하려는 사람들은 고성이 남경에서 황태자를 보좌하는 것을 싫어했기 때문에 귀주로 돌아갔다고 한다.

263) 山本達郎, 「鄭和の西征」, 『東洋學報』3卷 3·4호(1934). 寺田隆信, 『鄭和 –中國とイスラム世界を結んだ航海者–』(淸水書院, 1981).

북경 순행의 조서에서 말한 '사해청녕(四海淸寧)' '국가무사(國家無事)'의 시대를 맞이하고 있었다고 볼 수 있다.

그러나 이 순행의 정식 결정 시기와 관련하여 놓칠 수 없는 것은 7월 4일, 서황후 일주기를 마친 그 다음날 5일, 궁성 문루(文樓)와 무루(武樓)의 종과 북이 울리고, 황제가 오랜만에 길복으로 옷을 갈아입고 봉천문에 나가 정사를 돌봤다는 사실이다.[264] 그 다음 달 삭일에, 본 절 서두에서 언급한 것처럼, 황제가 북경 순행의 구체적 검토에 들어가도록 지시하였다.

그런데, 와병 중에 있던 서황후가 46세에 사망한 것은 전년 7월 4일의 일이었다. 서황후는 건국 공신의 우두머리였던 중산왕 서달의 장녀로, 홍무 9년 정월에 연왕 비로 책립되었으며, 그 후 30년 남짓 황제와 함께 생활하여 왔는데, 그런 서황후의 죽음은 영락제가 추진하고 있던 천도 계획에도 큰 영향을 줄 수 있는 일이었다.[265] 그렇게 말할 수 있는 것은 장차 서황후의 유해와 함께 황제 자신도 매장될 산릉(능묘) 건설지의 선택을 서두르게 하였기 때문이다. 천도를 결의하고 있던 황제로서는 능묘 건설지를 당연히 북경 근교에서 찾아야 했다. 북경 순행은 그 때문에라도 서두르지 않으면 안 되었던 것이다.

게다가 북경을 순행할 때, 서황후는 자신이 황제를 수행할 것을 강하게 희망하고 있었다. 서황후는 황태자에게 남긴 유언 가운데 생전에 실현될 리 없는 순행에 대해 언급했다고 한다.

> 황태자에게 유령(遺令)으로 남겨 말하기를 "(중략) 지난번, 황상은 내란으로 어려움을 당하여, 몸소 장사들을 거느리고 밖에 나가 있었다. 우리 모자는 북경에 머물러 있었는데, 적병이 포위하자, 장교·사민의 처들도, 모두 갑옷을 입고 투구를 쓰고, 화살을 지니고, 성으로 올라와 대오를 지어 진열하였다. 서로 협력하

---

264) 『明太宗實錄』 卷81, 永樂 6년 7월 庚戌·辛卯條.

265) 王宏凱, 「明成祖營建北京始于永樂4年考」(北京市社會科學院歷史所編, 『北京史研究(1)』, 1986)을 시작으로, 서황후의 사망으로 인한 장릉 건설이 북경 영건공사를 늦춘 한 원인이 되었다라고 지적하는 글이 많다. 그러나 천도 계획의 추진이라는 점에서 보면, 새로운 산릉(능묘)건설의 결정은 천도의 기정사실화에 크게 도움이 된 면도 있다고 생각된다.

고 마음을 하나로 모아, 죽음을 무릅쓰고 성을 고수했다. 내란이 평정되자, 우리
들은 중궁(中宮)에 자리하여 부귀가 이미 대단했지만 장교·사민들의 처들은 아직
까지도 거기에 상응한 보답을 받지 못하였다. 요즘 듣자하니, '황제께서 장차 북
경을 순수하려 한다'고 한다. 내 생각은 종행(從行)하고, 실로 은택을 입어 그렇게
되기를 원하였지만, 지금 나는 그렇게 되지 못하는구나. 네가 이 내 마음을 잘 헤
아려 준다면, 황천에 가서도 한이 없으리라"라고 하였다.266)

　서황후로서는 정난의 변이 한창 일어나고 있을 때, 연왕이 부재중이었던 북
평성을 사수하느라 애쓴 장교나 사민의 아내들에게 그 보상이 충분히 이루어
지지 못한 것이 마음에 걸렸다.267) 순행의 실현은 이런 보상이 이루어질 수 있
는 좋은 기회가 될 수 있었다. 다만, "요즘 듣자하니 황제께서 장차 북경을 순
수하려 한다"라고 기술되어 있는 것을 보면, 서황후 생전부터 화제에 올랐던
북경 순행이 서황후 사망 일주기를 맞이할 때까지 연기되어 있었다고 생각할
수 있다.

　부언하면, 북경 순행을 그토록 기대했던 서황후를 대신하여 황제와 동행한
사람은 현비 권씨였다. 권씨는 영락 6년 조선에서 최초로 진공된 다섯명의 처
녀 가운데 한 사람이었다. 그녀는 가선대부 공조전서 권집중(權執中)의 딸이었
다. 순행에 앞서 현비로 책립되어 북경 순행뿐만 아니라 몽골친정에도 동행하였
는데, 제1차 순행에서 남경으로 돌아오는 도중에 진정부 임성현에서 죽게 되어,
산동의 연주부 역현(嶧縣)에 매장되었다.268)

---

266) 『明太宗實錄』卷69, 永樂 5년 7월 乙卯, "遣令皇太子曰, (中略) 往者, 皇上遭罹內
　　難, 躬率將士在外. 吾母子留北京, 敵兵圍, 將校士民之妻, 皆擐甲冑, 挾矢石, 登城列
　　陳, 協力一心, 以死固守. 及內難平, 吾正位中宮, 富貴已極, 而將校士民之處, 至今報
　　賚未稱. 吾寢食未嘗忘. 近聞皇上將巡狩北京. 意願從行, 將請恩澤及之, 而吾今不逮
　　矣. 爾能體吾心, 九泉無恨. (하략)"

267) 다만, 영락 원년에 한 차례, 북경성과 통주성을 지킨 부인들에 대한 등록과 보상
　　이 이루어진 일이 있었다. 『明太宗實錄』卷19, 永樂 元年 4월 甲戌條.

268) 『朝鮮王朝實錄』太宗 卷17, 9년(永樂 7년) 4월 甲申條. 『明史』卷113, 皇后 列傳, 恭
　　獻賢妃權氏傳. 『明太宗實錄』卷88, 永樂 7년 2월 己卯. 현비 권씨에 대해서는, 末
　　松保和, 「麗末鮮初における對明關係」原載 194. 후에 『末松保和著作集』5卷(吉川
　　弘文館, 1996) 收錄, 王崇武, 「明成祖朝鮮選妃考」『中央硏究院 歷史言語硏究所集

5. 순행의 준비와 출발

영락 6년 8월 순행의 실시 요령이 정해지자, 대운하 순시에 임하고 있던 호부상서 하원길(夏原吉)이 맨 먼저 남경에 불려왔다. 순행에 대한 구체적 준비를 위해서였다고 생각된다.[269] 9월에는 산동·섬서·요동·호광·하남·산서 도사에 칙명을 내려, 예부가 제안한 인원수에 따라 정예 기사와 보병을 골라, 이듬해 정월 5일까지 소정의 지방에 도착하여 호종에 대비하도록 지시하였다.[270]

이어서 황제를 수행하는 행재관을 선출했다. 이보다 앞서 6년 12월에, 예부에 명해 이들 관이 사용할 관인을 주조하도록 했다.[271] 문무관으로는, 중군·좌군·우군·전군·후군의 오군 도독부, 이부·예부·호부·병부·형부·공부의 육부, 도찰원·대리시·금의위의 인장 등 총 14과(顆:인장을 세는 단위)의 관인이 만들어졌다. 이 인장에는 '행재'라는 두 글자를 덧 붙였다. 내부관으로는, 상선등감·석신등사·병장국 등의 인장 16과가 만들어졌는데, 여기에는 '수가(隨駕)'라는 두 글자를 첨가하였다.

행재관 가운데에서 제일 우두머리에 있던 사람은 하원길로, 그는 행재호부상서 외에 행재예부·병부·도찰원사도 관장하도록 명해졌다.[272] 그리고 순행동안에 몽골친정이 시작되자, 하원길은 북경에 남아 황태손을 보좌하도록 되어있었고, 행재 이부·호부·병부 삼부의 일도 겸하도록 한 적도 있었다.[273] 그 밖에 상서 급에서는 예부상서 조공(趙羾), 공부상서 오중(吳中)이 호종하도록 되어있었고, 조공은 행재 형부도 겸했다. 함께 수행한 병부시랑 방빈(方賓)은 북경도착 후 즉시 행재 병부상서로 승진하였고, 행재 이부도 겸했다.[274]

　　刊』 17本(1948) 참조.
269) 『明太宗實錄』 卷82, 永樂 6년 8월 癸巳條.
270) 『明太宗實錄』 卷83, 永樂 6년 9월 丁未條.
271) 『明太宗實錄』 卷86, 永樂 6년 12월 甲辰條.
272) 『明太宗實錄』 卷88, 永樂 7년 2월 辛巳條.
273) 『明太宗實錄』 卷101, 永樂 8년 2월 辛丑條.
274) 『明史』 卷111, 七卿年表1.『明太宗實錄』 卷89, 永樂 7년 3월 甲子條.

근시관(近侍官)으로는 한림학사 호광, 시강 양영(楊榮)·김유자 등이 호종의 명을 받았다. 양영은 전년 10월에 죽은 어머니의 상을 당하여 고향으로 돌아가려 했지만, 황제가 특별히 탈정 기복하도록 하여 황제를 호종하였다.[275] 순행 동안 지나는 각처에서는 호종하는 관원에 대해 식량과 말의 마초를 공급하도록 규정하였다. 규정을 보면, 관원에게는 일당으로 식량 2승, 말에게는 사료 4승·여물 한 속, 당나귀에는 사료 1승·여물 한 속이 지급되었다.[276] 순행 경로에 있는 부주현의 산천 제신과 전대의 제왕 능묘에 대해서는 예부상서로 하여금 정신(廷臣)을 골라 제사하도록 하였다.[277]

한편, 북경에서는 영락제를 맞이할 준비를 하였다. 7년 정월에, 옛 연왕부의 궁전과 대문을 황제의 행재소에 상응하는 명칭으로 바꾸었다. 순행을 위해서 지어져야 할 궁전이 아직 지어지지 않은 이상, 행재소는 옛 연왕부의 궁전으로 사용할 수밖에 없었다.[278] 또 조공 사절단이 행재소로 와서 내조할 것에 대비하여, 순천부의 연태역(燕台驛)을 고쳐 거기에 북경 회동관을 설치했다.[279]

7년 2월 8일(신사), 영락제는 천지·종묘·사직에 각각 북경 순행을 보고한 후에, 그 다음 9일(임오)에 경사 남경을 떠났다.[280] 순행 행렬의 코스는, 저주(滁州, 10일 계미)·봉양(15일 무자)·서주(徐州, 20일 계미)·제녕주(濟寧州)의 행전(行殿, 27일 경자)·동평주(東平州, 29일 임인)·경주(景州, 3월 8일 신해)·하간주(河間州, 9일 임자)·탁주(涿州, 15일 무오)를 거쳐, 19일(임오)에 북경에 도착했다. 40여 일 간의 행정이었다.

북경에 도착하자, 황제는 그 날로 봉천전 섬돌에 제단을 마련하고 천지신에

---

275) 『明太宗實錄』 卷87, 永樂 7년 正月 辛亥條. 楊榮, 『文敏集』 부록 「楊公行實」.

276) 『明太宗實錄』 卷82, 永樂 6년 8월 己卯條.

277) 陳璉 『琴軒集』(『聚德堂叢書』 수록) 卷5, 「送鄭主事·張協律代祠會北京序」.

278) 『明太宗實錄』 卷87, 永樂 7년 正月 癸丑條. 북경의 행재소에는, 남경의 궁성에 대응하는 명칭이 붙여졌다고 생각된다. 奉天殿 외에, 실록에는 『西角門』(卷99, 永樂 7년 7월 甲戌), 『右順門』(卷97, 永樂 7년 10월 乙卯) 등이 보인다.

279) 『明太宗實錄』 卷82, 永樂 6년 8월 辛巳, "設北京會同館, 改順天府燕台驛爲之, 置大使·副使 各一名"

280) 『明太宗實錄』 卷88, 永樂 7년 2월 辛巳, 壬午條.

제사하여 고하였다. 여기에서 말하는 봉천전이란, 전술한 것처럼 행재소가 된 옛 연왕부 내의 궁전을 가리키고 있다. 북경의 산천과 성황신에게는 따로 관원을 보내어 제사 지내게 했다.[281] 그러나 본장 제2절에서 전술한 순행 시의 사직단에 대한 언급은 없고, 옛 연왕부의 국사·국직을 이용한 흔적도 없다. 이때에는 남경에서 사직단의 신위를 가져오지 않았기 때문일 것이다. 그 후, 황제는 봉천전에 나가 문무 군신의 조하(朝賀)를 받았다. 8일 후인 27일에는 북경의 관료와 기로(耆老)들을 불러 대 연회를 베풀었다.[282]

6. 순행 중의 활동

영락제는 순행에 앞서 예부상서 여진(呂震)에게 "짐이 지금 순수하려는 것은 무릇 옛 사람들이 두루 천하를 순시하여 백성들의 상태를 살피고 교화를 베풀었다는 것에 기인하고 있다"라고 말해, 순행이 고대 이래의 군주가 하듯이 사방을 순행해 민정을 살피는 것에 있다고 하였다.[283] 그러나 영락제의 순행은 진시황제의 경우와는 달리, 명제국의 각지를 돌아다닌 것은 아니다. 황제는 세 번에 걸쳐 순행하였는데, 모두 북경을 향해서 출발하였고, 그 경로도 거의 같았다. 오히려 원조 시대에 대도와 상도를 오가며 이루어진 양도(兩都) 순행제와 유사한 면을 발견할 수 있다. 그렇지만, 영락제의 순행은 유목민의 생업이나 심성에서 우러나온 여름철과 겨울철에 반복되었던 계절적 이동과는 달랐던 것이다.

북경에서 체재하는 기간이 1년이 넘을 정도로 장기간에 걸쳐 이루어진 것도 한 특징이다. 순행에 따른 양경체제는 명조 창설 후 얼마 되지 않은 홍무 원년 8월에 제정된 남경(금릉)과 북경(개봉)의 양경제[284]가 있었으니, 그 전례가 없는

---

281) 『明太宗實錄』 卷89, 永樂 7년 3월 壬戌條.

282) 『明太宗實錄』 卷89, 永樂 7년 3월 庚午條.

283) 『明太宗實錄』 卷87, 永樂 7년 正月 甲寅條.

284) 『皇明詔令』 卷1, 太祖 皇帝 上, 「初定南北京詔」洪武元年 8月 初一日, "朕觀中原土

것은 아니다. 그러나 당시의 개봉은 대도(大都)나 서북 지방 공략을 위한 베이스 캠프라는 역할이 주였다. 그러므로 수도로서의 역할은 거의 하지 못한 채, 유명무실하였던 것이다. 그렇기 때문에 제1차 순행 때 순수송(巡狩頌)을 바친 저주의 지주 진련(陳璉)도 그 순수송 가운데, 홍무제는 30여 년의 재위 기간 동안에 '순수의 예'를 치를 겨를이 없었다고 말하고 있다. 당시 사람들의 인식으로 말한다면, 순행은 명조로서는 지금까지 전례가 없는 것이라고 여기고 있었던 것이다.[285]

여기에서는 남경에서 북경으로 향하는 순행 퍼레이드 기간과 북경 체재 기간으로 나누어 활동을 정리하고자 한다. 물론 북경 체재 기간 동안에 행해진 몽골친정도 포함시켜야 할 일이지만, 그것은 선행 연구[286]에 미루고 여기에서는 대상으로 삼지 않겠다. 다만 한 가지 굳이 지적해 두고 싶은 것은 몽골친정을 위해서 북경 순행을 한 것은 아니었다는 것이다. 이 점은 타타르부의 본아실리(本雅失里) 토벌을 위하여 대장군에 임명되었던 기국공 구복(丘福)이 여구하(臚朐河)에서 전군 궤멸하는 예기치 않은 대패를 당함으로써 순행 기간 동안에 영락 8년에 시작한 몽골친정이 북경에서 계획되고, 그 후 남경에서 감국하고 있던 황태자에게 통지되었다는 사실로서도 분명히 알 수 있다.[287]

처음 남경에서 북경으로 향하던 행렬 기간 동안의 활동을 보면, 먼저 지방의 민정 시찰의 예로서, 노인 위로와 지방관의 근무평정 등이 있다. 전자의 예로는 급사중이나 감찰사를 파견하여 순행 시에 통과하는 지방의 고령자를 위로했다. 80세 이상의 사람들에게 고기 5근과 술 3말을, 90세 이상에게는 거기에 더하여 비단 1필까지 더해 주었다. 또 제2차 순행을 끝내고 남경으로 돌아올 때

壤, 四方朝貢, 道里適均, 父老所言, 乃合朕志, 可不從乎. 然立國之規模固大, 而興王之根本匪輕, 以其金陵·大梁爲南·北京, 朕於春秋往來巡狩駐守, 播告爾民, 使知朕意. 至於立宗廟建宮室定朝市, 南京旣創置矣. 北京其令有司次第擧行"

285) 陳璉, 『琴軒集』卷1, 「巡狩頌」. 瑚璉

286) 和田淸, 「明初蒙古經略」『東亞史硏究(蒙古篇)』(東洋文庫, 1959).

287) 『明太宗實錄』卷96, 永樂 7년 9월 乙亥 및 戊寅, "遣書諭皇太子曰, 比遣淇國公丘福等, 率兵征勦北虜(中略), 皆沒於虜, 軍士皆馳還. (中略) 今選將練兵, 來春朕決意親征. 凡國家之事, 爾當愼重 不可忽也"

에도 관례에 따라 노인들을 위로해 주었다.[288]

지방관의 근무평정에 대해 살펴보면, 순행으로 통과하는 부주현에는 사전에 어사 등을 보내어 지방관의 현부(賢否), 곧 지방관이 어질고 사리에 밝은 지, 그렇지 못한 지를 조사하여 상벌을 내렸다.[289] 산동의 문상지현(汶上知縣) 사성조(史誠祖)는 어사가 조사한 결과 '치행(治行) 제일'이라 여겨져 수륙 교통의 요충지인 제녕주(濟寧州) 지주로 승진되었다. 한편, 역주(易州) 동지(同知) 장등(張騰)은 '탐포학민 십 수건'이 밝혀져 투옥되었다.[290] 저주(滁州) 지주 진련(陳璉)도 '치행(治行) 최고로 뛰어남'으로 평가되어 양주지부장저주사(揚州知府掌滁州事)로 특별히 승격하였고, 황제가 저주를 통과했을 때, 전술한 것처럼 '순수송(巡狩訟)'을 받들어 올리기도 하였던 것이다.[291]

또 영락정권 성립 이후에 노쇠를 이유로 퇴직당해 향리로 물러가 있던 퇴직 관료들을 순행 기간 동안에만 일시 장인관(掌印官)으로서 지방 장관에 복직시키기도 하였다. 부주현마다 한 명으로 한정하여 복직시켰는데, 맨 처음 유언재(留彦才)를 시작으로 92명이 관직에 종사하였다.[292] 이러한 조처는 노련한 관원을 배치해 지방을 안무한다는 명분을 가지면서, 이 순행이 영락제의 선정을 인상 깊게 하려는 '방안'의 의미도 가지고 있었다는 것을 잘 보여주고 있다. 황회(黃淮) 『개암집』 권7,「남강현지치사서공묘비명(南康縣知致仕徐公墓碑銘)」에는 절강 태주부 황엄현(黃巖縣)의 유력한 종족 서명선(徐明善)이 영락 7년의 순행 때에 발탁되어 어사로 복직되었다고 적혀 있는데, 이러한 조처는 지방관만이 아

---

288) 『明太宗實錄』 卷88, 永樂 7年 2月 乙亥 ; 卷180, 永樂 14年 9月 戊申條.

289) 『明太宗實錄』 卷82, 永樂 6年 8月 己卯條.

290) 『明太宗實錄』 卷93, 永樂 7年 6月 壬寅朔條.

291) 陳璉, 『今軒集』 卷1,「行狀」, "(永樂) 7年 2月聖駕巡幸, 經滁上巡狩訟. 時吏部都察院 奉勅差官 考察直隷府州縣官吏. 工部郎中王肅·禮部員外郎左洋·監察御史方霖到州 考, 得公廉以律己. 公以服人, 農桑勸擧, 學校修明, 民無催科之擾, 咸樂其生, 吏有準 繩之法, 皆革其弊, 治有異效. 因召至京, 議欲昇擢(하략)"

292) 『明太宗實錄』 卷88, 永樂 7年 2月 丙子條. 영락 2년에 揚州府江都典史로 있다가 은퇴한 羅崇도 湖廣의 黃州府 麻城縣에서 현의 일을 보았다. 楊士奇, 『東里續集』 卷16,「恭題勅諭致仕官羅崇後」.

니라 어사 등 경관(京官)에 이르기 까지도 미치고 있었다는 것을 알려주고 있다.

순행 도중에는 종종 정난의 변으로 인한 전몰 군인 위령제도 지냈다. 일찍이 격전지였던 영벽·백구·동창·진정·협하·고성·패상 등을 지날 때, 이들 지역에 승려를 보내어, 3일간 주야로 법요식을 거행하고, 그 뒤 전몰장병들에게 공물을 바쳤다.[293] 또 도중에 있는 봉양이나 사주 등지에서는 황릉을 지키는 능호나 친척·기로들을 맞이한 사람들에게 보초(寶鈔)를 내려 주었고, 제녕주에서는 마중 나온 노왕 조휘(肇輝)를 행전(行殿)으로 초대하여 술과 음식을 제공하며 후하게 대접하였다.[294]

이 외에 순행 행렬에는 조옥(詔獄)의 죄수들에게도 가마를 메고 따르게 했다. 이를 '수가중수(隨駕重囚)'라 한다. 예부주사 윤창륭(尹昌隆)은 예부상서 여진에 맞서 대립하다가 금의위의 감옥에 갇혀 있었는데, 제2차 순행 때에 수가중수로서 행렬에 동원된 자 가운데의 한 사람이 되었다.[295]

다음으로 북경 체제 동안의 활동을 보겠다. 황제는 사전에 북경의 기로·군민들에게 칙유를 발하여, 각 사람들로 하여금 억울한 죄가 있다면 자진하여 진술하도록 하였다.[296] 북경에 도착한 후에는 정난의 변 당시 싸움에 나섰던 장사와 이 일에 시종 협력한 북경 사람들에게, 십악을 제외한 모든 죄를 다 사면해주는 시혜를 베풀었다.[297]

제1차 순행은 영락제가 즉위한 후 맨 처음으로 이루어진 북경으로의 귀환이었다. 이때 정난의 변에 협력한 북경 관리나 군민에게 대규모의 하사가 이루어졌다. 특히, 과거 북평성 방위에 참가한 관리의 처나 군민 집 부녀들에게 비단과 면포를 하사하였는데, 이것은 전술한 것처럼 죽은 서황후의 유언에 따른 것

---

293)『明太宗實錄』卷88, 永樂 7년 2월 丙子·己丑條.

294)『明太宗實錄』卷82, 永樂 6년 8월 己卯 ; 卷88, 永樂7년 2월 更子條.

295) 史鑑,『西村集』卷6, 尹昌隆傳,"上乃命逮昌隆下獄. 尋遇赦復官. 丁父憂歸, 後起復
　　至京, 往謁(呂)震. 震溫言接之, 入理前奏. 詔繫昌隆 錦衣衛獄, 且籍其家. 上方巡狩
　　西(北)京, 凡下詔獄者, 率輿載以從, 謂之隨駕重囚. 昌隆如焉"

296)『明太宗實錄』卷86, 永樂 6년 12월 庚辰條.

297)『明太宗實錄』卷89, 永樂 7년 3월 丙寅條.

이었다.298) 영락 5년 이래 조영에 종사한 감독관이나 기군(旗軍), 복역한 장인 (匠人)에 이르기까지 모두 보초(寶鈔)를 내려주었다. 북경 소속 문무 관원의 조현(朝見)도 중요 활동 가운데 하나였는데, 이때 대상자는 혼란을 피하기 위해 각 관아마다 장인관(掌印官) 1명씩으로 제한하였다. 299) 또 그 해 영락 7년 7월 에는 북경에서 서황후의 3주기(再朞)를 맞이하였는데, 이때 영락제는 승려나 도사들이 함께 경수사(慶壽寺)와 백운관(白雲觀)에서 각각 14일간에 걸친 성대한 법요(齋醮)를 거행하도록 했다. 이때 황제는 3일간 조정을 쉬고, 서각문(西角門) 에 나가 정무를 보았다.300)

제2차 순행 때에는 북경 근교의 백하 근처에서 수렵을 하기도 하였다. 14년 에는 동쪽으로는 백하, 서쪽으로는 서산, 남쪽은 무청, 북쪽은 거용관, 서남쪽 으로는 혼하 일대에 이르는 광대한 지역을 금렵구역으로 설정하였다.301)

물론 행재소가 된 북경의 행정적인 조직도 정비해 나갔다. 우선 먼저 순행 에 앞서 순천부 세과사(稅課司)를 도세사(都稅司)로 고치고 여정문선과사(麗正 門宣課司)나 문명문분사(文明門分司) 등 상세 징수 관청을 설치하였다.302) 제1차 의 순행 기간 동안에는 북경 보초제거사(寶鈔提擧司)·초지인초국(抄紙印鈔局),303) 북경 광록시의 대관·양온·진수·장해 등 사서(四署),304) 북경 행용고·대통관305) ·황성사문창·장안문공용고·동안문주방306) 등이 설치되었다.

또 북경 주변의 자형관·거용관·고북구·희봉구·동가구·산해관의 육관구

---

298) 『明太宗實錄』 卷89, 永樂 7년 3월 癸亥條.

299) 『皇明詔令』 卷5, 成祖文皇帝中 「諭畿屬朝見勅」 永樂 7년 正月 初十日.

300) 『明太宗實錄』 卷94, 永樂 7년 7월 甲戌條.

301) 『明太宗實錄』 卷169, 永樂 13년 10월 甲申條. 孫承澤, 『春明夢餘錄』 卷62, 上林苑監.

302) 『明太宗實錄』 卷84, 永樂 6년 10월 癸巳條. 졸고 「明代前期北京の官店撞房と商 稅」 『東洋史硏究』 49卷 1號(1990).

303) 『明太宗實錄』 卷91, 永樂 7년 閏4월 丁卯條.

304) 『明太宗實錄』 卷92, 永樂 7년 5월 戊子條.

305) 『明太宗實錄』 卷93, 永樂 7년 6월 甲辰條.

306) 『明太宗實錄』 卷98, 永樂 7년 11월 丁亥條.

에 감합(勘合)을 마련해, 공무로 출관할 경우 증명서로 삼도록 하였고,[307] 주변의 선화·청평·거용·유림·진안·회래·선성·영원·위원·덕승 등에 역을 설치했다.[308] 이들은 단순히 북변 방위의 정비라는 차원에 머무르지 않고, 행재소와 북방 지역과의 교통을 고려하여 마련한 것이었다고 할 수 있다.

7. 천수산의 조영

지금까지 살펴 본 제1차 순행 동안의 활동 이외에 또 하나 중요한 활동은 황제 자신의 산릉(능묘)인 '천수산(天壽山)'의 조성이다. 전술한 것처럼 영락 5년 7월에 서황후가 사망하자, 산릉을 어디로 선정할 것인가가 초미의 관심과 과제가 되었다. 물론, 태조 홍무제가 자신의 유조 가운데 남경에 마련한 효릉을 개변하지 못하도록 금해 놓은 이상,[309] 효릉을 옮기는 것은 도저히 불가능했다. 그러나 전술한 바와 같이 영락제 자신은 일찍이 북경 천도를 구상하고 있었기 때문에 자신이 매장될 산릉은 새로운 수도 주변에서 찾아야만 했다.[310]

---

307) 『明太宗實錄』 卷90, 永樂 7년 4월 丙戌條.

308) 『明太宗實錄』 卷93, 永樂 7년 6월 丁未條.

309) 『皇明詔令』 卷3, 太祖高皇下 「遺詔」 洪武 31년 윤9월 초10일, "凡葬祭之儀, 一如漢文勿異. 布告天下使知朕意. 孝陵山川因其故, 無所改." 태조 효릉을 개변하지는 않았다고 하더라도, 그 능침에서 멀리 떨어진 북경으로 수도를 옮긴다는 것은 예제 면에서 바르지 않다고 당시 의식되어 있었다는 것은 후술할 제4장에서 홍희제가 황태자를 남경에 파견할 때 한 말에서도 알 수 있다. 『明宣宗實錄』 卷1, "洪熙元年春, 南京屢奏地震. (中略) 仁宗曰, 非皇太子不可. 太子仁德威望, 足以服人心, 人心安, 卽天意定矣. 況太祖皇帝陵寢奉違已久, 朕夙夜在念"

310) 劉毅, 「明代 帝王 陵墓選址規則研究」 『中國社會史評論』 3卷(中華書局, 2001)은 천도 조서가 나오기 이전에 북경에 산릉(능묘)을 선택하고 있는 것에 주목해, 영락제 제위 찬탈의 오점을 말소하고, 또한 효릉의 동편에 이미 매장된 의문태자 아래에 부장되기가 싫었다고 하는 정치상의 이유로 남경의 태조능 근처에 묻히는 것을 바라지 않았다고 서술하고 있다. 천도의 결정은 아직 발표되어 있지 않았지만, 지금까지 언급해 온 것처럼 순행 등의 천도 계획이 일단 추진되고 있는 이상, 남경이 아니고 장차 수도가 될 북경 주변에서 능지를 구한다는 것은 영락제로서는 당연한 일이었다고 생각한다.

영락 6년, 황제는 일찍이 예부상서 조공(趙羾)에게 칙명을 내려 북경에 가서 산릉의 후보지를 찾아보도록 하였다.[311] 조공은 강서의 역술인 요균경(廖均卿)[312]을 데리고 창평현에 이르렀다. 이 산 저 산을 빠짐없이 조사한 후, 마침내 창평현의 동쪽 황토산에 최고로 길한 땅을 찾아내었다. 땅을 봐 두었다는 보고를 받자, 황제 자신도 그 현지를 시찰하고 나서, 이곳을 '천수산'이라고 명명했다.[313]

천수산 공사는 무의백 왕통(王通)을 감독으로 명했다. 또 산릉의 땅 선정 임무를 맡은 요균경 등이 관직과 보상을 받았다. 서황후의 3주기를 눈앞에 둔 7년 5월 8일, "산릉을 창평현에 조성한다. … 이 날, 무안후 정형(鄭亨)을 보내 착공 제사를 드리도록 하였다"[314]라고 되어 있듯이, 공사 착공을 위한 제사를 드렸다. 황제가 북경에 도착한 것은 그 해 3월 19일(임술)이므로, 북경 도착 후 50일 남짓 되어 산릉(능묘) 건설에 착수하였던 것이다. 이러한 점으로 보아, 능묘 건설은 순행 당초부터 예정된 활동이었음이 분명하다.

〈옮긴이 주〉 명대의 장릉(長陵)에 관한 자세한 내용에 대해서는 양관 지음,『중국 역대황제릉(陵寢)제도』(장인성·임대희 옮김, 서경, 2005) 제5장, 8명청능원의 특색을 참조.

311) 楊榮,『文敏集』卷18,「故資政大夫刑部尙書趙公神道碑銘」에, "趙公, (中略) 戊子(六年), 仁孝皇后崩逝, 勅公詣北京卜山陵, 告成, 膺저楮幣之賜"라고 있다.『明英宗實錄』卷20, 正統 元年 7월 戊申條.

312) 廖均卿은 金幼孜,『金文靖集』卷8,「廉泉書舍記」에 의하면, 강서의 贛州府 흥국현 衣錦鄕 사람으로 되어 있다. 남송 이래, 음양가의 대종으로 알려져 있었으며, 그 법술로 인해 '靈臺' 즉 천문박사에 임명되었다. 이「廉泉書舍記」를 쓴 김유자도 같은 강서(臨江府 新淦縣) 출신으로, "고향 관계로 서로 오가고 했다"고 하고 있는 것으로 보아 북경에서도 강서 사람으로서의 관계를 서로 맺고 있었다고 판단된다. 蔣一葵,『長安客話』卷4, 郊坰雜記「天壽山」에는 山東兗州府 寧陽人 王賢도 영락 7년 유사로 추천되어 산릉 선택에 참가했다고 하고 있다. 그러나 姚夔가 쓴「明故正義大夫資治尹順天府尹王公墓誌銘」(『姚文敏公遺藁』卷9)에는 그에 대한 언급이 전혀 없으므로, 여기에서는 따르지 않았다. 마찬가지로 청의 王弘撰,『山志』2集 卷1,「大明世系」도 葉盛의 설로서 고려인 왕현이 선정했다고 하는 일설을 소개하고 있다.

313) 孫承澤,『天府廣記』卷40, 陵園.

314)『明太宗實錄』卷92, 永樂 7년 5월 己卯條.

8년 2월에는 행재공부상서 오중(吳中)이 산릉 영건에 종사할 장인들과 민부를 산동·산서·하남·북경행부 및 절강 등의 포정사나 직례의 부주현에서 징발하고, 북경 근방의 위소에서 군사를 동원할 것을 제안하였는데, 그 안이 받아들여졌다.[315] 영건 종사자에 대한 동원은 그 달에 몽골친정이 있었기 때문에, 당시까지 주로 북경에서 동원되었던 군사와는 별도로 민부나 군사가 징발되었을 것이다.

같은 해 9월, 황제는 제1차 순행을 마치고 남경으로 귀환하기에 앞서, 천수산에 행차하여 공사 진척 상황을 살펴보았다. 그리고 이때 참여한 장인과 군민을 위로하고 교초를 하사하였다.[316] 황제의 이러한 행동도 제1차 순행 동안의 주된 활동 가운데의 하나가 천수산 조영의 착수에 있다는 것을 잘 보여주고 있는 내용이다.

10년 3월, 공사 개시 이후 3년이 경과하여, 천수산의 산릉 공사가 거의 완성되었다고 생각하여, 장역(匠役)의 집에 차정(次丁)이 없는 자를 모두 원적(原籍)으로 되돌려 보내었다. 감독하고 있던 무의백 왕통에 칙명을 내려 이들이 통과하는 주현에서는 행량(行糧)을 지급해 주도록 하였다.[317] 12월에는 천수산 조영에 종사하는 민부나 장인으로 교체할 자가 있을 경우에는 원적으로 돌아가게 하였고, 지방관에게 여비를 지급하게 하였으며, 병자에게는 약을 제공해 주도록 하였다.[318] 황제는 그 외에 천수산 조영에 종사한 장인들을 위무하고 진휼하는 데 많은 관심을 보였다. 건축 기술자가 사망할 경우, 황제가 직접 관리를 파견하여 장례와 제사를 치르게 할 뿐 아니라, 3일간 밤낮 법요를 거행하게 하고, 유해를 향리의 땅에 매장하도록 하였다. 그리고 그런 집에 대하여 요역 2년

---

315) 『明太宗實錄』 卷101, 永樂 8년 2월 己酉, "行在工部尙書吳中言, 常建山陵合用工匠·民夫請於山東·山西·河南·北京及浙江等布政司·直隷府州縣徵用, 北京旁近衛所亦宜量撥軍士. 從之. 仍命有司月給糧賞"
316) 『明太宗實錄』 卷108, 永樂 8년 9월 己巳條.
317) 『明太宗實錄』 卷126, 永樂 10년 3월 戊申條.
318) 『明太宗實錄』 卷135, 永樂 10년 12월 戊午條.

을 면제하는 조처를 취하기도 하였다.[319)

11년 정월에는 천수산릉이 '장릉(長陵)'으로 명명되었다.[320) 그 능호는 한의 고조나 북위의 효문제의 능과 같은 이름이다. 공사가 거의 완성되던 5월, 장인·군사·민부에게 교초와 폐백을 하사했다. 공사 감독관 왕통에 대해 "지금 일이 이미 궤도에 올랐으므로, 인력을 줄이도록 하라"고 하여, 군사의 경우는 2년, 민부는 5개월간을 넘은 사람은 모두 돌려보내고, 기술자는 공사의 긴급 시에만 정상을 참작하여 고용하도록 지시했다.[321) 이후에도 천수산에 나무를 심고 조경하는 일이 계속되었는데, 잡범 사형수 가운데 운반 수단인 우거(牛車)가 없는 죄수들이 이 조경 사업에 동원되었던 것이다.[322)

천수산 장릉의 축조를 담당한 인물은 영락 11년에 있었던 논공행상을 통해 알 수 있다. 독공관인 무의백 왕통, 장금오우위사 지휘첨사 허형, 영선소정 채신 이하의 사람들이 승관되고, 동시에 공로상을 받았다.[323) 동시에 처음 장릉을 길한 곳이라 점친 사람들에 대한 논공행상도 이루어졌는데, 상 받은 사람으로는 창평지현 왕간, 급사중 마문소, 음양훈술 증종정, 음양인 유옥연, 오관영 대랑 오영 등이었다. 그 가운데에서도 허형은 전후 8년에 걸쳐 장릉 건설에 종사했다.[324)

부언하면, 14년 3월에 장릉 앞에 향전(享殿, 稜恩殿)이 준공되자, 조왕의 손에 의해서 인효 서황후의 신위가 봉안되었다. 이로써 천도 이전의 장릉 축조 공사는 일단락되었던 것이다.[325) 물론 장릉의 완성은 태종 영락제의 재궁이 영락 22년 12월에 매장되고, 선덕 2년 3월에 그 신위가 봉안될 때까지 기다리지 않

319) 『明太宗實錄』卷132, 永樂 10년 9월 甲午條.
320) 『明太宗實錄』卷136, 永樂 11년 正月 是月條.
321) 『明太宗實錄』卷140, 永樂 11년 5월 丙申條.
322) 『明太宗實錄』卷140, 永樂 11년 5월 庚辰·丁亥條.
323) 『明太宗實錄』卷140, 永樂 11년 5월 壬寅條.
324) 楊榮, 『文敏集』卷18, 「故驃騎將軍左軍都督府都督僉事許公神道碑銘」, "歲庚寅(永樂八年), 受命董治長陵, 經畵措理得宜, 人樂趨事而忘其勞, 上嘉其能, 進都指揮同知. 是冬調掌金吾右衛士, 尋仍董前役, 先後凡八年, 勞績爲多. 丁酉進都指揮使"
325) 『明太宗實錄』卷174, 永樂 14년 3월 癸巳朔條.

으면 안 되었다는 것은 두말할 필요가 없다.326)

또한 장릉 향전은 영락 연간 이래의 건물이 거의 그대로의 형태로 북경시 창
평현 명13능 내에 현존하고 있다.327) 그 중앙에는 금사남목 32그루가 심겨져
있으며 가장 큰 나무는 높이 14.3m, 직경 1.17m에 이르고 있다. 영락 18년에
완성된 자금성 봉천전의 대목도 이와 거의 같은 것이 사용되었다고 한다. 또 명
13능의 대궁문을 지나 참배길 동서로 석인과 석마가 배치되어 있는데, 이것은
선덕 10년에 세워진 것이다. 선덕 10년 10월에 장릉신공성덕비(長陵神功聖德碑)
가 세워졌으며, 이로 인해 장릉은 최종적으로 완성되었다.328)

제1차 순행 동안의 황제 활동은 이상 살펴본 바와 같다. 천도 이전의 북경
체재 기간에 주목하면, 제1차(영락 7년 3월~8년 10월)에서는 천수산 조영, 후술
할 제2차(11년 4월~14년 9월)에서는 서궁 건설, 제3차(15년 5월~18년 12월)에서는
자금성 건설과 북경 영건
과정에 따른 중요한 결정
이 내려졌음을 알 수 있
다. 따라서 순행은 단순
한 퍼레이드적인 의미에
그치지 않고, 황제 자신
이 친히 북경에서 영건공
사를 추진해 나가는, 이
른바 '촉진제'로서의 역할
을 드러내고 있는 것이다.
순행 기간 동안, 황제가
독단적으로, 또는 호종하

사진 5. 長陵

326) 『明仁宗實錄』 卷5下, 永樂 22년 12월 庚申條. 『明宣宗實錄』 卷26, 宣德 2년 3월
　　　己丑朔條.
327) 劉敦楨, 「明長陵」 『中國營造學社彙刊』 4卷 2期(1933). 吉文, 「明十三陵」 『文物』
　　　1977年 3期. 胡漢生, 『明朝帝王陵』(北京燕山出版社, 2001).
328) 『明英宗實錄』 卷4, 宣德 10년 4월 辛酉 ; 卷10, 宣德 10년 10월 己酉條.

는 행재관이나 근시관이 도모함으로써 공사는 추진될 수가 있었다. 따라서 남경=경사체제 하에서, 북경 순행이라는 '장치' 그 자체는 영락제로 하여금 천도를 향한 계획의 주도권을 확보하게 했다는 데서 아주 중요한 역할을 했다고 할 수 있을 것이다.

Ⅳ. 제2차 순행과 서궁 건설-제3단계

1. 서황후의 재궁 발인과 제2차 순행

천수산 완성을 눈앞에 둔 영락 10년 3월에 북경 순천부가 정4품에서 정3품 아문으로 승격되었다. 관제도 남경응천부에 준하고, 지부를 부윤으로, 낭중을 부승으로, 통판을 치중으로 고쳤다. 이에 따라 부근의 대흥현·완평현의 양현도 정6품아문으로 승격시켰다.

> 순천부를 승격시켜 정3품으로 한다. 관제는 응천부로 간주하여, 지부 장관(張貫)을 승격시켜 부윤으로 하고, 동지 엄절(嚴節)을 부승으로 삼고, 통판 왕면(王勉)을 치중으로 삼는다. 대흥·완평 두 현은 함께 정6품으로 승격한다.[329]

남경의 산릉(효릉)과는 별도로 북경에도 산릉(장릉)이 완성되어 가고 있는 이상, 북경의 지위가 남경과 어깨를 나란히 하는 것은 당연하다고 생각할 수 있었을 것이다.

그런데 장릉의 완성을 눈앞에 두고 드디어 서황후의 재궁을 남경에서 1,000km 이상이나 멀리 떨어진 북경 근교의 장릉으로 운구할 준비가 시작되었다. 먼저 10년 12월, 공부우시랑 임방(藺芳)에게, 도중의 숙박시설·도로·교량·거선(車船) 등을 정비하도록 명했다. 또 각 왕부에는 예부를 통해 장례 날짜가 이미 통지되었기 때문에, 제왕들은 남경에 가서 공물(供物)을 바치고 전송하겠다

---

329) 『明太宗實錄』 卷126, 永樂 10년 3월 甲寅, 「陞順天府爲正三品. 官制視應天府, 陞知府長官爲府尹; 郎中嚴節爲府丞, 通判王勉爲治中. 其大興·宛平二縣俱陞正六品」

고 주청하였다. 그러나 황제는 길이 멀다는 이유로 직접 오지 말고 대리자를 보내도록 하였다.[330]

11년 정월 17일의 이른 아침, 남경에서 재궁(梓宮)의 발인식이 시작되었다. 3일 전부터 재계(齋戒)가 시작되었고, 천지·종묘·사직에 관원을 보내 장례 날짜를 고했다. 궁중에 특별히 마련된 궤연(几筵) 앞에서, 소복 차림의 황제가 제례한 뒤, 황비나 황태자 이하가 차례차례 제례를 올렸다. 집사들이 재궁을 메고 오문을 나올 때에, 황태자나 친왕 이하는 단문 밖까지 나와 재궁을 전송했다. 그리고 황태자, 문무백관, 귀 부인들은 강동문을 빠져 나와 양자강까지 나와서 전송했다. 황태자는 양자강 건너 맞은편 강가에서 재궁과 고별했다.

서황후의 재궁을 순천부 창평현까지 호송하는 역할을 맡은 것은 둘째 아들인 한왕 고후(高煦)였다. 재궁은 매우 조심스럽게 다루어졌는데, 1,000명의 병사가 이 일을 담당하기 위해 동원되었다. 이동하는 도중, 매일 조석으로 곡하며 제사를 지냈다.[331] 이때 지휘낭중 장연은 기수등위(旗手等衛)의 관군을 통괄하여 재궁의 호송을 맡았다.[332] 이런 과정을 거쳐, 발인한 후 한 달이 지난 2월 17일에, 인효 서황후 재궁은 완성된 지 얼마 되지 않은 장릉에 묻히게 되었다.[333]

그런데, 재궁 발인식이 있은 후 거의 한 달이 지난 2월 16일, 남경에서는 영락제의 제2차 북경 순행이 시작되었다. 남경에서 북경에 이르는 길 연도에서 황후의 재궁 장송이 이어진지 얼마 되지 않아, 다시 벌어지는 황제 순행의 퍼레이드를 목격한 당시의 사람들은, 영락 7년에 시작한 북경 순행이 단순한 '순수'에 머무르지 않고 있다는 것을 점점 더 확실히 인식하기 시작하였음에 틀림없다.

제2차 순행을 위해, 이미 전년 12월, 경로에 있는 산동도사를 비롯해 중도유수사·직례양주위 등에게 제1차 순행 때와 같이 정예의 기사나 보병을 선발하여, 서주(徐州) 등지에서 대기시키고 거기서 차례차례 합류해 호종하도록 명하였

---

330) 『明太宗實錄』卷135, 永樂 10년 12월 己巳條.
331) 『明太宗實錄』卷136, 永樂 11년 正月 丁酉條
332) 陳璉, 『琴軒集』卷9, 「署都指揮僉事將軍墓誌銘」.
333) 『明太宗實錄』卷137, 永樂 11년 2월 丙寅條.

다.[334] 다음 해 정월 초이틀에는 제2차 북경 순행의 칙서가 전국 문무 군신들에게 발해지고, 친왕 이하의 관리·군민들이 천황을 알현하는 의식, 순행 도중의 숙박 및 물료 공급은 모두 지난 제1차 순행 때의 예에 준하도록 지시하였다.[335]

황제의 어가에는 이전과 같이 남경의 5군 및 금의위 등의 12위에서 정예의 장사를 골라 호종하도록 하였다. 다만 제1차 순행을 반성하면서, 형부로 하여금 호종 관군에 의한 민중 약탈을 금하는 방문(榜文)을 거리에 붙이도록 했다.

> 황제가 형부에 명하여 방문을 연도에 게시하여, 호종관군이 백성을 괴롭히는 것을 하지 못하도록 단속하게 했다. 유서를 발하여 이르기를 "황제가 순수하는 것은 장차 백성이 안심하고 편히 살도록 하기 위함이다. 듣기로는 전에 호종하는 군사들이 종종 지나가다가 민들을 성가시게 하고, 위세로서 탈취하는 행위가 미치지 않은 곳이 없었다 하는데, 이것은 백성을 괴롭히는 일이 된다. 앞으로 이를 범하는 자가 있으면, 소관의 관기(官旗)도 모두 연좌(連坐)하여 용서하지 않겠다"고 하였다.[336]

제2차 순행에서는 제1차 때에 주조한 행재관의 14과의 관인(官印)에 더 추가하여 통정사사·광록시·태상시·홍려시·한림원·태의원·흠천감·상보시·육과·중서사인·육부청리사·도찰원 13도와 각 위 수령관의 관인을 새로 주조했다.[337] 군정 계통으로는 제1차 때는 행재 금의위뿐이었지만, 이번에는 새로 행재기수 등 12위의 친군지휘사사나 경력사의 관인을 주조했다.[338] 특히, 문서 행정의 요체가 되는 통정사사나 육과 등에도 관인이 마련되었다는 것은 행재소인 북경에 대하여 이전보다 한층 더 중요한 지위를 부여하고 있었음을 의미하고 있는 것이다.

---

334) 『明太宗實錄』卷135, 永樂 10년 12월 乙亥條.
335) 『明太宗實錄』卷136, 永樂 11년 正月 壬午條.
336) 『明太宗實錄』卷137, 永樂 11년 2월 壬戌, "上命刑部揭榜緣途, 禁約扈從官軍擾民. 諭之曰, 帝皇巡狩將以安民, 聞前者扈從軍士往往在途擾民, 威取勢奪, 無所不至, 是厲民也. 今後有犯, 所管官旗皆連坐勿恕"
337) 『明太宗實錄』卷135, 永樂 10년 12월 己卯條.
338) 『明太宗實錄』卷137, 永樂 11년 2월 己未條.

한편, 황제가 부재중인 남경은 1차 순수 때와 같이 황태자에게 감국을 명하였다.[339] 황태자가 여러 기관의 서무를 처리하는 것은 북경 순행 이전인 6년 7월 무렵부터 이미 시작되고 있었다.[340] 또한 황제가 남경으로 귀환했던 시기에도 황태자가 일상적인 정무를 맡은 적도 있었다.[341] 그러나 순행처의 황제와 경사에 남아 있는 황태자가 각각 결재권을 가지는 것은 권력분립의 위험을 잉태하고 있었다.[342] 특히 순행 시, 북경의 지위가 점차 높아지고, 남경의 위상이 상대적으로 저하[343]되기 시작한 제2차 순행시기에는 이런 위험이 표면화 되지 않을 수 없었다.

그리고 제1차 순행은 황태자 자신이 서황후의 3년 상의 복상 기간이었고, 그의 천추절(생일)에도 군신으로부터 하례를 받지 않는 등, 감국으로서의 행동은 의례상 여러 가지 제약을 받고 있었다. 그러나 복상이 끝난 제2차 순행 동안에도 황태자가 일부러 천추절의 하례를 중지하도록 지시하고 있는 것은 이러한 위험을 피하려 한 배려가 존재하고 있었음을 말해주는 것이리라.[344]

순행 동안의 황제와 감국하는 황태자와의 '두 초점 구조'에 의한 권력분립의 위험이 절정에 달한 것은 영락 12년 윤9월의 일이었다. 남경에서 황태자를 보필하던 우춘방대학사겸 한림원시강 황회(黃淮)와 좌춘방좌유덕겸 한림원시강 양사기 등이 순행처인 북경으로 소환되는 사건이 일어났다. 소환 이유는 제2차 몽골친정에서 돌아오는 어가를 맞이하러 나온 사자가 늦었다는 것과 황제에게

---

339) 『明太宗實錄』 卷137, 永樂 11년 2월 甲子條.
340) 『明太宗實錄』 卷81, 永樂 6년 7월 庚午條.
341) 『明太宗實錄』 卷128, 永樂 10년 5월 甲寅條.
342) 황태자의 남경감국에 대해서는 본서 제4장 「북경순수와 남경감국」. 역시 이 시기에 황태자의 불안정한 입장을 상징하는 東宮官의 투옥에 대해서는 趙中男, 「朱棣與朱高熾的關係及其社會政治影響」 『明史研究』 6輯(1999). 그리고 岩渕愼, 「永樂朝と東宮官」 『中央大學アジア史研究』 26號(2002)는 동궁관의 투옥에 대해 자세하게 서술하고 있다.
343) 북경과 남경의 지위에 대한 역전 현상은 직위의 중요성에도 영향을 주었다. 무관의 경우, 영락 15년, 황제 자신은 남경의 직위를 한직이라고 인식하고 있었다. 『明太宗實錄』 卷191, 永樂 15년 7월 丙寅條.
344) 『明太宗實錄』 卷141, 永樂 11년 7월 庚子條.

올린 상주문 가운데 실언이 있었다는 것이었다.[345]

상주문에서 실언한 구체적 내용이 무엇인지는 분명하지 않지만, 양사기와 함께 소환된 사경국정자(司經局正字) 김문(金問)은 위진(魏晉)의 필법(해서)을 잘 익히고 있었다는 것으로 보아, 아마 그는 늦게 온 사자가 쓴 상주문 필사와 직접 관련되어 있었을 것이다.[346] 황제를 알현한 양사기는 그 자리에서 일단 용서를 받았다. 그러나 그 다음날, 육부·도찰원·대리시·통정사 및 12도 감찰사 등이 탄핵하여 상소하였는데, 그것이 받아들여져 양사기는 금의위의 옥에 들어가게 되었다.[347] 양사기는 20일 후에 석방되었지만, 황회나 사경국 세마 양부(楊溥) 등은 영락 22년 황제가 사망할 때까지, 10년 남짓 옥에 갇혀 있었던 것이다.[348] 그 후 제3차 순행 동안인 영락 16년에도 황태자를 보좌하는데 주도면밀하지 못하였다 하여 우춘방우찬선 양잠(梁潛)과 사간 주면(周冕)이 체포되어 북경에서 사형되는 사건도 일어났는데, 이에 대해서는 다음 장에서 후술하겠다.[349]

영락제는 호과도급사중 호영(胡濙)을 밀정으로 삼아 전국을 돌아다니며 인심의 향배를 탐색하게 하였다. 그 후 그를 예부좌시랑으로 승진시키고, 15년에

---

345) 『明太宗實錄』卷156, 永樂 12年 閏9月 甲辰條. 주(148) 전술한 阪倉篤秀, 「永樂十二年の解職赴京をめぐって」『關西學院史學』28號(2001) 논문 참조. 내각제의 성립에 관심을 가진 사카쿠라(阪倉)는 이 사건을 북경과 남경으로 나누어 "근시하는 한림관의 이분화와 상호간의 갈등"에 의한 것이라 설명하려는 입장이지만, 황제순수와 황태자감국이라고 하는 권력분립 하에서 이루어진 정보의 이원화야말로 문제의 본질이라고 생각되며, 이에 대하여서는 본서 제4장에서 재론하겠다.

346) 黃佐, 『翰林記』卷17, 正官題名, 侍讀學士, "金問, 公素, 直隷吳縣人, 由楷書永樂中任. 終禮部右侍郎";『國朝獻徵錄』卷35, 禮部3「禮部右侍郎金公問傳」. 다만 『殿閣詞林記』卷6,「太常寺少卿兼侍讀學士金問」에는, "因進賀表文稽帶, 太宗怒"라고 되어 있어, 표문이 늦게 이른 것을 이유로 들고 있다. 또 그 밖에 王凱(미상)도 감옥에 갇히게 되었던 것을 알 수 있다.

347) 楊士奇, 『東里續集』卷48,「北京紀行錄」.「北京紀行錄」은 영락 12년 8월 31일 밤에 북경으로의 소환 명령이 양사기 앞에 떨어져 4일 후에 남경을 출발하고, 북경에 도착해 영락제를 접견하고 용서를 받아, 12월 11일의 이른 아침 다시 남경으로 돌아올 때까지 쓴 도중 여행기이다.

348) 『國朝獻徵錄』卷12, 內閣1, 彭韶「楊公溥傳」.

349) 본서 제4장 「북경순수와 남경감국」.

는 남직례·절강·호광의 각 부(府)에 재차 파견했다. 그 때, 남경에서 감국의 임무를 담당하고 있던 황태자의 행동도 은밀히 조사하도록 명을 받았다.[350] 호영은 황태자가 성실하게 부지런히 감국의 임무를 수행하고 있는 모습을 일곱 항목에 걸쳐 비밀리 보고하였는데, 이로 인해 황제의 의혹도 풀어졌다고 한다. 이러한 사실도 전술한 북경순수와 남경감국의 '두 초점 구조' 아래에서 생긴 권력분립이라는 맥락으로 해석할 수가 있다. 권력분립이 낳은 '두 초점 구조'의 해소, 즉 천도의 실현이 다음의 과제로 떠오르지 않을 수 없었던 것이다.

2. 황성 성벽 수축 공사

황성 성벽 건설 정비의 개시에 대해서는 유감스럽게도 『태종실록』에 명확한 기사가 남아 있지 않다. 왕박자(王璞子)나 이섭평(李爕平)의 지적에 의하면, 먼저 외곽부분을 건축한 다음에 부차적인 건물을 정비하고 나서, 마지막으로 주요 건축공사를 착수한 것이 일반적이라고 한다.[351] 여기에서는 이러한 지적을 근거로, 자금성 건설의 전제가 되는 황성 건설 정비시기에 대하여 고찰하고자 한다.

---

350) 葉盛, 『水東日記』 卷5, 胡忠安自述三事, "太宗命某使外, 濱行, 面諭曰, 人言東宮所行多失當. 至南京, 可多留數日, 試觀如何, 密奏來. 奏所書字須大, 晚至, 我卽 欲觀也". 李賢, 『古穰集』 卷12, 「禮部尙書致仕贈太保諡忠安胡公神道碑銘」, "永樂改元秋, 以奏對稱旨, 陞戶科都給事中, 丁亥(5年), 上察近侍中, 惟公充實可託, 遂命公巡遊天下, 以訪異人爲名, 實察人心向背.(중략). 先是仁宗皇帝爲太子監國, 時有飛語, 上聞. 文廟屬公往察之. 公至, 以所見七事皆誠敬孝勤, 密疏以聞. 上覽之大悅, 自是不復疑. 仁宗嗣位, 特賜誥命授正議大夫資治尹. 已而聞公曾有密疏, 疑之, 乃轉太子賓客兼國子祭酒 之官南京, 未幾, 閱章奏, 見公所上密疏, 深嘉其忠, 方議重用之, 而龍馭上賓矣". 姚夔, 『姚文敏公遺藁』 卷9, 「故資德大夫正治上卿禮部尙書贈太保諡忠安胡公墓誌銘」. 『明英宗實錄』 卷356, 天順 7년 8월 丙辰條. 李東陽, 『懷麓堂集』 卷26, 文稿6, 「忠安錄後序」. 『明史』 卷169, 胡濚傳에는, 胡濚의 파견을 건문제 소재를 정찰하기 위해서라고 하고 있지만, 이것은 이 『古穰集』의 "實察人心向背"라고 하는 부분을 마음대로 "實察建文蹤蹟"이라고 고친 張嘉和, 『皇明通紀直解』 卷5, 五朝名臣의 胡濚傳을 답습한 것이리라.

351) 王璞子, 「燕王府與紫禁城」 『故宮博物院院刊』 1979년 1期, 및 주(10) 전술한 李爕平 論文, 53쪽.

『명태종실록』권47, 영락 3년 10월의 경진 조에, 전연부 기선 호안(胡安)을 호과급사중에 승진시켜, 급사중 송형(宋亨)과 함께 북경 황성의 감합(勘合, 割符)을 담당하게 한 것이 보인다. 이것은『태종실록』가운데에서 북경 황성의 존재에 대해 언급한 것 가운데 가장 빠른 시기에 해당하는 기사이다.[352] 또 같은 실록 권98, 영락 7년 11월 정해 조에는, "황성 사문창(四門倉) 및 장안문 공용고(供用庫)·동안문 주방(廚房)을 두었다"라고 되어 있다. 여기에 북경이라고는 명기되어 있지 않지만, 순행 시기와 겹쳐 있는 것으로 보아 북경이라 판단하더라도 틀림이 없을 것이다.[353] 이에 의하면, 황성의 성벽에는 네 개의 문이 나 있었고. 이때, 각 문내에는 창고, 장안문 내에는 공용고, 동안문 내에는 주방이 설치되어 있었다. 황성의 네 개 문 가운데 두 개의 문은 장안문과 동안문이고 다른 두 개의 문은 남경 황성의 예로 보아 판단하건데 아마 서안문과 북안문이라고 불렸을 것이다.

이와 같이 실록에 황성 성벽의 건설 정비에 대한 명확한 기재가 없음에도 불구하고, 제1차 순행 시점에서 황성의 담장 존재기 이미 확인되는 것은 옛 연왕부의 왕성 바깥 담장을 당초 그대로 이용했기 때문이었다. 이러한 추정에 논거를 제공하여 주는 것이,『명태종실록』권87, 영락 7년 정월 계축 조의 기사로, 순행에 앞서 옛 연왕부의 궁전과 문 이름을 황제의 행재소에 상응한 명칭으로 변경했다고 기술한 점이다.

> 예부가 말하기를 "황제께서 바야흐로 북경에 순수하고자 하는데, 구(舊) 번부(藩府)의 궁전 및 문의 명칭을 마땅히 바로잡아야 합니다"라고 하였다. 이에

---

352) 『明太宗實錄』卷47, 永樂 3년 10월 庚辰, "陞前燕府紀善胡安爲戶科給事中, 命同給事中宋亨, 掌北京皇城勘合". 이 5개월 전에는 황성은 아니고 '내부'의 용례가 보인다. 동서 卷42, 永樂 3년 5월 庚辰, 「命禮部鑄北京內府各門關防印記」. 또한 『明太宗實錄』卷17, 永樂 원년 2월 辛未條에 "修皇城蕭牆及衛士直廬"라고 하고 있는 것은 남경이나 북경으로 한정되어 있지 않지만, 북경 황성의 가능성도 생각할 수 있다.

353) 『明太宗實錄』卷90, 永樂 7년 4월 戊子, "鑄內府午門·東華門·西華門·玄武門巡狩關防條記"라고 되어 있다. 이것도 북경으로 명기되어 있지 않지만, 남경의 것은 洪武 35년 10월에 세워져 있으므로, 북경의 것이라고 판단하더라도 무리가 없을 것이다. 동서 卷13, 洪武 35년 10월 丁丑條.

따랐다.354)

여기에서는 왕부의 성벽까지는 언급하고 있지 않지만, 황성의 성벽과 그 이름을 고친 것이라고 추정된다. 연왕부의 왕성 바깥 담장은 원 이래의 대도(大都) 대내의 소장을 거의 그대로 이용하였던 것이다.355)

그 후, 남해(태액지의 일부) 개착과 함께 황성 성장을 남쪽으로 확장했다. 남해의 개착 시기에 대해서, 왕박자(王璞子)는 『명태종실록』 권155, 영락 12년 9월 계미 조에 있는 "북경의 하해 수문 해자를 팠다(開北京下海閘海子)"라고 하는 기사를 들어, 이것은 남해 개착공사를 가리키는 것이라고 판단하고 그 시기를 영락 12년으로 보고 있다.356) 그러나 실록 해당조의 '하해갑해자(河海閘海子)'라고 하는 어구는 유씨가업당(劉氏嘉業堂) 소장의 포경루본(抱經樓本)에 의거한 것이기 때문에, 중앙 연구원 역사언어연구소 영인본의 '하마갑해자(下馬閘海子)'의 오류라고 생각된다. 따라서 이곳의 기사는 북경성 남쪽 20리에 있는 원의 하마비방박(下馬飛放泊), 즉 '남해자(南海子)'의 개착을 서술한 것에 지나지 않는다.357) 그 밖에, 현재 남해의 개착을 나타내는 사료는 눈에 띄지 않고, 황성 성장 남쪽의 확장 시기는 여전히 불명확하다.

그렇지만 황성 성장의 수축 공사를 엿보게 하는 사료도 몇 군데 보인다. 제2차 순행을 가까이 둔 10년 12월, 강서 출신의 감생 유서(游瑞)를 호과급사중으

---

354) 『明太宗實錄』 卷87, 永樂 7년 正月 癸丑, "禮部言, 皇上將巡狩北京, 舊藩部宮殿及門, 宜正名號. 從之"

355) 본서 제2장 「명초 연왕부를 둘러싼 여러 문제」. 부언하면, 황성의 성장은 명 중기 천순 연간에 이르러도 '蕭牆'이라고 불린 적도 있다. 『明英宗實錄』 卷354, 天順 7년 7월 庚子, "修大明門·正陽·長安左右等門道路·蕭牆守衛直房"

356) 주(351)에 전술한 王璞子 논문 75쪽.

357) 天順 5年刊 『大明一統志』 卷1, 京師·苑囿에는, "南海子, 在京城南二十里, 舊爲下馬飛放泊, 內有按鷹台, 永樂十二年增廣. 其地周圍凡一萬八千六百六十丈, 乃域養禽獸種植蔬果之所. 中有海子 大小凡三, 其水四時不竭, 汪洋若海, 以禁城北有海子, 故別名曰南海子"라고 되어 있어, 영락 12년에 확장된 것은 북경 성내의 海子가 아니고 교외의 南海子였다.

로 발탁하여 북경 황성 네 개의 문 감합을 관리하도록 했다.[358] 순행 동안의 12년 2월에는 북경 황성의 야간 순찰 동령(銅鈴)을 증설해 남경과 같은 수로 했다.[359] 이러한 조처는 단순히 경호를 보다 엄중하게 한다는 것보다도 제2차 순행을 앞두고 황성 성장을 정비하기 시작하여 12년 초에 거의 완성한 것과 관련 있는 것으로 보인다.

이러한 시각에서 사료를 재검토 해보면 12년 정월, 공부에 조영할 벽돌 운반을 그치게 하고, 군사와 민부를 모두 향리로 보내 휴식을 취하게 한 기사가 보인다.[360] 또 2월에는 조영에 종사하는 민부와 장인들을 모두 고향으로 보내, 1년간 공사를 일단 중지하고, 그 이듬해에 다시 재개하기도 하였다.[361] 이들 기사는 무언가 대규모 공사가 일단락되었다는 것을 나타내고 있다.

3월에는 황성 북쪽에 진무묘(眞武廟)를 북성의 일충방(日忠坊)에 세웠다.[362] 진무묘는 북방신인 진무신, 곧 현무(玄武)를 제사하는 사묘로, 연왕은 정난의 변 때 그 신의 도움을 얻었다고 생각하였다.[363] 영락제의 수호신이라고도 할 수 있는 이 사묘의 건설은 그때까지 황성의 성장 북측의 공간 정비가 끝났다는 것을 방증하는 것이라고도 볼 수 있다. 그 해 정월 보름날에 황제가 오문에 나가, 문무 군신과 기로들을 초빙하여 북경황성 내에서 처음으로 등을 밝혀 축하하는 관등연을 베풀었는데, 이것 역시 황성 성장 정비의 진전 상황을 보고받고 실시되었을 것이다.[364]

358) 『明太宗實錄』 卷135, 永樂 10년 12월 甲寅, "擢監生游褍(瑞)爲戶科給事中, 專掌北京皇城四門勘合" 실록 원문에는 "游褍"라고 되어 있지만, 蕭彦, 『掖垣人鑑』 卷3에 근거해서 "游瑞"라고 정정했다.

359) 『明太宗實錄』 卷148, 永樂 12년 2월 壬子, "增置北京皇城夜巡銅鈴, 如南京數"

360) 『明太宗實錄』 卷147, 永樂 12년 正月 己亥條.

361) 『明太宗實錄』 卷148, 永樂 12년 2월 癸酉條.

362) 『明太宗實錄』 卷149, 永樂 12년 3월 己卯條.

363) 倪岳, 『青谿漫稿』 卷11, 奏議, 祀典2, 「北極佑聖眞君」. 영락제의 眞武神 신앙에 대해서는 石田憲司, 「永樂帝の太和山復興について」 『社會文化史學』 21號(1985)에 자세히 서술되어 있다.

364) 『明太宗實錄』 卷147, 永樂 12년 正月 庚寅, "元宵節. 是夕, 上御午門觀燈. 賜文武群臣及耆老宴. 群臣進時, 命翰林院第試高下, 賜鈔有差, 幷賜耆老鈔帛". 더 부언하면,

이듬해 영락 13년의 원소절(정월 대보름)에도 북경의 오문에서 관등행사가 열렸다.[365] 전년도의 원소절 행사에 잇단 것으로, "만년영락, 대대로 태평성대로 이어간다"[366]는 행사로서 치러졌을 것이다. 그런데, 오문 밖에 환히 불 밝혀 걸어둔 등롱(燈籠)에서 불이 나, 피하지 못하고 사망자까지 속출하는 대 소란이 일어났다. 중군도독 동지 마왕(馬旺)도 그 불길에 휩싸여 불에 타 죽은 사람 가운데의 한 사람이다.

황제는 6일 후에 감찰사 오문(吳文) 등을 전국에 보내어, 관리들의 정치와 민간의 질고를 조사하도록 하였다. 화재를 계기로 북경의 영건공사에 대한 불만이 분출할까 봐 두려웠던 것이며, 거기에는 본서 제5장에서 상술할 영락 19년의 삼전 화재 때에 보인 행동 패턴의 원형이 나타났던 것이다. 동시에 11개 항목에 이르는 관휼(寬恤)의 영을 내렸다. 그 제4항목에 "각 항의 조작은 군수항목 등 아주 급한 것을 제외하고, 나머지 불급한 일에 치중하는 것은 모두 정지한다"고 되어 있다.[367] 여기서 불급한 일 가운데에는 당연히 북경 영건 관련의 공사는 제외되어 있었다.

이상, 이 시기에 집중되어 나타난 황성 관계의 기사를 검토하여 보았는데, 영락 12년 무렵까지 황성 성장의 정비가 거의 종료되었다고 추정할 수 있다. 그렇다고 하여 황성 내부도 정비가 완료되었다는 것을 의미하는 것은 아니다. 실제, 황성 서북쪽의 내부(內府) 갑자고(甲字庫)의 설치와 정비는 영종 즉위 후까지 기다려야 했던 것이다.[368] 그 후 영락 13년 3월에는 황성 성장 외측에 있는 북경성의 성벽에 대하여 정비를 시작하여 영락 17년 말에 완성되었는데, 이에 대해

黃佐, 『翰林記』卷16, 賜觀燈에는 "永樂18年 正月甲寅元宵節, 上御午門觀燈, 賜百官宴, 幷示製詩. 學士胡廣·楊榮等奉和以進. 上覽而悅之, 賜以羊酒·鈔幣. 自是車駕駐兩京, 皆賜觀燈於午門, 以爲例"라고 하고 있지만, 호광은 영락16년에 이미 사망하였다는 것을 고려하면, 아마 연대의 오류일 것이다.

365) 『明太宗實錄』卷160, 永樂 13년 正月 壬子條.
366) 柯暹, 『東岡集』卷5, 七言古詩 「庚子年元夕觀燈」. 庚子年은 永樂 18年을 가리키고 있다.
367) 『明太宗實錄』卷160, 永樂 13년 正月 戊午條.
368) 『明英宗實錄』卷6, 宣德 10년 6월 壬寅. 卷42, 正統 3년 5월 癸巳條.

서는 본장 제5절에서 고찰하고자 한다.

3. 영락 13년 을미과
-행재북경에서 최초로 실시한 회시와 전시

제2차 순행 기간 동안 13년 3월에 실시된 영락 을미과(乙未科) 과거시험은 명조 북경에서 거행된 최초의 회시와 전시가 되었다.[369]

영락제의 장기간에 걸친 북경 순행은 왕조의 지식인 정책의 기둥이라 할 수 있는 과거 시험에도 적지 않은 영향을 미쳤다. 명조 과거 시험에서 회시는 홍무 4년에 처음 시작되었는데, 그것이 일시 중단되었다가 홍무 18년 이후에는 진·미·술·축의 해, 곧 거의 매 3년마다 한 번 씩 거행되었다.[370] 제1차 순행이 있었던 영락 7년 2월의 기축과 회시는 종래대로, 예부의 주관 하에, 수도 남경에서 전국 각지의 향시합격자를 대상으로 실시되었다. 그러나 이 때 영락제는 이미 순행으로 출타 중이었기 때문에, 회시에 합격한 진수(陳璲) 외 95명의 합격자 명단이 감국으로 있던 황태자에게 보고되었다. 순행에 앞서 정무에 대한 처리를 규정한 '유수사의(留守事宜)'에는 황제가 직접 실시해야 하는 전시를 황태자에게 대행시킨다는 규정까지 포함되어 있지는 않았다.[371] 이 때문에 황태자는 당분간 전시(殿試)를 연기하고, 회시 합격자 95명을 국자감에 진학시켜 공부하게 하고, 황제가 순행 길에서 남경으로 돌아올 때를 기다려 전시를 실시하도

---

369) 張弘道·張凝道, 『皇明三元考』 卷2, "永樂十三年乙未科大魁, 中式三百五十名, 始詔天下擧人, 會試北京".
〈옮긴이 주〉 명대 과거제도에 대해서는 오금성, 「中國의 科擧制와 그 政治·社會的 機能: 宋·明·淸時代의 社會의 階層移動을 中心으로」 『科擧』(일조각, 1981). 同氏, 『中國近世社會經濟史研究 -明代 紳士層의 形成과 社會經濟的 役割-』(일조각, 1986) 참고.

370) 渡昌弘, 「明初科擧復活と監生」 『集刊東洋學』 49輯(1983) ; 趙子富, 『明代學校與科擧制度研究』(北京燕山出版社, 1995).

371) 『明太宗實錄』 卷88, 永樂 7년 2월 丙子條.

록 명했다.372)

　결국 전시는 그 후 2년 연기되어 영락 9년 3월에 마침내 실시되었다(辛卯科).373) 결과는 강서 길안부 여능현 출신의 소시중(蕭時中)을 필두로 84명이 진사 급제 및 진사 출신·동진사 출신이 되었다.374) 이때, 2년 전의 회시 합격자 95명 가운데, 84명은 전시에 임하였으나, 다른 11명은 여러 가지 이유로 전시를 치르지 못하였다.

　절강 태주부 임해현의 진수(陳璲)도 영락 9년에 치러진 전시를 본 사람 가운데의 한 사람이다. 2년 지연된 전시에 예악과 형정(刑政)에 관한 문제가 출제되었는데, 향시와 회시 모두 수석 합격을 하여 발군의 성적을 올렸던 그는 이때 금기(禁忌)시되어 있던 정난의 변 후의 황자징(黃子澄)이나 방효유(方孝孺) 등의 주살에 대해 대담하게 언급했다고 한다.375) 그가 이런 답안을 제출한 것은 어쩌면 일방적으로 전시를 연기하면서 북경 순행을 단행한 영락제의 독단전횡형

---

372) 『明太宗實錄』卷88, 永樂 7년 2월 己亥, "是日禮部啓, 會試天下擧人得中式者陳璲
　　等九十五人. 皇太子命送國子監進學, 俟車駕回京廷試, 宴考官於禮部"

373) 명조에서 殿試가 1년 이상이나 연기된 것은 천순 8년 갑신과와 정덕 16년 신미과,
　　이렇게 두 번 있었다. 전자는 시험장인 貢院에 화재가 일어나, 천순 7년 2월에 실
　　시해야 할 會試가 반년 지연되어 8월에, 전시도 그 다음 해 3월 초로 일단 정해졌
　　으나, 영종의 大喪과 겹쳐, 3월 15일로 연기되었다(『明憲宗實錄』卷3, 天順 8년 3
　　월 乙丑條). 후자는 정덕제의 남순 때문에 15년 3월의 殿試가 연기되었다. 북경에
　　돌아와서도 황제의 건강 상태가 좋지 않다는 이유로 다음 해 3월 초로 연기했으
　　나 그때도 건강이 회복되지 않아 15일로 다시 연기하였다. 그러나 병상이 회복되
　　지 않아 정덕제에 의한 殿試가 실현되지 못하였다. 외번으로부터 새로 즉위한 가
　　정제 아래에서 殿試가 이루어졌는데, 그 때는 5월 15일의 일로, 결국 1년 2개월 남
　　짓 지연되어 殿試가 치러졌던 것이다(『明武宗實錄』卷197, 正德 16년 3월 己未 ;
　　『明世宗實錄』卷2, 正德 16년 5월 丙辰條).
　　〈옮긴이 주〉 과거시험의 전시에 대해서는 吳金成, 「明代 殿試의 策制에 대하여」
　　『동양사학연구』8·9합집(1975) 참조.

374) 『明太宗實錄』卷114, 永樂 9년 3월 辛酉朔·甲子條. 胡廣, 『胡文穆公文集』卷9, "賜
　　進士題名記".

375) 『國朝獻徵錄』卷86, 江西1, 僉事, "江西按察司僉事陳先生璲墓表". 萬曆, 『廣西通
　　志』卷25, 明宦志, 皇明, 陳璲傳. 다만 殿試에 대해서는 대만국립중앙도서관편인
　　『明人傳記資料索引』(文史哲出版社, 1965)의 "陳璲"의 항목(604쪽)을 참조했다.

의 정치에 대한 불만이 그 배경에 깔려 있었을지도 모른다.

이듬해 10년의 임진과 전시는 황제 순행 기간과 겹치지 않았기에 예정대로 행해졌다.[376] 다만, 이때에는 회시 합격자 임지(林誌) 등 100명 외에, 전술한 신묘과에서 사정상 전시를 치르지 못하였던 임문풍(林文灃) 등 6명도 전시에 임하였던 것이다.

영락 13년 3월 순행처인 행재북경에서 처음으로 행해진 영락 을미과의 회시와 전시는 특히 주도면밀하게 준비하여 실시되었다는 것이 『태종실록』에 나타나 있다.

먼저 회시에 앞선 전년 8월, 북경행부에서 행해진 향시 고시관에, 한림원 시강 증계(曾棨)와 추집(鄒緝)이 임명되었다.[377] 강서 길안부 영풍현 출신의 증계는 영락정권 성립 후, 최초로 거행되었던 영락 2년 갑신과에서 예부 회시 합격자 470명 가운데 8번째 순위로 합격하였고, 이어 실시된 전시에서는 영락제에 의해 수석, 곧 장원급제한 인물이었다.[378] 그 후, 한림학사 해진 등에 의해 진사 합격자 가운데 우수자 28명을 골라 문연각에서 독서시켰을 때에도, 그는 당연히 필두에 있었던 인물이다.[379] 증계가 북경행부 향시의 주고(主考)로 선발된 그 이튿날, 남경에서 유수를 맡고 있던 황태자가 사경국세마 겸 한림원편수 양부(楊溥)를 응천부 향시의 주 고시관으로, 한림원편수 주술(周述)을 부 고시관

376) 『明太宗實錄』卷126, 永樂 10년 3월 乙酉朔, "上 奉天殿, 試禮部選中擧人林誌等 百人及前科未廷對擧人林文灃等六人"

377) 『明太宗實錄』卷154, 永樂 12년 8월 丙午년, "北京行部鄉試奏請考試官. 上命翰林院侍講曾棨·翰林院侍講兼左春坊左中尹鄒緝考試, 賜宴於本部"

378) 曾棨, 『刻曾西墅先生集』卷首, 楊榮撰「西墅曾公墓誌銘」, "永樂元年中江西鄉試, 明年禮部會試中選者四百七十人, 公在第八, 廷試遂中第一, 賜進士及第. 太宗皇帝奇其才. 親批所對策褒美之, 賜冠帶·朝服, 授翰林修撰·承務郎, 未幾詔選進士二十八人, 俾進學文淵閣, 公之爲首"

379) 영락제가 문연각에 진학시킨 28명은 장차 정권을 지탱하는 문인 관료가 될 것이라 기대되고 있었다. 그 안에는 翰林院 修撰 曾棨·周述·周孟簡·庶吉士 楊相·王英·王直·陳敬宗·李時勉 등이 있었다. 덧붙여 강남의 세역개혁에서 활약한 사람으로 보이는 周忱은 나이가 어리다는 이유로 문연각에서의 독서를 스스로 원하여, 영락제에게 특별히 허락을 받았으므로, 이 때 실제로 문연각에 들어간 사람은 29명이었다. 陸容, 『菽園雜記』卷6, 文淵閣. 『明史』卷153, 周忱傳.

으로 선택했다.380) 주술도 증계와 같이 갑신과의 진사로, 증계 다음의 성적을 내어 전시에서 2등을 한 인물이었다. 이러한 사실 등을 통하여 판단해볼 때, 을미과는 향시 단계에서 북경에서 이루어진 순천 향시가 남경의 응천 향시보다 더 중시되어 있었다고 할 수 있다.

11월에는 합격자 진사에게 하사할 관복 500벌을 만들게 하였다.381) 이전의 신묘과 전시 합격자는 전술한 것처럼 84명에 지나지 않았다. 전전회의 임진과에서는 황제가 사전에 예부상서에게 "몇 번에 걸친 과거 시험에서 취사(取士)가 너무 많아서 옥석(玉石)이 함께 섞여 벼슬길에 올랐다. 이제 취사는 100명을 넘기지 않도록 하라"382)고 지시하였다. 그 결과 거의 100명인 것을 고려한다면, 이번은 당초부터 합격자를 늘릴 계획을 가지고 있었던 것이 분명하다. 명조가 시작되어 최초로 북경에서 열린 이번의 회시와 전시에서는 북경이 문교 중심으로서의 위치와 자격, 곧 문화적 위신을 충분히 가지고 있다는 것을 대내외에 인상깊게 심어줄 필요가 있었기 때문이었다.

이듬해 2월 6일, 행재예부가 회시를 담당할 고시관 선정을 주청하자, 황제는 한림원수찬 양잠(梁潛)을 주 고시관으로, 동료인 왕홍(王洪)을 부 고시관으로 임명했다.383) 9일에 첫번째 시험이 시작되었다. 사서와 『역경』·『서경』·『시경』·『춘추』·『예기』에서 각각 출제되었다. 3일 후인 12일, 두번째 시험에는 논 1도와 조·고·표 가운데에서 1도 및 판어 5조가 출제되었다. 그 후 15일에는 책 5도가 출제되었다.384) 행재예부는 전국에서 모인 수 천 명에 대해 회시를 실시하고, 24일에 홍영(洪英) 등 349명을 합격시켰다.385)

---

380) 『明太宗實錄』卷154, 永樂 12년 8월 丁未, "是日, 應天府鄉試啓請考試官. 皇太子命司經局洗馬兼翰林院編修楊溥·翰林院編修周述考試, 賜宴於本部"

381) 『明太宗實錄』卷158, 永樂 12년 11월 丙辰, "造進士官服五百副"

382) 『明太宗實錄』卷125, 永樂 10년 2월 戊辰, "命禮部尙書呂震諭考官楊士奇·金幼孜曰, 數科取士頗多, 不免玉石雜進. 今取無過百人. 其務精擇, 收散木累百, 不若得良材一株也"및 同書, 同卷, 永樂 10년 2월 辛巳條.

383) 『明太宗實錄』卷161, 永樂 13년 2월 甲戌條.

384) 張朝瑞, 『皇明貢擧考』卷3, 乙未永樂13年會試;萬曆『大明會典』卷77, 禮部35, 貢擧, 科擧通例.

385) 『明太宗實錄』卷161, 永樂 13년 2월 壬辰條.

다음 3월 초하루에 봉천전에서 과거 시험 최종 단계인 전시가 거행되었다.[386] 전시에 앞서, 채점을 담당할 독권관(讀卷官)이 내각의 관원, 육부·도찰원·통정사·대리시의 장관, 첨사부·한림원의 당상관에서 정해졌다. 그 날 아침은 열흘간이나 계속되던 봄비가 완전히 멎어 맑게 개이고, 날씨가 참으로 시험보기 좋은 날이었다고 한다.[387] 전시의 시험장이 된 봉천전 앞 뜰 안에 회시합격자가 북향해 동서 양쪽으로 배열하고, 문무백관이 서서 지켜보는 가운데에, 영락제가 평상복 차림으로 나온다. 먼저 과거 시험문제를 올려놓는 탁자 위에 이번에 출제된 책제가 놓인다. 그 다음에 이 문제지가 집사관에 의해 봉천전 좌측 계단으로부터 황제 앞으로 전해지면, 신호에 따라 수험생은 일제히 5배(拜) 3고두(叩頭)의 배례를 한다. 배례가 끝나면, 황제는 가마를 타고 자리를 떠나고, 문무백관도 퇴장한다. 그리고 뜰 안의 시험장에 동서로 시탁(試卓)이 늘어선다. 예부관이 문제 용지를 나눠주면, 수험생은 무릎 꿇고 절하고 나서 드디어 시험 문제를 풀기 시작한다.[388] 이번 전시에는 시무책 1도(글자 수 천자 이상)가 출제되었다. 답안 작성을 다 끝낸 수험생은 각각 동각문으로 가서 시험지를 제출했다. 제출된 시험지는 이름을 미봉(호명이라고도 함)하여 동각에서 대기하고 있는 독권관에게 보내지고 그 날 안으로 임시 순위를 매겼다.

다음날, 독권관이 문화전에 모여 상위자의 시험지를 읽어 내려가고, 황제는 어필로 제1갑 3명까지의 순위를 써 넣는다. 그 후, 독권관들은 수고했다고 연회로 대접을 받고, 그 후 동각으로 나아간다. 동각에서 먼저 미봉된 제2갑·제3갑의 시험지를 개봉하여 내각으로 보내, 시험지 이름을 황방(합격자 리스트)에 기재하였다. 그 다음날, 독권관이 또 다시 문화전에 모여, 내각 관원이 먼저 황제가 정한 상위 세 사람의 시험지를 열어서 그 이름을 황방에 써 넣었다.[389]

386) 『明太宗實錄』 卷162, 永樂 13년 3월 己亥朔條.

387) 楊榮, 『文敏集』 卷9, 「進士題名記」(1).

388) 萬曆 『大明會典』 卷51, 禮部9, 策士·殿試儀 ; 宮崎市定, 『科擧』(秋田屋, 1946). 후에 「科擧史」라 고쳐 『宮崎市定全集』 第15卷(岩波書店, 1993)에 수록.
   〈옮긴이 주〉 宮崎市定의 『科擧』는 한국어로 번역되어 있다. 미야자키 이치사다, 『중국의 시험지옥 -과거』(청년사, 1989).

389) 萬曆 『大明會典』 卷77, 禮部35, 貢擧, 科擧·殿試, "永樂二年定". 다만 거기에 실린

3일 후의 전려(傳臚 : 합격자 발표) 때에는 영락제가 봉천전에 나아가, 진순(陳
循)을 비롯한 351명에게 진사 급제(제1갑-3명), 진사 출신(제2갑-95명) 및 동진
사 출신(제3갑-253명)의 영예를 하사하였다.[390] 전시에서 진사가 된 사람이 회
시 합격자보다 2명 많았는데, 그렇게 된 것은 그 안에 이전 시험에서 전시를 치
를 수 없었던 유진 등 2명이 포함되어 있었기 때문이었다.[391] 곧 바로 장안 좌
문 밖에 황방이 내붙었다. 순천부 관원이 가마와 의장대를 마련해 두었다가 장
원이 된 진순을 숙박지까지 바래다주었다. 합격자 발표 날, 도성 사람들은 "북
경의 번성과 호사로움은 전대(前代)를 넘어섰다"라고 감탄했다고 한다.[392] 도성
사람들이 비교하고 있는 '전대'란 과거 북경이 '대도'라고 불리고 있던 원조 시
대를 가리키고 있다. 북경에 사는 사람들에게, '대도'는 아직도 기억 속에 남아
있었던 것이다.

다음날 5일, 진사 합격자에 대한 연회가 북경 유수(留守) 행후군도독부에서
거행되었다. 교방사(教坊司)가 접대하는 이 연회는 채점을 한 독권관이나 그 외
의 집사관도 참가하는 것이 허용되었다. 장원인 진순에게는 관대와 조복 한 벌
을 하사하고, 다른 진사들에게는 교초 5정을 각각 하사하였다.[393]

그 다음날, 진순 등은 여러 진사들을 인솔하고 봉천전으로 나가 황제에게 축
하하는 글을 올리고, 그간의 특은에 감사했다.[394] 축하연은 당시까지 남경 회

'順天府'의 관원이 壯元을 바래다준다는 규정은 이 시기 전시가 아직 남경에서 행
해지고 있었기 때문에, 분명히 '應天府'의 잘못이다. 또 진사 합격자의 연회가 예
부에서 행해졌다는 것도, 『明太宗實錄』卷29, 永樂 2년 3월 丙午條에서 볼 수 있
듯이, 會同館의 잘못이다. 아마 북경에서 전시를 치르게 되어, 그 이후의 규정이
혼입된 것으로 보인다.

390) 『明太宗實錄』卷162, 永樂 13년 3월 壬寅條, 『明淸歷科進士題名碑錄』(華文書局,
    1969)의 "明永樂十三年進士題名碑錄".
391) 『明太宗實錄』卷162, 永樂 13년 3월 己亥朔, "上奉天殿, 試禮部選中擧人洪英等
    三百四十九人 及前科未廷試擧人劉進等二人"
392) 楊榮, 『文敏集』卷9, 「進士題名記」(1), "傳臚之日, 都城人士抃舞稱歎, 以爲北京之盛
    美有以過越前代也"
393) 『明太宗實錄』卷162, 永樂 13년 3월 癸卯, "賜進士陳循官服恩帶, 餘竝賜鈔五錠, 俱
    賜宴於北京留守行後軍都督府"
394) 『明太宗實錄』卷162, 永樂 13년 3월 甲辰條.

동관에서 행하여졌다.395) 북경의 회동관은 옛 연대역을 고친 것396)이어서, 많은 진사들을 수용하기에는 비좁았을 것이다. 그렇기에 급기야 북경 유수 행후군도독부의 건물이 이용되었다. 영락 원년에 북경에 설치된 행후군도독부는 북평도지휘사사를 개변한 것으로,397) 홍무 연간 이래, 동성보 대방에 있던 북평도지휘사사의 건물을 그대로 이어 받아 사용했을 가능성이 높다. 그렇다면 이 건물은 원조의 추밀원을 계승한 것이기 때문에, 공간이 상당히 넓어,398) 351명의 합격자를 충분히 수용할 수 있었을 것이다. 다만 천도 후에는 북경 유수 행후군도독부는 문관 후보자가 모이는 장소로 적당하지 않고, 또한 합격자도 200명 정도로 줄어들었기에, 예부에서 행해지게 되었다.399)

영락 13년의 을미과에서도 한림원에 명해서 회시에 급제하지 못한 거인 가운데에서 장차 전망이 있는 사람들을 선발해 재차 시험을 치렀다. 그 결과, 주영(朱瑛) 등 24명을 선발해 특별히 관대와 교유(敎諭)의 봉록을 내려준 뒤, 국자감에 보내, 다음 차의 시험에 대비하게 했다.400) 이것은 정규 합격자를 가리키

---

395) 『明太宗實錄』卷29, 永樂 2년 3월 丙午, "賜進士曾棨官服銀帶, 餘幷賜鈔五錠, 是日賜宴於會同館". 同書 卷52, 永樂 4년 3월 丙午. 卷114, 永樂 9년 3월 乙丑. 卷126, 永樂 10년 3월 己丑條.

396) 『明太宗實錄』卷82, 永樂 6년 8월 辛巳, "設北京會同館, 改順天府燕臺驛爲之, 置大使·副使 各一名"

397) 『明太宗實錄』卷17, 永樂 元年 2월 庚戌條.

398) 徐蘋芳, 「元大都樞密院址考」『中國歷史考古學論叢』美術考古叢刊3(允晨文化公司, 1995, 原載 1989). 서씨의 추정에 의하면, 그 넓이는 남북 약 394m, 동서 315m였다. 더불어 논문 가운데에서, 북평도지휘사사는 홍무 15년 이후에 북평행도사가 되고, 영락 원년에 大寧都指揮使司로 고쳐졌다고 하고 있는데, 이것은 『明史』卷76, 職官志5, 도지휘사사의 잘못된 기술을 답습한 것이다. 北平에 설치된 북평도사와 大寧에 설치된 북평행도사는 별개의 관청이다.

399) 『明太宗實錄』卷235, 永樂 19년 3월 壬午, 「賜進士曾鶴齡等宴於禮部」. 다만, 宣德 2년 丁未과와 宣德 5년 庚戌과 때에 行在中軍都督府가 연회장으로 사용된 것은 행재예부 신축 공사 때문이었을 것이다. 『明宣宗實錄』卷26, 宣德 2년 3월 壬辰. 卷64, 5년 3월 戊午條.

400) 『明太宗實錄』卷162, 永樂 13년 3월 癸卯, "上 以禮部會試下第擧人中, 或有學問可取者, 命 翰林院再試之, 得朱瑛等二十四人, 竝賜冠帶, 給敎諭俸, 送國子監進學, 以待後科"

는 '정방(正榜)'에 대해서 '부방(副榜)'이라고 불렀는데, 원말의 지정(至正) 연간부터 행해졌던 것이다.[401] 명조에서는 홍무·건문 연간, 부방 거인에게 교관 직이 주어졌으나,[402] 영락제가 즉위한 후 최초로 실시한 영락 2년 갑신과에서는 황제가 직접 부방거인을 국자감에 진학시켜, 차기 시험에 대비하게 했다.[403]

19일에는 제1갑 진사 1등 이른바 '장원(壯元)'인 진순을 한림원 수찬으로, 2등 '방안(榜眼)'인 이정(李貞)과 3등 '탐화(探花)'인 진경저(陳景著)를 한림원 편수로 임명하고, 『성리대전』 편찬에 참여하도록 했다. 제2갑 왕고(王翺)·제3갑 진사 홍영·임문갈(林文秸) 이하 30명과 전부터 외국어를 배우고 있던 왕무(王懋)·요승(姚昇) 등 32명을 포함하여 62명을 한림원 서길사로 임명하였다. 그리고 사상(史常) 등 다섯 명을 행인(行人)으로 선발하고, 나머지 진사들은 여러 관아에

---

401) 『元史』 卷92, 百官志8, 選擧附錄·科目, "(至正8年), 是年四月, 中書省奏准, 監學生員每歲取及分生員四十人, 三年應貢會試者, 凡一百二十人. 除例取十八人外, 今後再取副榜二十人, 於內蒙古·色目各四明, 前二名充司鑰, 下二名充侍儀舍人 漢人取一十二人, 前三名充學正·司樂, 次四命充學錄·典籍管勾, 以下五名充舍人. 不願者, 聽其還齋". 다만, 원조에서는, 국자생원에게만 부방이 설치되어 있었던 것 같다.

402) 楊士奇, 『東里續集』 卷36, 「從子之宜墓誌銘」, "之宜名相, 余從兄思貽甫冢子也. (中略), 十五(歲) 郡太守擧應江西鄕試, 中前列. 明年會試禮部中副榜, 當授敎官, 思貽奏言, 臣之子年與學未加以爲人師, 幸俾臣以歸敎之, 曾(增)益其未至, 庶他日不辱陛下任使. 太祖皇帝可其奏. 旣歸益勤於學, 後充太學生. 太學生常數千人, 季試, 相屢占第一. 永樂二年會試天下貢士, 以上爲首. 廷對第二甲一名"

403) 회시부방(會試副榜)이 시작된 시기에 대해서는, 『明史』 卷69, 선거지1에, "擧人入監, 始於永樂中. 會試下第, 輒令翰林院錄其優秀者, 俾入學以俟後科, 給以敎諭之俸. 是時會試有副榜, 大抵署敎官, 故令入監者, 亦食其祿也"라고 있을 뿐, 시기가 특별히 나타나 있지 않다. 商衍鎏, 『淸代科擧考試述錄』(生活·讀書·新知, 三聯書店, 1958), 15쪽에는, 회시부방은 명의 영락 4년에 시작했다고 하고 있다. 그렇지만, 『明太宗實錄』 卷32, 永樂 2년 6월 甲午條에는 "上命禮部臣曰, 會試下第擧人旣多, 其中必尙有可取者. 蓋慮一時忽猝 或有學問 而爲文之際, 記憶偶差, 遂致謬誤, 或本不謬誤, 而考閱之官, 神情昏倦, 失于詳審, 以致黜落. 此皆可矜. 其令翰林院出題更試, 擇文詞優秀者等以聞. 遂得貢士張鉉等六十人以奏. 上召見, 皆賜冠帶, 命於國子監進學, 以俟後科, 且勉之, 曰士當立志, 志一則工專, 工專則業就. 爾等於學已有根本, 但更百尺竿頭進步. 爾後科第一甲人, 有不在其爾曹乎. 其往勉之"라고 되어 있어, 영락제가 즉위 후 최초로 실시한 회시에서 시작된 것이 분명하다.
〈옮긴이 주〉 영락제의 下第擧人에 대한 처우에 대해서는 전순동, 「영락정권의 형성과 그 성격」 『호서사학』 13집(1985) 참조.

서 정사를 익히도록 했다.404) 진사를 한층 더 면학시키는 서길사(庶吉士) 선발은 홍무 18년 을축과 이래 시작되었던 것이다.405) 당초 배속된 관청은 한림원에 한정하지 않고 승칙감(承勅監) 같은 다양한 근시아문(近侍衙門)도 있었지만, 영락 2년 이후는 한림원에 완전히 소속시켰고, 이를 통해 문학의 연찬을 쌓아가는 방향으로 강화시켜 나갔다. 62명에 달하는 서길사를 선발했다는 것은 지금까지 전례 없는 인재를 등용해 북경의 한림원을 충실히 하려는 영락제의 강한 의지의 표명이라 할 수 있다.406)

22일, 황제는 '진사제명비(進士題名碑)'를 북경의 국자감에 세우도록 행재공부에 지시했다. 이 과거 합격자의 이름을 영원히 후세에 전하기 위해서였다. 비문을 짓도록 특별히 명을 받은 사람은 순행처인 북경에서 황제가 가장 신뢰하고 있던 근시관의 한 사람인 우춘방우서자 겸 한림원시강 양영(楊榮)이었다.407)

제명비가 세워진 국자감은 원조 이래 사용되던 그 건물이 그대로 사용되었다.408) 이곳에 제명비가 각석되어 세워진 것은 원조의 인종(재위 1311~1320)때에 시작되었다.409) 되돌아보면, 영락 13년(1415)에 국자감에 진사 합격자를 새긴 제명비가 건립된 것은 원말 지정 16년(1366)410) 이후 처음 있는 일로, 실로 50년 만의 일이었다. 이것은 바야흐로 원조의 대도(大都)를 계승한 북경 땅이 문교 면에서도 또 다시 중심이 되고 있다는 것을 선언하는 일이었다.

---

404) 『明太宗實錄』卷162, 永樂 13년 3월 丁未條.

405) 『明太祖實錄』卷172, 洪武 18년 3월 丙子, "其諸進士, 上以其未更事, 欲優待之, 俾之觀政於諸司, 給以所出身祿米, 俟其諳練政體, 然後擢任之. 其在翰林院·承勅監 等 近侍衙門者, 采書經庶常吉士之義, 俱稱謂庶吉士. 其在六部及諸司者, 仍稱進士."

406) 『明史』卷70, 選擧志2, 「庶吉士之選」.

407) 『明太宗實錄』卷162, 永樂 13년 3월 庚申條.

408) 『明英宗實錄』卷23, 正統 元年 10월 癸亥, "行在吏部主事李賢曰, 竊惟太學者天下貢士所萃, 乃育賢成材之地. (中略) 我國家建都北京以來, 有廢弛而不擧者, 有創新而不措者. 所廢弛者莫甚于太學. 所創新者莫多于佛事."

409) 趙翼, 『陔餘叢考』卷29, 「題名錄」, "其刻石于國子監, 則自元仁宗時始."

410) 『元史』卷47, 順帝本紀, 至正 16년 3월 乙未條. 원조의 과거에 대해서는, 姚大力, 『元朝科擧制度的行廢及其社會背景』南京大學歷史系元史組 「元史及北方民族史研究」六號(1982)을 참조했다.

13년의 을미과 합격자 가운데에 북방 출신자인 왕고가 상위로 합격하자, 영락제가 기뻐하였다는 것은 잘 알려진 사실이다.[411] 왕고의 선조는 북직례의 난주(欒州)였는데, 아버지 대에 원말의 전란을 피해 하간부 창주의 염산현으로 옮겨와 농사를 지으며 살았다. 왕고는 영락 9년의 향시에 합격했지만, 다음 해의 임진과 회시에서는 급제하지 못하고, 부방이 되어 북경국자감에 들어가 공부했다. 두 번째 시험인 을미과에서는 회시 주고관 양잠(梁潛)의 평가에서는 5번째의 성적을 내었는데, 황제는 몹시 기뻐하여 전시(殿試)에서는 4번째인 제2갑 1등으로 끌어올리고, 따로 불러 음식을 대접하였으며, 후에 한림원 서길사로 발탁했다.[412] 지금까지 살펴 본 바와 같이, 북경에서 최초로 행해진 을미과의 회시와 전시를 영락제가 특별히 중시했다는 것을 볼 때, 왕고에게 이렇게 후대한 것은 영락제가 남인에 대항해 북인을 얻는데 관심을 기울이고 있었다기보다는

---

411) 檀上寬, 「明代科擧改革の政治的背景 -南北卷の創設をめぐって-」『東方學報』58卷 (1986). 후에 檀上寬의 저서 『明朝專制支配の歷史的構造』(汲古書院, 1995)에 수록하였다. 生駒晶, 「明初科擧合格者の出身に關する一考察」『山根幸夫敎授退休記念明代史論叢』(汲古書院, 1990). 檀上의 논문에 의하면, 영락제는 홍무제의 방침을 계승해, 당초부터 북인의 인물 채용을 도모하고 있었다고 하면서, 『明史』卷 177, 王翺傳에 보이는 다음의 기사를 들고 있다. "王翺字九皐, 鹽山人. 永樂十三年, 初會試貢士於行在. 帝時欲定都北京, 思得北士用之. 翺兩試 皆上第, 大喜. 特召賜食, 改庶吉士, 授大理寺左寺正". 그러나 『明史』王翺傳도 의거했을 『明憲宗實錄』卷48, 成化 3년 11월 戊辰條에는, "致仕太子太保吏部尙書王翺卒. 字九皐, 直隸鹽山縣人. 永樂乙未進士, 時太宗始試士北京. 得翺畿內人, 居二甲第一, 甚喜. 改翰林院庶吉士, 授大理寺正"라고 있을 뿐, "帝時欲定都北京, 思得北士用之"라는 기술은 없다. 이 부분은 아마 명나라 말에 편찬된 何喬遠의 『名山藏』臣林記, 王翺傳에 "先是成祖定都北京, 固欲得北士爲重. 而北士每後於南人. 至是聞翺兩占高第, 大喜"라고 보이는 기술 등을 청초 徐乾學 등이 찬한 『明史列傳』이나 張廷玉 등이 찬한 『明史』를 따른 것으로 생각된다.

412) 姚夔, 『姚文敏公遺藁』卷9, "明故太子太保吏部尙書贈特進光祿大夫太保謚忠肅王公行狀", "(永樂)九年辛卯中鄕試, 明年會試乙榜, 卒業太學. 乙未 中鄕循榜進士第二甲第一名, 改翰林庶吉士. 甲辰 授大理寺左寺正". 彭時, 『彭文憲公文集』卷4, 「故太子太保吏部尙書贈/特進光祿大夫謚忠肅王公神道碑銘」. 『明憲宗實錄』卷48, 成化 3년 11월 戊辰條. 또한 北京圖書館金石組編, 『北京圖書館藏中國歷代石刻拓本彙編』第51冊(中州古籍出版社, 1990)에 실려 있는 「永樂 十三年進士題名碑」에도, 王翺는 제2갑 일등(4번째)으로 기록되어 있다.

강서 출신인 윤직(尹直)이 이미 지적하고 있듯이, 북경에서 최초로 실시된 회시에서 바로 가까이 있던 구 북평포정사 관할 지역에서 경괴(經魁, 오경의 수석 합격자)가 나왔다는 데에서 더 기뻐했을 것이다.[413] 장차 오게 될 수도(首都) 북경의 문운 융성을 충분히 기대하게 하는 일이었기 때문이다. 거기에 더욱 남경에서 행재 북경으로 새롭게 장소를 옮겨 실시한 회시와 전시가 평온한 가운데 치러졌다는 것은 천도 실현을 향한 준비가 순조롭게 진행되어 가고 있다는 것을 황제 자신이 느꼈을 것이다.

을미과의 진사 가운데에서 내각 대학사가 된 사람은 장원으로 진사가 된 진순 외에, 고곡(高穀)·장익(張益)·허빈(許彬)이 있었다. 그 외에 1품관까지 승진한 사람으로, 이부상서 왕고, 형부상서 유사열(兪士悅)이 있고, 2품관으로는 남경이부상서 조의(曺義), 남경 병부상서 서기(徐琦), 병부상서 손원정(孫原貞), 우도사 홍영(洪英)이 있었다.[414]

이부주사 소의(蕭儀)도 이 을미과 합격자 가운데의 한 사람이다. 강서 무주부 낙안현 출신의 소의는 제2갑 제67등으로 과거에 합격하였다.[415] 후에 영락 19년 4월, 북경의 봉천전 이하 삼전이 완성된 지 얼마 안 되어 곧 낙뢰로 소실되자, 조칙을 받들고 한림원시독 이시면이나 시강 추집에 이어 북경 건설은 형편이 좋지 않음을 상주했다.[416] 그 결과, 황제의 노여움을 사서 투옥되었다가 옥사를 당했다. 소의는 영락 19년 정월 원단의 조하(朝賀)의식 때에 "황도대일

---

413) 尹直, 『謇齋瑣綴錄』, "永樂乙未科, 始開會於北京. 闇泊菴先生主考. 得一卷, 三場俱優, 取定爲會元, 拆卷, 乃陳芳洲循. 先生以鄕故爲嫌. 欲取林文秸, 而又以秸字難識, 進呈不便. 因見第五名洪英曰 此洪武間 英才也. 遂取爲會元, 而循居二. 王翺第五. 太宗見翺名喜, 北京初啓會闈, 而經魁得一畿甸士, 遂以布衣召見, 賜酒飯. 後翺至宮保太宰壽祿名位非常可及, 遭際有自來矣" 가정 연간에 重刊된 兪憲, 『皇明進士登科錄考』卷3, 永樂 13年 乙未 3月條에도, 동일한 기사가 실려 있다. 또한 經魁에 대해서는 鶴成久章, 「明代科擧における專經について」『日本中國學會報』52집(2000)에 자세히 서술되어 있다.
414) 張朝瑞, 『皇明貢擧考』貢擧紀略·永樂 13年 乙未科. 張弘道·張凝道 『皇明三元考』卷2, 永樂 乙未科.
415) 蕭儀, 『袜線集』附, 忠諫贈言, 陳艮撰 「墓誌銘」, 『明淸歷科進士題名碑錄』의 「明永樂十三年進士題名碑錄」.
416) 본서 제5장 「남경 환도」.

통송(皇都大一統頌)"417)을 상정한 사실로 보아, 북경 천도 그 자체를 반대하고 있었던 것은 아니다. 그로서는 오히려 '황도(皇都)' 북경에 대한 기대가 컸던 만큼 삼전 소실 후 남경으로 일시 귀환을 언급하지 않을 수 없었던 것이다. 북경에서 최초로 행해진 회시와 전시에 응시할 수 있었던 소의가 가슴에 품고 있던 북경에 대한 특별한 생각과 배려를 엿볼 수 있다.418)

그리고 을미과에 이어 그 다음의 16년의 무술과도, 제3차 순행 기간 동안에 북경에서 실시되었다. 이기(李騏) 이하 250명이 진사로 합격하였는데, 이때도 양영이 '진사제명기(進士題名記)'를 찬술하였다. 이에 의하면 향시가 약 10:1, 회시가 약 20:1의 경쟁률을 보인 것으로 보아 그 당시 진사가 되기 위해서는 200:1의 어려운 관문을 돌파하지 않으면 안 되었던 것이다.419) 과거 시험과 밀접한 관련을 가지고 있는 국자감은 원조 대도(大都) 이래의 건물을 그대로 이어 받아 사용하고 있었는데, 이 무술과 시험 실시 전에 대성전의 장막만 새로 지었다.420)

이처럼 영락 19년의 북경 천도에 앞서서 실시된 을미과와 무술과가 새로운 도성에서 평온한 가운데 성대하게 거행되었다는 것은 문교 정책 면에서도 천도 준비가 착실하게 추진되고 있었다는 것을 잘 보여 주고 있는 것이다.

---

417) 蕭儀, 『襪線集』 卷1, 「皇都大一統頌幷序」.

418) 蕭儀 외에, 영락 13년의 진사로, 조칙을 받들어 시정을 진언한 사람으로는 어사 鄭惟桓(제3갑, 浙江 寧波府 慈谿縣 사람)·高公望(제3갑, 江西 吉安府 永豐縣 사람)이 있다. 『明太宗實錄』 卷236, 永樂 19년 4월 甲辰條 ; 『明史』 卷164, 鄒緝傳.

419) 楊榮, 『文敏集』 卷9, 『進士題名記』(2).
〈옮긴이 주〉 생원·감생 등의 학위신분층의 급격한 증가와 과거시험의 어려운 관문은, 관직(官職)에 나아가지 못하고, 막히고 걸려서 순조롭게 풀리지 않는 미입사(未入仕) 학위 신분층의 옹체화(壅滯化)를 불러일으키게 되었고, 이것은 명청대의 특수한 정치·사회 지배층인 신사(紳士)를 출현시키게 되었다. 신사(紳士)에 대한 연구로는 오금성, 『중국 근세 사회경제사 연구 -명대 신사층의 형성과 사회경제적 역할-』(일조각, 1981), 『국법과 사회 관행 -명청시대 사회경제사 연구』(지식산업사, 2007)의 「제2편; 국가권력과 신사」 및 오금성 외, 『명청시대 사회경제사』(이산, 2007)의 〈제3부; 지배층과 민중〉의 "신사"를 참조. 그리고, 전체적인 면에서 紳士를 파악하는 데에는, 장중례, 『중국의 신사』(김한식, 정성일, 김종건 옮김, 신서원, 2006)이 크게 도움될 것이다.

420) 『明太宗實錄』 卷198, 永樂 16년 3월 丙子條.

4. 서궁의 건설

영락 14년 8월 28일, 제2차 순행으로 북경에 체재하고 있던 영락제는 행재 공부에 명해 서궁 건설에 착수했다.

> 서궁(西宮)을 지었다. 처음 황제는 북경에 와서, 구궁(舊宮)에 머물렀다. 지금
> 에 이르러서는 장차 철거하고 이것을 새로이 하고자 하였다. 즉시 공부에게 명해
> 서 서궁을 축조하고, 정사를 돌보는 곳으로 삼았다.[421]

이 서궁은 일시적인 시조소(視朝所)로 건설되었다. 그렇게 말할 수 있는 것은 그간의 순행 동안에는 홍무제 이래 사용되어 왔던 연왕부(구궁)를 개조한 행재 소에 황제가 머물고 있었고, 이것을 철거하고 새롭게 다시 궁전을 지으려 했기 때문이다.[422] 따라서 서궁 건설은 그 후로 이어지는 궁전(자금성) 건설의 서막 이라고 할 수 있다. 그런데 이 공사가 착수되기 10일 전에 북경 조영에 동원된 각지의 군민과 관련되는 조서가 나왔다.

> 조칙을 내려, 천하 군민의 북경영조에 동원된 사람들, 각각 나누어 공사에 임
> 하게 하였다. 소재지의 유사는 각 사람들에게 초(鈔) 5정(錠)을 지급하여 여비로
> 삼게 하였다.[423]

그때까지도 북경 축조에 동원된 사람들에게 다양한 형태로 진휼하여 왔으 나, 파견한 지방관청에서 교통비 지급을 실록에 게재한 것은 이것이 처음이다.

---

421) 『明太宗實錄』 卷179, 永樂 14년 8월 丁亥, "作西宮. 初上至北京, 仍御舊宮, 及是將
撤而新之. 乃命工部作西宮爲視朝之所"

422) 王劍英, 「燕王府卽元故宮舊內考」 『北京史論文集』 2집(北京史硏究會, 1982). 덧붙
여 설명하면, 제1차·제2차 순행 동안, 황제의 체재 장소로서, 王劍英이나 주(351)
의 王璞子의 논문 「燕王府與紫禁城」 『故宮博物院院刊』 1979년 1期 및 姜舜源 「元
明之際北京宮殿沿革考」 『故宮博物院院刊』 1993년 4期는 太液池의 동편 大內說을
택하고 있는 데 반하여, 李燮平 「燕王府所在地考析」 『故宮博物院院刊』 1999년 1
期는 서편의 西苑說을 취하고 있다.

423) 『明太宗實錄』 卷179, 永樂 14년 8월 丁丑, "詔天下軍民預北京營造者, 分番赴工. 所
在有司, 人給鈔五錠爲道里費"

9월 20일, 황제는 서궁 공사가 시작된 것을 보면서, 제2차 순행을 끝내고 남경으로 귀환했다. 그 사이 공사는 순조롭게 진행되어, 다음해 15년 4월 27일에 완성되었다는 내용이 『명태종실록』 권187, 영락 15년 4월 계미조에 보이고 있다.

> 서궁이 완성되었다. 그 구조, 한 가운데 봉천전을 두었다. 궁전 좌우 곁에 두 개의 전을 마련하였다. 봉천전 남쪽에 봉천문을 지었고, 좌우에 동서각문을 두었다. 봉천문의 남쪽에 오문이 있고, 오문의 남쪽에는 승천문을 두었다. 봉천전 북쪽에 후전·양전·난전·인수·경복·인화·만춘·영수·장춘 등의 궁이 있는데, 모두 방이 1,630여 칸 남짓이었다.[424]

서궁은 봉천전과 그 좌우 2개의 전을 중심으로, 남쪽으로 봉천문과 동·서문 외에 오문과 승천문이 배치되어 있었고, 북측에는 후전·양전·난전, 그리고 인수·경복·인화·만춘·영수·장춘궁 등이 배치되어 있었다. 일시적으로 정무를 돌보는 시조소라고는 하더라도, 방이 주위 1630여 칸에 이르고 있다는 것으로 보아 규모가 상당히 큰 건물이었음을 알 수 있다.

그런데, 이 때 완성된 서궁은 일반적으로 황성내(皇城內)의 '서원(西苑)'에 위치하고 있다고 이해되어 왔다.[425] 이런 이해는 다음과 같이 『일하구문고(日下舊聞考)』 권32에 보이고 있다.

> (신하들이 삼가 생각하기를) 명초의 연저(燕邸)는 서궁의 옛터에 의한 것으로, 당시 원나라의 융복·흥성 제궁의 유적지이며, 태액지(太液池)의 서쪽에 있었다.

---

424) 『明太宗實錄』 卷187, 永樂 15년 4월 癸未, "西宮成. 其制中爲奉天殿, 殿之側爲左右二殿. 奉天殿之南爲奉天門, 左右爲東西各門. 奉天之南爲午門, 午門之南爲承天門. 奉天殿之北有後殿·涼殿·暖殿, 及仁壽·景福·仁和·萬春·永壽·長春等宮, 凡爲屋千六百三十餘楹"

425) 朱偰, 『明淸兩代宮苑建置沿革圖考』(上海商務印書館, 1947, 후에 北京古籍出版社, 1990 再版), 63쪽. 이에 대하여 北京市 社會科學硏究所《北京歷史紀年》編寫組編 『北京歷史紀年』(北京出版社, 1984)에는 "一四一七年 丁酉 明永樂十五年"항에, "四月, 北京西宮建成. 西宮(今故宮地址) 入承天門曰午門, 又入曰奉天門, 內奉天殿(今太和殿)(下略)"라고 되어 있어, 현재 고궁의 장소에 서궁이 건설되었다고 하고, 게다가 이 때 현재의 태화전에 해당하는 봉천전이 완성됐다고 설명하고 있는데, 이 기록을 따르기는 어렵다.

그 후 다시 도성을 건립할 때, 즉 연저 구궁 및 태액지 동편의 원구내(元舊內)와 서원의 땅을 궁성으로 삼았으니 궁성은 곧 옮겨져 동진하였다.[426]

이 부분은, 후술할 『춘명몽여록』의 기술에 엮은이의 말을 붙인 것이다. 이에 의하면, 서궁은 태액지 서쪽의 융복궁과 흥성궁 등의 옛터에 있었고, 여기에 태액지 동쪽의 원구내(元舊內)의 일부를 합쳐서 서원이 형성되었다고 설명하고 있다. 확실히 명대의 서원은 궁궐 자금성에서 본 서쪽의 금원을 가리키고, 태액지 동서 양측이 포함되어 있다. 다만, 『일하구문고』는 다음에 소개할 손승택(孫承澤)의 『춘명몽여록』 권6, 궁궐의 기술에, 서술자가 부주의한 탓으로 말미암아 명초 연저 즉 연왕부 궁성도 여기에 있었다고 서술하고 있는데, 연왕부는 서궁 부분뿐만 아니라 원대 소장(蕭牆)의 전역을 점하고 있었다는 것에 대해서 좀 더 고찰해보고자 한다.[427]

명 태종 영락 14년, 황제의 어가가 북경으로 순행하였다. 이로써 궁성의 영건을 논의하였다. 처음의 연저는 원의 고궁이 있던 건물로, 지금 서원(西苑)인데, 조문(朝門)을 앞에 두었다. 원나라 사람은 불교를 중히 여겨, 조문 밖에 대자은사가 있었으며, 지금의 사소(射所)이다. 동쪽은 회창(灰廠)이고, 가운데로 좁은 길이 나 있었으며, 그런고로 황장(皇牆)의 서남 쪽 한 모서리만이 건물이 없었다. 태종 등극 이후, 고궁에 봉천 삼전을 지어, 순행 동안의 정사를 준비했다. 15년에 이르러, 새로 황성을 동쪽에 지었으며, 구궁을 지나 1리 정도 되는 곳이었다. 모두 금릉(金陵)의 규정과 같이 하였으나, 넓고 높은 것이 그보다 더하였다.[428]

명·청 교체기에 북경에서 오래 살아서, 이른바 북경인이었던 손승택이지

---

426) 『欽定日下舊聞考』卷32, 宮室·明一, "[臣等謹按]明初燕邸仍西宮之舊, 當卽元之隆福·興聖諸宮遺址, 在太液池西. 其後改建都城, 則燕邸舊宮及太液池東之元舊內, 竝爲西苑地, 而宮城則徙而又東"

427) 본서 제2장 「명초 연왕부를 둘러싼 여러 문제」.

428) 孫承澤, 『春明夢餘錄』卷6, 宮闕, "明太宗永樂14年, 車駕巡幸北京. 因議營建宮城. 初燕邸因元故宮, 卽今之西苑, 開朝門於前. 元人重佛, 朝門外有大慈恩寺, 卽今之射所. 東爲灰廠, 中有夾道, 故皇牆西南一角獨缺. 太宗登極後, 卽故宮建奉天三殿, 以備巡幸受朝. 至十五年改建皇城於東, 去舊宮可一里(약 3.93km)許. 悉如金陵之制, 而弘敞過之"

만, 왕검영(王劍英)이 이미 지적한 것처럼, 이 기록에 많은 오류가 내포되어 있다.[429] 즉, 영락제 즉위 후에 원조의 고궁 땅에 봉천 삼전을 세웠다라고 한 것이라든지, 15년에 그 동쪽 1리 떨어진 곳에 황성을 다시 지었다는 것도 문제이지만, 제일 큰 문제는 영락 14년에 순행처인 북경에서 궁성 건설에 대해 논의하고, 그 다음 해에 건설에 착수했다고 하면서도, 서궁 건설에 대해서는 전혀 언급이 없다는 점이다.

실은, 전술한 『태종실록』의 두 개의 기사를 제외하면, 영락 연간의 서궁 건설에 대해 언급한 명대의 사료는 거의 눈에 띄지 않는다. 다만 유일한 예외가 있는데, 그것은 만력 『대명회전』 권181의 기사이다.

> 영락 15년, 서궁을 북경에 축조하였다. 중앙에 봉천전을 짓고, 궁전 곁의 좌우로 이전(二殿)을 지었다. 봉천전의 남쪽으로는 봉천문 짓고, 좌우에는 동서각문을 두었다. 봉천문의 남쪽으로 오문을 짓고, 오문의 남쪽으로는 승천문을 두었다. 봉천전의 북쪽으로 후전·양전·난전 및 인수·경복·인화·만춘·영수·장춘 등의 궁이 있다. [(割註) 현재의 서성(西城)에 있음. 각 궁전 및 문 모두 다른 이름으로 바뀜][430]

위의 기사에서, "중앙에 봉천전을 짓고"에서부터 "장춘궁 등의 궁이 있다"까지의 본문은 분명히 전술한 『태종실록』 권187, 영락 15년 4월 계미 조를 답습한 것이다. 다만, 본문에 할주(割註 : 본문 바로 뒤에 두 줄로 잘게 단 주)를 넣어서 서궁의 위치를 "현재의 서성에 있음"이라고 설명하고 있는 점이 주목된다. 명대에는 단지 '서성'이라고 할 경우, 일반적으로 북경 성내 군민의 치안 유지를 담당하였던 오성병마사(五城兵馬司)의 하나인 서성병마사의 관할구역을 가리키는 경우가 많다. 그러나 오성 관할구역에 황성부분은 직접 포함되지 않기 때문에,

---

429) 王劍英, 「燕王府卽元故宮舊內考」 『北京史論文集』 2집(北京史硏究會, 1982) 참조. 孫承澤의 기술은 朱國禎, 『湧幢小品』 卷4, 宮殿의 기사를 답습한 것으로 생각된다.

430) 萬曆 『大明會典』 卷181, 工部1, 營造1, 內府, "永樂十五年, 作西宮于北京. 中爲奉天殿, 殿之側爲左右二殿. 奉天殿之南爲奉天門, 左右爲東西各門. 奉天之南爲午門, 午門之南爲承天門. 奉天殿之北有後殿·涼殿·暖殿, 及仁壽·景福·仁和·萬春·永壽·長春等宮, [(割註) 今在西城. 各殿門俱更別名]"

여기에서는 황성 내의 서방을 가리킨 것이리라. '토목의 변'으로 북수(北狩)에서 돌아온 영종이 유폐되었던 장소인 궁궐 동남 부분을 '남성(南城)'[431]이라고 한 것도 이와 비슷한 용례이다.

그런데, 후술할 영락 15년 2월에 정식으로 착수된 궁전 공사보다 반 년 먼저, 훗날의 삼전 이궁이 건설된 곳과는 다른 부지에 봉천전(서궁)이 건설 정비된 것은 어떠한 이유에서일까? 실록에도 명기되어 있듯이, 이곳은 '시조소(視朝所)', 즉 나라의 정사를 돌보는 장소로 설치되었던 것이다. 이 시점에서 애써 다른 부지에 조정의 장소를 마련했다는 것은 지금까지의 행재소(구궁)의 부지에 새로운 궁전을 건설하는 것이 이미 기정방침으로 되어 있었기 때문이었다.[432] 그리고 서궁 완성 후에 행해진 제3차 황제 순행은 이 삼전 이궁 건설공사의 진두지휘에 해당하는 것으로, 지금까지 있었던 것 이상으로 중요한 의미가 담겨져 있는 셈이 된다. 따라서 이 서궁 건설도 일련의 북경 영건공사의 중요한 일부를 구성하고 있었던 것이다.

V. 제3차 순행과 자금성 건설-제4단계

1. 제왕 문제의 뒤처리

1) 한왕의 동향과 낙안주로의 이봉

영락 14년 9월, 북경 순행 동안에 영락제 하에서 함께 순행하다가 남경으로 돌아간 한왕(漢王) 고후(高煦)가 각 위(衛)에서 정예 병사와 특수 기능이 있는 자를 골라내어, 왕 측근에서 시중드는 사람이라는 명분으로, 군사 훈련을 시키고 무기를 제조하고 있다는 불온한 소식이 영락제에게 전해졌다. 한왕의 행동

---

431) 朱國禎, 『涌幢小品』卷4, 南內, "南城在大內東南, 英皇自虜歸居之"

432) 王劍英, 「明初營建北京始于永樂十五年六月考-兼論有關營建北京年代的一些問題」, 北京史研究會編, 『北京史論文集』(1980) 참조.

에 대하여 의혹을 깊게 품고 있던 황제는 마침내 남경으로 귀환할 것을 결심했다고 한다.[433]

한왕 고후는 영락제의 둘째 아들이다. 정난의 변에서 보인 눈부신 활약으로 황제 자신이 고후를 황태자로 세우려 한 적도 있었다. 제2차 북경 순행이 이루어진 영락 11년에는 서황후의 재궁을 장릉에 호송하는 큰일을 그에게 맡긴 적도 있었다.

그 해 겨울에, 돌연 한왕이 남경으로의 귀환을 제안하자, 황제는 지금은 추워서 불편하다며 당분간 따뜻한 봄까지 기다리라고 타일렀다. 새해가 되자, 한왕은 재차 남경으로의 귀환을 요청했다. 황제가 "가을에는 너를 남으로 귀환시키마"라고 했으나, 한왕은 이 말에 조금도 개의치 않았다. 그리하여 부득이 흠천감에게 귀환 일정을 잡도록 했다. 황제는 한왕의 사정을 더욱 걱정해 "네가 꼭 가야 한다면, 세자를 북경에 남겨두어 짐의 곁에 있게 하고 가라"고 명하였으나, 한왕은 "세자도 또한 돌아가 학문에 정진시키고 싶다"라고 대답했다. 그러자 황제는 더 이상 할 말이 없어졌다. 12년 정월, 한왕이 귀환할 때에, 예부상서 여진은 여러 관청의 관리를 보내어 동행하도록 제안했지만, 황제는 아무 대답도 하지 않았다.[434] 한왕이 집요하게 남경 귀환을 요구한 것은 동생 조왕 고수(高燧)가 북경 거수(居守)의 지위에 있고, 황태자의 적장자인 첨기(瞻基)가 황태손으로 책봉되어 황제 곁에서 총애를 받고 있는 이상, 북경에는 이미 자신의 활동 무대가 남아 있지 않다는 것을 인식했기 때문이었을 것이다.[435]

남경으로 돌아온 고후는 황제의 총애를 빌미로 점점 불법 행위를 거듭하고 있었다. 한부기선(漢府紀善) 주기봉(周岐鳳)[436]이 이것을 종종 간언하자, 다른 일로 트집 잡고 구실을 내세워 주기봉을 금의위의 옥에 보냈다. 감국의 지위에 있던 황태자는 이것이 황제의 귀에 들어갈까 봐 두려워, 주기봉을 석방하고 장주

433)『明太宗實錄』卷180, 永樂 14년 9월 丙申, "上聞, 漢王高煦於各衛選精壯軍士及有藝能者, 以隨侍爲名, 敎習武事, 造作器械. 心益疑之, 遂有還京之意"
434)『明太宗實錄』卷147, 永樂 12년 正月 甲午條.
435)『明太宗實錄』卷121, 永樂 9년 11월 丁卯條.
436) 漢府紀善 周鳴(字, 岐鳳)에 대해서는 楊士奇,『東里續集』卷34,「周貝外墓誌銘」에 관련 기사가 보이고 있다.

현학의 교유로 강등시켜 내보내었다.

13년 5월에는 운남 땅이 너무 멀다면서 거절하고 있던 한왕에 대하여, 황제는 산동 청주(靑州)로 다시 개봉(改封)하려고 결심하였다. 6월이 되자, 공부에 명해 한왕의 위엄을 보이기 위해 의장(儀仗)을 만들고, 그것들을 미리 청주에 보내었다.[437] 다음 해 14년 3월에는 후술할 조왕(趙王)을 창덕부로 개봉하기로 결정함과 동시에, 계속 취번하지 않고 있던 한왕에 대해서도 거듭 청주로의 취번을 명하였다. 그래도 한왕은 말을 듣지 않았던 탓인지, 어쩔 수 없이, 순량하고 말 잘 듣기로 이름나 있던 한왕의 세자 첨학(瞻壑)을 먼저 세자부(世子府)에서 청주로 가도록 하였다.[438]

그간의 한왕의 행동에 대하여 황제는 늘 불신하여 오기는 하였지만, 한왕에게 불온한 움직임이 있다는 소식이 남경으로부터 전해 오자, 그 소식을 들은 황제는 한왕을 더욱 더 강하게 의심하였을 것이리라. 귀환할 즈음, 한왕부의 군사를 담당하고 있던 우군도독첨사 구양청(區陽靑)에게 호위하는 관군 이외 각 위에서 골라 뽑은 사람들을 원래의 위로 돌려보내도록 명했다. 11월에 남경으로 돌아온 황제는 즉시 한부 삼호위의 중호위를 청주호위로 고쳤다. 나아가 좌우 두 개의 호위를 폐지하고, 그 관군을 모두 거용관 북쪽으로 보내 보안(保安) 좌우 2위를 세웠다.[439] 그 후, 병기를 사사로이 만들고, 죽음을 각오한 무사들을 양성하고, 망명자를 불러 모으고, 칠피(漆皮)로 만든 배를 이용하여 수상전을 훈련하고 있다는 사실 등이 확인되자, 한왕을 불러 그 불법을 힐문한 뒤, 의관을 박탈하고 서화문 내에 구금했다. 거기에 황제는 그의 왕작까지 박탈해 서민 신분으로 만들려고 했으나, 황태자의 중재로 왕작은 박탈되지 않고, 간신히 왕위에 유임되어 청주부 낙안주에 취번했다.[440] 황제는 한왕을 낙안으로 보낼 때, 곁에 있던 황태손에게 "한왕을 낙안으로 이봉(移封)시킨 것은 그곳이 북경에

---

437) 『明太宗實錄』卷164, 永樂 13년 5월 丁巳. 卷165, 同年 6월 壬午條.
438) 『明太宗實錄』卷174, 永樂 14년 3월 甲辰. 卷178, 同年 7월 辛丑 ; 卷240, 永樂 19년 8월 庚申條.
439) 『明太宗實錄』卷182, 永樂 14년 11월 丁未·戊申條.
440) 『明太宗實錄』卷186, 永樂 15년 3월 丙午條.

서 가깝고, 또한 어떤 변이 일어난다면 아침에 군사를 보내 저녁에 바로 사로잡을 수 있도록 한 것이다"라고 말했다고 한다. 그 뒤 9년 후인 선덕 원년에, 예기했던 것처럼 일어났던 한왕 고후의 난에 대해서는 본서 제6장에서 고찰하겠다.

14년 10월, 황제는 남경에 귀환하자, 곧바로 이부상서 건의(蹇義)에게 한왕의 남경에서의 태도와 행동에 대해 물어 봤다. 이 때 건의는 모른다며 고사하였다. 좌춘방좌유덕겸한림원시강 양사기(楊士奇)에게도 물어보자, 양사기는 "신과 건의는 황태자를 모시고 있는데, 다른 사람들이 신들에게 한왕에 대하여 말하는 사람이 없습니다. 다만 한왕은 두 번이나 취번하도록 명을 받았지만, 거절하고 가지 않았고, 청주로 개봉되었어도 또한 역시 가지 않았습니다. 지금 수도를 북경으로 옮긴다는 것을 알고, 남경을 유수하였으면 하고 있을 뿐입니다. 세상 사람들은 모두 그의 마음을 의심하고 있는데, 폐하는 이것을 선처하여 한시라도 빨리 안정할 곳을 정하여, 부자간의 사랑과 은혜가 온전히 지켜지도록 한다면 영원한 유익이 될 것입니다"라고 대답했다. 황제는 아무 말 없이 일어나 궁으로 돌아갔다. 그런 후 수일 후에 한왕의 불법적인 여러 가지 일들이 밝혀졌던 것이다.[441]

양사기가 이때에 조정이 북경으로 옮아간다고 지적한 것은 머지않아 열리게 될 중신회의(후술)에서 북경 궁전 건설이 정식으로 결정될 것을 내다 본 것이었다. 그리고 양사기가 지적하고 있듯이, 한왕도 장차 이루어질 북경 천도의 실현을 예견하고, 스스로 자신이 처해야 할 지위를 모색하고 있었던 것이다.

2) 조왕 창덕(彰德)으로 개봉 결정

천도 계획의 최종 단계에 접어든 서궁 건설 착수 반년 전, 영락 14년 3월에,

---

441) 王直, 『抑菴文集』 卷11, 「少師泰和楊公傳」, "十四年, 上在北京聞高煦有異志, 還京師, 欲發其事, 疑未決, 獨召公問曰, 昨問蹇義漢府事, 對曰不知. 若朕未有知, 爾輩慮有離間, 不敢言. 今朕旣知矣, 爾言之何害. 公對曰, 臣與義事東宮, 外人無敢與臣等言者. 但漢王始封國雲南, 不肯行. 改靑州, 又不行. 今將知徙都北京, 惟欲留守南京. 天下皆疑其心. 惟陛下善處之, 使早有定所, 全父子之恩爲永世之利. 上默然起還宮. 後數日, 悉得其反狀及所爲戰具". 高岱, 『鴻猷錄』 卷9, 征漢庶人 ; 『明史紀事本末』 卷27, 「高煦之反」.

또 하나의 중요한 결정이 내려졌다. 그것은 영락 3년 이래 북경거수로 있던 조왕 고수를 하남 창덕부(彰德府)로 개봉(改封)한 일이다.[442]

고수는 영락제 셋째 아들로, 생모는 서황후였다. 아버지를 닮아 무인의 기질은 강했지만, 학문을 소홀히 하였다.[443] 영락 2년 4월, 세자 고치(高熾)가 황태자로 책립되자, 동시에 조왕으로 봉해지고, 3년 2월에는 전술한 것처럼 북경거수로 명을 받았다. 당초 북경의 중요 정무는 조왕에게 모두 보고해 실시하도록 되어 있었기 때문에, 상당한 권한을 가지고 있었다. 예를 들면, 황제가 부마도위 원용(袁容)의 거만한 행동에 대한 충고를 조왕에게 시켰다는 것은 그런 면을 잘 입증해 주고 있는 것이다.[444] 이 때문에, 조왕의 주위에는 차차 불법을 일삼는 위험한 무리들이 많이 모여들었고, 또한 임용되기도 하였다.

영락 7년, 황제의 북경 순행이 실현되자, 그때까지의 조왕의 과실이 발각되었다. 황제는 격노해, 장사(長史) 고성을 주살하고 조왕이 마음대로 임용하고 있던 패거리들을 죄다 체포하였다. 조왕의 관대를 빼앗고, 입시(入侍)를 금하였는데, 황태자의 주선으로 관대는 다시 되돌려 받게 되었다.『태종실록』에는 조왕이 관대를 빼앗겼다는 사실이 실려 있지 않지만, 조왕은, "나이 어리고, 아직까지 가색(稼穡)의 어려움을 모르고 있었다"하여 해마다 지급하는 연간 녹미(祿米) 1만석을 300석·초(鈔) 1000정(錠)으로 줄였다고 하는데, 이렇게 세록(歲祿)이 줄어든 것은 아마 이것과 관계된 것이 아닌가 생각된다.[445]

8년 2월에 황제의 몽골 친정이 정해지자, 조왕에게 북경의 성지(城池)와 군마를 관리하도록 하고, 광평후 원용(袁容)과 태녕후 진규(陳珪)로 하여금 그를 보좌하도록 했다.[446] 황제가 몽골 친정을 마치고 북경으로 돌아오자, 조왕이 황제의 행재소에 내사를 보내 과일을 증정한 적이 있었다.[447] 조왕이 북경거수

---

442)『明太宗實錄』卷174, 永樂 14년 3월 甲辰, 「改趙王高燧封國於彰德」
443)『明宣宗實錄』卷82, 宣德 6년 8월 戊午條.
444)『明史』卷121, 公主列傳 永安公主傳.
445)『明太宗實錄』卷90, 永樂 7년 4월 壬辰條
446)『明太宗實錄』卷101, 永樂 8년 2월 辛丑條.
447)『明太宗實錄』卷106, 永樂 8년 7월 己巳條.

기간 동안, 거주지를 어디에 두고 있었는지는 확실하지 않지만, 이 기사로 판단하건데, 행재소(구 연왕부)와는 별도의 장소에 있었다고 생각된다. 9월에는 북경 유수로서 잘 근무하였다는 것이 높이 평가되어서인지, 조왕은 녹미 5만석[448]·초 5만정으로 가증(加增)되고, 나아가 북경 성내의 세과도 지급되었다.[449]

그 후 국자감 사업(司業) 조계통(趙季通)과 동자장(董子莊)을 장사로 임명해 보좌하도록 하였기 때문에 일시 신분이 회복되어 있었다.[450] 그러나 다시 위험한 무리를 모았다 하여, 11년 8월에는 조부(趙府)의 군목소(群牧所)가 폐지되고 3호위 소속 정원 밖의 관이나 죄수로 충군된 자들을 다른 위로 옮기도록 한 것이 보인다.[451]

14년 3월이 되어, 조왕에 대하여 창덕으로 개봉한다는 결정이 발표되었다. 그러나 개봉이 결정된 후에 곧바로 취번의 명을 받은 것은 아니었다. 대체로 영락제는 홍무제와는 달리 자식들의 취번을 그렇게 서두르지는 않았다. 앞서 언급한 한왕의 경우도 본인이 동의하지 않자, 취번을 질질 끌고 있었다. 결국 창덕에 조왕부 건설의 명이 나온 것은 영락제 사후, 홍희제 즉위 직후였다.[452]

그럼에도 불구하고, 영락 14년의 시점에서 창덕 개봉의 명이 공표된 것은 그럴만한 의도가 담겨져 있었을 것이다. 천도 계획이 이대로 진전되면, 남경과 북경의 양경체제 하에서, 영락 3년 이래 북경 유수를 맡은 조왕의 역할은 조만간 필요 없게 될 것이 뻔한 일이었다. 이러한 정황을 고려한다면, 오히려 조왕 개봉의 결정의 공표는 당시의 사람들에게 천도 실현을 향한 영락제의 의사 표시로 받아들여지지 않았을까.

---

448) 佐藤文俊은『明代王府の研究』(研文出版, 1999)의 74쪽에서 이유는 명시하고 있지 않으면서도, "수치는 틀렸다고 생각한다"라고 했다. 그러나 이곳의 祿米額은 지금까지 거론해 온 趙王의 北京居守라는 지위를 고려하면, 아마 잘못된 것은 아닐 것이다. 洪熙 원년 3월, 조왕이 창덕으로 취번할 때에, 북경에 남아 있던 녹미 12만석을 창덕으로 운반할 것을 신청한 사실은 그것을 잘 반증하고 있는 것이다. 『明仁宗實錄』卷8下, 洪熙 元年 3월 甲午條.

449)『明太宗實錄』卷108, 永樂 8년 9월 庚寅條.

450)『明太宗實錄』卷124, 永樂 10년 正月 丁未條.

451)『明太宗實錄』卷142, 永樂 11년 8월 己巳條.

452)『明仁宗實錄』卷2상, 永樂 22년 9월 丙子條.

부언하면, 조왕이 창덕에 취번한 것은 뒤 늦게 홍희 원년(1425)에 이르러서야 실현되었다.[453] 그 사이, 천도 후 영락 21년에는 환관 황엄과 강보, 상산중호위 지휘 맹현·우림전위지휘 팽욱 등이 영락제에게 독약을 타 먹이고, 황태자를 대신해 조왕을 옹립하려는 쿠데타 계획이 발각된 적이 있었다. 황제는 일시 조왕의 관여를 의심했지만, 황태자 고치의 중재로 일이 무사히 처리되었다.[454] 그 고치가 홍희제로 즉위한 영락 22년 12월, 창덕에서 조왕부의 건설이 시작되었던 것이다.[455]

3) 곡왕의 왕작 박탈

제2차 순행에서 남경으로 돌아온 영락 14년 10월 24일, 영락제는 친히 태조의 능묘 효릉을 찾아가 제사하고, 천지·종묘·사직 및 경사 내의 여러 신들에게는 관리를 보내어 제사하도록 했다. 효릉에서 돌아와 봉천전에서 문무관의 조하(朝賀)를 받았다. 장사(長沙)에 취번해 있던 남동생 곡왕(谷王) 주혜(朱橞)도 특별히 맨 먼저 남경에 소환되어 그 조하에 참여하고 있었다. 조하 의식이 끝나고 나서, 황제는 곡왕이 머물고 있는 곳에 환관을 보내어, 촉왕(蜀王) 주춘(朱椿)이 황제 앞으로 보낸 장주를 곡왕에게 내 보였다. 거기에는 곡왕의 모반 상황이 자세하게 기록되어 있었다. 그것을 읽은 곡왕은 오들 오들 떨며 한마디도 변명하지 못하고 "죽을 죄를 지었습니다. 죽을 죄를 지었습니다. 오직 폐하의 크고 넓은 대 은혜로서 그저 이 목숨만이 보존되기를 바랄 뿐입니다"라고 말했다고 한다.[456]

---

453) 『明仁宗實錄』卷2상, 永樂 22년 9월 丙子條 ; 『明史』卷118, 諸王列傳3. 趙簡王高燧傳.

454) 『明太宗實錄』卷259, 永樂 21년 5월 己丑條.

455) 『明仁宗實錄』卷5하, 永樂 22년 12월 甲子條.

456) 『明太宗實錄』卷181, 永樂 14년 10월 癸未條. 野澤佳美,「洪武南藏から永樂南藏へ」『駒澤史學』 52(1998). 후에 『明代大藏經史の硏究』(汲古書院, 1998)에 수록되었는데, 이 谷王의 쿠데타 미수 사건에 주목하여, 남경에 귀환한 영락제가 건문제 관련의 사적을 재확인할 필요가 있어서 洪武南藏을 재편집(永樂南藏 편찬)하도록

곡왕은 무뢰들을 모아 병법을 가르치고, 전함이나 병기를 사사로이 만들었다. 그 외에 기능인에게 정월대보름에 사용하는 원석등(元夕燈)을 만들어 헌상하고, 이것을 궁정 내부에 설치해 궁중의 동정을 정찰시킨다든지, 힘센 장사를 뽑아 음악을 가르쳐 궁중 안에 들여보내 놓고, 틈을 보아 쿠데타를 일으킬 것을 계획하기도 하였다. 장사 노정강이 엄하게 간언한 것을 귀담아 듣지 않고, 도리어 간언한 장사를 무고죄(誣告罪)로 몰아 죽여 버렸다. 일찍이 곡왕부에서 시종하고 있던 도독 장흥은 이러한 사실을 북경 황제에게 몰래 아뢰었으나, 처음에 황제는 이것을 믿지 않았다. 어머니가 같은 곡왕의 형 촉왕(蜀王) 춘(椿)도 이전부터 이러한 곡왕의 행동에 대해 사람을 보내 충고하였다. 종종 촉왕의 아들 숭녕왕 열존(悅燇)이 아버지에게 꾸중을 듣고, 도망하여 장사의 곡왕에게 몸을 의지하자, 곡왕은 사람들에게 거짓으로 "건문군(건문제)은 실제 죽지 않았다. 나에게 몸을 의지하여 함께 거사를 일으키자고 한다"라고 퍼뜨리기 시작했다. 이것을 들은 촉왕은 그 해의 7월에 마침내 북경 순행중의 황제에게 은밀히 의빈(儀賓) 고첨(顧瞻)을 보내어 이런 사실을 상주하였던 것이다.[457]

곡왕은 태조의 열아홉째 아들로, 홍무 28년에 원대의 선덕부(후의 선부)에 취번했다. 정난의 변이 일어나자, 연왕부에 가까이 있던 곡왕은 재빨리 남경으로 도망갔다. 정난의 변의 마지막 때에 건문제의 명을 받들어 남경성의 금천문을 지키고 있었는데, 성문에서 연왕 군대를 표시한 깃발과 가마를 발견하자, 맨 먼저 성문을 열어 연왕을 맞이했다.[458] 이로 인해 영락제가 즉위하자, 위사 300명 외에 금 30냥, 은 3000냥 등의 후한 하사를 받았다. 얼마 지나지 않아, 곡왕은 선부에서 경제적으로 풍요로운 호광 장사부로의 개봉을 희망하여 장사에 취번했다.[459]

명하였다고 하고 있다.

457) 『明太宗實錄』 卷178, 永樂 14년 7월 辛亥, "蜀王椿密見儀賓顧瞻奏, 谷王橞謀不軌. (中略) 曾椿子崇寧王悅燇獲罪於父, 逃避橞所, 橞詭衆曰 建文君 初實不死. 今李在此. 椿聞之, 遂具奏於上. 竝奏其他事". 同書 卷181, 永樂 14년 10월 甲申條.

458) 鄭曉, 『吾學編』 皇明同姓諸王傳, 卷2, 谷庶人. 『明史』 卷118, 諸王列傳3, 谷王橞傳.

459) 『明太宗實錄』 卷10上, 洪武 35년 7월 丁酉. 卷12上, 同年 9월 丁亥. 卷13, 同年 10월 壬申條.

그런데 곡왕의 음모가 밝혀진 다음날, 성국공 주용(朱勇)과 도찰원좌도어사 유관(劉觀)은 문무 군신과 함께, 천하의 공의에 비추어 '혈육의 정'을 꺾고, 법으로 바로잡을 것을 요구하는 상주를 올렸다. 이러한 상주는 전후 5, 6건에 달했지만, 황제는 자기 스스로가 처리한다고 하면서 바로 결론을 내리지 않았다.[460] 이듬해 정월에는 초왕 등에 의해 곡왕의 죄를 상담한 결과가 상주되고, 군신과 같이 주살을 요구하는 내용이었지만, 역시 처분을 내리지 않았다. 다음 2월이 되어 곡왕의 왕작을 박탈하고, 그 호위와 장사사(長史司) 등의 아문을 폐지했다.[461] 이런 결정에 앞서, 전년 12월에는 도독 기중취(冀中驟)를 호광에 파견해, 장사 호위의 무장을 해제시켰다. 호위 관군 가운데, 3천명은 요동에, 2천명은 선부에, 2천명은 보안 제위로 보내고, 나머지는 산동 연해 지방의 6위에 보내었던 것이다.[462]

이 사건은 건문제가 궁중 내에서 스스로 분사했다고 하는 공식 견해[463]에도 불구하고, 영락 연간의 시점에서 건문제의 생존설을 공공연하게 말하는 사람이 있었다는 것을 보여주고 있어 흥미롭다.[464] 건문제가 승복을 입고 몸을 변장해 궁중에서 도망쳤다고 하는 출망설(出亡說)은 아마 민간에서는 연왕의 즉위 당초부터 떠돌고 있었을 것이지만, 영락제의 정치가 구체적으로 그 모습을 드러냄에 따라 이와 대립하여 부정되었던 건문제의 시대가 회상되고, 그 출망설이 더욱 확대되는 토대가 마련되었다고 할 수 있다. 더욱이 이번은 금천문

460) 『明太宗實錄』卷181, 永樂 14년 10월 甲申條.

461) 『明太宗實錄』卷184, 永樂 15년 正月 甲辰, 2월 癸亥條.

462) 『明太宗實錄』卷183, 永樂 14년 12월 壬申條.

463) 주(18) 전술한 『明太宗實錄』卷9下, (建文) 4년 6월 乙丑條.

464) 40년 가까이 경과한 정통 5년에 운남에 있다가 광서 사은부(廣西 思恩府)에 온 90세 남짓 된 승려가 건문제라고 자칭하다 잡혀 금의위의 옥에서 4개월 후에 사망한 것은 잘 알려진 사실이다. 『明英宗實錄』卷73, 正統 5년 11월 丁巳條. 영락제 자신이 그 출망설에 어느 정도 휘말려 들어갔는지는 분명하지 않다. 『明史』卷169, 胡濙傳에는 영락 5년부터 14년까지, 17년부터 21년까지 두 차례에 걸쳐서 戶科 都給事中 胡濙에게 전국 각지를 편력하게 한 것은 은밀히 건문제의 소재를 찾아내기 위해 그렇게 했다는 기술이 보이기는 하지만, 그 기술의 문제점에 대해서는 이미 주(350)에 지적했다.

에서 연왕의 어가를 맞이하는데 큰 공이 있다고 널리 알려진 곡왕 밑에서 나온 만큼, 진실성도 있어 그 영향이 컸을 것이다.

영락제로서도 친속 내의 제왕에게서 나온 건문제 출망설은 경시할 수 없었을 것이다. 그럼에도 불구하고, 곡왕에 대한 처분을 황제는 서두르지 않았다. 여기에서 보이는 신중한 대응은 오히려 황제가 이 사건을 중시하고 있다는 것을 나타내 보임과 동시에 이번 남경 귀환에서는 또 하나의 중요 현안 문제, 곧 북경 궁전 건설에 대하여 문무 군신의 정식 동의를 얻어내어야 한다는 최우선 과제를 앞에 두고 있었기 때문이었다.

더욱이 영락제 자신이 민간에 널리 퍼진 건문군 출망설의 부정에 기를 쓰고 있었다는 통설도 곧 바로 믿기는 어렵다. 그렇게 말할 수 있는 것은 출망설 자체가 연왕의 '시역(弑逆)' 행위를 부정하는 데 좋게 작용한다고 여겨졌기 때문이다.[465] 황제 자신이 이것을 부정도 긍정도 할 수 없었기에, 출망설이 명말까지 민간에 전해 내려오는 한 요인이 되었을 것이다.

2. 남경에서 문무 중신회의

영락 14년 11월, 제2차 순행에서 남경으로 돌아온 황제는 앞의 곡왕문제를 정리한 뒤, 호부에 명해 한왕과 조왕의 녹미를 1만석으로 줄였다.[466] 이것은 마침내 두 왕의 처우 문제에 종지부를 찍으려하는 황제 의지의 표현이었다.

이어서 11월 15일에 국정이 논해지는 자리에서 북경 영건공사에 대해 정식으로 논의하여 궁전 건설이 재가되었다. 중신회의는 일반적인 조현(朝見)의 날이 아니라 삭(朔)·망(望) 조현의 날에 이루어졌다.

> 다시 군신에게 조서를 내려 북경 영건을 의논하게 하였다. 이보다 앞서, 어가가 북경에 이르니, 공부(工部)가 날을 잡아 공사를 일으킬 것을 주청하였다. 황제

---

465) 段玉載, 『明史十二論』「三大案論」.
466) 『明太宗實錄』 卷182, 永樂 14년 11월 己丑, "詔戶部, 歲給漢王·趙王祿米各止(一)萬石"

는 영건의 일이 중차대한 일이나 민력을 감당하지 못할까 두렵게 생각해, 이에 곧 문무군신에게 명하여 다시 이를 의논하게 했다.[467]

이 시점에서 북경영건이 재차 논의된 것은 앞서 북경에 순행했을 때, 행재공부가 길일을 택하여 궁전 공사를 시작하도록 상주한 적이 있었기 때문이었다. 그 때 영락제는 궁전을 건설하는 일이 중대사이니만큼, 백성들이 이 일로 부담될 것을 염려하여 남경에 돌아와 재차 회의를 열도록 하였다. 두번째의 순행이 실현되어 북경의 지위가 점점 높아지고 있다고는 하더라도, 중요한 결정은 역시 경사 남경에서 이루어져야 하는 것으로 여기고 있었음을 알 수 있다.

북경에서 궁전 건설이 제안되었을 때, 행재공부상서에는 송례(宋禮)와 오중(吳中)이 있었다. 이 때 황제를 호종하여 북경에 와 있던 사람은 오중이었기 때문에,[468] 아마 그가 상주의 필두가 되었을 것이다. 오중은 영락제의 몽골 친정에도 호종했지만, 부친상을 당해 일시 고향에 돌아가 있었다. 14년 8월에는 서궁[469] 영선 공사를 총괄하도록 명을 받았지만, 부친상을 다 마치지 않은 채 궁전 공사 같은 일을 담당할 수 없다고 하면서 거절했기에, 그는 형부상서로 전임되었다.

회의장에는 공후백·오군도독부 및 재경의 도지휘 등 무관과 문관 계통의 육부·도찰원·대리시·통정사·태상시 등의 장관이 각각 상주문을 제출하였다. 전자에서는 북경이 "하산공고(河山鞏固)하고 수감토후(水甘土厚)하며, 민속 순박하고, 물산 풍부"한 "천부(天府)의 나라, 제왕(帝王) 수도"라며 조기에 궁전 건설공사에 착수하기를 청원하였다. 후자도, "성상용흥(聖上龍興)의 땅"인 북경의 "산천 형승은 중국 주변의 이민족을 막아내고, 천하를 누르기에 충분하다", "제왕

---

467) 『明太宗實錄』 卷182, 永樂 14년 11월 壬寅, "復詔群臣議營建北京. 先是車駕至北京, 工部奏請擇日興工. 上以營建事重, 恐民力不堪, 乃命文武群臣復議之"

468) 楊士奇, 『東里續集』 卷26, "故光祿大夫柱國少師工部尙書追封荏平伯謚榮襄吳公神道碑銘";『明太宗實錄』 卷161, 永樂 13년 2월 乙未條.

469) 주(468)의 「吳公神道碑銘」에는 "宮殿營繕"이라 하여, '西宮'이라고 분명히 말하고 있지 않은데, 형부상서로 고쳐졌던 시기로 판단된다. 『明太宗實錄』 卷179, 永樂 14년 8월 丙寅條.

만세의 수도"라고 해, 옛날 태조 고황제가 "폐하를 분봉한 것은 바로 오늘을 기다렸기 때문"이라며 공사의 조기 착공을 요청했다. 무관과 문관이 상주한 것은 어느 것이나 모두 조운(漕運)이 정비되어 좋은 목재들이 이미 북경에 모이고 있었기에, 이것을 가지고 조기 공사 착공을 제안하는 근거로 삼고 있었지만, 이것은 바꿔 말하면 이러한 요소들이 영락 4년 이래의 북경 영건공사를 장기화하게 한 주된 요인 가운데의 하나였다.

그런데, 이러한 남경의 움직임 대해, 일부 반대하는 의견이 나와 있었음을 엿보게 하는 사료가 있다. 아래의 『태종실록』 권185, 영락 15년 2월 갑술조의 기록이 그것이다.

> 하남포정사 좌포정사 주문포(周文褒), 우포정사 왕문진(王文振)이 함께 죄를 지어 벌을 받아, 호광의 균주(均州)로 유배되어 민이 되었다.[470]

여기에 주문포와 왕문진이 죄를 지어 벌을 받았다고만 하고, 그 이유에 대해서는 전혀 언급이 없지만, 왕기(王錡) 『우포잡기(寓圃雜記)』 권1, 「건도(建都)」에는,

> 황제(태종)가 등극함에 이르러, 곧 구저를 넓혀 황성으로 삼고, 매년 체류하였다. 당시의 군신들은 그 깊은 뜻을 알지 못하고, 자주 남환(南還)을 청하니 이로 말미암아 영을 내려 말하길, "굳이 또 다시 남환을 청하는 자 있다면 그것을 요언(妖言)으로 여기리라"고 하였다. 이에 하남포정사 주문포 등이 모두 중벌을 받았다. 이때부터 비로소 천명을 받아 마침내 만세의 업을 이루었다.[471]

라고 하여, 그 이유는 주문포(周文褒) 등이 '남환' 즉, 북경 순행의 중지를 요구하는 청원이 금지되었음에도 불구하고, 북경 순행 중지를 청원하여 천도 움직임에 반대한 것이 중벌의 이유라고 설명하고 있다. 『우포잡기』의 저자 왕기의

---

470) 『明太宗實錄』 卷185, 永樂 15년 2월 甲戌, "河南布政司左布政司周文褒·右布政司 王文振俱坐罪, 謫湖廣均州爲民"

471) 王琦, 『寓圃雜記』 卷1, 建都, "及上(太宗)登極, 卽廣舊邸爲皇城, 頻年駐驛. 當時群臣不知睿意所向, 請南還, 因出令曰, 勘有復請者, 論以妖言. 於是, 河南布政司周文褒等豈遭重罰. 自此基命始定, 遂成萬世之業"

생몰 연대가 선덕 8년에서 홍치 12년(1433~1499)까지로 되어 있으니, 영락 천도 시기에서 시간적으로 그렇게 멀지 않은 것으로 보아, 독자적인 사료에 근거한 기록일 가능성이 높다.[472] 주문포 등의 이러한 청원도 시간적으로 이미 늦은 감이 있으며, 북경 천도의 추진을 멈추게 할 수는 없었던 것이다.

북경의 궁전 건설이 결정된 다음달, 무공중위(武功中衛)의 중좌·중우·중중· 중전·중후, 5개의 천호소를 증설하고, 광서도사(廣西都司)의 남단위 등에서 재 배치되어 온 관군 및 신편 군 장인을 통괄하게 하였다.[473] 여기에서 말하는 신 편 군 장인이란, 선덕 연간에 증설될 무공 좌·우위와 같이 각지의 도망 장인을 충군하여 편성한 것으로, 이 조치는 궁전 건설에 대비해 5개의 천호소를 증설 해 노동력의 확보를 도모한 것이라고 생각할 수 있다. 또 형부·도찰원에 명해, 십악이나 강도를 제외한 잡범사죄 및 도류 이하의 사람들을 모두 일단 고향으 로 돌려보내고, 여비를 대주어 북경에 와서, 짐을 나르거나 건물 짓는 일에 종 사하게 함으로써 죄를 속죄하게 하는 조치를 취했던 것도 역시 노동력 확보를 위한 대책이었다.[474]

다음해 15년 2월 15일에는 드디어 궁전 건설을 담당하는 선공(繕工)의 직이 설치되었다. 태녕후 진규는 장관인 '장선공사(掌繕工事)'로, 안원후 유승과 성산 후 왕통(王通)은 그 부관으로 임명되었다. 예부에 의해 주조된 인문(印文)은 그 형식이 정일품 아문의 도독부와 똑같은 것이었으니, 그에게 상당한 권한이 주 어졌음을 알 수 있다. 선공 아래에 경력사(經歷司)가 있는데, 여기에 종5품의 경

---

472) 왕기의 생몰 연대에 대해서는, 吳寬, 『匏翁家藏集』 卷74 「王葦菴處士墓表」. 역시 『明史』 卷162, 陳祚傳에, 왕기와 같은 吳縣 출신의 河南參議 陳祚도, 周文褒·王文 振과 '함께 글을 올려 수도를 북경에 두어서는 아니 되옵니다 라고 하였다'고 하 고 있다. 또한 潘檉章, 『國史考異』 文皇帝下 5에서도, 이러한 견해를 지지하고 있 다. 周文褒 등의 천도 반대에 대해서는, 石田憲司, 「永樂帝の太和山復興について」 (『社會文化史學』 21호, 1985)에 일찍이 상세하게 언급하였다.

473) 『明太宗實錄』 卷183, 永樂 14년 12월 丁丑, "增設武功中衛中左·中右·中中·中前· 中後 五千戶所, 統南丹等衛改調官軍及新編軍匠". 『明宣宗實錄』 卷28, 宣德 2년 5 월 甲寅조 ; 同書 卷49, 宣德 3년 12월 乙未條.

474) 『明太宗實錄』 卷186, 永樂 15년 3월 丙申, "命刑部·都察院移文諸司, 除十惡·强盜 監候審決, 其雜犯死罪及徒流以下, 悉縱還家, 營路費赴京, 輸役贖罪"

력 1명과 정7품의 도사 4명을 배치했다.[475] 이틀 후에, 진규와 왕통이 북경행후 군도독부사를 겸하도록 임명을 받은 것을 보면, 궁전 건설 공사는 계속 북경행 후군도독부를 중심으로 추진되었다고 생각된다.

장선공사(掌繕工事)가 된 진규는 양주부 태주 사람으로 말 타기와 활쏘기에 능란하여 효기우위(驍騎右衛)의 기병 총기(總旗)가 되었고, 홍무 초년의 북벌에 서는 서달의 휘하에서 활약하기도 하였다. 그 후, 연산중 호위 백호가 되어, 연 왕을 따라 몽골과의 싸움에서 선봉으로 활약했다. 정난의 변에서도 자주 군공 을 크게 세웠지만, 후에 세자 측근에서 북평 방위의 임무를 수행했고, 중군도 독첨사로 승진해 태녕후에 책봉되었다. 이미 언급한 바와 같이 영락 15년에 정 식으로 자금성 공사를 총괄하게 되었지만, 실제는 영락 초부터 북경에서 영선 공사에 종사하고 있었다. 그의 계획은 조리있게 입안되어 있어 황제한테 포상 을 받았다고 한다.[476] 진규는 자금성의 완공을 보지 못하고, 영락 17년 4월, 85 세의 나이로 사망했다. 80세를 넘어 선공(繕工)에 취임한 것을 보면, 아마 실무 는 진규와 함께 조영 총독임무를 맡은 안원후 유승이나 행재도찰원좌부도어사 이경에게 위임되었을 것이다.[477] 또 개별 공사를 감독한 사람으로는 성산후 왕 통, 홍안백 서형, 도독 설록[478]이나 금옥·장안·담광[479] 등이 있다. 양곡과 포

---

475) 『明太宗實錄』卷185, 永樂 15년 2월 壬申, "命泰寧侯陳珪掌繕工事, 安遠侯柳升·成山侯王通副之. 仍命禮部鑄印給之, 制視都督府文, 曰繕工之印. 命吏部設經歷司, 置經歷一員從五品·都事四員正七品". 同書 同卷, 同年 冬月 甲戌 "命掌繕工事泰寧侯陳珪·成山侯王通兼掌北京行後軍都督府事".

476) 『國朝獻徵錄』卷7, 侯1, 泰寧侯陳珪. 『明太宗實錄』卷211, 永樂 17년 4월 甲辰條.

477) 『明太宗實錄』卷188, 永樂 15년 5월 戊子, "命行在都察院左副都御史李慶兼督營造. 先命成山侯王通·興安伯徐亨·都督薛祿·金玉·章安·譚廣各獨一事 而命泰寧侯陳珪·安遠侯柳升總督, 行部尙書郭資·侍郎崔衍領糧賞. 至是復命慶同珪等總督". 李慶에 대해서는, 『明宣實錄』卷31, 宣德 2년 9월 乙未에, "慶, 順天府 順義縣人. (中略) (永樂)五年改都察院右副都御史, 營建北京, 陞工部尙書"라고 하고 있다.

478) 薛祿에 대해서는, 楊士奇, 『東里文集』卷12, 「薛公神道碑銘」에, "十五年初建北京宮殿, 命公董營繕"이라 하고 있다.

479) 譚廣에 대해서는, 『明英宗實錄』卷122, 正統 9년 10월 甲子에 "董營建北京"이라 하고 있다.

상 지급은 행부상서 곽자(郭資),[480] 행부시랑 최연 등이 담당했다.

3. 제3차 북경 순행의 출발

영락 15년 3월, 광록시경 호영의 딸을 황태손비에 책립하는 의식을 끝마친 영락제는 26일 제3차 북경 순행을 위해 남경을 떠났다.[481] 전날, 천지단·태묘·사직단에 나가 순행을 알린 다음, 태조 효릉에도 고별인사를 드렸는데, 이 의식 자체는 지금까지의 순행과 별로 다르지 않았다. 다만, 황제 자신은 물론 주위 사람에게 궁전 건설이 시작된 이상, 이것이 마지막 순행이며 황제가 남경으로 되돌아오는 일은 없을 것이라고 여겼을 것이다.

3월 초하루, 예부에 명해 정하였던 〈동궁 유수 사의〉에는 종래의 '유수 사의'에 비해 크게 바뀐 것이 있었다. 그 변경은 다음 장에서 자세히 서술하겠지만 사후 보고를 포함해, 모든 정보를 순행처의 황제 아래에 집중시키는 체제 확립을 목표로 한 것이었다.[482]

제3차 순행은 종래와 달랐다. 그것은 제1차와 제2차에서는 출발에 임하여 명기되어 있던 호종군 편성의 기사가 실록에 기록되어 있지 않다는 것이다. 이 점을 일찍 주목한 아오야마 지로(青山治郎)는 제1차 순행을 끝낸 황제가 남경에 체재한 기간은 영락 14년 10월 25일부터 다음 해 3월 26일까지 불과 5개월 남 짓이고, 남경에서는 행군 체제인 채로 잠시 휴식을 취했다고 한다.[483] 아마 이

---

480) 郭資에 대해서는, 『明宣宗實錄』 卷107, 宣德 8년 12월 甲寅條. 북경행부에는 그 밖에 좌시랑 李友直이나 우시랑 李昶도 궁전의 영선 공사를 맡고 있었다. 李友直은 『明英宗實錄』 卷46, 正統 3년 9월 乙酉에, "時初作宮殿, 營繕務殷, 咸命友直董之"라고 되어 있다. 이창에 대해서는 楊榮, 『文敏集』 卷21, 「故資善大夫戶部尙書李公墓誌銘」에 "歲丁酉(永樂 15年) 北京營建, 材用所需, 行部最爲繁劇, 公則不遑寧處, 協力經劃, 事無廢缺"이라고 하고 있다.

481) 『明太宗實錄』 卷186, 永樂 15년 3월 己亥·壬子條.

482) 본서 제4장 「북경순수와 남경감국」.

483) 青山治郎, 「明代における京營の形成について」 『東方學』 42집(1971). 후에 『明代京營史研究』(雷文社, 1996)에 再收.

것은 타당한 추정일 것이다.

그런데 5월 초하루, 영락제는 북경에 도착하자, 봉천전의 붉은 섬돌(丹陛)에 제단을 마련하여 천지의 신에 보고하고, 관원을 보내 북경의 산천·성황의 제신을 제사하게 하였다. 그리고 봉천전에서 조하(朝賀)를 받았다.[484] 여기에서 말하는 봉천전은 지난 달 4월 27일에 갓 완성되어 얼마 되지 않은 원성의 서궁 내에 있었다. 이후, 영락 18년, 자금성의 봉천전이 완성될 때까지 3년간, 이 봉천전을 이용했던 것이다. 또한 관원이 파견된 성황묘는 순승문 내의 서성 금성방에 있던 원조 이래의 도성황묘[485]를 이용하였을 것이다. 산천단의 소재는 분명하지 않지만, 옛 연왕부의 왕성 내 서남에 있던 산천단이 이용되었을 가능성도 있다.

4. 봉천전과 건청궁의 건설

제3차 순행으로 북경에 도착한 황제는 앞서 언급한 것과 같이, 5월 3일에 행재도찰원좌부도어사 이경을 태녕후 진규와 함께 자금성 조영 총독으로 임명했다.

15년 6월에 이르러 자금성의 공사가 시작되었다.[486] 다만 실록의 동년 동월조에는 그 개시에 대해 아무런 기록이 없다. 그래서인지 역사학에 정통한 청조의 조익(趙翼)조차도 자금성의 봉천전만은 다른 궁전에 앞서 영락 8년에 완성되었다는 오류를 범하고 있다.[487] 영락 8년 7월 몽골친정에서 돌아온 황제가 축하를 받은 봉천전은 왕박자(王璞子)도 지적하였듯이 옛 연왕부의 승운전을 개칭한 것에 지나지 않았던 것이다.[488]

---

484) 『明太宗實錄』卷188, 永樂 15년 5월 丙戌朔條 ; 曾棨, 『刻曾西墅先生集』卷4, 扈
   從律詩, "丁酉(永樂 15년) 五月朔駕北京, 御西內新殿朝賀"
485) 李蘭肹等撰·趙萬里校集, 『元一統志』卷1, 大都路·古蹟·都城隍廟.
486) 『明太宗實錄』卷232, 永樂 18년 12월 癸亥條. 사료는 주(503)에 다시 소개함.
487) 『二十二史箚記』卷32, 「明宮殿凡數次被災」, "永樂五年, 始建北京宮殿. 八年北征還, 卽
   受朝於奉天殿, 是奉天殿先成. 十八年 各宮殿皆落成. 詔改京師爲南京, 北京爲京師"
488) 王璞子, 『燕王府與紫禁城』 『故宮博物院院刊』 1979年 1期의 附表 「永樂年間經營北

다행히 영락 15년 11월 11일에 영락제가 황태자에게 보낸 편지 '서응유황태
자서(瑞應諭皇太子書)'가 『황명조령』 권6, 성조문황제 하에 실려 있는데, 이로 인
해 이 시기에 봉천전과 건청궁 공사가 착공되었다는 것을 알 수 있다.[489]

> 황제가 편지를 보내어 장자 황태자에게 일렀다. 이 달 초이튿날에 봉천전·건
> 청궁을 기공하였다. 초팔일 진시(辰時)에 두 곳 모두 오색 서광이 나타났다. 환히
> 비치는 빛 때때로 옮겨져 광채가 궁궐에 가득 비치었다. 여러 사람들이 모두 이
> 광경을 보았는데, 본 여러 사람들의 마음에 기쁨과 밝음이 충만하였다. 초아흐레,
> 금수하(金水河)가 얼어붙어, 어울려 나타나는 형상이 신기하고 기기묘묘하여 다
> 른 때와 달랐다. 초열흘, 봉천전·건청궁에 다시 서광이 비치고, 금수하의 얼음의
> 조형도 더욱 정교한 모습이었다. 정신들은 축하하여 말하길, '위로 하늘이 황상의
> 덕을 권고하여 이르게 된 것이라'고 하였다.[490]

11월 2일에 봉천전과 건청궁의 공사가 시작되자, 8일의 진시(오전 8시경)에 봉
천전과 건청궁이 세워질 근처에 오색의 서광이 나타나 한참 동안 환한 광채가
비치었다. 그 광채는 장차 건립될 궁전 모습을 나타내고 있는 듯하여, 그 상황
을 직접 본 많은 사람들은 환희에 차 있었다. 9일에는 금수하의 물이 얼어붙었
다. 서로 교차하여 나타난 그 형태가 정교하기 이를 데 없었으며, 평상시와는

京宮室大事年表」 참조.

489) 徐學聚, 『國朝典彙』 卷192, 工部7, 營建, "永樂十五年(中略), 十一月 建北京奉天殿·
乾清宮". 다만, 주(12) 전술한 李燮平 論文, 「永樂營建北京宮殿探實」은 북경 영건
에서 예상된 공사량의 크기로 보아, 자금성의 건설은 영락 15년 이전에 시작했을
것이라고 하고 있다. 그렇지만 적어도 영락 9년 이전에는 궁전 건설이 시작되지 않
았던 것에 대해서는, 『皇明詔令』 卷5, 成祖文皇帝 中 「議班匠勅」 永樂 9年 12月 8
日에 "今朝廷未大起宮殿, 間有修葺, 所用人匠不多"라고 되어 있는 것 등에서 확인
할 수 있다.

490) 『皇明詔令』 卷6, 成祖文皇帝 下, 永樂 15年 11月 11日, "皇帝書諭長子皇太子: 於次
月初二日起奉天殿·乾清宮. 至初八日辰時, 二處俱現五色瑞光. 燭曜移時, 輝騰接于
官[宮], 群目諸睹, 衆情歡耀. 初九日, 金水河水凝結, 重形神巧時異. 初十日, 奉天殿·
乾清宮復現瑞, 此金水河水復凝瑞, 奇巧愈勝, 廷臣稱賀謂 上天眷顧朕德所致". 같은
내용의 기술이 같은 날에 발표된 『皇明詔令』 卷6, 「瑞應諭廷臣勅」에도 실려 있다.
또 黃瑜, 『雙槐歲鈔』 卷3, 營建瑞異에는 이에 더하여 18일(己巳)에도 오색의 瑞雲
이 나타났다고 기록하고 있다.

크게 달랐다. 10일에, 봉천전과 건청궁에 또 서광이 비치니 금수하 얼음 조형이 더욱 더 정교하게 보였다. 정신(廷臣)들은 "하늘이 황제의 덕으로 말미암아 돌봐주고 있는 증거다"라고 말했다고 한다.

『태종실록』 권194, 영락 15년 11월 임신(21일) 조에도, "금수하 및 태액지(太液池)에 얼음이 얼어, 누각·용봉·화훼의 형상을 보이고, 기묘함이 특별하였다"[491]라고 하여, 금수하와 태액지의 얼음 조형이 궁전 누각이나 용봉 모습을 그려내고 있었다고 하고 있다. 하지만 봉천전·건청궁의 기공에 대해서는 어디에도 언급되어 있지 않다. 이것은 본서 서장에서 이미 언급한 것처럼, 영락말년, 봉천전이나 건청궁이 소실된 후에 『태종실록』이 편찬되다 보니, 건설 개시 때에 상서스러운 일과 관련되어 있다고 간주되는 이와 같은 사실들은 의도적으로 기재하지 않았을 것이기 때문일 것이다.

실록에는 특히 이 광경을 함께 목격한 군신들이 21일에 예부상서 여진을 필두로 황제에게 축하의 글을 올려 경하하였으나, 그때 황제는 이를 거절하고 받지 않았다고 하면서도, 실제로는 『황명조령』에서 볼 수 있듯이 하늘에서 내린 길조인 서응(瑞應)이 출현했다는 것을 굳이 남경에 있는 황태자에게 전하였던 것이다.

장훤(張萱)이 찬한 만력중편 『내각장서목록(內閣藏書目錄)』 권8, 잡부에 보이는 『성덕서응지(聖德瑞應志)』 20책은 아마 이때 군신들이 칭송하여 부르던 노래들을 모아 엮은 것인데, 그 일부가 중국제일역사당안관 소장의 『명영락조사신헌송(明永樂朝詞臣獻頌)』[492)에 실려 있다. 한림원학사 양영의 "성덕서응송 유서(聖德瑞應頌 有序)"에도 다음과 같이 영락 15년 11월 2일에 처음으로 궁전을 지

491) 『明太宗實錄』 卷194, 永樂 15년 11월 壬申, "金水河及太液池氷凝, 具樓閣·龍鳳·花卉之狀, 技巧特異. 上賜群臣觀之. 行在禮部尚書呂震以爲禎祥屢見, 率百官上表賀. 上拒而不受, 賜敕論曰, (下略)"
492) 『中國明朝檔案總匯』 제1册(廣西師範大學出版社, 2001) 수록. 이 외 金幼孜, 『金文靖集』 卷6 「聖德瑞應頌 有序」도 『聖德瑞應詩』의 일부이다. 여기에도 "聖天子在位之十有五年爲永樂丁酉, 是年十一月二日, 始創北京之奉天殿乾淸宮. 於是文武小大之臣以洎百工藝能材智之類, 莫不駿奔趨事, 各竭其力, 以報答聖天子生成之大恩. 未幾, 殿中俱現五色瑞光"이라 하고 있다.

었다고 적고 있어, 앞에서 언급한 황태자 앞으로 보낸 영락제의 편지 내용과도
잘 부합되고 있다.

> 지금 영락 15년, 천자의 수레가 여기에 머물고, 문무 대소의 신하에 명하여, 각
> 각 일할 곳에 나가, 여러 장인들을 이끌고 11월 2일에 비로소 봉천전·건청궁을
> 짓게 했다.493)

이 이후, 궁전 건설의 공사는 본격화 되었을 터이나, 『태종실록』에는 공사의
구체적 진행 상황을 보여주는 사료가 별로 남아 있지 않고, 공사가 절정에 이르
렀다고 예상되는 영락 16·17년에, 조영에 참가한 인부나 장인들에 대한 진휼의
기사가 산견될 뿐이다.494) 다만 『명태종실록』 권219, 영락 17년 12월 기축 조에
는, 감찰어사 등진(鄧眞)이 10개 항목을 상주했는데, 그 가운데, "바로 지금 급
선무로 여겨지는 것은, 북경궁전만한 것이 없고, 그 각각 공사는 모두 마땅함을
따라야 할 것"임에도 불구하고, 민력이나 공사의 중요성을 바로 헤아리지 못하
고 다양한 물료의 매판이 횡행하고 있는 현상을 비판한 기사를 싣고 있다.495)

그러나 등진의 지적도, 황제가 "그 상주가 좋다"고 한 것에서 엿볼 수 있듯
이, 궁전 건설에 대한 반대 의견이라기보다는, 감찰어사로서의 직무상의 부정

---

493) 『明永樂朝詞臣獻頌』의 楊榮, 「聖德瑞應頌 有序」, "維今永樂十五年, 車駕駐蹕于玆,
　　詔文武小大之臣, 各莅所事, 以率群工, 於十一月二日始建奉天殿·乾淸宮"

494) 순서대로 열거하면, 영락 16년 3월, 대리 참석자를 구하지 못하고 교체의 시기가
　　지났어도 1개월 이상 공사에 종사한 장인들에게는 초 2정·쌀 한 말을 더 하사하
　　고, 10개월 초과한 경우는 면포 2필을 더 지급해 주었다(『明太宗實錄』 卷198, 永
　　樂 16년 3월 甲子). 17년 4월에는 매월 木梯를 지급하거나 후추나 건어물을 내려
　　주었다(卷211, 永樂 17년 4월 己卯·庚辰). 5월에는 교체 시기가 지났어도 머물러
　　복역하는 사람에 대해, 교초 5정, 견포 한 필, 蘇木·후추 각 한 근을 내려주었다
　　(卷212, 永樂 17년 5월 丁卯). 10월에는 동절기에 대비해 솜바지·바지·후추·蘇木
　　을 하사했다(卷217, 永樂 17년 10월 壬申朔).

495) 『明太宗實錄』 卷219, 永樂 17년 12월 己丑, "監察御使鄧眞言十事. (중략) 六曰, 工
　　部職掌專造作. 當今所急務者, 無如北京宮殿. 其諸造作, 皆可隨宜. 乃不度民力, 不分
　　緩急, 差人買辦物料, 以一科百, 以十科千, 動至數千萬計. 民受其害不可勝言. 且如匠人
　　有連年服役不少間者, 有經年買閑在外生理者, 有狡猾託故而逃避者, 所司官吏明知其
　　故, 皆不擧問, 以致役使不均, 人心不服. (中略) 上可其奏, 命諸司悛改, 再犯不赦"

적발이었다. 물료의 매판에 대해서는 궁전 공사가 최종 단계에 들어간 17·18년에 걸쳐 궁전 기둥과 서까래의 도장(塗裝)에 사용될 청록 안료의 매판이 안료가 생산되지 않는 지방에 1,000근 단위로 부과되었고, 각지에서 구매가 시작되자, 진하고 산뜻한 남빛 물감 1근(600g)이 초 1만 6,000관으로 상승하는 혼란이 발생하는 사태에 이르기도 하였다.[496] 또 이 시기에는 평강백 진선(陳瑄)이 통솔하고 있던 조운 군사를 북경영건에 동원시키는 사례도 시작되었음을 알 수 있다.[497]

그 밖에, 실록에는 궁전 건설이 시작되자, 황제가 조영에 종사한 인부나 장인들의 진휼에 특별히 관심을 내 보였던 사례들이 실려 있다. 감찰어사 광야(鄺埜)는 1만 명이 넘는 북경 조영 종사자들을 시찰하도록 명을 받았는데, 그는 병자의 위생 상태를 개선하고, 약과 식사를 제공하였기에 사망자가 줄어들었다고 한다.[498] 또 행재공부에 명해서, 안락궁(安樂宮)을 설치하여 환자를 수용한 것도 그 일례이다. 안락궁에서는 태의원 소속의 의사 350명을 거느리고 시약 치료를 하였으므로, 상당수의 환자를 수용하고 있었던 것 같다.[499] 안락궁에서 요양하는 환자들에게는 특별히 백미가 지급되었다. 장기간에 걸쳐 병이 낫지 않는 사람에게는 행량(行糧)을 주고 호송하여 고향으로 돌려보냈다.[500] 또 교체 시기가 되어도 머물러 공사 일을 하고자 지원한 산서 진무위 등처의 직인

---

496) 『皇明經世文編』卷21, 鄒緝「奉天殿災疏」, "且如前兩歲買辦靑綠顏料, 本非出産之所, 而科派動輒千數百斤, 民無可得 則相率斂鈔, 遍行各處收買, 每大靑一斤, 至萬六千貫. 及至進納 又以不中, 不肯收受, 往復展轉, 當須二萬貫鈔, 方得進收一斤, 而所用不足以供一柱一椽之費. 其後旣已遣官採辦於出産之處, 而府縣買辦猶不爲止. 蓋緣工匠計料之時, 惟務多派, 以爲濫取之利 而不顧民之難苦難辦, 此又其爲害之甚也"

497) 『明太宗實錄』卷214, 永樂 17년 7월 辛亥條. 자세한 것은 본서 제6장 「홍희에서 선덕까지」.

498) 王直, 『抑菴文集』卷7, 「兵部尙書贈榮祿大夫少保兼尙書鄺公神道碑」, "丙申, 北京營造執役之人, 累鉅萬. 上念有病者, 命醫與善藥, 又慮其奉行不勤, 命公察視之, 公躬履其地, 令潔其穢汚 而時其藥食, 由是病者多不死"

499) 『明太宗實錄』卷188, 永樂 15년 5월 戊子, "命行在工部, 造安樂宮, 以居營造夫匠之患病者. 令太醫院分官率醫師三百五人給藥療治. 仍遣監察御史·錦衣衛官巡視. 夫匠亡沒者, 有司函骨遞歸其鄕葬之"

500) 『明太宗實錄』卷194, 永樂 15년 11월 癸酉 ; 卷192, 동년 8월 辛巳條.

주장보(周張保) 등에게는 특히 각각 교초 40정, 포 4필, 면화 3근을 상으로 내리고, 이것을 통솔하는 천호나 백호에게는 10정을 더 추가하여 주었다.[501] 궁전 공사가 막바지에 다다른 18년 3월, 북경영건에 종사하는 재외 군민 장인의 집에 대해 잡역 면제의 조서를 내린 것은 마침 이 시기 산동에서 일어난 당새아(唐賽兒)의 난으로 표출된 민중 불만에 대처하려는 것이었다고도 생각할 수 있다.[502]

영락 18년 12월에 이르러, 15년 6월부터 시작된 궁전 공사가 3년 반을 거쳐 완성되었다.

> 비로소 북경을 영건하였다. 무릇 묘사(廟祠) 교사(郊祀)의 단장·궁전문궐의 규제는 모두 남경과 같이 하였으나, 고창장려(高敞壯麗)는 남경보다 더하였다. 다시 황성 동남에 황태손궁을 짓고, 동안문 밖 동남에 십왕저(十王邸)를 지었는데, 모든 건물이 8,350칸이었다. 영락 15년 6월에 공사 일으키고 여기에 이르러 완성되었다.[503]

공사 완성에 대한 상을 내릴 때에, 영선청리시랑중 채신(蔡信)을 공부우시랑으로 승진시켰다. 그 밖에 영선소부 오복경 등 7명을 소정(所正)으로, 소승 양청 등 6명을 소부(所副)로, 목와장(木瓦匠) 김연 등 약간 명을 소승(所丞)으로 승진시켰다. 공사를 감독한 문무 관원이나 군민의 인부나 장인들에게도 각각 교초·후추·소목(蘇木) 등을 하사했다.

---

501) 『明太宗實錄』 卷191, 永樂 15년 8월 丁亥條.

502) 『明太宗實錄』 卷223, 永樂 18년 3월 己巳朔, "詔在外軍民夫匠於北京工作者, 咸復其家. 而勅總兵官安遠侯柳升曰, 今命爾領兵捕賊, 正欲除害, 以安良善. 須嚴約束士卒, 毋令剪伐桑柘, 撤毁廬舍, 發掘墳塚, 殺害寡弱, 剽掠訾畜, 以擾吾民. 蓋國以民爲本, 不能撫循, 而暴虐之, 是傷其本, 宜體朕之意". 이 조서와 唐賽兒乱의 진압을 맡은 柳升에게 내린 조칙을 '而'로 연결하고 있는 것은 실록의 편자가 이 조서를 당새아 난과 관련시켜 생각하고 있다는 것을 보여주고 있다. 唐賽兒의 난에 대해서는, 山根幸夫, 「山東唐賽兒起義について」 『明代史研究』 1號(1974) 참조.

503) 『明太宗實錄』 卷232, 永樂 18년 12월 癸亥, "初營建北京. 凡廟社郊祀壇場·宮殿門闕規制悉如南京, 而高敞壯麗過之. 復於皇城東南建皇太孫宮, 東安門外東南建十王邸, 通爲屋八千三百五十楹. 永樂十五年六月興工 至是成"

이 때 북경에 건설된 궁궐은 모두 홍무제 시기 남경의 것을 모방했다.[504] 궁전 편액의 대부분은 중서사인 주인(朱寅, 자는 孔暘)의 휘호에 의한 것으로, 그 공로에 의해 한림원 편수로 발탁했다.[505] 주인은 육서에 능통하였고, 그의 글은 진(晉)이나 당대(唐代)의 개성과 필법이 담겨 있었다고 한다.

또한 앞의 실록에 '영건북경'의 내용으로 소개되어 있는 것은 태묘·사직단·천지단·궁전문궐 외에, 황성 동남의 황태손궁[506]과 동안문 밖 동남의 제 왕저(十王邸)[507]의 건설 등이다. 이것이 18년 말 단계에서 완성되었다는 것은 황제 제사나 궁전을 중심으로 한 시설이고, 남교의 천지단, 황성내(皇城內)의 태묘·사직단[508]과 황태손궁 및 황성 밖의 10왕저를 제외하면, 궁성 내의 건물에 불과했다고 추정된다. 더욱이 황제가 제사하는데 가장 중요하게 여겼던 천지단은 근년의 강순원(姜舜源)의 연구에 의해, 이것은 새롭게 창건한 것이 아니라 원

---

504) 萬曆『大明會典』卷181, 工部1, 造營, 〈內府〉, "(永樂)十八年 營建北京 宮殿門闕, 悉如洪武初舊制". 덧붙여 이 기사는 正德『大明會典』에는 실려 있지 않다.

505) 李時勉,『古簾文集』卷10,「順天府丞朱公墓誌銘」, "公諱寅, 字孔暘, 別號雪庭. (중략) 尤通六書, 有晉唐人風. (중략) 太宗皇帝巡幸北京, 公預侍從, 營建宮殿, 禁扁皆公所書. 永樂辛丑正旦, 上御奉天殿朝賀, 明日詔吏部陞公翰林編修, 賜來優渥";『明太宗實錄』卷233, 永樂 19년 正月 乙丑條 ;『皇明經世文編』卷16, 楊士奇,「恭題朱孔易所勅命後」.

506) 황성 동남의 황태손궁은 동화문 밖 동남의 '東苑'일 것이다. 永樂 11년 5월, 제2차 순행하던 황제가 여기에 행차하여, 황태손 이하의 제왕이나 중신들의 擊毬 등 무예놀이를 참관하였다. 이런 놀이는 후에 문무 군신이나 중국 주변 이민족의 사절, 북경의 기로도 초대하여 매년 성대히 열리는 단오절 행사가 되었다(『明太宗實錄』卷140, 永樂 11년 5월 癸未 ; 卷164, 永樂 13년 5월 辛丑). 또한 永樂 13년에 황태손을 위해 나이 어린 군인을 골라 편성한 府軍前衛의 아문도 이 부근의 中城保大坊에 설치되어 있었다. 그 후 황태손이 선덕제가 되자 重華宮(小南城, 南內)이라 개칭하여 황제가 제사지내기 전에 몸과 마음을 깨끗이 씻는 齋宮으로 삼았다. 楊士奇,『東里詩集』卷1,「賜遊東苑詩 有序」. 黃佐,『翰林記』卷16,「賜觀擊毬射柳」.

507) 十王邸의 10왕은 '10인의 왕'이라 하여 열 명이라는 확정 수를 의미하는 것이 아니고, 수량 모두를 말하는 것으로 제왕의 의미인데, 이에 대해서는 姜緯堂,「十王府解」『舊京述文』(山西人民出版社, 2002)에 자세히 설명되어 있다.

508) 사직단의 건설 시기에 대해서, 北平市政府秘書處編,『舊都文物略』(1935) 4, 園囿略(1), 中山公園에는, 永樂 8년에 지어졌다고 하고 있지만, 의거한 자료가 분명하지 않다.

대의 교천대(郊天臺)를 개조한 것에 지나지 않은 것이라고 밝혀졌다.[509] 따라서 영락 19년의 천도의 시점에서, 수도 북경의 모든 시설의 대부분이 새롭게 완성되었다는 일반적 이미지가 수정되지 않으면 안 될 것이다.

5. 남성벽의 확장

북경성의 성벽은 영락 원년 북경 승격 이후, 홍무 이래의 북평부성이 그대로 사용되었다. 원래 북평부성은 원나라 수도 대도성을 계승한 것이었다. 북성벽 부분만은 홍무 원년에 대장군 서달이 지휘 화운용에 명하여 옛 성벽의 남쪽 5

사진 6. 명대 북경 성벽

리 지경에 새롭게 성벽(1890丈)을 쌓아 올렸다.[510] 이로 인해 성벽 주위는 대도성 주위 60리에서 40리로 축소되었고, 성내의 면적도 51.4평방km²에서 28.7평방km²로 축소되었다.[511] 이 공사는, 대도성을 점령한지 얼마 안 된 시점

509) 姜舜源,「北京史地考略」『故宮博物院院刊』2000년 6期. 강씨의 논문은 동안문 밖의 십왕저도 원의 哈達王府를 개조했을 가능성이 있다고 보고 있다. 또한 원조 남교의 교단이 현재의 천단의 단역 내에 있었다는 것에 대해서는 石橋丑雄,『天壇』(山本書店, 1957), 100쪽에서도 일찍이 지적하였다.

510) 『明太祖實錄』卷30, 洪武 원년 8월 丁丑, "大將軍徐達命指揮華雲龍經理故元都, 新築城垣北隅, 徑直東西長一千八百九十丈"

511) 傅公鉞,「明代的北京城垣」『北京文物與考古』1집(1983) ; 楊寬,『中國古代都城制度史研究』, 522~523쪽.

에서 명조가 몽골에 대한 군사적 방어를 강화하기 위해서 시행한 것으로, 이로 써 북평부성의 북측 부분은 옛 성벽(토성)과 새로운 성벽, 이중으로 방어선이 구축된 셈이었다. 북성벽의 2문을 안정문(安定門)과 덕승문(德勝門)이라 명명한 것도,[512] 이러한 방위 강화의 의도를 나타내고 있다. 또 이때, 종래의 판축으로 되어 있던 토성을 벽돌로 쌓은 전성화(磚城化)의 공사도 시작되었다.[513]

영락 연간에 들어 와서는 영락 4년 8월과 5년 8월에 장마로 북경성이 파괴되었는데, 이에 대한 성벽 수축 공사의 사례가 실록에 보인다.[514] 특히 영락 4년에는 성벽 5,320장(약 16.5km)과 천붕·문루·포대 11곳이 망가졌기 때문에, 군민을 동원해 수리 공사를 했다. 피해가 발생한 것은 전월 윤7월에 순행에 대비한 영건공사의 령이 내려진 직후의 일로, 실록에는 명기되어 있지 않지만, 이이후에 북경에 징발된 군사나 장정을 이용해 수축 공사가 이루어졌을 가능성이 높다. 그렇게 말할 수 있는 것은 영락 5년에 피해가 있을 때에, 농한기를 기다리지 않고 곧 바로 군민을 동원해 수리 공사에 나섰기 때문이다.

제1차 순행하던 동안인 영락 7년에는, 북측 안정문의 성호(城濠)를 수리하였다.[515] 제2차 순행중인 13년에는 북경성의 성벽을 수축하였다.[516] 또 2월에는,

---

512) 『明太祖實錄』 卷35, 洪武 元年 9월 戊戌朔조.

513) 欽定, 『日下舊聞考』 卷38, 京城總記에는 그 내용은 없어지고 책 이름만 전해지고 있어 현재 佚書로 분류되어 있는 「洪武北平圖經志書」에서 인용되었다고 하는데, "舊土城一座, 周圍六十里. 克復後 以城圍太廣 乃減其東西迤北之半, 創包甎壁, 周圍四十里. 其東南西三面 各高三丈有餘, 上闊二丈, 北面高四丈有奇, 闊五丈"라 하고 있다. 〈옮긴이 주〉 본문에 실려 있는 성벽 사진은 북경에 있는 明城牆遺址公園에 있는 성벽의 일부분이다. 이 공원은 동쪽으로는 城東南角樓에서 서쪽으로는 崇文門에 이르며 총면적이 15.5헥타르(公頃)에 이른다. 明城牆은 40km의 길이로서 영락 17년(1419)에 시작하여 城東南角樓에서 崇文門까지 1.5km이다. 그 가운데, 城東南角樓는 正統元年(1436)에 만들어지기 시작하였다.

514) 『明太宗實錄』 卷58, 永樂 4년 8월, "是月, 霖雨壞北京城 五千三百二十丈, 天棚·門樓·鋪台 十一所, 通州等衛城及白馬等三十三關垣牆七百六十四丈. 事聞, 命發軍民修築"; 同書 卷70, 永樂 5년 8월 甲辰, "北京留守行後軍都督府言, 北京幷永平·山海·保定城垣及關隘塞口, 爲霖雨所壞, 京城及臨邊關隘, 宜卽兼用兵民修理. 餘俟農隙. 從之"

515) 『明太宗實錄』 卷93, 永樂 7년 6월 戊申, "修北京安定門城池".

516) 『明太宗實錄』 卷162, 永樂 13년 3월 丁巳條에는 "修北京城垣"이라 하고 있다. 또

북경성의 여정문(麗正門)·문명문(文明門)·순승문(順承門)·제화문(齊化門)·평칙문(平則門)·동직문(東直門)·서직문(西直門)·안정문(安定門)·덕승문(德勝門) 등 9개의 문을 관리하는 성문랑(城門郞)을 두었다.[517] 성문랑은 각 문에 6명이 배치되었는데, 관위는 정6품이었다. 성문랑의 배치는 남경성과 함께 실시되었지만, 북경성에 대한 관리 체제가 한 단계 더 정비되어졌음을 나타내 보이고 있다.[518]

그 후 새롭게 남성 부분의 확장 공사가 이루어졌으며, 자금성 부분의 봉천전이나 건청궁의 공사가 최종 단계로 들어가 있던 영락 17년 11월까지는 그 공사가 다 끝났다는 것이 태종실록에 보인다.

북경의 남성을 확장하였는데, 헤아려 보니 2,700여 장에 이르렀다.[519]

확장된 성벽의 길이는 2,700여 장(약 8.6km)으로, 전술한 것처럼 홍무 연간에 신축된 북성벽의 길이가 1,890장이었으니, 남성벽의 길이도 거의 같다고 보면, 나머지의 동성벽과 서성벽을 합친 길이는 810여 장이었으므로 남쪽으로

한 同書 卷167, 동년 8월 庚寅條에는 "淫雨壞正陽門臺址, 命工部修築"이라고 되어 있다. 趙其昌 編, 『明實錄北京史料』(北京古籍出版社, 1995), 314쪽에는 이 기사를 채택하여 수록하고, 북경 정양문의 수축 공사로 해석하고 있다. 실록의 동년 6월 이후에는 확실히 북경에 장마나 수재에 관한 기사가 빈번히 나타나는 것으로 보아 북경의 사례일 가능성이 높다. 그렇지만 이 시점에서는 북경성 남쪽의 정문은 아직 원조 이래의 '麗正門'이라고 칭하고 있는 것으로 보아, 남경의 정양문에 관한 기사라 판단된다. '행재공부'가 아니고 단순히 '공부'에 수축을 명하고 있다는 사실도, 이러한 이해를 보강하고 있는 것이다.

517) 『明太宗實錄』卷161, 永樂 13년 2월 癸未條.

518) 다만 영락 14년에는 남경과 북경, 양경의 城門郞을 다시 폐지했다(『明太宗實錄』卷178, 永樂 14년 7월 己酉). 그 후에는 북경유수 행후군도독부 관할로 되었다고 생각된다.

519) 『明太宗實錄』卷218, 永樂 17년 11월 甲子, "拓北京南城, 計二千七百餘丈". 아울러 『康熙起居注』康熙 56년 8월 4일 乙酉條에, 『明史』편찬에 막대한 관심을 가지고 있던 강희제가 "朕遍覽明朝實錄, 但將科抄寫入, 幷未錄實事. 卽如成祖修京城之處, 尙未記一字"라고 지적하고 있는 것은 북경성 남성벽의 확장에 대해 적고 있는데, 정확하지는 않다. 설령 '修'를 수축의 의미로 해석한다 하더라도, 전술한 주(514)에서와 같이 영락 4년 8월과 5년 8월의 기록이 있다.

405장(약 1.3km) 정도 이동한 셈이 된다.[520]

남성 부분의 확장 공사와 관련해서 언급하지 않을 수 없는 것은 북경성(내성 부분)의 중심축 선상에 있고, 더욱이 남북 성벽의 중간 지점에 우뚝 솟아 있는 만세산(경산)에 대한 것이다. 만세산은 원조 대내의 연춘각 구지에 쌓은 것이었기에, 원조를 압승하는 경사의 '진산'으로 알려져 있다.[521] 정련장(鄭連章)은 그의 논문 「만세산 설치와 자금성 위치에 대한 일고」에서 홍무 연간 중도(中都)인 봉양(鳳陽) 황성의 북쪽에 위치한 만세산을 모방해, 영락 연간에 호성하(護城河)를 판 100만m³의 진흙과 원조 궁전을 훼파한 잔토를 쌓아 올려, 자금성의 '산봉병장(山峰屏障)'으로 조성했다고 하고 있다.[522]

그 조성 시기에 대해서는 실록에 기록이 남아 있지 않지만, 남성벽의 확장 공사보다 앞섰다는 것은 내성 대각선 중앙에 위치한 만세산의 위치를 기준으로 남성벽의 확장 공사가 이루어졌다고 하는 그 전후관계로 보아 분명하다. 다만 선덕 연간이나 천순 연간에 이르러서도 역시 원조 이래의 태액지(太液池) 동편에 있는 경화도(瓊華島)가 '만세산'이라는 이름으로 불렸고, 그것이 유람의 대상으로 되어 있던 것으로 보아, 자금성 후방의 만세산이 정비된 것은 명대 중기까지 내려간다고 생각할 수 있다.

그런데 남성벽의 확장과 더불어, 다음 해 3월에는 행재공부에 명해 황성 근처에 사는 사람들에게 이주할 비용을 지급하여 그곳을 떠나게 하였다.

> 공부에 명하여, 경사의 민거가 황성에 가까워 마땅히 옮겨야 할 자는 헤아려 비용을 지급하고, 빈 땅을 택하여, 그곳을 거처로 삼게 하였다.[523]

---

520) 傅公鉞, 「明代的北京城垣」(『北京文物與考古』 1집, 1983) 및 楊寬, 『中國古代都城制度史研究』(上海古籍出版社, 1993) 참조. 다만, 傅公鉞의 논문에서는 '2리'라고 한데 반하여 楊寬의 저서에서는 리로 환산해 '1리 반 정도'라고 하고 있다.

521) 馬汝驥, 「徐玄詩集」 「萬歲山」, 侯仁之, 「元大都與明淸北京城」 『歷史地理學的理論與實踐』(上海人民出版社, 1979).

522) 鄭連章, 「萬歲山的設置與紫禁城位置考」 『故宮博物院院刊』 1990年 第3期. 후에 『紫禁城建築研究與保護』(紫禁城出版社, 1995)에 수록.

523) 『明太宗實錄』 卷223, 永樂 18년 3월 丙子, "命工部, 京師民居近皇城當遷者, 量給所費, 擇隙地處之"

그때 방화를 막기 위한 대책으로, 성벽에서 20장(약 64m) 정도의 방화용 공지를 마련하였던 것이다.[524]

후에 한림원시강 추집(鄒緝)이 '봉천전재소(奉天殿災疏)'에서 북경영건이래 도성 공간의 대규모적인 개조로 말미암아, 어쩔 수 없이 이주하여 혼란 사태가 일어났다고 언급하고 있는 것은 이때의 모습을 전해주고 있는 것이다. 봉천전재소에 대해서는 본서 제5장에서 다시 자세히 검토하겠다.

> 영건 이래 권력을 장악한 사람은 인민이 나라를 위한 근본이고, 인민을 편안하게 하는 까닭이 여기에 있음에도 그것을 도모하려 하지 않고 있다. 곧 소인배 기술자들로서 위세에 가탁하여 구박하며 강제로 이주시켰다. 호령이 떨어지면 곧 그대로 따르기를 원하였고, 힘 아직 쓰지 않았음에도 가옥 이미 파괴되었다. 혹은 담장을 허물고 혹은 기와지붕을 부수고, 고아나 과부들에게 죄주어 구박하여 울며불며 통곡하게 하고, 힘 쓸 수 없게 하였다. 혹은 엄동설한의 때에도, 혹은 혹서의 때에도, 처자들은 밤이슬을 맞아도 가릴 것이 없었고, 허둥지둥 갈 곳을 몰랐다. 이사간 곳에서 가옥 다 완성되었는가 하면, 또 다시 쫓기어 다른 곳으로 옮겨야 했다. 결국, 3, 4번이나 옮겨 정착하지 못하는 사람도 있게 되었다. 또 이미 이주해 떠나가 공터가 된 땅, 한 달 이상이나 넘었어도 공사가 아직 시작되지 않는 경우도 있었다.[525]

라고 하고 있듯이 공사를 담당한 사람들은 나라 다스리는 근본이 되는 인민을 안정시키는 방법을 강구하지 않고 안이한 계획을 세우고 있었다. 현장을 지휘하는 장인 기술자들도 또한 권력을 빌미로 '땅 투기꾼'처럼 이전을 강요하였다. 퇴거 명령이 떨어지면 벽을 무너뜨리고 지붕 기와를 긁어내리면서 가옥을 파

---

524) 『明宣宗實錄』 卷111, 宣德 9년 6월 戊申, "行在工部尙書吳中奏, 城中軍民房屋有逼近城垣者. 昨民家失火延燒文明門樓, 請令如永樂中離城二十餘丈, 居住逼城者令別遷.(下略)"

525) 『皇明經世文編』 卷21, 鄒緝 「奉天殿災疏」, "自營建以來, 用事之人不思人民爲國之本, 謀所以安輯之. 乃使群輩工匠小人假託威勢, 驅迫移徙. 號令方出, 卽欲其行, 力未及施, 屋已破壞, 或摧毀其障壁, 或碎其屋瓦, 使孤兒寡婦坐受驅迫, 哭泣號叫, 力無所措. 或堂嚴冬極寒之時, 或堂酷熱霖汗之際, 妻子暴露, 莫能自蔽, 倉遑逼迫, 莫知所向. 所徙之處, 屋室方完, 又復驅令他徙. 至有三四 遷移而不能定者. 及其旣去而所空之地, 經月逾時, 工猶未及"

괴하였고, 그것도 고아나 과부처럼 가장 약한 사람들이 가장 먼저 쫓겨나갔다. 이들의 옮김은 엄동설한인 겨울이나 혹서의 여름철 등 계절에 상관없이 계속되었고, 처자들은 밤이슬을 맞으며 피할 곳도 없이 길거리에 내팽겨졌다. 더욱이 겨우 이사가 끝나 가옥이 마련되었는가 하면, 또 다시 다른 곳으로 이전하게 되어 3~4번이나 옮겨진 사람도 있었다. 그런가 하면 쫓겨나 남겨진 공터는 그 후 한 달 이상이나 방치되어 공사가 시작되지 않는 경우도 있었다고 한다.

그 후, 북경성 성벽 전체에 대규모의 수리 공사가 시작된 것은 후술하듯이 정통 연간에 들어서이고, 월성(月城)이 설치된 누문이나 포대의 장식을 일변시킨 것은 공사가 끝난 정통 4년의 일이다.[526] 남성벽 확장이 끝나자, 계속하여 황성남측으로 중앙 관청이 건설되어 나가기 시작했다. 그러나 『태종실록』에는 그런 것을 보여주는 구체적인 자료가 남아 있지 않다. 황성 남측으로 육부의 하나인 예부아문이 건설된 것은 선덕 5년의 일로, 중앙의 여러 관청이 건설되고 또 정비되는 일은 꽤 늦게 이루어졌다.[527]

6. 북경행부·북경유수행후군도독부의 폐지

북경 궁전의 완성이 목전에 다가온 영락 18년 9월 4일, 행재흠천감이 새해 정월원단, 아주 좋은 길일에, 새롭게 완성된 궁전에서 조하(朝賀) 의식을 거행할 것을 주상했는데, 황제는 그것을 윤허하였다. 곧바로 황제는 행재호부상서 하원길(夏原吉)로 하여금 조칙을 손에 들려 남경에 파견하고, 황태자를 북경으로 올라오도록 조처를 취했다. 황태자에게 12월 말까지 북경에 도착하라는 지시를 내리었다.

> 북경 궁전 이제 곧 완성되려 한다. 행재흠천감이 말하기를 "내년 정월 초하루 길일에, 새로운 전에 나아가 조하를 받아야 할 것입니다"라고 하였다. 마침내 행재호부상서 하원길에게 조칙을 들려 보내, 황태자를 불러 오게 하였는데, 도중의

---

526) 『明英宗實錄』卷23, 正統 원년 10월 辛卯. 卷55, 正統4년 5월 庚戌條.
527) 『明宣宗實錄』卷63, 宣德 5년 2월 癸未條. 자세한 것은 본서 제7장 「북경 정도」.

길 넉넉히 하여 12월 말에 북경에 이르도록 하였다. 하원길이 남경으로 떠나기 위해 황제에게 하직 인사를 고하니, 황제가 초(鈔) 200정(錠)을 하사하였다.[528]

파견된 하원길은 이미 13일에 남경에 도착해 황태자에게 이 칙서를 전달해 주었다.[529]

월말에는 마치 이러한 움직임을 경축이나 하듯이 산동의 청주부 제성현에서 북경에 있는 황제에게 몸에 용무늬를 가지고 검푸른 털을 띤 '용마(龍馬)'를 헌상하였다.[530] 용마는 고대 요임금처럼 인덕이 뛰어난 제왕이 세상에 출현할 것을 미리 징조로 보여주는 신마(神馬)로 알려져 있었다. 그러나 때마침 이것이 산동의 제성현에서 헌상되었다는 것은 나름대로 그럴만한 이유가 있었을지도 모른다. 거의 반년전인 2월부터 3월에 걸쳐 제성현을 포함한 청주부에서는 백련교도 당새아(唐賽兒)가 부치(府治)가 있는 익도현(益都縣)의 사석책채(卸石冊寨)에 의거 봉기한 적이 있었기 때문이다.[531]

영락제는 안원후 유승을 총병관으로 임명하고 토벌에 나서서 진압했지만, 주모자 가운데 우두머리로 지목받은 '불모(佛母)' 당새아의 행방을 알 수 없었다. 생포된 반란군의 주요 인물인 유준은 물론, 산동의 포정사 저연(儲延)·장해(張海)나 안찰사 유본 이하의 관리, 그리고 반란이 일어난 부현의 많은 관리들이 적절한 조치를 취하는데 나태했다는 책임을 추궁 받아 주살되었다.[532] 현지에서는 이러한 오명을 씻을 기회를 모색하고 있었다는 것을 상상하기가 어렵지 않다.

10월 초하루, 유수(留守)를 맡고 있던 황태자는 마지막이 된 태묘의 향사를 끝내고, 17일에 남경을 출발했다.[533] 그리고 10여 일 지난 28일에는 효릉의 소

528) 『明太宗實錄』卷229, 永樂 18년 9월 己巳, "北京宮殿將成. 行在欽天監言, 明年正月初一日上吉, 宜御新殿受朝. 遂遣行在戶部尙書夏原吉齎勅召皇太子, 令道途從容而行, 期十二月終至北京, 原吉陛辭, 賜鈔二百錠"
529) 『明太宗實錄』卷229, 永樂 18년 9월 戊寅條.
530) 『明太宗實錄』卷229, 永樂 18년 9월 乙未條.
531) 山根幸夫, 「山東唐賽兒起義について」『明代史研究』1號(1974).
532) 『明太宗實錄』卷223, 永樂 18년 3월 戊子條.
533) 『明太宗實錄』卷230, 永樂 18년 10월 丙申朔·壬子條.

나무·잣나무에 태평성대의 도래를 나타내는 감로(甘露)가 내렸다고 한다.[534]
남경 유수를 맡고 있던 황태손은 이 감로를 가져다 태묘에 올리고, 북경의 영
락제에게 아뢰고 헌상했다. 효릉의 소나무·잣나무에 감로가 내린 것은 이때가
처음은 아니다. 가깝게는 전년 10월 17일부터 20일에 걸쳐서도 연일 내린 적이
있었다.[535] 황태자와 함께 남경에 남아 있던 양사기는 '감로표'를 헌상하고, 주
서(周敍)는 '서응감로송'을 봉정했다. 효릉에 내린 감로는 영락제의 천도의지에
대한 태조의 동의로 이해되었을 것이다.[536]

11월에는 천도 실현을 목전에 두고 북경행부의 폐지, 행재아문의 정리와 통
폐합이 이루어졌다.

> 북경행부와 함께 소속 이·호·예·병·형·공 육조청리사·조마소·사옥사를 혁
> 파한다. 그 속관은 모두 다른 관청으로 옮겨 쓴다. (중략) 북경행부 소속의 순천부
> 등 8개의 부, 보안·융경 이주(二州)는 함께 수도에 직례(直隸)하도록 한다.[537]

행정 계통에서는, 북경행부와 그 소속의 육조 청리사·조마소·사옥사를 폐지
하고, 이들 속관을 모두 다른 관청으로 옮겨 썼다. 이와 더불어, 행부에 소속되어
있던 순천·보정·하간·진정·순덕·광평·대명·영평 8부와 보안·융경 2주[538]를 모

---

534) 『明太宗實錄』卷230, 永樂 18년 10월 癸亥, "甘露降孝陵松柏. 皇太孫採薦宗廟, 遣
人表獻"

535) 『明太宗實錄』卷218, 永樂 17년 11월 丁巳條. 楊士奇 『東里續集』卷44, 「甘露表」.
周敍 『石溪周 先生 文集』卷4, "瑞應甘露公頌 有序".

536) 그렇다고 하더라도, 효릉에서 멀리 떨어진 북경으로 수도를 옮기는 것에 대해서
는 당시부터 비판적인 의견이 있었다는 것은, 홍희제가 즉위 후 지진이 계속되는
남경에 황태자(후의 선덕제)를 파견해 효릉에 참배시킬 것을 결정했을 때의 발언
에서도 엿볼 수 있다. 『明宣宗實錄』卷1, "洪熙元年春, 南京屢奏地震 … (中略) …
仁宗曰, 非皇太子不可. 太子仁德威望, 足以服人心. 人心安卽天意定矣. 況太祖皇帝
陵寢奉違已久, 朕夙夜在念. 今皇太子往, 庶幾如朕往也"

537) 『明太宗實錄』卷231, 永樂 18년 11월 壬午, "革北京行部幷所屬吏·戶·禮·兵·刑·
工六曹淸吏司·照磨所·司獄司. 其官屬俱調用.(中略) 北京行部所屬順天等八府, 保安
·隆慶二州幷直隸京師"

538) 2개의 州 가운데, 保安州가 설치되어 북경행부에 속하게 된 것은 영락 13년 정월의
일이다. 『明太宗實錄』卷160, 永樂 13年 正月 壬戌條. 隆慶州가 설치되어 속하게 된

두 수도 북경에 직접 예속시키고, 여기에 이른바 '북직례'가 성립되었다.[539) 또 행부 소속 가운데, 재정 관계의 보초제거사·승운고·행용고[540) ·광영고·장가만염창검교비험소(張家湾塩倉檢校批驗所)는 호부로 소속을 변경시키고, 회동관·대통관은 병부로, 공조청리사 밑에 있던 직염소·잡조국, 노구교·통주·백강 3곳의 추분죽목국(抽分竹木局)은 공부로 옮겼다.

북경행부의 폐지로 인해, 행부상서 곽자(郭資)는 호부상서로, 행부시랑 이창(李昶)은 호부우시랑으로, 이우직(李友直)은 공부좌시랑으로, 최연(崔衍)은 병부우시랑으로 직을 옮겼다.[541)

또 북경이 경사로 됨에 따라, 행재호부와 행재형부, 남경의 호부·형부의 북경청리사가 폐지되었다. 행재도찰원 및 남경 도찰원의 북경도(北京道)도 폐지되었다.[542) 형부에는 새롭게 운남·교지·귀주의 3청리사가 증설되었다. 운남(홍무 15

것은 永樂 12년 3월의 일이다. 『明太宗實錄』 卷149, 永樂 12년 3월 丁丑條.

539) 藤井宏, 「明淸時代に於いる直省と獨裁君主」『和田博士古稀記念東洋史論叢』(講談社, 1961)의 805쪽에서, 영락 원년 2월에 北京布政使司가 폐지된 결과, 소속의 부주가 北京行部에 직례되었다고 이해하고 있는 것은 정확하지 않다. 그 증거로 하나들면, 『明太宗實錄』 卷101, 永樂 8년 2월 己酉條에, 산릉을 건설하는 데 工匠·民夫를 징발하는 지역을 "산동·산서·하남·북경 및 절강 등의 布政司, 直隸府州縣"이라 하여, (행재) 북경을 (남)직례와 달리 포정사로 구분 짓고 있다. 이와 관련하여 小川尚이 『明代地方監察制度の研究』(汲古書院, 1999) 第4章, 明代地方監察制度の確立에서, 영락 원년에 北平布政司가 北京行部로 개칭되고, "종래의 北平布政司의 감찰에 해당하는 北平道를 북경도로 개칭했으나 直隸로는 하지 않았다" (89쪽)고 서술한 것은 중요한 지적이다. 다만 『明仁宗實錄』 卷9上, 洪熙 元年 4월 壬寅條의 기록을 바탕으로, 洪熙 원년 사월에 북직례가 성립되었다고 하는 견해에는 따를 수 없다. 남경 환도의 결정이 내려진 직후의 이 시점에서 행재북경의 도찰원과는 별개로 설치되어진 것이 '北京都察院'이 아니고 '北京行都察院'이기 때문이다. 자세한 내용은 본서 제5장 「남경 환도」, 제3절을 참조하기 바란다.

540) 옛 交鈔의 교환 업무를 맡은 行用庫와 通惠河의 종점에 해당하는 大通關은 제1차 북경 순행 후에 설치되어 있었다. 『明太宗實錄』 卷93, 永樂 7년 6월 甲辰條.

541) 『明太宗實錄』 卷232, 永樂 18년 12월 甲寅條.

542) 천도에 따른 行在衙門의 정리 통폐합에서 주목되는 것은 行在北京 때에 존재했던 북경청리사나 북경도가 폐지된 대신, 천도 후에 남경청리사나 남경도가 설치되었다는 것이 명기되어 있지 않다는 점이다. 이 점에 대해서는 천도 당초부터, 북직례와 남직례를 병존 시키려는 방침이 존재한 것처럼 보인다. 그러나 행재가 되는 남

년 설치)·교지(영락 5년 설치, 선덕 3년 폐지)·귀주(영락 11년 설치)의 3포정사사가 설치되었는데, 이것은 4포정사사체제로 되어 있던 것을 이어받은 것이다. 도찰원도 운남·교지·귀주 3도를 증설했다.

더욱이 북경행태복시를 태복시로, 북경국자감을 국자감으로 고쳤다. 도성의 경찰 업무를 주로 담당했던 북경오성병마지휘사는 동성·서성·남성·북성·중성의 오병마지휘사로 분할되어, 각 관할구역의 치안을 담당하였다. 또한 북경광록시와 소속의 대관·양온·장해·진수 등 4개의 부서는 폐지되었다. 원래, 북경광록시는 영락 초년에 구 연왕부의 전선소(典膳所)를 개편한 것이었고, 소속관인 대관·양온·장해·진수 이 4개의 부서도 순행 개시 때인 영락 7년에 북경에 독자적으로 설치된 것이었기 때문이었다.[543]

군정 계통에서도 북경 유수 행후군도독부의 폐지에 따라 다양한 조치가 이루어졌다.[544]

첫째로 북경 유수 행후군도독부의 장부와 문서는 후군도독부의 관할로 이관되고, 그 관인은 예부에 보내져 파기되었다. 야순동패[545]와 문금쇄약은 중군도독부의 관할이 되었다. 출관 감합도 중군도독부가 모아 편집하고, 병부와 합동으로 날인한 후, 인수감에 보내 그곳에서 보관하게 하고, 각 관(關)에서도 별도로 문부를 비치하여 둔다. 출관하는 자는 통정사가 상주하여 인수감에 보내

경관의 설치에 대해서는 어떤 언급도 없다. 『明史』卷75, 職官志4, 南京에 의하면, 남경 육부에 남은 것은 당초 예·형·공부 각각 1개의 시랑뿐이었다고 한다. 영락 19년 정월에 남경·북경의 양경체제를 총결산하고, 2개의 초점을 일치시켜 북경을 중심으로 한 체제 확립이 지향되고 있었던 것은 아닌가. 후에 한직화가 되었다고는 하더라도, 북경과 거의 같은 위치에 놓인 '남경관'은 본서 제5장에서 언급하겠지만, 홍희제 하에서 남경 환도의 결정이나 북경의 행재화 등의 여러 우여곡절을 거친 가운데 이루어졌다고 생각된다.

543) 『明太宗實錄』卷25, 永樂 원년 11월 己酉條. 卷92, 永樂 7년 5월 戊子條.
〈옮긴이 주〉 명대 軍制史에 대해서는 서인범, 「명대 군제사의 제문제」 『중국사연구』 14(2001). 同氏, 「명대 군제사의 제문제 2」 『동국사학』 35(2001) 참고.

544) 『明太宗實錄』卷231, 永樂 18년 11월 丁卯條.

545) 『明太宗實錄』卷232, 永樂 18년 12월 壬戌條에 의하면, 이 때 북경의 야순동패가 새롭게 개주 되었다.

져 감합 조회의 수속을 받도록 한다.

둘째로, 영락 초년에 설치된 금오좌·금오우·우림전·연산좌·연산우·연산전·대흥좌·제양·제주·통주의 상10위는 이미 친군지휘사사로 되어 있었기 때문에, 그 문서 수발과 수위관군은 남경 상10위의 예에 따른다.

셋째로, 각 위관군으로, 현재 남경과 행재에 파견된 사람들은 모두 원래의 위(衛)로 보내어 상직수위(上直守衛)하도록 한다.

넷째로, 남경의 유수 5위는, 위마다 관군의 반을 옮겨, 북경에 유수 중·좌·우·전·후의 5위를 개설하였다. 소속은 종래대로 오군도독부에 속하여 북경성의 성문을 지키고, 황성의 4문을 교대로 단속하게 한다.

다섯째로, 북경목마천호소는 남경군을 이동시켜 북경에 도달하는 것을 기다려, 목마천호소와 통합한다.546)

여섯째, 아직 북경에 남아 있던 조왕의 상산 3호위의 문서 수발은 취번하지 않은 한왕의 안동중호위547)의 예에 의거한다는 것 등이었다.

그리고 병부에 명해서, 효릉·제천·광양·수군 좌·우, 용강 좌·우, 강음·횡해·천책·영무·비웅·광무·응천 등의 위를 남경에 남겨 수비시키는 한편, 신책·진남·양기·심양·호분·표도·용양·응양·흥무·용호·무덕·화양·심양우 등의 위를 북경으로 옮겨 수비하게 하였다. 이렇게 해서, 이른바 '남경위'와 '경위(京衛)'가 성립되었던 것이다.

황성의 수위관군의 증강도 이루어졌다. 종래는 금오·기수·부군·호분위가 오문·단문·승천·장안 좌우 문을 숙위하였지만, 때로 다른 임무를 띠고 옮겨지는 일이 많이 있어, 그 수가 부족하였으므로, 여기에 우림·제천·제양·연산의 4위 군대를 추가하여 숙직시켰다.548)

---

546) 『明太宗實錄』 卷232, 永樂 18년 12월 壬戌條에 의해, 北京牧馬千戶所가 牧馬千戶所로 통합이 이루어진 것으로 보아 이 시점까지 남경의 군사가 북경으로 거의 이동되었다.

547) 安東中護衛는 홍무제의 제20째 아들, 한왕 송의 호위로, 開元에 왕부가 두어질 예정이었지만, 이때도 왕부에 가지 않았으며, 영락 22년에 이르러 平凉에 취번했다. 『明太祖實錄』 卷217, 洪武 25년 5월 丁酉條.

548) 『明太宗實錄』 卷232, 永樂 18년 12월 癸丑條.

북경행부의 마정을 담당하고 있던 북경원마시(北京苑馬寺)와 6감 24원의 목장은 폐지되고, 이들은 태복시에 통합되었다. 이것은 그때까지 호종 군사에 의한 목장 사육에서 민간에 나눠주어 기르는 민목(民牧)으로 바뀐 것에 따른 것이었다.[549] 이 이후 북직례를 중심으로 한 자목체제(孳牧體制)가 확립되었다.[550]

맺음말–영락 19년 원단 조하의 의식

영락 18년 11월 4일에, 황제는 다음해 새로운 궁전에서 조하(朝賀)를 받겠다는 취지의 조서를 나라 전체에 내렸다. 그 조서의 일절에는, 영건공사가 "지금 이미 낙성하고, 영락 19년 정월 초하루 원단에 봉천전에 나가 백관들의 조하를 받고, 치리를 새롭게 하여 평화롭게 하고자 한다"[551]라고 되어 있다. 즉, 다가오는 원단에 거행될 봉천전 조하 의식은, "치리를 새롭게 한다"는 것이다. 즉 통치 원리의 개신을 명언하고 있었다. 국내는 물론 이웃나라 조선의 조공사절단에게도, 예부를 통해서 조서 사본이 주어졌다.[552] 그 사본은, 산동 청주부의 용마 출현과 남경 효릉에 감로가 내렸다는 사실과 함께 조선에 전해졌던 것이다. 11

---

549) 『明太宗實錄』 卷231, 永樂 18년 11월 甲戌條.

550) 谷光隆, 『明代馬政の硏究』(東洋史硏究會, 1972) 제2편 제4장 北直隷の孳牧體制.

551) 『明太宗實錄』 卷231, 永樂 18년 11월 戊辰, "爰自營建以來, 天下軍民樂於趨事, 天人協贊, 景貺駢臻. 今已告成, 選[以]永樂十九年 正月朔旦, 奉御天殿朝百官, 誕新治理, 用致雍熙". [ ] 내는 『皇明詔令』 卷6, 成祖文皇帝 下「北京營建工成朝正朔詔」永樂 18년 11월 초4일條에 의해 보완하였다. 또 이 사료에는 밑줄이 쳐 진 '治理' 의 두 글자가 '地理'로 되어 있다. 영락제는 어디까지나 홍무 정치의 계승을 표방하고 있다는 점에서, 여기에서는 통치 원리의 변경을 의미하는 '치리'를 새롭게 한다기보다는, 천도의 의미도 포함하는 '지리'가 어울린다고 생각할 수도 있다. 그러나 黃彰健편의 '實錄校勘記'에는 이 부분 문자의 異同에 대하여 어떤 언급이 없기에 '治理'를 그대로 사용했다.

552) 『朝鮮王朝實錄』 世宗 卷11, 3년(永樂 19) 2월 癸卯, "通事全義還自京師言, 帝以江左太祖皇帝肇基之地, 北京地勢雄壯, 山川鞏固, 幷建兩都, 置立郊社·宗廟, 創建宮室, 以永樂十九年正月 朔奉天殿, 受群臣朝, 詔告天下. 禮部錄文與之. 又山東靑州府諸城縣靑水潭龍馬出焉. 孝陵松柏降甘露. 其凝如脂, 群臣表賀"

일에 황제는 관을 보내어 황태손에게도 황태자와 합류해 12월 말을 기하여 북경에 이르도록 명했다.[553] 그 후 10여 일 후에 황태손은 남경을 출발해, 황태자를 좇아 도중에서 합류하였다.[554] 12월 21일, 황태자 초빙의 대임을 맡은 하원길(夏原吉)은 일행보다 한 발 앞서 북경으로 들어가, 황태자와 황태손이 머지 않아 예정대로 도착할 것을 전하자, 황제는 여러 기관으로 하여금 관을 파견해 서남의 양향현(良鄕縣)까지 마중 나가도록 지시했다.[555] 그리고 나흘 후에 황태자와 황태손이 북경에 도착했다.[556] 『태종실록』에는 기록이 없지만, 아마 이때 남경에 있던 궁녀들이 대거 북경으로 이동했으리라 추정된다.[557]

영락 19년 정월 초하루 원단, 계획대로 조하 의식이 방금 새로 완성된 봉천전에서 성대하게 거행되었다. 이른 새벽, 영락제는 조하례에 앞서 스스로 태묘에 이르러, 덕조·의조·희조·인조·태조 등 5묘의 태황과 태후의 신주(神主)를

사진 7. 鄭和 묘 (南京市 江宁区 牛首山 南麓)

봉안했다. 황태자에게는 천지단에 나가 호천상제(昊天上帝)와 후토황지기(后土荒地祇)의 신주를, 황태손에게는 사직단에 태사와 태직의 신주를 각각 봉안하도록 하였다. 또

553) 『明太宗實錄』卷231, 永樂 18년 11월 乙亥, "遣官齎勅召皇太孫, 期十二月終隨皇太子至北京"
554) 『明太宗實錄』卷231, 永樂 18년 11월 乙酉, 「皇太孫發南京」.
555) 『明太宗實錄』卷232, 永樂 18년 12월 乙卯條.
556) 『明太宗實錄』卷231, 永樂 18년 12월 己未, 「皇太子及皇太孫至北京」
557) 『朝鮮王朝實錄』世宗 卷26, 6년(永樂 22) 10월 戊午, "使臣言, 前後選獻韓氏等女, 皆殉大行皇帝.(中略) 於是, 本國諸女皆被誅, 獨崔氏曾在南京. 帝召宮女之在南京者, 崔氏以病未至, 及亂作, 殺宮人殆盡, 以後至獲免.

산천단에는, 검국공(黔國公) 목성(沐晟)으로 하여금 산천의 여러 신주를 봉안하도록 하였다. 그 후, 봉천전에서 조하를 받자, 문무 군신과 여러 외국의 사절들을 연회석에서 맞이하였다.[558] 외국의 사절 가운데에는 조선 국왕이 신년을 축하하기 위해 보낸 사절이 참석하였는데, 북경 천도 의식을 위해 특별히 따로 준비하여 온 것은 아니었다.[559] 또 정화의 제4차 남해 원정의 귀환에 동행한 호르무즈(忽魯模斯)·아덴(阿丹)·조법아(祖法兒, 아라비아 반도의 동안해안, 오만)·라사(剌撒)·부라와(不剌哇, 현 소말리아 공화국 내의 Brava 일대)·모고도소(木骨都束, 아프리카 소말리의 한 부족)·캘리컷(古里)·코친(柯枝)·까야루(加異勒, 현 인도반도 남단 동안)·스리랑카(錫蘭山)·마르디비안(溜山, Maldivians)·란부리(喃渤利)·수마트라(蘇門答剌)·알루(阿魯)·말라카(滿剌加)·고모린(甘巴里, 인도 남쪽)의 16개국의 사신 및 태감 장겸(張謙)을 따라와 입궐한 필리핀의 고마라랑(古麻剌郞) 국왕이 조공을 바치러 멀리 북경에 와 있었으므로, 이 날의 조하에도 참석하였을 것이다.[560]

노왕부(魯王府)의 기선(紀善)인 양본지(梁本之)는 이 날 '하건북경표(賀建北京表)'를 올렸다.[561] 근시인 양영(楊榮)이나 진경종(陳敬宗)도 다투어 '황도대일통부(皇都大一統賦)'를 황제에게 헌정했다.[562] 정6품의 이부 주사에 지나지 않는

---

558) 『明太宗實錄』 卷233, 永樂 19년 正月 甲子朔條.

559) 『明太宗實錄』 卷232, 永樂 18년 12월 辛酉

560) 忽魯謨厥 이하 16국에 대해서는 『明太宗實錄』 卷233, 永樂 19년 正月 戊子·癸未 條. 古麻剌朗 국왕에 대해서는 卷230, 18년 10월 乙巳, 卷233, 19년 正月 癸未條. 또한 山本達郞, 「鄭和の西征」(『東洋學報』 3卷 3·4호, 1934) 및 大隅晶子 「明代永樂期における朝貢について」 『MUSEUM』(東京國立博物館美術誌 398호, 1984)에 실려 있는 〈實錄記載·永樂期の貢物·回賜品〉 리스트에서는 이 영락 19년 정월의 호르무즈 이하 16개국의 내조와 17년 9월의 滿剌加 이하 17개국의 來貢(卷216, 17년 9월 丙午·壬子)을 별개의 조공 사절로 보아, 전자를 정화의 별동대가 귀환할 때 동행한 것이라고 해석하고 있다. 전자 사절단의 귀국에 관한 기사가 실록에 실려 있지 않은 것이나, 滿剌加·阿魯·喃渤利가 쌍방에 보이는 것, 전자의 16개국에 古麻剌郞國을 넣으면 꼭 17개국이 되는 것으로 보아 동일한 사절단이 아닐까. 이것이 실록에 두 번 기재된 것은 17년 9월 최초로 남경에 도착하고, 그 후 19년의 朝賀의 의식에 맞추어 북경 영락제에 조공하러 왔기 때문일 것이다.

561) 梁本之, 『坦菴先生文集』 卷1, 「賀建北京表」.

562) 楊榮, 『文敏集』 卷8, 「皇都大一統賦, 有序」. 陳敬宗, 『澹然居士集』 卷1, 「北京賦 有序」.

소의(蕭儀)조차도 이 날에 맞추어 '황도대일통송(皇都大一統頌)'563)을 올렸다. 소의가 서언에서 기술한 것처럼, 동으로는 '부상(扶桑)'이라는 나라(일본)에서 서로는 '매곡(昧谷)'이라는 나라564)까지가 조공하고, 남으로는 남극에서 북으로는 음산(陰山)에 이르기까지를 판도에 넣은 상태에서, 공간의 중심에 있는 북경이라는 위치상으로 보면, 일본이 이 시기에 조공하고 있지 않는565) 등 전술한 조공국의 수가 영락제로서 꼭 만족하지 않았을 것이다.

15일에는 대 사면의 조서가 내려졌다. 사면의 내용은 이날 이전의 범죄 가운데 모반·대역·모살·강도 등을 제외하고는 이미 발각되었든지, 결심 심판을 받았든지 간에, 또 죄의 대소를 불문하고, 모두 사면한다는 것이었다. 그 밖에 15개 항목으로 된 '관휼사의(寬恤事宜)'도 발표되었다.566)

3월 15일에는 새로 만든 봉천전에서 전시가 처음으로 치러졌다. 4일 후인 19일에는 증학령(曾鶴齡) 이하 201명이 진사 급제, 진사 출신 및 동진사 출신으로 선발되었다.567) 이 신축과의 합격자 가운데에는 후에 토목의 변 직후의 북경 방위로 활약한 병부상서 우겸(于謙)이 포함되어 있었다.568) 황방(黃榜, 합격자 명

---

563) 蕭儀, 『襪線集』卷1, 「皇都大一統頌」. "由是自扶桑以抵昧谷二億三千五百七十里之地, 無寸地而不修職貢. 自南極而抵陰山二億三千五百七十里之地, 無寸地而不入版圖. 皇上以輿圖日廣, 朝貢日衆, 度道里之均, 遂營北京以爲朝會之所, 以建萬萬之鴻業, 以開萬萬之太平."

564) '昧谷'은 서쪽으로 해가 떨어지는 곳이라는 의미를 가지고 있는데, 영락 18년 11월에 마침 사마르칸드를 수도로 삼은 티무르 후계자 샤루후의 遣明使節이 내조하여 왔기에, 이것을 염두에 둔 것이라 생각된다. 宮崎市定, 「帖木兒王朝の遣明使節」『學藝』4卷 6호(1947). 후에 『宮崎市定全集』19卷(岩波書店, 1992)에 수록.

565) 영락 원년 이래, 일본의 足利막부로부터 매년에 걸쳐 행한 조공 사절은 應永 15년(영락 6)의 足利義滿 사후, 足利義持 하에서 영락 9년 이후 조공이 두절되었다. 佐久間重男, 「永樂帝の對外政策と日本」『北方文化研究』2號(1967). 후에 『日明關係史の研究』(吉川弘文館, 1992)에 수록.

566) 『明太宗實錄』卷233, 永樂 19년 正月 戊寅條. 『皇明詔令』卷6, 成祖文皇帝 下에는, "北京營建工成寬恤詔"라고 제목을 붙여 그 전문을 싣고 있다. 다만 그 날짜가 正月 19일로 되어 있는 것은 오류일 것이다.

567) 『明太宗實錄』卷235, 永樂 19년 3월 丁丑·辛巳條.

568) 于謙은 辛丑科의 전시에서 同進事出身 제3갑이었다. 『明淸歷科進士題名碑錄』「明永樂 19年 進士題名碑錄」.

부)이 장안문 밖에 내걸린 것을 본 공경대부나 일반 사람들은 "도읍을 처음 창건하고 인재를 모아 출사시킴이 이와 같으니, 대저 이것이 어찌 우연이겠는가"라고 서로 이야기했다고 한다.[569]

영락 19년 정월원단을 기해서 실현된 천도는 영락 원년 이래의 양경체제하에서 이른바 두 초점을 가진 타원처럼, 지금까지 남경과 북경으로 나누어져 있던 제국의 두 중심을 하나의 중심으로 일원화시키는 것이었다. 그런 의미에서 조하 의식에 앞서 남경에서 감국의 임무를 맡고 있던 황태자를 영락 2년 정월 이래 처음으로 북경에 불러들여 태묘에는 황제 자신이 그 신주를 봉안하면서도 천지단의 신주 봉안을 황태자에게 분담시킨 사실은 지극히 상징적인 의미가 담겨져 있었다. 영락 18년 11월 이래 이러한 일련의 의식을 본 도성의 많은 사람들 가운데에는 남경에서 유수로 있던 황태자까지도 북경에 불러 국가 제사를 담당하게 함으로써 정난의 변 종결 직후부터 시작된 천도 계획이 완료되고, 이에 마침내 천도가 실현되었다는 것을 실감했을 것이다. 이웃나라 조선에서도, 이 봉천전의 조하는 천도의 실현으로 받아들이고 있었다. 세종은, 영락 19년 2월에 명조에서 돌아온 통사 전의로부터 그 해 정월 봉천전에 나가 조하를 받은 뜻의 조서 사본을 받자, 다음 날, "이제 황제는 북경으로 도읍을 정하였다. 예를 갖추어 마땅히 진하(進賀)해야 할 일이다"라고 말하고, 헌상하는 말 10마리를 준비하도록 지시했던 것이다.[570]

그렇지만, 이 시점에서 자금성 내의 궁전은 완성되었다고는 하지만, 전술한 것처럼 중앙의 여러 관청이 새롭게 완성되어 있었던 것은 아니었다. 더욱이 북경성의 수도 공간 전체도 아직 성립되기 전이었다. 후에 대명문의 좌우에 배치되는 오군도독부나 육부 등의 관청가는 아직 신축되지 않았다.[571] 일례를 들면, 태상시는 원조 이래 만수궁의 승경당에 들어 있었고, 제기(祭器) 등도 거기에 수장되어 있었다.[572] 천지단으로 가는 길에 해당하는 정양문의 교량조차

569) 楊榮, 『文敏集』 卷9, 「進士題名記」(3).
570) 『朝鮮王朝實錄』 世宗 卷11, 3년 2월 癸卯·甲辰條.
571) 『明宣宗實錄』 卷63, 宣德 5년 2월 癸未條, 본서 제7장 「북경 정도」에 후게.
572) 『明宣宗實錄』 卷94, 宣德 7년 8월 庚戌條. 본서 제7장 「북경 정도」의 주(47)에 후게.

아직 완성되어 있지 않았다.[573] 이러한 점을 고려한다면, 궁성 부분의 완성을 가지고 천도가 실현되었다고 하는 것은 서두른 감이 없지 않다. 하지만 확실히 서두를 이유가 있었다. 그것은 즉위 후 마침 20년째를 맞이하고 있고, 게다가 나이가 환갑을 넘었을 뿐 아니라 지병도 악화[574]되고 있던 영락제로서는 남겨진 시간이 그렇게 많지 않았기 때문이었다.[575]

---

573) 『明宣宗實錄』 卷67, 宣德 5년 6월 丁亥, 「修正陽門橋梁」.

574) 黃潤玉, 『南山黃先生家傳集』 卷50, 「故奉直大夫尙寶司少卿袁公行狀」에, "庚子(永樂 18년) 3月朔, 上忽癸歲[疾穢(?)]失聲, 口流涎痰, 左足牽縮, 公奏曰, 皇上舊風證, 兼以熱極虛逆之氣也. 聞, 近服靈濟宮符術仙藥, 皆熱劑致此. 朝廷設太醫院者, 所以保和聖躬之司命, 必須察脈進藥. 時禦[御]醫徐淑琲·陳敏在側. 上大怒曰, 仙藥不喫, 喫凡藥也. 公因扣頭慟哭, 內侍馬靈住·劉才興亦哭. 上震怒, 叱出待罪. 半年不見"라고 되어 있어, 영락제의 지병 악화의 시기와 증상까지 자세히 전하고 있어 귀중하다. 또한 영락제의 지병 '風疾'에 대해서는 일찍이 王崇武, 「明成祖與方士 -成祖之死考異-」 『中國社會經濟史集刊』 8卷 1期(1949)가 논하고 있다. '풍질'은 일반적으로 중풍이라고 한다. 이에 대해 朱鴻은 『明成祖與永樂政治』(國立臺灣正·師範大學歷史研究專刊 17, 1988), 93쪽에서 유소년기도 포함하여 검토하였는데, 간질증(Epilepsy)으로 판단하고 있다.

575) [보주] 東北大學 부속도서관의 狩野文庫에 소장된 『北京城宮殿之圖』에는 작자나 제작연대가 기록되어 있지 않다. 외성부분이 그려져 있지 않은 것으로 보아 가정 32년(1553) 이전에 본 지도가 제작되었다고 추정된다. 궁전도 가운데 삼대전의 명칭이 가정 41년에 변경되기 이전의 봉천전·화개전·근신전의 명칭으로 기재되어 있는 것도 이런 추정을 뒷받침하고 있다. 궁전도 가운데 좌측 아래쪽의 역대 제왕묘는 위치가 꼭 정확하지는 않지만 가정 10년에 건설된 것이고, 가정 15년에 완성된 皇史宬은 표시되어 있지 않은 것으로 보아 그 사이에 작성되었을 가능성이 높다고 생각된다. 다만 상단의 운문에는 '當今'의 만력제(萬曆帝)의 행복과 장수에 대한 언급이 있는 것으로 보아, 전체가 인쇄되어진 것은 만력 연간이라고 생각된다. 현존하는 북경 지도 가운데서 가장 빠른 시기에 속하고, 북경 궁성내의 궁전이나 궁궐 부서의 배치나 도성 경관을 엿볼 수 있다는 점에서 귀중한 자료다. 또한 궁성 서측의 '南城殿'에는 "경태제, 여기서 병을 잘 다스려 나왔다"라고 기록되어 있고, 동측의 '南正宮'에는 "正統 황제가 몽골에서 석방된 후 여기에서 거하였다"고 기록되어 있는 등 제작자의 英宗 복벽(奪門의 變)에 대한 관심이 엿보인다. 任金城, 「明刻『北京城宮殿之圖』 -紹介日本珍藏の一幅北京古地圖-」 『北京史苑』 3輯(北京出版社, 1985) ; 同, 「北京城宮殿之圖」 『北京古代地圖集·明代』 No.138(文物出版社, 1994) ; 磯部彰, 「宮城圖について」 東アジアニュズレーター, 『ナオ・デ・ラ·チーナ』 2號(2002) 참조.

제4장
북경순수와 남경감국

도입부

정난의 변으로 조카 건문제의 제위를 빼앗은 연왕(후의 영락제)은 즉위하고 반년이 지난 영락 원년(1403) 정월에 북평을 '북경'으로 승격시켰다. 다음 2월에는 북경유수행후군도독부와 북경행부 및 북경국자감을 두어, 북평부를 순천부로 고쳤다.[1] 수도 남경 응천부에 대한 북경 순천부이니, 이른바 양경체제가 여기에서 시작되었다. 그 후, 북경이 남경을 대신해 수도 '경사'가 된 것은 영락 19년(1421) 이후의 일이다. 일반적으로 영락 19년 정월에 북경 천도가 실현되었다고 생각하고 있다.[2]

분명히 정치사적인 측면에서 보면, 북경 천도는 영락 19년에 단행되었다고 말할 수 있다. 이 때까지 황제의 일상 장소로서의 3전 2궁(봉천전·화개전·근신전과 건청궁·곤녕궁)의 이른바 자금성이 완성되고, 거기서 황제가 상주하여 모든 정령이 북경에서 전국 각지로 향하는 체제가 되었다. 이에 앞서 전년 9월에는

---

1) 『明太宗實錄』卷16, 永樂元年 正月 辛卯, 및 同書 卷17, 同年 2월 庚戌條.

2) 『明史』卷6, 成祖本紀2, "(永樂18年) 9月(中略) 丁亥, 詔自明年改京師爲南京, 北京爲京師.(中略) 11月 戊辰, 以遷都北京詔天下. (中略) 19年 春正月 甲子朔, 奉安五廟神主於太廟. 御奉天殿受朝賀, 大宴"

종래 북경 관청에 붙어 있던 '행재'라는 명칭이 벗겨지고, 그 대신 북경이 경사로 승격되며, 반대로 남경은 경사 명칭을 떼도록 결정했다.

그러나 북경의 수도 공간의 형성·성립이라는 사회사적 입장에서 볼 때, 영락 19년의 천도는 하나의 통과 점에 지나지 않았다. 그것은 천도 수개월 후인 4월 8일, 삼전의 소실을 계기로 수도 북경의 지위 동요가 표면화되었기 때문이다. 결국, 천도 4년 후 영락제의 뒤를 이은 홍희제에 의해 홍희 원년(1425) 3월에, 북경은 다시 행재의 명칭이 붙여졌고 이것이 재차 거론된 것은 16년 후인 정통 6년(1441) 11월이었다.[3]

앞에서도 서술했지만 광대한 영역을 자랑하는 중국이라고 하더라도, 명조처럼 하나의 왕조가 그 수도를 위도 상 8도, 남북으로 1000km 이상이나 떨어진 곳으로 옮긴 예는 별로 없다. 아마 세계사에서도 보기 드문 사례일 것이다. 중국사에 한정하면, 여진족인 금의 침공을 받아 남쪽으로 장강을 넘어 천도하게 된 송왕조의 경우가 이에 필적하는 예이지만, 동경 개봉(開封)에서 행재 항주까지는 위도로 보아 약간 모자라는 5도, 거리상으로 750km에 이르고 있다. 거기에 더욱, 명왕조의 경우는 스스로의 선택에 의해서 거창하게 수도를 이전하였기 때문에, 명조 최대의 계획이라고 하더라도 과언이 아니다.[4]

어느 면에서 보면, 새로운 왕조를 창설하는 것과 같은 규모의 '인(人)'과 '물(物)'의 이동과 소비를 필요로 했을 것이다. 따라서 이 천도는 영건공사 자체의 어려움[5]에 그치지 않고, 정치는 물론 경제·사회 전반적인 시스템의 변경이 야

---

3) 천도 직후에 생긴 수도 북경의 지위 동요와 이것을 수습하는 과정에 대해서는 본서 제5장 및 본서 제6장에 상술한다.

4) Frederick W. Mote and Denis Twtchett eds., *The Cambridge History of China vol.7; The Ming Dynasty, 1368-1644 part* Ⅰ. Cambridge University Press, 1988, p.238.

5) 王劍英,「明初營建北京始于永樂十五年六月考 -兼論有關營建北京年代的一些問題-」『北京史硏究會編『北京歷史理論文集』(1980). 王宏凱,「明成祖營建北京始于永樂四年考」『北京史研究(1)』(1986). 전자는 북경 영건공사가 영락 15년 6월 이후에 개시되었다고 하고, 후자는 명대의 영건의 관례에 비추어 영락 4년 윤4월의 조서에 의해 "籌建工程"이 시작되었다는 것을 중시하고 있다. 영락 4년의 조서부터 15년의 본격적인 공사 착수에 이르기까지, 10년 이상의 시간이 걸렸는데, 거기에 영건공사의 어려움도 잘 나타나 있다.

기되었을 것으로 예상되는데, 종래 초기 명조사 연구에서는 이 점에 대한 고려가 충분히 이루어지지 않았다고 생각한다.

본장에서는 제1차 북경=행재기에 있어서 영락제의 세 번의 북경 순행과 황태자의 남경감국에 주목하여, 북경 천도의 실현에 이르는 궤적을 고찰함으로써 영락19년에 단행된 천도의 정치적 의미를 고찰하고자 한다.

I. 순수사의와 유수사의

영락제의 치세 동안, 남경에 수도를 두고 있던 18년간은 '순수(巡狩)'의 명목으로 황제 자신이 수도에 부재중이던 기간이 포함되어 있다. 그것은 제1차 북경 순행(영락 7년 2월~8년 11월)·제2차 순행(11년 2월~14년 10월)·제3차 순행(15년 3월~18년 12월)의 3차례로, 이들 기간을 모두 합치면 9년 가까이 된다.[6] 그러나 이 기간 동안, 황태자가 황제를 대신해 '감국'의 명목으로 정무를 담당하고 있었기 때문에,[7] 남경은 여전히 홍무제 이래의 수도 기능을 유지하고 있었다. 물론 순행을 거듭함에 따라, 후술하듯이 수도 기능은 차차 북경으로 이양되는 경향이 가지게 되었고, 특히 제3차 순행에서는 그런 면이 현저히 드러났다.

영락시대, 북경 순행하던 황제와 남경에서 감국으로 유수를 담당한 황태자와의 사이에 정치면에서 그 권한이 구체적으로 어떻게 분할되어 있고, 그것이 순행의 횟수를 거듭함에 따라 어떻게 변화했는지에 대해서는 지금까지 충분히 해명되어 있지 않다. 다행히, 각각의 순행에 임하여 정해진 〈순수사의(巡狩事宜)〉

---

6) 제1차 순행에 대해서는,『明太宗實錄』卷88, 永樂 7년 2월 壬午. 卷110, 永樂 8년 11월 甲戌條. 제2차에 대해서는 同書 卷137, 永樂11년 2월 乙丑. 卷181, 永樂 14년 10월 癸未條. 제3차에 대해서는, 同書 卷186, 永樂 15년 3월 壬子條.

7) 제1차 순행에 임한 황태자 감국에 대해서는『明太宗實錄』卷88, 永樂 7년 2월 甲戌朔條에, "勅皇太子曰, 朕今巡狩北京, 命爾監國. 天下之務所係甚重, 爰簡文武才德之臣, 爲爾輔贊"이라 하고 있다. 또한 황태자에 의한 제사(諸司) 서무의 결재는 그 이전에도 일부 시작되었던 것 같다.『明太宗實錄』卷81, 永樂 6년 7월 庚午條에, "命禮部 自今諸司庶務啓東宮處分者, 則書皇太子令旨. 其承受於親王者, 書某王令旨, 著爲定制"라 하였다.

나 〈유수사의(留守事宜)〉가 실록이나 회전에 남아 있어, 규정적인 측면에서 그 내용과 변천을 검토할 수 있다. 또 추가된 조항[8]이나 운용 실태에 대해서도 실록에 나타난 단편적인 기록을 통해 엿볼 수 있다. 예를 들면, 정덕 『명회전』 卷 52, 예부11에 보이는 '동궁감국'항에는 조의·경축·제사·연상·선법·형명·영조·진춘 등의 8항목으로 나누어 규정되어 있고, 그 내용도 다방면에 걸쳐 나와 있지만, 여기에서는 신하가 황제에게 올린 글인 주본류(奏本類)의 처리와 관계가 깊은 조의(조정)에 한해 검토하고자 한다.

영락 6년 8월, 예부는 제1차 순행을 맞아, 공후백·오군도독부·육부·도찰원·한림원 등의 관리들과 회의를 한 후,[9] 〈순수합행사의〉를 제안했다. 조서를 발하여 전국 각지의 관청과 진수총병관에게 순행을 주지하도록 한 것을 말한 제1항에 이어 제2항에는 다음과 같이 정해져 있었다.

> 하나, 예부는 각처에 가서, 무릇 중대사나 사이(四夷)가 내조하여 오는 일이 있다면, 모두 행재소에 이르게 하고, 인하여 글로 갖추어 보고하도록 한다. 그 여타 일에 관한 주(奏)·계(啓)는 모두 경사로 보내어 보고하도록 한다. 일에 미심적은 것이 있을 경우에는 재경의 해당 아문이 갖추어 올리고, 취하기는 상(황제)이 결재하고 나서 한다. 무릇 올린 표전표문(表箋表文)은 행재소로 보내고, 전문(箋文)은 경사로 보내도록 한다.[10]

중요 안건이나 여러 외국의 조공 사절에 관해서는 행재소로 직접 보내도록 하였고, 그 외의 각종 사무와 관련되어 있는 주본이나 계본은 모두 수도 남경의 황태자에게 보내어 보고한 후 시행하도록 했다. 문제가 있는 경우는 남경의

---

8) 예를 들면, 영락 7년 4월에는, 순행 처인 북경에서 공신의 범죄 처분 및 왕부관의 임명이나 장사 파견은 황제의 전권 사항이라는 것을 재차 지시하고 있다. 『明太宗實錄』 卷90, 永樂 7년 4월 己亥, "賜書諭皇太子曰, 凡功臣有罪, 須詳具所犯奏來, 朕自處分. 其除授王府官及調發將士, 亦必得朕命乃行"

9) 『明太宗實錄』 卷82, 永樂 6년 8월 丙子朔, "上以明年春巡狩北京, 命禮部會公侯伯·五軍都督府·六部·都察院·翰林院等衙門官會議合行事宜"

10) 『明太宗實錄』 卷82, 永樂 6년 8월 己卯, "一, 禮部仍行各處, 凡有重事, 幷四夷來朝俱達行在所, 仍具本啓聞. 其餘事務奏·啓, 俱達京師啓聞施行. 事有疑碍者, 在京合該衙門具奏, 取自上裁. 凡進拜表箋表文達行在所, 箋文達京師"

해당 관청이 다시 황제에게 상주하여 재가를 기다리면서, 각지에서 올라 온 여러 정보는 당연 홍무 이래의 수도 남경에 모이도록 해야 한다는 전제하에서 순행이 이루어졌던 것이다.

다음 7년 2월에는, 예부가 〈황태자유수사의〉를 상주해 허가되었다. 그 제1항과 제2항은 다음과 같다.

> 하나. 일상적인 조회는 오문 좌문에서 행한다. 그 좌우시위 및 재경 각 아문의 관원 등 각각 사무를 계청하는 일은 통상 의례와 같이 한다. 황태자가 문화전에 나간다면, 관원들이 뜻을 받들어 불러들이려는 자, 바야흐로 들여올 것을 허락한다.
>
> 하나. 재경 문무아문은 무릇 내외군기 및 왕부의 긴급한 사무가 있다면, 모두 주청하여 처분한다. 각처에서 탄원이나 소식을 상신하는 일이 있으면, 즉시 관군을 파견해서 체포하게 하고, 그 다음에 사람을 급히 보내 행재소에 주청하게 한다. 그 황성 사문·각 성문의 수위 위숙은 평상시보다 관군을 더 많이 징발하고, 매일 군마를 훈련하고 검열하도록 한다. 각 아문은 황제의 명령을 받들어 관군을 파견하고, 사무를 처리하였다면, 소관 관서는 모름지기 처리한 것을 보고하도록 한다.[11]

제1항에서는 황태자에 의한 통상적인 조정 스타일이 정해져 있다. 조정은 오문의 좌문에서 행하고, 좌우시위나 재경 각 아문의 관원은 통상적인 사무에 대해서는 황제의 경우처럼 황태자에게 보고하여 처리했다. 제2항에서는 순행처에 있는 황제에게 직접 상주하여 처리해야 할 중요 안건은 내외의 군기나 왕부에 관련된 중요 안건에 한정되고 있었다는 것이 보다 명확하게 나타나 있다. 각지로부터 보고를 받고서, 긴급을 요하는 일에 대한 관군의 파견은 황태자의 재량에 맡겨지고, 그 다음에 행재소에도 주상하도록 되어 있다. 이 유수사의에서도 〈순수합행사의〉와 같이 중요 안건 이외의 다른 통상적인 안건 대부분은 황

---

11) 『明太宗實錄』卷88, 永樂 7년 2월 丙子, "一, 常朝於午門左門視事. 其左右侍衛及在京各衙門官員人等, 各啓事務如常儀. 若皇太子御文華殿, 官員人等承旨召入者, 方許入. 一, 在京文武衙門, 凡有內外軍機及王府切要事務, 悉奏請處分. 其有各處啓報聲息, 即調遣官軍勦捕, 仍遣人馳奏行在所. 其皇城四門各城門守衛圍宿, 比常時皆增撥官軍, 仍每日操閱軍馬. 如各衙門稱奉令旨, 調遣官軍及處分事務, 所司仍須覆啓施行"

태자의 처리에 맡겨져 있었다는 것이 밝혀졌다.

7년 윤4월에는 순행처 북경에서 남경의 이부상서 겸 첨사부 첨사 건의(蹇義) 등에게 조칙을 내려, 황태자가 일반 사무에 대해 결재한 내용을 매월 육과에 정리해 보고하도록 명하였다.

> 짐은 황태자에게 감국을 명한다. 그 결재한 서무는 모름지기 육과에 매달 보
> 고한다. 이를 테면 한 사람에게 상을 준다면 무엇 때문에 상을 주고, 한 사람을
> 벌하면 무엇으로 말미암아 벌을 주었는지, 어떤 벌을 다시 용서하여 주었는지, 모
> 두 소상히 기록 보고하고, 숨기는 것이 없도록 하라.[12]

또한 제1차 북경 순행중의 영락 8년 2월부터 6월까지는 제1차 몽골친정이 이루어졌다. 이전에는 〈유수북경사의〉가 정해져 황장손 첨기(瞻基, 후의 선덕황제)가 북경의 조정을 대행했다. 다만 군사기밀이나 왕부의 중요 사항은 남경의 황태자께 상계하여 처리하고, 그 후 황제에 보고하도록 되어 있었다. 여러 외국의 조공 사절도 역시 남경의 예부에 보내졌다.[13]

영락 11년 2월의 제2차 순행에서도 이러한 체제가 취해졌다.[14] 이 순행중의

---

12) 『明太宗實錄』卷91, 永樂 7年 윤4月 戊申, "勅吏部尙書兼 詹事府詹事蹇義·兵部尙
書兼詹事府詹事金忠·右春坊大學士兼翰林院侍讀黃淮·左春坊左諭德兼翰林院侍講
楊士奇曰, 朕命皇太子監國. 其所裁決 庶務, 須令六科逐月類奏. 且如賞一人, 由何而
賞, 罰一人, 由何而罰, 何罰而復宥, 皆須詳錄奏來, 勿有所隱". 이 조칙에서 명하고 있
는 내용은 그 후 순행에서 제도화되었다. 正德 『大明會典』卷52, 禮部11〈東宮監國〉,
"十二[五]年奏定(中略). 其東宮發落事件, 六科按月差人類進北京, 敢有於題本上增感,
改寫旨意者, 陵遲處死, 全家籍沒". 다만, 이것을 12년이 아니라 15년의 규정으로 보
는 이유에 대해서는 뒤의 주(15)를 참조하기 바란다. 여기에서는 육과가 매달 정리
하여 북경에 보낸 그 보고서가 "題本"이라고 불린 것 같다.

13) 『明太宗實錄』卷101, 永樂 8年 2月 戊戌朔, "命皇長孫瞻基留守北京. 命戶部尙書夏
原吉等議留守北京 事宜" 및 同卷, 同年 同月 更子, "一 每日皇長孫於奉天門左視事. 侍
衛如常儀. 諸司有事具啓施行. 若軍機及王府要務, 一啓皇太子處分, 一奏行在所(중
략). 四夷朝貢俱送南京禮部, 啓皇太子施行". 또 正德 『大明會典』卷52, 禮部 十一
〈皇太孫監國〉에도, 영락 8년에 정해진 事宜를 싣고 있다.

14) 『明太宗實錄』卷137, 永樂 11年 2月 甲子, "以狩巡北京, 告天地·宗廟·社稷, 辭孝陵.
命皇太子監國. 其留守事, 悉準永樂七年之制"

12년 3월에 행해진 제2차 몽골친정 때의 〈유수사의〉도, 똑같이 영락 8년의 제1차의 예에 준하도록 되어 있었다.[15)

영락 15년 3월, 제3차 순행 때에 새롭게 〈동궁유수사의〉가 정해졌다. 이 '순수'기간인 18년 9월에, 다음 해 정월을 기해 이른바 천도의 실시를 명하고 있는 것으로 보아,[16) 이번은 영락제에게 있어 마지막 북경 순행이 되었다. 전년 11월에는 북경의 궁전 건설도 정식으로 결정되었고,[17) 정부 내부에서도 천도는 기정 노선으로 인식되었을 것이다. 따라서 이 유수사의에도 당연 이러한 사정이 반영되어 있었다. 그 제1항과 제2항에

---

15) 『明太宗實錄』卷149, 永樂12년 3월 丙戌, "命皇太子, 以出師告天地·宗廟·社稷. 命皇太子監國. 留守事宜, 一循永樂八年之制". 제2차 친정에서는, 황태손(후의 선덕제)도 영락제와 함께 동행하여, 황태손의 북경 유수(留守)는 행해지지 않았다(同書 同卷, 同年 同月 庚寅). 그런데 正德『大明會典』卷52, 禮部11에는 "永樂七年定"의 8항목으로 되어 있는 〈東宮監國〉가운데 朝儀·祭祀·刑名의 3항목에는 "十二年奏定"이 附載되어 있다. 그 가운데 朝儀 항목의 기재는 다음과 같은 내용이다. 역시 萬曆『大明會典』卷54, 禮部12 〈東宮監國〉에도 "十二年奏定"이라 하여 거의 동일한 3개 항목을 싣고 있다. "十二年奏定. 凡常朝, 於文華殿視事. 其在京文武衙門, 凡有應合奏·啓事件, 奏本俱達北京. 敢有隱匿者, 治以重罪. 其在京衙門合具啓事務, 仍依常例. 若係應奏, 隨即具奏待報. 其東宮發落事件, 六科按月差人類進北京, 敢有於題本上增感, 改寫旨意者, 陵遲處死, 全家籍沒. 其各衙門差人出外幹辦公事, 仍將辦事務, 開具奏報"의 "十二年 奏定"은 이하와 같은 이유로 그 연대에 의문이 있다. ① "12년 奏定"은 본문으로 후술 할 15년 3월에 정해진 〈東宮留守事宜〉와 거의 같은 내용이라는 것. ② 이 奏定의 내용은 영락 8년의 〈留守北京事宜〉와 크게 달라, 본 주의 서두에 내건 태종실록 영락 12년 3월 丙戌條의 기재와 차질이 있다는 것. 물론 이 奏定이 영락 12년 3월 丙戌條와는 전혀 관계없이 별개로 정해졌을 가능성도 없지는 않지만, 실록의 12년 부분에는 이것에 대응할만한 기사가 보이지 않는다. ③ 만약 이 奏定이 영락 12년 3월 丙戌條에 대응한 것이라 한정할 경우, 이 항목은 제2차 몽골 친정 때에 정해진 내용이 된다. 그러나 그 경우, 황제는 북경에 부재중이며, "주본은 모두 북경에 도달하게 한다"라고 한 규정 내용을 이해할 수 없게 된다는 것. ④ 본문에서 후술할 예부상서 呂震의 사례에서는 영락 12년은커녕 영락 17년의 단계에서도 주본을 모두 북경에 모으는 체제가 확립되지 않았던 것을 알 수 있다. 이상과 같은 이유로, 대명회전이 "12년 奏定"이라고 한 것은 연대를 잘못 계산한 것이라고 생각한다. 그 내용은 아마 15년 3월 제3차 북경 순행에 임하여 정해진 〈東宮留守事宜〉로, "15년 奏定"이라고 고쳐야 할 것이다.

16) 『明太宗實錄』卷229, 永樂 18년 9월 己未條·丁亥條.

17) 『明太宗實錄』卷182, 永樂 14년 11월 壬寅條.

하나, 일상의 조정 정사는 문화전에서 본다. 그 좌우시위 및 재경 각 아문의 관원들이 각각 계사(啓事)하는 일은 모두 통상적인 의례에 따라 한다. 재외 문무 아문이 주사(奏事)해야 할 주본은 북경에 이르게 한다. 재경아문이 주사해야 할 것은 기다렸다가 주상한다.

하나, 근시관·내관 내사가 황제의 뜻을 전해 처리해야 할 것은 담당 관청이 이것을 시행하고, 인하여 구체적인 실제 내용을 황제에게 아뢰게 한다. (중략) 그 나머지는 모두 영락 7년 순수 때에 정한 사의에 따른다.[18]

라고 되어 있다. 종래와 크게 바뀐 것은 일상의 조정 장소가 오문 좌문에서 봉천전 동쪽의 문화전으로 옮긴 것, 지방의 문무 각 관청이 제출한 본래 황제에 가야 할 주본은 모두 북경으로 보내지도록 정함으로써, 종래 남경에서 황태자가 처리하던 것을 고쳤다. 이 15년의 규정에는 황태자가 처리한 안건에 대한 사후 보고도 포함하여, 황제가 있는 '행재'북경으로 모든 정보를 모으는 한편, 남경에서 황제 직무를 대행하던 황태자의 권한을 보다 한정하려 하고 있다.[19] 조의 장소를 오문 좌문에서 황태자의 강독 장소이기도 한 문화전[20]으로 옮긴 것은 이런 면을 단적으로 나타내주고 있다.

특히 이 규정에서, 주본은 재경이나 지방을 불문하고, 모두 북경의 황제 앞으로 보내지도록 되어 있다. 황제의 직접적인 재가를 바라는 주본이 증가하면, 당연히 황태자가 처리할 안건도 시위나 재경아문 등 남경과 그 주변 지역의 것에 한정되었을 것이다. 그러나 당시 강남의 경제적 역할이나 수도 남경에서의 국가 제사를 비롯한 상징적 역할을 고려한다면, 아직 황태자가 남경에서 처리할 업무의 중요성은 무시할 수가 없었다. 영락 15년에 황태자의 남경감국에 몸

---

18) 『明太宗實錄』卷186, 永樂 15년 3월 丁亥朔, "一, 常朝於文華殿視事. 其左右侍衛及在京各衙門官員人等 啓事, 皆如常儀. 其在外文武衙門合奏事奏本達北京. 在京衙門合奏事, 具奏待報而行. 一, 侍從官·內官內使傳令旨處分事[衍?]者, 所司行之, 仍具實奏聞(중략). 餘悉從永樂七年巡狩所定事宜"

19) 萬曆『大明會典』卷54, 禮部12에는 "12年奏定"에 이어 "13년奏定", 이 2개 항목을 싣고 있지만, 병사들에게 겨울 옷 지급하는 일과 입춘 전 황제에게 경축하는 것에 관한 것으로, 조정에 관한 기술은 없다. 正德『大明會典』卷52, 禮部2,《東宮監國》도 마찬가지다.

20) 孫承澤,『春明夢餘錄』卷10, 文華傍室.

소 한림원 학사로 시종하고 있던 양사기(楊士奇)는 그 당시 황태자의 정무 범위
와 처리 방법을 다음과 같이 회고하고 있다.

> 영락 15년, 어가가 북경으로 순수하였다. 인종황제는 춘궁에서 남경을 감국한
> 다. 무릇 남방의 여러 사무 가운데, 다만 문무관의 관직 임명·사이(四夷)의 조헌·
> 변방 경계의 조발(調發)만 행재에 상청한다. 제사·상벌 일체의 업무는 유사가 기
> 존 격식을 갖추어 보고한다. 사안을 끝내면 곧 담당 관청에서 본말(本末)을 보고
> 할 뿐이다.[21]

영락 15년의 시점에서도, 북경에 있는 황제에 직접 허가를 청하는 문무관의
임면이나 여러 나라의 조공, 변경 방위를 위한 출병을 제외하고, 제사·은상·형
벌과 관계되는 정무는 황태자에게 보고하여 결정하고, 북경의 황제에게 사후
보고로 끝마치고 있었다.

이상의 고찰로 보아 '순수'라고는 하더라도, 제1차·제2차 순행과 제3차 순행
사이에는 황태자 감국의 정치적인 의미가 바뀌고 있다. 즉, 명칭 상으로는 북경
이 아직 행재에 머무르고 있지만, 천도를 목전에 둔 15년의 〈유수사의〉에는 사
후 보고를 포함해, 정보의 모든 것을 순행처 북경에 있는 황제 아래에 집중시
키는 체제로의 확립을 강하게 꾀하고 있었던 것이다.

II. 주본류의 남경 보관을 중심으로

『태종실록』이나 『태명회전』에 실려 있는 〈유수사의〉 규정을 검토함으로써 얻
을 수 있는 변화는 전술한 바대로이지만, 『명선종실록(明宣宗實錄)』 권16, 선덕
원년 4월 병인의 조에는 이와 다른 기록이 보인다.

---

21) 楊士奇, 『東里文集』 卷17, 「梁用之墓碣銘」, "永樂十五年車駕巡狩北京. 仁宗皇帝 在
春宮, 監國南京. 凡南方庶務, 維文武除拜·四夷朝獻·邊境調發, 上請行在. 若祭祀·
賞罰一切之務, 有司具成式啓聞施行. 事竟則所司具本末而已"

태자태보 겸 예부상서 여진(呂震)이 죽었다. 여진은 자가 극성인데, 섬서성 임동 출신이다. 어려서부터 기억력이 좋고 총민하였으며, 날마다 만언을 암송하니, 마을에서는 신동이라 불렸다. (중략) 영락 7년, 태종황제가 처음 북경에 순수하고, 황태자가 남경을 감국하였다. 황제는 예부에 명하여 〈유수사의〉를 정하였다. 여진은 상주하여 이르기를 "무릇 사방 군읍이 일상사를 상주한 것은, 모두 황태자의 처분에 따릅니다. 주본(奏本)은 남경육과에 모아 두고, 경사로 돌아오는 날을 기다려, 육과가 다 상주합니다"라고 하였다. 이를 허가했다. 11년·14년, 여진이 다시 〈유수사의〉를 주상하였는데, 전과 같이 하도록 하였다. 여진이 중외 여러 관아에 보내어 준수하게 하였다. 17년, 황제가 북경에서, 어떤 일로 인하여 주본을 찾자, 호종(扈從)한 급사중이 말하기를 (주)본은 남경에 있다고 하였다. 황제는 뜻하지 않게 여진이 주상한 〈유사사의〉를 잊고 말하기를, "주본은 어째서 행재에 있지 않나"고 하였다. 마침내 여진에게 묻기를, "어찌 예부는 따로 입안한다는 말인가"라고 하였다. 여진은 죄에 미칠 것이 두려워 대답하여 말하기를 "그런 일은 없습니다. 주본은 행재에 있어야 합니다"고 하였다. 황제가 재삼 물으니, 여진의 대답은 전과 같았다. 마침내 주본을 마음대로 남경에 두었다 하여 남경이과[형과]우급사중 이능(李能)을 죽였다. 무리들은 모두 이능이 억울하게 죽었음을 알면서도, 여진을 두려워하여, 감히 말하는 자가 없었다. 그 사람의 됨됨이가 대개 이와 같은 부류에 속한다. 오래도록 조정이 점점 여진의 소행을 꺼려하면서도, 단지 건문제 때에 수성에 진력하느라 몹시 힘들고 고생한 과정을 미리 맛 보았던 것을 생각하여, 그 때문에 이를 버릴 수 없는 것이 아닌가라고 한다.[22]

여기에 보이는 예부상서 여진의 죽음에 관한 기록(卒記)은 이 시기 문서 행정의 실태를 전해주는 귀중한 자료이다. 영락 7년의 제1차 순행을 맞아 정해진 〈유수사의〉에서는 황제가 북경 순행중이라고 하더라도, 전국에서 올라온 주상

---

22) 『明宣宗實錄』 卷16, 宣德元年 4月 丙寅, "太子太保兼禮部尙書呂震卒. 震, 字克聲, 陝西臨潼人. 自幼記識聰敏, 日誦萬言, 里中稱神童. (중략) 永樂七年, 太宗皇帝初巡狩北京, 皇太子監國南京. 上命禮部定留守事宜. 震奏云, "凡四方郡邑奏常事者, 悉從皇太子處分. 奏本于南京六科收貯, 俟會鑾日, 六科通奏"制可. 十一年 十四年, 震再奏留守事宜, 命如前制. 震悉行中外百司遵守. 十七年, 上在北京, 因事索奏本, 扈從給事中言, 本留南京. 上偶忘震所奏留守事宜曰, "奏本曷不詣行在"遂問震曰, "豈禮部別有議擬耶"震畏罪及對曰, "無之. 奏本當詣行在"上再三聞, 震對如前. 遂以擅留奏本, 殺南京吏科右給事中李能. 衆皆知能寃死, 然畏震, 莫敢言者. 其爲人槪類此. 久而朝廷益厭震所爲, 特念建文時效勞守成, 預嘗艱難, 故不之棄云"

은 모두 수도 남경에 집중되고 있었다. 중요 안건 이외의 통상의 안건은 감국인 황태자가 결재하고, 주본은 모두 남경의 육과에 수장해 두는 체제로 되어 있었다. 이러한 방침은 11년의 제2차 순행에서도, 또 북경영건의 정식 결정 후에 행해진 15년[23]의 제3차 순행을 맞아서도 기본적으로 바뀐 것은 없었다는 것이다.

이러한 방침에 변경이 가해진 것은 제3차 북경 순행중의 영락 17년의 일이었다.[24] 황제가 어떤 사건으로 말미암아 주본의 제출을 요구했을 때, 호종하고 있던 급사중이 주본은 남경에 보관되어 있다고 했는데, 이로 말미암아 이때 처음으로 주본 남경 보관의 문제성이 표면화 되었다. 황제는 예부상서 여진이 상주하였던 〈유수사의〉 규정의 내용을 깜박 잊고 있었고, 또 황제로부터 직접 질문을 받은 여진 자신도 그것을 새삼 강력하게 주장하지 않았기 때문에, 자기 멋대로 주본을 남경에 유치하였다고 하여 남경형과(刑科) 우급사중 이능(李能)이 처형당했다. 여기에서는 언급하지 않았지만, 이것이 사실이라고 한다면 아마 이 사건 이후, 비로소 주본이 북경에 집중하는 체제가 확립된 셈이 된다.『명사』권151의 여진 전에도 같은 기사를 싣고 있다.

그래서 이『선종실록』에 보이는 영락 15년의 제3차 순행 때에도 모든 주본을 북경으로 집중시키는 일이 아직 규정되어 있지 않았다고 하는 기술은 지금까지 분석해 본『태종실록』이나『대명회전』의 기록과는 모순된다. 좁은 식견으로 볼 때,『선종실록』에 근거했다고 생각되는『명사(明史)』여진 전을 제외하고, 다른 사료 가운데에는 이런 기술이 보이지 않아 어딘가 좀 의문도 남는다. 그렇다고 하더라도, 〈유수사의〉를 친히 주상한 예부상서 여진에 관한 지극히 구체적인 에피소드인 만큼, 일괄적으로 그 신빙성을 부정할 수도 없는 일이다.

그런데, 만력 시기에 여무학(余懋學)이 찬하고 노대중(盧大中)이 속수(續修)하여 간행한『남원론세고(南垣論世考)』권6, 국초형과(國初刑科), 우급사중에는 다음과 같은 기사가 보인다.

---

23) 인용 사료에는 '14년'이라고 되어 있지만, 제2차 순행 때 예부가 〈동궁유수사의〉를 상주한 것은 영락15년 3월의 일이기 때문에, '15년'의 오류일 것이다.『明太宗實錄』卷186, 永樂 15년 3월 丁亥朔條 참조.
24)『明太宗實錄』에 영락 17년의 부분에는 이에 해당하는 기사가 눈에 띄지 않는다.

이능. □□□, □□□□□ 사람이다. 앞서 연부 기선이 되었다. 영락 원년, 수성
(守城)의 공으로써 형과우급사중에 발탁되어 승임하였다. 17년 마음대로 주본을
(남경에) 보관하였다고 처벌 당하였다.[25]

이에 의하면, 영락 17년에 형과(刑科), 우급사중 이능이 주본을 자기 마음대
로 남경에 두었다 하여 처형된 사실을 확인할 수 있다. 따라서 여기에서는 〈유
수사의〉의 규정에도 불구하고 제3차 순행 기간 동안인 영락 17년의 단계에서
도 모든 주본을 북경에 집중하는 체제가 아직 확립되지 않았다는 것을 확인할
수 있다.[26]

Ⅲ. 정보의 이원화

영락제의 순행과 황태자 감국 시기는 권력이 북경과 남경으로 분립된 결과,
양자의 의견이 불일치되기 쉽고, 그것이 근원이 되어 불화나 대립이 일어나는
경우도 많았다. 『명사』 권299, 「원공(袁珙)전」에 실려 있는 아들 원충철(袁忠徹)
의 인상술(印象述)에 관한 일화는 이런 상황의 일단을 잘 보여 주고 있다.

> 아들은 충철이다. (중략) 이미 중서사인이 되어, 북순 때에 황제의 수레를 수종
> 하였다. 황제 돌아오고, 인종(仁宗)이 감국에 있는데, 참언에 빠지게 되었다. 황제
> 가 노하여, 오문(午門)에 방을 붙이기를, 무릇 동궁에게 처리하도록 한 일은 모두
> 실행하지 말라고 하였다. 태자가 근심과 걱정으로 병이 들었다. 황제는 건의·김
> 충에게 명하여 충철과 함께 이를 자세히 살펴보도록 하였다. 돌아와서 주상하기

---

25) 『南垣論世考』(北京圖書館古籍珍本叢書所收) 卷6, 國初刑科, 右給事中, "李能, □
□□, □□□□□人. 先爲燕府紀善. 永樂元年, 以守城功擢刑科右給事中陞任. 十七
年擅留奏本被刑". 마찬가지로 같은 급사중의 리스트인 만력간의 蕭彦 『掖垣人鑑』
에는 李能의 이름이 보이지 않는다.

26) 呂震의 인물 평가를 위해 준비된 이 에피소드는 영락제 자신이 주본의 보관 방법
에 관한 규정의 존재를 잊어버리고 있었다는 점으로 보아, 북경 순행 동안에 이미
일상의 정무에서 좀 멀어져 있었다는 것도 보여주고 있는 것이리라.

를, "동궁의 안색 파리하고 경기(驚氣)와 질병이 있는 모습인데, 오문에 붙어 있는 방을 거두면 곧 나을 수 있을 것입니다"라고 하였다. 황제가 이 말에 따르자, 태자는 병이 나았다.[27]

북경 순행에서 돌아온 황제는, 황태자가 감국하는 동안 참언에 현혹되어 처리한 안건은 모두 실행하지 않아도 좋다는 방문(榜文)을 오문에 붙였다고 하니, 이것은 단순한 일이 아니다. 이 때문에 황태자는 근심과 두려움이 심해지고, 마침내 병이 나 드러눕게 되었다. 다행히 건의와 김충과 함께 명을 받아 문병하러 간 원충철의 정확한 진단과 진언에 의해, 오문의 방문이 떼어지고, 황태자의 병도 낫게 되었다. 『명사(明史)』의 열전에는 정확한 시기가 명기되어 있지 않다. 그러나 원충철이 중서사인(中書舍人)에 재임한 기간은 영락 2년에서 14년까지이고, 또 황태자의 감국을 보좌한 병부상서 김충은 황제가 제2차 순행에서 돌아오기 이전인 13년 4월에는 이미 죽은 시점이었으므로,[28] 황제가 제1차 순행에서 남경으로 돌아온 직후인 영락 8년 말부터 9년 초라고 확정할 수 있다.[29] 순행이 시작된 당초 단계부터 이미 황제와 태자 사이에 불화가 생기기 쉬웠음을 나타내고 있다.

또한 이 시기, 광서포정사 우참의로 좌천되어 있던 해진(解縉)이 황제가 남경

---

27) 『明史』卷299, 袁珙傳, "子, 忠徹. (중략) 已改中書舍人 扈駕北巡 駕旋, 仁宗監國, 爲讒言所中. 帝怒, 榜午門, 凡東宮所處分事, 悉不行. 太子憂懼成疾. 帝命蹇義·金忠, 偕忠徹視之. 遷奏, 東宮面色青藍, 驚憂象也, 收午門榜可愈. 帝從之, 太子疾果已"

28) 袁忠撤의 관직경력에 대해서는, 『國朝獻徵錄』卷77, 尙寶司, 李賢 "尙寶司少卿袁公忠徹墓表"를 참고했고, 金忠에 대해서는 『明史』卷111, 七卿 年表 一을 참고했다.

29) 『明史』가 의거했다고 생각되는 黃潤玉撰의 "袁公行狀"(『南山黃先生家傳集』卷50 所收)은 『東北大學東洋歷史理論集』에 논문을 게재했던 단계에서 미처 보지 못하였지만, 그 후에 이용할 수 있었던 대만의 국가도서관 소장본에는, "(庚寅=永樂 8年) 12月(中略) 旣辭, 往辭東宮見, 驚涙面. 退謂田嘉禾·李謙曰, 殿下驚氣怕人. 父子天性, 切須調獲[護]. 二人以聞. 上坐右順門裏御街, 宣公聞, 東宮氣色旣不好, 同蹇義·金忠再去看. 回奏曰, 面似青藍, 驚憂之氣也. 願皇上寬恕, 收了午門外榜, 庶幾可解. 加賜鈔六十錠. 有旨收榜, 監國發落的事准一遭. 東宮召金忠等 諭曰, 今日聖意虧袁忠徹言也. 辛卯(9年) 3月(下略)"라고 되어 있어, 영락 8년 말부터 9년 초라는 시기의 비정이 잘못이 아니라는 것이 확인된다.

에 있지 않았던 영락 8년에, 황태자에게만 알현하고 곧 바로 돌아간 것은 '신하의 예'를 결하였다고하여 한왕 고후(高煦)로부터 참언을 받았으며, 이 일로 투옥되기에 이르렀다. 아마 이것도 황태자가 우려한 한 요인이 되었다고 할 수 있다.[30]

그리고 영락 16년 7월에는 남경 진천호(陳千戶)의 처벌을 둘러싼 대립이 표면화되었고, 영락제에게 두터운 신임을 받아 황태자를 시종하고 있던 우춘방우찬선 양잠(梁潛) 등이 투옥되었다.[31]

남경에 진천호라는 자가 있어, 종종 자기 멋대로 백성의 재산을 취했다. 일이 발각되어, 황제가 영을 내려 교지(交阯)로 유배시켰다. 수일 동안 그 군공을 생각하여, 이를 용서하고 소환하였다. 황제에게 이야기 하는 자가 있어 말하길 "황제께서 유배시킨 죄인을 황태자가 법을 어겨 용서하여 주었습니다"라고 하였다. 마침내 진천호를 살해하였다. 찬선 양잠·사간 주면(周冕)도 연루되어 체포당했다. 드디어 황제가 친히 이 사건에 대해 물으니, 양잠 등은 사실대로 대답하였다. 황제는 한림학사 양영(楊榮) 등을 돌아보고 말하기를 "이 사안은 원래 양잠에게 간여되지 않았다"고 하였다. 다른 날 또다시 예부상서 여진에게 일컬어 말하길 "이 사안이 어찌 양잠에게 결부되도록 하였는가"고 하였다. 그러나 역시 진천호가 황제의 명이 없는데도 귀양을 갔는지 어쩐지 몰라, 이 두 사람 모두 대답하지 못하였다. 주면(周冕)을 비방하는 자 있어, 그는 경박하고 방자하여 채용할 수 없다고 자주 말하였다. 마침내 양잠과 더불어 모두 뜻밖의 재난으로 다 살지 못하고 죽게 된 것은 영락 16년 9월 17일의 일이었다.[32]

---

30) 楊士奇, 『東里文集』 卷17, "前朝列大夫交阯布政司右參議解公墓碣銘", "(永樂)八年入奏事. 時車駕已出征北邊. 至京師, 見仁宗而歸. 車駕還, 高煦言 解縉上遠出, 覲儲君徑歸, 無人臣禮. 遂徵下獄. 後三年以病死獄中"

31) 『明太宗實錄』 卷202, 永樂 16년 7월 甲戌, "翰林院侍讀兼右春坊右贊善梁潛以輔導有闕, 逮下獄. 潛初以文學簡侍皇太子, 監國南京. 有陳千戶者, 害民取財. 皇太子謫交阯立功, 後念舊軍功, 宥之. 或言陳千戶不當宥. 潛及司諫周冕預聞之, 而不諫止, 遂逮下獄. 後冕在獄不謹, 遂倂潛皆死". 양잠은 제3차 순행 시에 남경에서 監國의 임무를 맡고 있던 황태자 밑에서, 吏部尙書兼詹事 蹇義나 翰林學士兼諭德 楊士奇와 함께 "密務"를 맡고 있던 사람 중의 하나였다. 楊士奇, 『東里文集』 卷9, 「恭題仁廟御製詩後」.

32) 楊士奇, 『東里文集』 卷17, 「梁用之墓碣銘」, "會南京有陳千戶者, 擅取民財. 事覺, 令旨謫交阯. 數日 念其軍功, 貸之召還. 有言於上曰, 上所謫罪人, 皇太子曲宥之矣. 遂殺

남경에 사는 진천호의 불법 행위가 발각되어, 황태자는 그를 교지(交阯)로 유배 시키도록 정했다. 그러나 며칠 후, 그의 군공을 고려해 죄를 용서하고 소환했다. 이 사건을 "폐하가 유배 죄를 명한 죄인을 전하(殿下)가 법을 어기어 사면했다"고 영락제에 진정하는 사람이 있어, 황제는 재차 진천호를 주살하도록 명했다. 양잠과 사간 주면(周冕)은 황태자를 바르게 이끌지 못하였다는 이유로 체포되어 북경에서 황제의 심문을 받았다. 양잠은 황태자를 감싸고 자신의 책임이라면서 물러서지 않았지만, 황제는 양잠이 간여하고 있지 않은 것을 알게 되었다. 그렇다 하더라도 진천호의 교지로의 귀양은 원래 황태자가 결정한 것으로, 황제 스스로가 내린 것이 아니었다는 것까지 죄다 알지는 못하였다고 한다. 두 사람은 석방되지 않고 투옥되었다. 거기에 주면(周冕)의 행실이 나쁘다는 지탄도 받아, 결국 두 사람 모두 옥중에서 목숨을 잃었다.

북경의 영락제와 남경의 황태자로 나누어진 권력의 분립, 그 결과 제3자가 끼어들어 생기는 음모·불화, 그리고 대립은 여진의 사례가 보여주듯이, 전국 각지로부터 올라온 주본이 수도 남경에 유치되어 북경 순행중의 황제 앞으로 일일이 상세히 보고되지 않는, 이른바 정보의 이원화에 기인하고 있었던 것이다.[33] 15년의 〈유수사의〉에서 사후 보고를 포함해 모든 정보를 순행처의 황제 앞으로 집중시키는 체제로의 확립을 꾀한 이유도 바로 여기에 있었다.

陳千戶. 事連贊善梁潛·司諫周冕. 旣逮至. 上親問之. 潛等具實對. 上顧翰林學士楊榮等曰, 事固無預潛. 他日又諭禮部尙書呂震曰, 事亦豈得由潛. 然猶未悉陳千戶非出上命譴之也, 兩人者皆未釋. 有毁冕者, 數言其佻薄放恣不可用. 遂倂潛皆死非命, 十六年 九月 十七日也"

33) 황태자도 북경으로 옮긴 영락 21년에, 황제 측에서 시중들고 있던 내관 黃儼 등이 황태자에 대하여 종종 참언한 적이 있다. 그러나 황제는 들어주지 않아 큰 문제가 되지 않았던 것은 이러한 견해를 보강해 줄 것이다. 『明太祖實錄』 卷265, 永樂 21년 11월 丁亥, "皇太子聞內官黃儼·江保數造危語讒之於上, 帝不聽. 皇太子召左春坊大學士楊士奇至文華殿語之. 故因嘆曰, 天可欺乎. 非賴至尊聖明, 尙得在此哉. 士奇對曰, 殿下益宜自處盡道. 皇太子曰, 盡心子職而已. 他有何道". 沈德符, 『萬曆野獲編』 卷4, 宗藩, "趙王監國".

맺음말

끝으로, 영락제의 북경 순행과 남경 황태자의 감국이 가지는 의미에 대해 다시 논함으로서 본장을 매듭짓고자 한다.

영락제의 재위 기간 동안, 거의 반절 가까이 된 북경 순행과 황태자의 남경 감국은 무엇 때문에 필요했을까. 그것은 왕조 창업 30년 이상을 경과한 남경=경사 체제를 바꾸어서, 같은 왕조에서 수도를 남에서 북으로 1000km 이상이나 이동시켜야 한다는 거대하고 매우 어려운 계획을 실현하기 위해서 필요 불가결한 과도기적 조치였다.

그러나 그 때문에 발생하는 위험도 컸다. 여기서 밝힌 바와 같이 황제와 황태자 사이의 권력분립의 결과 생긴 불화 및 대립이 그 일례이다. 그것도 천도 계획의 수행을 위해서는 어느 면에서는 어쩔 수 없는 면도 있었지만, 제1차에서 제3차에 이르는 〈감국사의〉의 규정 내용의 변화 등에서 알 수 있는 것처럼, 순행이 횟수를 거듭함에 따라, 북경에 순행하고 있는 황제 쪽으로 정보를 집중시켜, 모든 권한을 일원화 해 나갔던 것이다.

이런 의미에서 영락 19년 원단에 새로 완성한 봉천전의 조하 의식을 거행하기에 앞서, 전년 12월 말까지 황태자와 황태손을 남경에서 북경으로 불러들인 조치[34]는 영락 7년 이래의 북경 순행과 남경감국체제를 최종적으로 청산하는 바가 되었고, 더불어 북경과 남경에 분립되어 있던 권력을 새롭게 북경으로 통합하는 것을 상징적으로 나타낸 사건이 되었던 것이다.

---

34) 『明太宗實錄』卷229, 永樂 18년 9월 己巳. 同書 卷231, 同年 11월 乙亥條.

제5장
남경 환도
-영락 19년 4월 북경 삼전 소실의 파문

도입부

영락 19년(1421) 정월원단, 완성된 지 얼마 되지 않은 새로운 봉천전에서 조하(朝賀) 의식이 거행되었다. 15일에는 궁전 완성에 따른 대 사면도 이루어졌다.[1]

이에 앞서 전년 9월, 영락제는 이듬해의 원단을 기해 순행 동안 황제의 소재를 의미하는 '행재'북경을 '경사'로 삼고, 태조 홍무제 이래의 수도 남경으로부터 '경사'의 명칭을 제거하도록 명했다.[2] 이에 따라, 북경 중앙 각 관청이 지니고 있던 '행재'관인은 모두 인수감에 송환되고, 대신 남경에서 들여온 중앙 제 관청의 인(印)이 지급되었다. 또 11월에는 다음 해 원단에 봉천전에서 백관의 조하(朝賀)를 받는다고 전국에 공표하였다.[3]

정난의 변에서 승리하고 제위를 찬탈한 직후, 영락 원년 정월에 시작한 양경 체제[4]에서 천도가 실현될 때까지, 실로 20년 가까운 세월이 소요되었다. 영락

---

1) 『明太宗實錄』卷233, 永樂 19년 정월 甲子朔·戊寅條.
2) 『明太宗實錄』卷229, 永樂 18년 9월 丁亥條.
3) 『明太宗實錄』卷231, 永樂 18년 11월 戊辰條.
4) 『明太宗實錄』卷16, 永樂 원년 정월 辛卯條.

7년 이후, 영락제 자신은 '순수'명목으로 다음과 같이 세 번에 걸쳐 북경에 체재하였다.

제1차 순행   영락 7년 3월~8년 11월
제2차 순행   영락 11년 4월~14년 10월
제3차 순행   영락 15년 5월~18년 12월

　최후 순행을 위해 영락 15년 3월 북경으로 떠난 후, 다시 남경으로 돌아오지 않았다. 북경 순행은 순조롭지만 않은 북경 천도 단행을 위한, 다름 아닌 촉진제였다.

　'천자(天子)'인 황제가 소재하는 곳, 그곳은 바로 세계의 중심이 되지 않으면 안 된다. 마땅히 '사람'도 '물자'도 다 이곳으로 집중하도록 해야 한다. 정보로서의 '물자' 모두를 황제가 소재하고 있는 곳으로 집중시키는 체제를 만드는 것은 중국의 오랜 역사 가운데 나타난 관료제의 전통에서 보면 비교적 용이한 일이었을 것이다. 순행 동안에는 수도 남경에 황태자를 '감국'의 명목으로 남겨두고, 모든 정보는 황제가 있는 '행재'로 다 집중하는 체제를 취했다. 내외의 군사기밀이나 왕부의 중요 사안은 하나하나 행재에 보고되어 처리되었다. 각지에서 긴급히 군대를 파견했을 경우도, 사후에 곧 바로 행재에 보고되었다. 황태자가 처리한 안건은 육과가 매월 그 문서를 정리해 북경으로 보내도록 하였다. 또 수도 남경까지 멀리 온 외국의 조공 사절은, 관례대로 그곳에서 연회가 베풀어졌지만, 이후 다시 여비를 지급하여 행재 북경으로 보내졌던 것이다.[5]

　관료나 군대 등 〈사람〉의 주요 영역도 행재관이나 호종관으로서 영락제에 붙어 따라 다녔다. 사실 남경에 남아 있는 관료들은 명목상 상위에 있기는 하였지만, 그 입장이 불안정한 것은 부정할 수 없는 일이었다. 그렇기 때문에 영락제는 남경감국의 황태자를 시종하는 관료들에게 옛날 당 태종이 감국의 보필

---

5)   正德 『大明會典』 卷52, 禮部, 東宮監國. 자세한 내용은 본서 제4장 「북경순수와 남경감국」 참조.

을 취할 때 방현령에게 부탁했던 고사를 예로 들어, 재삼 그 중요성을 강조하였던 것이다.[6] 또 영락 13년, 북경에서 처음 실시된 과거 시험인 회시와 전시가 평온한 가운데 순조롭게 거행된 것은 관료 예비군으로서의 〈사람〉이 북경에 쉽게 집중되었음을 보여주는 것이었다.[7] 군대도 또한 남경유수 5위의 약 반수가 황제를 따라 북경에 이동하고 있었다.[8]

문제는 군대나 관료를 양성할만한 충분한 식량으로서의 〈물자〉를 어떻게 강남 델타에서 북경으로 집중시킬 것인가 하는 것이었다. 두 말할 필요도 없이 경제적 중심(重心)인 강남에서 북방으로 물자를 수송하는 일은 막대한 어려움이 뒤따랐기 때문이다. 전술한 북경 순행은 황제가 친히 북경에 올라옴으로써 세계의 중심을 이동시켜, 새롭게 모든 것이 그곳에 집중하는 체제를 구축하는 데 있었다고 할 수 있다. 영락 9년 회통하의 개착 등에 의한 대운하의 정비는 북방의 항상적인 물자 수송의 굵은 파이프라인이 되었다. 그 결과 이후 조영 공사도 차차 궤도에 오르기 시작했다. 영락 11년 5월에 산릉이 완성되고, 영락 15년 4월에는 서궁이 마련되었다. 같은 해 11월에는 삼전 건설이 시작되고, 이후 장려한 남경을 상회할 정도의 태묘·사직단·천지단이 차례차례 건설되었다. 또 황태손궁이나 십왕저 등 여러 황실 관련의 시설도 건설되기 시작하여[9] 전술한 것처럼 영락 19년 정월에 천도가 단행되었던 것이다.

그렇지만, 남경을 수도로 정하고, 명조를 건국한 홍무제 이래의 조법(祖法)을 고치는 것은 쉬운 일이 아니었다. 물론 오함(吳晗)이나 단조 히로시(檀上寬) 등의 연구에 의해 밝혀졌듯이, 홍무제에 의한 남경의 선택도 여러 제약에 따른

---

6) 陳敬宗, 『澹然居士集』 卷7에 실려 있는 黃淮의 묘지명에, "戊子(永樂) 上巡狩, 命公及尙書兼詹事蹇義·金忠·諭德楊士奇留守. 諭之曰, 朕留汝四人居守, 猶唐太宗簡輔弼監國, 必付房玄齡. 卿等其識朕矣"라 하고 있다. 『明史紀事本末』 卷26, 太子監國은 같은 기사를 영락 7년 정월條로 표현하고 있다.

7) 『明太宗實錄』 卷162, 永樂 13년 3월 己亥朔條. 楊榮, 『楊文敏集』 卷9에 永樂 13년의 "進士題名記". 자세한 것은 본서 제3장 제4절 참조.

8) 『明仁宗實錄』 卷6下, 洪熙元年 正月 丁酉條.

9) 『明太宗實錄』 卷232, 永樂 18년 12월 癸亥條.

어쩔 수 없는 소산으로, 황제 자신도 재삼 북방으로 천도를 꾀하고 있었다.[10] 홍무 24년에는 섬서 파견에서 돌아온 황태자가 섬서의 지도를 헌상하면서 서안을 천도의 후보지로 제안한 적도 있었다. 그렇기는 하더라도, 이 홍무제조차도 천도를 실현하지 못하고 죽었고, 건국 후 이미 30여 년을 경과한 시점에서는 남경=경사 체제야말로 움직일 수 없는 조법이 되어 있었던 것이다. 이 때문에 영락제 순행 동안에는 황태자, 곧 훗날의 홍희제를 남경에 남겨두지 않을 수 없었다. 이것은 단순한 상징으로서의 의미에 머무르지 않고, '감국'이라는 이름하에 황태자가 황제를 대신해 정무를 담당했다.[11] 특히 영락 8년과 영락 12년의 몽골 친정 때에는 남경에 있는 황태자가 담당해야 할 정무가 현저하게 증대했다. 이와 같이 중앙정부 기능의 상당수가 여전히 남경에 남아 있었기 때문에, 물자로서의 물(物)은 물론, 황제 권력의 유지에 불가결한 〈정보〉조차도 일단은 남경에 모아졌다가 다시 북경으로 전송되는 체제가 취해지고 있었던 것이다.

궁전의 완성을 눈앞에 둔 영락 18년 9월, 행재흠천감으로부터 다음 해 정월 원단에 봉천전에서 조하의 의식을 거행할 것이 제안되고, 이것이 결정되자,[12]

---

10) 吳晗,「明代靖難之變與國都北遷」『淸華學報』 10卷 4號(1935) ; 檀上寬,「明王朝 成立期の軌跡 -洪武朝の疑獄事件と京師問題をめぐって-」『東洋史硏究』 37卷 3號 (1978), 후에『明朝專制支配の歷史的構造』(汲古書院, 1995)에 수록. 細野浩一,「元 ·明交替の論理構造 -南京京師體制の創出とその態樣をめぐって-」『中國前近代史硏究』(1980) 수록. 다만, 홍무 24년의 황태자 섬서 파견이 홍무제의 북방 천도 계획에 의하는 것이라고 하는 종래의 통설적 이해의 잘못에 대해서는 본서 제1장「초기 명조 정권의 건도문제」로 이미 상술했다.

11) 『明太宗實錄』 卷88, 永樂 7년 2월 甲戌朔條. 正德『大明會典』 卷52, 禮部, 太子監國·皇太孫監國. 楊士奇,『東里文集』 卷19에 실려 있는 건의의 묘지명에는, "(永樂)七年車駕巡狩北京. 命皇太子監國, 內外庶務, 惟諸王及遠夷有奏請詣行在, 餘悉啓聞處分"이라고 되어 있다. 또『明史紀事本末』 卷26,「太子監國」의 편자 谷應泰도 지적하고 있듯이 황태자, 후의 홍희제는 명칭은 감국이라고 하면서도, 실제로는 영락제를 대신해 남경에서 전국의 정무를 담당하고 있었던 것이다.

12) 『明太宗實錄』 卷231, 永樂 18년 11월 戊辰條. 국외에도 사전에 조서 사본이 주어졌다. 일례를 들면, 조선에서는『朝鮮王朝實錄』世宗 卷11, 3년(永樂 19년) 2월 癸卯條에, "通事全義還自京師言 帝以江左, 太祖皇帝肇起之地, 北京地勢雄壯, 山川鞏固, 幷建兩都, 置立郊社宗廟, 創建宮室. 以永樂十九年正月朔, 御奉天殿 受群臣朝, 詔告天下. 禮部錄文與之"라 하고 있다. 또 同月 甲辰條에, "上王命 兵曹曰, 今皇帝定

맨 처음 행재호부상서 하원길(夏原吉)을 보내 황태자를 남경에서 북경으로 불러오는 조처를 취했다. 말하자면 두 초점을 가진 원추처럼, 그때까지 북경과 남경 2개로 나누어져 있었는데, 이제 제국 중심의 일치가 먼저 〈사람〉을 한쪽 정점으로 하여, 남경에 있던 황태자로부터 시작되어야 했던 것이다. 그 후, 12월 말까지 황태손도 북경으로 불러들여 왔던 것이다.[13]

이와 같이 영락 19년 정월의 북경 천도는 중앙정부의 기능은 물론, 모든 것을 이곳으로 집중시켜, 화·이 양 세계를 지배하는 이른바 명 제국의 명실상부한 수도로서의 지위를 북경에 약속하는 것이 되었다.[14] 그러나 사태는 영락제 기대대로 진행되지 않았다. 영락제가 죽은 뒤, 곧 천도 4년 후에 새롭게 즉위한 홍희제가 남경 환도를 결정하고, 북경의 관청에 다시 '행재'라는 용어를 붙였기 때문이다. 그 후 '행재'의 명칭이 떨어져 나가고 다시 북경이 명실 공히 수도로서 확실한 지위를 획득하게 된 것은 16년 후의 일로, 영락제로부터 3대 후인 영종 정통 6년 11월까지 기다리지 않으면 안 되었다.[15]

이상 북경의 명칭상의 변화를 관찬 사료인『명실록』에 의해 정리하면 아래와 같다.

都北京, 禮當進賀"라고 보이듯이, 이 봉천전의 朝賀 의식에 의해 북경 정도가 실현되었다고 이해되고 있었다.

13) 『明太宗實錄』卷229, 永樂 18年 9月 己巳, 卷231, 同年 11月 乙亥條.

14) 명제국의 황제가 화·이 양 세계의 군주라는 인식은 영락제의 적극적인 대외 정책에서 나타나고 있지만, 영락 18년 11월, 다음 해 정월원단에 북경의 새로운 궁전에서 朝賀를 받는다고 선포한 조서에 보다 명확하게 나타나 있다. 『明太宗實錄』卷231, 同年 同月 戊辰條.
〈옮긴이 주〉 케임브리지 중국사 제3권(수당사)을 번역한 교재로 대학원 수업을 하다 보면, 자주 중국년도를 서양사람들이 양력으로 환산하여 표기할 때에 오류가 있다고 지적을 받는 경우가 많이 생긴다. 그런데, 이것은 잘못 계산한 것이 아니라, 중국은 음력을 사용하였으므로 년말인 경우에는 양력으로 환산하면 다음해의 1월이나 2월이 되어 있으므로 표기되는 되는 것은 중국년도보다 1년 다음해로 표기가 앞서 가는 표기가 나오는 경우가 있다. 따라서, 영락 18년 말은 서력으로는 1421년이 된다.

15) 檀上寬는 Farmer,E.L.,*Early Ming Government:The Evolution of Dual Capitals.* Harvard University press(1976)의 서평(『東洋史硏究』 37卷 1號, 1978)에서, 영락제 사후의 북경=행재화의 움직임에 대해 언급하고, '강남의 지주계급'을 중심으로 한 천도 반대 세력의 존재를 지적하였다.

양경체제 창시기	영락 원년 정월~영락 7년 3월(1403~1409)
제1차 북경=행재기	영락 7년 3월~영락 18년 말(1409~1421)
제1차 북경=경사기	영락 19년 정월~홍희 원년 3월(1421~1425)
제2차 북경=행재기	홍희 원년 3월~정통 6년 말(1425~1441)
제2차 북경=경사기	정통 6년 11월~ (1441~)

그런데 엄밀히 말하면, 이미 언급한 바와 같이 제1차 행재기는 세 번의 순행으로 이루어졌는데, 그것이 연속되지는 않았다. 정사 편찬의 기초 사료로 이용된 근본 사료인 실록에 따르는 한, 그 경과에 잘못이 없다고 할 수 있다.

그러나 같은 시대의 기술이 이것과 반드시 일치하고 있지는 않다. 예를 들면, 육용(陸容)의 『숙원잡기(菽園雜記)』 권3에는,

> 영락 17년(원년의 잘못) 북평을 다시 북경으로 삼았다. 19년 궁전을 영건하고, 마침내 그 고성(故城)의 규제를 철폐하니 둘레 40리, 대략 9문(중략). 하지만 그 때에 다시 행재라고 칭하였다. 정통 7년 여러 관청의 제서(題署), 비로소 행재라는 글자를 없앴다. 옛 수도 여러 관청의 인장은 모두 남경이라는 글자를 붙이었다. 양경제도 이로써 진정되었다.[16]

라고 되어 있다. 육용은 정통 원년(1436) 소주 태창주에서 태어나, 성화 2년에 과거시험에 합격하여 진사가 되었다. 남경 주사, 병부 직방낭중, 절강 우참정 등의 관직 경력을 가지고 있다. 『사고전서총목제요(四庫全書總目提要)』 권27에, "명대 조정과 재야의 전고(典故) 서술이 지나치게 상세해서, 많은 사(史)와 상(相)은 고증되어야 한다"고 높이 평가 받고 있는 육용의 인식은 이 부분에 관한 한, 영락 19년부터 홍희 원년까지 제1차의 북경=경사기에 언급하지 않고 있는 점에서 정확하지는 않다.

그러나 이러한 인식은 단지 육용에만 국한된 것이 아니다. 절강 해염현에서

---

16) 陸容, 『菽園雜記』 卷3, "永樂十七年改北平爲北京. 十九年營建宮殿, 尋拓其故城規制, 周廻四十里, 凡九門(中略). 然其時, 尙稱行在. 正統七年諸司題署, 始去行在字. 舊都諸司印文皆增南京字. 而兩京之制, 於是定矣"

태어나 가정 2년(1523)의 진사였던 형부상서 정효(鄭曉)도 또한 같았다.

북수(北狩)가 이루어진 것은 영락 7년 기축년이다. 6조는 행부라 칭하였다. 영
락 15년 정유년에 개정하여 행재모(某)부라고 하였다. 북경이 경사가 되고, 다시
행재라고 칭해지지 않은 것은 대체로 정통 신유년(6년)부터 시작되었다.[17]

공통되고 있는 것은 앞의 제1차의 북경=경사기가 누락되어 있고, 정통 연간
에 이르러 비로소 북경이 수도가 되었다고 인식하고 있는 것이다. 두 개의 기술
에 공통된 점은 가정 13년(1534)에 실록이 다시 기록된 이후, 실록 초본이 민간
에게 사장되기[18] 이전의 필기본이라는 점, 게다가 양자는 함께 진사가 되었지
만, 각신이나 사관 경력을 가지고 있지 않아, 궁정 내에서 실록을 열람할 수 있
는 입장이 아니었다는 점, 그리고 강남 출신이라는 점도 공통된 점이다.[19]
영락 19년에 시작된 이 제1차 북경=경사기는 후세 사람들이 북경 천도를 기
점으로 하여 일반적으로 인식하고 있는 사항이다. 그 후에 존재하는 홍희 원년
에서 정통 6년까지 16년간의 제2차 북경=행재 기간은 실질을 중시하는 입장에
서 종래 별로 고려 대상으로 삼지 않았다. 그 결과 정통 6년에 있었던 북경의
경사 획득의 의미도 별로 학자들의 관심 대상이 아니었다. 확실히, 영왕(寧王)
'신호(宸濠)의 난' 평정을 빙자한 정덕제의 남순을 제외하면, 영락 19년 이후, 명

---

17) 鄭曉, 『今言』 卷3, "北狩永樂七年己丑也. 六曹稱行部. 十五年丁酉改云行在某部. 北
   京之爲京師, 不復稱行在也, 改正統辛酉始也". 또한 廣州 香山 태생으로 景泰 7년
   (1456)에 擧人이 되어, 북경에서 8년간 재직한 黃瑜의 『雙槐歲鈔』 卷3, 「營建相異」
   에도, "(永樂)十九年 正月郊祀·宗廟·宮殿告成, 乃置曹司, 一依金陵舊制, 仍稱行在"
   라고 하고 있어, 陸容이나 鄭曉가 같은 인식을 보이고 있다.
18) 間野潛龍, 『明代文化史硏究』 제1장, 明實錄の硏究(同朋舍, 1979), 100쪽. 다만, 間野
   는 黃彰健이나 李晋華가 구 북평도서관 소장의 『선종실록』에 "浙西鄭曉圖書"라는
   인이 찍혀 있는 것을 지적하고 있는 데서, 가정제 때 鄭曉가 실록 초본의 일부를
   사장하고 있었다고 추정된다.
19) 물론 같은 필기본이지만, 정확한 기술도 있다. 만력 26년(1598)의 진사로, 수도 자
   리를 북경에 넘겨주었던 남경에 거주하면서 남경의 역사적 사실에 소상한 顧起元
   의 『客座贅語』 卷2, 兩都에는 "考永樂十九年始稱南京. 洪熙元年去之. 正統六年復稱
   南京, 一時印信皆新鑄"라고 있다.

조 역대 황제가 남경으로 돌아간 일은 없었고, 영락 7년의 순행 이래 수도 기능의 대부분이 이미 황제와 함께 북경으로 옮겨져 있었다는 것을 고려하면, 이들의 우여곡절도 모두 단순한 명칭상의 문제에 지나지 않는다고 볼 수 있을 지도 모른다. 그러나 이 두 필기 문서의 저자는 함께 일국의 수도 명칭이 고쳐지는 문제로서 이것을 들어 실록과는 다른 인식을 보이고 있다는 것이다.

실록을 기본으로 하여 여러 학자들의 잡다한 저서를 참조하였다고 하는 『명사(明史)』 찬수의 입장에서 보면, 양자의 기술이 서로 어긋나 있는 것은 일반적으로 필기본의 잘못으로 처리될 수가 있다. 그러나 이것을 단순한 오류로 보지 않고, 필기 저자의 인식이 '정사'가 된 실록의 인식이 정착되기 이전의 어떤 역사적 상황을 반영하고 있다고 볼 수도 있을 것이다. 그렇다면, 당시 수도를 둘러싼 어떤 역사적 상황이 여기에 반영되어 있을까. 바꾸어 말하면, '정사'로서의 실록과 '야사'인 필기본 사이에 보이는 이러한 기술상의 차이는 당시 수도 북경의 지위를 둘러싼 동요의 실태를 고찰하는데 하나의 단서를 제공하여 줄 것이다.

이상 언급한 바와 같이 천도 후의 제2차 북경=행재기로 나타난 수도 북경에 대한 지위 동요는 직접적으로는 영락제의 뒤를 이은 홍희제에 의한 남경 환도의 결정에 유래하고 있다. 이 남경 환도의 논의가 이 때 처음으로 등장한 것이 아니라, 실은 영락 19년 4월, 삼전 소실 직후에 시작되었다. 천도 실시 후 3개월 남짓 된 시점에서, 북경이 경사로서의 위치를 확립하느냐 못하느냐 하는 중대 기로에 서게 되었던 것이다. 본장에서는 주로 정치 과정을 생각하면서 수도 북경의 지위를 둘러싼 동요의 궤적을 살펴보고자 한다.

I. 삼전 소실의 파문-천도 직후의 동요

1. 낙뢰에 의한 삼전의 소실

영락제가 새로 건설된 궁전에서 조하(朝賀)를 받은 후 3개월 남짓 지난 4월 8일, 뜻하지 않게 불이나, 화재로 봉천전·화개전·근신전 이 삼전이 소실됐다.

『명태종실록(明太宗實錄)』권236, 영락 19년 4월 경자의 조에는,

봉천전·화개전·근신전의 삼전에 화재를 입었다. (奉天 華蓋 謹身 三殿災)

라고 지극히 간략하게 기록되어 있지만, 이 화재는 실시된 지 얼마 안 된 북경 천도의 앞날에 어두운 그림자를 드리우는 것이 되었다. 이를 계기로, 조정의 중앙 관리들 사이에 공식 회의 석상에서 천도 반대의 소리가 공공연하게 일어났기 때문이었다.

실은 그 이전에도, 천도 반대의 의견이 표명된 적이 없었던 것은 아니다. 영락 15년에 하남 안찰사 참의 진조(陳祚)가 포정사 주문포(周文褒)·왕문진(王文振)과 함께 건도 반대의 상주를 올렸다.

진조(陳祚), 자는 영주, 오나라 사람이다. 영락 년간의 진사로, 하남참의에 발탁되었다. 15년에 포정사 주문포·왕문진과 함께 상소를 올려 북경을 수도로 삼는 것은 편하고 좋은 일이 아니라고 하였다. 그리하여 균주 태화산 전호로 유배되었다.[20]

이것은 전년 14년 11월에 영락제가 순행처 북경에서 잠시 남경으로 돌아와, 조정 내에서 천도를 향한 북경영건의 착수를 정식 결정한 것을 계기로 한 것일 것이다.[21] 실록에는 이 주상의 기사가 실려 있지 않아 자세한 내용을 알 수 없으며, 있다면 겨우 『명사(明史)』 본전 등에 의해 그 사실을 조금 알 수 있을 뿐이다.[22]

---

20) 『明史』 卷162, 陳祚傳, "陳祚, 字永錫, 吳人. 永樂中進士, 擢河南參議. 十五年與布政司周文褒·王文振合疏言, 建都北京非便. 竝謫均州太和山田戶"

21) 『明太宗實錄』 卷182, 同年 11월 壬寅條.

22) 『南畿志』 卷14, 蘇州府·人物에는 "陳祚(中略), 歷河南布政司右參政時, 朝廷方營建武當山, 祚言事件旨, 黜謫"이라고 하여, 북경이 아니고 武當山 건설에 반대했다고 하고 있지만, 陳祚가 太和山 佃戶로 귀양갔다는 것에 휩쓸려 생긴 오류일 것이다. 주문포(周文褒)에 대해서는 王錡, 『寓圃雜記』 卷1, 建都에도 보이는, "及上登極, 卽廣藩邸爲皇城, 頻年駐蹕. 當時群臣不知睿意所向, 請南還, 屢請南遷 因出令曰, 敢有復請者, 論以妖言. 於是, 河南布政司周文褒等皆遭重罰, 自此基命始定, 遂成萬世之

그러나 그 후 3년 남짓 지나, 새로 완성된 지 얼마 안 된 삼전을 시작으로 여러 궁전이 남경을 능가할 정도로 호화찬란하고 아름다운 모습을 드러내자, 이런 상황은 반대의 소리를 없애기에 충분하였던 것이다.

또 태조 이래의 남방계 공신들도, 종종 비공식적인 형태로 천도에 대한 불만을 표명하였다. 가장 두드러진 예로서는, 개국의 원훈인 서달의 적손 위국공 서흠(徐欽)에서 보인다. 영락 19년 정월, 서흠이 남경을 출발하여 낙성한지 얼마 안 된 북경의 황성에 와서 조현하였는데, 그는 갑자기 귀환을 요청했다. 이 일로 영락제는 기분이 상하였다. 마침내 영락제는 진노하였으며, 서흠은 작위를 빼앗기고 말았다. 서흠은 홍희제가 즉위한 후에 다시 그의 작위를 되찾게 되었던 것이다.[23]

그런데, 실록을 비롯해 중국 측 편년 사료에는 화재 발생의 원인에 대한 기록이 명확하지 못하다. 이에 반해 조선 측 사료『조선왕조실록』세종 권12, 3년(영락 19) 5월 무자의 조에는,

> 통사(通事) 임밀(林密)이 북경에서 돌아와 말하기를, 3월 28일에 북경에 이르니, 황제가 풍비병(風痺病)으로 정사를 보지 못한 지가 이미 오래되었으며, 태자가 조회를 받았습니다. 4월 초8일 밤에, 큰 비가 내리고 번개 치더니, 이튿날 새벽에 이르러, 봉천전(奉天殿)·화개전(華蓋殿)·근신전(謹身殿) 등에 화재가 일어나서, 순식간에 전소되었습니다.[24]

業"이 있다. 북경 건설이 영락 15년 6월 이후 본격적으로 개시되었다는 것에 대해서는 王劍英, 「明初營建北京始于永樂十五年六月考 -兼論有關營建北京年代的一些問題-」北京史研究會編『北京史論文集』(1980年 所收). 侯埕,「問題解答 -明成祖永樂時期改修 北京的事實如何」『歷史敎學』(1956年 4期) 참조.

23) 『明太宗實錄』卷233, 永樂 19년 正月 壬辰, "魏國公徐欽自南京來朝, 遽辭歸. 上謂吏部臣曰, 中山王功在社稷, 爲國元勳. 欽嗣爵位, 宜篤前烈. 往者不知奉法, 孤朕委任, 故令讀書, 以廣聞見. 今 復不俟命, 汲汲圖歸, 此豈有立志. 可罷爲民, 俾歸鳳陽守先塋, 用頓挫之, 庶幾將來不墜其家"및『明仁宗實錄』卷3 상, 永樂 22년 10월 乙巳, 卷4, 永樂 22년 11월 庚子條.

24) 『朝鮮王朝實錄』世宗 卷12, 3年(永樂 19) 5月 戊子, "林密回自京師言 以三月二十八日至北京. 帝以風痺不視事已久, 太子受朝. 四月初八日夜, 大雨震電. 至翌日曉, 奉天·華蓋·謹身等殿災, 須臾而盡, 卽日大赦"

라고 되어 있다. 화재 시각은 다음날 9일 새벽이고, 화재 원인은 낙뢰에 의한 것이라고 적고 있다. 이 때, 조선 국왕 세종대왕은 황제의 생일인 만수성절을 축하하기 위해 배신 윤자당(尹子當)을 북경에 보냈다. 그 사절의 일원인 통사 임밀은 전월 3월 28일 이래 북경에 체재해, 4월 8일의 삼전 화재 현장을 만났다.[25] 따라서 이 보고는 상당히 신빙성이 있다고 할 수 있다.

황성 중심에 위치한 봉천전은 북경 공간 전체 가운데에서 층이 높은 건물이어서[26] 완성된 지 1년도 채 지나지 않아 낙뢰를 맞게 되었는데, 아마 피뢰 설비의 불비 등 설계상의 허점이 있었음에 틀림없다. 하지만 당시 이 사건은 단순히 설계상의 허점이라고 그렇게 단순하게 받아들여지지 않았다. 두말할 필요도 없이 봉천전은 황제의 '정조전(正朝殿)'이고, 군신들에게 정령을 발하는 곳으로, 이는 곧 바로 정치의 중심이었다. 바로 이런 곳이 맨 먼저 낙뢰를 맞았다는 것은 바로 '천벌' 외에는 생각할 수 없는 일이었다. 그러므로 이것은 확실히 비상사태였다.[27] 앞으로 『태종실록』을 근거로 그 경과를 살펴보도록 하겠다.

2. 봉칙진언

삼전 화재 발생 하루를 지난 10일, 당황한 영락제는 하늘의 뜻을 돌리기 위

---

25) 『明太宗實錄』 卷236, 永樂 19년 4월 丙午條. 또한 조선의 사절이 본국에 귀환한 것은 4월 18일이다. 同書 同卷, 同年 같은 달 庚戌條. 티무르의 후계자 샤르후의 견명 사절도 이 三殿 화재를 만났다. 宮崎市定, 「帖木兒王朝の遣明使節」(原載 1947). 후에 『宮崎市定全集』 19卷(岩波書店, 1992)에 所收.

26) 봉천전에 해당하는 청대의 태화전은 높이 11장(약 35m)로, 景山의 높이 11장 6척에 거의 필적한다. 명대 景山의 산 정상에는 후세와 같은 정각 등의 인공적 건조물은 없었던 것 같다. 朱偰, 『北京宮闕圖說』(초판 1938, 北京古籍出版社, 1990) 참조.

27) 『皇明經世文編』 卷21, 鄒緝, 「奉天殿災疏」. 또한 명초에 홍무제가 우레(雷)를 '天威'라 인식하고 있었던 것은 『明太祖實錄』 卷211, 洪武 24년 8월 乙亥條의 황태자에게 내린 논지 가운데 보인다(본서 제1장 각주(42) 사료 참조). 그리고 몽골·원조에서는 낙뢰를 특히 두려워하였다는 것이 마르코 폴로의 『동방견문록』에도 나오는데, 愛宕松男의 주석본(平凡社, 1970) 제1권 261쪽에는 몽골족의 습성에 의한 것이라고 설명하고 있다. 명초에는 아직 이런 유풍이 강하게 남아 있었다고 생각할 수 있다.

해 자신의 정치 가운데 재해 원인이 될 만한 것에 무엇이 있는지, 하나하나 상세하게 진언하도록 문무 군신들에게 칙유를 내렸다. 칙유를 받고, 맨 먼저 문연각 대학사겸 한림학사 양영(楊榮)이 "나라를 이롭게 하고 백성을 편안하게 할 10여 가지(利國便民十餘事)"를 올렸는데, 그것이 받아들여졌다.[28] 그 후, 문관들이 올린 상주문 가운데 공공연하게 북경 천도의 부적합성을 언급한 상주문도 많았다. '봉칙진언(奉勅陳言)'이라 하여 공식적으로 진언할 기회가 주어지자, 천도 비판의 목소리가 쇄도했던 것이다.

이러한 비판은 어느 정도 예상된 일이었을지도 모른다. 칙유의 모두(冒頭)에서,

> 짐은 자신이 천명 받고, 홍도(鴻圖)를 이어 받아, 이에 옛 제도를 본떠 양경을 새로 건설하였다. 그런데 영락 19년 4월 초파일에 봉천전 등 삼전이 재화를 입었다. 짐의 마음, 심히 두렵고 무서워, 어떻게 해야 할지 모르겠구나.[29]

라고 말하고 있는 것처럼, 황제 자신도 당초부터 이번 화재를 북경 천도와 연결시켜 생각하고 있었기 때문이다.

실록에 의하면, 칙유가 발해진 이틀 후인 12일, 한림원시독 이시면과 동료시강 추집 등이 상주하였는데, 황제는 이를 따랐다고 한다. 동시에 급사중 가섬(柯暹), 감찰어사 하충·서용·정유환·나통, 형부주사 고공망, 한림원서길사 양복 등도 그때의 정치에 대해 진언했는데, 황제는 이 진언들을 모두 기꺼이 받아들였다.[30] 이러한 많은 봉칙진언 가운데, 실록에는 이시면의 상주만을 개략적으로 싣고 있을 뿐이다. 그러나 이시면과 추집의 상주는 각각 '편민사소(便民事疏)', '봉천전재소(奉天殿災疏)'라는 이름으로『황명경세문편』권21 등에 수록되어 있어, 그 내용을 알 수 있다. 이시면은 안복(安福) 사람, 추집은 길수(吉水) 사

---

28) 『明英宗實錄』卷69, 正統 5년 7월 壬寅條. 楊榮, 『文敏集』附錄, "少師工部尙書兼勤愼殿大學士贈特進光祿大夫左柱國太師諡文敏楊公行實".

29) 『明太宗實錄』卷236, 永樂 19년 4월 壬寅, "朕, 躬膺天命, 祇紹鴻圖, 爰做古制, 肇建兩京. 乃永樂十九年四月初八日, 奉天等 三殿災. 朕甚惶懼, 莫知所措意者"

30) 『明太宗實錄』卷236, 永樂 19년 4월 甲辰, "時給事中柯暹, 監察御史何忠·徐瑢·鄭惟桓·羅通, 刑部主事高公望, 翰林院庶吉士楊復等立言時政, 上披覽, 皆嘉納之".

람으로, 이 두 사람은 함께 강서 길안부 출신이었다.

그런데 이시면의 상주는 본래 15항목으로 제출되어 있었으나,[31] 실록이나 『황명경세문편』에 나와 있는 것은 ① 관리 고핵, ② 조공 제한, ③ 북경까지의 민운(民運), ④ 영건군에 대한 우휼(優恤), ⑤ 군비 강화, 이 5개 항목뿐이다. 여기에서는 북경 천도와 직접 관련되어 있는 ③, ④ 부분만을 살펴보겠다.

③ 강서·호광·절강 및 직례응천 등의 부주현의 추량(秋糧)을 매년 북경으로 운반합니다. 도로는 험요하며, 괴롭고 피곤하여 견디기 어렵습니다. 회안·서주·제녕의 연변에 창고를 짓고, 지역의 원근을 헤아려, 조를 나누어 운반하도록 합니다. 따로 법을 세워 북경으로 운송하도록 하여, 다소의 민력을 완화시켜야 합니다.[32]

④ 근년, 북경을 영건하는 관군은 힘을 다해 공사에 임합니다. 사역은 여정(餘丁)에까지 미치어, 생업을 얻지 못하고, 의복과 식량도 넉넉하지 못하여, 안쓰럽고 가엾기만 합니다. 아무쪼록 군관(軍官)에 칙서를 내려, 무휼(撫恤)하고, 월량(月糧)을 더 지급하여 주며, 여정의 요역을 완화하고, 그 집에 월량을 지급하도록 해야 할 것입니다.[33]

북경 건설은 정규군인 관군을 중심으로 하여 추진되었는데, 군호 내의 여정까지도 동원되었기에, 기초 식량도 지급하기 어려울 지경이었다. 또 호시(星斌

---

31) 李時勉, 『古廉文集』 卷12, 附錄에는 한림원 편수가 되고, 문하생 관계에 있던 彭琉가 쓴 李時勉의 행장이 실려 있다. 이에 의하면, 15개 항목의 내용은 ① 停止 工作, ② 罷四夷朝貢, ③ 沙汰冗官, ④ 賑恤饑荒, ⑤ 慎選擧, ⑥ 嚴考覈, ⑦ 清理獄囚, ⑧ 罪黜贓官, ⑨ 散處韃官, ⑩ 罷遣 僧道, ⑪ 買辦作弊, ⑫ [三字缺]軍夫, ⑬ 矜免侍親充軍生[員], ⑭ [四字缺], ⑮ 優恤軍士였다. 또 동서 동권의 文人 國子監祭酒吳節에 의한 墓碑銘에는 상주한 15개 항목 가운데 13개 항이 재가를 얻었다고 하고 있다.

32) 『皇明經世文編』 卷21, 李時勉, 「便民事疏」, "江西·湖廣·浙江幷直隷應天等府州縣秋糧, 每歲運赴北京. 道路險遠, 困弊不堪. 宜於淮安·徐州·濟寧濱河置立倉廠, 量地遠近 分撥運納. 別設法運至北京, 少紓民力"

33) 『皇明經世文編』 卷21, 李時勉 「便民事疏」, "近年, 營建北京官軍悉力赴工. 役及餘丁, 不得生理, 衣食不給, 有家矜憫. 宜勅軍官, 加意撫恤, 增給月糧, 寬餘丁差徭役, 使給其家"

夫)의 연구에 의해 밝혀졌듯이, 운군(運軍)도 영건에 동원됐기 때문에 북경까지 조운은 다시 일반 민호에게 떠맡겨지게 되어, 강서·호광·절강이나 직례 응천부 지역에 폐해가 심하게 되었다.[34] 북경 건설에 따른 군호·민호 쌍방에 과중한 부담을 주는 구조적 문제를 지적하고 있지만, 어디까지나 개선을 제안하는 것에 머무르고 있어, 이것은 비교적 미온적인 내용이라고 할 수 있을 것이다.

이에 대해 실록에 채택되지 않았던 추집의 '봉천전재소(奉天殿災疏)'는 보다 직설적인 표현을 써서 북경 건설의 문제점을 지적하고 있다. 모두(冒頭)에 아래와 같이 20년간에 걸쳐 북경을 건설하느라 방대한 지출이 있었기 때문에 민중의 부담은 크게 증가하였다고 지적하는 데서부터 시작하고 있다.

> 황상(皇上) 태조 고황제의 통서(統緒)를 이어 받아, 양경을 건립한 것은 자손 제왕 만세의 기업이고 천하 만민 존앙의 근본이 되는 때문입니다. 이에 북경을 건설하기 시작한 이래, 황제의 심려 깊고, 애태우고 근심하기 20년 가까이 되었습니다. 공사에 드는 기술과 힘이 너무 커서 비용이 헤아릴 수 없이 많이 들고 있다. 관리하고 배치하는 곳이 넓고, 부역 할당도 번거롭습니다. 군신들이 깊이 황상의 마음을 체득하지 못하기에, 조치가 온당하지 못하고, 가렴주구 하는 자도 많습니다.[35]

이어서 ① 건설공사의 정지, ② 남해 원정이나 서북에서의 매마 중지, ③ 몽골인의 내조 귀부한 자의 반환, ④ 용관의 삭감, ⑤ 궁정에서의 도교 사원의 기도 중지 등을 제안하고, 최후에 천도한 북경에서 일시 남경으로 귀환을 구하면서 매듭을 짓고 있다.

> 지금 천의(天意)가 이와 같고, 재변이 이미 극심해졌습니다. 다시 공사 일으키

---

34) 星斌夫, 『明代漕運の研究』(學術振興會, 1963) 第1章 「明代における漕運法の發展」 참조.

35) 『皇明經世文編』 卷21, 鄒緝 「奉天殿災疏」, "皇上紹嗣太祖高皇帝之統緒, 建立兩京, 所以子孫帝王萬歲之丕基, 天下萬民尊仰之根本. 爰自肇建北京以來, 焦勞聖慮, 幾二十年. 工力浩大, 費用不貲. 調度旣廣, 科派亦繁. 群臣不能深體聖心, 致使措置失宜, 所需無藝, 掊剋者多"

는 곳 있어, 거듭 백성들을 힘들게 해서는 안됩니다. 마땅히 남경으로 귀환하여[36] 능묘를 배알하고, 화재의 이유를 고하며, 성궁(聖躬)을 보양하고, 무위로 휴식하게 해야 할 것입니다. 수년 뒤, 천의가 다시 돌아온다면, 비로소 가히 이를 할 수 있을 것입니다.[37]

그러나 실록에는 전혀 언급되어 있지 않지만, 하교신(何喬新)의 "제고태사호부상서하충정공유사후(題故太師戶部尙書何忠靖公遺事後)"를 비롯한 다른 계통의 사료들[38]에 의하면, 이부주사 소의(蕭儀)의 상주가 북경건도의 불편을 가장 과

---

36) 『明史』 卷164, 鄒緝傳에도 이 상주가 실려 있는데, 『明史』에는 "當還都南京"이라 하여 '都'자가 삽입되어 있다. 어쩌면 이 표현이 추집의 진심을 명료하게 전하고 있을지도 모른다. 다만 가정 31년의 서문을 가지고 있고, 명말 빠른 단계에서 편찬된 경세문류의 하나인 張瀚 撰, 『皇明疏議輯略』 卷6을 비롯하여 어느 것이나 '都'자가 없으니, 『明史』가 무엇에 근거했는지 확실하지 않다.

37) 『皇明經世文編』 卷21, 鄒緝 「奉天殿災疏」, "今天意如此, 災變已極. 不宜復有所造作, 以重勞其民. 當還南京, 奉謁陵墓, 告以災變之故, 保養聖躬, 休息於無爲. 數年之後, 天意旣回, 始可爲之"

38) 夏原吉, 『忠靖集』 附錄遺事, 何喬新 「題故太師戶部上書何忠靖公遺事後」 "喬新生也晚, 不及拜公之渴履. 而嘗聞先公言, 公爲尙書時, 先公爲御史. 永樂二十二年雷震奉天殿. 下詔求言. 言者多云, 建都北京非便. 而主事蕭儀言之尤峻. 太宗震怒, 加以極刑. 時六科十三道上言者多云, 朝廷不當輕去金陵, 建都於燕, 故有此變. 上曰, 方遷都時, 朕與大臣密議數月而後行, 非輕擧也. 言者因核大臣. 上命言者與大臣俱跪在午門前對辯. 時都御史瑛言等迎合上意. 且謂昔日不諫有罪, 抗言御史給事中自面書生, 不知大計, 宜加重罪. 日將午. 上命侍臣出至午門問大臣與言官對如何. 衆皆譁然, 唪罵言官妄言. 公獨從容奏曰 御史職當言路, 給事中朝廷耳目之官. 況應詔陳言, 所言皆當. 臣等備員大臣, 不能協贊大議. 臣等合當有罪. 侍臣入復命. 上仍命出再問, 公對如初. 天顔悅懌逐傳旨令各回衙門辦事, 而言官無一人得罪者, 衆謂非公之言則又將有蕭儀蕭之誅矣". 여기에서는 도어사 陳英이 과도관의 논의에 대하여 국가 장래의 큰 계획을 전혀 모르는 한낱 서생론에 지나지 않는다고 비판하고 있지만, 『明史』 卷306, 「간신전」에 보이는 陳英과는 재임 기간이 다르다. 鄭曉가 『今言』 권2에서 지적하였듯이 어딘가 오류일 것이다. 또 "永樂 22年雷震"이라고 되어 있는데, 영락 19년의 오류일 것이다. 하교신이 손수 간기를 적었는데, 그 간기는 홍치 13년(庚申) 6월로 되어 있다. 하교신은 그 당시 호광도감찰어사였던 부친 何文淵에게서 들은 이야기라고 사료 근거를 분명히 밝히고 있다. 하문연에 대해서는 『國朝獻徵錄』 卷24, 吏部1, 章綸 「吏部上書何公文淵行狀」 참조. 王鏊 『震澤集』 卷24, 「何忠靖公傳」, 徐學聚 『國朝典彙』 卷114, 禮部12, 災異附, 「殿災」, 『明史』 卷149, 「夏原吉傳」 등도 오문(午門) 앞에서의 논쟁에 대해 진술하고 있는데, 모두 여기서부터 파생되었을 것이다.

격하게 지적했다고 한다. 소의는 『명사(明史)』 열전에도 나와 있지 않으나, 다행히 황태자, 후의 홍희제가 남경감국으로 있을 때에 좌춘방대학사 겸 한림원시독인 황회(黃淮)의 손으로 된 묘표석이 남아 있다.[39] 실은 황회도 동궁의 보도 소홀로 인해 투옥되었는데,[40] 소의가 투옥된 영락 19년의 여름 이래, 영락 21년 7월 19일 옥사하기까지 3년 가까이, 함께 옥중에 있었다. 황회가 써 놓은 묘표석도, 다음과 같이 상주의 과오로 말미암아 좌천되었고, 일 년여 후에 다시 견책되어 옥중에서 사망했다고 서술하고 있을 뿐이다.

> 이부 문선 주사에 발탁되었다. 재주의 유무를 선별하는데 지극히 공평한 가운데 이루어졌다. 주독(奏牘)은 뜻하지 않게 조사하여 밝히는 데에 오류가 있었다. 교지로 좌천되어 갔다가 태평 지방에 머무는 동안에, 용서받고 풀려 나와 다시 소환되었다. 관직에 머물기 1년여 후에 다시 견책(譴責)을 당하여 옥중에서 죽었다.

이 묘표석은 황회가 용서 받아 다시 복직해 정미과의 회시 주고관이 되고, 그 후 긴 옥중 생활로 결핵에 걸려 고향으로 돌아오고 있었던 시기,[41] 선덕 2년(1427) 8월 이후에 기록된 것이지만, 이 시기에도 진상을 솔직하게 표현할 수 없었던 사정을 엿볼 수 있다.

이 때문에, 이미 명 말이 되어도 소의의 상주 내용은 분명하지 않았던 것 같다. 그렇기에 융경 5년의 진사 곽자장은 『청라공유서합편(青螺公遺書合編)』 권2의 「도론(都論)」에서 다음과 같이 서술하고 있다.

---

39) 黃淮, 『介巖集』(敬鄕樓叢書本) 卷7, 「前戶(吏)部主事蕭德容墓表」, "擢任吏部文選主事. 甄別才否, 一出至公. 奏牘偶失檢詳, 致有差訛. 左遷交阯, 行次太平, 蒙有免召還. 居職歲餘復被譴, 卒於獄". 또한 후술할 『襪線集』 附, 忠諫贈言에는 동료인 吏部文選淸吏司主事陳民에 의한 소의의 묘지명이 실려 있다. "辛丑(永樂十九年) 夏有災事, 詔求直言. 德容言, 防邊患, 息營造, 節用愛民. 刺激權臣大甚, 予嘗止之. 德容曰, 父母生我, 君食我用我也. 縱畏懼保身, 忠果何如哉. 予愧之. 其以議者以其言訐, 衆搆陷之, 遂幽而卒"
40) 『明太宗實錄』 卷156, 永樂 12년 윤9월 甲辰條.
41) 『明史』 卷109, 宰輔年表1, 尹直 『謇齋瑣綴錄』 卷3.

주사 소의가 이것을 말하는 것은 더욱 엄준하다. 어찌하여 연(북경)은 금·원의 고도이고 중원의 수도는 아니라고 하는가. 금나라는 불과 백년 만에, 원나라는 백 년을 채우지 못하였으니. 마땅히 수도라고 할 수 없는 것인가. 대저 아직 황제의 뜻이 어디에 있는지 알지 못한 것이다.[42]

곧 소의의 상주는 금·원 이래, 이족(夷族)에 의해 수도가 된 북경을 한족의 입장에서 부정한 것이라고 추측하고 있다. 만약 이것이 사실이라면, 연왕에서 황제로 즉위해, 북경을 흥왕의 땅으로 삼으려는 영락제로부터 노여움을 사는 것은 당연할 것이다.

그런데 다행스럽게도, 강서성 도서관에는 소의의 문집 『襪線集』[43]이 수장되어 있는데, 거기에서 그의 상주 내용을 알 수 있다.

신이 곰곰이 생각하건대. 북경을 영건한 14~15년간, 온 천하에 역을 제공하면 곧 민력이 시들고 피폐해졌습니다. 하늘이 재앙을 내리는 것은 폐하를 경고하기 위한 것이니. 폐하는 그 뜻을 잘 헤아리셔야 할 것입니다. (중략) 또한 생각컨대. 폐하는 삼가 천의를 따라, 혹은 가을 서늘한 때를 기다려, 남경으로 돌아가. 능침에 나아가 제사하고, 천하와 더불어 휴식하여, 민력이 조금씩 펴지는 것을 기다려 다시 공사를 일으키는 것이 이 대계를 이룩하는데 최상일 것입니다.[44]

앞의 추집의 상주처럼, 황제의 남경 귀환을 요구한 것이지만, 곽자장이 추측한 것과 같은 한족 입장의 발언은 보이지 않는다. 어쩌면 삼전 소실의 재해와 영건공사로 말미암은 민력의 피폐에 대하여, 이것들을 하늘의 경고로 직접 언

---

42) 郭子章, 『青螺公遺書合編』卷2, 「都論」, "主事蕭儀言之尤峻. 豈不以燕爲金元故都, 非中原之都乎. 豈不以金祚董百年, 元祚不盈百年, 非宜都乎. 蓋未識上意所屬也"

43) 『四庫全書存目叢書』에 수록된 乾隆重刻本 『襪線集』에는, "大明永樂辛丑歲(19年) 孟月 下瀚日"이라는 날짜를 붙인 "同年"의 翰林官 진순(陳循)이 기술한 서문이 실려 있다. 陳循은 蕭儀를 평가해 "德容(蕭儀의 字)은 命을 아는 사람으로, 실패와 성공에 급급하여 굳이 자신을 얽어매려 하지 않았다"라고 기록하였다.

44) 蕭儀, 『襪線集』卷1, 「應求直言詔疏」補遺, "臣竊以北京營建四五(십사오의 오류 아닐까?)年之間, 天下供役則民力有不能不凋弊者. 天降之災, 蓋以警陛下, 而陛下當思所以善圖之也.(中略) 尙惟, 陛下祗順天意, 或待秋涼, 且回南京, 謁奠陵寢, 與天下休息, 候民力稍舒以圖再擧, 此爲計之上者"

급한 점 때문에 영락제의 노여움을 사게 되었을지도 모른다.

어쨌든, 영락제는 추집의 상주를 받고 심히 분노하여 그를 극형에 처하려고 했다. 이 때, 소의뿐만 아니라 육과 급사중이나 13도 감찰사의 과도관 등 여러 사람들이 수도를 남경에서 북경으로 옮겨서는 안 되는 일이었다고 주장하였다. 이에 대해, 황제가 북경 천도를 결정할 당시, 중신들과 충분히 논의하였고, 그것도 수개월 지난 후에 실행했다고 다시 지적하자, 이번에는 자문에 응하고 있던 중신들을 탄핵하려 하였다. 결국 황제는 중신과 과도관에 대해, 오문 앞에서 무릎을 꿇고 논쟁하도록 했다.

논쟁은 정오까지 계속 되었으나 결론이 나지 않았다. 오문의 문루에 나간 황제가 환관을 은밀히 보내 그 상태를 보고 오게 하였는데, 시끄럽게 많은 사람들이 과도관의 망언을 심하게 욕하고 꾸짖는 가운데, 호부상서 하원길(夏原吉)만이 혼자 여유 있게 차분히 다음과 같이 대답하였다. "어사의 직무는 정부에 대해 진언하는 일이고, 급사중은 조정의 이목입니다. 더욱이 조칙에 응하여 진언한 것이니, 이들의 발언은 당연한 행위입니다. 중신이면서 큰 논의에 협찬할 수 없었던 것은 바로 우리 신들의 허물입니다"[45]라고 하였다. 이런 상황을 듣고 하원길(夏原吉)을 재차 소환해 따져 물었는데, 똑같이 대답하자, 황제는 크게 기뻐하면서 각자 근무처로 돌아가 집무하도록 했다고 한다. 결국 그 자리에서는 누구하나 처벌되지 않았다.

이때의 상서 하원길의 발언은 영락 14년 11월에 북경영건을 둘러싸고 남경에서 행해진 중앙정부 내의 결정을 전복시키는 것이었다.[46] 후에 그는 당시의 논의와는 달리 스스로의 잘못을 인정하고, 역으로 과도관을 변호했다는 점이 지

---

45) 주(38)에 전술한 何喬新,「題故太師戶部上書何忠靖公遺事後」.

46) 『明太宗實錄』卷182, 永樂 14년 11월 壬寅, "復詔群臣議營建北京. 先是車駕至北京. 工部奏請擇日興工. 上以重建事重, 恐民力不堪, 乃命文武群臣復議之.(下略)" 하략 부분에는 "公·侯·伯·五軍都督及在京(南京)都指揮等官"과 "六部·都察院·大理寺·通政司·太常寺等衙門尙書·都御史等官"이 각각 일찍이 영건공사의 착수를 주청하였고, 그 주청이 영락제의 재가를 얻었다고 기술되어 있어, 북경영건의 결정이 남경의 중앙정부의 문관·무관 양 계통의 지지 하에서 이루어졌음을 강조하는 형식으로 되어 있다.

적당하자, 조칙에 응하여 상주한 언관(과도관)이 처벌당하는 최악의 사태에 이르는 것을 피하기 위해서였다고 변명하였다.[47]

그러나 후술하는 바와 같이 하원길의 행동으로 보아, 그 자신도 과도관 등이 전개한 비판이 올바르다는 것을 충분히 숙지하고 있었던 것은 아니었을까 하는 생각이 든다. 왜냐하면, 그는 영락제 즉위 당초부터 호부상서에 임명되어, 계속해서 국가의 재정 전반을 장악하는 위치에 있었기 때문이다. 게다가 영락 6년 6월 북경 건설 준비를 위한 목재와 벽돌의 운반을 감시하기 위하여 남경에서 북경에 이르는 연안 순시를 명령받았고, 영락 7년의 제1차 북경 순행 중에는, 행재호부·행재예부·도찰원 일을 겸무했다. 또한 영락 8년의 몽골친정 시에는 황태손과 함께 북경에 남아 행재육부·도찰원·대리시를 겸하고 있었으며, 거기에 영락 11년의 제2차, 영락 15년의 제3차 순행에도 황제를 호종해 북경에 체재하는 등 북경 건설의 실상을 자세히 알 수 있는 입장에 있었던 것이다.[48]

다음 4월 13일, 황제는 하늘의 뜻에 부응하여 20개 항목으로 된 민의 불편함이나 불요불급의 부담을 그치도록 하는 조서를 발표했다. 내용을 보면, 그 가운데에는 이시면이나 추집 등이 제안한 많은 내용의 대부분이 포함되어 있었다. 그러나 오문에서 있었던 대논쟁의 다음날, 상주를 구한 조칙이 나온 지 3일 정도에 갑자기 발한 이 조서는 천도를 둘러싼 논의를 더 이상 되풀이 되는 것을 피하면서 조속히 막을 내리고자 한 것이었다.

3. 전국 순행과 과도관(科道官) 교지(交趾)로 좌천

사태는 이것으로 결론이 나지 않았다. 영락제가 삼전 화재의 충격에서 회복되지 못한 것은 17일 만수성절(황제의 생일)의 대 축하 행사를 중지한 데에서도 엿볼 수 있다.[49] 그리고 24일에는 조정에 대한 비방 중상을 금하는 취지의 조

---

47) 夏原吉, 『忠靖集』 附錄遺事, 「何忠靖公遺事」, "或尤公(夏原吉) 背初議. 公曰不然. 天威嚴重, 吾輩歷史久, 言雖失, 幸上憐之. 若言官得罪, 所損不小. 衆始歎服"
48) 夏原吉의 관리 경력에 대해서는, 주(38)에 전술한 「何忠靖公遺事」가 가장 자세하다.
49) 『明太宗實錄』 卷236, 永樂 19年 4月 己酉條.

칙을 발하였다. 이것은 분명히 과도관의 집중적인 비판에 혼 줄난 황제가 사전에 언론을 봉살(封殺)하려는 것이었다.[50]

이에 앞서 21일에는 이부상서 건의(蹇義) 등 26명을 전국에 파견해 군민을 위로하게 하였는데,[51] 파견된 지역과 파견된 '순행사'는 다음과 같다.

직례응천 등 부주	이부상서 건의(蹇義) 급사중 마준(馬俊)
사천	예부상서 김순(金純) 급사중 갈소조(葛紹祖)
하남	도어사 왕창(王彰) 급사중 왕례(王勵)
섬서	도어사 유관(劉觀) 급사중 이창(李瑒)
절강	부도어사 우겸(虞謙) 급사중 허능(許能)
강서	시랑 곽진(郭進) 급사중 장운(章雲)
복건	시랑 양면(楊勉) 급사중 서초(徐初)
순천 등 부주	시랑 곽돈(郭敦) 급사중 도간(陶衎)
산동	시랑 이창(李昶) 급사중 유환(劉渙)
호광	태상사소경 주눌(周訥) 급사중 유신(劉藎)
광동	대리시승 곽선(郭瑄) 급사중 애광(艾廣)
산서	대리시승 손시(孫時) 급사중 소기(蕭奇)
광서	통정사참의 주간(朱侃) 급사중 양태(楊泰)

이 순행사의 전국적 파견은 후에 지방장관, '순무' 파견의 기원이 되었다는 데서, 그 의의가 크다.[52] 그러나 이를 보면, 중신인 당상관에 급사중을 딸려 각지로 파견한 것을 알 수 있는데, 이것은 오문 앞에서 논쟁이 있을 때, 당상관과 과도관 사이에 생겼던 상호 대립의 골을 메우려는 것으로 보인다.[53] 전국적 파

---

50) 嘉靖刊本『皇明詔令』卷6, 成祖文皇帝「禁謗訓勅」永樂 19年 4月 24日.『明太宗實錄』의 해당 조에는 이 조칙에 대한 기록은 보이지 않는다.
   〈옮긴이 주〉 영락 시기의 과도관에 대해서는 조영록,『중국근세정치사연구』(지식산업사, 1982),「제2장, 영락·정통 년간의 과도관 체계의 형성」참조.

51) 『明太宗實錄』卷236, 同年 4月 癸丑條.

52) 皇甫錄『皇明紀略』및『明史』卷73, 職官志2, 都察院.

53) 楊士奇,『東里文集』卷8,「送劉給事中巡撫山東序」에는 4월 21일의 순행사 파견에 즈음하여 있었던 영락제의 언사가 기록되어 있는데, 거기에는 '天罰'로 인하여 사람들의 생업이 안정되지 못하게 된 그 책임을 지방관에게 전가하고 있다.

견 가운데서도, 리스트의 필두에 상서 급으로 지명된 (남)직례와 사천이 가장 중시되었다. 남직례는 북경 천도가 이루어졌다고 하더라도, 국가 경제의 기반이 되는 지역으로, 북경으로 운반된 상당량의 조운이 이 지역에서 수송되고 있었던 것이다. 또 사천은 공부상서 송예가 장기간 현지에 나가 진두지휘 하던 곳으로, 북경 건설에 사용되는 대량의 목재를 공급하는 주요 대상 지역이었다.[54] 이 순행사는 거의 1년 정도 뒤에 중앙으로 돌아왔다. 그들의 보고를 바탕으로, 세량 면제·기근 진휼·지방관의 처벌 등이 이루어졌음이 실록 등의 사료에 산견되고 있다.[55]

그러나 조정에는 여전히 봉칙 진언의 파문이 계속되고 있었다. 다음달 5월 4일에 조칙을 받들어 시정을 직간한 급사중 가섬이나 감찰어사 하충·정유환·나통 등이, 영락 5년에 설치되어 아직 전운이 가시지 않고 있던 교지포정사사의 지주(知州)로 좌천되어 나갔기 때문이다. 이 때 좌천된 사람은 다음과 같다.[56]

급사중 가섬(柯暹)	교지 환주지주
감찰어사 하충(何忠)	교지 정평주지주
감찰어사 정유환(鄭惟桓)	교지 남정주지주
감찰어사 나통(羅通)	교지 청화주지주
감찰어사 여념(黎恬)	교지 남영주지주

---

54) 『明太宗實錄』 卷216, 永樂 17년 9월 辛酉條.

55) 『明太宗實錄』 卷238, 永樂 19년 6월 甲辰에는 순행사가 소주부 吳縣, 절강 西安縣, 강서 瑞昌縣의 기민들에게 창고에 비축된 곡물을 풀어 진휼했다는 내용을 싣고 있다. 그 밖에, 『明史』 卷149, 蹇義傳이나 『國朝列卿紀』 卷62, 工部尚書行實, 金純傳 등에도 기근에 대한 진휼 내용이 기록되어 있다.

56) 柯暹에 대해서는 『掖垣人鑑』 卷5. 何忠에 대해서는, 『國朝獻徵錄』 卷97, 山西 「政平州知州何忠傳」. 鄭惟桓에 대해서는 嘉靖 『寧波府志』 卷27, 列傳. 羅通에 대해서는 『國朝獻徵錄』 卷54, 都察院, 「都御史羅公通傳」(羅氏家乘). 黎恬에 대해서는 실록에는 보이지 않지만, 葉盛, 『水東日記』 卷17, 「御史遷謫」, 『國朝獻徵錄』 卷19, 詹事府二. 楊士奇, 「奉直大夫右春坊右諭德熙齋黎公恬墓碑」에 따른 것이다. 또한 『明史』 卷164, 鄒緝傳에는 徐瑢도 鄭惟桓 등과 함께 교지로 좌천된 것으로 되어 있지만, 嘉靖, 『南畿志』 卷26, 鎭江·人物에는 옥사한 것으로 되어 있다.

그런데 『명태종실록(明太宗實錄)』 권237, 영락 19년 5월 을축 조에는 "급사중 가섬·감찰어사 하충·정유환·나통을 승격시키고, 동시에 모두 지주(知州)로 삼았다"라고만 기록하고 좌천된 사실은 감추고 있다. 확실히 종7품관의 급사중이나 정7품관의 감찰어사에서 종5품의 지주가 되었으므로 승격은 승격이다. 그렇지만 『국조헌징록』 권54에 실려 있는 『나씨가승(羅氏家乘)』의 「도어사나공통전(都御史羅公通傳)」의 필자가 인식하고 있듯이, 실상은 그저 멀리 벽지 땅으로 좌천된 것에 지나지 않았던 것이다.

> 영락 19년 조서를 발하여 직언을 구하였다. 나통은 조서에 응하여 말하기를, "황제, 순유하는데 법도가 없습니다. 용은 못을 떠나서는 안 되고, 호랑이는 굴을 떠나서는 안 되는 법입니다"고 하였다. 황제는 화를 내며 나통을 힐문(詰問)하였다. 나통은 주역에 나오는 '雲龍風虎'이라는 말을 인용하여 대답하였다. 황제는 생각을 풀고 육과관과 함께 변주(邊州)로 귀양을 보내었다. 나통은 나아가서 교지 청화주(清化州)의 지주가 되었다.[57]

또한 실록에는 이들이 외임으로 승격된 이유를 설명하고 있다. 가섬 등의 상주에는 공부상서 이경(李慶)[58]에 대한 비판이 들어 있었으며, 차분하지 못한 이경 등은 종종 이들 과도관을 처벌하도록 요구하였다. 그런 관계로 황제는 이경 등이 보복할지 모른다는 두려움 때문에, 그들을 외임관으로 내보냈다고 설명하고 있다. 그렇다고는 하더라도, 황제 자신에게 직언을 한 과도관들을 좌천시킬 의도가 있었는지 없었는지의 여부는 분명하지 않다.

또한 이 시점까지, 함께 봉칙 진언한 한림원의 시독 이시면·시강 추집·서길사 양복 등에 대한 조처가 취해진 흔적은 없고, 이시면이 투옥된 것도 그 후의

---

57) 焦竑, 『國朝獻徵錄』 卷54, 都察院1, 「都御史羅公通傳」, "永樂十九年詔求直言. (羅) 通應詔言, 上巡遊無亡度. 有龍不可離淵, 虎不可離穴之喩, 上怒詰問通. 通引易文, 言 雲龍風虎以對. 上意釋, 與六科官竝謫邊州. 通出知交阯清化州"

58) 북경 건설이 본격화 되던 영락 15년 이래, 당시 行在都察院 좌부도어사였던 李慶은 태녕후 陳珪·안원후 柳升과 함께, 북경 건설 총감독의 위치에 있었다. 『明太宗實錄』 卷188, 永樂 15년 5월 戊子條. 자세한 것은 본서 제3장 「북경 천도」 제5절 참조.

일이었던 것이다.[59)]

4. 하원길(夏原吉)과 이시면(李時勉)의 투옥

그 후 영락 19년(1421) 6월이 되자, 영락제는 몽골친정을 적극적으로 추진하여 나갔다. 6월 26일, 변방 장수로부터 타타르부의 아로타이(阿魯台)가 침범했다는 통지를 받자, 거용관을 엄중히 경비하도록 하고, 그 다음날에는 개평을 지키고 있는 성안후 곽량(郭亮) 등에게 황제 친정에 사용할 군마를 정비하도록 영을 내렸다.[60)] 그리고 즉시 요동·산동·하남·산서 등지의 제 도사로부터 군대를 모아 8월 1일에 북경으로 집결시키도록 했다. 그러나 이 때 아로타이가 도주했다는 소식이 전해지자, 친정은 일단 중지되었다. 그러나 8월에 다시 그 이듬해 2월을 기해 각지로부터 북경으로 관군을 결집시키도록 명하였다.[61)] 이후, 영락 20년, 21년, 그리하여 22년의 죽음에 이를 때까지 매년 거듭하여 몽골 친정을 이어갔다.[62)]

이렇게 집요하게 이루어진 잇따른 친정은 일찍이 미야자키 이치사다(宮崎市定)가 지적한 것과 같이, 자신을 원대의 세조 쿠빌라이 칸의 재탄생으로 여기고, 중국 중심의 '동아 공동체'를 꾀하려는 영락제의 이상에서 나온 것이었다. 동시에 내적으로는 단조 히로시(檀上寬)가 밝힌 바와 같이 '남인 정권'에서 통일 정권으로의 이행을 꾀함으로써 중화 세계의 황제로서의 사명을 수행하려는

---

59) 『明史』卷164, 鄒緝傳에는 봉칙진언한 사람에 대한 대응에 대해, 과도관 이외는 李時勉·羅汝敬=下獄, 鄒緝·楊復·高公望=無罪로 기록하고 있는데, 시간적 경과라든지 사실에 대한 오류 등이 발견되고 있다. 특히 侍講 羅汝敬이 李時勉과 함께 금의위에 투옥된 것은 이때가 아니고 홍희제 치세 때였다. 李時勉 『古廉文集』卷12, 부록, 한림원 편수 彭琉가 찬한 李時勉의 행장 참조. 대개 이 시기에 근신인 한림관과 과도관이 취한 황제에 대한 대응 면에 차이가 있었다고 생각된다.

60) 『明太宗實錄』卷238, 永樂 19년 6월 丁巳·戊午條.

61) 『明太宗實錄』卷239, 永樂 19년 7월 戊子; 卷240, 동년 8월 癸未·甲寅·丙辰·丁巳條.

62) 和田淸, 「明初の蒙古經營」(原載 1932). 후에 『東亞史硏究(蒙古篇)』(東洋文庫, 1959)에 수록.

것이기도 했다.63) 거기에 더욱, 삼전 소실로 표면화된 천도를 둘러싼 국내 여론의 동요를 고려한다면, 집요하게 거듭된 외정의 의미가 한층 더 명확해질 것이다. 즉 몽골친정의 성공은 동요하기 시작한 화(華)·이(夷) 양 세계의 중심으로서 북경의 위상을 다시 확고히 하여 그 정당성을 부여하려는 것이었다고 생각할 수 있다.

삼전 소실 이후 반년 정도 지난 11월 22일, 이시면이 투옥되었다. 『명태종실록』 권243, 영락 19년 11월 신사조에는, "한림원시독 이시면이 연좌되어 감옥에 투옥되다"라고 지극히 간략하게 기록되어 있을 뿐이다. 한편, 이시면 『고렴문집』 권12 부록에 수록된 문생전한림원편수(門生前翰林院編修) 팽류(彭琉)가 만든 이시면의 행장에 그동안의 경위가 다음과 같이 서술되어 있다.

> 얼마 지나지 않아, 유언비어가 퍼지는 가운데, 옥에 갇혔다. 21년 7월 변인(邊人)이 안으로 침범해 오자, 태종 황제는 이전에 말한 몽골관을 분산시켜 놓은 여러 일들을 생각할 때, 염려와 걱정이 많고 심각하여서, 특별히 용서하여 구직으로 회복시켜 북정(北征)에 호종(扈從)하게 하였다. 선생은 산해관을 넘어 가던 도중에 말에서 떨어져, 왼쪽 다리가 부러졌다. 여러 사람이 데리고 수도로 돌아와 3개월여 치료하였으나, 절뚝거리고 잘 걷지 못했다.64)

유언비어가 어떤 것이었는지는 분명하지 않다. 그러나 이때 투옥된 것은 앞서 언급하였듯이 반년 전에 건의한 「편민사소(便民事疏)」 때문이라는 것은 두말할 필요도 없다. 문제는 왜 이 시기에 이런 결정이 내려졌는가 하는 것이다.

---

63) 宮崎市定, 「洪武から永樂へ -初期明朝政權の性格-」(原載 1969). 후에 『宮崎市定全集』 13卷(岩波書店, 1992)에 수록. 주(10)에서 전술한 檀上 논문 「明王朝成立期の軌跡 -洪武朝の疑獄事件と京師問題をめぐって-」 『東洋史研究』 37卷 3號(1979) 및 동 「明代科擧改革の政治的 背景 -南北卷の創設をめぐって-」 『東方學報』 58册(1986). 후에 『明朝專制支配の歷史的構造』(汲古書院, 1995)에 수록.

64) 李時勉, 『古廉文集』 卷12, 附錄, 「李時勉行狀」, "未幾, 爲飛言所中, 下獄. 二十一年七月 邊人內侵. 太宗皇帝念前所言散處韃官諸事, 慮患深遠, 特宥之, 仍舊職, 扈從北征. 先生出關, 墜馬折左股. 舁歸京, 療凡三月餘, 跛不良行".
〈옮긴이 주〉 이 부분에서 下獄된 이유는 주(21)와 주(38)에 언급된 바와 같이 「便民事疏」를 참조할 필요가 있을 것이다.

실은 그 5일전인 17일에 호부상서 하원길·형부상서 오중(吳中) 등이 투옥되고 병부상서 방빈(方賓)이 자살하는 등, 이른바 중앙정부를 뒤흔든 대사건이 발생했다.[65] 이에 앞서 영락제는 육부의 상서 하원길·방빈·여진·오중 등을 불러 몽골친정에 대한 자문을 구하였다. 하원길은 군인과 민들이 편안히 쉬면서 활력을 되찾아야 한다는 것을 가장 큰 이유로 내세우며 친정에 반대하였다. 그리고 변방의 장수들로 하여금 변방 방비를 굳건히 할 수 있도록 사전에 조처를 취해 놓고 있었다. 정식으로 대답하기 전에, 황제가 때마침 병부상서 방빈을 소환해 원정 건에 대하여 물어봤을 때, 방빈은 군사비가 이미 바닥 나있다는 사실을 지적하며 반대하였다. 그러자 황제는 다시 호부상서 하원길(夏原吉)을 불러, 변방에 비축된 군량이 얼마나 되는지에 대하여 물어봤다. 이때 하원길은 대군을 원정시키기에는 크게 부족하다고 답했다. 이에 황제는 즉시 개평(開平, 원대의 上都)의 군량을 조사해 보도록 하였다. 그리고 형부상서 오중에게도 물어봤는데, 대답은 방빈과 같았다. 군사비가 부족하다는 말에 마음이 상한 황제는 재정 책임자인 하원길을 잡아 투옥시키고, 이전에 호부를 서리하였던 대리시승 추사안(鄒師顔)도 잡아다 옥에 가두었다. 그러자 방빈은 자신에게도 죄가 미칠 것을 두려워한 나머지, 스스로 목을 매어 자결했다. 이때 형부상서 오중도 투옥되었다. 분노가 수그러들지 않은 황제는 수일 후에 방빈을 주살할 기회를 잃었다고 하여 다시 방빈의 시신을 육시하였다.

하원길은 전술한 것처럼 봉칙진언으로 말미암아 발단된 오문 앞에서의 중신과 과도관의 논쟁이 있을 때, 과도관에 대한 처벌을 제지하는데 중요한 역할을 하고 있었다. 그런 하원길이 투옥됨에 따라, 이전보다 더욱 집요하게 처벌을 요구하고 있던 공부상서 이경 등의 주장대로, 이시면에 대한 처분이 결정되었다고 하더라도 과언이 아닐 것이다.[66] 또한 이시면은 영락 21년 친정에 앞서 7월

---

65) 『明太宗實錄』卷243, 永樂 19년 11월 丙子條 ; 夏原吉, 『忠靖集』附錄 「何忠靖公遺事」 ; 寺田隆信, 『永樂帝』(人物往來社, 1966) 제6장.

66) 함께 상주한 한림원 侍講 鄒緝은 이때 투옥되지 않았다. 商傳, 『永樂黃帝』(北京出版社, 1989)에는 鄒緝이 처벌되지 않은 이유에 대하여, 표현상에 격렬함이 있음에도 불구하고 상주 내용이 영락제가 의도한 범위를 벗어나지 않았기 때문이라고 하

에 석방되고, 이어 한림원시독에 재임되어 황제 친정에 시종하게 되었는데, 이것은 대학사 양영(楊榮)의 주선에 의한 것이었다.[67]

II. 양경체제의 부활-영락제의 병사

당시 천벌로 인식된 삼전의 낙뢰에 의한 화재. 이를 계기로 즉각 일시에 일어난 듯한 느낌이 있는 북경 천도 반대의 소리가 불일 듯 일어났다. 실록 등을 보면, 오문 앞에서의 논쟁을 거쳐 영락 19년 4월 13일에 발해진 조칙이나 전국으로의 순행사 파견 이후에는 반대 목소리가 일어나지 않았다. 물론 이러한 조치로 천도에 따른 여러 가지 문제점들이 해소된 것은 아니었고, 영락제 재위 동안에는 이러한 불만의 소리가 황제의 강한 권력 아래에 억압되어 있었다고 봐야 할 것이다. 몽골친정에 대해서도, 하원길(夏原吉)이 투옥된 영락 20년 이후에는 어느 고관도 반대하는 자가 없었다.[68]

『명사(明史)』권111, 〈칠경연표〉에도 나타나 있듯이, 영락 19년 11월 호부상서 하원길(夏原吉)·형부상서 오중(吳中)의 투옥과 병부상서 방빈(方賓)의 자결에 이어, 이듬해 7월에 공부상서 송예가 병에 걸리고, 9월에는 이부상서 건의·예부상서 여진도 투옥되었다. 이후 건의가 석방 재임되던 영락 21년 2월까지 반년 동안, 새로운 충원도 이루어지지 않았다. 육부상서 가운데 재임하고 있던 사람은 호부상서 곽자(郭資), 예부상서겸서형부 김순, 병부상서 조공, 공부상서 이경

고 있다. 그렇지만 전술한 것처럼 鄒緝은 영락제의 의도와는 반대로 남경 귀환을 주장하고 있었다. 侍講 鄒緝은 이시면이 투옥되던 때보다 앞서 영락 19년 10월에 左春坊左庶子兼侍講으로 승진되었는데(『明太宗實錄』卷242, 동년 동월 庚戌), 그후 1년도 채 되지 않은 20년 9월에 등에 악성 종기가 생겨 사망했다(『明太宗實錄』卷251, 동년 동월 庚申). 어쩌면 그의 이런 병이 관계되어 있었을 지도 모른다.

67) 『明太宗實錄』卷261, 永樂 21년 7월 更子條 ; 焦竑, 『玉堂叢語』卷4, 侃直.

68) 『明太宗實錄』卷267, 永樂 22년 정월 甲申, "至是, 邊報至. 召公侯大臣計之, 且告以忠勇王(金忠)之意. 群臣奏曰, 忠言不可拒, 逆賊不可縱, 邊患不可坐視. 用兵之名, 不得避也. 惟上決之. 上可其奏. 卽日勅緣邊諸將整兵以俟"

뿐이었다. 그리고 곽자는 원래 천도 이전 남경의 육부상서나 행재육부상서가 아니라, 천도에 따라 북경 행부상서에서 수평 이동한 것이었다.[69]

언론 탄압에 대한 후유증은 쉽게 지울 수가 없었다. 뒷날의 이야기이지만, 영락제의 사후 즉위한 홍희제가 정치 쇄신을 도모해, 내외에 직언을 요구하는 조서를 내렸지만, 한 달 남짓 지나도 어느 누구도 진언하는 사람이 없어서 이를 몹시 탄식할 정도였다고 한다.[70]

영락 22년, 7월 18일, 몽골 친정에 나섰던 영락제가 만족할만한 전과(戰果)를 올리지 못하고 귀환하는 도중, 유목천(楡木川)에서 사망하였다. 그 뒤를 이어 홍희제가 즉위하였는데, 이로써 사태는 급진전을 보였다. 새로운 황제 아래에서 곧바로 정치 쇄신이 이루어지고, 남경 환도가 계획되었기 때문이다.

이런 노선 변경에는 영락 19년 말 이래 투옥되었던 하원길(夏原吉)이 중요한 역할을 하였다. 영락제 사망 통지가 궁중에 도달한 3일 후, 내관감의 구치소에 있던 하원길은 황태자로부터 황제가 죽었다는 소식을 전해들었다. 황태자는 하원길에 국사를 자문하였을 때, 그는 새로운 황제 즉위식을 거행하기에 앞서서 먼저 황제에게 남경 순행을 권하였다. 이에 대해 홍희제도 곧 바로 찬성의 뜻을 표하였다.[71]

> 공이 나아가 상언하기를, "국용(國用)이 급하지 않은 일에 써지고, 국가의 녹은
> 용관에게 많이 소모되고 있으며, 인정은 언로가 차단되어 막혀있고, 정치는 소강

---

69) 『明太宗實錄』卷232, 永樂 18년 12월 甲寅條. 북경의 行在六部와 行部를 동일시하는 견해도 일부 있지만, 여기에서는 따르지 않았다. 북경행부의 설치와 그 의미에 대해서는, 徐泓, 「明北京行部考」『漢學研究』2卷 2期(1984)에 자세히 논하고 있다.

70) 『明仁宗實錄』卷4상, 永樂 22년 11월 甲戌條.

71) 夏原吉, 『忠靖集』附錄 「夏忠靖公遺事」, "公卽上言, 以用費於不急, 祿耗於官冗, 情壅于言塞, 政急于小康, 積弊逮今未能遽革. 在任當其人而圖之以漸. 又曰, 今民力竭于東南, 戎伍疲于漕運. 宜幸南京, 庶幾少蘇內外之困. 上曰, 朕意亦然". 王鏊, 『震澤集』卷24, 「夏忠靖公傳」. 『明仁宗實錄』卷1下, 永樂 22년 8월 戊午條. 구류중이었던 하원길이 맨 먼저 석방되어 홍희제 즉위 10일 전에 소환되어 이부상서 蹇義·대학사 楊榮·楊士奇 등과 함께, "合行事宜"나 喪禮 논의에 참가한 것은 『明仁宗實錄』卷1上, 永樂 22년 8월 丁未條에 보인다.

에 급급하고 있으니, 오랫동안 쌓여온 폐단, 지금에 이르러 갑자기 바꾸기가 어렵습니다. 일을 맡김에 그 사람을 보고 맡길 것이고, 도모하되 천천히 하십시오"라고 하였다. 또 말하기를, "지금 동남의 민력 거의 고갈되어 있고, 대오(隊伍)는 조운으로 지쳐있습니다. 아무쪼록 남경으로 행차하여 내외의 곤핍함을 조금이라도 소생시키시기를 바랍니다"고 하였다. 황제가 말하길 "짐의 뜻도 또한 그러하다"고 하였다.

하원길(夏原吉)의 제안이 일시적인 남경 순행에 머무르지 않고, 후술하려는 천도 이전의 양경체제로의 복귀를 제안하였는지의 여부는 분명하지 않다. 그러나 즉위를 앞둔 홍희제에게 큰 영향을 주었음은 틀림없다. 이것은 즉위 조서를 반포할 즈음에, 하원길은 서양으로 나간 보물선이나 운남·교지에서의 금은보화·향료의 구입, 각지 관부 상납급 수취 폐지 등에 관한 건들을 건의하였는데, 이것들이 모두 받아들여졌다는 것에서도 분명하다.[72] 영락 연간 오랜 세월에 걸쳐 호부상서로서 재정 운영을 담당하고 있던 그는, 북경영건, 몽골 원정, 서양 보물선, 교지경영 등으로 인해, 강남을 중심으로 한 전국적 피폐를 누구보다 잘 숙지하고 있었다. 또 홍희제 자신도 영락 2년 이래, 천도가 이루어진 때까지 17년 가까이 남경에 있었고, 영락 7년 이후에는 '감국'이라 하여 황제처럼 정사를 돌보고 있었기 때문에, 강남을 중심으로 한 여론의 동향을 어느 정도는 잘 알고 있었을 것이다.[73] 이런 이유에서 쌍방의 견해는 일치하였던 것이다.

홍희제 즉위 후 호부상서로 다시 복직한 하원길은 복직된 지 얼마 되지 않은 영락 22년 11월 이부상서 건의와 함께, 동료인 호부상서 곽자(郭資)가 남의 말을 듣지 않고 치우친 자기 생각만을 고집하면서 일처리를 편협하게 함으로써 많은 일을 그르쳤다하여 곽자를 직에서 물러나게 하였다. 곽자는 정난의 변이래 영락제를 모신 신하이며 홍희제가 연왕의 세자로 북평(북경)을 지키고 있

---

72) 『明仁宗實錄』卷一上, 永樂 22年 8月 丁巳條. 이 「卽位詔」는 대학사 양사기에 의해 기초되어서인지, 『東里別集』卷1, 「代言錄」에도 실려 있다. 실록과 초안을 비교해 보면 '合行事宜'의 조문에 순서상의 차이가 있다.

73) 『明太宗實錄』卷29, 永樂 2年 3月 乙丑, 同書 卷88, 永樂 7년 2月 甲戌朔條. 谷應泰, 『明史紀事本末』卷26, 「太子監國」, "谷應泰曰, (中略) 又告成祖巡幸順天, 親征莫北, 駕凡五出, 年垂二紀. 中間大官大邑, 雖復啓聞, 而庶政庶獄, 咸就諮決. 名爲儲位, 實則長君. 名爲監國, 實則御宇. 故人以仁宗之歷祚短, 而予仁宗之沛澤長也"

을 때, 군수나 양곡 조달의 문제를 모두 인수받아 공적을 크게 세웠던 인물이다. 그러나 결국 홍희제도 이 두 사람의 강력한 주장을 따르지 않을 수 없었는데, 여기에서도 하원길의 영향이 컸음을 잘 보여주고 있는 것이다.[74]

즉위 후 처음으로 신년을 맞이한 홍희 원년(1425) 2월 18일 이후, 남경에는 지진이 빈번히 발생하였고, 그런 소식이 북경의 궁정에도 일일이 상세하게 보고되고 있었다. 남경의 지진은 실록에 기록되어 있는 것을 보면 5월까지 28회 정도였다.[75] 이것을 하늘의 경계로 생각한 홍희제는 하루라도 빨리 남경으로 환도하고 싶었을 것이다. 그렇다 하더라도 아버지 영락제를 산릉(능묘)에 안장한 바로 직후, 곧바로 아버지의 유지를 거역한다는 것도 감내하기 어려운 일이었을 것이다. 신하 가운데 어떤 사람은 우선 황제를 대신해 친왕이나 중신을 남경에 파견해 진수시킬 것을 제안하였다. 홍희제 입장에서 보면, 동요하고 있는 민심을 진정시킬 수 있는 적임자로서는 인덕과 위엄과 덕망을 겸비한 황태자 이외는 생각할 수 없었다. 동시에 지난 영락제의 몽골 친정 시, 당시의 황태자인 자신이 남경의 유수 감국으로 명받았던 선례를 생각할 수도 있기 때문이다.[76]

이 시기의 『인종실록』에는 남경 환도를 요구하는 상소 몇 개가 접수되어 있

---

74) 『明仁宗實錄』卷4下, 永樂 22年 11月 丙戌條. 楊士奇, 『東里別集』卷2, 聖諭錄, "上御思善門, 選用東宮官, 命戶部尙書郭資爲太子太師, 仍兼尙書. 蹇義·夏原吉力言資偏執妨事, 且多病, 請令致仕. 上意未可. 召臣士奇語以二人之意, 且曰先帝初擧義, 一切軍需糧餉皆出資調度. 吾時居守, 竭誠佐輔, 甚得資力. 今出危履安, 吾嗣大位. 乃遂棄之, 吾誠不忍.(中略) 乃不從二人言. 無幾蹇·夏又數數言自偏執妨事, 不去資, 仁政必爲所格. 上强從之. 命資以太子太師戶部尙書致仕, 璽書褒諭, 上銀鈔綵甚厚"

75) 『明仁宗實錄』卷7下-10. 『明宣宗實錄』卷2, 洪熙 원년 6月 丙辰條. 國家地震局地球物理硏究所·上海復旦大學歷史地理硏究所編輯, 『中國歷史地震圖集〈明時期〉』(地圖出版社, 1986)에도, 이 2월 18일의 지진이 "南京六安州地震"으로 기록되어 있다. 이에 의하면, 진원지는 안휘성 六安市, 진도 7, 매그니튜드 5.75로 추정하고 있다. 또한 『明太宗實錄』卷25, 永樂 원년 윤11月 辛未條에 의하면, 당시의 지진 발생은 전쟁이나 토목공사에 대한 하늘의 경계라고 생각되어 있었다.

76) 『明宣宗實錄』卷1, "洪熙元年春, 南京屢奏地震. 仁宗皇帝諭廷臣曰, 南京國家根本之地, 災異如此. 天戒可畏, 朕當亟往. 但皇考新覆山陵, 何忍遽違. 群臣或請命親王及重臣往守者. 仁宗曰, 非皇太子不可. 太子仁德威嚴, 足以服人心. 人心安, 卽天意定矣. 況太祖皇帝陵寢奉違已久, 朕夙夜在念. 今皇太子往, 庶幾如朕往也. 又曰, 往年皇攷北巡, 無內顧之憂者, 蓋以朕守南京, 今豈可他命. 遂召上計之"

었고, 또한 영락제 사후에 북경 천도를 둘러싼 논의가 공적으로 용인되다시피
되어 있었다. 먼저 영락 22년 9월에는 소주 출신의 감찰어사 김상(金庠)이 황
자 가운데 현명한 황자를 택하여 중병(重兵)을 이끌고 남경에 가도록 하여 그곳
을 든든히 지키게 한 후, 후일 회란(回鑾)에 대비할 것을 주청하였는데, 그것이
받아들여졌다.[77] 또 10월에는 예부좌시랑 호영 또한 '참최(斬衰) 3년' 곧 27개
월간의 상례를 마친 후에 남경으로 환도할 것을 주상했는데, 그것이 가납되었
다.[78] 또 12월에는 강서 안복 출신의 감찰어사 호계선(胡啓先)도 황태자에게 남
경을 유수시켜야 한다는 것을 제안하였다.[79]

여기에서는 홍희제와도 관계가 깊었던 예부좌시랑 호영의 상주를 통해 남경
환도를 주장하는 논리를 살펴보도록 하겠다.

---

77) 『明仁宗實錄』卷2하, 永樂 22년 9월 更子, "監察御使金庠上言四事, (中略) 二曰固本.
蓋 京師者 四方之本, 世云鍾山龍蟠, 石城虎踞, 眞帝王所都. 我太祖高皇帝定鼎於此
三十餘年, 宗社奠安, 生民無事. 且皇祖陵寢所在, 宜命皇子之賢者, 率重兵以鎭之, 外
以杜覬覦之心, 內以壯兩京之勢. 他日回鑾, 亦可以省東南轉輸勞費. 此古人居中馭輕之
策, 不可以不可意. (중략) 上嘉納之"

78) 『明仁宗實錄』卷3하, 永樂 22년 10월 壬戌, "禮部左侍郞胡濚言十事.(中略) 八曰, 守
成憲. (中略) 苟利宜民, 當守而勿失. 且如南京龍蟠虎踞, 氣旺地靈, 水陸交通, 四方
幅輳之地. 我太祖高皇帝定鼎於此, 良有以也. 伏願, 終喪之後, 上順天心, 下慰人望,
蘇南方轉輸之勞, 省北地供給之費. 仍置留守于北京, 以備時巡, 則祖宗帝業永全, 而
南北之人心皆悅矣.(中略) 上可納之". 『明史』卷169, 胡濚傳에, "仁宗卽位, 召爲行在
禮部侍郞. 濚陳十事, 力言建都北京非便. 請還南都, 省南北轉運供億之煩. 帝皆嘉納.
卽聞其嘗有密疏, 疑之不果召. 轉太子賓客, 兼南京國子 祭酒"라 하여, 열 가지 상주
한 시점의 관직 명칭을 행재예부시랑으로 하고 있는 것은 잘못된 것이다(『明仁宗
實錄』卷1하, 永樂 22년 8월 庚申條). 북경의 관청에 '行在'가 붙게 된 것은 洪熙 원
년 3월의 일이다(同書 卷8하, 洪熙 원년 3월 戊戌條). 또한 그를 태자의 빈객 겸 남
경 국자감의 祭酒로 전임시킨 것은 '密訴를 의심해서 북경으로 부르지 않은 것'이 아
니라, 북경 行在化에 앞서 황태자의 남경 유수를 보좌하기 위해서였다고 생각된다.

79) 『明仁宗實錄』卷5상, 永樂 22년 12월 丁未, "監察御使胡啓先言, 南京龍蟠虎踞之
勢, 長江天塹之險, 國家根本所在. 若使臣下鎭之, 是授以控御之柄. 伏乞命皇太子留
守, 以繫人心, 以固邦本". 胡啓先은 강서 吉安府 安福 출신으로, 조칙을 받들어 북
경 건설의 문제점을 지적한 李時勉과 동향인이다. 분명히 그들 사이에 어떤 관계가
있으리라 생각된다.

여덟번째로 말씀드리는 것은 절차에 따라 정립된 법을 잘 지켜야 합니다. (중략) 진실로 백성들이 편안해지기를 바란다면, 나라를 잘 지켜, 잃는 것이 없도록 해야 합니다. 이를 테면 남경 같은 곳은 용반호거(龍蟠虎踞)하고, 기왕지영(氣旺地靈)하고, 수륙 교통이 편리하고, 사방을 다 아우르는 땅입니다. 우리 태조 고황제가 여기를 수도로 삼은 것은 진실로 까닭이 있어서 입니다. 청컨대, 상을 마친 후, 위로는 천심에 순응하고, 아래로는 사람들의 바람을 위로하고 격려하여, 남방 전운의 노고를 쉬게 하고, 북방으로 공급되는 비용을 줄이기를 바랍니다. 그리하여 북경에 유수를 두고, 때 맞춰 순행하도록 한다면, 곧 조종 제왕의 업적이 영구히 보존되고, 남북의 사람들, 모두 기뻐하며 따를 것입니다.

이를 보면, 남경 환도를 요구하는 최대 이유는 경제적으로 풍부한 남방으로부터의 물자 수송과 북변으로의 군사비 공급의 부담을 경감시키려는 데 있었다. 더욱이 호영은 이런 선택이 태조 홍무제 이래의 조법을 잘 지키는 일이라고 생각하고 있었다. 북경에 유수를 둔다는 것은 분명히 천도 이전의 영락 초년의 체제로 되돌리는 일이었다. 이러한 상주를 받고 황제가 황태자의 파견을 결의했다고 하기 보다는, 오히려 즉위 당초부터 홍희제의 의향에 따라 상주가 준비되었다고 보는 것이 당시 실정에 가까울지도 모른다.

이리하여 황태자, 이후의 선덕제가 궁중에 불려 들어가 아버지 홍희제로부터 곧 바로 남경으로 가도록 명을 받았다. 봉양(鳳陽)에 있는 황릉과 남경(南京)에 있는 효릉의 '참배'가 그 명분이었다.80) 영락 18년 말에 남경에서 부친 홍희제와 함께 북경으로 돌아와

사진 8. 봉양에 있는 명황릉

80) 『明仁宗實錄』卷8상, 洪熙 元年 3월 辛未朔, "命皇太子往祭皇陵·孝陵, 就留守南京, 令欽天監擇日啓行"

사진 9. 鳳陽에 있는 明皇陵

수년이 지난 황태자로서도 황제 슬하를 떠나 멀리 나가는 것은 원래 바라는 일이 아니었을 것이다. 거기에 더욱 조부 영락제와 함께 북경에 오래 있었던 황태자로서, 북경을 떠난다는 것은 더욱 참아내기 어려운 일이었을 것이다. 그러나 국가 대계라 하여 어쩔 수 없이 파견이 결정되었다. 4월 13일 황태자는 북경을 떠나 남경에 도착하자, 곧 바로 태조 홍무제의 능묘 효릉을 찾아 참배하고 돌아왔다.[81]

이상과 같이 홍희제 즉위 반 년 전에 하원길이 제안한 것처럼 남경 순행 쪽으로 사태가 돌아가기 시작했다. 이것은 영락 19년 4월 삼전 화재 직후에 시강추집에 의해 제안되었던 남경 환도가 실현되는 것이기도 하였다.

III. 좌절된 남경 환도 - 홍희제의 급서

홍희 원년 3월 28일, 황제는 남경 환도를 정식으로 결정했다.

북경의 모든 관청은 모두 '행재'라는 두 글자를 붙여, 북경행부 및 행후군도독부를 다시 세우도록 영을 내렸다. 황제는 그때 남경에 다시 수도를 세우기로 결의하였다.[82]

---

81) 『明仁宗實錄』卷9하, 洪熙 元年 4월 壬子 및 『明宣宗實錄』卷1.
82) 『明仁宗實錄』卷8하, 洪熙 元年 3월 戊戌, "命諸司在北京者, 悉加行在二字, 復建北京行部及行後軍都督府. 上時決意復都南京云"

북경의 중앙 관청에는 다시 '행재'라는 두 글자가 붙여지고, 북경행부와 행후군도독부도 부활했다. 북경행부에는 남경 병부상서 장본과 공부상서 이우직(李友直)이 임명되고 행후군도독부는 정국공 서경창이 관장하였다. 다음달 4월에는 행재도찰원에 북경행도찰원을 추가하여 설치하였다.[83] 그 아래에 경력사·조마소·사무(청)·사옥사를 두었고, 노류·항남·기북·광평 등 4개의 도(道)를 소속시켜, 환도를 겨냥한 북경 유수(留守) 체제가 정비되었다고 생각된다. 황제는 행재인 북경에, 황태자는 남경에 머무는 체제는 곧 북경 천도 이전의 북경 순행시의 양경체제로 돌아가는 것이었다.

환도의 정식 결정에 즈음하여 여러 가지 구체적인 준비가 이루어졌다. 영락제의 능묘인 장릉 공사가 조기에 완성된 것도 그 가운데의 하나이다. 홍희 원년 정월에는 선공관(繕工官)을 두고 공부좌시랑 이우직(李友直)을 공부상서에 승진시켜 공사에 전념하게 하였다.[84] 그 결과 장릉 건설도 순조롭게 진행되어, 3월에는 선공관을 폐지하고 공부에 병합시켰다.[85] 이 날은 확실히 남경 환도가 결정된 날이기도 하고, 선제의 능묘 완성을 기다렸다가 환도계획을 비로소 공표하였다는 것을 나타내고 있다. 이 때, 장릉 건설에 동원되었던 남해 원정군을 태감 정화(鄭和)가 이끌고 와 새롭게 남경 수비를 맡도록 하였는데, 이것도 실은 환도 후를 내다보고 취한 조처였을 것이다.[86]

둘째로, 홍희 원년 정월에 이루어진 북경 유수위(留守衛)의 창설도 중요한 사건이다. 북경의 정양·순승 2개의 문을 지키는 유수좌위, 평칙·서직 2개의 문

---

83) 『明仁宗實錄』卷9상, 洪熙 元年 4월 壬寅, "設北京行都察院幷所屬經歷司·照磨所·司務·司獄司·盧龍·恒南·冀北·廣平四道. 置右副都御史一員, 階正三品, 左僉都御史一員 正四品, 首領官經歷一員 正六品, 照磨一員 正八品, 司務·司獄 各一員, 俱從九品, 各道監察御使 各三員, 俱正七品"

84) 『明仁宗實錄』卷6하, 洪熙 元年 正月 癸巳, "設繕工官. 陞工部左侍郎李友直爲本部尙書, 專理繕工事, 而以工部右侍郎蔡信副之, 幷置繕工經歷"

85) 『明仁宗實錄』卷8하, 洪熙 元年 3월 戊戌, "革繕工官, 其事悉歸工部"

86) 『明仁宗實錄』卷7상, 洪熙 元年 2월 戊申, "命太監鄭和領下番官軍守南京, 於內則與內官王景弘·朱卜花·唐觀保協同管事. 遇外有事同襄城伯李隆·駙馬都尉沐昕商議的當, 然後施行"

을 지키는 유수우위, 동직문을 지키는 유수 중위, 문명문을 지키는 유수전위, 덕승문(德勝門)·안정문(安定門) 2개의 문을 지키는 유수후위 등 여러 위가 각각 설치되었다. 실은 영락 연간부터 남경 유수 오위의 관군 가운데 반수가 북경에 파견되어 각 성문을 맡아 지키고 있었는데, 이것은 어디까지나 황제 순행에 따른 임시적으로 구성된 체제로, 북경에 이러한 위가 설치되어 있지 않았던 것이다.[87] 이때에 이르러 처음으로 북경 유수위를 설치한 것은 환도 후의 북경 유수(留守) 체제를 확립하기 위해서였다.

이리하여 마침내 4월 4일에는 홍희제는 북경 천도 이래 황폐가 두드러져 있던 남경황성을 수리하도록 명했다.[88] 그 다음날 남경태감 왕경홍(王景弘)에게 남경 귀환은 다음해 봄이라고 귀환의 구체적 시기를 표명했다. 동시에 필요한 최저한 선에서 황성을 수리하도록 지시를 내리기도 하였다.

> 남경태감 왕경홍에게 조칙을 발하여 이르기를 "짐은 오는 봄에 경(京)으로 돌아가고자 한다. 이제 기술자 등을 먼저 보내라. 너는 즉시 지휘 감독하여 95전 각 궁원에 물새는 곳이 있으면 형편 따라 잘 수리하도록 하라. 다만 거할 수 있으면 족하다. 꼭 너무 정연한 황성을 만들기 위하여 지나치게 인력을 소모하는 일이 없도록 하라"고 하였다.[89]

---

87) 『明仁宗實錄』卷6하, 洪熙 元年 正月 丁酉, "分南京留守左衛所轄聚寶·通濟·正陽·朝陽·太平五門 五千戶所官軍, 設留守左衛左右中前後五千戶所, 守北京正陽·順承二門. 南京留守右衛所轄三山·石城·淸涼·定淮四門四千戶所官軍, 設留守右衛左右前後四千戶所, 守北京平則·西直二門. 南京 留守中衛所轄金川·神策·鍾阜·儀鳳四門四千戶所官軍, 設留守中衛左右前後四千戶所, 守北京東直門. 南京留守前衛所轄江東·馴象·安德·鳳台·雙橋·夾江·上方·高橋八門四千戶所官軍, 設留守前衛前後中左中右四千戶所, 守北京文明門. 南京留守後衛所轄滄波·麒麟·仙鶴·姚坊·觀音·佛寧·上元·金川八門四千戶所官軍, 設留守後衛右前後中左四千戶所, 守北京德勝·安定二門. 蓋南京留守五衛官軍皆先調其半於北京, 分守城門. 至是始改設衛所云"

88) 『明仁宗實錄』卷9상, 洪熙 元年 4월 癸卯, "修南京皇城"

89) 『明仁宗實錄』卷9상, 洪熙 원년 4월 甲辰, "勅南京太監王景弘曰, 朕以來春還京. 今遣官匠人等前來. 爾卽提督, 將九五殿各宮院, 凡有滲漏之處, 隨宜修葺. 但可居足矣. 不必過爲整齊, 以重勞人力". 청의 沈宗畸 輯『晨風閣叢書』에 실려있는 明鈔本『仁廟聖政記』는 거의 『明仁宗實錄』에서 발췌한 것인데, 검약하는 홍희제의 정치로 높이 평가될만한 이 기사를 채록하고 있지 않다. 아마 명 말 사람이라고 추측되는 편자

13일에는 전술한 것처럼 황태자가 남경으로 파견되어 북경을 출발했다. 시종관으로는 성국공 주용·풍성후 이현·태자소보겸 병부상서 이경·공부상서겸 첨사부첨사 황복 등이었다.[90]

이때 소사 겸 이부상서 건의와 소부병부상서 겸 화개전대학사 양사기(楊士奇)는 황제로부터 '건충정(蹇忠貞)', '양정일(楊貞一)'이라는 인(印)을 각각 하사받았다.[91] 막 남경으로 떠나려는 황태자를 전송하면서 홍희제는 거기서 북경 천도 이전의 양경체제 시대에 남경 감국으로 있던 자신의 모습을 떠올리고, 더욱 이 당시 황태자 폐립에 대한 불안에 휘말리면서 이 두 동궁관과 함께 고생했던 지난날들의 일을 틀림없이 생각하고 있었을 것이다.[92]

국사(國事)를 이유로, 부친 영락제의 재궁(梓宮; 황제의 棺)이 산릉으로 가는데, 친히 보내드리지 못하였던 홍희제는 4월 19일 비로소 그 장릉 알제(謁祭)를 마쳤다.[93] 다음달 5월 4일에 착수되었던 『태종실록』의 찬수는 확실히 영락시대에 대한 장송행진곡이었으며, 드디어 그때부터 홍희제의 시대가 새롭게 시작되었던 것이다.[94] 그러나 그 후 수일이 지난 11일, 황제의 용태(容態)가 급변하여 이부상서 건의·대학사 양사기·황회(黃淮)·양영 등이 사선문(思善門)에 소환되었다. 황제의 병상이 심각한 상태였기에 양사기가 남경에 있는 황태자를 불러들여오는 조칙을 작성하게 되었다. 다음 날 12일, 황제가 급서했다.[95] 향년 48세, 재위 10개월. 남경 환도를 공식적으로 결정한 후 불과 40일 만에 그는 죽었

가 영락 천도 후의 수도 북경을 기정의 노선으로 보고, 남경 환도를 뛰어난 정치에 어울리지 않는 황제의 결정이라고 판단했기 때문일 것이다. 이로 보아, 남경 환도를 계획한 사실조차도 사장해버리려는 경향의 일단을 엿 볼 수 있다.

90) 『明仁宗實錄』 卷9下, 洪熙 元年 4月 辛亥條.
91) 『明仁宗實錄』 卷9下, 洪熙 元年 4月 甲寅條.
92) 陳建, 「皇明資治通紀」 卷6, 成祖文皇帝紀에 자세히 실려 있다. "(永樂 16年 5月) 時太子監國, 上不時有疾. 兩軍距隔數千里, 小人陰附漢府者, 讒搆百端. 侍從監國之臣, 朝夕惴惴. 人不自保. 會有陳千戶者, 擅取民財, 事覺. (下略)". 다만 『明太宗實錄』에는 "陳千戶" 이하의 기사를 영락 16년 7月 甲戌條에 싣고 있다.
93) 『明仁宗實錄』 卷5下, 永樂 22年 12月 壬戌, 卷9下, 洪熙 원년 4月 戊午條.
94) 『明仁宗實錄』 卷10, 洪熙 元年 5月 癸酉條.
95) 『明仁宗實錄』 卷10, 洪熙 元年 5月 庚辰·辛巳條.

다.[96] 유조에도 남경 환도를 밝히고 있다.

> 아아! 애달프도다. 남북에 대한 물자 공급의 노동으로 군인과 민들이 모두 힘
> 들어 하고 있다. 사방이 우러러 모두 남경에 의지하고 있다. 이 또한 나의 본심이
> 므로, 모든 사람들은 아무쪼록 민심을 따르기 바란다.[97]

황제의 유조도 황태자를 불러오는 칙서와 함께 대학사 양사기 등에 의해 작
성되었을 것이다. 그러나 홍희제의 남경 환도에 대한 굳은 유지는 결국 실현되
지 못했다. 황태자 파견에 이어 황제 자신이 귀환함으로써 타원형의 두 초점을
남경으로 다시 모아 일치시키려는 계획은 수포로 돌아가고 말았다.

맺음말

6월 12일, 칙서에 의해 남경에서 돌아온 황태자가 새롭게 제위에 올랐다.[98]
명나라 제5대 선종 선덕제이다. 그 후, 선덕 3년 8월에는 북경행부와 행후군도
독부를 폐지하였다.[99] 아버지, 선제의 복상 기간 27개월이 이미 지난 시점에
서 나온 이 결정은 남경 환도 계획의 중지를 내외에 공표하는 것이 되었다. 여
기에 이르기까지 수도를 둘러싼 논의가 어떻게 하여 방향 전환이 이루어졌던
것일까.

물론, 이것을 독재 군주인 황제 자신의 성격이나 지향성의 문제로 돌릴 수도
있다. 선덕제의 숙부 한왕 주고후(朱高煦)에 대한 친정과 순변 등에서 보여주고

---

96) 홍희제의 급서에 대해서는 당시부터 불명확한 점이 많았다. 『朝鮮王朝實錄』 世宗
卷29, 7年(洪熙 元年) 윤7월 癸卯條에, "聖節使通事趙忠佐等齎禮部咨一道 及詔書
抄白二道, 回還復命.(中略) 忠佐啓曰 節日使未及到北京, 聞大行皇帝崩逝, (中略) 問崩
逝之故於華人. 或云天震之, 或云病而崩, 諱之也. 其遺詔, 皇后所爲也"
97) 『明仁宗實錄』卷10, 洪熙 元年 5월 庚辰, "嗚呼, 南北供億之勞, 軍民俱困. 四方嚮仰,
咸屬南京. 斯亦吾之素心, 君國子民, 宜從衆志"
98) 『明宣宗實錄』卷1, 洪熙 元年 6月 庚戌條.
99) 『明宣宗實錄』卷46, 宣德 3年 8月 辛卯條.

있듯이, 조부 영락제를 닮은 무인적인 성격이나 북경 지향성에서 찾으려는 견해도 이미 나와 있다.[100]

그리고 홍무에서 영락시대로의 추이를 '남인 정권'에서 '통일 정권'으로 라는 도식[101]으로 파악하려는 시각에서 보면, 남경 환도의 움직임은 남인 세력의 반격이고, 환도의 좌절은 그 반격의 실패라고도 볼 수 있다. 분명히 북경 천도의 부당함을 지적한 관료의 대부분은 이른바 '남인'이었다. 그러나 이것은 수세기에 걸친 남북 분열의 시대를 거쳐 비로소 한인에 의한 통일을 실현한 초기 명왕조가 당초 '남인'에 의한 정권으로 출발하지 않을 수 없었던 것에서 온 당연한 결과다. 오히려 이런 남인 정권에서 어떻게 하여 통일 국가적 시각이 제기되어 북경 천도 방향으로 나아갔는가 하는 문제 설정이 보다 중요하리라 생각된다.

우선 문제를 보다 한정시켜, 황궁이 있는 북경이나 강남의 여론의 동향, 그 배후에 있는 물자 소비처와 공급처를 잇는 물류를 중심으로 한 경제 기반의 문제에 주목하고자 한다. 영락 19년의 삼전 소실의 시점에서는 아직 해결되지 않았던 천도에 따른 여러 가지 어려운 문제가 북경 정도를 향해 어떠한 형태로 해결되어 갔을까. 또 제2차 북경행재기에 북경 건설의 진전에 따라 형성된 수도의 공간 배치, 그로 말미암아 얻어진 수도의 상징성 문제, 통일 국가 형성을 위한 물류의 역할 등 검토해야 할 것이 많다. 삼전 소실로 말미암아 표출된 수도 북경의 지위를 둘러싼 동요의 사회경제적 배경 및 그 후 북경 정도를 마무리 짓기까지의 경위에 대해서는 다음 장에서 다시 고찰하고자 한다.

---

100) 華繪,「明代定都南兩京的經過」『禹貢半月刊』2卷 11期(1935) ; 盧秀菊,「明代南北兩京建置之經過」『史繹』4卷(1967).
101) 주(63) 전술한 檀上寬의 2개의 논문.

제6장
홍희에서 선덕까지
-북경 정도의 길

도입부

'인선(仁宣)의 치(治)'라고 불리는 인종 홍희제와 선종 선덕제의 양 시대(1425~1435)는 일반적으로 연속된 시대로 보고, 명왕조가 창업(創業)에서 수성(守成)으로 이행되는 시대로 이해하여 왔다. 중국의 맹삼(孟森)은 일찍이 1930년대에 두 황제의 재위 기간을 일괄해 하나의 시대로 볼 수 있는 이유를 다음과 같이 말하였다. 첫째, 인종의 재위 기간이 1년도 채 되지 않았고, 둘째로 그 즉위가 영락제의 총애를 받고 있던 장자(후의 선종)의 존재에 의해 가능했으며, 인종의 선정이 선종에 의해 잘 계승되었다는 점을 들었다.[1]

---

[1] 孟森, 『明史淸講義』 上(中華書局, 1981) 제2편 제2장 제6절 仁宣兩朝大事略述. 商鴻逵의 〈前言〉에 의하면, 이 책은 1930년대에 행해진 북경대학 역사과의 강의 노트를 바탕으로 엮어진 것이다. 이와 거의 같은 시기에 淸水泰次의 『世界歷史大系』 제7卷 「東洋中世史(4)」(平凡社, 1935)의 明代史 제1편 제2장 3.「仁·宣の小康」도 동일하다. 명대사에 관한 근년의 대표적인 개설서인 Frederick W. Mote and Denis Twitchett eds., *The Cambridge History of China vol.7; The Ming Dynasty* part 1. Cambridge University Press(1988)에 있는 Hok Lan Chan(陳學霖)의 집필 부분이나 湯綱·南炳文 『明史』(上海人民出版社, 1985) 제3장 「從永樂到宣德治國政策的演變」에서도 이러한 견해를 거의 따르고 있다.

이러한 이해는 정치사뿐만 아니라 사회경제사 분야에도 잘 나타나 있다. 국가 재정 면에서 '인선의 치' 시대는 명조 국가가 그 기반으로 삼아 온 강남의 '납량호(納糧戶) 지배'에 대한 동요를 자각하고, 일련의 개혁이 이루어졌던 시기이다. 이 점을 실증적으로 해명한 모리 마사오(森正夫)씨의 연구[2]에서도 홍희 원년에 시작한 동요에 대한 파악과 선덕 연간의 탄압정책은 재지의 사회관계를 조정하려는 측면에서 계속된 개혁으로 이해하고 있다.

확실히 홍무에서 영락까지를 일괄하여 말할 때, 새로운 물결이 넘치는 가운데 다소 혼란도 없지 않은 창업 시대라고 한다면, 홍희제나 선덕제의 안정 지향의 정치는 수성 시대의 개막이라고 할 수 있다. 그렇지만 수성 시대 기점에 있는 이 두 황제의 자질은 분명히 차이를 보이면서 서로 좋은 대조를 이루고 있음도 또한 사실이다.

아직 수도가 남경이었을 때, 영락제가 황태자 주고치(朱高熾, 후의 홍희제)와 한왕 주고후(朱高煦)·조왕 주고수(朱高燧)의 삼형제 및 황태손 주첨기(朱瞻基, 후의 선덕제)에게 남경의 태조 주원장의 능묘인 효릉을 참배하도록 한 적이 있다.[3] 황태자는 원래 몸이 비만한데다가 발에 병까지 도져 있었고, 거기에 비도 주룩주룩 내리고 있어, 곁에서 내관의 부축임을 받았으나 자주 넘어지곤 하였다. 황태자의 이런 흉측한 뒷모습을 보면서 뒤따라가던 동생 한왕 고후는 "앞에 가는 형이 넘어지니, 뒤에 가는 나는 조심해야지"라고 야유했다. 그러자 황태손이 거기에 "뒤에 있는 나는 더 조심해야지"라고 맞장구치자, 고후는 뒤돌아보고 안색을 바꾸었다고 한다. 온후한 황태자, 아버지를 닮아 무인 기질이 있는 동생 한왕, 그리고 숙부 한왕을 능가할 정도로 예민한 성격의 황태손. 형을 대신해

---

2) 森正夫, 『明代江南土地制度の研究』(同朋舍, 1988) 第3章 15世紀前半における江南 官田の再編成(原載 1965).

3) 高岱, 『鴻猷錄』卷9, 「征漢庶人」에, "上(成祖) 嘗命東宮及高煦·趙王·皇太孫同謁孝 陵. 東宮體肥重, 且足疾, 雨, 中使掖之行, 恒失足. 高煦從後言曰, '前人失跌, 後人知 警' 皇太孫應聲曰, '更有後人知警也' 高煦回顧, 色變. 太孫卽宣宗也. 東宮性仁厚, 高 煦英武頗類上"이라 하고 있다. 또한 葉盛, 『水東日記』卷7, 「後人把滑」은 이것을 북 경 天壽山에서 행한 알제 때의 일화로 보고 있다. 그러나 이것은 잘못이라고 黃雲 眉가 『明史考證』4(中華書局, 1984)에서 이미 지적하였다.

황위 계승권을 얻으려 호시탐탐 노리고 있던 한왕을 둘러싼 이 일화는 부자간임에도 홍희제와 선덕제와의 개인적 자질의 차이를 단적으로 보여주고 있는 것이다.

좀 더 자세히 검토해 보면, 자질 면에서의 차이만이 아니라, 두 사람이 취한 정치·경제 시책에도 눈에 띠게 다른 점이 많다. 예를 들면, 정치면에서 홍희제가 설치한 홍문각을 선덕제는 폐지했다.[4] 홍문각은 태조 홍무제가 설치한 홍문관을 계승한 것이다.[5] 홍희제는 사선문(思善門) 밖 왼쪽(동쪽)에 새롭게 홍문각을 세우고, 학문에 뛰어난 문인 관료를 선발해 학문연구와 정치의 자문에 임하게 하였다. 선임된 인물은 시강 왕진(王進)·학록 양경(楊敬), 소주의 유사 진계(陳繼)·훈도 하징(河澄) 등이었다. 이 각무(閣務)를 장악한 것은, 후에 '삼양(三楊)'의 한 사람으로, 황태자 시대 세마(洗馬, 교육 담당) 직에 있던 한림원학사 양부(楊溥)였다. 그가 홍문각의 인장을 받을 때에 황제로부터 "짐이 경들을 좌우에 두는 것은 학문에 보탬을 얻고자 하는 것에만 그치는 것이 아니다. 널리 민사를 알고, 도리에 대한 도움을 얻고자 함이다. 경들이 만약 건언할 것이 있다면, 반드시 이 인장으로 봉하여 진상하라"는 명을 받았다. 단순한 학문상의 고문만이 아니라 유학자를 정치적 브레인으로 중용하려 한 것이었다. 한편, 선덕제는 즉위 후 바로 양부가 제출한 홍문각의 각인 반납 신청을 그대로 받아들여 홍문각을 폐지하고, 그를 내각으로 불러들여 양사기(楊士奇)와 함께 기무를 담당하게 하고, 왕진 등 네 명을 본래의 자리인 한림원에 소속시켰다. 문관을 우대하는 홍희제의 정치 자세를 내외에 밝히고 있던 홍문각은 불과 반년 만에 폐쇄되었는데, 이 점에서도 두 사람의 정치적 수완은 분명히 달랐다.

---

4) 『明仁宗實錄』 卷6 上, 洪熙元年 正月 己卯條, 『明宣宗實錄』 卷6, 洪熙元年 閏7月 乙丑條 및 『明史』 卷148, 楊溥傳.

5) 홍문각에 대해서, 吳緝華, 「明代之弘文館及弘文閣」 『明代制度史論叢』 下冊(大學生書局, 1971)에 수록된 것을 참조. 黃佐, 『翰林記』 卷2, 「弘文館閣」에 "仁宗在東宮, 潛心問學. 及卽位, 建弘文閣於思善門外, 蓋法成祖遺意"라고 있다. 홍희제가 홍문각의 설치뿐만 아니라 조부 태조 홍무제의 정치를 계승하고, 스스로를 '守成'의 군주로 비견한 것은 『明仁宗實錄』 卷4上, 永樂 22년 11월 庚辰條에서 "祖訓"간행을 명하면서 보였던 신하와의 대화에서 엿볼 수 있다.

본장에서 다루려는 수도를 둘러싼 선택도 그 가운데 하나이다. 앞 장6)에서
언급한, 북경 천도 직후의 영락 19년 4월 이른바 삼전 소실이래, 홍희제 시대에
이르는 정치 과정(1421~1425)은 천도 단행에 대한 반동으로부터 남경 환도로 수
렴하는 일련의 움직임으로 파악하고 있다는 것을 밝혔다. 또 이 시기 수도 북
경의 지위 동요라는 정치적 문맥 가운데에서만이 비로소 그 후 영락말년에 이
르기까지 집요하게 반복된 몽골친정이나 황제 사후 홍희제에 의해 행해진 북
경 행재화의 의미도 이해할 수 있다고 지적하였다.

　　그러나 이러한 홍희제의 재위 기간에 두드러지게 지적되어 온 환도의 움직
임은 그 후 선덕제 시대를 맞아 좌절되고, 북경을 둘러싼 동요도 말끔히 사라
진 듯한 인상을 준다. 홍희제의 갑작스런 사망으로 그 뒤를 이은 선덕제는 북경
에 계속 눌러 앉아 정식적인 표명도 하지 않은 채로 선제의 환도 결정을 백지
화 하는 한편, 북경정비를 서둘렀다. 그 공사도 다음의 정통제 시대에 거의 완
료되어, 정통 6년(1441) 11월에 북경 '정도(定都)'7)가 실현되었다. 결국 수도는 두
번 다시 남경으로 돌아가지 않았다. 이 때문에 수도 북경을 둘러싼 이러한 동
요 가운데서, 홍희제의 환도결정은 지금까지 별로 주목받은 적이 없고, 심지어
무시되는 경우까지 있었던 것이다.8)

　　확실히, 우리가 태종·인종·선종(1403~1435)으로 이어지는 3대의 근본 사료
인 실록을 보면, 영락 말기 이래 홍희 원년까지 계속된 북경의 지위 동요와 환
도의 움직임을 보여주는 기사가, 선덕제 치세에 들어서 갑자기 자취를 감추어

---

6)　본서 제5장 「남경 환도」.

7)　여기에 말하는 북경 '定都'란 환도로 나타난 북경의 지위의 동요가 최종적으로 해
　　소되고, 천도 직후 소실한 봉천 삼전의 재건도 실현되어, 명실 공히 북경이 수도가
　　되는 정통 6년 11월을 가리키고 있다. 실질적으로 宣德 3년 8월의 북경행부의 폐지
　　에 의해 지위의 동요는 마무리되었다고 생각되지만, 아직 물류면의 정비 등이 과제
　　로 남아 있어, 三殿의 재건도 정통 연간까지 기다리지 않으면 안 되었다. 이른바 영
　　락 19년의 천도는 북평을 북경으로 승격해 양경체제를 취하면서부터 정도에 이르
　　는 근 40년 세월의 중간지점에 위치하고 있는 것이다.

8)　예를 들면, 근년 간행된 江蘇省地方志編纂委員會編, 『江蘇省通志稿』 第1册, 大事記
　　(江蘇古籍出版社, 1991)에는 남경 환도가 결정된 洪熙 연간의 기사가 전혀 기록되
　　어 있지 않다.

버리고 있다는 것을 느낄 수 있다. 이 점이 불과 10개월이라고 하는 홍희제의 짧은 재위 기간과 함께 종래 이러한 동요가 가지는 의미를 과소평가하도록 한 요인이라고 생각된다. 그러나 홍희제가 내린 환도결정이 가지는 의미는 16년 후의 정통 6년 11월에 이르기까지, 북경의 각 관청이 '행재'라는 명칭을 뗄 수 없었다고 하는 것에서도 알 수 있다.

그렇다면 왜 선덕의 시대를 맞이하자, 당초부터 수도 북경의 지위 동요는 구름이나 안개가 걷히듯이 말끔히 사라진 것 같은 인상을 주는 것일까. 아마 이것은 각 실록의 편찬 시기와 밀접하게 관련되어 있다고 생각된다.『태종실록』은 영락제 사후 10개월 후인 홍희 원년(1425) 5월에 편찬하기 시작하였고,『인종실록』은 홍희제 사후 3개월 후인 홍희 원년 윤7월에 편찬하기 시작하였기에, 편찬 개시 시기가 조금 차이가 나지만, 양자는 각각 영국공 장보·이부상서 건의·호부상서 하원길(夏原吉) 등의 감수 하에 병행되어 편찬되었다. 양 실록은 선덕 5년(1430) 정월에,『태종실록』130권,『인종실록』10권을 합쳐 총 154책이 동시에 진상되었다.[9] 따라서 양 실록은 같은 정치정세를 반영하고 있어, 일련의 편년 사료로 이용될 수 있다.

한편, 명대 실록찬수의 형식이 완성되었다고 여겨지는『선종실록』[10]은 선덕 10년 7월에 편찬이 시작되어 정통 3년(1438) 4월에 상정되었다.[11]『태종실록』및『인종실록』의 완성과『선종실록』의 완성은 8년이라는 시간차를 가지고 있는데, 이것이 가지는 의미는 중요하다. 전자의 시기는 북경의 지위가 동요하던 시기에서 얼마 지나지 않은 시점으로, 천도 후 영락만년의 시대와 홍희 연간의 시대

---

9) 『明宣宗實錄』卷61, 宣德 5年 5月 壬戌條, 楊士奇,『東里續集』卷17,「兩朝實錄成史館上表」.

10) 間野潛龍,『明代文化史研究』(同朋舍, 1979) 제1장「明實錄の硏究」(원재(原載) 1963). 명 실록은 명대사의 기본 사료인데, 사회경제사적인 분석에서 시작된 전후 일본의 연구에서는 종래, 실록의 제도나 경제 사료로서의 등질성이 특히 주목되어 왔다. 동시에 역대 황제가 죽은 후에 만들어지는 개개의 실록은 당연히 편찬시의 제약을 벗어나기가 어렵다. 필자도 종래 이 점에 대한 배려가 꼭 충분했다고는 말할 수 없다. 間野潛龍이 이미 지적하고 있듯이, 실록을 이용할 때, 이러한 편찬시의 제약을 고려해야 한다. 본서 각각의 실록에 묘호를 붙여 인용한 것은 그 때문이다.

11) 『明英宗實錄』卷41, 正統 3年 4月 乙丑條.

가 일련의 것으로 편찬되었다. 이에 반해 후자가 편찬되었던 시대는 수도 북경의 지위가 기정사실로 되어, 수도 건설을 위해 불에 탄 삼대전의 재건 공사가 착착 진행되고 있었던 시기에 해당하고 있다. 따라서 이 시기에 완성된『선종실록』에는 동요 사실이 의도적으로, 또는 무의식중에 배제되었을 가능성이 충분히 있다고 생각할 수 있다.

근대 이전의 역사를 연구하는 데는 편찬 사료를 이용하지 않을 수 없다. 두말할 필요도 없이, 그 주체가 누구든지 간에, 역사를 편찬하는 행위는 그 자체가 어떤 평가나 입장에 근거하고 있는 것이다. 사료 가운데 기록으로 남긴 '사실' 이상으로, 이러한 편찬 작업 가운데 버려진 사실이야말로 오히려 더 중요할 수도 있다. 본장에서는 이렇게 잘려 나간 사실을 파고들면서, 먼저 수도 북경의 지위 동요로 말미암아 야기된 남경 환도의 결정 배경을 밝혀보고자 한다. 그 다음에 선덕제 아래에서 북경 정도를 향해 궤도 수정되어 가는 과정을 추구해 보고자 한다. 거기에 더욱 영락제에 의해 착수된 국도를 남경에서 북경으로 옮긴다는 명대 최대의 계획[12]이 명 왕조뿐만 아니라 중국 사회 전반에 미친 영향의 일단을 해명하는 기초 작업으로도 삼고자 한다.

I. 남경 환도 결정의 배경

먼저 홍희제 아래에서 남경 환도가 결정된 사회적 배경에 대하여 검토해 보자. 전장에서 밝힌 바와 같이, 환도는 영락 19년 4월 삼전 소실 직후, 수도 북경의 지위에 대한 동요가 표면화된 데서부터 발단하였다.

환도의 이유는 홍희 원년 3월 28일에 환도를 결정하고 불과 40일 남짓 만에 죽은 홍희제의 유조에, "오호라. 남북으로 국가에 공급하는 많은 노고로 말미암아, 군민이 함께 모두 고통을 받고 있다. 사방이 우러러 모두 남경을 부탁

---

12) 주(1)에 전술한 *The Cambridge History of China vol.7 ; The Ming Dynasty part 1.* p.238.

한다"[13]고 명기되어 있듯이, 물류를 둘러싼 문제가 그 바탕에 깔려 있었다. 즉 동남의 경제적 중심(重心)에서 멀리 떨어져 있는 북방의 새로운 수도 북경으로 〈물자〉를 집중시키는 데에 따른 어려움이었다. 이러한 물류상의 문제는 앞에서도 소개한 것처럼, 영락·홍희·선덕제를 모시고 20년 이상이나 호부를 총괄한 하원길(夏原吉)도, 황위 계승을 앞에 둔 홍희제에게 "지금 민력은 동남 지방에 바닥이 나 있고, 병사들은 조운으로 지쳐 있습니다"[14]라고 직접 진언하였다. 강남 사람들은 일상적인 경비 이외에 수도건설이나 원정 등, 거듭되는 경제적 부담으로 괴로워하고, 군대는 그러한 대량의 물자를 북방으로 수송하느라 피폐해 있었던 것이다.

강남으로부터의 물류, 특히 조운에 의한 미곡 수송량 확보에 따른 어려움은 강남 사람들에게만 고통을 주는 것이 아니었다. 수도 북경에 근무하는 문무 관료나 군인들에게도 생활상 여러 가지 제약을 안겨다 주었던 것이다.

정난의 변 이후, 국고에 들여 놓을 세량을 절약하기 위해서, 관원의 봉급을 미곡과 보초로 지급하는 등, 실질적으로 봉급 인하의 추세에 놓이게 되었다.[15] 이런 추세 가운데서 북평에서 북경으로 격상된 후의 관군은 예외였다. 영락 4년 9월, 무관은 매월 미 1석, 가족을 거느리고 있는 기(旗)·군(軍)은 5두, 독신의 기·군은 4두로 증액되는 등 우대를 받았다. 또 영락제는 제1차 북경 순행 때, 호종하는 문무관이나 기·군 및 각지에서 파견된 군관이나 군사들에게도 봉급은 전액 쌀로 지급한다는 우대조치를 내렸다.[16]

그러나 산릉(능묘)·궁전 조영, 원정으로 인한 방대한 재정 지출을 피할 수 없던 당시로서, 북경의 곡물 공급 체제는 충분히 갖추어지지 않았다. 그 때문에 이러한 우대조치가 실제 제대로 시행되지 않았고, 현물로 지급되는 월미(月米)

---

13) 『明仁宗實錄』 卷10, 洪熙元年 5月 庚辰條.

14) 夏原吉, 『忠靖集』 附錄遺事, 「夏忠靖公遺事」.

15) 『明太宗實錄』 卷12下, 洪武 35年 9月 戊子條.

16) 『明太宗實錄』 卷82, 永樂 6年 8月 辛丑, "命戶部, 凡扈從文武官員·將軍·力士·校尉·軍旗, 及各處調至官軍, 自明年正月爲始, 奉糧俱支全米"

는 당초 미곡 5두 뿐이었다.[17] 당초 호종한 사람의 대다수는 단신으로 와 사는 사람들이었기 때문에 그런 데로 가능했을지도 모르나 북경에 머무는 체재가 장기화되면서, 본인만이 아니라 부양가족이 생기게 되었는데, 이 금액으로는 도저히 감당할 수 없게 되었다.

영락 22년 10월, 홍희제는 북경 병사의 불만 원인이 급여 문제에 있다고 생각하고, 홍무 연간과 같이 미 1석으로 하도록 병부상서 이경에게 지시하였다. 이경은 월급을 증액하면 거기에 필요한 미곡을 조운해야 하는 부담을 감당하기 어렵다며 그에 따른 문제점을 표명하였다. 이에 황제는 민의 부담을 늘리는 일이 된다고 할지라도 병사의 급여를 개선하도록 지시했다. 그러나 이경은 그에 대한 답을 보류했다. 결국 영락 초년 북경행부를 설치한 이래 행부상서로 장기간 재임하고, 천도 후에는 호부상서로서 수년간 경창(京倉)을 관리하던 곽자(郭資)를 불러, 미곡의 재고량을 알아 본 후, 강제로 조금 증액하도록 했다. 이 때, 재경의 문무관이나 금의위 장군·총소기(總小旗)는 각각 미(米) 5두, 잡직·이원 및 각 위의 총소기·군사·역사·교위로서 가족을 거느리고 있는 자는 미(米) 4두, 가족이 없는 사람은 1두 5승이 증액되었다. 분명히 월급 부족에 따른 병사들의 원망 소리는 '회란(回鑾)' 즉, 남경 환도의 희망적 기대를 불러일으킬 만하였다.

영락제가 죽고 새로 즉위한 황제가 즉위한지 얼마 되지 않은 북경 거리에는 환도의 소문이 퍼지기 시작했다. 영락 22년 9월, 평강백 진선(陳瑄)은 환도의 조서도 나오지 않은 상황에서 군인도 민도 기꺼이 이것을 환영하는 풍조가 널리 확산되어가는 것을 보고, 국방의 이완을 염려하는 다음과 같은 상주를 올렸다.

---

17) 『明仁宗實錄』卷3하, 永樂 22월 10월 庚申, "先是, 上諭兵部尚書李慶曰, '(중략) 而月糧止得五斗, 不足自瞻. 此豈能無嗟怨. 宜如洪武中例, 月給一石' 慶曰 '如此恐百姓饋運, 不勝其勞(下略)' 遂召戶部尚書郭資諭曰 '往年百官, 軍士初扈從來, 月給米五斗可瞻. 今都于此, 此曹多有家屬矣. 五斗不足以瞻, 江南運輸固艱難, 然京師百官, 軍士艱難又甚 往往守義者困于饑寒. 玩法者恣無忌憚. 卿國之大臣, 獨不爲遠慮哉. 朕于文武官及軍士月米, 悉欲加給五斗. 數年京倉儲積, 皆卿所掌, 不乏用否' 資對曰 '不乏' 遂命增給".

평강백 진선이 칠사(七事)를 상언하기를 "첫째, 국본을 중시하는 것입니다. 남북 이경(二京)은 실로 국가의 근본이요, 심원공고(深遠鞏固)의 모략이 되지 않으면 안 됩니다. 지금 영명한 조서가 반포되지 않았는데, 군민들이 기뻐 고무되고, 모두 회란(回鑾)의 소망을 일으키고 있으니, 바라기는 군주의 의지 담아, 장군을 임명하고, 군을 늘림으로써 수비를 엄히 하고, 국가 만년의 계획을 세우시기를 바랍니다. (중략)"라고 하였다. 황제는 상주문을 보고 한림원 신하에게 보내어 말하길 "진선의 말이 모두 당연하니, 관련 부서로 하여금 속히 행하게 하라"고 하였다. 또 말하기를, "대신들이 능히 주의해야 할 것은 이와 같은 일인데, 이것 역시 어려운 일이다"라고 하였다. 마침내 조칙을 내려 이 일에 힘쓰도록 북돋아 주고 가르치며 타일러 주었다.[18]

흥미로운 것은 당초 해운에서 조운으로 바꾼 영락 14년 이후, 매년 이어서 대운하에 의한 북경 조운을 감독하고 있던 진선(陳瑄)이 남경 환도가 정식으로 결정되기 반년 전에 남경 환도의 움직임을 저지하는 입장의 상주를 올리고 있다는 것이다.[19] 그 이유에 대해서는 신중한 분석이 요구되나, 적어도 조량 수송

---

18) 『明仁宗實錄』卷2하, 永樂 22년 9월 壬辰, "平江伯陳瑄上言七事, 一曰重國本, 南北二京, 實乃國家根本, 不可不爲深遠鞏固之謀. 今明詔不頒, 軍民欣欣鼓舞, 咸起回鑾之望, 乞留聖意, 任將益兵, 以嚴守備, 爲國家萬年之計(中略). 上覽奏以付翰林臣曰, 瑄言皆當, 令所司速行. 又曰, 大臣能用心如此, 亦難. 遂降勅獎諭之. [勅曰, (中略). 勅下. 左右或言, 瑄亦常談, 無足煩寵褒者. 上曰, 武臣能言及此, 難得. 且今皆懼言出得罪. 所當獎掖以導之. 古人尙買死馬骨, 吾此擧, 豈不遠過之哉]"

19) 陳瑄의 조운 감독에 대해서는 『明太宗實錄』 이하의 조에 보인다. 卷172, 永樂 14년 정월 戊午. 卷184, 15년 정월 壬子. 卷195, 12월 丁酉. 卷208, 17년 정월 乙亥. 卷220, 18년 정월 乙丑. 卷233, 19년 정월 己卯. 卷246, 20년 2월 乙未. 卷255, 21년 정월 丁未. 卷267, 22년 정월 壬辰條. 또 陳瑄이 남경 환도 반대의 입장에 선 것에 대하여는 7개 항목으로 되어 있는 이 상주문의 제3항목 "蘇民力"과 제7항목 "專漕運"에 서술한 조운 개선책이 수도 북경을 전제로 입안되었다는 것에서도 확인될 수 있다. 그리고 『明史稿』卷142나 『明史』卷153의 陳瑄傳에는, 그가 제출한 상주의 제1항목을 "一曰南京國家根本, 乞以嚴兵備"라고 폭넓게 함축시켜 말하고 있고, 더욱이 실록의 "南北二京"을 "南京"이라고 고쳐 말하고 있다. 여기에는 陳瑄이 북경이 아니라 남경을 보다 중시하여 환도를 요구한 것이 아닌가 하는 오해를 불러일으키기 쉽다. 원래 楊士奇, 『東里文集』卷13에 실려 있는 〈陳公神道碑銘〉도, 똑같이 "南京國之根本, 宜爲久遠鞏固之計, 選將益兵, 以嚴守備"라고 하고 있다. 이러한 주도면밀하지 못한 기술은 청초의 명사 편찬자들도 이 시기 수도를 둘러싼 동요의 사실을 충분히 인식하지 못하고 있었다는 것을 보여주는 것이리라. 다만, 洪熙 원

현장에 있던 그였으니만큼, 조운에 참여한 군민들 사이에 퍼져가고 있는 남경 환도에 대한 기대를 몸소 실감하고 이렇게 보고했다고 판단하더라도 무리가 없을 것이다.

그런데 남경 환도에 대한 기대치가 점점 높아져가는 것을 염려한 이 상주는 감찰어사 김상·예부좌시랑 호영·감찰어사 호계선 등의 반대로, 환도를 요구하는 일련의 상주문보다 앞서 제출되었던 것이다. 홍희제는 진선의 7개 항목의 상주가 정곡을 찌르고 있다고 해서, 관계 관청에 조속히 실시할 것을 지시하고, 이어 조칙을 내려 이 일에 힘쓰도록 북돋아주었다. 그러나 호부상서 하원길(夏原吉)을 비롯하여 조정 내에는 남경 환도의 노선이 깔려 있었고,[20] 그런 가운데 진선의 제안은 오히려 고립되어 있었다고 생각된다. 앞에 소개한 『明仁宗實錄』 권2하, 영락 22년 9월 임진 조에 있는 진선의 상언칠사(上言七事)의 기록은 그것을 엿보게 한다.

> 조칙을 내리었다. 좌우 신하들이 혹 말하기를 "진선이 말한 것은 일상적으로 할 수 있는 평범한 말로, 어떻게 높이고 기리어야할 지 번민할 것이 없습니다"라고 하였다. 황제 말하기를, "무신이 이를 언급하는 일은 쉬운 일이 아니다. 또한 지금은 모두 입을 열고 말하다가 죄 얻을까 겁내는 때다. 마땅히 권장하여 잘 실현되도록 해야 할 일이다. 옛 말로 매사마골(買死馬骨)이라 하였는데, 내 이 말을 의거하니, 어찌 멀리 하여 여기에 지나가지 않으랴"라고 하였다.

이 '좌우' 신하란 어떤 인물을 가리키고 있는지 명확하지는 않지만, 황제 주위에는 진선의 주상을 상식적인 내용이라 하여, 군이 장유(獎諭)를 내릴 것까지는 없다고 진언하는 사람도 있었다. 이에 대해 홍희제는 문관이 아니고 무관인 진선이 이런 내용을 주상한 점이 중하다는 것과 장유에는 영락말년 이래 언사에 의한 처벌을 두려워하는 관계(官界)의 풍조를 고치려는 의도도 들어 있다는 것을 들어 반론했다고 한다. 곧 실록에는 진선의 주상을 둘러싼 평가에 대한

년부터 정통 6년까지 '행재'의 두 글자가 북경아문에 붙여지고 있었던 것에 대해서는, 徐健菴이 "修史條談"에서 주의를 환기시켜 주고 있다. 『明史例案』 卷二.

20) 본서 제5장 「남경 환도」.

대립 양상은 그렇게 중시하지 않고, 신하의 언론을 장려하는 황제에 대한 칭송 일화로서 거론하고 있다.[21] 그러나 그 후의 전개 과정을 고려한다면, 좌우 시신들의 의견에는 진선의 환도 저지 내용에 대한 비판도 포함되어 있었다고 봐야 할 것이다.

그 후, 진선의 염려는 현실로 나타났고, 때마침 남경에서 지역적·시간적으로 집중하여 일어난 일련의 지진도 가세하여 환도의 움직임이 가속화되어 갔던 것이다.

다음으로 강남의 물류 문제에 대해 더 분석해 보고자 한다. 홍희제 즉위 당초, 호부에서는 북경에서 매년 필요한 식량미가 500만석이라고 내다보았다. 아마 이 숫자는 영락 연간에 두드러지게 나타난 북경 궁전·산릉의 건설공사비, 몽골 친정에 의한 군사비 등이 포함되지 않은 경상적 재정 지출일 것이지만, 강남에서 운송되는 식량은 매년 평균 겨우 300만석 밖에 되지 않았으니 예상된 수치에 도저히 이를 수 없었다.[22]

실록을 보면, 매해 말의 기록에 그 해 전국의 호구와 세량 등의 통계가 나와 있는데, 제1차 북경 순행 이후에는 북경으로 운반된 조운의 수량이 별도로 기록되도록 하였다. 영락·홍희·선덕 연간의 북경 조운의 수량을 정리한 것이 다음의 〈표 4〉이다.[23] 영락 7년부터 22년까지는 해로와 육로를 겸한 운송에서 회통하 등의 준설에 의한 대운하 중심의 시대로 조운 방법이 바뀌기도 하였고, 또 연차적으로 변동이 꽤 심하였다. 북경으로의 조운이 아직 확립되어 있지 않

21) 주(3)의 黃雲眉, 『明史考證』 4에는 卷153의 陳瑄傳에도 인용된 이 일화에 대하여, 영락제가 신하들의 간언을 강하게 거부하였다는 증거이고, 또 좌우 시신들이 홍희제를 간언 거부 쪽으로 이끌어 가려고 했다는 설명을 붙이고 있다. 그러나 주(19)에 지적하였듯이 陳瑄의 제안에 대한 명실록과 『明史』 陳瑄傳 사이의 기술상의 중요 차이에 대해서는 아무런 언급이 없다.

22) 『明仁宗實錄』 卷3 下, 永樂 22년 10월 丁巳, "戶部奏, 京師歲用糧五百萬石, 今江南歲運裁三百餘萬石, 不足以供. 請自來歲于淮安等府增運, 李備此數. 從之"

23) 星斌夫, 『明代漕運の研究』(學術振興會, 1963) 第1章 明代における漕運法の發展 ; 吳緝華, 「明代海運及運河的研究」 中央研究院歷史語言研究所專刊 43(1961) ; 張奕善, 「明成祖政治 權力中心北移的研究」 『朱明王朝史論文集 -太祖·太宗篇』(國立編譯館, 1991)도 이미 동일한 표를 작성했다.

았다는 것을 말해주고 있다. 이 16년간의 평균은 294만여 석이다. 이 수량은 앞의 호부 당국의 실적 보고에 나타난 300만 석과 거의 일치하고 있다.[24]

표 4. 북경조운액의 추이(영락 7~선덕 10)

연차	북경조운액	비고
영락 7년	1,836,852석	제1차 북경 순행 7년 3월~8년 11월
8년	2,015,165석	제1차 몽골친정 2월~6월
9년	2,255,543석	
10년	2,487,188석	
11년	2,421,907석	제2차 북경 순행 11년 4월~14년 10월
12년	2,428,535석	제2차 몽골친정 3월~8월
13년	6,462,990석	
14년	2,813,463석	
15년	5,088,544석	제3차 북경 순행 15년 5월~(18년 12월)
16년	4,646,530석	
17년	2,079,700석	
18년	607,328석	
19년	3,543,194석	정월 북경, 경사가 되다
20년	3,251,723석	제3차 몽골친정 3월~9월
21년	2,573,583석	제4차 몽골친정 7월~11월
22년	2,573,583석	제5차 몽골친정 4월~7월
홍희 원년	2,309,150석	3월 북경, 행재의 지위에 돌아오다
선덕 원년	2,398,997석	
2년	3,683,436석	
3년	5,488,800석	8월 북경행부등의 폐지

24) 이에 대해 洪熙 원년부터 宣德 10년까지 11년간의 평균은 483만여 석으로 크게 증가하고 있다. 특히, 宣德 5년 이후는 500만 석의 공급 안정 시대를 맞이하였다. 이러한 조운체제의 정비가 북경 정도(定都)의 물적 기초를 가져다 준 것에 대해서는 별도로 더 고찰해 보고자 한다.
〈옮긴이 주〉 15세기 조운방식과 운송량에 대해서는 조영헌, 『대운하와 중국상인』(민음사, 2011) 참조.

연차	북경조운액	비고
4년	3,858,824석	
5년	5,453,710석	
6년	5,488,800석	
7년	6,742,854석	
8년	5,530,181석	
9년	5,213,330석	
10년	4,500,000석	

* 註 영락 7~22년까지의 16년간의 평균 약 2,942,000석
　　洪熙원년~宣德 10년까지의 11년간의 평균 약 4,835,000석
〈자료:『명태종실록』『명인종실록』『명선종실록』〉

그런데, 이 표에 나타난 최대의 문제는 영락 17·18년에 북경조운액이 급락하고 있다는 것이다. 영락 17년은 전년의 반액인 200여만 석, 18년은 그 3할에 불과한 60여만 석으로까지 감소했다. 영락 15년 5월에는 3차 북경 순행이 이루어지고, 북경 영건공사도 천도를 앞두고 본격화되어 갔다.[25] 태녕후 진규·안원후 유승(柳升)·성산후 왕통(王通) 등의 통솔 아래에서 공사에는 북경유수 행후군도독부의 군대가 충당되었다.[26] 실제 그렇게 많지는 않으나 조운군도 영건에 동원되었던 것이다.

영락 17년 7월, '유사' 즉 북경행부[27]가 평강백 진선이 이끌고 있는 운량군사를 북경 조영에 동원하고, 국가에서 1년 동안 쓸 양곡을 각지의 양장·이장이 직접 처리하여 민운으로 북경까지 운반할 것을 제안하였다.[28] 농사에 방해될

---

25) 본서 제3장 「북경 천도」.
26) 『明太宗實錄』卷185, 永樂 15年 2月 壬申·甲戌條.
27) 북경행부가 省級의 민정뿐만 아니라, 북경의 영건도 담당하고 있었던 것에 대해서는 徐泓, 「明北京行部考」『漢學研究』2-2(1984) 참조. 서홍의 논문은 명대 사료에까지 나타나 있는 북경행부의 기구와 직무에 관한 오해를 상세히 밝히고 있다.
28) 『明太宗實錄』卷214, 永樂 17年 7月 辛亥, "有司請以平江伯陳瑄所通運糧軍士, 明年俱赴北京營造 歲用粮儲 宜令各處粮戶自輸北京. 上曰國以農爲本, 人之勞莫如農(중략) 幸足供租稅 而官吏需索百出, 終歲不免饑寒, 又可令運輸數千里之外乎. 且令秋收後運來, 則北方河已凍, 候春暖凍開, 又妨農作. 如其所言公私俱不便. 其令戶部議兩

것을 염려한 영락제는 행재호부로 하여금 검토해 보도록 하였다. 이 때 행재호부는 절강·강서·호광 및 재경(남경) 수군 등위의 군사를 종전처럼 조운에 임하도록 하고, 그 외 위소의 군사를 조영 공사에 동원하게 하며, 그래도 수송 능력이 부족할 경우에는 절강·강서·호광 및 직례응천·안경·지주·태평·영국·화주 등 6개 부주의 민들을 징발하여 회안·임청에서 북경까지 운송하게 하고, 그들에게 식량을 지급할 것을 제안하였다. 이 제안은 받아들여졌다.

조운군을 북경영조에 동원함으로 생기는 공백을 민운으로 충당하여 메우던 조치가 실은 이때에 시작된 것이 아니다. 이미 전년인 영락 16년에 이루어졌던 것 같다. 정덕,『대명회전』권25, 호부〈회계3·조운〉에 보이는 영락 16년의 영이 그것이다.[29]

> (영락) 16년 영을 내리다. 절강·호광·강서포정사 및 직례 소(주)·송(강)·상(주)·진(강) 등 부 소속의 세량은 존류 및 남경으로 운송하는 것을 제외하고, 나머지 세량 250만석을 조달해 양(장)·이(장)으로 하여금 선척을 스스로 마련하여 운반하도록 하고, 북경·통주·하서무 등에 보내어 창고에 들이도록 한다.[30]

便者. 於是, 行在戶部議, 宜令浙江·江西·湖廣及在京水軍等衛軍士, 仍留轉運. 其餘衛所軍士令營造. 如運輸不敷, 則于浙江·江西·湖廣及直隸應天·安慶·池州·太平·寧國·和州, 量調民於淮安·臨淸諸路給糧轉運. 其餘各處歲徵, 原在淮安等處輸納者如故, 庶官民兩便. 從之"

29) 『明太宗實錄』卷206, 永樂 16년 11월 辛未條의 "免浙江·江西·湖廣·蘇松民營造, 令餽運北京"이라는 다소 불명확한 기록도, 어쩌면 『大明會典』의 〈永樂十六年令〉과 연관되어 있을 것이다. 森正夫는 전게 저서 『明代江南土地制度の硏究』(同朋舍, 1988), 276~277쪽에서, 영락 19년 몽골족 아로타이(阿魯台)와의 전쟁에 종사한 군인을 運糧軍으로 징발한 때부터 강남 델타 관전 지대의 농민은 멀리 북경 및 그 부근의 창고까지 세량을 운송하는 역을 담당하게 되었다고 서술하고 있지만, 북경 천도 이전의 영락 16년부터 이미 시작되었다고 생각한다. 또한 星斌武도 전게 저서, 『明代漕運の硏究』(學術振興會, 1963), 38쪽에서 『大明會典』의 〈永樂十六年令〉을 소개한 다음, 영락 16년에 민운이 이루어진 원인을 몽골친정에 의한 군사 징집에서 구하고 있다. 그러나 본문에 인용한 실록의 영락 17년 7월 辛亥條에도 명기되어 있듯이, 이 시기 본격화하고 있던 북경 조영에 조운군을 동원한 것이 주요인이었다.

30) 正德 『大明會典』卷25, 戶部 會計3〈漕運〉, "(永樂)十六年令. 浙江·湖廣·江西布政司幷直隸蘇·松·常·鎭等府所屬稅糧, 除存留及起運南京外, 餘糧坐撥二百五十萬石, 令

조운군이 북경 조영공사에 동원됨으로 말미암은 여파로, 장강 이남의 양장·이장 등의 민호는 스스로 배를 준비해, 멀리 북경이나 통주 등지의 창고에까지 세량을 운반하는 노역 부담을 떠맡게 되었다. 이로 인해 군·민이 함께 모두 영락제의 대사업인 천도에 대한 부담으로 고통을 받고 있었던 것이다. 익숙하지 않은 민운의 도입은 조운액의 격감을 초래했다고 생각된다. 통계에 나타난 이 숫자가 그것을 잘 말해주고 있다. 전장에서 검토한 삼전 소실 후, 한림원시독 이시면이 조칙에 응하여 주상한 내용 가운데 지적한 민운의 문제점은 바로 이 것을 지적하였던 것이다.[31] 북경 천도에 따라 생긴 물류면의 개선이 천도 단행 후에도 빠뜨릴 수 없는 과제로 남게 되었던 것이다.

Ⅱ. 환도 비판과 홍희제의 급서

홍희제가 환도 결의를 공표한 것은 홍희 원년 3월 28일이었다.

> 북경의 모든 관청은 모두 '행재'라는 두 글자를 붙여, 북경행부 및 행후군도독부를 다시 세우도록 영을 내렸다. 황제는 그 때 남경에 다시 수도를 세우기로 결의하였다.[32]

실록에는 이 시기에 있던 남경 환도의 목소리를 많이 싣고 있다. 두말할 것도 없이 이러한 상주문은 그간 천도를 위한 조영공사와 몽골 원정으로 많은 시간을 보낸 영락제 만년의 정치를 조정하려는 것이었다. 홍희제의 환도 결정도 이러한 흐름에 따른 것이었다.

그렇다 하더라도, 먼저 소개한 진선의 상주에도 나타나 있듯이, 북경을 중시하여 환도의 움직임을 저지하려는 입장도 없지 않았다. 사실, 환도는 영락제 치

糧·里人戶, 自費船隻, 運赴北京·通州·河西務等處上倉"

31) 본서 제5장 「남경 환도」.

32) 『明仁宗實錄』卷8下, 洪熙 元年 3月 戊戌, "命諸司在北京者, 悉加行在二字, 復建北京行部及行後軍都督府. 上時決意復都南京云"

세의 태반을 들여 북경으로 천도하여 생긴 수도의 기능을 다시 남경으로 되돌리는 것으로, 이는 오히려 새로운 지출을 강요하는 측면도 있었다. 환도 반대 움직임은 그 후 선덕시대에 이르러 환도 결정이 수포로 돌아간 역사적 사실을 봐도 충분히 예상할 수 있는 일이었다.

그러나 『인종실록』에 국한시켜 본다면, 환도결정에 대한 반대 소리가 전혀 보이지 않는다. 오히려 황태자의 남경 효릉 참배나 남경 황성 수리 지시가 내려지는 등 남경 환도를 위한 준비가 착실히 진행되고 있었다. 그러던 동안에 5월 12일에 홍희제가 갑자기 서거한 것 같은 인상을 준다.

하지만 다른 사료와 맞춰가면서 환도를 단념하게 된 경위를 살펴보면, 환도에 대한 비판이 제기되지 않은 것이 아니라, 황제의 급서로 말미암아 막 제기되기 시작한 비판이 자숙하게 되었고, 새로 즉위한 황제 아래에서 환도 문제가 포기되어지자, 비판 자체도 의미를 잃어버리는 상황이 되었던 것이다. 그런 의미에서 비판이 전개되기 전에 홍희제가 사망하고, 후술하듯이 환도 포기가 기정사실이 된 시점에서, 그의 치세를 기념하는 실록이 완성된 것은 죽은 홍희제로서는 다행이었을지도 모른다.

일반적으로, 홍희제는 영락제와는 달리, 신하의 간언을 장려한 황제라 말해지는 경우가 많다. 다만 예외로서 대리시소경 익겸(弋謙)이 거듭 되풀이 하여 행한 과격한 발언은 황제의 기분을 상하게 한 것으로 잘 알려져 있다.[33] 이때는 황제에 영합한 예부상서 여진·이부상서 건의·대리시경 우겸 등이 익겸의 이전 과실을 폭로한다든지, 도어사 유관도 어사를 시켜 탄핵하도록 하였기 때문에, 일시 그는 조회(朝會)에 참여할 수 없게 되는 등 그의 지위가 위험하게 되었다. 그러나 각신 양사기(楊士奇)의 조언으로 처벌이 면제됐다. 그 후, 여러 재앙이 자주 일어남에도 불구하고 신하들 가운데 상주하는 사람이 적은 것에 신경을 쓰게 된 황제는 칙유를 내려 신하들의 직언을 구하는 한편, 익겸을 부도어사로 발탁해 사천 지방을 순안하도록 하였다.[34]

---

33) 주(1)에 전술한 湯綱·南炳文, 『明史』, 149쪽.

34) 楊士奇, 『東里別集』卷2, 聖諭錄中. 『明仁宗實錄』卷7下, 洪熙元年 2월 庚申, 卷8上, 同年 3월 丁丑, 卷9上, 同年 4월 壬寅條. 또한 『明宣宗實錄』卷31, 宣德 2年 9月 乙未

그렇지만, 행재한림원시독 이시면과 시강 나여경(羅汝敬) 두 명의 경우는 익겸과 달리 상주한 내용을 이유로 좌천되고 말았다.

> 행재한림원시독(行在翰林院侍讀) 이시면(李時勉)·시강(侍講) 나여경은 모두 상소로 말미암아 도찰원 장도 감찰어사로 바뀌었다.[35]

황제가 꺼리고 싫어하는 일을 건드린 사건이라 그런지 실록에는 극히 간략하게 기술되어 있다. 그러나 이시면의 문집 『고렴문집(古廉文集)』卷12에 부록으로 실린, 같은 고향의 문인 彭琉의 〈행장〉에는 다음과 같이 기록되어 있다.

> 인종은 말하는 것이 준엄하고 직선적이며 심하게 화를 내었다. 노할 때 환관이 좋아 그 노한 기세를 누그러뜨렸다. 다음 날 아침, 조정에 나가 노를 발하고, 장군에게 명하기를, 지니고 있는 금과(의장용 막대기)를 가지고 이시면을 치라고 하였다. 의장용 막대기로 몸을 17~18번 때리자 갈비뼈가 두개 부러졌다. 반드시 죽이고자 한 의도였다. 다시 끌어 나오게 했다. 이를 보니, 안색이 조금도 변하지 않고 또한 능히 말할 것 같았다. 그 때에 시강 나여경 또한 상소하였다. 황제는 조회를 파하고 이부에게 일러 말하길 "이시면·나여경 모두 재간이 있으나, 한림원에서 빈둥빈둥 한가롭게 지내고 있기에, 그들의 직을 감찰어사로 좌천시켰다. 이시면은 교지도(交趾道)로, 나여경은 운남도(雲南道)로서 각각 자기 도(道)를 관장하게 하고, 매일 죄인들의 죄상을 밝힌 일 한 건, 상소문 한 편 씩 올리도록 하였다"고 하였다. 무릇 삼일 간에 선생은 세 번 상소를 올렸다. 마침내 금의위의 옥으로 보내져 엄형에 처해졌다.[36]

條에 보이는 李慶傳에 의하면, 이 때 많은 사람들이 익겸을 비판하고 있었는데, 중신으로 병부상서 李慶과 호부상서 夏原吉만은 침묵을 지키고 있었다고 한다.

35) 『明仁宗實錄』卷10, 洪熙 元年 5月 己卯, "行在翰林院侍讀李時勉·侍講羅汝敬 俱以言事改都察院掌道監察御史"

36) 李時勉, 『古廉文集』卷12, 附錄, 「行狀」, "[洪熙元年三月 仁宗皇帝頒賜誥命, 封贈父如先生官, 妣及妻劉氏皆爲安人. 先生旣受勅感激, 思圖報稱. 因觀時政, 日漸違節, 賞罰豫奪, 恩雖太過, 鮮愜中外之望. 仍備陳其事若干條, 析爲二本. 其一歷言朝政得失利害. 其一專於責難陳善. 具言, 此本乞留中, 勿便外知, 前本宜付所司, 衆議行之. 二本旣進, 卽焚其稿.] 仁宗皇帝見所言峻直怒甚. 中官從而擠之. 次早臨朝震怒, 命將軍以所執金瓜撲之. 瓜及體者十七八, 脇肋已斷其二. 意其必死矣. 命曳出. 及視之, 神色不動, 猶能言. 時侍講羅汝敬亦嘗言事. 上罷朝, 諭吏部曰, 李時勉·羅汝敬俱有才幹, 在

그 다음날 조정에서 금과(의장용 막대기의 일종, 臥瓜·入瓜類)에 의한 정장(廷杖)을 받아 빈사상태의 중상을 입은 사실이 보여주고 있듯이, 5월 4일에 이시면이 상주한 내용은 더욱 황제의 노여움을 샀다. 10일, 그는 교지도 감찰어사로, 나여경도 운남도 감찰어사로 좌천되었다.[37] 이 좌천의 결정도 실은 만조(晩朝) 석상에서 황제의 분노를 풀어준 하원길(夏原吉) 등의 주선으로 그나마 실현되었던 것이다.[38]

홍희제가 급서한 것은 그 이틀 후의 일이었다. 이 때문에 당시 사람들은 이시면의 상주가 황제의 병을 더욱 도지게 만들었고, 그로 말미암아 그의 죽음을 앞당겼다고 받아들인 것 같다. 홍치제 사망 며칠 후, 이시면은 그를 둘러싸고 있던 환관들에 의해 금의위의 옥에 투옥되었다.[39] 선제(홍희제)의 죽음으로 경황이 없던 선덕제는 후일 이시면을 금의위의 감옥에서 불러내 "그대는 어째서 선황을 괴롭혀 붕어하시게 했는가!"라며 마구 다그쳤다.[40]

그런데 문제는 실록에 언급되지 않은 이시면의 상주 내용이다. 앞의 행장에,

> 홍희 원년 3월, 인종황제는 고명(誥命)을 발하였다. 아버지 봉증하기를 선생의 관(官)처럼 하였고, 어머니 및 처 유씨도 모두 안인(安人)의 봉작을 주었다. 선생 이미 조칙을 받고 감격하여, 거기에 보답하고자 하였다. 인하여 時政을 보는데, 점차 규칙을 어기고, 상벌을 주었다 빼앗고, 은혜와 원수가 지나치게 많고, 중

翰林院間了, 其改爲監察御史. 李時勉交阯道, 羅汝敬雲南道, 俱令掌道, 每日間囚一起, 言事一章, 凡三日 先生三上章言事. 遂下 錦衣衛獄, 施以嚴刑"

37) 상주 날짜는 夏燮, 『明通鑑』 卷18, 仁宗 洪熙 元年 5月 癸酉條에 의한 것이다. 다만 실록이나 『國榷』에는 없고, 무엇에 근거 했는지는 불분명하다. 처분이 내려진 일자는 『明仁宗實錄』 卷10, 洪熙元年 5月 己卯條에 의하였다.

38) 夏原吉, 『忠靖集』 附錄遺事, 「夏忠靖公遺事」, "五月李時勉廷諍過激, 上怒欲刑之. 晩諭公等曰, 李時勉當朝辱朕. 諭已天顔大變. 公進曰, 時勉小臣之言, 豈能傷損聖德. 願陛下少霽天威, 下法司議定罪之, 未晩也. 從之". 또한 명대 전기에 晩朝가 행해지고 있었던 것에 대해서는 櫻井俊郎, 「明代題奏本制度の成立とその變容」 『東洋史研究』 51卷 2號(1992)가 자세하다.

39) 『明宣宗實錄』 卷22, 宣德 元年 10月 戊寅條. 다만 『古廉文集』 卷12, 부록의 尹恕나 吳節이 쓴 묘지 등에는 좌천된 다음날 홍희제의 명에 의해 투옥된 것으로 되어 있다.

40) 王錡, 『寓圃雜記』 卷2, 「李祭酒忠諫」. 해당 사료는 본장 본문 속에서 후에 소개한다.

앙과 지방의 기대대로 하는 일이 아주 적었다. 그리하여 그 일 몇 개 조를 상세히 말하였는데, 나누어 밝히면 두 가지였다. 그 하나는 조정의 득실이해에 관한 것을 낱낱이 말한 것이었다. 다른 하나는 좋지 않은 것을 책망하고 좋은 일을 널리 베푸는 일에 전념하도록 하는 것이었다. 구체적으로 말하면 이들 상소문은 궁중에 보관하고, 밖으로 알려지지 않도록 하며, 앞의 상소는 소관 부서에 넘겨주어 중론을 거쳐 이를 시행하기를 바란다고 하였다. 두 개의 상소문을 올렸는데 즉시 그 원고가 불살라졌다.

라고 되어 있다. 2개의 주상 가운데 하나는 조정에 대한 비판이고, 다른 하나는 황제 개인에게 몰래 건의한 내용이다. 그러나 2개의 상소문은 상정된 후, 모두 그 초고가 소각되어 남아 있지 않다고 한다. 확실히, 그의 문집 『고렴문집』 권8에도, 경태 원년에 올린 '봉사(封事, 상주문)' 뒤에 "又永樂九年(아마 19년의 오류) 夏四月本一封, 言事十五件缺. 又洪熙元年建言本二缺"이라고 되어 있는 것으로 보아, 잔존해 있지 않았던 것 같다.

그런데 뜻밖에도, 그의 출신지의 지방지인 만력 『길안부지(吉安府志)』 권32, 부록1, 상소 상편에는 이 상소가 '홍희원년소(洪熙元年疏)'로 되어있다.[41] 아마 2개의 상주문 가운데 후자가 여기에 해당할 것이다. 그 내용은 〈민력을 절제한다〉 〈기욕, 곧 좋아하고 즐거운 일만 하려는 욕망을 삼간다〉 〈정사를 부지런히

---

41) 萬曆 『吉安府志』 卷32, 附錄1, 上疏, "夫何卽位未幾, 土木遽興, 雖茅茨土皆非今日之所宜, 以峻宇雕墻, 亦前聖之所戒. 昔文帝嘗欲作露臺, 召匠計之, 値百金. 帝曰, "中人十家之産也, 何以臺爲"以文帝之富, 貫朽粟陳, 於百金之費, 猶且惜之. 陛下何不惜千金之費, 而欲轍(撤)成功而更新乎. 唐太宗嘗有氣疾. 百官以大內卑隘, 請營一閣以居, 帝憚勞民, 竟不許. 以太宗之治, 斗米三四錢, 於一閣之費, 尙慮擾民. 陛下何不惜民力, 而取材於遠方乎. 矧宮殿創乎太祖高皇帝, 同堯階禹宮之儉約, 傳之萬世, 可也. 太宗文皇帝, 旣任其勞於先. 陛下當守其成於後, 雖當改者, 猶且不忍於三年, 未可改者, 不宜速更於三月. 矧天下之民, 仰望太平, 如渴者之欲飮, 飢者之待哺, 正宜與之休息, 加也. 今又重勞民力, 疲罷何堪. 爾聞內官催木, 疾如風火, 郡縣被其折辱, 小民被其箠楚, 公私繁擾, 所至騷然.(中略). 臣之所願節民力者, 此也. 또한 『明代經世文分類目錄』(東洋文庫, 1986)은 명대에 편찬된 11종의 경세문류나 奏疏集을 모아 분류한 유용한 자료집인데, 이에 의하면 李時勉의 상주문은 어디에도 실려 있지 않다. 오히려 청대 건륭 46년에 칙찬으로 편찬된 『御選明臣奏議』 卷2에 "上仁宗奏疏"로 실려 있으므로 주의해야 할 것이다.

돌본다〉 〈정학(正學)에 힘쓴다〉 등 네 개의 항목으로 되어 있다. 이들은 정치 전반에 걸친 것이지만, 여기에서 '민력을 절제한다'는 부분을 검토하고자 한다.

이시면은 즉위 후 곧 시작된 궁전 공사로 인한 노동력을 절약해야 한다고 주장하였다. 이 시기의 주된 궁전 공사는 후술하겠지만 북경이 아니라 남경의 궁전 수리였다. 더욱이 여기에는 토목공사에 따른 백성의 부담 증대에 대한 비판도 그렇지만, 태조가 창건하고 영락제 이후 계승된 남경의 궁전을 선제의 상사(喪事)가 아직 끝나지도 않았는데 그렇게도 빨리 개변하려고 한 것을 더 큰 문제로 삼았던 것이다. 더 나아가 남경 궁전 수리 공사의 착수에 머무르지 않고, 그것을 불러일으킨 홍희제의 남경 환도 결정에 대한 비판이 의도되고 있었던 것은 아닌가 하는 생각이 든다. 왕기의 『우포잡기』 2권 '이제주충간(李祭酒忠諫)'에 보이는 다음의 일화도 이런 추정을 뒷받침해주고 있다.

> 한림원시독 이시면이 간언하자 인종이 크게 노를 발하였다. (中略) 선종이 등극하여, 이시면을 불러들였다. 멀리서 보고 즉시 팔뚝을 걷어붙이고 노발대발하여 말하기를, "그대는 어찌하여 선황을 크게 근심하게 하고, 끝내 붕어하는 데까지 이르게 하였는가"라고 하였다. 이시면 말하길, "신은 상중에는 아무쪼록 자주 비빈(妃嬪)을 들여서는 안 되고, 태자를 슬하에서 멀리 떠나보내서는 안 되며, 모든 대사(大事) … 운운하였다"고 하였다. 황제의 노기가 조금 누그러졌다. 오래되지 않아 그는 옥에서 석방되었다. 인종이 붕어할 무렵 선종은 남경에서 심히 위급한 상태라고 보고받았는데, 지금 그 말을 듣고, 당시의 정황을 이해하게 되었다.[42]

이에 의하면, 이시면은 선덕제로부터 선제를 격노하게 한 주상의 내용에 대하여 추궁 당했을 때, 먼저 영락제의 복상 기간 동안에 비빈을 가마에 태워 들여보낸 일과 황태자를 황제 슬하에서 멀리 떠나보낸 것은 그릇된 일이라고 이시면은 진언했다고 한다. 주목해야 할 것은 홍희제로부터 직접적인 분노를 샀다

---

42) 王錡, 『寓圃雜記』卷2, 「李祭酒忠諫」, "翰林院侍講〔讀〕李時勉進諫, 仁宗大怒, (중략). 宣宗登極, 召時勉入. 遙見, 卽以手捋臂而怒曰, '汝何激惱先帝, 而致崩邪' 時勉曰, '臣言, 制中不宜屢進嬪妃, 太子不可遠離膝下, 幷諸大事云云'. 上怒小解. 不久, 釋其獄. 方仁宗上賓, 宣宗在南京得報, 甚危急, 今聞其言, 亦有感也"

고 추측되는 '황음(荒淫)'43) 비판과 동시에 후자의 황태자에 관한 부분이다. 이 것은 당시 선제의 환도 의향으로 행해지고 있던 황태자의 남경 유수를 가리키 고 있다. 그 비판이 합당한 것으로 여겨진 것은 선제 사후, 황태자가 부재한 북 경에서 황위계승을 둘러싸고 생긴 정치적 긴장에 의해서 시도되었다가 끝났다 는 것이다.44) 이상의 고찰을 통해, 이시면은 남경의 궁전 수리와 황태자의 남경 유수에 반대함으로써 홍희제의 환도의 결정 자체를 비판하였던 것이다.

이시면과 동시에 좌천된 나여경에 대해서도, 단편적인 사료 밖에 남아 있지 않아 확실하지 않다. 그가 상주한 것은 '시정(時政) 15가지 일(事)'이지만, 그 내 용이 자세하지 않다.45) 그런 가운데서도 다행한 것은 『명사』 권137, 나복인(羅 復仁) 전에 실려 있는 손자 나여경(羅汝敬) 전46)에, 그가 대학사 양사기 앞으로 보낸 편지가 실려 있는데, 이 편지로부터 내용을 어느 정도 엿볼 수 있다.

> 선종 초에 대학사 양사기에게 글을 올려 이르기를 "태조 고황제는 마침내 사
> 해를 차지하고, 태종 문황제는 온 누리를 재조(再造)하였는데, 모두 삼가고 조심
> 하여 나태함이 없었습니다. 선황제는 황통을 이어 받아 미처 일 년도 안 되었는

---

43) 황음과 잡기를 좋아하는 홍희제의 버릇은 이웃나라 조선에까지 퍼져 나갔다. 『朝 鮮王朝實錄』世宗 卷41, 10年(宣德 3年) 9月 丁巳, "上謂代言等曰, '尹鳳率爾告予 曰, 洪熙皇帝及今皇帝皆好戲事'. 上謂代言等曰, '尹鳳率爾告予曰, 洪熙皇帝及今皇帝 皆好戲事. 洪熙嘗聞安南叛, 終夜不寐, 甚無膽氣之主也.' 知申事 鄭欽之對曰 '尹鳳 謂予曰 洪熙沈于酒色, 聽政無時, 百官莫知早暮. 今皇帝燕于宮中, 長作雜戲. 永樂皇 帝, 雖有失節之事, 然勤於聽政, 有威可畏 鳳常慕太宗皇帝, 意以今皇帝爲不足矣.' 上 曰 '人主興居無節, 豈美事乎'". 홍희제 이외 선덕제나 영락제에 대해서도 솔직한 인 물평가가 나타나 있어 흥미롭다. 홍희제가 황음과 단약 복용을 즐기므로 그의 죽 음을 재촉했다는 것에 대해서는 『吳晗史學論著選集』第二卷(人民出版社, 1986, 原 載 1942) 및 楊啓樵, 「明代諸帝之崇尙方術及其影響」 『明清史抉奧』(廣角鏡出版社, 1984) 참조.

44) 이 시기의 漢王 高煦의 동향에 대해서는 후술하겠다.

45) 『國朝獻徵錄』 卷51, 工部2, 王英 「通議大夫工部右侍郎寅庵羅公簡墓碑」.

46) 評点本, 『明史』(中華書局, 1974) 卷137, 羅復仁傳에 부록된 孫의 汝敬傳에서는 '孫' 의 부분을 성이라고 보고 '孫汝敬' 모두에게 傍線을 친 것은 잘못이다. 이 결과 같 은 중화서국의 『二十四史紀傳人名索引』(1980)이나 『明史人名索引』 上卷(1985)도, '孫汝敬'을 그대로 인명으로 보는 오류를 범하고 있다.

데 돌연 여러 신하를 버리게 되었습니다. 그 까닭을 헤아려보니, 모두 아첨 잘하고 간사한 자들이 금석을 헌상하였는데, 이것들이 병에 이르게 한 것입니다. 작년 겨울, 간(여경)이 고지식하게 조서에 응하여 상서하였는데 언변은 불경에 이르고, 죄는 만 번이나 죽을 정도에 해당하였습니다. 선황제는 그 외롭고 곧은 것을 불쌍히 여겨, 벼락 천둥 맞아 죽을죄를 용서하여, 언로에 있게 하였습니다. 자신을 돌아보고 살펴 순리에 따르니 가히 칭찬을 아끼지 않았습니다"고 하였다.[47]

이 편지는 다음 생략된 부분에 선덕제의 천수산 능묘 배알에 대한 언급이 있는 것으로 보아, 선덕 원년(1426)에 기록된 것으로 추정할 수 있다. 나여경이 홍희제에게 상주문을 제출한 것이 '작년 겨울'이라는 시기가 잘못이 아니라면, 홍희 원년(1425) 겨울에 황제가 사망했으므로, 영락 22년(1424) 10월부터 12월에 걸친 시기에 해당하며, 이것은 이시면의 상주보다 앞선 것이 된다.

그것은 그렇다 치고, 편지 가운데에 즉위 후 1년도 채 지나지 않아 죽은 것은 황제에게 아첨하여 접근하려는 무리가 불로장생약을 권했기 때문에 결국 병들게 되었다고 지적하고 있는 것을 보면, 불경죄로 지목받은 진언의 내용도 황제의 일상생활을 솔직하게 비판한 것이었다고 생각할 수 있다. 황음을 비판하였던 앞의 이시면의 상주와 공통점이 보인다. 두 사람은 이른바 '동년'의 진사로, 함께 한림원에 들어가 천자의 강독관(講讀官)으로 일하였으니,[48] 서로 얘기한 후에 행동했을 가능성도 높다. 또 이시면은 같은 강서 길안 출신이었던 내각 대학사 양사기와도 관계가 깊은 사람이었기에 어쩌면 이러한 비판의 배후에는 양사기의 존재를 염두에 두었을지도 모른다.[49]

---

47) 『明史』卷137, 羅復仁傳附 (羅)汝敬傳 "宣宗初, 上書大學士楊士奇曰, 太祖高皇帝奄有四海, 太宗文皇帝再造實區, 然猶翼翼兢兢, 無敢豫怠. 先皇帝嗣統未及期月, 奄棄群臣. 揆闕所由, 皆憸壬小夫, 獻金石之方, 以致疾也. 去冬, 簡以愚戇應詔上書. 言涉不敬, 罪當萬死. 先皇帝憐其孤直, 寬雷霆之誅, 俾居言路. 撫躬循省, 無可稱塞"

48) 李時勉, 『古廉文集』 卷9, 哀挽 "羅侍郎哀挽詩序".

49) 李時勉은 옥중에서 자신의 석방에 힘을 보태어 달라는 편지를 楊士奇 앞으로 보냈다. 李時勉, 『古廉文集』 卷8, 書簡 「與楊少師書 二」. 초기 명 왕조 중앙정부의 강서 출신자 동향에 대해서는 生駒晶, 「明初科擧合格者の出身に關する一考察」 『山根幸夫敎授退休記念明代史論叢』 上卷(汲古書院, 1990) 참조.

그런데, 이시면은 앞 장에서 말한 것처럼, 영락 19년 4월의 삼전 소실 후에 나온 황제의 조서에 응하여 북경 천도의 부당함을 지적한 한 사람이기도 하다.[50] 그의 경우, 동시에 상주문을 올린 시강 추집의 남경 환도 요구와는 달리, 북경 건설에 따른 군민 쌍방의 과중한 부담을 개선하려는 것이다. 동일 인물이 이번에는 홍희제의 남경 환도를 비판하고 있다. 그의 생각의 변화는 무엇을 의미하는 것일까?

홍희제는 궁궐 조영과 원정으로 시간을 다 보낸 영락제 만년의 정치 혼란을 조정하기 위하여, 즉위 조서로 서양으로 내려간 보선이나 운남·교지에서의 금은보화 및 향료 구입, 각지 갑판과정(閘辦課程)의 폐지를 내세웠다.[51] 전술한 재경 문무관이나 병사의 봉급 개선도 조정책의 일환이었으며, 어느 정도 실효가 있었다. 이것이 후세 사람들에 의해 '인선의 치'라고 불리는 까닭이기도 하다. 그러나 아이러니하게도 홍희제가 의도한 환도의 입장에서 볼 때, 조정책은 마이너스로 작용했다. 그렇게 말할 수 있는 것은, 황제 지휘 아래에서 추진되었던 이들 경제 조정책은 환도를 기대하는 사람들의 불만을 일정 정도 흡수해, 환도를 요구하는 여론의 물적 기초를 근본부터 무너뜨리기 시작했기 때문이다.

시대는 당시 지나치게 북쪽으로 편향되어 진동하고 있는 시계추를 되돌려 놓을 것을 요구하고 있었다. 홍희제의 환도 선택은 그런 조정을 의도한 것이었지만, 반동의 기세가 너무 지나치게 남쪽으로 쏠릴 염려도 대두하고 있었다. 더불어 조정 정책의 효과도 차차 상승하여 가면서 황제 의도와 여론 사이에 서로 엇갈림이 생기기 시작하였다. 언뜻 보면, 180도로 변하였는가라고 생각될 수 있는 이시면의 견해도 실은 이러한 상황의 변화를 주시한 데서 나온 것이었다.

---

50) 본서 제5장 「남경 환도」.
51) 본서 제5장 「남경 환도」.

Ⅲ. 환도의 포기

1. 헌릉 건설

홍희제가 서거했을 때, 남경 유수로 나가 있던 황태자가 급히 북경으로 돌아와, 홍희제의 죽음을 공식적으로 공포한 것은 황제 사후 20여 일이 지난 6월 3일이었다.[52] 황후 장씨의 승낙을 거쳐 작성된 홍희제의 유조(遺詔)도[53] 이 날 공포되었다. 유조는 크게 세 부분으로 되어 있다.

---

52) 岸本美緒, 「崇禎十七年の江南社會と北京情報」 『明淸時代の法と社會』(汲古書院, 1993) 수록. 후에 『明淸交替と江南社會』(東京大學出版會, 1999)에 다시 수록되어 있는데, 이에 의하면, 명말 평상시의 경우, 옛날의 관보인 邸報 등에 의한 북경의 정보는 약 1개월 걸려 강남에 닿았다고 한다. 홍희제의 용태가 악화되어, 황태자를 귀환시키기 위해서 내관 海壽를 보낸 것은 5월 11일이었고, 그 다음달 3일에 황태자가 북경에 도착하였다. 그 사이 북경·남경간의 왕복 왕래에 걸리는 일수는 21일이었다. 그러니 편도 10일 남짓 걸린 셈이다. 이 경우, 발신자와 수신자가 명확한 점 등 정보의 성격 차가 있기는 하지만, 당시 황위의 계승을 둘러싼 불안한 사태를 고려한다면, 이런 날수는 정보 전달이 잘 된 사례라 할 수 있다. 영락제의 경우, 영락 14년 9월 순행처의 북경에서 남경까지 육로로 귀환하는데 35일 걸렸다. 『明太宗實錄』卷180·181, 동년 9~10월. 배로는 남경에서 출발하여 북경에 도달하는데 20일 정도 걸렸다. 劉崧, 『槎翁文集』卷7, 「按察司官朝會 題名記」. 또한 전술한 岸本美緒 논문은 정보 전달 기간의 장단에 그치지 않고, 정보가 사회 질서의 변용에 초래한 역할에 주목한 연구로, 종래 간과하여 온 흥미로운 문제를 밝히고 있다.

53) 유조가 황후 장씨의 승낙 아래에서 작성되었다는 것에 대해서는 본서 제5장 「남경 환도」의 주(96)에 인용한 『朝鮮王朝實錄』世宗 卷29, 7년(洪熙 元年) 윤7월 癸卯條에 보인다. 그리고 황태자(후의 선덕제)가 북경에 없는 동안, 선제로부터의 황위계승이 황후의 지휘 아래 진행된 것에 대해서는, 夏原吉, 『忠靖集』附錄 遺事 「夏忠靖公遺事」에, "仁宗賓天, 公(夏原吉)受顧命. 時宜宗爲皇太子監國南京, 中外洶洶, 有漢庶人之憂. 太后以公東宮舊輔, 凡軍國事悉命公裁處. 公密謀急迎駕還京. 駕將至, 群臣出迎, 太后密命公留佐襄王監國"이라고 되어 있다. 새로운 황제가 즉위한 후에도 군사나 국정의 중요 사항은 내외의 정치를 잘 알고 있던 장황후의 결재를 받는 일이 많았다는 것은 『明史』卷113, 后妃列傳, 仁宗誠孝皇后張氏傳에 보이고 있다. 그의 죽음은 정통 7년 10월의 일로, 15년 이상이나 황태후, 혹은 태황태후로서 정치에 영향력을 발휘하였다. 이것도 閣臣, 이른바 "三楊"의 존재나 상서의 장기 재임과 더불어 이 시기 정치적 안정을 도모하는데 중요한 요인 가운데의 하나였다.

조서에 이르기를, (중략) ① 모름지기 나라와 백성에는 반드시 주군이 있어야 하는 법이다. 장자인 황태자는 천품이 인후하고 효우 영명하여, 선제는 일찍이 그 큰 인물됨을 기대하였고 신민은 모두 그의 명성을 흠모하였다. 마땅히 황제로 즉위하여 제왕의 종통을 받들고 억조창생을 어루만져야 한다. (중략) ② 산릉 제도는 힘써 검약에 따라야 한다. 상제(喪制)는 이일역월제(以日易月制)라는 단상제(短喪制)로 하여 중외 모두 27일로 상복을 벗고, 시집가고 장가들며 즐기는 것을 금하는 일이 없도록 해라. (중략) ③ 오호라. 남북 공억(供億)으로 인한 수고로 군민이 모두 괴로워하고 있다. 사방이 향하여 우러르는 것은 모두 남경에 의지하는 것이다. 이 또한 나의 본심이니 군주가 백성을 자식처럼 여김은 마땅히 민심에 따름이다.[54]

확실히 선덕제 즉위 초의 정치는, 황태후의 후견 아래 선제의 유조를 준수해야 한다는 것이 전면에 나타나 있다. ①에 나타난 자연스러운 황위계승[55]은 물론, ②의 능묘 건설의 검약과 상제의 간소화는 거의 실행되었다고 여겨진다. 반면 ③의 남경 환도는 결국 실현되지 못했다. 이미 3월 28일, 환도를 결심하고 있던 홍희제의 뜻은 유조 가운데서 새삼 접할 수 있지만, 남경으로의 환도는 일찍부터 궤도수정이 이루어져 나갔다.

그런데 해당 시기의 실록을 살펴본 바에 의하면, 선황의 유조인 남경 환도 결정을 둘러싸고 조정에서 정면으로 거론된 흔적은 없다.[56] 하지만 이 시기는

---

54) 『明仁宗實錄』卷10, 洪熙 元年 5월 庚辰, "詔曰, (中略) ①惟宗社生民, 必有君主. 長子皇太子, 天稟仁厚, 孝友英明, 先帝夙期其大器, 臣民咸欽其令望. 宜卽皇帝位, 以奉神靈之統, 撫億兆之衆. (中略) ②山陵制度, 務從儉約. 喪制用日易月, 中外皆以二十七日釋服, 無禁嫁娶音樂(中略). ③嗚呼, 南北供億之勞, 軍民俱苦. 四方嚮仰, 咸屬南京. 斯亦吾之素心, 君國子民宜從衆志"

55) 이 황위계승은 어딘가 긴장감을 안고 있었다. 황태자가 효릉 알제(남경 유수)로 간 사이 부재중이었던 북경에는, 계엄 체제가 반포되어, 숙부 한왕 高煦의 동정이 염려되고 있었다. 『明宣宗實錄』卷1, 洪熙 元年 6월 壬寅朔條 및 전술 주(38)의 "夏忠靖公遺事" 참조. 한편, 남경에는 황제 사망 사실이 새어 나와 소문이 퍼져나가고 있었다고 한다. 황태자가 천자의 옥새가 찍힌 북경 소환 명령서를 받자, 황태자 주변 사람들은 군대를 정돈한 후에 출발해야 한다 하고, 북경으로 가는데 정규 역전을 통해서가 아니라 지름길을 택하여 가야한다고 권하는 사람도 있었다. 『明宣宗實錄』卷1, 참조.

56) 다만, 洪熙 원년 12월, 북경과 함께 남경의 천단·지단·사직단의 배치라든지, 옥벽·

마침 홍희제의 능묘 '헌릉' 축조 공사가 추진되던 시기이기도 하다. 북경 서북
지역에서의 헌릉 건설은 환도 보류를 위한 제일보가 되었다. 먼저 7월 11일, 관
원을 파견해 영락제의 능묘 '장릉'의 서쪽에 능침을 축조할 것을 천수산신과 토
지신에게 제사하여 고하였다.[57] 8월 8일에는 능침전 5칸, 좌우무각 5칸, 문루
3칸, 신주 5칸 및 제기의 건조가 행재 공부에 명해지고, 마침내 20일에는 '헌릉'
이라는 능호가 추천되었다.[58] 9월 초하루에는 마침내 홍희제의 관이 양왕 첨
선(瞻埻)의 경호 아래 발인되었고, 5일에 헌릉에 안장되었다.

　헌릉은 천수산에 건조되었지만, 실록에는 이 땅이 선택된 이유와 건설의 경
위에 대해서 다음과 같이 기술하고 있다.

　　　헌릉에 장사지내었다. 이보다 앞서 인종황제 빈천(賓天)하고, 황제는 유사에게
　　명령해서 매장지를 택하게 하니, 천수산 양지에 길한 땅을 얻었다. 상서 건의·하
　　원길 등을 불러서 이를 의론하여 말하길, "(중략) 그런 식으로 옛 성제명왕은 모
　　두 검소와 절약을 따랐다. (중략) 더욱이 황제의 유언에 따라 힘써 검약에 따르려
　　는 것은 천하가 모두 다 아는 바이다. 지금 산릉을 세우는데, 선황의 뜻을 잘 따
　　라야 한다고 생각한다. 경들의 생각은 어떠한가"라고 하였다. 건의 등이 대답하여
　　이르기를, "성황의 높고 깊은 뜻은 지극한 효성에서 나온 것이요, 이것은 만세의
　　이익입니다"라고 하였다. 이에 성산후 왕통·공부상서 황복으로 하여금 그 일을
　　총괄하도록 했다. 그 제도 모두 황제가 도모한 것이었다. 3월에 준공하고, 지금에
　　이르러 매장한다.[59]

　여기에는 천수산의 남사면에 길조의 땅을 얻었다든지, 유조에 따라 검약하

　　옥종 등이 만들어졌다는 것은, 선제의 남경 환도의 결정에 바탕을 둔 조처였을 것
　　이다. 『明宣宗實錄』 卷12, 洪熙 元年 12月 壬午條.
57) 『明宣宗實錄』 卷3, 洪熙 元年 7月 戊寅條.
58) 『明宣宗實錄』 卷7, 洪熙 元年 8月 乙亥. 卷8, 同年 同月 丁亥條.
59) 『明宣宗實錄』 卷9, 洪熙 元年 9月 壬寅, "葬獻陵. 先是仁宗皇帝賓天, 上命有司擇葬
　　地, 得吉兆於天壽山之陽. 召尙書蹇義·夏原吉等諭之曰, '(中略) 然古之聖帝明王皆從
　　儉制.(中略) 況皇考遺詔, 務從儉約, 天下所共知. 今建山陵, 予以爲宜遵先志. 卿等之
　　意如何' 義等對曰, 聖見高遠, 發於孝誠, 萬世之利. 於是命成山侯王通·工部尙書黃福
　　總其事. 其制度皆上所規劃. 三月告成, 至是葬"

게 능묘를 지었다는 것이 기술되어 있지만, 유조 가운데 또 하나의 중요한 부분, 곧 남경 환도에 대해서는 전혀 언급이 없다. 그렇지만 지금까지 언급해 온 '환도'라는 홍희제 유지의 존재를 전제로 한다면, 선제의 능침을 남경에 있는 태조의 능묘 '효릉' 부근에 마련한다는 선택도 있을 수 있는 일이다. 다시 말하면 후세의 우리는 '명13능'의 완성된 이미지에서 능묘의 땅은 당연히 13능이 있는 천수산 내의 어딘가가 선택되었다고 생각하기 쉬우나, 남경에 태조의 효릉이 있고, 북경에 장릉(長陵) 밖에 존재하고 있지 않던 상황에서 만일 남경 환도를 결정한 선제의 유지를 존중한다면 다른 선택도 있을 수 있기 때문이다.

그렇다고는 하더라도, 선덕제가 조부 영락제를 유달리 흠모하고 있었다는 사실을 생각하면, 이러한 선택은 있을 수 없을 것이다. 즉위 후의 선덕 원년 2월, 첫 청명절을 맞아 장릉과 헌릉에 나가 참배할 때에 황제는 함께 한 신하들에게 "짐은 어릴 때부터 황조 영락제로부터 특별히 총애를 받아 지금껏 하루도 좌우로 모시지 않은 적이 없고, 그분의 원대한 책략에서 하나하나 가르침을 받았다"[60]라고 술회 하고 있는 것에서도 나타난다. 또 능지 선택 때에 시찰하기 위해 파견된 책임자는 영락제 치세 동안 황제의 두터운 신임을 받고 있던 대학사 양영이었는데, 이런 점을 봐도 선제의 장지는 장릉 부근이 선택되어지는 것은 당연한 일이었다.[61]

헌릉 건설지가 결정되고 며칠 지난 후인 7월 13일, 선덕제 즉위에 따라 제왕들에게 상으로 물품을 내려주었다.[62] 이어 다음날은 북경의 관리와 군민들에게 하사품을 내렸다. 공신 가운데의 공(公)에게는 100냥, 후(侯)·백(伯)에게는 80냥, 문무관은 1·2품의 60냥에서 8·9품과 잡직의 5냥까지, 장군·기군·교위는 각 2량, 실습 중인 문무관·감생·생원·인재·이전·승려·도사·음양가·기민·의사·공장·주역·악사 등은 각 1냥, 구휼 대상의 유관이나 훈련 중에 있는 천호·백호·진무, 늙어 쇠약한 유군은 그 반액이었다. 또 북경에 체류하고 있는 외

---

60) 『明宣宗實錄』卷14, 宣德元年 2月 乙酉條.
61) 楊榮, 『文敏集』附錄, 楊士奇撰「楊公墓誌銘」, "仁廟上賓, 時皇太子監國南京, 遺詔嗣位, 公往迎於德州. 旣還, 命公同有司相陵地"
62) 『明宣宗實錄』卷3, 洪熙元年 7月 庚辰條.

국의 조공 사절에게도 금품을 내려주었는데, 직사관에게는 경관과 같은 액, 직사관이 아닌 경우에 정사에게는 10냥, 부사나 관대를 가진 두목·파사·통사·사인·타자한(打刺罕)·회족(回回) 등은 각 5냥, 관대가 없는 두목·파사·통사·사인·타자한·회족 등은 각 2량, 거기에 따라온 종인은 1냥이었다. 더욱이 7월 20일 이전에 조영을 위해 각지에서 북경으로 온 관공관(管工官) 가운데 도사·포정사·안찰사나 지부·지휘에게는 각 10냥, 천호·백호·주현관은 각 5냥, 기군·공장·이전은 각 1냥이 주어졌다. 이때 사여 받은 사람은 모두 32만 950명, 총액은 은(銀) 96만 3천 8백 29냥에 이르렀다.[63]

즉위에 따른 사여 자체는 관례에 따른 것으로, 그렇게 진귀한 일이 아니다. 그러나 이때는 지폐가 아니라, 은(銀)이 하사되고 있다는 것이 특히 주목할 만하다.[64] 이미 언급한 것처럼, 북경의 서북 장릉 서쪽 근처에 능묘를 건설한다고 한 것은 어떤 의미로는 홍희제 시대에 결정한 남경 환도의 포기를 표명한 것이었다. 일시 체류자까지도 포함하여 북경 거주자 여러 층의 사람들에게 폭넓고 광범위하게 이루어진 그 직후의 사여는 새로운 황제 아래에서 북경이 다시 수도로서의 지위를 갖게 된 것을 사람들에게 인상깊게 심어준 것임에 틀림없다. 그런 점에서 재위 1년도 채우지 못하고 세상을 떠난 홍희제의 갑작스런 사망으로 장자 선덕제가 이어 받은 제위 계승의 극(劇)은 수도 문제에 국한시켜 볼 때, 하나의 조용한 정변이라는 의미를 지니고 있는 것이다.

이러한 당시의 상황을 뒷받침할만한 기사가 실록에 두 군데 발견된다. 하나는 윤7월, 화용현의 유사 윤숭이 요구한 황제 남경 환도에 관한 상주이다.

---

63) 『明宣宗實錄』 卷3, 洪熙元年 7月 辛巳條.

64) 남경에서 행해진 영락제의 경우, 지폐와 견직물(『明太宗實錄』 卷12下, 洪武35(建文4)年 9月 辛卯), 같이 북경에서 실시한 홍희제의 경우도, 지폐·견직물·후추·소목 등으로(『明仁宗實錄』 卷2下, 永樂 22년 9월 庚子), 銀은 포함되지 않았다. 은이 활발히 하사에 이용된 것은 오히려 元代이다. 愛宕松男, 『元朝の對漢人政策』(原載 1943). 후에 『愛宕松男東洋史學論集』 第4卷(三一書房, 1988)에 수록. 小林新三, 「元朝における銀の賜與について」 『元史刑法志の研究譯註』(教育書籍, 1962) 수록을 참조. 홍무제의 사여에 대해서는 근년 奧山憲夫, 『明代軍政史研究』(汲古書院, 2003)가 그 전모에 대하여 고찰하였다.

하나, 홍기(洪基)를 바르게 하는 것입니다. 옛날 태조 고황제는 회서에서 일어나 강동에서 나라를 세우고 법을 세워 다스리기 30여 년이었는데, 사방을 사랑하고 편안하게 하고, 만백성을 화합하게 하였습니다. 예악 제도가 상고에 비하여더 융성하였습니다. 이어 태종과 인종이 대통을 이어 받아 모두 옛 제도를 존중하고, 양경(兩京)을 건립하고 주(周)의 제도를 모방하여, 위엄이 오랑캐에 떨쳐 화이(華夷)가 청녕(淸寧)하였으니, 원대한 책략과 멀리 내다보는 깊은 사려로, 장차진실로 천하를 잘 지켜내야 합니다. 그렇지만 남경은 강산이 뛰어나고 견고하며,수륙 교통이 잘 통하는 곳입니다. 나라의 씀씀이를 수급하는데 민력 이용하기가 쉽습니다. 조운으로 나라에 공납을 바치는 것은 주변 사방의 조공과 함께, 도리가 적절하고 균등한 일이어서 천하를 모두 편하게 할 것입니다. 생각건대 훈구(勳舊)·장신(將臣)들에게 명하여 북경에서 정예를 훈련시키고, 성지(城池)를 잘개수하며, 군비를 잘 갖추고 무기를 예리하게 하며, 둔전을 널리 펴서 곡물을 모아 쌓아두고, 변방을 방비하도록 해야 합니다. 그리고 황제께서는 남경으로 환궁하여, 군민의 바람을 깊이 위무해 주어야 합니다.[65]

태조가 정권을 수립한 땅에서, 더욱이 수륙 교통이 편리하고 물류의 중심에위치한 남경으로의 환도를 요구하고 있는 이 제안은 용관(冗官) 삭감과 봉급 개선이 함께 상주되었다. 황제는 행재 예부에 심의해 보도록 명하였으나, 그 결과가 확실히 나온 것은 아니었다. 화용현은 호광 악주부에 있는 현으로, 그가 거기에 살고 있었다고 한다면, 북경과는 멀리 떨어져 있었다. 어쩌면 당시 북경에서 진행되고 있는 상황들이 그에게까지 충분히 전해지지 않았을 가능성도 있다. 그러나 새삼스럽게 그가 이런 제안을 하고 있다는 것은 어떤 정보를 통해새로 즉위한 황제 밑에서 선황의 유조대로 사태가 진행되고 있지 않다는 것을그가 알았기 때문은 아니었을까? 또 선덕제가 유조의 실현을 의도하고 있었다면 그것과 합치되고 있는 이 제안에 대하여 포상을 내린다는 취지의 성유를

---

65) 『明宣宗實錄』卷6, 洪熙元年 閏7月 癸亥, "湖廣岳州府華容縣儒士尹崧言三事, 其一正洪基. 昔太祖高皇帝避淮右, 肇基江左, 建極三十餘年. 寵綏四方, 和輯萬民 制度文爲比隆上古. 継以太宗仁宗, 嗣承大統, 悉遵舊章, 建立兩京. 用仿周制, 震威胡虜, 華夷淸寧, 長策遠慮, 固當世守. 然南京則江山雄固, 水陸兼通. 國用所需, 民力易辦. 供輸漕運, 與夫四方朝貢, 道理適均, 天下咸以爲便. 乞命勳舊將臣, 於北京訓練精銳, 繕修城池, 堅利甲兵, 廣開屯田, 聚積粮儲, 以備邊防. 皇上回鑾南京, 則深慰軍民之望"

내리는 등 적극적인 행동이 보였을 지도 모른다. 그러나 실제로는 거의 무시되어 있었다. 이후 홍희제의 재위 기간 이래 계속되고 있던 신민들로부터의 남경 환도 제안은 실록에서 자취를 감추고 말았다.

또 다른 하나는 이듬해 8월에 북경의 행재 흠천감에 근무하던 천문 학생 이종선(李宗善)이라 하는 사람이 남경에 홀로 남아 있는 노모를 부양하기 위해 모시러 가기를 신청하였다.[66] 어쩌면 북경 천도에 따라 남경에서 북경으로 근무지를 어쩔 수 없이 옮겨온 사람이었을 것이다. 선덕제는 모자의 돈독한 정을 헤아려 특례로써 휴가를 허락했다. 관상대에서 주야로 천문 관측을 하는 천문학생에게는 일반적으로 자유롭게 휴가 받을 수 없었기 때문이었다. 부모가 사망했다고 하더라도 즉시 달려가 복상하지 못하고 미리 휴가원을 내어 허가를 받지 않으면 안 되도록 되어 있었던 것이다. 이런 시점에서, 이 천문학생이 노모를 북경에 불러 들여오도록 결심한 것은 조정에서의 환도 포기의 움직임을 재빨리 감지하고 있었기 때문이었을 지도 모른다.

2. 한왕 고후의 정치 비판

선덕제 아래에서 진행되고 있던 선황의 남경 환도의 결정을 휴지 조각으로 만들어 버리고 수도 북경의 지위를 재확립시키는 데 중요한 역할을 한 인물로 또 한 사람이 있다. 산동 낙안주(樂安州)에 봉해져 있던 한왕 고후(高煦)다. 선덕 원년 8월 '한왕의 난'은 조카인 황제와 숙부인 제왕들과의 대립의 구도가 '정난의 변' 때와 일치하기 때문에 이를 '제2의 정난의 변'이라고도 일컫지만, 정난의 변과는 반대로 황제 측의 일방적 승리로 끝났다. 그렇다고는 하더라도, 이후 호위 폐지와 입조 금지령 등이 내려지는 등 사건은 제왕정책 사상 중요한 전환점이 되었다.[67]

---

66) 『明宣宗實錄』卷8, 洪熙 元年 8月 癸未, "行在欽天監天文生李宗善言, 有母居南京, 年老無丁男侍奉, 乞躬往迎養. 上諭行在禮部臣曰, 母子至情, 不可拘以常例, 其卽遣行. 蓋常例天文生, 不豫私告, 雖父母沒不得丁憂, 止豫告奔喪耳"

67) 布目潮渢,「明朝の諸王政策とその影響」『隋唐史研究』(同朋舍, 1968) 收錄(原載

확실히, '한왕의 난'은 모반 사실 그 자체에 대한 의문이 나올 정도로, 중앙의 제왕정책 일환으로서 설정된 측면을 부정할 수 없다.[68] 이것은 반란 후의 한왕과 함께 공모사실이 있다고 여겨지는 동생 조왕 고수(高燧)와 대조적으로 처우한 데서도 나타난다. 즉 한왕은 토벌된 후 서민으로 격하된 데 반해, 조왕에 대해서는 계속 토벌이 검토되고, 정치적 판단에 의해 그 지위가 보전되었기 때문이다.[69]

한편, 반란을 일으킨 한왕 측이 제출한 정치 비판에 대해서는 지금까지 충분한 검토가 이루어지지 않은 감이 있다. 여기에서 한왕이 슬로건으로 내건 비판의 내용을 고찰해, 홍희에서 선덕에 이르는 정국 전개 가운데 '한왕의 난'이 가지는 의미를 다시 고찰해 보고자 한다.

선덕 원년 8월 6일, 한왕의 상주가 그가 데리고 있던 백호 진강에 의해 이루어졌다. 그 상주 내용에는 홍희제에 의해 추진된 문관 우대책과 선덕제의 '남순석전(南巡席殿)'에 대한 비판이 기록되어 있다. 또 황제를 보필하는 소보·행재호부상서 하원길(夏原吉)이 간신의 필두로 지목되고 있다.

> 이달 정묘 일에, 고후는 백호(百戶) 진강을 보내어 상주문을 올려 말하기를, "인종 황제는 부당하게 홍무제·영락제의 구제도를 위반한 문신(文臣)에게 고칙(誥勅)을 내려 봉증(封贈)하였습니다"고 하였다. 또 이르기를 "황제는 부당하게 남순 어전 등을 수리하였는데, 이것은 조정의 허물입니다"고 하였다. 마침내 2·3인의 대신을 간신이라 하여 물리쳤는데, 하원길을 간신의 우두머리로 지목하였다. 아울러 그를 주살하려는 명분을 찾았다. 결국 과격한 말이 되어 조정을 뒤흔들었다.[70]

1944) 참조. 王崇武,「明靖難史事考證考」(『中央研究院歷史語言研究所專刊』25, 1948)은 靖難의 變과 漢王의 亂의 공통점에 착목해, 후자에 관한 사료로부터 잃어버린 建文期 사서의 추찰을 시도하였다.

68) 暴鴻昌,「'高煦之叛'變」『歷史研究』1988年 2期.

69) 그 경위에 대해서는, 楊士奇, 『東里別集』卷2, 聖諭錄下, 宣德元年條에 자세히 기록되어 있다.

70) 『明宣宗實錄』卷20, 宣德 元年 8월 壬戌朔, "是月丁卯, 高煦遣百戶陳剛齋奏言, 仁宗皇帝不當違洪武·永樂舊制與文臣誥勅封贈. 謂上不當修理南巡席殿等事, 爲朝廷過. 遂斥二三大臣爲奸臣, 而指夏原吉爲首. 幷索誅之. 未爲危語, 以撼朝廷"

이전부터 한왕의 법도에 어긋난 불손한 행동은 잘 알려져 있었고, 북경이나 산동의 관리·군민·호위 등 500명에 달하는 사람들이 그의 불법적인 행동을 고발하고 있었다. 처음에는 믿지 않았던 황제도 끝내 선제를 비방하고, 더욱이 황제 자신을 비난하는 상주문이었기에. 황제는 한왕의 행동을 모반이라 단정했다.[71] 따라서 이러한 비판은 이른바 한왕 고후(高煦) 반란의 대의명분이라 할 수도 있다. 이 상주문을 접수한 황제는 밤에 중신들을 불러 모아 대응책을 강구했다. 간신의 필두로 지목되었던 하원길은 앞서서 관대를 벗고 머리를 조아려 자신의 어리석음을 해명했는데, 황제는 한왕이 군사를 일으키는 구실로 삼은 것에 지나지 않는다고 여겨 그를 용서해주었다고 한다. 좌우 신하를 물러가게 하고 중신들과의 회의가 계속되는 동안 양영의 제안을 받아들여 친정(親征)을 결정했다.[72] 주지하는 바와 같이, 한왕은 영락제에 의해 호위가 삭제되고 산동의 지방도시 낙안주로 옮겨진 이래, 한왕의 불만은 더해가고 있었다. 이것이 반란의 저류를 이루고 있었음에 틀림없다.[73] 그러나 즉위 당초는 선덕제와의 관계가 양호했다. 한왕은 홍희 원년 7월 '국리안민(國利安民)'에 관한 4가지를 상소하였는데, 호의적인 내용의 제안을 본 황제는 기뻐하며, 그런 건의가 실현될 수 있도록 해당 관청에 명할 정도였다.[74] 그러나 1년 뒤, 영락제 대상(大

---

71) 『明宣宗實錄』卷20, 宣德元年 8月 辛巳, "昧爽, 至樂安駐蹕城北, (中略). 乃遣勅諭高煦云, 今山東都司·布政司·按察使及衛所府州縣官鄧眞等, 幷爾護衛軍校余丁枚靑等, 民人王富等五百餘人奏, 爾反逆. 朕皆未信. 及覽陳剛等齎至本, 上誣先帝, 遂及朕躬, 爾罪著矣"

72) 夏原吉 『忠靖集』附錄遺事, 「夏忠靖公遺事」, "八月漢庶人謀反, 移檄誣輔申, 奸邪亂政, 以公爲首. 蓋公等得君贊治不利于已也. 上夜召公等入議. 公免冠頓首曰, 臣不才, 致變親藩. 罪當死. 上曰卿何爲是言. 彼蓋假卿以興兵耳. 休戚與卿同之. 命分坐密議, 屏左右語. 楊文敏公, 首勸上親征. 上難之, 顧公. 公曰, 往事可鑒, 不可失也"

73) 본서 제3장 「북경 천도」 V. 『明宣宗實錄』卷20, 宣德元年 8月 辛未, "中官侯泰自樂安州還(中略). 高煦曰, '爾舊人宜知我擧兵之故' (侯)泰曰 '不知也'. 高煦曰, '太宗皇帝聽信讒間, 削我護衛, 徙置樂安州. 仁宗皇帝不復我護衛, 不與大城地, 徒以金帛餌我. 今上擧口譚祖宗舊制, 吾豈能鬱鬱久居此乎".
〈옮긴이 주〉 영락제가 한왕의 호위를 삭제한 내용은 본서 제3장 「북경천도」의 주 (439)를 참조.

74) 『明宣宗實錄』卷3, 洪熙 元年 7月 庚辰條.

喪)을 맞아 신주를 태묘에 모시고 지내는 부제(祔祭)를 마친 직후에 비판하기 시작했던 것이다.[75]

주장의 내용을 검토해 보자. 전자 홍희제의 문관 우대책에 대해서는 이미 언급한 홍문각 설치 사례에도 나타나 있으므로, 여기에서는 재차 언급하지 않겠다.[76] 후자 '남순석전(南巡席殿)'에 관한 것을 보자. '남순석전'이란 '행전(行殿)'이라고도 하는데, 순행을 위해 북경·남경 사이에 설치된 임시의 행재소를 말한다. 석전은 북으로는 양향(良鄕), 남으로는 강포(江浦)와 육로를 따라 설치되어 있었다.[77]

이 석전 수리를 둘러싸고, 1개월 전인 7월에 선덕제와 정신(廷臣) 사이에 다음과 같은 조처들이 이루어지고 있었다.

> 우도어사 왕창이 말하길, "남경에서 북경에 이르기까지 행전을 수리하는데, 유사(有司)가 발한 민정으로 노역에 임하는 자는 고작 열에 한 두 명이고, 또한 도망가는 자가 많습니다. 청 하건데 그런 관리들을 모두 붙잡아 문초하소서"라고 하였다. 황제가 이르기를 "바야흐로 가을이니, 민은 바로 곡식을 거두는 일을 해야 하므로, 추수할 시기를 빼앗지 말라. 행전(行殿)은 농한기를 이용하고, 수리도 간략하게 하라. 관리에게도 또한 반드시 죄를 묻지는 않겠다"고 하였다.[78]

황제의 순행로가 되는 곳에 석전이 설치되어 있던 부근의 주현에서는 민들

---

75) 『明宣宗實錄』卷19, 宣德 元年 7月 戊申條.

76) 鄭克晟, 「明代政爭探源」(天津古籍出版社, 1988), 82~83쪽.

77) 席殿(行殿)은 영락제의 순행 경로로 판단하여 볼 때, 滁州·鳳陽·徐州·濟寧州·東平州·景州·河間州·涿州 등의 지점을 잇는 경로에 설치되어 있었다고 추측된다. 『明太宗實錄』卷89·89, 永樂 7年 2~3月. 또 제녕주에 설치된 행전에 대해서는, 同書 卷88, 永樂 7年 2月 庚子條에 보인다. 北直隷 廣平府 永年縣에서는 부근에 설치된 행전에서 봉사할 校尉를 제공하였다. 『明英宗實錄』卷6, 宣德 10年 6月 甲辰條.

78) 『明宣宗實錄』卷19, 宣德元年 7月 癸巳, "右都御史王彰言, 修理南京至北京行殿, 有司所發民丁赴役者, 十僅一二, 又多逃者. 乞幷其官吏逮問. 上曰方秋民正收穫, 無奪其時. 行殿候農隙, 略加修葺. 官吏亦不必問". 이 王彰의 진언은 "지금 말하는 것은 대개 일상적인 일로서 군민의 利病에 절대적인 것은 아닙니다"라고, 황제가 직접 질책하는 칙문을 이어받아 올렸던 것이다. 『明宣宗實錄』卷18, 宣德元年 6月 庚寅條.

을 차출하여 석전을 수리하였기 때문에, 도망하는 사람이 속출하고 있었다. 수리 공사는 이 상주가 이루어진 7월 이전부터 시작되었는데, 그것은 홍희제의 남경 환도가 결정되자 거기에 따른 조처로 착수되었을 것이다.

8월 4일(乙丑), 황제는 공부상서 오중(吳中)에게 다음과 같은 지시를 내렸다.

> 황제는 조회를 파하고 좌순문에 나아가 공부상서 오중에게 일러 말하길 "양 향에서 강포에 이르기 까지, 무릇 행전이 있는 곳에서는 군민을 써서 간수하는 일이 많은데, 그것은 인력을 헛수고하게 만드는 것이다. 즉시 금의위로 하여금 관을 보내어 연도의 지방관리가 숙식·말·인부 등을 제공하는 일에 대하여 회유하되, 해당 처소마다 단지 몇 명만 남겨두고, 나머지는 모두 하던 역을 풀고 집으로 돌아가 가사를 돌보도록 하라"고 하였다.[79]

이 석전은 순행이 없을 경우에도 항상 군인이나 민간인들이 보살피고 간수하였기 때문에 유지비용이 만만치 않았다. 그렇기 때문에, 최소한의 필요 인원만을 남기고, 그 외에는 모두 간수 역을 벗어나게 하라는 내용의 유지를 급히 내렸다.

흥미로운 것은 이 지시가 내려진 날짜는, 한왕이 올린 앞에 언급한 상주문이 황제의 목전에 이르렀으리라고 여겨지는 8월 6일의 이틀 전이라는 점이다. 양자의 일자는 실록에 근거한 것이다. 어쩌면 사실과 달리 어느 쪽이 인위적으로 손대었을 가능성도 있다. 어쨌든 이러한 조처를 조정에서 취했다는 것은 한왕이 '남순 석전'의 수리에 대한 비판이 어느 정도 타당성을 가지고 있다는 것을 말해 주고 있는 것이다.

원래 이 석전 수리는 홍희제가 홍희 원년 3월, 북경을 다시 '행재'라고 하고, 이듬해 봄에 남경으로 귀환할 것을 결정함으로써[80] 필요하게 되었던 것이다. 시설 자체는 영락 7년 3월 이후, 황제가 '순수'라는 명목으로 세 차례 남경에서

---

79) 『明宣宗實錄』卷20, 宣德 元年 8월 乙丑, "上罷朝, 退御左順門, 謂工部尚書吳中曰, 自良鄕至江浦, 凡有行殿之處, 多役軍民看守, 徒勞人力. 卽令錦衣衛遣官馳驛往諭, 每處止留數人, 其餘皆遣著役寧家"

80) 본서 제5장 「남경 환도」.

북경으로 순행했는데, 아마 이를 위해 설치되었을 것이다. 영락 19년에 천도를 단행할 즈음, 그 당시 남경 '감국'으로 있던 황태자(후의 홍희제)가 황태손과 함께 북경으로 불러들여졌는데, 이때도 도중에 이 석전이 사용되었을 것이다. 본래 천도로 말미암아 모든 것이 북경에 집중된 체제가 되면, 석전의 용도는 필요 없게 될 것이리라.

그러나 홍희제 아래에서 '회란(回鑾)', 즉 남경 환도가 결정되자, 이 석전은 행재북경에서 경사 남경으로의 남순 시설로서 새로운 사명을 가지게 되었다. 황제보다 앞서 황태자(후의 선덕황제)를 '효릉알제'의 명목으로 남경에 파견해 머물러 지키게 하였을 때도, 이 시설이 이용되었을 것이다. 이런 점에서 보면, 이 남순 석전은 홍희제의 남경 환도를 상징하는 시설물로 다시 태어났던 것이다. 따라서 한왕이 이 수리 공사를 비판한 것은 공사 그 자체를 비판하는 것이 아니라, 오히려 홍희제의 환도의 결정에 대한 비판이 의도되어 있었다고도 볼 수 있다.

이러한 추정의 타당성은 한왕이 간신의 필두로 하원길을 들고 있는 것을 보아도 알 수 있다. 전장에서 밝힌 것처럼, 영락제 사후, 황위를 계승한 홍희제에게 맨 먼저 환도를 권한 것은 다름 아닌, 영락제의 사후 옥중에서 나온 지 얼마 안 된 하원길이었기 때문이다.[81] 물론 그 외에도, 선덕제와 하원길 간에는 깊은 관계가 있었다. 예를 들어, 영락 8년 몽골 친정 기간, 북경을 지키는 황장손(후의 선덕제)을 잘 보좌하여 영락제로부터 옛 '주공'도 여기에 미치지 못하였다고 칭찬받고 있을 정도였다.[82]

그러나 이러한 사실만으로 곧바로 하원길이 간신의 필두라는 결론을 도출해 낼 수는 없다. 아버지인 영락제 사후에 형인 홍희제 아래에서 추진되었던 정치에 대한 한왕의 비난, 그 가운데에서도 남경 환도 결정에 대한 비판을 전제로 할 때, 비로소 그것을 맨 먼저 홍희제에게 권한 '하원길=간신의 필두'라는 도식이 논리적으로 성립한다고 생각한다.

그런데, 황제가 직접 정벌에 나서, 8월 21일에 낙안(樂安) 성내(城內)에서 고후

---

81) 본서 제5장 「남경 환도」 Ⅱ.
82) 皇長孫을 보좌한 것에 대해서는,『明太宗實錄』卷101, 永樂 8年 2月 辛丑條나 주 (38) 전게의『夏忠靖公遺事』에 보인다.

(高煦)가 생포되어 반란은 곧 종식되었다. 사후 27개월에 치러지는 태종 영락제의 담제(禫祭, 대상 지난 후 상복 벗는 제사)가 장릉에서 행해져, 상이 다 끝난 것은 담제가 끝난 거의 1개월 후인 9월 17일이었다. 며칠 후, 황제는 "어제동정기(御製東征記)"를 신하들에게 발표했다.[83] 여기에는 고후(高煦)의 죄상, 그리고 조정이 토벌군을 보내지 않으면 안 되었던 이유 등이 자세하게 기록되어 있다고 하는데, 유감스럽게도 이 사료의 현존은 아직 확인되지 않고 있다.[84]

북경 근처 낙안주로 옮겨진 한왕은 이전부터 조정의 정보 수집에 주의를 기울이고 있었고, 그 슬로건도 교묘하게 선택되었을 것이다.[85] 다만 앞에서 분명히 밝힌 것처럼, 종래부터 수도 북경의 지위를 둘러싼 동요가 이미 거의 수습되어 가고 있던 때에, 한왕이 이미 죽은 홍희제의 정치를 비판한 것은 어딘가 때늦은 감이 있다. 어쩌면 대상(大喪) 등 돌아가신 부친 영락제의 사망에 따른 의식이 끝나는 것을 벼르고 있었을지도 모른다. 그렇지만, 한왕이 석전 수리에 반대하고 남경 환도 비판을 그의 주장 가운데의 하나로 내걸 수 있었던 것도, 이 단계에서 조정이 선제의 남경 환도 결정을 변경한다는 공식적인 발표가 없었기 때문이었다. 일반적으로, 환도가 단념되었다고는 아직 충분히 인식되지 않았을 가능성도 높다.

동시에, 수도 문제의 해결은 조정의 제왕정책과도 밀접한 관련을 가지고 있다고 한왕 자신이 잘 인식하고 있었기 때문이기도 하였다.[86] 원래, 영락제의 두

---

83) 『明宣宗實錄』卷21, 宣德 元年 9月 丁未·壬子條.

84) 李晉華編 『明代勅撰書攷附引得』(哈佛燕京學社, 1966)의 「宣德祖勅撰書」에는 "御製東征記"에 대한 기록이 없다.

85) 『明宣宗實錄』卷20, 宣德 元年 8月 壬戌朔, "太宗皇帝北征晏駕, 高煦之子瞻圻, 時在北京, 凡朝廷所設施, 皆潛遣人馳報高煦, 一晝夜六七遣行. 高煦亦數十遣人潛伏京師伺察. 또한 高煦가 많은 사서에서 혹평되고 있듯이 "日事遊戲, 荒怠不學之類"가 아니고, 학문도 있고 서법가로서 뛰어난 재능을 가지고 있던 것에 대해서는 趙令揚, 「朱高熾·高煦兄弟爭位淺議」 『明淸史集刊』 1(1985) 참조.

86) 홍무시기의 수도 문제와 제왕정책에 대해서는 吳晗, 「明代靖難之役與國都北遷」 『淸華學報』 10卷 4期(1935). 檀上寬, 「明王朝成立期の軌跡 -洪武朝の疑獄事件と京師問題をめぐって」 『東洋史研究』 37卷 3호(1978). 후에 『明朝專制支配の歷史的構造』(汲古書院, 1995)에 수록. 佐藤文俊, 「明·太祖の諸王封建ついて」 『明淸時代の法と

아들, 한왕과 조왕이 군사권을 가지게 된 것은 수도 문제 때문이었다. 정난의 변으로 찬탈한 영락제가 북평에서 남경으로 들어가 즉위했다. 그 결과 생긴 북변의 군사적 공백을 메우기 위해서, 홍무 연간 그 자신이 맡고 있던 북변 방위를 두 왕에게 맡겼던 것이다. 한왕에게는 개평(開平)에 주재하여 군비를 담당하게 하고, 조왕에게는 북평에서 격상된 북경 유수를 담당하게 하였다.[87] 이 두 도시는 이전 왕조인 원의 도읍지인 상도(上都)와 대도(大都)가 있던 땅으로, 이 시점에서는 영락제가 두 왕의 역할을 지극히 중시하고 있었다는 것을 보여주고 있다.

영락 14년 3월에는 북경 유수로 있던 조왕이 하남성 창덕부에 봉해졌다. 동시에 이전에는 운남에 봉해졌지만 '취번'을 거절하고 계속 남경에 있던 한왕이 다시 산동 청주부에 왕부를 열도록 명해졌다.[88] 이것은 마침내 북경 천도가 본격적으로 결정되어 황제 자신이 북변 근처에 상주하는 체제가 완성됨으로써 이제 두 왕의 군사적 역할이 차차 소멸되어 가고 있음을 보여주고 있다. 물론 이러한 경향은 영락 7년, '순수'라는 명목으로 북경에 체재한 때부터 시작되었던 것이다.

시기를 같이 해 영락 10년대부터, 영락제와 한왕·조왕과의 불화도 표면화되어 가고 있었다. 정난의 변 때에 호종(扈從)한 공적이 커서, 한때 당시 아직 연왕으로 있던 영락제로부터 뒷일을 부탁 받은 적도 있고,[89] 한인과 몽골군의 혼성 부대를 이끌고 개평(開平)을 방비한 경험을 가진 한왕으로서, 형인 홍희제가 추진한 남경 환도는 아버지 영락제의 대사업을 물거품으로 만드는 일이었기에,

---

社會』(汲古書院, 1993) 수록. 후에 『明代王府の研究』(研文出版, 1999)에 수록 등 참조.

87) 『明太宗實錄』卷17, 永樂元年 2月 甲戌. 卷39, 3年 2月 壬午條.

88) 『明太宗實錄』卷174, 永樂 14年 3月 甲辰條.

89) 高岱, 『鴻猷錄』卷9, 「征漢庶人」, "漢庶人高煦, 成祖第二子也. 多智謀, 頗材武自負. 靖難師起, 常從征有功. 成祖戰白溝時, 爲南師所掩, 戰苦久, 所佩矢三服射皆盡, 劍鋒折不可用. 高煦適戰鬪至. 上撫之曰 '吾疲甚, 汝往督戰, 世子久疾, 事成, 當以汝爲東宮. 吾兒勉之'. 高煦力戰破南師. 暨上登極, 仁宗正位儲宮, 高煦封漢王, 不能無望"

그것을 허락하기 어려운 점이 있었다.[90] 오히려 조카 선덕제 아래에서 추진되고 있던 북경 정도(定都)를 향한 움직임이 보다 공감을 주는 일이었을 것이다. 그러나 반면, 북변 방위의 거점으로서 수도가 북경에 놓이고, 거기에 황제가 상주하는 체제가 움직일 수 없는 기정사실로 되는 것은 과거 개평에서 북변 방위체제의 중요한 일익을 담당하고 있던 한왕 자신의 위상과 존재 이유가 상실되는 것을 의미함으로, 거꾸로 그 자신은 점점 초조감에 사로잡히게 되었다. 이런 딜레마의 화살이 향하게 되는 것은 홍희제에게만 국한하지 않고 선덕제를 포함한 정치에의 비판적 상주로 나타났다고 할 수 있다.

반대로 선덕제 측에서 보면, 한왕으로부터 홍희제 정치에 대한 비판의 세례를 받게 됨으로써, 그 자신 또한 선제의 환도 결정이 쓸모없는 무의미한 일이라는 것을 명확하게 하지 않을 수 없었다. 그 결과 선덕제는 홍희제보다도 오히려 조부인 영락제의 계승자로서의 측면을 부각시켜 나갔던 것이다.

그런 의미에서 한왕 평정을 위한 동정(東征)에서 돌아온 지 1개월 남짓 된 10월 18일, 먼저 홍희제 정치를 비판하는 상주를 올려, 홍희제의 죽음을 재촉하게 했다는 이유로 금의위의 옥에 갇혀 있던 이시면을 석방시키고, 임의로 그를 행재한림원 시독에 복직시킨 것은 상징적인 의미가 있다.[91] 그 다음날에는 행재공부상서 오중(吳中)이 북경 궁전의 수조 공사를 위해 이듬해 봄에 전국에

---

90) 일찍이 한왕이 운남이나 산동 청주부에 취번하도록 명을 받았지만 굳이 남경을 떠나려 하지 않았는데, 이로 말미암아 시중드는 사람들 가운데에는 樂安에서 거병한 후에 남경으로 향할 것이라고 예측하는 사람이 있었으나, 선덕제는 한왕이 모아놓은 토민이나 호위군 가족의 대부분이 樂安에 있었기 때문에 이런 견해를 받아들이지 않았다. 확실히 한왕의 진영 내에서도 후군을 거느리고 있던 知州 朱恒은 남경을 손에 넣기만 하면 대사는 성공이라고 권하고 있었다. 『明宣宗實錄』 卷20, 宣德元年 8月 癸酉·戊寅條. 그러나 이것은 應天府 출신의 朱恒의 개인적인 의견에 불과하였고, 결국 여러 사람들의 동의를 얻을 수 없었던 것을 봐도, 한왕이 홍희제와 같이 남경을 지향하고 있음을 보인 것은 아니다. 王直, 『抑菴文集』 卷11, 「少師泰和楊公傳」 가운데, 북경 천도에 즈음하여 한왕이 남경 유수를 바라고 있었다고 楊士奇가 말하고 있는데, 그것은 어디까지나 영락제 생존 중의 사정이다.

91) 『明宣宗實錄』 卷22, 宣德 元年 10月 戊寅條.

서 1만 명을 동원할 것을 제안하였다.[92] 황제는 신중을 기해 당분간 연기하도록 하면서 그 제안을 받아들이지 않았다. 그러나 이러한 사실로부터, 홍희제의 환도결정과 결별하고 북경 정도로 다시 돌아가는 조정 내 기류 변화의 일단을 간취 할 수 있는 것이다.

3. 남경 황성수리 공사의 향방

환도 결정의 결말을 찾기 위해, 여기에서는 홍희제 아래에서 착수된 남경 황성수리 공사의 향방을 살펴보고자 한다. 홍희 원년 4월 4일에 개시가 결정된 황성 수리 공사는 두말할 나위도 없이 남경 환도를 예상한 것이었다.[93] 이것은 다음날 홍희제가 남경수비태감 왕경홍[94]에게 이듬해 봄에 자신이 남경으로 귀환하겠다는 것을 지시한데다가 북경에서 남경으로 장인들을 파견한 것으로 보아 알 수 있다.

남경태감 왕경홍에게 조칙을 내려 말하기를. "짐은 내년 봄에 (남)경으로 돌아가고자 한다. 지금 관의 장인들을 보내어 먼저 가게 하라. 너희들은 곧 지휘 감독하고, 궁전과 각 궁원의 누수되는 곳이 있으면 잘 수리 하도록 하라. 다만 그저

---

92) 『明宣宗實錄』卷22, 宣德元年 10月 己卯, "行在工部尚書 吳中奏擬, 來年 修造殿宇, 各色工匠, 先已放回. 請遣官預往 各布政司幷直隸府州, 選匠三萬人, 每三丁朋合一丁, 期正月皆至. 上命姑止". 이것은 북경이라고 명기되어 있지 않아서, 남경 궁전의 수리를 가리키고 있다고도 생각할 수 있다. 그러나 同卷의 그 다음 11月 壬寅條에는 남경의 궁전 수리가 거의 완성되어 가고 있다든지, 그때까지 공사에 동원된 민부를 돌려보내거나 관군을 운량업무에 복귀시킨 내용이 기술되어 있는 것으로 보아, 남경의 궁전에 관한 것은 아니라고 할 수 있다.
〈옮긴이 주〉 吳中의 상주에 "先已放回"라고 있는데, 이는 주(96) 및 주(97)·주(98)에 나오는 사안을 가리킨다고 생각된다. 따라서 여기서 언급한 내용은 北京이 아니라 南京을 가리킨다고 볼 수 있다.

93) 『明仁宗實錄』卷9上, 同年 4月 癸卯條.

94) 환도 결정 후, 남경에서는 襄城伯 李隆 및 태감 王景弘·鄭和가 협의한 후에 수비 체제가 되었다. 이 체제는 선덕제 아래에서도 계속되었다. 『明宣宗實錄』卷2, 洪熙元年 6月 辛亥條.

거할 수만 있으면 그것으로 족하다. 지나치게 정제(整齊)하려다가 사람들을 거듭 수고롭게 하는 일이 결코 없도록 하라"고 하였다.[95]

최소한의 수리를 지시받은 이 공사는 홍희제 사후에도 중단되지 않고 계속되었다. 7월 행재공부상서 오중(吳中)은 남경응천부의 민부 5,500명에 추가하여 1만 명을 징발할 것을 제안했다. 그러나 선덕제는 농민의 수확기에 이르고 있다는 것을 이유로 5,000명으로 줄였다.[96] 이미 6월 즉위 때에 있었던 대 사면으로 재경의 장인들의 일부는 임하던 사역에서 놓여 휴식을 취하고 있었다.[97]

그렇다고 하더라도, 남경 궁전의 공사가 아직 완료되지 않아, 장인들의 부족을 염려한 행재공부는 8월 조서로 풀려나야 할 사람에게 월량과 하사품을 지급해 공사에 종사시키고, 공사가 끝나면 풀어줄 것을 제안했다. 이때도 대 사면의 조서를 중시하는 입장에서 황제는 그 제안을 물리쳤다.[98] 이러한 사례는 선제가 결정한 수리 공사에 대한 선덕제의 열의가 식은 것처럼 받아들여지나, 오히려 즉위에 임하여 취해진 대 사면을 중시한 자세에서 나왔을 것이다. 그렇게 말할 수 있는 것은 공사는 그 후에도 계속되고 있었고, 수리하는 군부나 장인에게 매월 미 5두·초 4정을 지급하도록 되어 있었기 때문이다.[99]

11월에는 절강이나 직례의 소주부·송강부에서 춘기에 당번이 된 오묵장난제장(五墨粧糷諸匠, 塗裝職人을 말함) 500명에 더하여 2,000명을 동원하도록 하였다.[100] 또 영락 연간에 남해 원정에 종사하고, 홍희제 즉위 직후에는 장릉 건설에 동원된 적이 있던 이른바 서양 관군 1만여 명을 징발하여 공사에 협력하도록 하였다.[101] 그렇게 한 것은 남경 환도 결정 후, 그들은 과거 총사령관 정화와

95) 『明仁宗實錄』卷9上, 洪熙元年 4月 甲辰, "勅南京太監王景弘曰, 朕, 以來春還京. 今遣官匠人等前來. 爾卽提督, 將九五殿各宮院, 凡有滲漏之處, 隨宜修葺, 但可居足矣. 不必過爲整齊, 以重勞人力"
96) 『明宣宗實錄』卷3, 洪熙 元年 7月 甲戌條.
97) 『明宣宗實錄』卷1, 洪熙 元年 6月 庚戌條.
98) 『明宣宗實錄』卷7, 洪熙 元年 8月 乙亥條.
99) 『明宣宗實錄』卷7, 洪熙 元年 8月 戊子條.
100) 『明宣宗實錄』卷11, 洪熙 元年 11月 辛丑條.
101) 『明宣宗實錄』卷11, 洪熙 元年 11月 癸卯, "行在工部尙書吳中奏, 南京修理殿宇未

함께 남경 수비 외에는 어떤 특별한 임무가 주어져 있지 않았기 때문이었다. 더욱이 이듬 해 선덕 원년 2월에는 응천부의 민정 2만 명을 3개월 교대로 동원시켰다.[102] 이리하여 11월에는 수리 공사도 거의 끝나가고 있었기에, 민정을 돌려보내고, 관군으로 잠시 수도에 머물러 경비하고 있는 군인이나 평강백 진선(陳瑄)이 거느리고 있던 조운군(漕運軍) 7,000명을 본래의 조운 업무에 되돌리는 조처를 취하였던 것이다.[103]

아울러 선덕 원년 2월에는 남경수비태감 정화의 상주에 의해, 황성 외에 천지단 대사전·산천단의 수리도 추가되었다.[104] 또 5월에는 남경 제위의 창고, 2년 6월에는 청량문의 담장, 8월에는 호부 건물 등을 수리하였다.[105] 이것에 이용되는 녹나무 등의 목재는 당시 남경에 비축된 것과 아울러 멀리 사천과 호광 지방에서 새로 벌채하여 조달했다. 호광도사와 호광포정사에서는 군민 2000명이 각각 목재 조달에 동원되었다.[106] 당시의 남경은 수리 공사가 대부분을 차지하면서 건설 붐을 일으키고 있었다. 이러한 상황은 한왕의 난 후에도 한참 동안 계속되고 있었다. 이 때문에, 평강백 진선이 이끈 조운군이 공부 관계의 물자를 남경으로 수송하는 일에 동원되는 사태까지 발생하였다.[107] 또한 남경 공부에 일이 많아 복잡하게 돌아가고 있었다. 이 때 당상관이 비어 있다는 이유로, 부모상을 당하여 집에서 복상 중이던 공부상서 견용(甄庸)을 탈정 기복하여 불러들여 기용할 것을 행재 이부상서 건의(蹇義)가 제안하였는데, 그것이 허락될 정도였다.

공부상서 견용을 상(喪) 중인데도 불러들여 기용(起用)하였다. 그때에 견용은

完, 請於于直隷鎭江等衛拔軍士二萬人助役. 上曰, 南京閒曠軍士亦多, 不須別取. 其再計議. 於是中與尙書張本等議, 原下西洋官軍一萬餘人久閑, 可令協助. 從之"

102) 『明宣宗實錄』 卷14, 宣德元年 2月 丙寅條.
103) 『明宣宗實錄』 卷22, 宣德元年 11月 壬辰條.
104) 『明宣宗實錄』 卷14, 宣德元年 2月 壬辰條.
105) 『明宣宗實錄』 卷17, 宣德元年 5月 癸卯. 卷28, 2年 6月 癸酉. 卷30, 2年 8月 癸酉條.
106) 『明宣宗實錄』 卷25, 宣德 2年 2月 戊子條.
107) 『明宣宗實錄』 卷25, 宣德 2年 2月 丙戌條.

친상을 당하여 집에서 애상하고 있었는데, 행재이부상서 건의 등이 말하기를 "남경공부에 일이 많은데, 당상관이 공석으로 있습니다"고 하니, 이에 명을 내렸다.108)

이 기록은 상술한 남경의 공사가 당연한 일이고, 북경의 선덕제나 중앙정부의 양해 하에 이루어지고 있다는 것을 나타내고 있다.109)

이러한 상황에 전환기가 찾아온 것은 선덕 3년에 들어와서부터이다.

남경 여러 관아에서 수리하는 장인들을 폐하였다. 이보다 앞서 양성백 이륭이 말하기를, "내부고(內府庫) 및 광록시(光祿寺)에는 항상 인부를 써서 수리하는데, 요즈음 또 장인 수천명을 늘렸습니다. 강녕·상원 두 현에 있는 방상(坊廂)의 돈으로서 고용하니 힘들고 고생되는 일을 면할 수 없습니다"고 하였다. 황제가 이르기를 "남경에 무슨 조성사업이 있기에 민들이 이렇게 힘이 드는가!"라고 했다. 감찰어사 진박(陳搏)을 보내어 이를 잘 감찰하게 했다. 이때에 진박이 그 폐해를 아뢰어 마침내 수리하는 장인들을 모두 폐하였다.110)

남경의 내부고나 광록시가 항상 동원하여 이루어지는 수리공사 외에, 새로 수천 명 규모의 장인들을 증원할 계획에 대해, 황제는 명확히 거부하여 중지하도록 했다. 물론, 남경의 공사가 이후 일절 이루어지지 않은 것은 아니다. 윤4월에 취보문의 성벽 수리, 12월에는 각 위창의 수리 등이 이루어졌는데,111) 이런 공사들은 통상적인 보수에 해당하는 것으로, 환도준비를 위한 공사라고는 볼 수 없다.

---

108) 『明宣宗實錄』卷30, 宣德 2年 8月 癸未, "起復工部尙書甄庸. 時庸以親喪家居, 行在吏部尙書蹇義等言, 南京 工部事繁, 以堂上缺官, 故有是命"

109) 甄庸이 남경 공부상서 직을 퇴임한 것은 宣德 7년 6월의 일이다. 『明宣宗實錄』卷91, 宣德 7年 6月 辛卯條.

110) 『明宣宗實錄』卷41, 宣德 3年 4月 甲寅, "罷南京諸司修造夫匠. 先是, 襄城伯李隆言, 內府庫及光祿寺, 常起人夫修理, 近又增工匠數千人, 俱是江寧, 上元縣坊, 廂用錢雇募, 不免艱難. 上曰 南京有何修造, 而勞民如此. 遣監察御史陳搏往察之. 至是, 搏奏其弊, 遂悉罷之"

111) 『明宣宗實錄』卷42, 宣德 3年 윤4월 癸卯. 卷49, 宣德 3년 12月 丙申條.

Ⅳ. 북경 정도의 길

1. 북경행부 · 행후군도독부 폐지

남경의 황성 수리 공사 중지 수개월 후인 선덕 3년(1428) 8월, 북경행부와 행후군도독부의 폐지를 선포하였는데, 이는 환도의 중지를 내외에 공적으로 공표하는 것이 되었다. 『명선종실록』 권46, 같은 해 같은 달 신묘 조에, 다음과 같은 기록이 보인다.

> 북경 행후군도독부 및 행부를 혁파하였다. 영락 초 북경을 세우고, 행후군도독부·행부를 두었다. 북경으로 천도하기에 이르러, 오부(五府)·육부(六部)를 두었는데, 모두 남경과 같이 두었고, 행도독부·행부 또한 역시 두었다. 무릇 오부·육부의 문서가 북경직예위소·부현으로 가는 것, 직예위소·부현에서 오부·육부에 이르는 것, 반드시 행도독부·행부를 거침으로, 문서가 중복되거나 또는 종종 착오를 일으켰다. 황제는 공후백작·상서·도어사·학사들로 하여금 이일을 논의하도록 하였다. 이에 영국공 장보(張輔)·이부상서 건의(蹇義) 등이 말하길, "북경에 이미 오부·육부 등의 대소 아문이 있으므로, 행부(行府)·행부(行部)는 아무쪼록 혁파되어야 합니다"라고 하였다. 황제는 그 의견을 받아들여 행부(行府)와 행부(行部)를 폐지하였다.[112]

영락 원년에 양경체제가 창시됨에 따라 설치된 북경의 행후군도독부·행부가 천도 후에도 존속되어 있었지만, 문서 행정의 중복에 의한 불편을 해소하기 위해서, 이러한 관청이 폐지되었다는 것이다.

북경행부에 대해서는, 서홍(徐泓)이 상세하게 검토한 바 있다.[113] 이에 의하

---

112) 『明宣宗實錄』卷46, 宣德 3年 8月 辛卯, "革北京行後軍都督府及行部. 永樂初建北京, 置行後軍都督府·行部. 及遷都北京, 置五府·六部, 皆如南京, 行都督府·行部猶存. 凡五府·六部文移合行北京直隸衛所·府縣者, 及直隸衛所府縣申達五府六部者, 必經行都督府·行部, 文移重復, 事惑稽誤. 上命公, 侯, 伯, 尙書, 都御史, 學士議. 於是英國公張輔·吏部尙書蹇義等言, 北京旣有五府·六部大小衙門, 其行府·行部宜革. 上從之"

113) 주(27)에 전술한 徐泓 논문.

면, 북경행부가 설치된 것은, 영락 원년에서 18년까지의 시기와 홍희 원년에서 선덕 3년까지의 시기이다. 앞 시기의 행부는 실질적으로 성급의 행정 단위로, 육부와 마찬가지로 그 장관으로 상서와 시랑을 두었으며, 영락제가 가장 신임하는 고관이 그 직에 임명되었다. 그 직무는 포정사사에 상당하는 부분 외에, 정난의 변 이후 북방의 재건이나 북경의 조영, 몽골 친정을 위한 군량 운반 등 여러 중요 직무를 맡고 있어, 그 지위는 일반 포정사사를 상회하고 있었다. 그후, 본서 제3장에서 이미 언급한 것처럼 북경 천도가 결정된 영락 18년 말에 폐지되었다. 뒷 시기의 기간은 홍희제의 남경 환도 계획으로 말미암아 북경 육부에 다시 '행재'라는 명칭이 붙게 되고, 그에 따라 재건되었지만, 선덕 연간이 되자 그 중요성이 상실되어 선덕 3년에 폐지되었다는 것은 앞의 인용 사료에 보이는 대로이다.

그런데, 그 인용 사료에는 중대한 사실이 누락되어 있다. 그것은 북경행부나 행후군도독부가 영락 초년 이래, 계속하여 선덕 3년까지 존속한 것이 아니라, 북경 천도 시점에서 일단 폐지되었다가 홍희 원년 남경 환도의 결정으로 다시 부활되어 선덕 3년에 이르고 있었다는 사실이다. 결국 『인종실록』에 명기되어 있던 홍희제의 남경 환도 결정이 정통 연간에 편찬된 『선종실록』에는 은폐되어 있다는 것이다. 여기에서도 본장의 첫머리에서 언급한 바와 같이 『인종실록』과 『선종실록』의 편찬에 미묘한 입장차이를 보이고 있다. 그건 그렇다고 치더라도, 당시 이미 그 중요성을 잃어버린 관청의 폐지를 선덕제가 공(公)후(侯)백(伯) 이하 육부·도어사 등 이른바 7경 및 한림원 학사 등 중신을 한 자리에 모아 의논하여 결정한 것은 바로 이들 관청을 폐지하는 데 남경 환도를 언급한 선황의 유조(遺詔) 처리라는 중대한 문제가 얽혀 있었기 때문이었음에 틀림없다.

이 북경행부 폐지로, 행부상서 이우직(李友直)은 행재공부상서로, 시랑 이창(李昶)은 행재호부시랑으로, 시랑 이가(李嘉)는 행재예부로 전임되었고, 수령관이나 소속 관리들도 다른 직으로 모두 교체 배치되었다.

2. 조영 재개

중신들이 모여 논의한 회의 결과, 북경행부와 행후군도독부의 폐지가 결정되고, 조정은 선제가 남긴 남경 환도의 속박에서 비로소 벗어나게 되었다. 이 결정에 앞서, 선덕 3년에 들어와(영락 19년) 천도 직후에 소실되었던 삼전을 재건하기 위한 목재 조달의 움직임이 표면화되어 갔다. 물론, 그 이전에도 내부 갑자고 등 건물 수리가 이루어지고 있었지만, 그것은 소규모에 지나지 않았다.[114]

3년 윤4월, 각지의 추분장(抽分場)에서 목재 등의 물료에 대한 '추분칙례'를 새삼 게시하여 주지시켰다는 것도 이와 관계가 있다.[115] 5월에 행재공부상서 이우직(李友直)·형부좌시랑 번경·도찰원좌부도어사 호이(胡㝋)가 사천으로, 이부우시랑 황종재(黃宗載)·형부우시랑 오정용(吳廷用)이 호광으로 목재 조달을 위해 파견되었다.[116] 맨 먼저 거론된 이우직은 영락 연간에는 북경행부시랑으로서 천도를 향한 북경 건설에 맹활약한 중견인물이었다.[117] 이 해 후반에는 뗏목으로 큰 목재들을 북경으로 옮기는 풍경이 대운하 여기저기에서 볼 수 있었고, 회안에 주재하던 평강백 진선은 운송된 목재 수량에 대한 최초의 보고를 올렸다.[118] 운송작업이 본격화된 것은 4년 말 이후의 일로, 회안에서 제녕 사이의 대운하에는 민부 1만 8천명이 동원되었다.[119] 이때쯤 북경의 목재창을 관리하는 환관이 관목을 몰래 훔쳐 판매한 사건이 발각되고, 각 창고에 저장되어 있던 목석(木石)이나 전와 등, 물료 수지 보고를 요구하는 내용의 유지가 발해지는 등, 건설 자재 전반에 걸쳐 관리가 강화되었다.[120]

그러나 재건 공사가 곧 바로 착수된 것은 아니었다. 화북에서는 때마침 내린 장마로 무너진 성벽과 건물 수리 등에 쫓겨 큰 공사가 보류되었기 때문이었

---

114) 『明宣宗實錄』卷25, 宣德 2年 2月 丙戌 ; 卷28, 同年 6月 辛巳條.

115) 『明宣宗實錄』卷42, 宣德 3年 윤4월 丙申條.

116) 『明宣宗實錄』卷43, 宣德 3年 5月 丙寅條.

117) 『明英宗實錄』卷46, 正統 3年 9月 乙酉, "行在行部尙書李友直卒, (中略) 旣建北京, 改布政司爲行部, 陞左侍郎. 時初作宮殿, 營繕務殷, 咸命友直董之, 遂改爲行在工部左侍郎. 仁宗皇帝臨御, 陞北京行部尙書. (中略)宣宗皇帝嗣位, 改行在工部尙書. 凡朝廷有大興作, 悉以委之"

118) 『明宣宗實錄』卷48, 宣德 3年 11月 己巳條.

119) 『明宣宗實錄』卷63, 宣德 5年 2月 乙酉條.

120) 『明宣宗實錄』卷44, 宣德 3年 6月 丁酉·己亥條.

다.[121] 실록에 의하면, 선덕 4년 7월, 천지단 옆에 제사지내기 위해 지은 재궁(齋宮)의 뒤편 건물 증축 수리가 최초로 일어났다.[122] 이어 5년 2월, 오부와 육부 관청 가운데에, 맨 먼저 행재예부 건설 공사가 시작되었다.[123] 그 후, 주로 예제와 관계된 관청과 시설 공사가 진행되었다. 이렇게 소실된 삼전 이궁의 건설을 시작으로 북경이 다시 개조되기 시작한 것은 다음 영종의 정통 연간의 일이다. 결국 홍희 연간 북경 관청에 붙여진 '행재'라는 명칭이 떨어져 나가, 북경 정도가 확정되기까지는 정통 6년(1441) 11월을 기다리지 않으면 안 되었다.[124]

그런데, 영락 연간까지 북경 조영 공사는 주로 북경행부가 담당하였는데, 이 시기 이후의 공사는 그것과 달리 모두 행재공부가 담당하였다. 따라서 조영 재개와 때를 같이 해서 북경행부와 행후군도독부를 폐지하는 데는 단순히 문서 행정상의 문제에 그치지 않고, 공사를 둘러싼 업무가 북경행부에서 행재공부로의 이관이라는 문제도 남아 있었던 것이다. 앞의 이우직(李友直)의 인사상의 이동은 이런 추측을 반증하고 있다. 곧 홍희제가 남경 환도를 결정하고 북경행부를 부활시킨 홍희 원년에, 이우직은 공부좌시랑에서 북경행부상서가 되어 장릉 건설을 시작으로 북경 건설을 담당하고 있었지만, 그 후 선덕 3년에 행부가 폐지되자 행재공부상서로 옮겨 정통 3년 사망에 이르기까지 전술한 것처럼 사천의 목재 조달에 파견되는 등 줄곧 북경 영건 공사의 대부분을 행재공부가 맡고 있었기 때문이다.[125]

---

121) 『明宣宗實錄』 卷45, 宣德 3年 7月 丙辰·辛酉條.
122) 『明宣宗實錄』 卷56, 宣德 4年 7月 丙午條.
123) 『明宣宗實錄』 卷63, 宣德 5年 2月 癸未條.
124) 『明英宗實錄』 卷85, 同年 11月 甲午朔條.
　　〈옮긴이 주〉 이 기간에는 남경도 정식 수도가 아니었고, 북경도 임시 수도로서의 체제로 머물러 있었다는 의미라고 볼 수 있다.
125) 楊士奇, 『東里續集』 卷27, 「工部尚書李公神道碑銘」, "宣宗皇帝嗣位, 改行在工部尚書. 嘗命董採殿材於蜀, 設施有方, 綏撫有誠, 勞者不怨. 自是朝廷凡有興作重役, 悉以委之. 其臨事有條理, 而體卹下情, 所行悉公, 是以人從事集, 訕誹不興, 而屢承勞錫焉" 및 『明英宗實錄』 卷46, 正統 3年 9月 乙酉條.

3. 선덕 순변(巡邊)

막 시작된 '수성(守成)'의 정치는 선덕제 입장에서 볼 때에는 영락제의 계승으로 인식하고 있었다. 북경행부·행후군도독부의 폐지를 결정한 중신회의 이틀 후인 8월 14일, 홍희제는 봉천문에 나가 공후백·오군도독부에 대하여, 사냥하러 나갈 때, 몽골 침공에 대비해, 동북 변경의 여러 관문(關門)을 그 자신이 친히 시찰하겠다고 하였다.[126] 실록에 의하면, 일찍부터 황제가 이런 계획을 가지고 있었던 것을 알 수 있다.[127]

소사이부상서 건의·소보겸태자소부호부상서 하원길·소부병부상서 화개전·대학사 양사기·태자소부공부상서 근신전대학사 양영·행재예부상서 호영 등, 조정의 주된 문관을 이끌고 황제는 8월 27일 북경을 출발했다. 호종 문무관이나 장군에게 모두, 영락 연간의 사례에 따라 인부나 말·당나귀를 지급하여 주었다.[128] 다음 9월 계주(薊州)에 들어갔다. 2일 석문역에 이르러 희봉구(喜峰口) 수장으로부터, 우랑카(兀良哈)가 변경을 침범하여 이미 대녕(大寧)을 점령하고, 회주를 거쳐 관하(寬河)까지 이르렀다는 소식을 들었다. 황제는 정예 기사 3천 명을 이끌고 친히 정벌할 것을 결심했다.[129] 호종하던 문신들은 준화현에 설치된 임시 병영에 주둔하였는데, 그 가운데 양영(楊榮)만을 데리고 황제가 직접 출정하였다.[130] 희봉구에서 장성 밖으로 나와 관하(寬河) 부근에 이르러 전투가 시작되었다. 명군은 초전부터 대승을 거두고 황제가 적군의 선봉대 세 명을 직접 쏘아 맞혔다고 하는 무용담까지 남아 있다. 승전보를 가지고 달려온 사자가 북경의 황태후·제왕·문무 군신 앞에 나아가 그들에게 승전 소식을 전하였다.[131]

---

126) 『明宣宗實錄』 卷46, 宣德 3年 8月 癸巳條.
127) 『明宣宗實錄』 卷32, 宣德 2年 10月 壬申. 卷45, 3年 7月 甲子條.
128) 『明宣宗實錄』 卷46, 宣德 3年 8月 壬寅條.
129) 『明宣宗實錄』 卷47, 宣德 3年 9月 辛亥條.
130) 『明宣宗實錄』 卷47, 宣德 3年 9月 癸丑條.
131) 『明宣宗實錄』 卷47, 宣德 3年 9月 乙卯·壬戌條.

15일 크게 승리를 거둔 후 철군의 명령을 내리고 장성으로 귀환하였다. 황제는 삼하현에서 재경 제왕과 문무 아문에서 올린 '평호(平胡)'의 표문을 받았다. 희봉관에서 북경에 이르는 길가에는 당당히 개선하는 대 행렬을 맞이하는 사람들로 붐비었고, 포로로 잡은 병사·노획한 낙타·말·소·양, 그리고 전차 등이 수십 리 길에 장사진(長蛇陣)을 쳤다. 비교적 대규모의 군대와 장비를 갖추고 이루어진 이번 친정은 조부 영락제의 친정을 본뜬 것이었다.[132] 이것은 분명히 영락제의 계승자로서 자기 존재를 내외에 선언한 것이었고, 이 정벌은 북경 정도의 선택과 불가분의 관계에 있었던 것이다. 그 후에도 선덕제는 자주 교외에서 친히 열병을 거행하였다. 또한 선덕 5년, 한번 밖에 실시되지 못하였지만, 영락 20년 이래 중단되었다가 오랜만에 다시 시작한 정화의 남해 제국 파견도 영락제의 계승자라는 연장선상에 있었던 것이다.[133]

홍희제는 짧은 치세 동안에 영락만년에 솟구치는 여러 모순을 조정하려는 데서 남경 환도라는 중대한 노선 변경으로 발걸음을 내딛으려 했던 것에 반하여, 선덕시대는 다시 북경에 수도를 두려는 방향으로 발걸음을 옮기기 시작하였으니, 이는 영락시대의 연장선상에 있었다. 물류 면에서 조운제도가 발전하고 북경 군영을 총괄하는 경영(京營)이 확립되어 수도 북경의 실적이 지속적으로 정착되어 간 것도 바로 이 시대였다.[134] 삼전 이궁의 재건과 함께 황성 동측이 확장되고, 9문 성루나 중앙의 여러 관청이 정비되어 북경의 수도 공간이 형

---

132) 『明宣宗實錄』卷47, 宣德 3年 9月 甲子·庚午·壬午條.

133) 물론, 모든 것이 영락정치의 계승인 것은 아니다. 宣德 2년 11월의 안남의 독립 승인 등은 국내 정치에도 파급효과가 큰 선택이었다. 그러나 화이통일의 세계 인식을 조공 체제로 평가했다고 하는 점에서는, 鄭和의 재 파견과 같은 노선 상에 있다고 생각할 수 있다. 『明宣宗實錄』卷33, 宣德 2年 11月 乙酉朔條.

134) 주(23)에 전술한 星斌夫, 『明代漕運の研究』(學術振興會, 1963) 第1章 明代における漕運法の發展. 그리고 吳緝華, 『明代海運及運河的研究』(中央研究院歷史語言研究所專刊 43, 1961), 95쪽. 경영 형성 과정에 대해서는 靑山治郎, 「明代における京營の形成について」『東方學』 42輯(1971). 후에 『明代京營史研究』(響文社, 1996)에 수록되었는데 이를 참조. 이에 의하면, 경영은 영락 7년의 북경 순행과 이어지는 몽골친정에 기원을 두고 있으며, 점차 조직된 행군 체제의 3대 군영이 평시 체제로 바뀐 것은 천도 후 영락 20년경이며, 宣德 2년 班軍이 확립됨으로써 제도적으로 완성되었다고 한다.

성된 것도 이 선덕 연간에서 정통 연간에 걸쳐 나타났던 것이다. 북경 수도 공간의 형성 과정에 대해서는 다음 장에서 고찰하겠다.

맺음말

본장을 마무리하면서 영락 천도 직후에 표면화된 북경 지위의 동요가 가지는 의미에 대해 고찰해 보고자 한다.

홍희 원년 윤7월 17일, 즉위 한지 얼마 되지 않은 선덕제는 바로 밑의 동생 정왕(鄭王) 주첨준(朱瞻埈)을 남경으로 보내어 효릉에 알제(謁祭)하고 돌아오도록 했다.[135] 행재예부가 올린 '정왕예남경알능합행사의(鄭王詣南京謁陵合行事宜)'에는 원단·동지·만수성절(황제 생일, 2월 9일)·황태후성절(4월 7일)·중궁 천추절(4월 10일) 때에는 '본부(本府)'에서 표전(表箋)을 올리도록 되어 있었다.[136] 동시에 남경 각 아문의 관은, 매월 1일과 15일에만 정왕에게 배알한다는 규정도 첨가되어 있었다. 거의 일년에 걸쳐 절일을 상정하고 있다는 점으로 보아, 즉위로 인하여 황제를 대신하여 일시적으로 제사한다는 것에 머무르지 않고, 당초 항상적으로 남경에 체재한다는 것을 예정한 것이었다. 이것은 반년 전 3월의 부친 홍희제가 남경 환도를 요구하는 신하의 제안을 받아, 먼저 최초로 당시 황태자였던 선덕제를 남경 유수로 파견해 효릉에 알제(謁祭)하게 한 것을 답습하고 있다는 의미를 지니고 있다.[137] 이 시점에서는 홍희제의 남경 환도 결정이 아직 충분히 구속력을 가지고 있었던 것이다.

---

135) 『明宣宗實錄』卷6, 洪熙 元年 윤7월 甲寅, "上將遣鄭王瞻埈詣南京謁孝陵, 命行在戶部·兵部, 預遣官於水陸路道, 備芻糧舟車"
136) 『明宣宗實錄』卷7, 洪熙 元年 8월 甲戌 "行在禮部進鄭王詣南京謁陵合行事宜,(중략) 凡遇正旦·冬至·萬壽聖節·皇太后聖節·中宮千秋, 王於本府拜進表箋, 由西安門出入, 南京各衛門官, 止於朔望日見王. 王府遇有合行事務, 俱照常例發落". 여기서 '본부'는 왕의 관부라는 의미로 생각되나 구체적으로 어디를 가리키는지는 명확하지 않다. 홍희제가 황태자 시대에 남경 감국으로 있을 때에는 봉천전의 동쪽 문 화전에서 행하여졌다.
137) 본서 제5장「남경 환도」.

이번 정왕의 수행관원으로 선택된 예성후 이현(李賢)과 행재병부상서 이경은 그 때도 똑같이 같이 황태자였던 선덕제를 수행하고 있었다. 황태자와 친왕이라는 면에서 큰 차이가 있기는 하지만, 아직 장남도 태어나지 않았고, 황태자도 책립되어 있지 않은 이 시점[138]에서는, 바로 아래 동생 정왕이 선택된 것은 타당한 선택이었으리라.

그러나 8월 21일, 남경으로 출발한 정왕은 그 후 불과 45일도 채 되지 않은 10월 4일 북경으로 소환하도록 명을 받았다.[139] 수행관원의 한 사람인 행재병부상서 이경만이 남경에 남아 병부를 관할하게 하였다. 이런 결정은 정왕의 남경 장기 체재를 상정하고 있던 '합행사의(合行事宜)' 입장에서 보면 다소 이례적인 처사라는 인상을 준다. 실록의 해당 조에는 그 이유가 전혀 언급되어 있지 않고, 이경에게 내린 칙유만이 실려 있을 뿐이다. 홍희제가 환도를 촉구한 이유 가운데 하나였던 남경에서의 빈번한 지진 발생은 간헐적이기는 하나 아직도 계속 일어나고 있었다.[140] 그럼에도 불구하고, 이 시점에서 행해진 정왕의 소환은, 아마 전술한 남경 환도 보류의 일단이 된 헌릉 건설과 연관되어 있을 것이다.

그리고 그 칙유에서는 이경을 남경에 머물게 한 이유로 "남경은 국가의 근본이므로 관계되는 것 심히 중대하다. 짐은 밤낮 반드시 심복의 대신을 여기에 두어야 한다고 생각하고 있었다. 경은 그곳에 머물러 병부의 일을 전담하기를 바란다"라고 하고 있다. 이로 말미암아 남경의 지위가 황족이 유수해야 할 도시에서 대신이 머물러 지키는 도시가 됨으로써, 지위가 그만큼 저하되었음을

---

138) 선덕제의 황장자(후의 영종 정통제)가 태어난 것은 宣德 2년 11월의 일이다. 『明宣宗實錄』卷33, 동년 같은 달 乙未條.

139) 『明宣宗實錄』卷8, 洪熙 元年 8월 甲申, 「遣鄭王瞻埈還南京謁陵孝陵」; 동서 卷10, 元年 10월 己巳, "召鄭王瞻埈還. 勅行在兵部尙書李慶治南京兵部. 勅曰南京國家之本 所係甚重. 朕夙夜在念. 必有心腹大臣居之. 卿可留彼專理兵部之事. 卿國之輔臣, 勉盡乃心, 以副朕意. 欽哉. 慶先隨侍鄭王赴南京. 至是, 召王還, 故特留慶云"

140) 본서 제5장 「남경 환도」. 실록에 의하면, 이 북경 소환의 명이 나오고 나서 이 해 말까지 8회, 다음 宣德 원년에는 10회, 2년에는 11회, 4년에는 7회, 5년에는 3회의 지진이 보이고 있다. 다만, 이 계산에는 하루에 두 번 이상 발생하고 있는 경우도 1회로 처리하고 있다.

간파할 수 있다.[141]

주원장이 금릉(남경)에 정권을 수립하고, 역대 왕조로는 처음으로 국도로 삼아 전국을 통치한 이래, 정난의 변을 거쳐 영락제의 북경 천도, 홍희제의 남경환도 결정, 이런 식으로 초창기의 명 왕조는 흔들리는 시계 추(振子)와 같이 남북으로 진동을 계속하고 있었다. 이러한 동요는 '제2차 남북조'[142]라고도 불리는 10세기 이래의 새외(塞外) 여러 민족의 대두와 지배로부터 초래된 남북 분열시대의 유제이기도 했다. 오타기 마츠오(愛宕松男)가 밝힌 바와 같이, 이러한 남북 분열의 형세를 당 왕조의 멸망에서부터 계산하면, 3세기 반 만에 통일한 정복왕조인 원조 지배 90년간에도, 남북조의 연장이라 할 수 있는 분열의 양상이 온존하고 있었기 때문이다. 남경에 수도를 둔 주원장 정권이 북방을 중심으로 군사권을 부여한 제왕을 배치하고, 홍무 초기에 개봉을 '북경'으로 삼고, 임호(후의 봉양:鳳陽)에 '중도'를 건설하려 했던 것도[143] 그 때문이었다.

---

141) 홍희제의 남경 유수에 대한 인식은, 『明宣宗實錄』 卷1에 실려 있는 황태자 파견의 일화에서 알 수 있다. "洪熙元年春, 南京屢奏地震. 仁宗皇帝諭廷臣曰, '南京國家根本之地, 災異如此, 天戒可畏. 朕當亟往, 但皇考 新覆山陵, 何忍遽違.' 群臣或請命親王及重臣往守者. 仁宗曰 '非皇太子不可至南京謁孝陵. 太子仁德威望, 足以服人心. 人心安, 卽天意定矣. 況太祖皇帝陵寢, 奉違已久, 朕夙夜在念. 今皇太子往, 庶幾如朕往也.'又曰 '往年皇考北巡, 舞內顧之憂者, 盖以朕守南京, 今豈可他命.' 遂召上計之'. 또한 宣德 4년에는 남경의 "舊內"에 故 郢王의 妻子와 그 일족을 살도록 한 적이 있다. 『明宣宗實錄』 卷51, 宣德 4년 2월 乙未, "命內官楊禮移郢靖王宮春, 居南京舊內. 勅太監王景弘等, 凡歲時朝暮衣服飮食百需, 皆內府依期給之. 仍時遣人省親, 不許怠慢. 先是, 上謂侍臣曰, '郢靖王無嗣, 其宮眷尙留安陸, 國中無主. 朕欲移眞南京舊內, 庶供給皆便. 於義如何.' 侍臣對曰, 此陛下親親之仁, 處置當矣. 遂有是命". 영락 6년 湖廣 安陸에 취번한 태조의 24번째의 아들 郢王 棟은 영락 12년에 이미 죽고, 이로 말미암아 후계자가 없어 王府가 취소되었다. 나중에 남은 친족은 그 후 安陸의 구저에 머물고 있었는데, 인종의 제9자로 선덕제의 동생 梁王 瞻垍가 새로 취번함에 따라, 임시 조치로 그들을 남경에 살게 하였다. 이것은 어디까지나 일시적 조치에 불과한 것으로, 도리어 남경의 지위 저하를 나타낸 것이다. 『明太宗實錄』 卷158, 永樂 12년 11월 更子朔 및 『明史』 卷118, 諸王列傳·郢王棟.

142) 愛宕松男, 『世界の歷史 11, アジアの征服王朝』(河出書房新社, 1969) 「國際關係の變化と第2次南北朝の 展開」 및 愛宕松男·寺田隆信, 『中國の歷史 6, 元·明』(講談社, 1974) 「1, 元朝前史」 참조(이 책에 관해서는 本書의 〈서론-북경 천도 연구 서설〉 각주9 참조).

143) 開封을 '北京'으로 설정한 것에 대해서는 『明太祖實錄』 卷34, 洪武 元年 8月 己

이에 반해 영락
제에 의한 북경 천
도의 단행은 한족
의 입장에서 새롭게
남북통일을 실현하
려는 것[144]으로, 결
국 경제 중심의 동
남 이동의 추세와는
반대로, 분열 시대로
확대된 중화 세계의
중심이 북으로 옮아
지지 않을 수 없었
던 것이다. 분열 이
전보다 더욱 북쪽으
로 이동한 영락제의
선택은 직접적으로
몽골 황제 쿠빌라이
에 의해 수립되었던
원조의 대도(大都)를

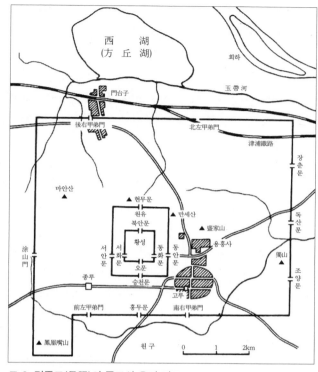

도 2. 명중도(鳳陽)의 중도성 유터 지도

계승한 것이었다.[145] 한족의 입장에서 봐도, 확대된 중화 세계가 농경 사회에

已朔條. 中都에 대해서는 松本隆晴, 「明代中都建設始末」『東方學』 67(1984). 후에
「明代北邊防衛體制の研究」(汲古書院, 2001)에 수록, 王劍英, 『明中都』(中華書局,
1992)을 참조.

144) 檀上寬, 「明王朝成立期の軌跡 -洪武朝の疑獄事件と京師問題をめぐって-」『東洋史
研究』 37卷 3호(1978).

145) 宮崎市定, 「洪武から永樂へ -初期明朝政權の性格-」(原在 1969). 후에 『宮崎市定
全集』 13卷(岩波書店, 1992) 收錄 ; 田村實造, 「歷史上からみた北京の首都性」(원재
1943). 후에 『中國征服王朝の研究』 中(同朋舍, 1971)에 수록. 杉山正明, 「クビライと
大都」梅原郁編, 『中國近世の都市と文化』(京都大學人文科學研究所, 1984) 수록.
후에 『世界を變貌させたモンゴル』(角川書店, 2000) 수록 참조.

머무르지 않고 유목 사회도 포용한 이상, 양 사회의 경계 접점에 위치한 북경이 선택된 것은 당연한 귀결이었다. 그러나 이러한 시도에 대한 반발도 영락 원년 양경체제의 시작으로부터 정통 6년 11월의 수도 확정에 이르기까지, 영락 19년의 천도 단행을 거의 중간지점으로 하여 약 40년 정도의 세월이 필요하였던 것이다. 북경 지위의 동요가 아직 계속 되고 있는 동안, 정왕을 북경으로 소환해 황족의 남경 유수를 폐한 조치는 영락 초년 이래의 양경체제, 특히 황제의 북경 순행과 황태자의 남경감국에 나타나는 남북 분열의 유제(遺制)에 종지부를 찍는 것을 예고하는 것이었다. 곧, 정치권력과 상징을 두 개로 분할함으로써 생기는, 이를테면 남북 두 초점 구조를 가진 타원(橢圓)에서, 두 개의 초점을 최종 하나로 일치시키는 일이었다. 이에 이르러 명 왕조는 정난의 변을 포함한 긴 초창기로부터 수성의 시대로의 행보를 시작했다고 할 수 있다.

전장 및 본장에서 살펴본 것처럼, 삼전 소실이라고 하는 중대한 사태를 계기로, 신하들의 천도를 둘러싼 비판이나 홍희제 즉위 후 환도를 요구하는 주상 가운데에는, 의외로 명말 지식인 곽자장(郭資章)이 옥사한 소의(蕭儀)의 상주를 통해 추측해 낸 것처럼, 요·금·원 이래 이민족 왕조의 수도가 되었던 북경을 한족의 입장에서 거절하는 의견은 적었다. 많은 경우, 경제와 정치의 분리에 따라 생긴 조운에 의한 운송, 즉 물류를 둘러싼 문제를 초미의 곤란한 과제로 들고 있다.[146] 다시 말하면, 이 곤란함을 어느 정도로 예견할까에 따라 남경 환도를 구하는 의견과 북경 정도를 구하는 의견과의 분기가 형성되었다고도 말할 수 있을 것이다. 여하튼, 이러한 논의와 동요를 거쳐 정치의 중심과 경제 중심과의 상보적 분리,[147] 바꾸어 말하면, 국가와 사회와의 괴리를 특징으로 하는 중국 근세 사회의 구조도 여기에서 완성되었던 것이다.

---

146) 閻崇年,「明永樂皇帝遷都北京述議」『中國古都研究』1輯(浙江人民出版社, 1985)에서도 천도를 비판하는 의견에 대하여, 정통 이전에는 漕糧 轉輸가 중시되었고, 정통 이후, 곧 토목의 변 이후에는 북경성 방위가 중요하게 여겨졌음을 지적하고 있다.

147) 斯波義信,「文化の生態環境」『民族の世界史』5, 漢民族と中國社會』(山川出版社, 1983)는 송 이후, 특히 북경 천도 후에 나타나듯이, 한·당까지는 별로 드러나지 않던 정치의 기본지역과 경제의 기본 지역이 오히려 괴리되기 시작하였다고 지적하고 있다.

제7장
북경 정도
-정통 연간의 봉천전 재건과
수도 공간의 정비

도입부

영락제 때에 북경 천도가 이루어졌다는 사실이 너무도 잘 알려졌기 때문에
명조의 수도인 북경의 공간 배치에 대해서도 영락제 시대와 결부시키는 경우가
많다.[1] 그러나 본서 제3장에서 이미 언급한 것처럼, 영락제 재위 22년간에서
마지막 단계에 해당하는 영락 19년(1421) 정월에는 이른바 자금성내의 삼전(三
殿)·이궁(二宮)과 태묘·천지단 등의 국가 제사 시설이 겨우 완성되었을 뿐이었
다.[2] 그 삼전도 3개월 후인 4월에는 낙뢰를 맞아 소실되고, 이듬해 윤12월에는
건청궁도 화재를 입었기 때문에 북경의 위상이 동요되고 홍희제에 의해 남경
환도의 결정이 내려지게 되었는데, 그런 경위를 제5장에서 밝혔다. 그리고 제6

---

1) 陳正祥, 「北京的都市發展」 『香港中文大學 中國文化硏究所學報』 7권 1期(1974). 船
    越昭生, 「中國の歷史的都市(3) 北京」 『講座考古地理學』 第三卷(學生社, 1985)에 소
    수, 193쪽. 日比野丈夫, 「北京今昔」 『東洋學の半世紀』(ブレーンセンター, 1991), 84쪽 ;
    譚縱波, 「北京市の都市計劃」 大阪市立大學經濟硏究所監修 『アジアの大都市』 5 北
    京·上海(日本評論社, 2002) 소수, 234쪽.
2) 근년에 王劍英·王紅도 「論從元大都到明北京的演變和發展-兼析有關記載的失實」
    『燕京學報』 新一期(1995)에서, 이 점을 중시해, 명조 북경 정도의 과정에서 정통 연
    간의 영건공사가 지닌 결정적 작용을 지적하였다.

장에서는 재위 1년도 안 되어 홍희제가 죽은 뒤를 이어 선덕제 시기에 북경 정
도로 궤도 수정이 이루어진 배경을 고찰했다. 본장에서는 선덕 연간에서 정통
연간에 이르는 삼전·이궁의 재건과 수도 공간 정비의 과정, 그리고 정통 연간
에 실현된 북경 정도의 의의를 밝혀보고자 한다.

Ⅰ. 건설 자재의 조달과 노동력의 편성

1. 목재 조달과 운반

전장에서도 언급한 바와 같이, 선덕 3년(1428) 8월에 문무 중신이 모여 회의
한 결과, 북경행부와 북경행후군도독부의 폐지를 정식으로 결정하기 직전부
터 소실된 삼전 재건을 위한 목재 조달 문제가 표면화되었다. 궁전을 짓기 위한
목재를 벌채하기 위해, 선덕 3년 5월에는 행재공부상서 이우직(李友直) 이하 5
명의 관료를 사천·호광 등지에 파견한 적이 있다.[3] 그러나 선덕 5년 2월에, 봄
철 농사 개시를 앞두고, 선덕제는 사천에 파견된 이우직(李友直)에게 칙서를 발
하여 목재 조달의 중지를 지시했다. 벌채한 목재를 일단 적당한 곳에 쌓아두도
록 하고, 군사와 민부를 모두 귀농시키는 조처를 취했다.[4] 다음 해 선덕 6년 정
월에는 호광에서도 목재 구하는 일을 중지시켰다. 호광 지방에는 공부시랑 황
종재와 오정용 등을 파견하여 벌목 작업을 감독하고 있었던 것이다. 또 그동안
벌목해 놓은 목재를 민부들로 하여금 남경의 용산창까지 운반시켰다가, 가뭄으
로 그 일을 중지시키기도 하였다.[5] 또 강서 원주부나 직례 휘주부에서도 목재

---

3) 『明宣宗實錄』卷43, 宣德 3年 5月 丙寅, "命行在工部尙書李友直·刑部左侍郎 樊敬
    ·都察院右副都御使胡廣往四川, 吏部右侍郎 黃宗載·刑部右侍郎吳廷用, 往湖廣採
    宮殿材"

4) 『明宣宗實錄』卷63, 宣德 5年 2月 壬辰, "罷採木之役. 上諭侍臣曰, 爲國之道, 農事
    最急, 今國家無大營繕, 當東作之時, 而工部採運木植未已, 豈不妨廢農業. 遂命書勅
    諭尙書李友直等 凡已採之木隨處堆積, 軍夫悉罷遣歸農"

5) 『明宣宗實錄』卷75, 宣德 6年 正月 丁卯, "罷湖廣採木之役. 初工部奏遣侍郎黃宗載

가 조달되었던 것이다.6)

선덕 연간의 목재 조달이 영락 연간의 것과 다른 점은 산서 등 북경의 주변 지역에서 목재를 가져왔다는 것이다. 예를 들면, 선덕 3년 2월에는 궁전 내부의 각 방이나 창고·교량을 수리하는 데 사용될 목재를 산서에서 벌채해 올 것을 행재공부상서 오중(吳中)이 제안하였는데, 농사철이 시작되었다는 이유로 일시 중단된 예가 있다.7) 선덕 9년에는 자형관(紫荊關) 등지에 목재를 운반하는 군사나 민부 2000명에게 식량을 지급한 사례가 보인다.8) 다음 해 5월에는 창평주 밀운현의 무영산에서 벌채에 종사하는 군사·민부, 장인이 많이 있었고, 매월 그들에게 지급할 식량을 현지까지 전운하는 것이 곤란하다고 하여, 상인을 이용한 개중법(開中法)으로 납량할 것을 행재호부가 제안하여 재가를 얻어 개중법이 이용되었다.9) 또 정통 4년 정양문 성루의 수축에 사용한 목재는 울주·보안주 등의 산장에서 벌채된 것으로, 이들 목재가 혼하(渾河)를 통해 뗏목으로 엮어져 소둔창까지 옮겨 들여와 사용되었던 것이다.10)

이 시기, 산서 지역에서도 목재가 많이 조달되었다. 그간 목재가 대량 산출되어 왔던 곳은 호광 지방이었으나, 이곳에는 영락 연간에 벌채가 많이 이루어져 큰 나무가 부족하였기 때문에 산서 지방의 목재가 이용되었던 것이다. 선덕 9년 6월에 제출된 행재공부상서 오중의 상주는 그 사이의 사정을 잘 말해주고 있다.11) 즉, 호광 목재를 산출하는 산장에서는 영락 연간에 민간의 벌채를 금하

· 吳廷用往湖廣督採材木, 幷發民運舊所採木赴南京. 至是, 上聞湖廣旱災民困, 遂罷其役"

6) 『明宣宗實錄』卷68, 宣德 5年 7月 壬子. 卷81, 宣德 6年 7月 己巳條.

7) 『明宣宗實錄』卷37, 宣德 3年 2月 癸酉條.

8) 『明宣宗實錄』卷110, 宣德 9年 4月 庚戌條.

9) 『明宣宗實錄』卷110, 宣德 9年 5月 壬午條.

10) 『明英宗實錄』卷43, 正統 3年 6月 壬戌, "行在工部言, 近者修德勝等門城樓, 將在京各廠局物料支給殆盡. 明春當修正陽門城樓, 乞發後軍都督府軍千名, 給與口糧, 令於蔚州·保安等處山場, 採木編伐, 自渾江運至, 貯小屯廠以備支用. 從之"

11) 『明宣宗實錄』卷111, 宣德 9年 6月 甲戌, "行在工部尙書吳中奏, 湖廣産木山場, 永樂中禁民採伐. 比年犯禁者衆, 材木殆盡. 及朝廷需材, 乃深入險阻, 疲勞人力, 乞勅湖廣三司, 仍加禁止. 又蔚州美峪·九龍口·五福山等處俱産材木, 宜長養以資國用. 今軍民

고 있었다. 근년에는 그 금하는 법을 범하는 사람이 많고, 대목이 거의 없어져, 영건에 이용될 목재는 험조한 산속까지 들어가지 않으면 안 된다고 하면서, 종래대로 벌채를 금지하는 것을 제안하고 있다. 게다가 산서 대동 울주의 미욕·구룡구·오복산 등의 목재 산지에도 금령을 내릴 것을 제안했으나, 선덕제는 "산림천택(山林川澤)의 이로움은 옛날부터 백성과 더불어서 함께 하는 것이다"라는 입장을 가지고 제안을 받아들이지 않았다.

목재 벌채의 재개와 함께, 그 운반도 시작되었다. 대운하의 구간에서는 조운군을 동원하여 운반하였기에, 조운군을 통괄하던 평강백 진선(陳瑄)이 운반한 목재 수량을 보고하고 있다. 운하 운행이 동결되는 겨울에는 수송이 일시 중단되었다.[12) 목재 운반 작업이 본격화된 선덕 5년에는, 영강후 서안(徐安)이나 행재공부시랑 나여경(羅汝敬)에 명하여, 직고(直沽, 천진)에서 통주 장가만에 이르는 지역의 연안에서의 목재 운반을 감독하게 하고, 군민이나 상인들이 배의 통행을 방해하지 못하도록 조처를 취하였다.[13) 선덕 8년 4월에는 남북 직례나 하남에서 한해가 발생하였기 때문에, 각지에서 벌채한 목재를 현지에 쌓아두게 하고, 수송되고 있던 것은 북경에 반운하는 조칙이 나왔는데, 그 다음에 6월이 되어서야 목재 운반이 재개되었다.[14)

그러나 선덕 10년 정월 원단에 황제의 '불예(不豫)', 곧 병환을 이유로 신년 축하 의례가 중지되고, 다음날에는 행재공부 및 남경수비 양성백 이륭·태감 왕경홍 등이나 남경 공부 등에 대해 칙령을 내려, 각지의 벌채나 매판, 특히 조영을 위한 물료나 남해 원정에 사용되던 선박 장식을 위한 목재 조달을 일체 중단했다. 또 이 일에 종사하는 군사·민부나 장인의 귀향과 파견한 내외 관원의 회경(回京)을 비롯하여 운하 연안 일대에 운반중인 목재를 형편에 따라 쌓아 둘

　　擅自採伐, 亦乞禁止. 上曰, 卿爲國計意深厚, 但山林川澤之利, 古者與民共之. 今不必屑屑, 姑已之"
12) 『明宣宗實錄』卷48, 宣德 3年 11月 庚申條.
13) 『明宣宗實錄』卷66, 宣德 5年 5月 丁卯, "命永康侯徐安·行在工部侍郎羅汝敬, 自張家灣抵直沽緣河提督運木. 勅令說法俾軍民商賈舟楫通行, 不相妨碍. 如河岸衝決, 就督軍夫修築"
14) 『明宣宗實錄』卷101, 8年 4月 戊戌；卷111, 宣德 9年 6月 癸亥條.

것 등도 일일이 지시해 두었다.[15] 벌목을 총감독하고 있던 도독 임례(任禮)와 시랑 위원(魏源), 그리고 각지의 도사·포정사·안찰사와 순안감찰어사에게도 같은 조칙이 내려졌다. 그 다음 3일에 선덕제가 사망했다. 재위 11년, 향년 38세였다. 홍희제에 의한 남경 환도의 결정을 궤도 수정하던 북경 정도의 실현은 다음 세대로 넘어가게 되었다.

선덕에서 정통 초년에 걸쳐 북경으로 운반된 목재 수량에 대해서는, 『명영종실록』 권33, 정통 2년 8월 을해의 조에 "제화문 밖의 녹나무·삼나무 등의 나무 38만, 이리하여 사방에서 나무를 옮겨오는 사람이 날마다 이르렀다"라는 기록으로 보아, 얼마나 방대한 나무가 운반되었는지 그 일단을 엿볼 수 있다. 북경성 동쪽 제화문(후의 조양문) 밖에는 대목창이 설치되어 있었고,[16] 영락 연간 이래, 남아 있던 목재는 공부가 기교(旗校)·군부 4000명을 동원해 덮개를 씌워 간수하고 있었다.[17] 그러나 관리가 나빠 부패하거나 화재에 의한 피해 등이 끊이지 않고 일어나, 선덕 연간에는 황제가 각 목창에서 저장할 대목 관리를 철저히 하도록 직접 지시할 정도였다.[18]

벌목 외에도, 벽돌 굽기와 석재 운반도 이어서 행해지고 있었던 것은 선덕 5년 4월 파종기를 맞아 운하 연안 지방에서의 벽돌 굽기와 석재 운반을 정지할 것을 황제가 지시했던 사실에서 엿볼 수 있다.[19]

---

15) 『國祖詔勅』 15冊, 「勅襄城伯李隆及工部」 宣德十年 正月 初三日, "勅襄城伯李隆及工部 凡買辦·採辦, 及打造下西洋船木植일應物料等件, 幷營造物料, 悉皆停罷. 軍夫·匠役人等當放者, 卽放回. 其差去內外官員人等, 卽便回京, 不許托古稽遲. 其沿河一帶 運來木植, 悉於所至去處堆積苫蓋. 畢日軍夫放遣寧家, 官員回京. 違者重罪不恕" 및 『明宣宗實錄』 卷115, 宣德 10年 正月 甲戌條. 다만 후자는 조칙이 발표된 날을 정월 초이튿날(甲戌)로 보고 있다.

16) 『明英宗實錄』 卷114, 正統 9年 3月 戊寅條.

17) 『明英宗實錄』 卷60, 正統 4年 11月 戊午. 卷63, 正統 5年 正月 壬子條.

18) 『明宣宗實錄』 卷79, 宣德 6年 5月 庚辰. 卷103, 宣德 8年 6月 癸卯條.

19) 『明宣宗實錄』 卷65, 宣德 5年 4月 壬申·丁酉條.

2. 무공삼위의 증설-군장(軍匠)의 편성

선덕 연간 동안에 주목되는 것은 북경 조영 공사의 주요한 노동력이 된 무공삼위(武功三衛)가 증설 정비되었다는 것이다. 조영 공사를 재개할 때, 먼저 군장(軍匠)의 편성 방법이 문제가 되었다. 공장(工匠)의 역을 담당하는 장호(匠戶)는 행정 계통인 주현과 군사 계통인 위소에 각각 위촉되어 있었는데, 양자를 구별하여, 전자는 민장, 후자는 군장이라고도 불렀다. 또 노역 부담의 형태에 따라, 각지에서 상경해 3개월간 윤번으로 하는 당번 근무는 윤반장(輪班匠)과 북경에 거주하고 있는 주좌장(住坐匠)으로 나누어진다. 이런 구분이 홍무 연간부터 있었던 것은 아니다. 윤반장은 홍무 19년(1386)까지 제도적으로 확립되어 온 데 반하여, 주좌장은 영락 천도 이후에 북경에서 그 제도가 정비된 것이었다.[20]

선덕 원년에 행재공부시랑 채신(蔡信)은 절강 등의 도사(都司)는 물론 북변의 대동·영하·선부 제위의 군장도 포함시켜, 북경에서 역을 담당하던 장인(수반장)의 가족도 모두 북경으로 옮겨 와 살도록 하고, 금의위에 예속시켜 항상적인 노동력을 확보해 두어야 할 것을 제안했다. 이에 대해서, 행재병부상서 장본(張本)은 반대했다. 전국 245위소에 있는 군장의 총수가 2만 6000명인데, 현재는 장정 한 명만을 부리어 공역시키고 있지만, 군장의 가족도 옮긴다면, 만일 가정 내의 정수(丁數)를 3~4정으로 잡는다 하더라도, 10만 명에 가까운 사람이 이동하게 되는데, 이는 북변의 병력 부족이나 세정(世情)의 불안을 불러일으킨다고하여 반대했다. 선덕제도 이 안에 동의해, 북경으로 옮겨와 사는 것은 중지되었다.[21] 황제 자신도 지적하고 있듯이, 제안한 채신은 영락 연간에 장릉 건설의

---

20) 陳時啓, 『明代官手工業的硏究』(湖北人民出版社, 1958), 77쪽.

21) 『明宣宗實錄』 卷15, 宣德元年 3月 癸卯, "先是, 行在工部侍郞蔡信言, 浙江等都事及大同·寧夏·宣府諸衛軍匠在京執役者, 乞皆取家室至京, 隷錦衣衛. 上不允, 以問工部尙書吳中. 中對, 軍伍當與兵部議. 至是兵部尙書張本等言, 信奏取軍匠家室, 計其數, 凡二萬六千人, 總二百四十五衛所, 而大同·寧夏諸衛, 皆臨邊境爲匠者, 暫役其一丁, 今若盡取, 如一匠止三丁四丁, 已近十萬〔人〕之數, 〔而〕士伍旣缺, 〔必然〕人情驚駭, 其言不可行. 上曰, 朕固知其不可, 彼以匠藝得官, 豈諳道理. 但知所管屬多則於己有利, 豈

공적에 의해서 공부 영선소 소정(所正)에서 공부 영선 청리사 낭중으로 발탁된 기술자 출신[22]이었다는 점을 고려한다면, 그의 제안은 조영 공사의 인원 확보를 최우선 과제로 삼은 제안이었다고 할 수 있다.

무공중위의 5천호소가 영락 14년 말에 새롭게 설치된 것에 대해서는 이미 언급한 바 있다.[23] 무공중위는, 남단위(南丹衛) 등에서 개편된 관군과 새로 조직한 군장을 통괄하고 있었다. 이러한 관군과 군장은 북경영건 때에 공장(工匠)으로서 궁전 공사에 종사하고 있었는데, 행재공부상서 오중(吳中)이 이들을 공부에 소속시킬 것을 제안하여 공부 소속이 되었다.[24] 그리고 한왕부 호위를 다시 개편한 낙안수어천호소나 조왕의 상산중호위[25]의 군장 등도 여기에 예속시켰는데, 이로 인해 중위 소속의 군장은 이미 1만 명을 넘고 있었다.

2년 5월에는, '서민' 신분이 된 진왕의 태원 삼호위[26]나 진무위 등에서 옮겨온 군장을 바탕으로 무공좌위가 새롭게 설치되었다. 그리고 여기에 좌위·우위·중위·전위·후위의 5천호소를 배치시켰다. 좌위를 관할하는 위소관에는 병부에 명해 우림전위(羽林前衛) 등에서 조달된 지휘·천호·백호 이정(李整) 등 74

知兵備乃國家重事, 不可減撤. 況比來營建已皆停止, 何用勞擾如是. (下略)" 및 『明史』 卷157, 張本傳.

22) 『明太宗實錄』 卷140, 永樂 11年 5月 壬寅 및 『明英宗實錄』 卷46, 正統 3年 9月 庚寅, "工部右侍郎蔡信卒, 遣官祭之. 其辭曰, 爾以精通工技, 久效勞勤. 玆特遣祭命官治葬, 爾其承之". 『明宣宗實錄』 卷65, 宣德 5年 4月 己丑條에 의하면, 이 때, 蔡信은 공부우시랑중으로 9년의 임기만료에 해당되고 있었지만, 선덕제는 蔡信을 승진시키지 않고 그 자리에 머물러 근무하도록 하였다.

23) 본서 제3장 「북경 천도」 제5절 참조.

24) 『明宣宗實錄』 卷28, 宣德 2年 5月 甲寅, "設武功左衛, 置左·右·中·前·後五所. 先是, 武功中衛所管軍士皆工匠, 從尙書吳中奏屬工部, 幷以調到樂安守禦千戶所, 及彰德等護衛軍匠隸之. 至是, 中又奏, 中衛已有軍匠萬餘, 而續調太原三護衛及振武等衛軍匠至者, 宜別設衛處之. 上從之. 遂建左衛五所, 命兵部除官. 兵部奏調羽林前等衛指揮·千百戶李整等七十四人管屬"

25) 樂安守禦千戶所의 군대는, 한왕 고후(高煦)의 난 평정 후에 감숙의 침공으로부터 방어 임무를 맡고 있었다. 『明宣宗實錄』 卷21, 宣德元年 9月 己酉條. 창덕의 常山中護衛의 조왕의 신청으로, 宣德 2年 2月에 반려되어, 永平·山海·盧龍·撫寧 4衛로 옮겨지게 되었다. 『明宣宗實錄』 卷25, 宣德 2年 2月 庚申條.

26) 『明宣宗實錄』 卷27, 宣德 2年 4月 甲子條.

명이 충당되었다. 이와 같이 선덕 초년에 증원된 무공중위나 무공좌위의 군장은 한왕 고후(高煦)의 난이 일어난 후에 추진된 호위 삭감[27] 정책의 결과 생긴 여분의 군사로 되어 있었던 것이다.

다음 3년 12월에는 더욱이 무공좌위에 중좌·중우·중중·중전·중후의 5천호소를 증설했다. 이것은 도망한 장인들 가운데 붙잡혀 병역에 충당된 사람이 1만 500명을 넘었기 때문에, 이들을 중심으로 무공중위의 예를 본 떠 5천호소를 증설한 것이다.[28] 이들 위소관에는 우림위 등에서 관원을 선발하여 다시 관직을 주었다. 선덕 연간에 들어오면, 재경의 공장 5천여 명이 도망한 사실이 표면화된 것으로 보아, 이 시기에 군장이 급증한 것은 도망한 장인을 붙잡아 오는 일이 활발해지고, 이로 말미암아 가족과 함께 군장에 편성된 사람이 많았던 것도 한 요인이라고 생각된다.[29]

더욱이 6년 4월에는 신무전·우등위의 군장이나 각지에서 도망한 공장을 징발하여 군역에 충당시킨 사람들을 편성해 무공우위 10천호소를 증설 했다. 위소관으로는 만전우위 등에서 여분으로 남은 지휘·천호 풍원(馮原) 등 43명을 뽑아 세웠다.[30]

이에 대해, 북경에 거주하는 주좌장(住坐匠)은 원래 영락 초년에 남경 및 절강의 공장들을 강제로 이주시킨 사람과 영락제의 북경 순행에 호종하며 각 감국에서 근무하던 사람으로 되어 있었다. 『선종실록』 권52, 선덕 4년 3월 을축(乙丑)의 조에, 영락 연간에 남경에서 이주해와 내부(內府)의 천재고(天財庫)에서

---

27) 한왕 고후의 난에 대해서는 본서 제6장 「홍희에서 선덕까지」 참조. 난 후의 호위 삭감에 대해서는 佐藤文俊, 『明代王府の硏究』(硏文出版, 1999) 제1부 제2장 참조.

28) 『明宣宗實錄』 권49, 宣德 3年 12月 乙未, "增設武功左衛中左·中右·中中·中前·中後五千戶所. 時武功左衛言, 續收逃匠編軍一萬五百餘名, 軍多事劇, 請如武功中衛例增設五所. 命行在禮部給印, 兵部除官. 兵部奏於羽林等衛選官改授. 從之"

29) 『明宣宗實錄』 권13, 宣德元年 정월 庚申. 권52, 宣德 4年 3月 壬戌 ; 권81, 宣德 6년 7월 己卯條.

30) 『明宣宗實錄』 권78, 宣德 6년 4월 乙卯, "增置武功右衛, 如武功左衛之例, 以續收神武前右等衛軍匠隷焉" ; 권79, 宣德 6년 5월 己巳, "行在兵部尙書許廓言, 新設武功右衛, 凡十千戶所, 管領軍匠, 今選萬全右等衛多餘指揮千戶馮原等四十三人, 請旨調用. 從之"

공역(公役)을 치르던 지장(紙匠)의 사례가 보이는데,[31] 이는 아마 후자의 예일 것이다. 이러한 공장은 선덕 5년 3월에 이르러 비로소 북경의 대흥·완평현에 부적되었다.[32] 북경의 조영 공사가 일단락된 정통 7년 이후에는 주좌장에 지급된 전토에 대한 감세가 이루어지고, 군장의 자제나 하인들을 호적에 올려 주는 등, 북경에 정착하기를 도모하는 조처가 취해졌다.[33]

선덕 연간의 조영 공사에는 이상의 군장이나 민장 외에, 외위(外衛)의 관군도 동원되었다. 선덕 10년 2월에 행재오군도독부 및 행재병부에 발한 조칙을 보면, 관군이 조영에 동원됨으로써 군사 훈련에 전념할 수 없다고 하여, 그들에게 조영의 역을 중지시켰다는 내용이 기술되어 있다.[34]

여기에서는 그 후에 이루어진 윤반장(輪班匠) 편성 방법의 변천을 일별해보자. 영종 즉위 후에 나온 선덕 10년 2월의 조서에는 도망한 민장으로, 종래 무공삼위에 편성되어 군장에 충당된 사람에 대해서는, 선덕제의 능묘 축조가 종료되는 것을 기다렸다가, 다시 민장으로 되돌려 북경에 거주하게 하는 조치를 취하였다.[35] 그 해 7월에는 앞의 조서에 따라, 도망갔다가 충군된 사람을 민장에 되돌렸으며, 이리하여 무공삼위의 10천호소를 5천호소로 줄였다.[36] 또 경태 연간에는 윤반장에 대한 반차경감이 종종 제안되었는데, 경태 5년(1454) 4

---

31) 『明宣宗實錄』권52, 宣德 4년 3월 乙丑, "有紙匠訴于行在通政司云, 永樂中自南京取至, 執役天財庫, 去家遠, 日給爲難. 通政司官以聞. 上諭尙書郭敦曰, 官府但知役之, 而不知養之. 豈政理哉. 凡工匠役內府者, 悉月給食米三斗"

32) 『明宣宗實錄』권64, 宣德 5년 3월 戊午, "行在工部尙書吳中奏, 南京及浙江等處工匠起至北京, 及於隨駕各監上工者, 俱未有定籍, 請令附籍於大興·宛平二縣, 庶有稽考. 從之"

33) 『明英宗實錄』권93, 正統 7년 6월 癸卯卷.

34) 『明英宗實錄』권2, 宣德 10년 2월 癸卯, "勅行在五軍都督府及兵部, 比因營造差調, 官軍不可調練, 今已停役. 爾等其整飭兵旅, 以時訓練, 務在行伍整肅, 戎器鋒利, 毋事因循, 庶副委任之重"

35) 『明英宗實錄』권2, 宣德 10년 2월 辛亥, "以上太皇太后·皇太后尊號, 及封宗室禮成, 詔示天下. 詔曰, (中略)一, 民匠比先人爲在逃編發武功三衛, 充當軍匠者, 待營造山陵畢日, 仍充民匠, 就于在京居住, 依例輪班"

36) 『明英宗實錄』권7 宣德 10년 7월 甲申, "發民匠在外充軍者, 仍爲民匠. 減武功三衛增設原管軍匠十千戶所, 復爲五千戶所. 時勅諭諸司, 休息軍民, 凡事從簡故也"

월에는 홍무 26년[37] 제정 이후 계속 사용되어 오던 반차가 드디어 개정되었다. 종래는 2년 1반이나 3년 1반이 되어 일정치 않았으나, 이때에는 모두 4년 1차로 규정하였다. 공장 정원 28만 9,000여 명 가운데, '사고(事故)'를 제외하고, 북경의 공장은 18만 2,000명, 남경의 공장은 5만 8,000명이었다. 북경의 경우는 매년 45,000명, 계절마다 11,000명이 당번을 서는 셈이었다.[38]

Ⅱ. 선덕 연간 황성내부와 중앙 관청의 정비

1. 황성 동측의 확장과 천재갑을병정자등고의 신설

선덕 연간에 들어, 홍희제의 남경 환도 결정이 포기되고 북경 조영이 재개되었다고는 하더라도, 소실한 삼전·이궁의 재건이 단번에 진행된 것은 아니었다. 전술한 것처럼 목재 조달이 재개되는 한편, 조영 공사는 황성내(皇城內) 정비와 확장, 국가 제사에 관계된 여러 시설의 정비, 일부 중앙 관청의 건설에 그치고 있었다.

황성 내를 보면, 우선 선덕 원년에 천지·산천단이나 황성 4대문 및 등문고의 수리가 있었다.[39] 선덕 3년 이후에는 황성 내의 호수 주변 정비가 이루어졌다. 그 해 8월에는, 태액지(太液池)에 놓인 해자교(海子橋), 곧 옥하교(玉河橋)를 수리했다. 다음 해 3월에는 성국공 주용에게 명하여 군사 5,000명을 동원하여 호수 담장을 수리하도록 하였다.[40] 이 시기에 경화도(瓊華島) 산정에 있는 광한

---

37) 『明太祖實錄』 권230, 洪武 26년 10월 己亥條. 陳詩啓, 『明代官手工業的研究』(江北人民出版社, 1958), 72쪽.

38) 『明英宗實錄』 권153, 正統 12년 윤4월 丙戌. 권239, 景泰 5년 3월 乙丑 ; 권240, 景泰 5년 4월 乙巳條.

39) 『明宣宗實錄』 권17, 宣德元年 5월 壬子, "行在工部尙書吳中等奏, 天地·山川等壇·皇城四門及登聞鼓俱損弊. 應修理.從之"

40) 『明宣宗實錄』 권46, 宣德 3년 8월 癸卯, "修內府海子橋". 권52, 宣德 4년 3월 壬申, "命成國公朱勇以軍士五千人修海子牆垣"

전이나 청서전의 지붕도 수리되었다.[41]

선덕 7년 6월에는 황성을 옥하의 동안까지 확장하는 공사를 했다.

> 황제는, 동안문 밖 옥하 연안에 사는 사람들이 황장 담 벽 가까운 곳에 와서 시끄럽게 떠드는 소리가 대궐 안으로까지 들려와, 행재공부로 하여금 황장을 옥하 동쪽으로 개축하게 했다. 황성의 서쪽에 아주 넓은 공터가 있어서 먼저 연안의 사람들을 그곳으로 옮겨 살게 했다. 금의위 지휘·감찰어사·급사중 각 한 사람으로 하여금 그 옛날 거주한 땅의 광협을 헤아려 이전과 같은 수의 땅을 주어 살게 했다. 관리·군민공장에게는 모두 20일의 휴가를 주어, 집안일을 돌보게 하였다.[42]

확장 공사가 이루어진 것은 황성 동측의 동안문 밖 남쪽으로 흐르는 옥하 양측에 이미 관리나 군민의 공장 집들이 수없이 늘어져 있고, 서민 생활에 힘쓰는 소리가 궁궐까지 시끄럽게 들렸으므로 좋지 않다고 생각했기 때문이었다. 그래서 이들 가옥을 공터로 남아 있던 황성 서측으로 옮길 계획이 세워졌다. 이전하는 과정에서 금의위 지휘나 감찰어사·급사중 각 1명에게 택지 면적을 측량하게 하고, 이것에 근거해 대체할 땅을 지급하도록 명했다. 또한 어쩔 수 없이 이전하게 된 사람들에게는 가옥의 신축을 위해서 20일간의 휴가를 주었다.

행재공부의 견적에 의하면, 옥하의 동쪽 연안에 새롭게 황장을 쌓는 공사에 동원 예상 인원은 6만 5천 명이었다. 민부를 징발하는 것만으로는 부족하다고 생각하여, 성국공 주용이 이끌고 있는 병사 3만 5천 명을 투입할 것을 제안했다. 황제는 때가 혹서의 계절이라는 것을 이유로 공사를 가을로 연기하도록

---

41) 『明宣宗實錄』 권101, 宣德 8년 4월 丁亥條.

42) 『明宣宗實錄』 권91, 宣德 7년 6월 甲辰, "上以東安門外緣河居人, 逼近黃牆, 喧囂之聲, 徹于大內. 命行在工部, 改築黃牆于河東, 皇城之西有隙地甚廣, 豫徙緣河之人居之. 命錦衣衛指揮·監察御史·給事中各一員, 度其舊居地廣狹, 如舊數與地作居. 凡官吏軍民工匠, 俱給假二十日, 使治居."
   〈옮긴이 주〉 영락제 시기의 6과급사중·감찰어사 등 과도관체계에 대해서는 조영록, 『중국 근세 정치사 연구』(지식산업사, 1987) 「제2장; 영락·정통간의 과도관체계의 형성」 참고.

지시했다.[43] 공사는 가을 이후, 민부들이 동원되었으며, 거기에 관군이 가세하여 공사가 추진되었다. 그 다음 해 8월에 공사가 완료되고, 동안문을 옥하 위에 놓인 다리의 동쪽으로 옮겨 세웠다.[44] 황성 내로 끌어들여진 하도(원대의 통혜하 일부)가 옥하(玉河)라고 명명된 것도 아마 이 때였을 것이다. 또한 이 확장으로 운하의 일부가 황성 내로 끌어 들여져 와서 통혜하(通惠河)와의 연계가 단절되었기 때문에, 종래 여기를 거슬러 올라가 황성 북쪽에 있는 적수담(積水潭)까지 출입하던 거룻배가 정박할 수 없게 되었다. 그 결과, 원조 이래 적수담의 경제적 기능이 상실되고, 북경 성내 상업적 중심이 황성 북측에서 황성 남측으로 이동하는 계기가 되었다.[45]

정통제 즉위 후에는, 황성 남측 부분의 정비가 시작되었다. 우선 선덕 10년 4월에, 황성의 남문에 해당하는 대명문(大明門) 주변의 강미항(江米港, 후의 東交民港)에 석교(옥하교)가 세워졌다. [46] 이어서 정통 원년(1436) 6월에, 지붕 기와와 벽돌에 많이 파손되어 있던 오문(午門)의 좌우궐문 및 승천문 밖의 장안좌문·장안우문을 수리하였고,[47] 장안좌문·장안우문 밖의 남쪽으로 동공생문·서공생문을 설치했다.[48] 8월에는 오문의 문루(文樓)·무루(武樓)의 조종(朝

---

43) 『明宣宗實錄』권91, 宣德 7년 6월 乙巳, "行在工部言, 築東安門外黃牆, 計用六萬五千人, 民夫不足. 請以成國公朱勇所部士卒三萬五千人助役. 上曰, 炎暑如次, 豈宜興役. 待秋凉爲之"

44) 『明宣宗實錄』권94 宣德 7년 8월 己亥, "移東安門于橋之東". 楊寬, 『中國古代都城制度史硏究』(上海古籍出版社, 1993), 531쪽. 아울러 楊寬이 "東華門"을 河東으로 옮겼다는 것은 東安門을 그렇게 잘못 표현한 것으로, 朱國禎의 『涌幢小品』의 오류를 답습한 것이다.

45) 蔡蕃, 『北京古運河與城市供水硏究』(北京出版社, 1987), 111쪽. 명대의 通惠河에 대해서는 拙稿「通州·北京間の物流と在地社會 −嘉靖年間の通惠河改修問題をてがかりに」山本英史 編, 『傳統中國の地域像』(慶應義塾大學出版會, 2000 수록)을, 北京城內의 상업 중심에 대해서는 같은 拙稿「明代前期北京の官店塌房と商稅」『東洋史硏究』49권 1호(1990)를 참조하기 바란다.

46) 『明英宗實錄』권4, 宣德 10년 4월 辛酉, "造江米港石橋"

47) 『明英宗實錄』권18, 正統元年 6월 丁酉, "修左右闕門及左右長安門, 以年深領甌損壞故也"

48) 『明英宗實錄』권18, 正統元年 6월 乙巳, "作公生門於長安左右門外之南"

鐘)을 새롭게 주조해 달았다.[49] 이에 앞서, 선덕 10년에 육과의 문서를 보관하는 공간을 승천문 밖에 설치하였다.[50] 정통 3년 9월에는 서중문(西中門)을 수리했다.[51] 다음 4년 9월에는 금수하(金水河) 연안을 수리했다.[52]

또 이 시기에 황성 내 서북 모서리에 있는 내부 각 창고도 정비하였다. 종래, 갑자고(甲字庫)·을자고(乙字庫)·병자고(兵字庫)·정자고(丁字庫) 등의 창고가 황성 밖에 놓여 있어 출납이 불편했었다. 그리하여 정통제는 즉위 초에 황성 내로 이전 계획을 세웠으나 비용이 많이 든다고 하여 실현되지 못하였다.[53] 그러다가 정통 3년 5월에 이르러 드디어 이전 공사를 실시하였던 것이다.

> 갑·을·병·정 등 창고를 내부로 옮긴다. 처음 황제는 각 창고가 밖에 있어 출납이 용이하지 않아 오래 전부터 옮기려고 생각했지만, 잘 이행되지 않았다. 이제야 비로소 이곳으로 옮기게 되었다.[54]

갑·을·병·정자고 등의 이전으로 말미암아 그 이전의 창고에 수장되어 있던 물품을 점검하고 동시에 옮겼는데, 이 일은 위국공 서현종(徐顯宗)과 행재호부 우시랑 오새(吳璽)가 총괄하였던 것이다.[55]

---

49) 『明英宗實錄』 권21, 正統元年 8월 壬午, "遣行在禮部尙書胡濙祭司鐘之神, 以新鑄朝鐘成也"

50) 『明英宗實錄』 권9, 宣德 10년 9월 癸酉, "置六科度閣文書之所於承天門外"

51) 『明英宗實錄』 권46, 正統 3년 9월 癸卯, 및 同年 同月 丁未, "修西中門工畢, 遣少保兼工部尙書吳中祭司工之神"

52) 『明英宗實錄』 권59, 正統 4년 9월 癸酉條.

53) 『明英宗實錄』 권6, 宣德 10년 6월 壬寅, "行在工部奏, (中略) 今又移置甲字等庫, 修葺內府, 費用浩大, 請徵河間·順德·大名·廣平四府三千人夫赴工採辦. 上以民方蘇息, 不從". 그리고 1년 후인 정통 원년 8월에, 甲字等庫 및 東西廣備庫 등의 지붕을 수리하라고 명하고 있는데, 이것은 옛 창고의 수리일 것이다. 『明英宗實錄』 권21, 正統元年 8월 乙亥, "命修葺甲字等庫, 及東西廣備庫"

54) 『明英宗實錄』 권42, 正統 3년 5월 癸未, "遷甲乙丙丁等庫於內府. 初, 上以各庫在外出納不便, 久欲遷移不果. 至是, 始遷之"

55) 『明英宗實錄』 권58, 正統 4년 8월 丙申, "以新造天財甲乙丙丁等庫成, 欲盤移庫藏, 命魏國公徐顯宗·行在戶部右侍郎吳璽, 總理其事"

2. 행재예부의 건설

선덕 5년 2월, 중앙 관청으로는 육부 가운데 행재예부가 최초로 대명문(大明門)의 동쪽에 건설되었다.[56]

> 행제예부를 북경 대명문의 동쪽에 세웠다. 그때에 오부(五府)·육부(六部) 모두 아직 세워지지 않았다. 예부가 관장하는 것은 천지·종묘·사직(社稷)과 같은 중대 사였고, 더불어 사방 만국의 조근회동(朝覲會同)은 모두 여기에서 일을 맡아 보았기에 맨 먼저 세웠다. 그 지위·관제는 모두 남경과 같이 하고 크고 장엄하게 건물을 세웠다.[57]

행재예부가 제일 먼저 세워진 까닭은 예부가 담당한 국가 제사의 중요성과 더불어 조근하는 사람들이 모두 이곳으로 나와 황제를 뵈었기 때문이었다.[58] 공사는 선덕 6년 5월에 완성되고, 6월에 낙성식과 축하연이 베풀어졌는데, 공·후·백·작, 부마도위, 오군도독부의 도독, 육부 상서·시랑, 도어사·한림원 학사·국자감 좨주 및 통정사·대리시·태상시·광록시·홍려시의 장인관, 거기에 예부 속관들이 참석했다.[59] 그 다음 달에는 속관들이 거기서 근무하도록 명해지고 '예부공용(禮部公用)'이라고 새겨진 집기류 162점이 지급되었다. 이미 남경에서 옮겨온 예부의 장서 120부, 총 2,800책도 여기에 비치되었다.[60]

행재예부의 관청이 맨 먼저 세워지게 된 경위에 대해서는 양사기(楊士奇)가

---

56) 신축되기 이전의 행재예부 소재지에 대해서는 余繼登, 『典故紀聞』 권11에 "北京試院乃舊禮部 正統時以今禮部成 始改署爲試院. 初修時計屋八十二間"이라 되어 있고, 朱國禎, 『涌幢小品』 권7, 試院에 "京師試院, 改舊禮部爲之, 乃正統年間事"라고 되어 있다. 후에 貢院이 놓인 내성 동남 쪽 모퉁이에 위치하고 있었다고 추정된다.

57) 『明宣宗實錄』 권63, 宣德 5년 2월 癸未, "建在行禮北京部於大之明門東. 時五府六部皆未建, 以禮部所典者, 天地·宗廟·社稷之重, 及四方萬國朝觀會同者, 諸有事於此, 故首建之. 其地位規制, 皆如南京加弘壯焉"

58) 다만, 宣德 연간에 지어진 건물 가운데에서는 대명문 동쪽의 鴻臚寺가 가장 빨랐던 것 같다. 『明宣宗實錄』 권16, 宣德元年 4월 癸未, "建鴻臚寺公宇"

59) 『明宣宗實錄』 권80, 宣德 6년 6월 戊申條.

60) 劉球, 『兩谿文集』 권5, "禮部藏器及書記".

쓴 "칙건예부지비(勅建禮部之碑)"에 더 자세하게 나와 있다.

> 선덕 6년 10월, 북경에 새롭게 예부가 만들어졌다. (중략) 그 때 북경은 창건
> 된 지 아직 얼마 되지 않아 여러 관청과 부서가 두어지지 않았고, 관공서 및 문서
> 관리소에 쉽게 이를 수 있었다. 대개 그곳에 이르는데 시간 걸리지 않았다. 하루
> 는 (호)영이 황제에게 상주하니, 황제 말하길 "국가 대 전례는 모두 예부에 속하
> 는 일이니, 결코 가벼이 할 것이 아니다. 그 관부는 마땅히 우선적으로 마련해야
> 한다"라고 하였다. 공부에게 칙유를 내려 예부를 만들도록 했다. 대명문의 동쪽에
> 땅을 측량하고, 서향으로 하여, 중앙에 정당을 두었다. 이어서 신이 엎디어 아뢰
> 기를, 예부를 두기 전에, 유사는 황제가 거하는 궁전이 좁고 나지막함으로 땅을
> 개간하여 다시 지을 것을 청한다고 하였다. 황제 이르기를 "짐은 삼가 백성이 편
> 안한 것만을 늘 마음에 두고 있으니, 거실이 어찌 급한 일이겠는가. 그 주상을 물
> 린다. (중략)" 성하도다! 이 사역, 예를 존중하는 것을 급선무로 삼아 다시 유사의
> 청을 기각하니 성덕이 크도다. 신은 송구스럽게도 사관의 직을 맡았으니 삼가 잘
> 갖추어 이를 기록한다.[61]

이에 의하면, 궁전보다도 예부가 최우선적으로 건설된 것이 당연한 일이었으
며 선덕제의 주도권이 컸다고 보고 있다. 게다가 여기에 이름이 나와 있는 행재
예부상서 호영의(胡濙) 역할도 컸을 것이다. 호영은 선덕제가 즉위하자, 예부좌
시랑겸 남경국자감 좨주에서 북경으로 불려와 선덕 원년 4월에 행재예부상서
로 승진되었다. 이후, 천순 원년(1457) 정월까지 30년 이상 상서의 지위에 있었
다.[62] 선덕 5년에 행재호부상서 하원길(夏原吉)이 사망[63]하자, 호영은 그 자리
도 겸하고 있었으니, 내각 대학사의 삼양(三楊)을 제외하면, 영락 이래 중신 가
운데에 유일한 존재였다고 해도 과언이 아니다.

---

61) 楊士奇, 『東里續集』 권44, 「勅建禮部之碑」, "宣德六年十月, 北京新作禮部成.(中略)
　　時北京創建未久, 百司官府皆未作. 其公署及治文書之舍, 率就簡便. 蓋未暇及也. 一日
　　濙奏事殿中, 上曰, 國家大典禮悉隷禮部, 非可以簡. 其官府宜先費. 勅工部作之. 度地
　　於大明門之東, 西向, 中爲正堂.(中略) 然臣伏覩 未作禮部之先, 有司以上所居之宮殿
　　庳隘, 請拓地改作. 上曰, 朕方惓惓息民爲心, 居室豈今何急. 却其奏(中略). 盛哉, 是役
　　也, 重禮爲先務, 而再却有司之請, 聖德之大者. 臣忝職史氏, 謹備書之"
62) 『明史』 권111, 七卿年表.
63) 『明宣宗實錄』 권62, 宣德 5년 정월 戊辰條.

행재예부 외에도 이와 관련된 여러 시설에 대한 수리가 이 시기에 집중적으로 이루어졌다. 선덕 6년 8월, 외국 조공 사절단의 숙박소가 된 회동관(會同館)의 청당(廳堂)·방사(房舍) 등 430여 칸을 수리하도록 결정했다.[64]

선덕 7년 6월에는 남경의 예를 본 떠 조천궁(朝天宮)을 서직문(西直門) 내에 건설했다. 조천궁은 상제를 받드는 궁전인데, 넓은 부지를 가지고 있었으며, 이 궁에서는 원단·동지 또는 성절(聖節) 등에 앞서, 백관들이 궁중 의식에 대한 예행연습을 했다. 공사는 선덕 8년 윤8월에 완성되었는데, 조천궁이 건설되기 이전에는 경수사(慶壽寺)나 영제궁(靈濟宮)이 예행 연습장으로 이용되고 있었다.[65]

또 북경 국자감의 재사(齋舍)와 대성전 앞 양무(兩廡)가 수리되었고, 여러 방도 만들어졌다.[66] 선덕 9년 5월에는 동안문 내의 행재광록시의 관청과 창고가 수리되었다.[67] 또 선덕 10년 8월에는 행재태상시 건물이 후군도독부의 남측에 세워졌다.[68] 행재태상시는 영락 연간 이래, 원(元) 만수궁의 승경당(承慶堂)에 임시로 있던 상태를 벗어날 수 있었다.

국가 제사와 관련된 것으로는 먼저 선덕 원년 5월에, 천지단과 산천단을 수리했다.[69] 선덕 4년 7월에 천지단의 재궁(齋宮)과 후려사(後廬舍)에 대한 증축이 이루어졌다.[70] 또 천지단·종고사·교방사의 악기·의복을 새로 만들었다. 북경

---

64) 『明宣宗實錄』권82, 宣德 6년 8월 癸卯, "行在兵部奏, 會同館廳堂房舍四百三十餘間, 歲久損壞, 宜如修葺. 上 謂工部尙書吳中曰, 四方朝使所集之處, 不可不治, 俟秋收畢, 卽爲之"

65) 『明宣宗實錄』권91 宣德 7년 6월 丙午년, "命行在工部, 度地建朝天宮於西直門內"; 沈榜, 『宛署雜記』권18, 恩 "御製朝天宮新建碑". 劉侗·于奕正, 『帝京景物略』권4, 朝天宮.

66) 『明宣宗實錄』권40, 宣德 3년 3월 戊申. 권57 4년 8월 辛巳. 권89, 宣德 7년 4월 己酉條.

67) 『明宣宗實錄』권110, 宣德 9년 5월 丁丑, "修光祿寺, 以解于倉庫年深朽敝故也"

68) 『明英宗實錄』권8, 宣德 10년 8월 戊辰, "改造行在太常寺." 『明宣宗實錄』권94, 宣德 7년 8월 庚戌, "行在太常寺奏, 永樂中本寺寄處故元萬壽宮承慶堂. 祭器·神帛物品, 皆貯于內, 請別建置. 上諭工部尙書吳中曰, 太常寺前奉神明, 亟尋潔淨之居徙之" 및 『大明一統志』권1, 京師, 文職公署, 太常寺.

69) 『明宣宗實錄』권17, 宣德元年 5월 壬子條.

70) 『明宣宗實錄』권56, 宣德 4년 7월 丙午, "命行在工部增修天地壇齋宮·後廬舍"

에는 이러한 것들을 만드는 장인이 부족했기 때문에, 절강성 등의 포정사나 남직례의 소주나 송강부 등지에서 특별히 장인을 선발하여 불러와 이 일에 종사하도록 했다.[71] 선덕 8년 6월에는 태묘나 사직단에서 사용할 희생제물을 도살하는 재생방(宰牲房) 등이 수리되었고,[72] 선덕 9년 6월에는 천지단 내의 대사전(大祀殿) 서문을 수리하도록 했다.[73]

정통제 즉위 후에도 여전히 천지단의 전무(殿廡)와 담장이나 산천단의 구복전(具服殿, 도복을 갖추어 입는 곳) 등을 계속 수리하였다. 정통 2년 6월에는 태묘·사직단의 제기를 수리하고, 정통 4년 9월에는 천지단의 재궁(齋宮)과 전우(殿宇)를 수리하였다.[74] 이처럼 북경의 국가 제사 시설 정비를 중시하는 모습은 동시기 남경에서는 천지·산천단의 제기나 제복을 수리하고 보수하는 데, 그렇게 급하지 않으면 별로 신경을 쓰지 않았던 것과 비교해 볼 때, 유난히 다른 처사였으며, 그만큼 남경의 지위가 하락하고 있었음이 분명하다.[75]

국가적 제사 이외에, 북경성 황묘나 순천부의 여단(厲壇)도 수리되었다.[76] 원(元)의 대도(大都)에서 옥사한 남송의 충신 문천상(文天祥)을 제사하는 문승상사(文丞相祠)는 명초 홍무 연간에 교충방(敎忠坊)에 세워져 있었는데, 선덕 4년에 순천부윤이 칙지를 받들어 중수하였다.[77]

도교와 관련해서는 선덕 5년에 황성 서측에 있는 대덕관(大德觀)이 개축되었다. 대덕관은 숭은진군(崇恩眞君, 북송 사천 사람 薩守堅)과 융은진군(隆恩眞君, 王元帥), 두 진군(眞君)을 제사하였는데, 이 때 북경에서 가장 숭배되고 있던 도관

---

71) 『明宣宗實錄』 권67, 宣德 5년 6월 乙酉. 권77 6년 3월 戊辰, "行在工部奏, 今造北京天地等壇及鐘鼓司敎坊司樂器衣服, 工役不足, 欲于浙江等布政司及直隷蘇松等府匠丁多者, 量選赴京供役. 人月給糧四斗. 事畢, 遣歸如舊更番. 從之"

72) 『明宣宗實錄』 권103, 宣德 8년 6월 庚午, "命行在工部, 修太廟·社稷宰牲等房"

73) 『明英宗實錄』 권111, 宣德 9년 6월 乙丑, "命行在工部 修治大祀壇殿西門"

74) 『明英宗實錄』 권10, 宣德 10년 10월 庚申, "行在工部奏請修天地壇殿廡·牆垣. 上以山川壇具服殿, 俱不可緩". 권31, 正統 2년 6월 庚午. 권59, 正統 4년 9월 癸酉條.

75) 『明英宗實錄』 권23, 正統元年 10월 戊子條.

76) 『明宣宗實錄』 권67, 宣德 5년 6월 戊子. 권68, 宣德 5년 7월 丁巳條.

77) 楊士奇, 『東里文集』 권2, "文丞相祠重修記".

가운데의 하나였던 것 같다. 이 도관이 북경의 여러 사람들의 신앙을 모은 것
은 항주 출신의 도사 주사득(周思得)이 왕원수의 법을 행하여 알려지고, 영락제
의 친정에도 따라 나서 자주 영험함을 나타냈기 때문이었다. 정통제 즉위 직후
의 선덕 10년 12월에도 수리가 이뤄졌다.[78] 대덕관의 동쪽에는 정통 초년에 북
극성을 제사하는 자미전(紫微殿)을 세우고, 거기에 자미대제 상을 안치하였다.
자미대제는 도교의 최고신으로 여겨졌는데, 이것이 황성 근처에 모셔진 것은
일반적으로 황제가 사는 황성이 천상의 자미원을 지상에 투영한 것이라고 생
각되었기 때문이었다.[79]

선덕 10년 7월에는 황성 서측의 소시옹방(小時雍坊)에 있는 영제궁(靈濟宮)[80]
이 개축되었다. 영제궁은 영락 15년 3월에 영락제가 세운 것으로 복건(福建)의
영제 두 진군(徐知證·徐知諤)을 모시고 있었다.

군사 계통에서는 선덕 3년에 행재후군도독부의 부치(府治)가, 그 다음 해에
는 행재중군도독부의 부치가 수리되었는데,[81] 이것이 대명문 서쪽에 신축된 것
은 정통 연간의 일이었다. 선덕 5년 2월에는 부군전위(府軍前衛)의 유군영(幼軍
營)을 서남 모서리 쪽에 건설했다.[82]

이 시기에는 고급관료들이 주택을 구입하는 일도 많아졌다. 관료가 저택을
취득한 예로서는 대학사 양영(楊榮)이 선덕 2년에 장안문의 남쪽에 중고 관방
3칸을 손에 넣고 수리하였다.[83] 이것은 거주하며 살림하는 집이라기보다는 퇴
근 후 휴식을 취하기 위해서 만들어졌는데, 한림원의 관들이 모이는 살롱으로

---

78) 沈榜, 『宛署雜記』 권18, 恩澤, "御製大德觀碑" 宣德 5년 5월 15일. 『明英宗實錄』 권
12, 宣德 10년 12월 戊午, "造大德觀"

79) 倪岳, 『靑谿漫稿』 권11, 奏議, 「祀典2」. 紫微殿은 홍치 연간에 폐지되었다. 북극성의
신앙에 대해서는 妹尾達彦, 『長安の都市計劃』(講談社, 2001) 참조.

80) 『明英宗實錄』 권7, 宣德 10년 7월 戊子, "作靈濟宮". 권13, 正統元年 正月 辛巳條;
沈榜, 『宛署雜記』 권18, 恩澤, "御製洪恩靈濟宮碑" 正統元年 正月 15일. 『明太宗實
錄』 권186, 永樂 15년 3월 辛丑條.

81) 『明宣宗實錄』 권43, 宣德 3년 5월 乙亥 및 권54, 4년 5월 壬戌條.

82) 『明宣宗實錄』 권63, 宣德 5년 2월 癸未條.

83) 楊士奇, 『東里續集』 권2, 「聚奎堂記」.

이용되고 있었다. 양사기(楊士奇)는 군민(軍民)이 함께 살고 있는 동화문 밖에 특별히 저택을 하사 받았다.[84] 선덕 5년에는 연성공(衍聖公) 공언진(孔彦縉)이 황제로부터 북경 성내에 주택을 하사받은 일이 있다. 그때까지 매년 내조할 때에는 민가에 방을 빌려 생활하였고, 홍희제 때에도 한 번 하사를 명한 적이 있기는 하였지만, 실제 실현되지는 않았던 것이다.[85] 선덕 7년에는 이부상서 건의가 문명문 안 장안문 동쪽에 저택을 하사받았다. 환관이 제출한 설계도가 마음에 들지 않아, 황제가 직접 이것을 그렸다고 한다.[86] 행재예부상서 호영(胡濙)은 장안우문 근처 대시옹방(大時雍坊)의 마승호동(麻繩衚衕)에 저택을 하사받았다.[87] 또 이미 수천 명에 이르는 국자감생을 위해서, 국자감 동쪽의 금오위 등의 초장 2개소에 그들이 묵을 주택을 지었다.[88]

이러한 주택 건설의 풍조는 내관이나 내사(內使)에까지 파급되어, 궁중 밖에 거실을 짓는 경향이 많았음이 지적되고 있다.[89] 특히 내관의 경우, 선덕 3년 6월에 태감 양경(楊慶)이 굉장히 큰 개인 저택을 지을 때, 관의 목재·벽돌·기와 등을 부정하게 끌어 썼다는 것이 발각되었고, 이 일로 행재공부상서 오중(吳中)이 투옥되었는데, 이 사건은 당시 있었던 부정 건축 사례 가운데 가장 먼저 일어난 사례이다.[90] 또 사례감 태감 왕진이 황성 동쪽에 큰 저택을 짓고, 그 동쪽

---

84) 楊士奇,『東里續集』권5,「思親堂記」.

85) 『明仁宗實錄』권3상, 永樂 22년 10월 甲辰.『明宣宗實錄』권63, 宣德 5년 2월 戊寅條.

86) 『明宣宗實錄』권91, 宣德 7년 6월 戊申條. 楊士奇,『東里續集』권2,「承恩堂記」; 焦竑,『玉堂叢語』권3,「寵遇」.

87) 蔣一葵,『長安客話』권1, 皇都雜記,「賜第」

88) 『明宣宗實錄』권89, 宣德 7년 4월 己酉, "北京國子監言, 今監生不啻數千, 多有挈家來者, 僦屋以居. 監之東가金吾等 三衛草場二所, 乞賜諸生建房舍. 其閒地給本監種蔬菜, 以供會饌. 悉從之. 命行在工部爲構房舍, 給師生會饌什器. 復命戶部給監生 有家室者月糧, 皆如南京例"

89) 『明宣宗實錄』권106, 宣德 8년 10월 戊午, "諭行在都察院 錦衣衛五城兵馬司曰, 今內官內使往往在外私作居室, 宜皆究實具名以聞. 其應給者給之. 不應給者悉入官"

90) 『明宣宗實錄』권44, 宣德 3년 6월 甲午, "少保兼行在工部尙書吳中下獄. 先是, 中私以官木磚瓦遣太監楊慶作私第, 甚弘壯. 上登皇城樓, 遙望見之, 問左右得其實, 遂下中獄"

으로 지화사(智化寺)라는 절을 건립하였다는 것도 잘 알려진 사실이다.[91]

공주부(公主府)는 선덕 연간에 여러 왕저의 남쪽에 건설되어 있었는데, 정통 2년에는 동안문 밖에 있던 관방을 석경(石璟)에게 시집간 선종의 딸 순덕장공주부(順德長公主府)로 삼아 개조하였다.[92] 정통 5년에는 행재도찰원 우첨도사 왕고(王翱)가 소경 유정(劉禎)이 남긴 관방을 그에게 하사해 줄 것을 요청해 허락받았던 것이다.[93]

Ⅲ. 경성 9문의 성벽·문루와 성호·교량·수문의 정비

1. 선덕 연간

영락 연간에 확장된 북경성의 남쪽 성벽은 선덕 연간에 들어와 선덕 3년 7월에 문명문 주변이 수리되었다.[94] 이것은 5월부터 6월에 걸쳐 화북 일대를 덮친 장마에 의해 피해를 입었기 때문이었다.[95] 또 이 시기에는 각 성문 밖에 설치된 교량의 수축 공사도 자주 이루어졌다. 『선종실록』에 따라 순서대로 적어보면,[96] 원년 9월에 문명문 밖 교량, 3년 7월에 문명문·순승문 밖의 교량, 5년 6월에 여정문[97] 교량, 동년 8월에 덕승문 밖의 교갑(橋閘), 7년 10월에 문명문

---

91) 黃瑜, 『双槐歳鈔』 권6, 旌忠祠.

92) 『明英宗實錄』 권34, 正統 2년 9월 丁酉. 『明宣宗實錄』 권41, 宣德 3년 4월 甲寅條.

93) 『明英宗實錄』 권67, 正統 5년 5월 壬寅條.

94) 『明宣宗實錄』 권45, 宣德 3년 7월 辛酉條.

95) 『明宣宗實錄』 권44, 宣德 3년 6월 甲辰. 권45, 宣德 3년 7월 丙辰條.

96) 『明宣宗實錄』 권21, 宣德元年 9월 壬子. 권45, 宣德 3년 7월 乙卯 ; 권67, 宣德 5년 6월 丁亥 ; 권69, 宣德 5년 8월 丁丑. 권96, 宣德 7년 10월 癸巳 ; 권102, 宣德 8년 5월 癸酉條.

97) 『明宣宗實錄』 권67, 宣德 5년 6월 丁亥條에는 "修正陽門橋梁"으로 되어 있다. 그러나 이 시기, 북경성의 정남문에는 아직 "麗正門"의 이름이 사용되고 있어 『선종실록』이 정통 3년 4월에 상정된 시점에서는 정양문이라고 개칭되고 있었기 때문에,

과 덕승문 밖의 교량, 8년 5월에 북경성 남문 밖의 교량 등 여러 공사가 이루어진 것을 들 수 있다. 이러한 교량 수리가 가을 장마기에 집중되고 있는 것으로 보아, 우기를 거친 후 통상 이루어진 보수 공사라고 판단된다. 후술하겠지만, 이 시기까지 북경성의 각 성문의 다리에는 원대의 대도성(大都城)처럼 나무로 된 목교가 이용되고 있었다.

2. 정통 초년

정통 연간이 되면, 북경성 성벽의 대규모 정비가 시작되었다.[98] 그렇게 된 계기 가운데의 하나는 선덕 9년 2월, 북경성 동남에 위치한 문명문루의 화재였다.[99] 화재의 원인은 성벽에 인접한 성내 민가에서 일어난 화재가 그 발단이었는데, 그 불길이 문루에까지 퍼져 불에 타버렸던 것이다. 행재공부상서 오중(吳中)의 제안으로 영락 연간의 선례에 따라 성벽에서 20여 장(약 65m)의 공터를 마련하고, 성벽에 인접해 거주하던 빈민가들에게는 다른 장소를 제공하여 그 곳을 떠나게 하는 조처를 취했다.[100] 다음 7월에는 도독첨사 왕욱(王彧)에 명해, 오군영·신기영의 관군 및 민부를 동원해 성벽을 수리하게 했다.[101] 다만, 감독 책임을 맡고 있던 왕욱은 그 이듬해(선덕 10년) 9월에 진수계주등처(鎭守薊州等處) 총병관으로서 북변 성보를 수축하는 일에 종사한 것으로 보아[102] 실제

새로운 명칭으로 잘못 기록되었을 것이다.

98) 명청의 북경성의 성벽에 대해서는, Osvald Siren, *The Wall and Gates of Peking*, London, 1924, 奧斯伍爾德·喜仁龍 지음, 許永全 옮김, 「北京的城牆和城門」(北京燕山出版社, 1985), 傅公鉞, 「明代的北京城垣」『文物與考古(北京)』 1輯(1983)이 있다. 특히, 후술하는 성벽에 설치된 여러 시설과 그 구조에 대해서는, 후자를 참고로 했다.

99) 『明宣宗實錄』 권108, 宣德 9년 2월 戊辰條.

100) 『明宣宗實錄』 권111, 宣德 9년 6월 戊辰, "行在工部尙書吳中奏, 城中軍民房屋有逼近城垣者, 昨民家失火延燒文明門樓, 請令如永樂中離城二十餘丈, 居住逼城者, 令別遷. 上諭中曰, 方今苦雨, 而令徙居貧家良難. 宜先與善地, 令從容營構, 俟秋雨止而遷"

101) 『明宣宗實錄』 권111, 宣德 9년 7월 乙未條.

102) 『明英宗實錄』 권9, 宣德 10년 9월 甲午條.

로는 부분적인 개수 공사에 머물렀을 것으로 생각된다. 이어서 10월에는 소각된 문명문 밖 다리와 남문 밖 감수하갑(減水河閘)에 대한 수리도 이뤄졌다.[103]

그 후, 정통 원년 10월에는 태감 완안(阮安)·도독동지 심청(沈淸)·행재공부상서 오중(吳中)에게 군사와 민부 수 만인을 동원해 북경성 9문의 성루 건설을 명하였다.

> 태감 완안·도독동지 심청·소보(少保) 공부상서 오중에게 명해, 군부 수 만 명을 거느리고, 경사 9문의 성루를 수리하도록 했다. 초기 경성은 원대의 것을 답습하여, 영락 연간에 비록 간단히 고쳐 수리하기는 하였지만, 월성(月城)·누포(樓鋪)의 부문은 아직도 많이 이루어지지 않았다. 이제야 비로소 이를 수리하도록 명했다.[104]

북경성 성벽은 원의 대도성의 것을 거의 답습하고 있었다. 본서 제3장에서도 언급한 것처럼, 홍무 초년의 북쪽 성벽의 축소 공사나, 천도 계획이 대규모로 진행된 영락 연간에는 남쪽 성벽을 확장 개수 했지만, 월성(月城, 甕城)이나 성루·포사방 등의 시설은 아직 정비되어 있지 않았었기 때문에, 이러한 곳을 정비하였던 것이다. 성루 개수와 함께, 원조 이래 대도성의 명칭이 사용되고 있던 남쪽 성벽의 여정문·문명문·순승문은 정양문·숭문문·선무문으로 각각 개칭되었고, 동쪽 성벽의 제화문은 조양문으로, 서쪽 성벽의 평칙문은 부성문으로 개칭되었다.[105] 이러한 성문 외에, 홍무 초년에 새로 지어진 북쪽 성벽의 덕승문과 안정문(安定門), 그리고 영락 연간 동쪽 성벽의 숭인문을 고친 동직문, 서쪽 성벽의 화의문을 고친 서직문을 더하면, 명조에 들어와 북경성 9문의 이름은 모두 쇄신된 셈이었다.

---

103) 『明宣宗實錄』 권113, 宣德 9년 10월 乙丑條.

104) 『明英宗實錄』 권23, 正統元年 10월 辛卯, "命太監阮安·都督同知沈淸·少保工部尙書吳中率軍夫數萬人, 修建京師九門城樓. 初京城因元舊, 永樂中雖略加改葺, 然月城·樓鋪之制多未備. 至是始命修之"

105) 『明英宗實錄』 권35, 正統 2년 10월 丁卯, "行在戶部奏, 麗正等門已改作正陽等門, 其各門宣課司等衙門仍冒舊名, 宜改從今名, 仍移行在禮部, 更鑄印信, 行在吏部改書官制. 從之"

공사 명령이 떨어진 당초, 기술에 정통하여 영락 연간의 북경 건축공사에서도 활약한 공부시랑 채신(蔡信)[106]은 공사 규모를 고려하여, 인력 18만 명과 공사를 위해 필요한 건축 자재들을 조달해 달라고 진언하였다. 그러나 완안(阮安)의 활약으로, 실제 관군 1만여 명을 동원하여 군사훈련은 시키지 않고 대신 건축 공사에 전적으로 투입시켰기 때문에 대규모의 인력 동원은 없었고, 재목 등 모든 경비도 관부에서 조달하는 것으로 하였다고 한다.[107]

공사는 맨 먼저 북경성의 서쪽 성벽, 다음에 북쪽 성벽·동쪽 성벽 그리고 마지막에 남쪽 성벽의 순서로 진행되었다. 정통 2년 정월, 먼저 서쪽 성벽의 평칙문·서직문의 문루나 성호의 수축 공사가 이루어졌다.[108] 10월에는 각 문의 문루·각루 그리고 교량 등의 공사가 완료되었다.[109]

북쪽 성벽의 덕승문·안정문의 성루 개축공사는 정통 2년 4월에 시작되었다.[110] 이러한 성루의 개축공사는 일찍이 선덕 10년 8월에도 행재공부가 제안한 적이 있었다. 하지만 경창이나 통창의 건설이나 산릉의 전우(殿宇)나 영제궁의 축조 공사를 이유로 연기되었었다. 실제, 선덕제의 능묘인 경릉의 건설에는 군장 10만 명이 동원되었다.[111] 북쪽 성벽의 공사에 앞서, 덕승문 내의 해자(적

---

106) 주(22)에 전술한 사료.

107) 楊士奇, 『東里續集』 권23, 「都城覽勝詩後」, "正統 4年, 重作北京城之九門成. 崇大傑宇, 巋巍弘壯, 環城之池, 旣浚旣築, 隍堅水深, 澄潔如鏡, 煥然一新. 耆耄聚觀, 忻悅嗟嘆, 以爲前所未有. 皆京都之偉觀 萬年之盛致也. (中略) 太宗皇帝肇建北京, 旣作郊廟·宮殿, 將及城池, 會有事未暇及也. 已而國家屢有事久未暇及. 皇上嗣大位之五年, 仁恩覃霈, 海宇乂寧, 始及於斯. 而不日成之, 豈比得其時者乎 夫得其時而不得其人, 猶未也. 蓋嘗聞之. 命之初下, 工部侍郞蔡信颺言奏曰, 役大非徵十八萬民不可. 材木諸費用稱是. 上遂命太監阮安董其役, 取京師聚操之卒萬餘, 停操而用之. 厚其旣廩, 均其勞逸. 材木諸費一出公府之所有, 有司不預百姓不知, 而歲中告成. 蓋一出(阮)安之忠於奉公, 謹於恤下, 且善爲籌畫也, 謂事之成非有於人乎"

108) 『明英宗實錄』 권26 正統 2년 正月 丙午, "遣少保兼工部尙書吳中·右侍郞邵旻祭告平則·西直等門及城濠之神. 以城樓城濠圮壞, 欲改作修治也"

109) 『明英宗實錄』 권35, 正統 2년 10월 甲子, "以修京城門樓·角樓幷各門橋畢工. 遣官告謝司工之神及都城隍之神"

110) 『明英宗實錄』 권29, 正統 2년 4월 丁卯, "命少保兼工部尙書吳中·右侍郞邵旻祭德勝·安定二門之神, 以修城樓也"

111) 『明英宗實錄』 권8, 宣德 10년 8월 丁卯. 권1, 宣德 10년 正月 癸未條.

수담)의 호안(湖岸)도 수축되어 있었다.[112]

동쪽 성벽의 조양문과 동직문의 성루에 대해서는 정통 3년 정월에 행재공부상서 오중과 시랑 이용을 파견해 조양문과 동직문의 신에 대하여 제사하고, 5군·신기영 등의 관군 1만 4천 명을 동원하는 공사 계획이 세워졌다.[113] 3월에는 두 개 문의 성루 건설을 위해서, 상서 오중과 시랑 소민을 보내어 사공신(司工神)에게 제사하였다.[114] 5월에 동쪽 성벽 바깥의 대통교갑도 완성했다.[115] 8월에는 각 문의 문루나 성하(城河)의 교량 수축 공사가 일단 종료되었다고 해서, 오중과 시랑 이용·소민을 파견해 각 문의 사공신을 제사지내고, 순천부 부윤 강도에게는 북경의 성황신을 제사지내게 하였다.[116] 4년 봄, 남쪽 성벽의 정양문 성루의 수축 공사가 시작되었다.[117] 또 숭문문 밖의 삼리하교의 수리도 행해졌다.[118]

정통 4년 4월에 이르러, 경성 9문의 문루·성호·교량·수갑·가도·방패에 관

---

112) 『明英宗實錄』 권27, 正統 2년 2월 己卯, "修德勝門內海子岸"

113) 『明英宗實錄』 권38, 正統 3년 正月 丙午, "遣少保工部尚書吳中祭朝陽門之神, 侍郎李庸祭東直門之神, 以將營建城樓故也". 同書 同卷, 同年 同月 辛亥, "撥五軍神機等營官軍一萬四千, 修葺京師朝陽等 門城樓"

114) 『明英宗實錄』 권40, 正統 3년 3월 癸巳, "以建朝陽·東直二門城樓, 建少保兼工部尚書吳中·侍郎邵旻祭司工之神".
〈옮긴이 주〉 최갑순, 「중국 전통시대의 문신(門神)」 『역사문화연구』 제12집(2000), 479~490쪽 참고.

115) 『明英宗實錄』 권42, 正統 3년 5월 壬寅條.

116) 『明英宗實錄』 권45, 正統 3년 8월 戊午, "修理京城門樓·河橋工畢, 遣少保兼工部尚書吳中·工部侍郎李庸·邵旻分詣各門祭司工之神, 順天府府尹姜濤祭北京城隍之神"

117) 주(10) 전술 사료.
〈옮긴이 주〉 어떤 분이 북경의 地下鐵2號線과 循環道路2號線이 일치하지 않느냐고 질문을 해왔다. 왜 보통의 도시와 달리 正四角形이 되지 않고, 남쪽 부분에 낌목같은 부분이 있느냐는 내용이었다. 그분에게는 대강 설명해드렸지만, 혹시 이에 대해서 궁금해하시는 분을 위해서, 陳薇, 「天朝的南端 -嘉靖32年(1553年)前后北京外城商業活動与城市格局」 『Architect』 127(2007)을 소개해드리며, 또한 그 안에서 비교하고 있는 元大都와 金舊城 및 明淸北京의 關係 圖示로서 陳正祥, 「北平城의 發展과 遷移」 『中國文化地理』(木鐸出版社, 1983), 108쪽의 지도도 참고가 되리라고 생각된다.

118) 『明英宗實錄』 권47, 正統 3년 10월 戊午條.

한 공사가 거의 다 완성됐다. 정양문에는 정루각이 일좌, 그 월성에는 중루각·좌루각·우루각이 각 일좌가 설치되었다. 그 이외의 숭문문·선무문·조양문·부성문·동직문·서직문·안정문·덕승문 등 8개문에는 각각 정루각 일좌와 월성루(箭樓) 일좌가 설치되었다. 그리고 각 문 밖에는 패루(牌樓)가 세워져 있고, 성벽의 네 귀퉁이에는 각각 각루(角樓)가 세워졌다. 경성을 둘 싼 성호(城濠:호성하)는 깊게 파내려가고, 양안에는 모두 전석을 깔아 두었다. 9문에는 종래 목교(木橋)의 성문루가 설치되어 있었으나, 이것을 모두 석교(石橋)로 교체했다. 다리와 다리 사이에는 수위를 조절하는 수갑(水閘:수문)도 설치해 두었다. 성호의 물은 경성 서북 귀퉁이에서 흘러 들어와 동쪽으로 흘러가게 하였고, 9개의 다리와 9개의 갑을 둘러싸고 동남 모서리에서 흘러 나가, 대통교를 거쳐 통혜하로 흘러 들어가도록 설계되었다.119)

이 시기에는 각 성의 문루나 각루 외에 성벽 정상의 외측 부분에 치첩(雉堞)도 정비되어 북경성의 성벽과 성호는 일신되었다.120) 성호의 오염이나 훼손을 금지하는 방문이 게시되는 등, 그에 대한 단속도 강화되고 있었다.121)

---

119) 『明英宗實錄』권54, 正統 4년 4월 丙午, "修造京師門樓·城濠·橋閘完. 正陽門正樓一, 月城中·左·右樓閣一. 崇文·宣武·朝陽·皁成·東直·西直·安定·德勝八門, 各正樓一. 月城樓一, 各門外立牌樓, 城四隅各立角樓. 又深其濠, 兩涯悉甃以磚石. 九門舊有木橋, 今悉撤之, 易以石. 兩橋之間各有水閘. 濠水自城西北 隅, 環城而東, 歷九橋九閘從城東南隅流出大通橋而去. 自正統二年 正月興工, 至是始畢. 煥然金湯鞏固, 足以聳萬國之瞻矣". 楊榮, 『文敏集』권11, "登正陽門門樓唱和詩序".
〈옮긴이 주〉여기에서 언급하는 月城은 甕城을 의미한다. 원조의 大都는 성문이 단지 한겹으로 되어 있었는데, 원대 말년에는 방어를 강화하기 위해 비로소 각 성문 밖에 甕城을 건축하였고, 동시에 城壕에는 弔橋를 세워 올렸다. 『원사』, 「순제본기」에는 至正 19년(1359), 京師의 11개 문에 모두 甕城을 세우고 弔橋를 만들도록 하였다고 기록되어 있다. 이러한 甕城의 構造에는 唐宋이래로 "過梁式"으로서 나무 구조를 사용하는 방식이었고, 원대 말년 甕城城門은 이미 磚券門洞으로된 "四層券"방식을 사용하였고, 明淸시대에는 "磚券城門"의 방식을 사용하게 되었다.

120) 『明英宗實錄』권34, 正統 2년 9월 癸卯, "遣遣少保兼工部尙書吳中祭司工之神, 以營建京城樓堞也". 권35, 正統 2년 10월 甲子, "以修京城門樓角樓畢工, 遣官告謝司工之神及都城隍之神". 다만, 성벽 정상의 안쪽 부분에 굴러 떨어지는 것을 막기 위해 설치되는 女牆이 정비된 것은 후술하게 될 성벽 안쪽을 벽돌로 단단히 쌓기 시작한 정통 10년 이후의 일이다.

121) 『明英宗實錄』권27, 正統 2년 2월 丙戌, "都督深淸修理京城濠塹旣完, 請榜揭示,

3. 정통 4년의 북경성 수해 이후

정통 4년 5월 3일에는 이러한 일련의 공사가 완료됐으므로 행재공부상서 오중(吳中)을 파견해 사공신을 제사하게 하였다.[122] 북경성 완성에 대한 경축의 분위기가 이어지며 20여 일 지났을 때, 경성 내에는 침수로 도괴한 관사 및 민가 가옥이 3,390채, 익사한 사람이 21명에 이르는 큰 참사를 당했다.[123] 부유한 사람은 이웃에게 방을 빌려주기도 하고, 장안거리에는 노숙하는 가난한 사람들로 넘쳐 났다. 그 이전에는 북경에 2개월 이상이나 비가 내리지 않는 상태였으나 전날 밤부터 갑자기 내리기 시작한 폭우는 밤새 내내 쏟아져 내렸기에, 시내 수로를 준설할 틈도 없었다. 성 밖의 해자는 새로 벽돌을 깔았기 때문에, 그 폭은 이전보다 반감된 상태였다. 새로 설치된 석교와 수갑이 물길을 막고 있었기 때문에 물이 흘러 내려갈 곳이 없어 마침내 큰 홍수로 되어 막심한 피해를 입게 되었다. 이것은 분명히 공사 설계의 착오가 불러온 인재였다. 특히, 대명문 서쪽 변두리는 지세가 낮아, 길거리로 물길이 넘쳐나 많은 주민들은 모든 것을 그대로 둔 채 집을 떠나지 않으면 안 되었다.

수해 직후에는 집을 잃은 관리나 군민들에게 지대가 높은 곳이나 관유의 창고들을 제공하여 살게 하는 한편, 재해를 입은 집집마다에 미 1석을, 익사자에게는 초 500관을 지급해 주었다.[124] 다음 6월에는 행재공부가 정양문 밖에 감수하를 설치함과 동시에, 성중 하구를 준설할 것을 건의하여 재가를 얻었다.[125] 그러나 그 공사도 충분히 이루어지지 못한 탓인지, 이듬해 5년 6월에도

以禁巨人汚毀. 從之"

122) 『明英宗實錄』 권55, 正統 4년 5월 庚戌, "遣行在工部尙書吳中祭司工之神, 以修造京師門樓城濠橋閘街道坊牌工畢也".

123) 『明英宗實錄』 권55, 正統 4년 5월 壬申, "大雨. 京師水溢, 壞官舍·居民三千三百九十區, 溺男婦二十有一人. 富者僦屋以居. 貧者露宿長安家皆滿. 先是京師久旱, 至是大雨驟强, 自昏達旦, 城中溝渠未及疏濬. 城外隍池, 新甃狹窄, 視舊減半, 又作新橋閘, 次第壅遏. 水無所泄 故有是患". 그리고 同書 권56, 正統 4년 6월 戊戌條에도 같은 내용이 있다.

124) 『明英宗實錄』 권56, 正統 4년 6월 乙未條.

125) 『明英宗實錄』 권56, 正統 4년 6월 甲申, "行在工部請於正陽等門外設減水河, 幷疏

대명문 이서부터 선무문 거리 이동까지의 지구가 다시 침수되고 말았다. 그 일대 주민은 남은 사람 거의 없이 피난하였으며, 여기저기에 도적들이 들끓을 정도였다. 터진 하안을 막고, 선무교 서쪽으로 감수하를 내는 한편, 피난민이 살수 있는 공지에 관군과 민장을 동원하여 공사하게 한 후 피난민들이 옮겨와 살도록 하는 안이 제기되었다.[126] 실록에는 경성 서남의 하천을 준설한 사실이 보이고 있다.[127]

정통 4년 6월, 빗물로 망가진 덕승문 내외의 토성(土城)이나 전성(甎城)의 수복 공사를 했다.[128] 다음 해에는, 정양문·숭문문 2문의 성벽이 수축되었다.[129] 다만, 이 시점에서 성벽의 안쪽은 아직 토축(土築)이며, 이것이 전석(甎石)으로 굳힐 수 있었던 것은, 정통 10년 이후의 일이다.[130] 동쪽 성벽의 개수 공사는 정통 11년 7월에 완료하고, 북쪽 성벽의 개수 공사는 정통 12년 윤4월에 완료하고 있다.[131]

IV. 삼전 이궁의 재건

선덕 10년(1435) 2월 13일, 즉위 1개월 남짓 경과한 시점에서, 영종 정통제는 주거를 궁궐로 옮기려고 행재공부에 건청궁과 동화문 내의 각 궁전을 수리하도록 명했다.

城中溝渠, 以利水道. 從之"

126) 『明英宗實錄』권68, 正統 5년 6월 丙申條. 劉球, 『兩谿文集』권2, "提備京師水患奏".

127) 『明英宗實錄』권76, 正統 6년 2월 丁丑, "浚京城西南河"

128) 『明英宗實錄』권56, 正統 4년 6월 辛丑, "修德勝門內外土城及甎城爲雨所壞者"

129) 『明英宗實錄』권71, 正統 5년 9월 甲辰, "修正陽·崇文二門城垣"

130) 『明英宗實錄』권130, 正統 10년 6월 戊辰, "京師城垣. 其外舊固以磚石, 內有土築, 遇雨輒頹毀. 至是, 命太監阮安·成國公朱勇·修武伯沈榮·尚書王巹·侍郎王佑督工修璧之". 이 공사는 11년 4월에 완성되었다. 同書 권139, 正統 11년 3월 辛亥. 권140, 同年 4월 丙午條.

131) 『明英宗實錄』권143, 正統 11년 7월 己卯. 권142, 正統 11년 6월 辛亥. 권153, 12년 윤4월 甲子條.

황제는 장차 거주를 대내로 옮기고자 공부에 명하여 건청궁 및 동화문 내의 각 전우(殿宇)를 수리하게 했다.[132]

영락 18년 말(1420)에 완성된 건청궁은 2년 후인 영락 20년 윤12월에 화재[133]를 만났다. 전년 4월의 봉천·화개·근신 삼전의 소실에 이어 계속된 궁궐 화재였다. 그 후, 선덕 초년에 화재를 입은 궁전의 수축 공사가 한 번 계획되었던 적이 있었다. 행재공부상서 오중이 각 포정사와 직예부의 각 부주현에서 기술자 3만 명을 골라, 3정마다 한 명을 동원하는 계획을 입안했었는데, 황제가 잠시 중지하라고 명했기에 공사는 연기되었다.[134] 영락에서 선덕 연간에 이르기까지, 실록에는 그 밖에 건청궁의 궁전을 다시 수리했다는 기록은 없으며, 그간 역대 황제가 궁성 내 어디에 기거하고 있었는지도 분명하지 않다. 어쩌면 영락제가 북경 순행 때인 영락 14년에 임시로 '시조지소(視朝之所)'로 건설한 서궁[135]에 거하였을 가능성도 생각할 수 있을 것이다.

그런데, 정통제의 명을 받아 수리공사가 실제로 이루어졌다는 사실은 공사에 임한 기술자나 인부들에게 건어물 2근·초 10정·신발 1켤레 등을 하사했다는 데에서 확인된다.[136] 그러나 이때는 아마 동화문 내의 궁궐 공사에 한정된 것 같다. 건청궁의 수리공사는 곧 바로 실현되지 않았으니, 후술하겠지만, 정통 4년에 시작했기 때문이다.

그 후, 정통 원년 말부터 2년 봄에 걸쳐, 삼전·이궁, 그리고 경성 9문의 성루 및 중앙 여러 관청에 대한 건설 계획이 작성된 것은 이시면의 「영건기성기(營建

---

132) 『明英宗實錄』 권2, 宣德 10년 2월 乙卯, "上將移居大內, 命工修葺乾淸宮幷東華門內各殿宇"

133) 『명태종실록』 권254, 永樂 20년 윤12월 戊寅, "夜, 乾淸宮災"

134) 『明英宗實錄』 권22, 宣德元年 10월 己卯, "行在工部尙書吳中奏擬, 來年 修造殿宇, 各色工匠先已放回, 請遣官預往各布政司幷直隸府州選匠三萬人, 每三丁朋合一丁, 期正月皆至. 上命姑止"

135) 본서 제4장 「북경 천도」. 서궁의 변천에 대해서는 본서 부편 제2장 「명말 청초기의 여러 사료에 보이는 연왕부=서원 소재설의 재검토」에서 언급하겠다.

136) 『明英宗實錄』 권3, 宣德 10년 3월 癸酉朔, "上以造山陵及修殿宇匠夫勤勞, 人賜藥魚二斤·鈔十錠· 鞰鞋一雙"

紀成記)」에 나타나 있다. 그 중심 역할을 한 사람은 안남 출신의 태감 완안(阮安)이었다.

> 정통 정사(2년) 봄, 황제께서 생각하기를, 삼전(三殿)은 조회연향(朝會燕享)의 장소이며, 9문과 여러 백관 부서는 모두 마땅히 영건되어야 할 것으로 여겼다. 이에 내관태감과 공부 신하에게 명해 의론한 후 보고하게 했다. 논의가 마침내 끝났다. 황제는 내관 완(阮) 모씨에게 명하여 말하길, 경영도위는 모두 네게 맡긴다. 너는 가서 이것을 총괄하라. 그는 가서 이를 따랐다.[137)

이 시기에는 설계를 맡은 완안(阮安) 외에도 안남 출신의 내관 양단(梁端)이나 진근(陳謹)이 활약하고 있었다.[138)

정통 4년 12월 초하루에 사공신(司工神)에게 제사한 후, 마침내 건청궁의 복구공사에 들어갔다.[139) 건청궁의 복구공사에 이어, 정통 5년 3월 6일에는 봉천·화개·근신 삼전(三殿)과 곤녕궁의 재건 공사도 시작했다. 이 날, 부마도위 서녕후 송영(宋瑛) 등이 천지단·태묘·사직, 그리고 사공신에 나가 제사함으로써 장차 공사가 시작될 것을 고하였다.[140) 이에 앞서 2월 18일에는 좌도독 심청[141)

---

137) 『古廉文集』 권2, 「營建紀成記」, "正統丁巳(2年) 春, 皇上以三殿朝會燕享之所, 而九門與百官庶府, 皆所當營建者. 乃命內官太監與工部臣, 計議以聞. 議旣定. 上命內官阮某曰, 經營圖爲, 悉以付汝. 汝出總之. 其往欽哉". 葉盛, 『水東日記』 권11, 「阮太監修營勞績」, "太監阮安, 一名阿劉, 交阯人. 爲人淸高介潔, 善謀畫. 尤長於工作之事. 其修營北京城池·九門·兩宮·三殿·五府·六部諸司公宇, 及治塞陽村驛諸河, 皆大著勞績, 工曹諸屬一受成設而已"

138) 王春瑜, 「明朝內官與故宮」 故宮博物院編, 『禁城營繕記』(紫禁城出版社, 1992). 후에 『明淸史散論』(東方出版中心, 1996)에 수록.

139) 『明英宗實錄』 권60, 正統 4년 12월 乙亥朔, "修建乾淸宮, 以是日經始, 遣少保兼工部尙書吳中 祭司工之神"

140) 『明英宗實錄』 권65, 正統 5년 3월 戊申, "建奉天·華蓋·謹身三殿·乾淸·坤寧二宮. 是日興工. 遣駙馬都尉西寧侯宋瑛等告天地·太廟·社稷及司工等神. 初太宗皇帝營建宮闕, 尙多未備. 三殿成以復災. 以奉天門爲正朝. 至是修造之. 發見役工匠·調練官軍七萬人興工. 其材木材料俱舊所採辦儲積者, 故事集而民不擾"

141) 沈淸은 남직례의 滁州 출신으로, 燕山前衛百戶를 시작으로 奉天殿과 華蓋殿의 궁전 공사 감독을 맡았으며, 그 공적으로 修武伯까지 오른 사람이다. 그는 영락 연간에는 내부 조영 사업을 맡았고, 宣德 연간에는 운주 등의 6성, 정통 연간에는

과 상서 오중(吳中)에게 관군과 장인들의 사역을 감독하도록 명했다. 이 두 사람에게 내려진 유지에는 공사에 종사하는 군민을 충분히 어루만져 구휼하고, 파총(把摠)이나 공관(工官)을 관할하거나 공장(工匠) 가운데 우두머리가 되는 사람에게 훈계하여서, 부정한 일을 저지르는 일이 없도록 철저히 단속할 것을 지시하였다.[142]

이러한 공사들은 영락 19년 4월, 삼전 소실 이래, 오랫동안 봉천문을 조정의 장소로 사용하지 않을 수 없었던 비정상적인 상태를 해소하기 위한 것이었다.

> 처음 태종황제가 궁궐을 지었지만, 아직 설비가 다 갖추어지지 않았다. 삼전이 완성되었으나 다시 화재를 당하여 봉천문을 정조로 삼았다. 이때에 이르러 이것을 수리하였다. 현역 장인·조련 관군 7만 명을 보내서 공사를 일으켰다. 거기에 사용되는 재목과 모든 재료는 옛날에 벌채하여 쌓아둔 것을 이용하였으며, 그렇기 때문에 공사를 일으켜도 백성들이 동요하지 않았다.[143]

정통 연간의 궁전 공사의 동원 수에 대해서는 영락 연간과는 달리 명확한 숫자가 나와 있다. 당시 노역에 동원된 공장(工匠) 기술자에 조련으로 동원된 관군까지 합하여 7만 명이었다. 그 가운데에서 각 감국(監國) 공장(工匠)과 각지에서 윤반장으로 온 장인이 3만여 명이고, 조련하는 관군은 3만 6천 명이었다.[144] 정통 연간의 경우는 주 노동력으로 공장(工匠)과 관군을 쓰고, 일반 민

북경성의 성루·濠橋 등의 공사를 감독하는 등 줄곧 토목 공사 계통을 종사하여 왔다. 『明英宗實錄』 권103, 正統 8년 4월 戊戌條에 소개 되어 있는 略傳에서는 그 말미에, "淸阿附中官王振, 未有軍功 以營造累陞官爵, 素行貪淫 不足取云"라고 하여, 내관 왕진과의 영합 결탁이 지적되어 있다.

142) 『明英宗實錄』 권64, 正統 5년 2월 辛卯, "命左都督沈淸·少保兼工部尙書吳中提督官軍匠作人等營建宮殿, 諭之曰, 爾等宜體朕愛養軍民之心, 必加撫卹, 均其勞逸. 毋陵虐, 毋急迫, 毋科擾. 使樂於趨事, 則人不怨, 而事宜集, 庶副委任之重. 又戒把摠·管工官及工匠作頭人等, 毋掊克糧賞, 毋假公營私, 毋受財故縱及生事害人. 違者許諸人陳愬. 必罪不宥"

143) 주(140)에 전술한 사료.

144) 『明英宗實錄』 권64, 正統 5년 2월 庚辰, "以營建宮殿, 發各監國及輪班匠三萬餘人·操軍三萬六千人供役"

정은 동원하지 않았다는 것이 특징이다.[145] 또 실록에는 목재를 조달하는 데에 있어서도 그 이전의 영락·선덕 연간에 이미 조달하여 준비되어 있던 것을 이용했으므로, 민중들이 소란 피우는 일이 없었다고 한다. 이것은 어느 면에서, 동원수에 대한 정확한 기록이 남아 있지 않은 영락 연간의 천도 계획이 얼마나 어려운 사업이었는가를 반증해주고 있기도 하다.

정통 5년 11월에는 봉천전의 마룻대와 대들보를 대내(大內) 궁궐로 옮겼다. 성국공 주용·행재예부상서 호영·공부상서 오중을 파견하여, 사공(司工)과 정양문·오문의 신에게 제사하였다.[146] 이 달, 궁전 건설을 위해서 남경에서 특수 기능을 가진 군민 장인 200여 명을 새로 징용하여 왔다.[147] 정통 6년 정월에는 삼전에 대한 기둥 세우기 의식이 거행되었다.[148]

그 해 3월 17일, 드디어 재건될 삼전의 상량식(上梁式)이 있었다. 이 날, 예부상서 호영을 파견해 사공신에게 제사지내게 한 후, 사시(巳時), 곧 오전 10시경에 상량식을 거행했다.[149] 궁전 공사가 끝날 즈음에 이른 5월, 먼저 남경에서 동원되었던 장인들에게 교초 5정을 하사하고, 한발 앞서 편선(便船)을 이용하여 남경으로 귀향하게 하였다. 8월에는 재경의 공장(工匠)들에게도 1개월간의 휴가를 내주어 휴식하게 하였다.[150]

---

145) 한림원시강 劉球는 정통 8년에 아래와 같은 상주를 올려, 관군을 주체로 하는 영건공사를 중지하도록 제안한 적이 있다. 『皇明經世文編』 권105, "修省十事疏", '其七, 罷營作以蘇人勞. (中略), 今京師營作之興, 已五六年. 雖不煩民而皆役軍, 然軍亦國家赤子, 須之禦暴而赴鬪. 豈宜獨役以不加恤. 況各衙門皆已更新, 宜罷其工, 庶人力得蘇'. 이 상주문이 금의위의 감옥으로 보내져 劉球는 옥사했다. 『明英宗實錄』 권105, 正統 8년 6월 丁亥條.

146) 『明英宗實錄』 권73, 正統 5년 11월 丙辰, "以運奉天殿棟梁至. 遣成國公朱勇·禮部尚書胡濙·工部尚書吳中祭司工幷正陽·午門之神"

147) 『明英宗實錄』 권73, 正統 5년 11월 庚申, "以營建宮殿, 勅守備南京襄城伯李隆等徵軍民工匠二百餘人, 赴役北京"

148) 『明英宗實錄』 권75, 正統 6년 정월 丙午년, "以三殿立木, 遣官祀司工之神"

149) 『明英宗實錄』 권77, 正統 6년 3월 甲寅, "新建三殿. 以是日巳時上樑, 遣禮部尚書胡濙祭告司工之神"

150) 『明英宗實錄』 권79, 正統 6년 5월 乙卯, "初以營建宮殿, 取南京工匠, 至是畢工, 遣回. 詔每人賞鈔五錠, 給以便船". 권82, 正統 6년 8월 丁丑, "命休息在京工場一月"

9월 초하루에는 관(官)을 보내어 천지·태묘·사직·산천의 여러 신들에게 삼전·이궁이 완성되었음을 보고하였다.[151] 다음 10월에는 대내 궁전의 문무(門廡)가 일체 새로 완성되었음을 받아들이고, 내관·내사들에게 직무 상 대내 궁궐에 출입 할 때에는 예법을 잘 지켜 건물이 마모되거나 더럽혀지는 일이 없도록 하라는 황제의 유지가 내려졌다.[152] 부언하면, 이 해 6월에 대내의 문연각의 서적 분류 목록인 『문연각서목』이 양사기(楊士奇) 등에 의해 완성된 것은 이들 공사의 진척 상황과 관련이 깊다. 영락 19년에 남경의 문연각에서 이송되어 온 서적이 좌순문(左順門) 내의 북랑에 수장된 채로 있었으나, 이 때 처음으로 문연각 동각으로 옮겨져 하나하나 꼼꼼히 점검된 후 서가에 꽂혔기 때문이다.[153]

삼전의 궁전 편액은 영락제 때와 같이 송강부 화정(華亭) 출신의 행재통정사 우참의로 있던 주공양(朱孔暘)이 휘호(揮毫)를 썼다.[154] 주공양은 그 공로가 인정되어 순천부승으로 승진되었으며, 종전대로 내부서판도 겸하고 있었다. 궁전 신축에 맞춰, 남경의 공부와 경덕진이 있는 강서 요주부에 명하여 주문제작한 구룡구봉(九龍九鳳)의 식탁 등은 납품이 제 때에 이루어지지 않아 여러 차례 독촉이 이루어지기도 하였다.[155]

이어서 궁전 완공에 따른 여러 포상이 내려졌다. 태감 완안과 승보(僧保)에게는 각각 금 50냥·은 100냥·저사 5표리·초 1만관을 하사하였다. 도독동지 심청(沈淸)[156]은 수무백으로 승진시키고, 대대로 식록 1천석이 세습되도록 하였

151) 『明英宗實錄』 권83, 正統 6년 9월 甲午朔, "奉天·華蓋·謹身三殿, 乾淸·坤寧宮成, 遣官告天地·太廟·社稷幷岳鎭海瀆諸神"
152) 『明英宗實錄』 권84, 正統 6년 10월 乙酉, "宣諭內官內使曰, 今大內宮殿門廡一切新成. 爾等凡供事出入, 務要遵守禮法, 謹愼愛護, 不許摩擦点涴. 敢有違者, 許該管之人指實陳奏, 治罪不宥. 旣而宣諭, 六尙等女官宮人亦如之"
153) 楊士奇, 『文淵閣書目』 卷首, 「文淵閣書目題本」. 沈德符 『萬曆野獲編』 권1, 列朝, "訪求遺書". 영락 19년 남경으로부터의 이송에 대해서는 본서 서장 제3절에서도 이미 언급했다.
154) 李時勉, 『古廉文集』 권10, 「順天府丞朱公墓誌銘」. 『明英宗實錄』 권84, 正統 6년 10월 壬辰條.
155) 『明英宗實錄』 권84, 正統 6년 10월 丙戌條.
156) 『明英宗實錄』 권103, 正統 8년 4월 戊戌, "修武伯沈淸卒. 淸直隸滁州人. 由燕山前

고, 행재공부상서 오중(吳中)은 소사로 승진시키고, 각 사람들에게 저사 5표리·초 5천관을 내려주었다. 태복시 소경 풍춘(馮春)과 양청(楊青)은 함께 공부좌시랑으로 승임되었고, 그들에게 각각 저사 2표리·초 2천관을 하사하였고, 그 외에 소정(所正)과 장인들에게도 각각 비단과 초를 상으로 하사하였다.[157] 이 가운데에서도 그간 삼전·이궁의 재건 공사를 추진하는데 중요한 역할을 한 사람은 행재공부상서 오중이었다. 오중은 영락 15년 이래 상서로 북경 궁전의 공사를 맡고 있었다. 전술한 것처럼 영락 19년 11월에 하원길(夏原吉)과 함께 투옥되었으나, 홍희제의 즉위와 함께 석방되어 공부상서로 재임되었으며, 그 이후, 장릉·헌릉·경릉, 이 삼릉의 건설공사를 담당하여 잘 마무리하였다. 정통 연간의 영건공사에서는 주로 중앙의 재정을 들여 공사를 추진하여 나감으로써 지방관부나 일반 민중의 부담을 극력 억제하고자 했다고 한다.[158]

11월 3일에는 궁전 완성을 축하하는 연회가 성대히 열렸다. 국초 이래의 전해 내려온 이야기로, 환관은 외조의 연회에 참석할 수가 없었다. 그리하여 정통제의 총애를 받고 큰 세력을 지니고 있던 사례감 태감 왕진도 역시 배석이 허용되지 않았다. 축하연이 한창 무르익어갈 즈음, 황제가 상태를 보기 위해 나가자, 왕진은 "성왕을 보좌하는 주공과 같은 자신이 어째서 축하연에 동석할 수 없는 것인가?"라며 노골적으로 서운한 감정을 표출하며 화를 냈다. 황제도 언짢게 여겨 동화문 중문을 열어 주도록 하여 그의 출입을 허락했다. 왕진이 문 밖에 이르자, 백관들은 이 소문을 듣고 그에게 배례했는데, 이에 왕진도 다시 흡족해 했다고 한다.[159] 북경에서 삼전을 비롯하여 북경 성내에 건설 붐이

衛百戶, 累功陞指揮同知. 永樂間督工內府營造 … (中略) … 正統四年以修蓋京都城樓濠橋, 陞右都督. 五年督修奉天·華蓋諸宮殿. 工畢, 封奉天翊衛宣力武臣, 特進榮祿大夫柱國武伯. (中略) 清阿附中官王振, 未有軍功 以營造累陞官爵, 素行貪淫不足取云"

157) 『明英宗實錄』 권84, 正統 6년 10월 己丑條.

158) 楊士奇, 『東里續集』 권26, 「故光祿大夫柱國少師工部尙書吳公神道碑銘」, "重建奉天·華蓋·謹身三殿, 乾淸·坤寧二宮, 命公董之. 蚤莫勞勤致疾, (中略). 自正統以來京師多大營建, 悉出公家, 有司不知百姓不聞, 此本皇上之仁, 亦公預贊畫焉"

159) 谷應泰, 『明史紀事本末』 권29, 王振用事, "(正統六年) 十月, 三殿工成, 宴百官. 故事,

계속 되고 있던 그 시기는 내각 대학사 양영 대신에 사례감 태감 왕진이 어린 정통제의 정치를 좌지우지하던 시기이기도 했다.[160)]

V. 경사 북경의 확립
-정도 이후의 수도 공간 정비-

정통제 즉위 후, 삼전·이궁의 재건, 중앙 관청의 건설, 경성 9문 성벽의 정비 등으로, 그간 행재의 위치로 추락하고 있던 북경을 다시 경사로 정위치 시키는 움직임이 등장한 것은 당연한 귀결이었다. 영락 19년의 북경 천도 이후, 모든 정보가 북경으로 집중되는 체제가 확립되었다. 과거 홍희제가 남경 환도를 결정함으로써 한 때 북경 지위가 동요되었는데, 그런 기억도 점차 희미해지고, 남경에 다시 씌워진 '경사'라는 명칭도 허명에 불과하다고 여겨지게 된 것은 이미 피할 수 없는 일이었기 때문이다.

사실, 정통제 즉위 직후에 남경의 세비와 주사 등의 관직을 삭감하는 움직임이 나타났다.[161)] 정통 원년 9월에 응천부에 사직단을 새롭게 설치하도록 황제가 명한 것도 이러한 남경의 지위 저하를 추인한 것이었다.[162)] 그렇게 말할 수

宦者雖聰, 不得預王庭宴. 是日上使人視王先生何爲. 振方大怒曰, 周公輔成王, 我獨不可一坐乎. 使以聞. 上爲爍然. 乃命東華開中門, 聽振出入. 振至門故曰, 詔命也. 至門外, 百官皆望風拜, 振悦". 다만『明史紀事本末』에서는 이 기사를 10월로 잡고 있지만, 영국공 장보를 필두로 한 문무백관이 궁전 완성의 표를 올려 축하한 것은 11월 3일이었으므로, 축하연회도 이 날에 행해졌으리라 생각된다.『明英宗實錄』권85, 正統 6년 11월 丙申條.

160) 한림원 시강학사 馬愉와 시강 曹鼐가 내각의 일을 담당하도록 명을 받아 楊榮이 내각을 떠난 것은 정통 5년 2월의 일이다.『明英宗實錄』권64, 正統 5년 2월 乙亥·丙戌條. 대학사 楊士奇가 관직을 벗은 것은 정통 9년 3월이다. 同書 권114 正統 9년 3월 甲子條.

161)『明英宗實錄』권5, 宣德 10년 5월 丙子 ; 권18, 正統元年 6월 己未條.

162)『明英宗實錄』권22, 正統元年 9월 乙巳, "命應天建社稷壇, 春秋祈報, 令守臣行事. 初應天府以京郡不置壇.至是, 上以太社太稷祭於北京, 故有是命"

있는 것은 명초 경사인 남경에는 황성 내 오문의 서측에 사직단이 존재하고 있었기 때문에, 응천부 자신의 사직단(부사 부직)을 두지 않았다. 그러나 천도에 의해서 태사·태직을 북경으로 옮기고,[163] 그 제례도 북경에서 올리게 되어, 사실 남경의 사직단이 이용되지 않는 상황에서 다시 응천부 사직단을 설치할 필요가 있었던 것이다.

정통 5년 3월, 순안 직례감찰사 구준(邱俊)이 남경어사는 인원이 많은데 하는 일이 간단하니, 그들을 북경으로 보내어 행재북경의 어사와 함께 파견할 것을 제안했다. 이때 행재도찰원 우도어사 진지(陳智)가 여기에 반대하여 받아들여지지 않았다. 감찰 업무의 일원화라고 하는 점에서 보면, 구준의 제안은 보다 합리적인 것으로 보이지만, 북경이 아직 '행재'라고 하는 명칭을 갖고 있는 이상, 그것은 허락하기 어려운 일이었다.[164]

정통 6년 8월에는 절강의 영파부 지부 정각(鄭恪)이 행재북경을 '경사'로 고칠 것을 제안하는 상소를 올렸다.

> 절강성 영파부 지부 정각이 말하기를, '국가가 양경을 처음 만든 것은 옛 제도에 맞습니다. 태종 황제가 북경을 수도로 정한 이래, 네 성왕이 이어 남면하여 만방에서 조공을 받은 것이 40년이 되었습니다. 그런데 모든 관청의 공문서 인은 행재 칭호를 쓰고 있는데, 이는 명실에 상부하지 않습니다. 바라기는 이름을 경사로 바로 잡고, 남경의 여러 관청은 고쳐서 남경모부(南京某府)·남경모부(南京某部)라고 하는 것이 이치에 맞는다고 생각합니다'라고 하였다. 예부상서 호영이 말하길 "행재는 태종황제가 제정한 것으로 함부로 변경하는 것은 옳지 않습니다"라고 하였다. 이 일은 마침내 그쳐졌다.[165]

---

163) 본서 제3장 「북경 천도」.

164) 『明英宗實錄』 권65, 正統 5년 3월 壬子, "巡按直隷監察御史邱俊言二事, (中略) 一, 南京御史圓多事簡, 似爲虛設, 乞令預赴行在一體點差. 其南京差使亦照行在關領印信. 如此, 則御史不爲虛設. 事下, 行在都察院右都御史陳智言, 俊言不許. (中略) 其言南京御史與行在一體差遣, 及南京差遣給與印信, 所言難准. 從之"

165) 『明英宗實錄』 권82 正統 6년 8월 丁丑, "浙江寧波府知府鄭恪言, 國家肇建兩京, 合於古制. 自太宗皇帝定鼎北京以來, 四聖相承, 正南面而朝萬方, 四十年于茲矣. 而諸司文移印章, 乃尙仍行在之稱, 名實未當. 請正名京師, 其南京諸司宜改曰南京某府某部, 於理爲得. 禮部尙書胡濙言, 行在太宗皇帝所定, 不可輕有變更. 事遂寢"

정각의 제안은 영락 19년 천도 이래, 황제가 북경에서 정무를 보며 전국을 통치하는 체제가 태종·인종·선종·정통 황제, 이렇게 4대에 걸쳐 40년을 경과한 실태를 발판으로 한 것이다. 이 제안은 한 지방관의 눈으로 볼 때, 문서 행정 수준에서 밖에 사용되지 않던 행재라는 명칭을 실태에 바탕을 두고 개정하려는 것으로, 이것은 당연한 제안이었다. 그러나 행재예부상서 호영은 북경이 행재의 지위에 있는 것은 태종 황제가 정한 것으로, 곧 바로 변경해서는 안 된다고 반대하였다. 그리하여 이 문제는 그대로 놓아두게 하였다.

영락제 이래의 오랜 신하로서 그간의 경위를 자세히 알고 있는 호영166)이 태종 황제의 이름을 들어 반대한 것은 엄밀히 말하면 사실에 바탕을 둔 것이 아니다. 그렇게 말할 수 있는 것은 본서 제5장에서 분명히 밝힌 것 것처럼, 그 시점에서 북경에 '행재' 명칭을 사용하고, 남경이 '경사'로 여겨지고 있던 것은 영락 7년에 시작한 영락제의 3차 북경 순행에 기원한 것이 아니고, 홍희제가 남경 환도를 결정한 결과물이었기 때문이다. 다만, 홍희제의 결정도 영락 천도 직후의 봉천전 소실을 계기로 한 북경의 지위의 동요로 발단되었다는 점을 중시한다면, 삼전의 재건 공사가 거의 완성되었다고는 하더라도, 아직 봉천문에서 조정이 계속 이루어지고 있는 현시점에서 곧 바로 변경하는 것은 시기상조라고 호영은 생각했을지도 모른다.

실은, 홍희제 때 남경 환도를 주장한 적도 있는167) 호영 자신도, 북경에서 '행재'의 명칭이 떼어지는 날이 그만큼 멀지 않다는 것을 인식하고 있었을지도 모른다. 정통 원년 9월의 일인데, 호영은 자신의 부주의로 행재예부의 관인을 분실한 적이 있었다.168) 호영은 스스로 진지하지 못한 자신의 태도를 비판했지

---

166) 『明英宗實錄』 권356, 天順 7년 8월 丙辰, "胡濙爲人節儉寬和, 喜怒不形于色. 待人溫恭有禮, 時以德量稱. 然性突梯多知, 每朝廷建置大議, 皆豫定于中, 而承迎于外, 卒能因時以成其功名. 故歷事累朝幾六十年, 榮遇不衰, 位兼孤卿, 富壽罕儷"

167) 본서 제5장 「남경 환도」 제2절.

168) 『明英宗實錄』 권22, 正統元年 9월 甲辰, "造行禮部印. 時尙書胡濙自核不勤失行在禮部之印. 上不問, 爲更造之, 改其文曰行禮部印". 동서 권44, 正統 3년 7월 庚子條에 의하면, 胡濙은 두 번이나 관인 분실 죄에서 풀려나고, 도적 잡는 관리가 상을 받은 것을 보면, 그의 관인 분실은 도난 사건인 것 같다.

만, 황제는 이것을 불문에 부치고 다시 관인을 만들어 주었다. 그런데 잘 보면 새롭게 만든 관인에는 '행재예부(行在禮部)'가 아니라 '행예부인(行禮部印)'이라고 고쳐져 있었다. '재'자 하나가 바뀐 것은 글자 수를 맞추기 위해서이지만, '경사'가 아니라는 점에서, 과거에는 중요한 의미를 지니고 있던 '행재' 두 자가 이미 실태에 맞지 않아 의미를 잃어가고 있었기 때문이었을 것이다.

정통 6년 10월 말일, 정통제는 금방 완성한 대내의 건청궁으로 들어갔다. 다음날, 봉천전에서 정사를 돌볼 것을 천지·종묘·사직·산천의 여러 신들에게 제사하고 고하였다.[169] 황제가 건청궁으로 돌아온 것은 영락 20년 윤12월, 화재 발생 후 20년만의 일이었다.

다음 11월 초하루, 황제는 재건된 봉천전에 나가 처음으로 군신들의 조하(朝賀)를 받았다. 이 날, 큰 경사를 맞아 죄인을 석방하는 은전으로, 41개 항목에 이르는 대 특사의 조서를 전국에 발표했다.[170] 봉천전에서 정사를 돌보는 것도 영락 19년 4월의 삼전 화재 이후, '정조(正朝)'의 장을 화재로 타다 남은 봉천문으로 옮겼기 때문에 이것도 21년만의 일이었다.[171] 이 날, 북경과 남경의 문무 아문 관인이 새로 발급되었다.

> 다시 양경 문무아문의 인장을 내려주었다. 이에 앞서 북경의 모든 아문은 모두 '행재'라는 글자를 붙이고 있었다. 이때에 이르러 궁전을 완성하고 비로소 행재라는 글자를 버렸다. 그리고 남경 모든 아문에 '남경'이라는 두 글자를 덧붙여, 모든 인장을 바꾸었다.[172]

홍희 연간 이래, '행재' 두 글자를 붙이고 있던 북경의 여러 관청에서 이 두 글자를 제거하고, 남경의 여러 아문에는, 다시 '남경' 두 글자를 덧붙였다. 실록

169) 『明英宗實錄』권84, 正統 6년 10월 壬辰, "上將以明日奉天殿視朝, 遂居于乾淸·坤寧宮. 遣官祭告天地·宗廟·社稷·山川諸神"

170) 『明英宗實錄』권85, 正統 6년 11월 甲午朔. 『皇明詔令』권11, 「英宗睿皇帝」下, "初建三殿兩宮成詔" 正統 6년 11월 初一日.

171) 『明英宗實錄』권65, 正統 5년 3월 戊申條.

172) 『明英宗實錄』권85, 正統 6년 11월 甲午朔, "改給兩京文武衙門印. 先是北京諸衙門皆冠以行在字, 至是以宮殿成, 始去之. 而於南京諸衙門增南京二字, 遂悉改其印"

에는 궁전 완성으로 관인을 새롭게 발급했다는 사무절차만을 기록하고 있다. 그러나 11월 26일에 양경의 새 관인 발급 사실을 아래와 같은 칙문으로 내외에 새삼스럽게 통지한 데에서 알 수 있듯이, 이 절차에는 특별한 의도가 담겨져 있었다.

> 지금 남북 양경의 문무 대소 아문의 인장은 모두 이미 새로 제작했고, 즉시 반포하여 사용하게 했다. 옛 인장은 내부로 보내어 보관하고, 그에 따라서 중외에 통지하였다. 이러한 연유로 공문으로 유지를 내렸다.[173]

영파 지부 정각(鄭恪)이 지적한 것처럼, 확실히 북경은 실질적인 경사로서의 위치를 이미 가지고 있어, '행재' 북경이라는 명칭도 단지 문서 행정 수준에 지나지 않는 것처럼 보인다. 그러나 차차 행재화의 조치가 홍희제에 의한 남경 환도의 결정, 더 거슬러 올라가면, 영락 천도 직후의 봉천전 소실을 계기로 한 북경의 지위 동요가 발단이 되어 발표된 이상, 봉천전이 재건됨으로써 그 종지부를 찍게 되었다. 11월 초하루에 재건된 봉천전에서 이루어진 황제에 대한 하례 의식과 새로운 양경의 관인 발급은 영락 19년 4월의 삼전 소실 이래, 북경 지위를 둘러싼 동요를 최종적으로 청산하는 일이 되었다. 그 이후 북경의 모든 관청은 물론 개개인의 관직의 명칭도 '행재' 두 글자가 제거되고,[174] 북경은 명실 공히 경사(京師)가 되었던 것이다.

정통 8년 2월에는 남경의 관리에 대한 삭감이 대규모적으로 이루어졌다.[175] 육부의 이부에서는 원외랑 4명·사무 1명, 호부에서는 주사 9명·사무 1명, 예부에서는 원외랑 4명·사무 1명, 병부에서는 주사 4명·사무 1명, 형부에서는 주사

---

173) 『皇明詔令』 권11, 英宗睿皇帝下, "頒行兩京新印勅". 正統 6년 11월 26일, "今南北二京文武大小衙門印章, 悉已新製, 卽頒給行用. 舊印俱送內府收貯, 仍行中外通知. 故諭"

174) 『영종실록』에는 본문에 인용한 권23, 正統元年 10월 辛卯條에 보이는 "少保工部尙書吳中"의 예처럼, 정통 6년 이전에 '行在' 관명이 벗겨진 사례가 자주 나타난다. 이것은 성화 3년(1467)에 완성된 『영종실록』이 북경의 여러 관청에서 '行在'가 제거되어 이후의 관직명과 혼동되었기 때문인데, 이것은 정확한 기술이라고 할 수 없다.

175) 『明英宗實錄』 권101, 正統 8년 2월 己丑條.

1명·사무 1명·사옥 2명, 공부에서는 사무 1명, 도찰원에서는 사무 1명·사옥 3명, 대리시에서는 좌우사부 각 1명·좌평사 2명·우평사 5명·사무 1명, 태상시에서는 박사 1명·전부 1명, 광록시에서는 전부(典簿) 1명·녹사 1명·서승 12명·감사 12명, 홍려시에서는 명찬 2명·서반 32명 등, 총 105명이나 되는 대량의 정원을 삭감하였다. 남경관(南京官)은 북경으로 경사화가 정식으로 결정되기 이전부터 이미 하는 일에 비해 관직이 과잉되어 있었다는 것이 눈에 띄기 시작하였다. 남경호부주사 소홍의 삭감 제안이 이부에 내려지고, 그것이 논의된 결과 관원 삭감이 결정되었던 것이다.

그런데, 삼전·이궁이 재건되어 '행재'가 제거된 정통 6년 11월 이후, 북경에는 중앙 관청의 건설 붐이 계속 일어났다. 그때까지 중앙 관청은 전술한 바와 같이 행재예부를 제외하고, 영락 연간에 북경 순행했을 때부터 옛 관방을 이용하고 있었다. 이러한 건물의 대다수는 원대의 대도(大都) 이래의 건물이 이용되고 있었다. 대도에는 중앙관청이 집중되어 있는 관청가가 형성되어 있지 않았기 때문에 북경 천도 후에도 여러 관청이 성내에 무질서하게 산재하여 있었다. 이것을 대명문의 좌우에 집중시키고, 더욱이 문무 두 계통으로 나누어 배치하였기 때문에, 도성으로서의 상징성이 보다 높아지게 되었다. 이러한 여러 건설공사를 추진한 사람은 정통 7년 4월에 공부상서 직을 퇴임한 오중을 이어 7월에 새로 임용된 섬서성 출신의 왕근(王巹)이었다.[176]

먼저 7년 4월까지, 종인부·이부·호부·병부·공부·홍려시·흠천감·태의원이 대명문의 동편에, 한림원이 장안좌문 밖 동편인 옥하 서안에 건설되었다.[177]

---

176) 『明英宗實錄』권354, 天順 7년 7월 更子, "致仕工部尙書王巹卒. 巹陝西鄜縣人. 自太學生授蘇州府同知. (中略) 正統中陞行在工部左侍郎, 尋進尙書. 居工部八年, 營建宮殿百工政令, 巹贊畫之功居多. 正統末請老致仕, 歸嫁 十五年, 以疾卒"

177) 『明英宗實錄』권91, 正統 7년 4월 癸卯, "建宗人府·吏部·戶部·兵部·工部·鴻臚寺·欽天監·太醫院於大明門之東, 翰林院於長安左門之東. 初各衙門自永樂間皆因舊官舍, 爲之散處無序. 至是, 上以宮殿成, 命卽其餘工以序營建, 悉如南京之制. 其地有民居妨礙者悉徙之". 다만, 종인부는 孫承澤, 『天府廣記』권11, 종인부에 실려 있는 孫淸의 "宗人府題目記"에 의하면, 정통 3년에 처음으로 관청을 이부 북쪽에 세웠다고 기술하고 있다. 孫淸의 題名記는 가정 14년에 만들어진 것이다. 『欽定日下舊聞考』권62, 官署, 宗人府. 翰林院(外署)가 영락 연간 이래 있었던 홍려시의 옛

북경에 한림원 건물이 지어진 것은 이때가 처음이었다. 8월에는 중·좌·우·전·후의 5군도독부·태상시·통정사사·금의위 등의 각 아문을 대명문의 서편에, 행인사를 장안 좌우문 밖 서쪽에 건설했다.[178] 9월에는 선덕 연간에 이미 세워져 있던 예부 관청을 다시 수축했다.[179] 태복시는 정통 연간에 들어와 한 차례 수리한 적이 있지만, 관청의 공간이 협소해서 황성 서편의 만보방에 있는 옛 병부의 건물을 개조하여 사용했다.[180] 정통 7년 11월에는 세 법사인 형부·도찰원·대리시를 선무문가 서편의 관성방에, 첨사부를 옥하(玉河) 동안(東岸)에 건

터에 지어졌다는 것은 尹直, 『謇齋瑣綴錄』 권1에, "今翰林院外署, 本鴻臚寺舊址, 建於正統七年, 而印則造於六年也"이라 한 것에 의한 것이다. 북경에 한림원의 관공서가 설치된 것은 廖道南, 『殿閣詞林記』에, "永樂中, 行在本院官仍在禁內供奉, 不別立公署. 正統七年八月詔建於長安門外玉河西岸, 而東岸則爲詹事府焉"라 하고 있듯이, 이때가 처음이었다. [자세한 것은 張升, 「明文淵閣考」 『故宮博物院院刊』 2002年 5期 참조. 그리고 부언하면 神田喜一郎, 「明の四夷館に就いて」 『史林』 12卷 4號(1927, 후에 『東洋學說林』, 弘文堂, 1948에 다시 수록됨)에서는 명조의 대외관계에서의 통역문제를 다룬 유명한 논문이다.] 여기에서는 『明太宗實錄』 권65, 永樂 五年 三月 癸酉條를 근거로 하여 이 때 북경의 한림원에 인접한 '長安左門外'(단 대만 中央研究院歷史語言硏究所本에는 '右門'으로 되어 있음)에 건립되었으며, "청조에 이르러 四夷館이 四譯館으로 개칭되고, 正陽門 밖 楊梅竹斜街로 이전될 때까지는 명 일대를 통하여 이 四夷館의 위치가 오랜 동안 변경되지 않았다"(6쪽)고 서술되어 있는데, 이것은 잘못된 것이다. 이 실록의 기록은 북경이 아니고 남경의 장안우문 밖에 사이관이 설치되었다는 것을 기록하고 있을 따름이다. 그리고 전술한 바와 같이 사이관을 총괄하는 한림원이 북경의 玉河西岸에 건립된 것은 정통 7년 이후의 일이다. 또한 명대 四夷館이 翰林院에 인접하여 있었던 것이 아니고 東安門 밖에 설치되어 있었다는 것은 『明英宗實錄』 권229, 景泰 3년 8월 壬午條에 "改造四夷館. 先是, 譯書子弟俱於東安門外廊坊肄業. 至是 提督譯書郎中劉文等請建館於廊房之南極地. 從之"라고 한 것이 잘 보여주고 있다.

178) 『明英宗實錄』 권95, 正統 7년 8월 癸巳, "建中左右前後五軍都督府·太常寺·通政寺·錦衣衛各衙門於大明門之西, 行人司於長安右門之西. 以是日興工, 遣工部尙書王卺祭司工之神"

179) 『明英宗實錄』 권96, 正統 7년 9월 己未, "修禮部公署"

180) 『明英宗實錄』 권60, 正統 4년 12월 乙亥朔條 ; 권90, 正統 7년 3월 乙酉, "太僕寺奏, 寺署卑隘不稱, 請俟建六部完, 以舊兵部爲寺. 許之". 『大明一統志』 권1, 京師, 文職公署. 太僕寺

축공사를 시작하여 다음 해 5월에 공사를 마쳤다.[181] 또한 문덕방의 옥하 다리 서쪽에 있는 상림원감은 한 발 앞서 6년 8월에 수리되었다.[182]

국가의 문교 정책의 중심인 국자감과 공자묘는 정통 8년 8월에 건축공사를 시작하였다. 안정문 안에 있던 원조(元朝) 이래의 건물을 철거하고, 거기에 건축 공사를 추진하여 12월에 완성했다. 공사 기간 동안, 일시 구 도찰원을 교습 장소로 활용했다.[183] 영락 초 대흥현학을 고쳐 만든 순천부학과 그곳의 공자묘는 선덕 연간에 한 번 수리되었으나, 인접한 국자감은 개수 보수 공사가 늦어져 원대 이래의 건물이 그대로 사용되었다. 정통 연간에 들어, 행재이부주사 이현(李賢)이 국자감의 개수를 제안하고, 영종도 그것을 받아들였지만, 실제 수리가 이루어진 것은 선덕 4년 8월이었다.[184] 당시 북경의 국자감에는 학업을 이수하고 있는 감생 외에 여러 관청에서 파견되어 견습하는 감생까지 합하면 2,500명을 웃돌고 있었다. 이 때문에 정통 6년 12월에 형과급사중 유부(劉孚)가 남경처럼 국자감 당사를 신축할 것을 제안했다. 그러나 그때는 궁전이 완성된 바로 직후라는 이유로 추진이 미루어졌다.[185]

또 공사가 막 시작된 1개월 전인 7월에도 국자감 조교 이계(李繼)가 상주한 적이 있다. 그는 궁전이나 중앙 관청이 차례차례 신축되고 있으나, 한편 국자감만 원대의 건물을 그대로 사용하는 관계로 공간이 협소하니 다른 곳으로 옮겨

---

181) 『明英宗實錄』 권98, 正統 7년 壬戌, "建刑部·都察院·大理寺於宣武門街西, 詹事府於玉河東隄". 그리고 동서 권104, 正統 8년 5월 壬午條.

182) 『明英宗實錄』 권82, 正統 6년 8월 辛卯條. 『大明一統志』 권1, 京師, 文職公署, 上林苑監.

183) 『明英宗實錄』 권107, 正統 8년 8월 乙酉. 권111, 동년 12월 丁酉條. 권106, 正統 8년 7월 壬午條 ; 권114, 正統 9년 3월 癸丑, "御製重建太學碑曰, (中略) 乃正統八年秋命有司撤而新之". 楊士奇, 『東里別集』 3권, 奏對錄 「論國子監碑書題事」, "欽蒙皇上聖恩大德, 崇儒重道, 新建孔子廟及太學, 制度弘壯, 高出前古"

184) 『명선종실록』 권69, 宣德 5년 8월 丁亥. 『明英宗實錄』 권23, 正統元年 10월 癸亥朔, "行在吏部主事李賢言, (中略) 永樂初年駕臨北京, 太學之設, 因元之舊, 凡百規制未暇增新. 洪熙·宣德以來因仍未擧". 同書 권58, 正統 4년 8월 丁丑條.

185) 『明英宗實錄』 권57, 正統4 년 7월 乙亥. 권58, 正統 4년 9월 戊午. 권87, 正統 6년 12월 辛丑條.

개축할 것을 건의하였다. 황제는 국자감의 일은 조정이 알아서 하겠다고 하며 이계의 건의에 조금은 불쾌감을 나타냈지만, 이때는 이미 개축을 둘러싼 검토 가 일어나고 있었던 것이다.[186] 또한 과거 시험장인 공원(貢院)이 한발 앞서 정 통 3년 9월에 수리 증축이 이루어졌는데, 그것은 전월의 시험 기간 동안에 실 화로 말미암아 일어난 화재 탓이었다.[187]

그 밖에 군사 면을 보면, 정통 8년 정월에 기수위(旗手衛)를 통정사사의 후방 에 개축했다.[188] 기수위는 원래 대명문의 서편, 통정사사나 금의위 근처에 있었 으나, 5군도독부가 세워져 일시 동남 성벽 근처로 옮겨졌다. 그러나 사무 처리 에 불편을 느껴 다시 통정사사의 후방으로 이전하였다. 정통 3년 2월에는 안정 문 밖에 군사 훈련을 위한 교장(教場)을 두었다.[189] 이와 함께 민전 54경 80무, 곧 360ha에 부과되어 있던 세량도 면제해 주었다. 정통 6년 3월에는 도독 이하 의 자제들이 입학하여 공부하는 경위무학(京衛武學)이 행재전군도독부의 양측 공터에 세워졌다. 그렇지만 공간이 협소하여 '토목의 변' 후, 관에 몰수된 왕진 의 택지에 다시 신축하였다.[190]

이러한 문무아문의 설치와 아울러 잊지 말아야 할 것은 정통 8년 2월의 황 성 북안문 내에 사례감이 설치되었다는 것이다.[191] 주지하는 바와 같이, 정통 연간의 정치를 좌지우지한 왕진은 사례감의 장관(태감)이었다. 주변 여러 민족 의 조공 사절단을 수용하는 북경 회동관의 경우, 정통 6년 9월에 옥하 서안에

186) 『明英宗實錄』 권106, 正統 8년 7월 癸亥. 권114, 正統 9년 3월 癸丑條.

187) 『明英宗實錄』 권46, 正統 3년 9월 壬寅. 권45, 正統 3년 8월 辛酉條.

188) 『明英宗實錄』 권100, 正統 8년 正月 丙子, "旗手衛言, 衛署與通政司·錦衣衛相 隣, 比今工部以其地建五府, 遷衛於東南城下, 署事不便. 通政司後有閒地, 請以爲衛 署. 上諭工部, 以地與之, 令自建造"

189) 『明英宗實錄』 권39, 正統 3년 2월 丁巳. 권41, 正統 3년 4월 丁卯條.

190) 『明英宗實錄』 권93, 正統 7년 6월 丁未條. 『皇明經世文編』 권35, 朱鑑 "請開設京 衛武學疏". 黃瑜, 『雙槐歲鈔』 권6, 旌忠祠. 吳寬, 『匏翁家藏集』 권34, 「武學設廟像 記」.

191) 『明英宗實錄』 권101, 正統 8년 2월 己亥, 「作司禮監」. 同書 권103, 正統 8년 4월 丁酉, "建司禮監衙門畢, 遣工部尚書王巹告謝司工之神". 다만, 同書 권74, 正統 5년 12월 乙亥條에 의하면, "司禮監의 新房"이 따로 존재하였던 것 같다.

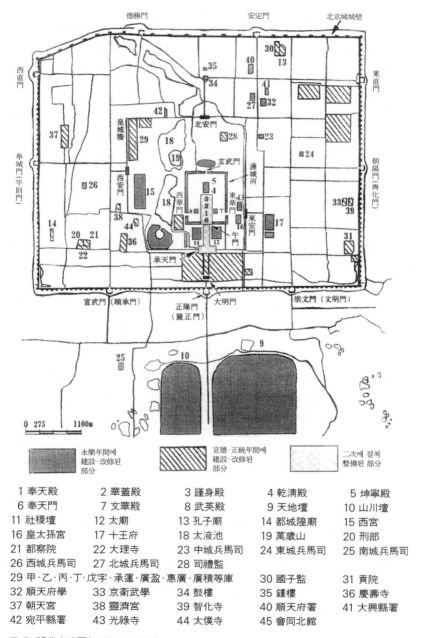

西直門

東直門

阜城門(平則門)

朝陽門(齊化門)

皇城牆

北安門

玄武門

護城河

西安門

西宮

太液池

西華門

東華門

東安門

午門

承天門

宣武門(順承門)　正陽門　大明門　崇文門(文明門)
　　　　　　　(麗正門)

0　275　1100m

| | 永樂年間에 建設·改修된 部分 | | 宣德·正統年間에 建設·改修된 部分 | | 二次에 걸쳐 整備된 部分 |

1 奉天殿	2 華蓋殿	3 謹身殿	4 乾清殿	5 坤寧殿
6 奉天門	7 文華殿	8 武英殿	9 天地壇	10 山川壇
11 社稷壇	12 太廟	13 孔子廟	14 都城隍廟	15 西宮
16 皇太孫宮	17 十王府	18 太液池	19 萬歲山	20 刑部
21 都察院	22 大理寺	23 中城兵馬司	24 東城兵馬司	25 南城兵馬司
26 西城兵馬司	27 北城兵馬司	28 司禮監		
29 甲·乙·丙·丁·戊字·承運·廣盈·惠廣·廣積等庫			30 國子監	31 貢院
32 順天府學	33 京衛武學	34 鼓樓	35 鍾樓	36 慶壽寺
37 朝天宮	38 靈濟宮	39 智化寺	40 順天府署	41 大興縣署
42 宛平縣署	43 光祿寺	44 太僕寺	45 會同北館	

도 3. 明北京城圖(1421~1449年)

방 150칸(남관)을 새로 짓기 시작하여 이듬해 2월에 완성했다. 주로 북방에서 온 사신들이 여기에 수용되었다.[192] 회동관은 선덕 연간에도 행재공부가 그 증축을 제안한 적이 있었지만, 허가되지 않고 있었는데, 이 때 바로 실현된 것이다. 종래부터 있던 회동관(북관)도 4년에 수리되었다.[193]

북경에서의 천문 관측 체제도 이 시기에 정비되었다. 정통 7년 3월, 북경성 동남쪽 모서리에 관성대(후의 관상대)가 완성되었다.[194] 원대의 사천대(司天臺, 太史院)는 동쪽 성벽 근처(현재의 貢院西街)에 설치되어 있었는데, 명조에 들어와서는 폐기된 채 그대로 두었다. 한편, 남경의 관상대에는 명초에 원의 대도에서 가져온 혼천의나 간의·규표 등이 설치되어 있었으나, 북경에는 이러한 천문 관측 기기도 없이, 그저 제화문(齊化門)의 성벽 위에서 간단히 관측하는데 불과하였다. 행재흠천감 황보중화(皇甫仲和)의 제안에 따라, 남경으로 흠천감의 관리를 보내어 목형(木型)을 떠와, 정통 4년 10월에 북경에서 혼천의와 선기옥형간의(璇璣玉衡簡儀)를 주조하여 만들었다.[195] 이들 관측기는 원대 대도성의 동남쪽 각루(角樓)의 단단한 토대 위에 만들어진 관성대(높이 15m)에 설치되어, 북경에서도 정확한 관측이 가능하게 되었다. 정통 12년에는 북경에 북극성이 나오는 도수와 해가 뜨는 시각이 남경과 달랐기 때문에, 그때까지 궁궐이나 관부에서 사용하던 남경의 구식 물시계 침을 새로 만들어 교체했다.[196] 일월 측정과 시각 계산의 업무는 그때까지 순천부의 음양학이 담당하고 있었는데, 이런 일은 이제 흠천관의 관할로 바뀌었다.[197] 더욱이 정통 14년에는 숭문·선무·조양·동

---

192) 『明英宗實錄』권83, 正統 6년 9월 丙辰, "命於玉河西隄, 建居一百五十間, 以館進北使臣". 권89, 正統 7년 2월 壬子條.

193) 『명선종실록』권59, 宣德 4년 10월 癸未.『明英宗實錄』권57, 正統 4년 7월 癸酉條.

194) 『明英宗實錄』권89, 正統 7년 2월 壬子. 권90, 正統 7년 3월 戊子, "以造觀星臺成, 遣工部右侍郎張琦祭司工之神"

195) 『明英宗實錄』권27, 正統 2년 2월 乙亥. 권60, 正統 4년 10월 丁亥. 潘鼐 "南京的兩臺古代測天儀器-明制渾儀和簡儀".『文物』1975년 7期. 蔣忠義,「北京觀象臺的考察」『考古』1983년 6期.

196) 『明英宗實錄』권160, 正統 12년 11월 甲寅條.

197) 『明英宗實錄』권87, 正統 6년 12월 甲午條.

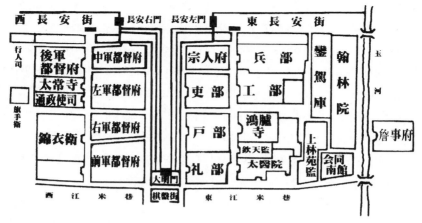

도 4. 大明門左右擴大圖

직·덕승·안정 등 6개문에 시각을 알리는 큰북인 경고(更鼓)를 만들어 시간을
알렸다. 고루는 북경성의 중앙 축의 선상에 위치하고 있었다고는 하더라도 명
초 홍무 연간과 영락 연간에 북쪽 성벽과 남쪽 성벽의 위치가 각각 남으로 이
동함에 따라 그 위치는 좀 북쪽으로 편재하게 되었다. 북경성의 6개문에 경고
가 설치됨에 따라 수도 공간 전체에 정확한 '시각'이 알려지게 되었던 것이다.[198]

　마지막으로 국가 제사에 관련된 종교 시설의 정비에 대해서 살펴보겠다. 정
통 6년 6월에 사직단의 전우(殿宇)와 주고(廚庫)가 수축되고, 이어 정통 8년 7월
에는 천지단의 대사문(大祀門)·구복전·천고·신고·재생정·종루·난가고(鑾駕庫)
등이 정비되었다. 정통 11년 정월에는 태묘가 수축되고 각종 제사 시설과 악
기가 일신되었다.[199] 그간 동악묘·남악묘 등 경사의 여러 묘도 개수되었다.[200]

---

198) 『明英宗實錄』 권174, 正統 14년 正月 辛亥, "造京城崇文·宣武·朝陽·東直·德勝·
　　安定六門更鼓"

199) 『明英宗實錄』 권80, 正統 6년 6월 己巳. 권95, 正統 7년 8월 乙卯. 권106, 正統 8
　　년 7월 丙子. 권137, 正統 11년 정월 甲午條.

200) 『명사』 권50, 禮志, 京師九廟. 東岳廟에 대해서는 『明英宗實錄』 권153, 正統 12년

태산의 신을 제사 지내는 동악묘는 조양문 밖에 있는 원조 이래의 구묘였다. 또 금조 이래의 유명한 사찰로서 연왕(후의 영락제)과도 깊은 관계가 있는 경수사(慶壽寺)를 군민 1만 명을 동원하여 대규모적으로 개수하였다. 이런 개수 공사는 태감 왕진의 제안에 의한 것이었다. 정통 13년 10월에 개수 공사를 완료하고, '대흥륭사'라 개칭하였으며, '제일총림(第一叢林)'이라 불렸다.201)

이상 말해 온 것처럼 건설 붐이 계속 되고 있었던 시기에 흠천감 춘관정 왕손(王巽)이 북경의 도적 단속을 강화하기 위해 북경에도 남경과 같이 외성을 쌓아 올릴 것을 제안한 적이 있었다. 그런데 공부에서 검토한 결과, 공사비용이 지나치게 많이 소모된다는 이유를 들어 공사가 중지되었다.202)

정통 12년 9월에는 도성황묘(都城隍廟)의 개수 공사가 끝났다. 다시 수축된 도성황묘에 세워진 어제비문(御製碑文)에, "요즈음 경도의 성벽 역시 아직 다 잘 다스려지지 않아, 이에 명하여 옛 것을 철거하고 거기에 새로 벽돌담을 쌓되 단단한 벽돌로 꾸미도록 하였다. 이로써 사방의 안과 밖이 확연하고 단단하니 정말 거의 하늘이 만들어 놓은 것처럼 이상적으로 이루어졌다"라 하여, 근년에 성벽이 새로와 진 경위를 서술하고 있다. 거기에 더욱 "대저 그것을 이루는 데는 비록 사람에 의한 것이라 하더라도 그것의 주관은 반드시 신에 도움을 받게 되고, 신은 그것을 주관하는 것을 직임을 삼고 있다. 그렇다면 사람들은 반드시 그로 인하여 그 신의 이름을 높이고 숭앙해야 한다. 그 신을 성황이라 부르며, 이것은 고금이 다 마찬가지이다"라고 하여, 성황신을 숭배하는 근거를 설명하고 있다. 성황제도는 명초에 처음으로 천하의 일반적인 제도로 규정되었다. 그 정점에 위치하여 수도 공간을 수호하는 도성황묘가 개수되었다는 것은 확

윤4월 丁亥. 권154, 正統 12년 5월 戊申 ; 권157, 正統 12년 8월 甲申條. 南岳廟에 대해서는 권85, 正統 6년 11월 戊申條.

〈옮긴이 주〉 최갑순, 「환원(還原)과 수원(收元) -명·청대 민간신앙의 구제관(救濟觀)-」『동양사학연구』26권(1987) 참고.

201) 『明英宗實錄』 권163, 正統 13년 2월 己未. 권171, 동년 10월 丁巳條. 慶壽寺와 燕王의 관계에 대해서는 본서 제2장 「명초 연왕부를 둘러싼 여러 문제」 참조.

202) 『明英宗實錄』 권103, 正統 8년 4월 戊子, "欽天監春官正王巽言, 京師多盜, 宜如南京築外城, 置官軍守門. 事下工部, 請嚴禁盜之令, 不必築城, 恐過勞費. 上是其言"

실히 북경의 수도 공간의 정비가 거의 완성에 가까워졌다는 것을 나타내 보인 것이다.203)

맺음말-토목의 변 직후의 북경 방위

선덕에서 정통 연간에 걸쳐, 삼전·이궁의 재건과 더불어 추진된 수도 공간의 정비로 말미암아, 북경성의 원형이 되었던 원대 대도의 도시 치장은 크게 바꾸어지고 있었다.204) 이것은 곧 몽골의 유풍에서 벗어나 전통적 한족 왕조의 순화를 의미하는 것이었다. 도성이라는 그릇의 변화는 거기서 영위되는 사회생활 전반의 변용이 이루어지지 않고서는 결코 불가능하기 때문이다. 이 시기 산동 지방관 좌참정 심고(沈固)의 제안에서 발단되었다고는 하더라도, 몽골의 풍속이나 의복·언어의 사용을 금하는 글이 거듭 나왔다는 것은 당시의 이러한 분위기를 잘 전해주고 있다.205) 특히, 심고가 몽골 풍속의 금지를 구할 뿐 아니라, 선비족의 북위조차 낙양 천도 후에 호속의 금령을 내린 고사를 인용한 것은 북경의 여러 관청에서 '행재'의 명칭이 떨어져나가고, 북경이 정식으로 경사가 된 직후였다는 점이 흥미롭다. 일찍이 미야자키 이치사다(宮崎市定)가 제기

---

203) 『明英宗實錄』권158, 正統 12년 9월 乙卯. 권160, 正統 12년 11월 壬辰條. 다만 宣德 5년 6월에도 한 번 수리한 적이 있다. 명대의 城隍制度에 대해서는 濱島敦俊 『總管信仰 -近世江南農村社會と民間信仰-』第四章, 明朝의 祭祀定策과 鄕村社會 (硏文出版, 2001)에 자세히 서술되어 있다.
〈옮긴이 주〉최갑순, 「中國의 城隍 信仰」『역사문화연구』 7(1997), 서영대, 「한국과 중국의 성황신앙(城隍信仰) 비교」『중국사연구』 제12권(2001), 173~225쪽 참고.

204) 주(107)에 전술한 "都城覽勝詩後".

205) 『明英宗實錄』권99, 正統 7년 12월 己丑, "禮部尙書胡濙等奏, 向者, 山東左參政沈固言, 中外官舍軍民戴帽穿衣, 習尙胡制, 語言跪拜, 習學胡俗, 垂纓揷翎, 尖頂禿袖. 以中國之人, 效犬戎之俗. 忘貴從賤, 良爲可恥. 昔北魏本胡人也, 遷洛之後, 尙禁胡俗, 況聖化度越前古, 盖可效尤. 今山東右參政劉璉亦以是爲言. 請令都察院出榜, 俾巡按監察御史嚴禁. 從之". 권120, 正統 9년 8월 戊申, "申明習尙胡虜衣服語言之禁, 從監察御史苑恪言也"

한 원·명의 연속과 단절이라고 하는 문제는[206] 정통 연간의 북경성 정비를 주목했을 때, 원·명의 연속에서 단절이라는 명제를 설명할 수 있을 것이다.

　북경성 중앙에 위치한 자금성의 완성은 정치에 근본적으로 영향을 주었다.[207] 북경 순행이 시작되었던 영락 7년 11월 이후, 홍무 이래의 매일 매일 일상적인 업무, 곧 상조(常朝)는 남경과 달리 북경 겨울철의 차가운 새벽 공기를 이유로, 삭망(초하루, 보름)에 한하여 통상으로 이루어지는 의식을 거행하였다. 그리고 그 외의 날은 봉천문에서 백관의 고두례와 사은의 예를 받은 후에는 곧바로 서편의 우순문 안의 편전으로 장소를 옮겨 상주를 들었는데, 이처럼 이미 정사에 간략화가 이루어지기 시작했다. '정조(正朝)' 무대로서의 봉천전이 재건되고, 관료들이 참가하는 '회의'가 정통 10년 이후에 시작되었던 것이다.[208] 태조 홍무제 시대를 거쳐 제6대 영종 정통제의 시대에 이르러 명은 중기사(中期史)라는 새로운 시대에 들어가려 하였다.

　끝으로, 정통 14년의 '토목의 변' 때에 주창된 이른바 '남천 논의'에 대해 언급하면서 본장을 마치고자 한다.

　태감 왕진의 권유로 몽골 친정에 나선 영종 정통제가 정통 14년 8월 15일에 북경에서 서북 약 80km 떨어진 토목보에서 오이라트부의 에센(也先)군의 포로가 되었다. 이 소식은 그 이튿날 8월 16일 한 밤중에 궁중에게 전달되었다.[209]

---

206) 宮崎市定, 「洪武から永樂へ」『東洋史研究』27권 4호(1969). 후에 『宮崎市定全集』 제13권(岩波書店, 1992)에 수록됨.
207) 『明太宗實錄』권97, 영락 7년 10월 乙未條. "上謂行在禮部尙書趙羾曰 北京冬氣嚴凝, 群臣早朝奏事, 立久不堪. 今後朝見畢, 欲于右順門內便殿奏事. 爾于群臣斟酌可否. 於是 趙羾會同戶部尙書夏原吉·翰林學士胡廣等議奏, 近古百官每日於正衙常參, 今每日常朝, 上御奉天門, 百官行叩頭禮, 侍班鴻臚寺官引謝恩, 見辭者行禮畢, 駕興右順門內便殿. 百官有事奏者, 以次入奏, 無事者退 治職務. 朔望朝如常議. 제왈가命自十一月朔日始行之"
208) 黃佐, 『翰林記』2권, 會議, "宣德以前, 每有政事, 與群臣面議. 正統十年, 始命內閣官與六部·都察院·通政司·大理寺堂上官, 六科掌印官會議, 遂爲例". 庭議에 대해서는 張治安, 『明代政治制度研究』(聯經出版社業公司, 1992), 10쪽 ; 曹永祿(渡昌弘譯) 「明代政治史研究 -科導官의 言官的機能-」(汲古書院, 2003), 50쪽 참조.
209) 劉定之, 『否泰錄』正統 14년 8월 16일, 17일條.

다음날 아침에 궁성에 모인 관원들에게 이 패보의 소식이 조금씩 퍼져 나가자, 관원들은 놀라움과 비탄의 소리로 소곤거리기 시작하였다. 그 후, 만신창이의 병사들이 맨몸으로 도망 나왔지만, 황제 소식은 알 수 없어, 북경은 대혼란에 빠지게 되었다. 군대의 대부분은 황제와 함께 전쟁에 나가 있었기 때문에 계엄 체제를 시행하려고 하더라도 할 수 없었으며, 북경에 남아 있는 병마는 겨우 10만 군사에 불과하였다. 18일에 수도 방위 문제 둘러싸고 조정에서 회의가 이루어졌다. 이 회의에서는 한림원 시강 서정(徐珵, 후에 有貞이라고 개명함)처럼 남천210)을 제안하는 사람이 출현하였다. 예부상서 호영은 영락제 이하 3대에

---

210) '土木의 變' 직후 남천 논의에 대해서는 荷見守義,「景泰政權と孫皇太后」『東洋學報』82권 1호(2000)에 자세히 기록되어 있다. 다만, 荷見의 논문에서는 徐珵의 남천 논의는 正統 14년 8월 16일(17일의 가능성도 지적) 조의에서 나온 것만 아니라, 오이라트 군이 영종 정통제를 포로로 붙잡고 북경에 강요한 10월에도, 재차 되풀이되었다고 한다. 이에 대해, 川越泰博,『明代中國の軍制と政治』(國書刊行會, 2001)의 後編,「政治と 軍事 -英宗回鑾をとして-」에서는 10월 6일 조의에서 徐珵이 남천론을 제의했다고 해, 서로 차이를 보이고 있다. 원래 이들 두 사람이 10월에도 남천을 논의한 그 근거로서 내거는『國榷』권28, 正統 14년 10월 癸丑條(6일)의 기사의 "時虜聲言還蹕, 朝議如沸, 多主款. 兵部尚書于謙獨抗言曰, 社稷爲重, 君爲輕, 戒邊將毋中計. 翰林院侍講徐珵好言天象, 入對言, 紫薇中宮皆有變, 宜反南都. 太監金瑛叱之"라고 하는 부분은『明英宗實錄』권184의 같은 날의 기록과 대조해보면, 실록에는 분명히 없기에, 10월이라고 단정할 수는 없다. 于謙의 문집『忠肅集』에 부록으로 실려 있는 "行狀"에서도 이것을 "十月之朔" 이전으로 연결하고 있고,『明史』권71, 徐有貞傳에도 '土木의 變' 직후에 徐珵이 이것을 강조하고 병부시랑 于謙이 반대하자, '크게 막아 군이 다시 말하지 않았다'라고 하고 있다. 8월 18일에 郕王이 황태후의 명에 의해 午門에서 남면하고 우겸 밑에서 수도 방위 체제가 정비되어가는 10월 초까지의 움직임을 보더라도, 오이라트 군이 영종을 붙잡아 紫荊關 북쪽 입구에 이른 시점(10월 4일)을 전후하여, 조정이 다시 동요하여 강화나 남천을 주장하는 논의가 나올 가능성은 있다 하더라도, 실록에 없는『國榷』의 서정 기사는 신빙성이 떨어지기에, 그의 남천의 얘기는 8월에 한 번 나왔을 것이라고 판단된다. '토목의 변' 직후의 8월 18일의 조의에 대해서는 賴家度·李光璧『于謙和北京』(北京出版社, 1963), 吳智和,『土木之變』(후에 「明朝與瓦剌之交涉 -英宗回鑾前之秘辛-」『明史研究專刊』3期, 1980), 吳文濤,『土木之變與北京保衛戰』(北京出版社, 2000)을 참조했다.

〈옮긴이 주〉명대 軍制史에 대해서는 서인범,「명대 군제사의 제문제」『중국사연구』14(2001). 서인범,「명대 군제사의 제문제 2」『동국사학』35(2001) 참고.

걸친 능침이 이곳에 있다는 것을 들어 수도 방위를 주장했다. 병부좌시랑 우겸은 향후 남천을 입 밖에 내는 사람에 대하여 목을 베도록 하고, 더불어 지금은 서둘러 전국에서 근왕군, 곧 황제에 충성 다하는 군사를 모아 북경을 사수하는 것이 중요하다고 했다. 한림원학사 진순(陳循)을 비롯하여 많은 사람들도 이에 찬동하고, 북경 사수를 결정했다.[211] 그래도 손(孫) 황태후의 주변은 동요가 수습되지 않았던 것 같다. 태감 이영창(李永昌)은 북경에 능묘·태묘나 궁전이 있고, 거기에 가세해 정부의 태창(太倉)과 창고가 비치되어 있어, 일단 남천하면, 송대 '정강의 변'을 다시 반복하는 제2의 무대가 될 것이라고 하면서 황태후를 설득했다고 한다.[212]

인심이 동요하는 동안에서도, 남천 논의가 대세를 이루지 못한 그 배경에는 본장에서 분명히 밝힌 선덕·정통 연간에 추진된 궁전이나 성호를 비롯한 수도 공간의 정비가 가지는 의미가 컸기 때문이었다고 생각할 수 있다. 원래, 겁쟁이라고 주목받던 환관들이 태감 김영으로 대표되듯이, 서정의 남천 논의에 대해 불쾌감을 나타낸 것도,[213] 그 때문이었다. 또, 선덕 7년 태운법(兌運法)의 확립으로 상징되는 조운제도의 개선이 이 시기의 수도 공간 정비의 물적 기반이 되

---

211) 『明英宗實錄』 권181, 正統 14년 8월 癸亥, "時京師戒嚴, 羸馬疲卒不滿十萬, 人心洶洶, 群臣聚哭于朝議戰守, 有欲南遷者. 尙書胡濙曰 文皇定陵寢于此, 示子孫以不拔之計. 侍郎于謙曰欲遷者可斬. 爲今之計 速召天下勤王兵, 以死守之. 學士陳循曰于侍郎言是. 衆皆曰是. 而禁中尙疑俱. 皇太后以問太監李永昌, 對曰 陵廟宮闕在茲 倉廩府庫百官万姓在茲. 一或播遷, 大事去矣. 獨不監南宋乎. 因指陳靖康事. 辭甚切, 太后悟. 由是中外始有固志. 天下臣民聞, 車駕之北, 莫不痛恨, 號泣不已云". 『國權』 권27 동일조에도 같은 기사를 싣고 있다. 다만 실록에는 성명을 분명히 하고 있지 않은 '남천을 희망하는 자'에 대하여 『國權』에는 "翰林院侍講徐珵曉天文好談兵 倡南遷"이라고 하여, 서정, 그 사람이었다고 하고 있다.

212) 다만, 『영종실록』에만 실려 있다. 李永昌이 황태후를 설득했다고 하는 이 일화에 대해서, 王世貞은 이 일화가 야사에 전혀 보이지 않고, 실록이 편찬되던 성화 초에 李永昌은 사례감 태감의 지위에 있었고, 후계자 李泰도 한림원의 시강학사로서 사관이었다는 점을 들어, 신빙성이 약하다고 말하고 있다. 王世貞, 『弇山堂別集』 권24, 史乘考誤 五.

213) 葉盛, 『水東日記』 권1, 「徐元玉·王通進策」, "己巳之變, 徐元玉最有時名, 亦銳意功業. 太監金英趣問計, 以南遷對. 英不然不悅"

었다고 할 수 있다.[214] 홍희제에 의한 남경 환도의 결정이라는 우여곡절이 있긴 하였지만, 영락 19년의 천도 이래 이미 30년 가까운 세월이 경과한 시점에서, 북경은 수도로서의 실질을 충분히 갖추고 있었기 때문에, 명은 북경을 축으로 회전하기 시작하였다.

또 본장에서 분명히 한 것처럼 궁전이나 성벽의 건설공사에 많은 군대를 동원하는 체제가 형성된 것도, 선덕·정통 연간의 일이었다. 이 과정에서 환관 세력이 군사 계통과의 연결을 강하게 한 관계로 환관의 대두를 불러 일으켰던 것이다. 명대 환관으로 최초로 정치의 실권을 장악한 왕진을 낳은 사회구조나, 북경 정도에 의해 확립된 북경 시스템에 대한 해명은 명조 중기사의 과제가 되었다.

---

214) 星斌夫, 『明代漕運制度の研究』(日本學術振興會, 1963) 第1章.
   〈옮긴이 주〉 명대 조운에 대해서는 조영헌, 「明 後期 '短命'으로 끝난 漕糧의 海運과 그 의미」『역사교육』 100(2006) 참고.

명초 북경의
부민층 강제 이주에 대하여
-소위 '부호'의 궤적을 중심으로

도입부

홍무 원년(1368) 정월 주원장은, 응천부(현재의 남경)에서 황위 즉위 의식을 거행하고, 명나라를 세웠다.[1] 화재로 소실되었던 북경의 삼전·이궁의 재건에 의해 북경 각 관청에서 '행재'의 명칭이 제거되고, 북경이 수도로서 명실 공히 부동의 지위를 획득하기에 이른 것은 그 후 반세기 이상이나 경과한 정통 6년 (1441) 11월이 되어서야 가능하였다.[2] 이전에 여러 가지 형태로 전개된 천도에 관한 논의가 숫한 우여곡절을 거치면서도 북경(수도)·남경(부도) 체제로 수렴되어 가는 과정은 동시에 명조 국가의 중앙집권적 체제 확립으로의 긴 여정이기도 했다.[3] 이후 명말에 이르기까지, 수도 및 부도로서의 지위를 부여받은 북경

---

1) 『明太祖實錄』 권29, 洪武元年 正月 乙亥條.

2) 『明英宗實錄』 권85, 正統 6년 11월 甲午條.

3) 천도 문제를 둘러싼 내용에 대해서는, 華繪, 「明代定都兩京的經過」 『禹公半月刊』 2 卷 11期(1935). 吳晗, 「明代靖難之役與國都北遷」 『淸華學報』 10卷 4期(1935). 盧秀菊, 「明代南北兩京建置之經過」 『史繹』 4(1967) 등이 자세하게 서술되어 있다. 또 천도 문제를 명조 국가의 중앙집권적 체제 확립과 강남 지주층에 대한 방책과 관련하여서는 檀上寬, 「明王朝成立期の軌跡 -洪武朝の疑獄事件と京師問題をめぐって」 『東洋史硏究』 37권 3호(1978). 후에 『明朝專制支配の歷史的構造』(汲古書院, 1995)에

과 남경에서는 시기가 다르기는 하지만, 각각 국가 권력에 의해, 주로 강남 각지에서 부민층 강제 이주가 실시되고 있었다(홍무 연간에는 남경으로, 영락 연간에는 북경으로).

부민층 강제 이주는 초기 명조의 대 부민 정책이라는 흥미로운 문제를 던져 주고 있음에도 불구하고, 사료 상의 제약도 따르고 있어 그 실태는 아직 충분히 해명되어 있지는 않다. 종래 연구로서, 부의능(傅衣凌)·후지이 히로(藤井宏)·구라모찌 토쿠이치로(倉持德一郎)·후마 스스무(夫馬進) 등의 연구가 있고,[4] 특히 구라모찌(倉持)의 논문 「명초 부민(富民)의 경사(京師) 이주(移住)」는 이 문제에 관하여 집중적으로 다룬 유일한 전문 논문이다. 구라모찌의 연구는 주로 강제 이주자에 관해서 정리한 기록을 남긴 만력 『대명회전』 권19, 호부·호구, "부호"항을 근거로 하여, 국가 권력의 측면에서 제도사적인 분석을 시도한 것이다. 그렇기 때문에 개개 이주자의 실태까지는 고찰되지 못하였고, 그 후 이주자의 후예들이 밟은 궤적을 통해 국가 권력의 수탈로 말미암아 이주자들은 몰락했다고 하면서 겨우 일면적인 파악에 그치고 있다.

본장에서는 특히 북경을 대상으로 해,[5] 진사제명비록·진사등과록 및 묘지

수록하였다. 細野浩二, 「元·明交替の論理構造 −南京京師體制の創出とその態樣をめぐって−」『中國前近代史硏究』(雄山閣出版, 1980) 등이 있다.

4) 傅衣凌, 『明淸時代商人及商業資本』(人民出版社, 1956), 3쪽. 藤井宏, 『アジア歷史事典』의 〈富戶〉항(平凡社, 1962), 倉持德一郎, 「明初における富民の京師移住 −所謂 "富戶"の設定−」『石田博士頌壽記念東洋史論叢』(同記念事業會, 1962) 및 夫馬進, 「明代南京の 都市行政」『前近代における都市と社會層』(京都大學人文科學硏究所, 1980)에 소수. 아울러 『東洋學報』64권 1·2호에 게재했던 졸고 이후에 이 문제를 취급한 연구로서 洪詔, 「明初の遷徙富戶與糧長制」, 『中國社會經濟史硏究』 1984년 1期. 李龍潛, 「明初遷徙富戶考釋 −兼論京師坊廂徭役制度」『明淸經濟探微初編』(稻鄕出版社, 2002) ; 徐泓, 「明永樂年間的戶口 移徙」『(臺灣)國家科學委員會硏究彙刊』人文及社會科學 1卷 2期(1991) 등이 있다.

5) 남경의 경우와 북경의 경우가 똑 같다고 볼 수는 없다. 원말 전란을 거쳤다고 하더라도, 원조의 수도였던 북경과 원대 집경로에 불과한 남경과는 수도 건설의 과정에서 당연히 차이가 있었다고 생각할 수 있다. 그리고 남경으로의 이주 경우는 담당관청이 공부였던 것에 반해, 북경으로 이주의 경우에는 담당관청이 호부였다고 추정되므로, 이런 점에서도 양자 간의 목적에 차이가 있는 것으로 보인다.

명 등의 전기적 사료에 의해, 종래 분명하지 못한 개개의 이주자에 대해 분석하고, 그것을 통해 강제 이주의 구체적 상황을 밝혀보고자 한다. 그리고 이주자의 후예들의 '양극 분해'라고도 말할 수 있는 그 궤적을 해명하여, 북경의 부민층 이주의 의의에 대해 다시 고찰해 보고자 한다.

Ⅰ. 영락 원년의 이주 규정의 검토

여기에서는 강제 이주의 대략을 알아보기 위해, 정덕『대명회전』권21, 호부6·호구2, '부호'의 항을 검토해보고자 한다. '부호' 항에

> 영락 원년 령(令), 절강·강서·호광·복건·사천·광동·광서·섬서·하남 및 직례부의 소주·송주·상주·진주·양주·회안·여주·태평·영국·안주·휘주 등의 여러 부(府) 가운데 전량(田糧)이 없고, 전량 있더라도 5석이 되지 않은 부유한 대호를 골라, 북경의 부호로 충당하여, 순천부에 적을 두고, 차역을 5년동안 면제한다.[6]

고 하였다. 이것은 영락 원년에 나온 사례이고, 또한 '부호 이주 규정'으로 해석할 만한 성격을 가지고 있다.

먼저 강제 이주 실시 시기를 보면,『태종실록』에도 보이듯이 영락 원년(1403) 8월에 실시되었다.[7] '정난의 변'에 의해 제위를 찬탈한 영락제는 즉위 후, 같은 해 정월에 원조의 수도가 놓여 있던 북평을 북경이라고 개칭해, 남경과 북경의 양경체제를 실시했다.[8] 북경은 두말할 것도 없이 연왕 시대의 창업지의 땅이지만 단순히 그런 형식적인 조처에서가 아니라, 영락 19년(1421)에 실현된 북경

---

6) 正德『大明會典』권21, 戶部6·戶口2富戶, "榮樂元年令, 選絶江·江西·湖廣·福建·四川·廣東·廣西·陝西·河南及直隷蘇·松·常·鎭·揚州·淮安·盧州·太平·寧國·安慶·徽州等府無田粮, 幷有田粮不及五石銀實大戶, 充北京富戶, 附順天附籍, 優免差役五年"
7) 『明太宗實錄』권22, 永樂元年 8월 甲戌, "簡直隷蘇州等十(十一?)郡絶江等九布政司富民, 實北京"
8) 『明太宗實錄』권16, 永樂元年 正月 辛卯條.

천도[9]라는 여정을 미리 계산에 넣은 것이었다. 양경체제 개시 이후, 같은 해 2월에는 유수행후군도독부·행부 및 국자감 등의 중요 관청이 북경에 설치되었다.[10] 천도 준비가 이루어지기 시작한 그 시기에, 부민층의 강제 이주는 실시되었던 것이다. 그리고 이런 것과 병행하여 농업 개발을 주목적으로 한 죄수나 산서 지방의 일반 민호의 북경 이주도 실시되고 있었다.[11]

다음으로, 부민이 차출된 지역은 9개 포정사사 11부로 되어 있어, 산서·산동·북평(후의 북직례)·운남을 제외한 거의 전 중국에 걸쳐 있었다.[12] 그러나 강남의 경제적 우위성을 고려해 볼 때, 각 지역에서 부민의 수가 균등하게 선발되었다고 보기는 어렵다. 각 지역의 이주자 수에 대한 기록이 남아 있지 않아 자세히는 알 수 없지만, 후술할 부호은(富戶銀, 부호에 대한 역이 은납화 한 것)에 대한 각 지역의 액수(표 7)를 봐도, 그 이주자의 대부분은 남직례·절강·강서 등의 지역에서 뽑혔다고 생각된다.

셋째, 전이주자 수에 대해서는 『명사』 권77, 식화지1·호구에,

> 성조 시기에 응천·절강의 부민 3천호를 뽑아, 북경 완(평)·대(흥) 두 현의 상장(廂長)으로 충당하고 경사에 부적(附籍)시켰다. 이로 인하여 본적(本籍)의 요역(徭役)에 응하는 것으로 했다.[13]

라고 되어 있다. 여기에 '3천호'라고 하는 숫자가 나와 있는데, 좀 문제가 없는 것은 아니다. 그렇게 말할 수 있는 것은, 『명태종실록』 등 명조 초기의 사료에는 전 이주자의 기술이 보이지 않고, 이주 후 약 150년을 경과한 『명세종실록』 권358, 가정 29년 3월 병진 조에, 처음으로 그 기술이 나타나, 『명사(明史)』의 이

---

9) 『明太宗實錄』 권229, 永樂 18년 9월 丁亥條.

10) 『明太宗實錄』 권17, 永樂元年 2월 庚戌條.

11) 본서 제3장 「북경 천도」.

12) 귀주에 승선포정사가 설치된 것은 영락 11년(1413)이다. 『明史』 권46, 地理志7, 貴州.

13) 『明史』 권77, 食貨志1·戶口, "成祖時, 復選應天·絶江富民三千戶, 充北京宛·大二縣廂長, 附籍京師. 仍應本籍徭役"

기재도 같은 책에서 근거한 것이라고 추정되기 때문이다.[14] 다소 문제가 있기는 하지만 여기에서는 『명세종실록』에 따라 일단 3천호로 추정해 두고자 한다.

네번째로, 부민층의 선출 기준을 보면, 막연히 재력이 있는 사람만을 대상으로 한 것이 아니라, 최초로 제시한 『대명회전』에 의하면, "전량이 없고 아울러 전량이 있더라도 5석에[15] 미치지 않는 은실대호"라는 것이 조건이었던 것이다.

이런 기준으로 판단하면, 농업 경영에 별로 의존하지 않는, 이주 가능한 부유한 호(구체적으로 아마 상업 활동을 하는 사람을 가리킴)를 옮기는 대상으로 삼은 것 같다. 그러나 실제, 농업 경영에 종사하는 대토지 소유자가 많았는데, 이에 대해서는 후에 개개의 이주자를 검토할 때 더 언급하겠다.

다섯번째, 강제 이주의 목적인데, 먼저 강제 이주 그 자체에 의한 억압보다는 오히려 이주 후의 물적 수탈을 포함해 북경에 장기간 정주시키는 데에 국가의 주목적이 있었음을 확인할 수 있다. 그렇게 말할 수 있는 것은 앞에 소개한 『대명회전』에, 이주자는 "북경 부호로 충당되고 순천부에 부적시켜"라고 되어 있듯이, 실제로 이주 후 순천부 완평·대흥 양현의 '부호적(富戶籍)'에 올려 정주화를 꾀하고 있었기 때문이다. 게다가 이 부호적은 다른 민적·장적·군적·조적 등

---

14) 『明世宗實錄』권358, 嘉靖 29년 3월 辛未, "初永樂間徙絶江南隸富民三千戶, 實京師, 充宛·大二縣廂長". 이 기술과 『明史』와의 관련에 대해서는 和田淸編, 『明史食貨志譯註』(東洋文庫, 1957), 36쪽 참조. 그 밖에도 『明神宗實錄』권19, 萬曆元年 11월 甲申條에서는 '3천호'라고 하고 있지만, 同書 권69, 萬曆 5년 11월 壬戌條에는 '3천 8백여 호'로 되어 있다.

15) "田粮五石"이 가지는 의미에 대해서 더 생각해보고자 한다. 명초 농업 경영에 의지하고 있는 부민의 추량납입액에 대해서는 『明太祖實錄』권49, 洪武 3년 2월 庚午條에, "先是上問戶部, 天下民孰富, 産孰優. 戶部臣對曰, 以田稅之多寡較之, 惟浙西多富民巨室. 以蘇州一府計之, 民歲輸糧一百以上至四百石者, 四百九十戶. 五百石至千石者, 五十六戶. 千石至二千石者, 六戶. 二千石至三千八百石者, 二戶. 計五百五十四戶, 歲輸糧十五萬一百八十四石"이라 하고 있다. 이것은 경제적 선진 지대인 소주의 예이기는 하지만, 부민층은 평균적으로 약 270석의 전량을 납입하고 있는 셈이 된다. 그리고 설령 1무당의 과세액을 5두로 계산한다 하더라도, 전량 5석의 경지 면적은 10무 밖에 되지 않는다. 이러한 점으로 봐, 전량 5석 미만의 부민이란, 농업 경영 이외의 것에 의존하고 있는 사람이라고 생각할 수 있다. 소주 평야의 농업 경영의 규모에 대해서는 寺田隆信, 「明代 蘇州平野の農家經濟について」 『東洋史硏究』 16권 1호(1957) 참조.

의 호적[16]과 같이 대대로 세습되어져 자기 멋대로 변경할 수가 없었다. 이것은 이주 후 백년 이상이나 지난 융경 5년(1571)의 과거 시험에서 '동진사 출신 제3 갑'으로 합격한 비표(費標)가 그 해의 진사제명비에 '대흥현부호적'이라고 명기 되어진 것으로 보아,[17] 분명하다.

그런데 원래 명조에서는 민적·장적·군적·조적 등 호적에 따라 부담해야 할 요역에 차이가 있었다. 따라서 부호적에 첨부된 이주자도 그들 고유의 요역 부 담을 지고 있었다고 추측되면서도 그 내용에 대해서는 앞의 『대명회전』에 구체 적인 기술이 없다. 『명세종실록』 권358, 가정 29년 3월 신미의 조에는, "완평 대 흥 2개현의 상장(廂長)으로 충당하였다"[18]라고 되어있어, 부민층 이주자가 상장 의 역에 충당된 것을 기록하고 있다. 이것으로 보면, 곧 바로 부호의 역이 상장 의 역과 동일하다고는 말할 수는 없어도, 부호에 부과된 요역의 주된 것이 상 장의 역이었다고 할 수 있다. 상장이란 명대 이갑제 체제하에서 "성(도시)에서는 방(坊)이라고 하고, 근성(近城)에서는 상(廂)이라고 하고, 근도(近都)는 리(里)라고 한다"[19]라고 한 것처럼, 도성 주변 시가지의 말단 행정조직의 장을 말하며, 이 것은 향촌의 이장에 해당한다. 주지하는 바와 같이 이장의 직책은 세량징수· 치안 유지·부역황책 제작 등 향촌 리의 행정 관리적 요역과 상공재료·지방 공 비 등 관청에 대한 직접적인 물적 부담을 담당하고 있었다.[20] 북경에 옮겨진 부 민층도 상장으로서 이런 직을 담당했다고 생각되지만, 이 점에 대해서는 다음

---

16) 명대 호적에 대해서는, 山根幸夫, 「十六世紀中國における或る戶口統計について -福 建惠安縣の場合-」『東洋大學紀要』6號(1954) 참조.

17) 『明淸歷科進士題名碑錄』(華文書局, 1969).

18) 주(14) 참조.

19) 『明太祖實錄』권135, 洪武 14년 正月(是月)條. 또 남경의 예이지만, 顧起元, 『客座 贅語』권2, 坊廂鄕에, "國初徙浙·直人戶, 塡實京師. 凡置之都城之內曰坊, 附城郭之 外者曰廂, 而原額圖籍編戶於郊外者曰鄕, 坊廂分有圖, 鄕轄有里"라고 되어 있어, 성 내는 방, 성 밖 주변은 상이라 하여 구별되어 있다.

20) 山根幸夫, 『明代徭役制度の展開』(東京女子大學·學會, 1966). 小山正明, 「賦·役制度 の 變革」『岩波講座 世界歷史』12권(岩波書店, 1971) 소수 등을 참조.
〈옮긴이 주〉 명청시대의 향촌 사회 연구에 대해서는 송정수, 『중국 근세 향촌 사회 사 연구』(혜안, 1997) 참조.

절에서 다시 살펴보고자 한다.

이상의 여러 가지 측면에서 고찰해 볼 때, 상장 역을 감당할 수 있는 부민층을 강남의 경제적 선진 지역으로부터 초창기의 북경으로 인위적으로 모으고, 나아가 그들이 장기간에 걸쳐 정주화 하도록 하기 위해서 실시된 것이 바로 이 강제 이주였다고 할 수 있을 것이다.

Ⅱ. 초대 이주자의 분석

전술한 것처럼 종래의 부민층 강제 이주에 관한 연구에서는 개개의 이주자의 실제 사례가 뚜렷이 밝혀지지 않고, 이주의 실태에 대해서는 추정한 범주를 벗어나지 않았다.[21] 명대 후반기의 사료와 비교했을 경우, 명대 상반기의 사료의 부족은 부정할 수 없는 사실이지만, 개개의 이주자의 사적이 전혀 없는 것은 아니다. 국가 권력의 노골적인 정책에 노출된 체험은, 개개의 이주자들의 뇌리에 깊게 새겨져 후세에 이르기까지 대대로 구전되고 있었다. 더욱이 국가가 이주자를 부호적이라고 하는 특수한 호적에 올리고, 그 세습을 강제한 것은 이주자들의 추적을 보다 가능하게 했다.

과거 시험 때마다 국자감 앞에 세워둔 진사제명비에는 진사 합격자 전체의 성명·본적·호적이 새겨져 있는데, 이 과거 합격자들을 모아 엮은 『명청역과진사제명비록』[22]에서 부호적의 진사 합격자를 찾아볼 수 있다. 이들 부호적 진사 합격자 명부를 작성한 것이 〈표 5〉이다.

이하에서는 부호적(富戶籍) 합격자 가운데에서도 초대 이주자에 관하여 구체적인 기술을 남긴 사례에 대하여 분석해 보았다. 여기서 이주 전과 이주 후의 생계 및 생활상 등에 대하여 특히 주목해 살펴보고자 한다.

---

21) 주(4) 앞의 夫馬進의 논문에서는 "傳記에 보이는 명초 남경 이주자"에 대한 표를 작성하였는데, 초대 이주자의 확정과 개개 이주자의 실태까지 고찰이 이루어지지는 않았다.

22) 『明淸歷科進士題名碑錄』(華文書局, 1969).

표 5. 부호적 진사 합격자 명부
[북경]

번호	성명	합격연도	원적	이주처	관직	사료
1	劉淸	1403 (선덕 5)		宛平	刑部右侍郎	『掖垣人監』 권8
2	宋雍	1433 (선덕 8)	福建	宛平	給事中	『陔餘叢考』 권29 『廣西順天府志』 권115
3	劉懷	1442 (정통 7)		大興		
4	彭廣	1448 (정통 13)	江西吉安府 安福縣	宛平	刑部員外郎	『乾隆吉安府志』 권42
5	王讓	1448 (정통 13)	南直隸常州 府武進縣	宛平	湖廣左參政	『襄毅文集』 권13
6	周騤	1448 (정통 13)	南直隸松江 府華亭縣	大興	光祿寺少卿	『光緒順天府志』 권115
7	黃重	1451 (경태 2)	江西吉安府 吉水縣	宛平	工部郎中	『乾隆吉安府志』 권25
8	鄭瑞	1454 (경태 5)	浙江衢州府 西安縣	大興	工科給事中	『掖垣人鑑』 권9
9	陳儼	1454 (경태 5)	江西吉安府 盧陵縣	宛平	南京刑部右侍郎	『乾隆吉安府志』 권40
10	左賢	1457 (천순원)	江西建昌府 南城縣	宛平	河南右參議	『襄毅文集』 권14
11	張鎰	1466 (성화 2)	浙江寧波府 鄞縣	大興	兵科都給事中	
12	陳以忠	1472 (성화 8)	南直隸常州 府無錫縣	宛平	光州知州	『顧瑞文公集』 권17
13	朱仲炘	1472 (성화 8)	浙江處州府 遂昌縣	大興	太僕寺丞	『雍正處州府志』 권11
14	鄭仁憲	1478 (성화 14)	浙江紹興府 會稽縣	大興		
15	鄭惟恒	1478 (성화 14)	浙江衢州府 常山縣	大興		
16	王安定	1481 (성화 17)	福建福州府 懷安縣	大興	戶部郎中	
17	費鎧	1484 (성화 20)	浙江寧波府 慈谿縣	大興	寺丞	『天啓慈谿縣志』 권6

번호	성명	합격연도	원적	이주처	관직	사료
18	何俊	1496 (홍치 9)	浙江金華府 蘭谿縣	大興	山西 參議	『康熙金華府志』 권18
19	王禾	1496 (홍치 9)	南直隷常州 府武進縣	宛平		
20	朱良	1499 (홍치 12)	江西臨江府 新淦縣	宛平		
21	費淵	1529 (가정 8)	浙江寧波府 慈谿縣	大興	太僕寺少卿	『光緒順天府志』 권115
22	徐九臯	1529 (가정 8)	浙江紹興府 餘姚縣	大興		
23	費標	1571 (융경 5)	浙江寧波府 慈谿縣	大興	同知	『光緒順天府志』 권115

[남경]

번호	성명	합격연도	원적	이주처	관직	사료
1	宋拯	1415 (영락 13)		江寧		
2	羅淮	1454 (경태 5)	江西吉安府 吉水縣	江寧		
3	金達	1495 (홍치 9)	浙江寧波府 鄞縣	江寧	廣東僉事	『國朝獻徵錄』 권99

A 왕숙(王肅, 5번 왕양의 아버지)의 경우(생몰연대 1383~1460)[23]

자는 숙빈이다. 원적은 남직례 상주부 무진현인데 여기에서 북경 완평현의 성

---

23) 韓雍, 『襄毅文集』 권13, 「封徵仕郎工科右給事中王公行狀」, "公諱肅, 字肅斌, 姓王氏. 始家武進, 永樂初以屬右之役, 遂占籍順天之宛平. 曾祖父諱某, 祖諱茂林, 世有隱德, 父諱志中養素樂施, 鄕稱長者. 母鄒有淑行. 公生而凝中簡朴, 容止秀整, (中略) 比至京, 築室於都城之陰, 買田食貨, 以爲生業, 家日豊裕.(中略) 公尙義自奉, 雖儉而於義所當爲, 傾囊不惜. 嘗有恒産在故鄕, 旣不能自業, 或勸公售以取直, 公曰, 此吾先世之産也, 何可售. 且有猶子謙在, 售之誠非所宜. 水悉歸於謙.(中略) 公生於洪武癸亥正月二日, 卒於天順庚辰閏十一月十四日, 享年七十有八. 卜以辛巳八月十七日葬於都城西香山之原"

북으로 이주하였다. 증조부·조(무림)·부(지중) 3대 전부터 벼슬길에 나가지 않고 있었고, 특히 아버지 대에는 이웃에 시혜를 많이 베풀어 향리에서는 '장자'라고 불렸다. 이주 후 고향 마을에 남겨 두었던 토지(항산)를 스스로 경작할 수 없었기 때문에, 조카에게 몽땅 다 주었다는 일화가 있는 것으로 보아, 이주 전에 고향에서 농사를 지었다는 것과 이주할 때 향리에 일족 가운데에 누군가가 남아 있었다는 것도 알 수 있다. 스무 살 때 이주하였고, 북경에서 새로 토지를 구입해, 다시 농사를 지으면서 재산을 모았다. 그가 죽은 후에는 도성의 서쪽 향산24)에 매장되었다는 것으로 보아, 북경에 살았음을 알 수 있다.

B 좌덕순(10번 좌현의 아버지)의 경우(생년 미상~정통 연간)25)

　자는 세요이다. 원적은 강서 건창부 남성현인데, 여기에서 완평현 덕승문 부근26)으로 이주하였다. 조부(빈경)는 원대에 관직에 나가 학정이 되었지만, 아버지(겸)와 덕순은 모두 관에 오르지 않았다. 이주 전후의 생계는 어떠했는지 분명하지 않다. 이주할 때, 장남이 아닌 덕순의 이름이 관에서 작성한 이주자 명부에 올라와 있는 것을 보고, 친척 가운데에는 그 선발을 의아해하는 자가 있었다. 이에 대해 아내 증씨가 "서민이 위로 신분상승하기를 원한다면 가는 것은 당연한 일이요. 더욱이 농사지어 가업을 이어가는 것은 장남의 의무이므로 (장남이 아닌 당신이) 가는 것은 자연스러운 일입니다"라고 덕순에게 설득하여 권하고, 부부가 북경으로 이거했다는 일화가 전해지고 있다. 여기서 주목해야 할 것은 장남도 아닌 덕순이 뽑혔다는 것과 친척이 그의 선발을 의아해했다는 사실이다. 따라서 이를 보면, 일반적으로 장남이 선발되는 경우가 많았음을 알 수 있다. 거기에 더욱

---

24) 沈榜, 『宛署雜記』 권4, 山川·山에 "香山, 在縣西北三十里"라 하고 있다.

25) 「天順元年進士登科錄」 『明代登科錄彙編』(學生書局, 1969)에 수록된 左賢의 항 및 韓雍, 『襄毅文集』 권14 「故左母孺人曾氏墓誌銘」, "孺人諱玉眞, 姓曾氏, 世家建昌之南豊.(中略) 稍長擇配, 得南城左君世瑤, 遂以歸之.(中略) 永樂初朝廷選富民集京師, 世瑤在列, 而其行在次, 所親或疑之. 孺人謂世瑤曰, 庶人召之役, 則往役義也. 況家事承緒在長, 斯役之往, 惟宜. 遂相之以行. 旣至京, 占籍順天之宛平, 公家之務助而應之, 不勞以濟, 而樂於施貸.(中略) 正統某年適世瑤卒於京, 孺人拯哀毀, 率諸子歸葬於其鄕, 不違禮則"

26) 韓雍, 『襄毅文集』 권14 「故左母孺人曾氏墓誌銘」에는 左德順의 아들 賢이 어머니 曾氏의 묘지명을 韓雍에 의뢰했을 때, "不肖辱與執事少同門, 且同里巷, 先母德善, 惟執事知之詳"이라고 말하고 있는 것으로 보아, 左賢과 韓雍이 같은 지역에 거주하고 있었던 것으로 판단된다. 한옹의 거주지에 대해서는, 주(28) 참조.

국가는 일족 모두를 다 들어서 강제로 이주시키지 않았을 뿐 아니라.[27] 고향에서 일족의 생활이나 가계의 존속을 보장하는 형태로 이주자를 선발했다고 추측된다. 덕순은 사후 고향인 건창에 매장되었는데, 이것도 고향에서 좌씨 일족의 가계가 끊어지지 않고 계속 이어지고 있었다는 것을 보여주고 있는 것이다. 이상의 두 가지 예는 초대 이주자들을 부호적에 의해 확실히 알 수 있는 예이다. 관견에 의하면, 그 밖에도 묘지명 등의 전기 사료에 의해 초대 이주자라고 추정할 수 있는 예들이 몇 건 존재하고 있다.

C 한귀(한옹의 아버지)의 경우(1385~1463)[28]

자는 공현이다. 원적 남직례 소주부 장주현에서 완평현 덕승문 주변으로 이주했다. 증조부·조부(언걸)·아버지(거일) 삼대에 걸쳐서 농업을 경영하였고 "덕망이 있어, 고향에서 존경을 받았다"라고 하고 있다. 이주 후의 생계에 대해서는 상곡(거용관 밖)의 상인들과의 교역 기록 등으로 보아 상인을 상대하여 도매업에 종사한 것 같은데, 사람들로부터 속임을 당한 경우가 많아 가업은 쇠약일로에 있었던 것 같다. 아들(옹)이 정통 7년에 진사가 되어 관직에 나간 후인 경태 2년(1451)에 고향소주로 돌아왔다. 이어 아들 한옹은 관직이 우도어사까지 올랐으며, 정덕

---

27) 초대 이주자 A 王肅의 경우, 조카 王謙이 남아 있던 사실도 이러한 추정을 방증하고 있다. 주(23) 참조.

28) 韓雍,『襄毅文集』권13, "先考諱貴, 字公顯, 世家蘇之長洲人. 曾祖某·祖彦傑·父擧一俱務農業, 德重於一鄕, 母陳氏有懿行. 先考生於洪武乙丑十月十日, (中略) 永樂初以富民徙京師, 遂占籍順天府宛平縣, 卜居於德勝關. 時京民徭役繁重, 先考極力支持, 備嘗艱苦, 勤儉治生, 用成闕家. 先妣淑人實相之, 生不肖孤. 甫成童, 卽遣就外傅, 弱冠遣入京庠, 爲弟子員, 膏膳供費罔缺. 嘗誨不肖孤曰, 吾家祖宗以來累世業農業. 吾喬居京師, 經營度時, 率天性誠實, 凡事不解, 與人較計, 數爲人侮, 恒産貨利多被奸謀吞占, 家計日衰. 爾宜勤力向學圖進身, 光顯門戶. 不肖孤遵承惟謹. (中略) 上谷商人侯信譽以白金來懋遷, 誤計秤權, 納金過於貨直之數, 而其人以去, 先考隨覺悟, 卽遣家童追其人, 會付還之. 有比隣李姓者, 先考嘗以白金二百兩附合行商. 及歸, 其人悉匿其本利, 詒以被盜. 先考實知其欺蔽, 隱忍不言. 或勸以訟官, 先考太息曰, 我之力不能爭, 然凡事任天理, 吾何訟之有, 旣而李氏擧家隨亦疾滅. (中略) 辛未四月不肖孤蒙恩陞廣東按察司副使, 乃迎先考先妣南行, 先考以炎荒道遠, 不樂就養, 遂還居蘇城之第" 및 同書 권15, 「先考通議府君發引告祭文」. 그런데 韓貴의 아들 韓雍은 정통 7년 진사로, 전술한 「明淸歷科題名碑錄」의 해당 연대의〈賜進士出身第二甲〉에는, "韓雍, 宛平縣民籍"이라고 되어 있어, 부호적이 아닌 것 같지만, 여기에 인용한 "先考行實"의 기술로 보아, 韓貴가 부호적에 올려 있었다는 것은 거의 틀림없다.

연간에 '양의(襄毅)라는 시호를 받았다.[29]

D 황윤옥의 경우(1389~1477)[30]

자는 맹청이다. 원적인 절강 영파부 은현(鄞縣)에서 북경으로 이주하였다. 증조부(장경)는 원나라 때 관직에 있었으며 순검이었다. 조부(계옹)는 서당 선생이었으며 아버지(간)도 벼슬길에 오르지 않았다. 이주할 때, 당초에는 아버지가 관청으로 부터 이주하도록 지명되었으나, 당시 불과 13세의 나이였던 그가 대신 갈 것을 신청하여 허가를 받아 북경으로 이주하였다. 이주 후에는 북성 밖 10리 떨어져 있는 변방의 땅(安定關[31])에 택지를 지급받아, 동료들과 함께 거기에 집을 짓고 살았다. 채소 등 근교농업을 하는 한편 면학에 힘써, 후에 순천부학에 입학하였다. 부학에서 부지런히 공부하였으며, 영락18년의 순천향시에 응하여 합격함으로써 벼슬길에 올랐다. 나이가 들어 은퇴한 후에는 고향땅 영파로 돌아왔다. 윤옥은 『명유학안』 권45에 그의 전을 마련하여 기록하였으며, 유생으로서의 실적도 많다.

E 진계종(진익의 조부)의 경우(생몰 연대 미상)[32]

원적 남직례 태창주에서 북경 완평현으로 이주하였다. 조부(정)·아버지(구익)

---

29) 『明史』 권167, 韓雍傳.
30) 『國朝獻徵錄』 권88, 湖廣一, 僉事, 楊守陳 "湖廣等處提刑按察司僉事南山黃潤玉墓碣銘", "先生諱潤玉, 字孟淸, 世爲鄞爲人. 曾祖父長卿仕元海浦巡檢, 祖啓翁隱鄕授徒. 父艮以先生貴贈文林郎行在交阯道觀察御史. (중략) 歲十有三, 時改示(元)水(永)樂, 命江南富民實北京. 其父當行, 先生詣官請代, 官少之, 對曰, 父去日益老, 兒去日益長. 官異而從之. 踰年抵京, 受廛北城外十里所, 沙漠迺茫無人煙. 先生與同役築室城北, 間傾貲給徭賦, 墾圃鬻蔬以爲生. 人不堪其劬瘁, 先生安之. 稍隙, 輒肆力於學, 以己心爲嚴師, 而蘄造於賢聖. (중략) 補郡庠生, 京闈鄕試, 擢禮經魁, 會試授建昌府學訓導. (중략) 家居二十載, 壽八十有九而卒, 時成化丁酉五月二日也"
31) 黃潤玉이 安定關에 임시로 기류하고 있었다는 것은 『南山黃先生家傳集』 권5, 「春帖北京安定關富戶寓舍」에 "驛梅未報江南信 蓬草先知天下春"이라 한 것에서 알 수 있다.
32) 鄭文康, 「平橋稿」 권15 「陳復初墓誌銘」, "公諱善, 字復初, 陳姓. 曾大父正·大父求益世居太昌弗仕, 父繼宗承家饒裕. 永樂初元朝廷選閭右實京師, 繼宗與焉, 遂占籍爲宛平人. 母顧時留太昌, 與兄某竭力侍事, 務致其樂"

모두 벼슬길에 나가지 않았다. 생업은 분명하지 않으나 진계종이 장자로서 가계를 이은 때에는 살림살이가 꽤 여유 있었다. 이주할 때, 처자들을 고향에 남겨두고, 계종만이 홀로 이주했다.

F 정경범(정우의 백부)의 경우(생몰 연대 미상)[33]

원적 절강 구주부 상산현에서 대흥현으로 이주하였다. 정씨는 송·원 이래 '의리를 중요하게 여기는 가문'이라고 일컬어졌다. 증조부(조종)·조부(진표)는 벼슬길에 나가지 않았다. 아버지(덕부)는 일시 호부에서 관리로 일하였으나, 얼마 후에 병이 들어 관직에서 물러났다. 영락 초, 그에게 수난의 시기가 있었던 것 같은데, 자세한 내용은 잘 알 수 없다. 그가 부호의 역에 충당된 것도 이러한 것이 한 요인이었을 것이다. 후에 경범의 남동생 기(沂, 자는 경원)는 고향에서 양장(糧長)으로 활동하였으며, 거기에 함께 살고 있는 일족의 수는 2,000명 이상이었다고 한다. 경범이 죽은 후, 북경에 남은 그의 가족들을 고생시키지 않도록 하기 위하여, 기는 정우를 북경으로 보내 부호의 역을 대신하게 했다.

이상, 초대 이주자에 대하여 이주 전후의 생계 및 생활상을 살펴봤는데, 위의 예에서 다음의 몇 가지를 확인할 수 있다.[34]

(1) 부호에 선출된 호는 영락 초년의 시점에서, 대부분 관직에 나가 있지 않

33) 李賢, 『古穰集』 권15 「贈文林郎江西都監察御史鄭君墓表」, "君諱沂, 字景元, 別號菊軒, 高祖季二仕元由省元爲參尉, 自浦江遷常山, 曾祖朝宗·祖辰表 皆含章弗耀, 父德傅以才行遷試事地官, 出使閩越有能聲, 未幾以疾求退. (中略) 永樂初家遭多事, 計資費不能支, 君恐貽親憂, 乃極力當之, 業以不墜, 嘗總理一區租稅, (中略) 族落旣蕃, 一門同居迫二千口, 藹然雍睦, 無梗訓者. (中略) 伯父景範以富室起實京師, 君嘗往省焉. 及卒曰, 毋苦其 後也, 以子佑代. 時佑已從學日有造, 君諭之曰, 吾聞獨學無友, 則孤陋寡聞, 京師文物之淵藪, 汝往親之卒業焉. 佑承命以往, 景泰初遂登進士第, 擢監察御史" 인용한 사료에는 "伯父景範"이라 되어 있어, 鄭沂의 백부인 것처럼 보이지만, 정기의 字가 "景元"인 것을 고려하면, 경범은 정우(기의 아들)의 백부라고 생각된다.

34) 두말할 필요도 없이 이러한 숫자는 이주자 내지는 그 후예가 관료화하고 있어, 이 것은 성공한 이주자의 사례라고 할 수 있다. 따라서 이주의 전체적인 상황을 파악하려 할 때, 이 점에 유의해야 한다.

아, 관료 신분 내지는 관적을 가지고 있지 않았다.[35]

(2) 전술한 『대명회전』의 기록에는 부호 선출의 기준으로서 "전량이 없는 경우나, 있다 하더라도 5석에 이르지 않는 경우"라 하여, 거의 농업에 의존하지 않는 부유한 호(아마 상업 활동을 하고 있는 사람)를 대상으로 하고 있음에도 불구하고, 실제로 선택된 사람은 농업을 경영하는 대토지 소유자라고 생각할 수 있다.[36]

(3) 노복을 거느리고 있었다는 생각을 충분히 할 수 있지만, 그 대부분이 단혼 가족 또는 단신으로 이주하고 있어, 국가로부터도 일족 모두가 강제 이주를 당하지는 않았다.[37]

(4) 북경 이주 후에는 농업 경영이나 상업 활동을 하였다.

(5) 이주지는 북경성의 북부(특히 덕승문·안정문[38] 주변)의 지역이 많은 것으

---

35) 다만, 후술할 남경 부호의 응천부 부학 입학 허가의 예로 보아, 생원 신분도 선발되었다고 생각된다.

36) 이러한 차이가 무엇에 기인하는 것인지는 현재 분명하게 말할 수는 없다. 하지만 중앙정부의 방침이 철저하지 못한 데서 야기된 말단 지방 관청의 시행상의 문제만으로 돌릴 수는 없다고 생각한다. 『明太祖實錄』권252, 洪武 30년 4월 癸巳條에, "戶部上富民籍名. 先是上謂戶部尙書郁新·吏部侍郞張迪等曰, 人有恒産, 斯有恒心. 今天下富民生長田里之間, 周知民事, 其間豈無才能可用者. 其稽諸戶籍, 列名以聞, 朕將善用焉. 於是戶部奏, 雲南·兩廣·四川不取, 今稽籍得, 浙江等九布政司·直隸應天十八府州田嬴七頃者, 萬四千三百四十一戶, 列其戶名以進, 命藏于印綬監, 以次召之, 量才用之"라고 되어 있고, 북경 강제 이주 6년 전의 홍무 30년(1397)에는 이와 유사한 형태로 전국에서 부민을 모아 관료화를 도모하고 있다. 그 때에는 전 7경 이상으로 하여, 분명히 대토지 소유자가 대상으로 되고 있었는데, 이 때 작성된 "富民籍"대장과 어떤 관련이 있지 않을까 하는 생각이 든다.

37) 이로보아 밝혀지듯이 倉持는 주(4) 전술 논문의 요약 부분에서 이주 목적의 하나로 "지방에 뿌리 내리고 있어, 반란 등의 재정적 후원자가 될 수 있는 부민층을 그 지역 기반에서 끌어내어, 세력을 제거하는 것"(250쪽)이라고 말하고 있지만, 북경 이주의 경우에도 그런 목적으로 실현되었다고는 생각되지 않는다.

38) 德勝門이나 安定門 주변으로 지정되어 있었다는 것에 대해서는, 黃訓編, 『皇明名臣經濟錄』권4, 孫原貞, 「君民利病奏」에, "一, 富戶事. 永樂年間營造北京, 於浙江·江西·直隸蘇松 等府起取富戶, 發順天府 大興宛平二縣安定·德勝二關, 住座當差"라고 되어 있다. 실제 덕승관 주변에 부호가 많이 이주한 사실에 대해서는 『明英宗實錄』권9, 宣德 10년 9월 庚午條에, "免德勝關富戶原籍戶丁徭役. 時耆民翟原奏, 本關

로 보아, 특정지역으로의 이주가 지정되어 있었다.

이렇게 북경으로 이주된 부호는 전술한대로 상장(廂長)의 역을 담당하고 있었는데, 그렇다면 그들은 실제로 상장으로서 어떠한 역할을 했을까. 이에 대해서는 유감스럽게도 앞의 초대 이주자에 관한 자료에는 많은 것을 언급하고 있지 않다. 예를 들면, B번의 좌덕순의 경우에는 "관가의 일에 응하여 도와주고, 노동하지 않는"[39]이라 하고 있고, C번 한귀의 경우에는 "때로 경사민의 요역이 많으면, 아버지(귀)가 극력 지지하여, 그때마다 항상 고생을 맛보았다"[40]고 되어 있다. 또 D, 황윤옥의 경우에는 "선생(윤옥) 동료와 집을 성 북쪽에 짓고, 많은 재물을 쏟아 요역하는 일에 썼다. (중략) 사람들은 그 노고를 참아낼 수 없었으나 선생은 이 일을 편히 여겼다"[41]라고 되어 있다. 이러한 단편적 기재에는 상장에 충당되는 일이 명확히 기록되어 있지 않지만, 이주자들이 수도 북경에 있는 관청에 대하여 과중한 차역이나 물적 부담을 지고 있었다는 것을 엿볼 수 있다. 특히 북경 건설기, 북경의 초대 이주자들은 상장의 역 가운데에서도 상공물료나 지방 공비 부분에 물적 부담을 주로 지고 있었을 것이다.

그러나 부호를 상장으로 충당하는 일이 국가 권력의 이주자에 대한 수탈로만 끝나지 않았다는 것도 주의하지 않으면 안 된다. 그렇게 말할 수 있는 것은 상장의 역에 포함되는 또 하나의 역할인 상내의 행정 관리적 요역 담당 그자체가 이주자를 상장으로서 행정 기구의 최말단에 위치시켜 놓았기 때문이다.[42] 그리고 그 결과, 그들은 이주자 지역에서 통괄자로서의 역할도 행하고 있

富戶王禮保等一千四百五十七戶, 俱係各布政司府州縣取來塡實京師, 歲久貧之, 乞免原籍戶下徭役供給. 奏下行在戶部議免二丁. 從之라 하고 있는 데서 알 수 있다. 아울러 張爵의 「京師五城坊衕衚集」에 의하면, 덕승관에는 덕승문 세무분사가 놓여져 있고, 安定關에는 安定門 세과사가 놓여 있었다.

39) 주(25) 참조.
40) 주(28) 참조.
41) 주(30) 참조.
42) 『明太宗實錄』권267, 永樂 22년 정월 辛卯條에, "賜文武百官及京民四夷人等元宵節鈔, 公·侯·駙馬白鈔二十錠, 一品二品十錠, 四品五錠, 五品至九品三錠, 雜職二錠, 京

었다고 추정할 수 있다. 일례를 들면, 초대 이주자 A 왕숙의 경우, 그의 '행장'
에는,

> 공은 천성이 강직하고, 언사에 재기가 뛰어나며, 향리 사람들로부터 존경을
> 받았다. 향리에서 일에 불공평한 일이 있으면, 반드시 그 평정을 공에게 청하였
> 으며, 공의 말 한마디에 시비곡직을 가려 그대로 믿고 따라 더 이상 쟁론을 벌이
> 지 않았다. 혹 사람들 가운데는 평범하고 나약하여 공에게 능히 나가지 않더라
> 도, 또한 반드시 질서 유지를 위해 분쟁을 해결해주니, 횡포를 부리거나 완강한
> 사람들도 머리를 숙이고 따랐다. 경조윤에서 현령이하에 이르기까지 모두 공의
> 현명함을 알았으며, 일이 있을 때, 예로 맞이하면서 자문을 많이 받았다.[43]

라고 되어 있듯이, 왕숙은 민간의 재판을 조정함과 동시에, 부윤이나 지현으로
부터 예우를 받았으며, 민정 문제를 자문해주었다. 행장의 문맥으로 보아, 이러
한 일이 가능했던 것은 오로지 왕숙의 개인적인 인격에 의한 것 같기도 하다.
그러나 강남에서 화북으로 전혀 다른 환경으로 이주한 후 얼마 되지 않았던
그가 지역의 통괄자로서 역할을 현실적으로 잘 수행하였다는 것은, 그가 상장
의 역에 충당되어 행정 기구의 말단에 있었다는 것과 전혀 무관하지는 않을 것
이다. 따라서 국가도 또한 이주자를 상장의 역에 충당함으로써, 지역 통괄자로
서의 역할을 기대하고 있었다고 할 수 있다.

이상으로, 초대 이주자의 개개 이주 실태를 구체적으로 분석하여 보았다. 부
호 이주자들은 북경으로 이주한 후 상장이 되어 관청의 과중한 부역이나 물품
의 부담을 지고 있었지만, 거기에만 그치지 않았다. 상내의 행정 관리적 요역도
담당함으로써 행정 기구 말단에 속하였으니, 결과적으로 지역 통괄자로서 역

者廂長一錠 四夷人依例給之"라고 되어 있어, 상장이 문무백관과 함께 사초 지급의
대상이 되어 있다. 이것은 바로 상장이라는 직이 왕조의 국가 이념에 바탕을 두고
설정되어 있다는 것을 의미하고, 더불어 상장은 행정 기구의 말단에 위치하고 있
음을 상징적으로 나타내주고 있는 것이다.

43) 韓雍, 『襄毅文集』 권13, 封徵仕郞工科右給事中王公行狀, "公賦性剛直 言論英發爲
鄕黨所敬重. 鄕黨之間 事有不平 必請平於公, 得公一言, 是非曲直帖帖信服, 不敢復
爭論. 人或庸儒, 不能詣公, 公亦必爲維持解紛, 豪猾强梗俛首從化. 自京兆尹縣令以
下知公賢, 時或禮致, 事多咨詢"

할을 수행한 사람도 있었다는 것을 알 수 있다.

그렇다면, 부민층 이주자의 후예들은 그 후 어떠한 궤적을 밟아갔는지를 재차 검토하고자 한다.

Ⅲ. 이주자 후예의 궤적

1. 부호의 도망과 국가의 대응

초대 이주자에게 주어진 부호적(富戶籍)은 다른 민적·군적·장적 등의 호적처럼 대대로 세습되었고, 그것을 마음대로 변경할 수가 없었다. 그러나 영락 연간을 지난 1430년대가 되면, 일찍부터 과중한 요역을 견디어 내기 어렵게 되자, 원적이나 다른 곳으로 도망하는 부호들이 생겨났다. 행재호부상서를 겸하고 있던 행재예부상서 호영은 선덕 6년(1431)의 황책(黃冊)을 찬조할 때, 다음과 같은 상서를 올려 허락을 받았다.

> 하나. 남경과 북경, 두 곳의 부호나 창각부(倉脚夫) 등으로서 역을 감당하며 경성에 거주하고 있는 자. 도망하여 원적으로 돌아가거나 다른 지방으로 피하는 경우가 많이 있습니다. 응천·순천의 두 부(府)에 대하여 즉시 조사하여 그들을 붙잡아오도록 해야 합니다. 만약 친척이나 이노(里老)의 권유로 다 고백하거나, 또는 스스로 자수하면, 모두 죄를 면해주어야 합니다. 혹 알면서도 자수하지 않거나, 주저하여 나오기를 꺼려하는 자는 율에 의해 잡아서 문초해야 합니다. 도망자는 만리장성 밖으로 내보내어 충군하도록 해야 합니다. 사고나 죽은 경우는 각 해당 관청에서 숫자에 맞춰 보충하도록 해야 합니다.[44]

---

44) 『明宣宗實錄』 권77, 宣德 6년 3월 丙子, "一 南北二京富戶·倉脚夫等役于京城居住者, 多有逃回原籍及避他處. 應天·順天二府卽查究挨捕. 若親隣里老擧首及自首者, 俱免罪. 或知而不首, 及占怜不發者, 逮問如律. 正逃者, 發口外充軍[事故死絶等項, 各該官司照數僉補]" 및 『皇明經世文編』 권19, 胡濙, 「撰造黃冊事宜疏」. [ ] 안은 正德 『大明會典』 권21, 戶部六 戶口二 "富戶"에 의해 보충하였다.

여기에서는 남경과 북경의 부호 및 창각부(倉脚夫)[45]가 문제로 되어 있는데, 특히 북경의 부호를 볼 때, 이 상주문이 제출된 시기가 영락 원년(1403)의 강제 이주 시기로부터 약 30년의 세월이 경과된 때이므로, 이주자의 초대에서 2대로 넘어가고 있는 시기에 해당한다. 따라서 이 시기에 부호 도망이 표면화하고 있다는 것은 무언가 이유가 있을 것이다. 게다가, 앞에서 지적한 것처럼, 단혼가족이나 단신에 의한 이주가 많았던 것을 아울러 고려한다면, 세대교체는 상당히 어려웠을 것임에 틀림없다.[46]

이러한 사태에 대해, 국가는 상장(廂長)에 충당할 호로서의 부호를 확보하기 위해서 몇 개의 대책을 세워 추진했다. 이 문제에 대해서는, 만력『대명회전』 권19·호부6·호구1 "부호"의 항에 사례가 정리되어 있으며, 쿠라모치(倉持德一郎)가 이미 분석해 놓았다.[47] 여기에서는 쿠라모치가 정리해 놓은 것을 바탕으로, 명의 시책을 개관하고, 나아가 그가 언급하지 않은 두 세 개의 문제를 고찰하고자 한다.

첫째, 부호들의 역 부담을 경감해 주기 위해서 선덕 3년(1428)에 2정(丁) 분의 잡역을 면제해 주었고,[48] 선덕 10년에는 원적에서의 2정 분의 잡역을 면제해 주었다.[49]

둘째, 부호의 정수(定數)를 확보하기 위해서 두 가지 대책을 강구했다. 하나는 선덕 6년에 도망간 부호를 연행하여 돌려보내도록 하고, 사고로 또는 자손이 죽어 대가 끊겼을 경우에는 원적의 관청에서 보충하도록 결정하였다.[50] 이어 정통 11년(1446)에는 매 10년마다 부호를 조사하여 보충할 것을 제도화 하였다.[51] 그리고 다른 하나는 종래 지적되어 있지 않은 사항인데, 정통 원년에,

---

45) 남경의 倉脚夫에 대해서는,『明太祖實錄』권243, 洪武 28년 11월 甲子條.
46) 초대이주자F 鄭景範의 경우, 주(34) 사료 참조.
47) 주(4)의 倉持德一郎 논문 참조.
48) 萬曆『大明會典』권19, 戶部6·戶口1,「富戶」, "宣德三年令應當富戶之家, 所在官司再免二丁雜泛差役, 以備供送"
49) 주(38) 참조.
50) 주(44) 참조.
51) 萬曆『大明會典』권19, 戶部六·戶口一,〈富戶〉, "(正統)十一年令順天府每十年一次, 委

하남 우참정 손원정이 상주하기를, "북경부호는 원래 강남에서 강제로 이주시켜 온 계통의 사람들로, 많은 경우 도망한 연고가 있고, 해마다 보충하더라도 완전하지 않습니다. 간청하오니, 법사(法司)에 명하여 앞으로 사형죄를 범한 관리·양장·대호 등이 있다면, 그 벌로서 치르는 운전(運磚)을 면하고 대신 부호의 역에 종사하게 하고, 그 수가 충분한가를 살펴, 헤아려 처리하게 하소서"라고 하였다. 이에 따랐다.[52]

고 하고 있듯이, 사형죄를 범한 관리·양장·대호들[53]에게 형벌로 벽돌 나르는 일 대신에 부호의 역에 충당하는 것을 명하고 있다. 이것이 실제로 시행되었다고 하는 것은 후술하겠다.

셋째, 부호의 정수 확보를 그만 두고 부호의 역을 은납화로 했다. 천순 8년(1464)의 성화제(헌종) 즉위에 따른 대 사면 조서 가운데에, "앞으로 만일 사고가 발생한다면 반드시 보충하게 하여"[54]라고 되어 있듯이, 죽어 대가 끊긴 부호에 대한 보충은 면제했지만, 도망자의 경우에는 그 후에도 잡아들여 보충하도록 하였다.[55] 그러나 이러한 조치도 혼란만을 증대시켰기 때문에, 홍치 5년

官審勘富戶. 若有年老·小乏等項, 行移原籍官司僉補". 이러한 대책도 어느 정도 성과를 거두었는지, 『明英宗實錄』 권141, 正統 11년 5월 壬申條에, "順天府宛平縣富戶聞春等先因避役逋亡, 至是自首. 上名宥罪忠役, 再逃不宥"라 하여 도망한 부호가 자수한 예가 보인다.

52) 『明英宗實錄』 권15, 正統元年 3월 戊子 "河南右參政孫原貞奏, 北京富戶舊係江南起取者, 多有逃故等項, 遞年僉補不完. 乞令法司, 今後有犯死罪官吏·糧長·大戶免其運磚, 令抵當富戶當差, 候其數足, 仍依原擬發落.從之". 이 손원정의 상주문 전문이 『皇明名臣經濟錄』 권4 「軍民利病奏」인데, 그 가운데에서는 "前件如蒙准言, 乞勅法司, 將間擬例該充軍犯人, 有係官吏·糧長·大戶堪充富戶者, 連當房家小, 起發安定德勝二關 終身充軍富戶, 以辦糧差"라 하여, 범죄자 이주의 경우에도, 일족 모두가 아니고 단혼가족 뿐이다. 그리고 이런 경우, 북경의 호적에 부적(附籍)하는 것은 영락 초년 범죄자의 이주와는 달리, 일대에 한한 조치였다.

53) "大戶"는 화북에서 세량의 수납과 해운을 담당한 요역이다. 谷口規矩雄, 「明代華北の "大戶"について」 『東洋史研究』 27권 4호(1969). 후에 『明代徭役制度史研究』(同朋舍, 1998) 수록 참조.

54) 『明憲宗實錄』 권1, 天順 8년 正月 乙亥條.

55) 萬曆 『大明會典』 권19, 戶部6·戶口1, 「富戶」, "成化十四年令順天府查勘在逃富戶, 應淸勾者, 造冊送付, 發各該司府州縣拘解補役"

(1492)에는 은납을 인정하여, 종래부터 행해지고 있던 부호의 정수 확보를 그만 두었다. 즉 『명효종실록』 권68, 홍치 5년 10월 병진의 조에,

> 호부가 각 처의 순무도어사가 진언한 사항을 논의 하였다. (중략) 하나. 순천부
> 의 도망갔다 돌아온 부호에 대해서는, 청 하건데 소재지의 유사로 하여금 매년
> 은 5량을 징수해서 호부로 보내고, 그것을 완평·대흥 두 현에 주어서, 원래 설치
> 된 아문(衙門)의 인부로 준비하여 쓰게 한다면, 굽어진 것이 바로 잡혀 백성을 어
> 지럽히는 일이 없어질 것입니다. (중략) 의견을 올리니, 모든 것을 이에 따랐다.[56]

라고 하여, 도망한 부호나 원적으로 돌아간 돌아온 부호에게 매년 은 5냥(부호 은이라 함)[57]을 징수해, 완평·대흥현의 상장(廂長)에게 주어 역을 감당하는데 돕게 했다. 그 후 홍치 7년에 3냥으로 감하고, 또 가정 29년(1550)에는 2냥[58]으로 정하여 약간의 변화를 가져왔고, 징수된 부호은은 하나의 재원이 되었다. 더욱이 가정 28년 이후에는 그 대부분이 북변 방위를 위한 비용으로 유용되었던 것이다.[59]

이상, 도망한 부호에 대한 명의 대응책을 개관해 봤는데, 이러한 일련의 과정

---

56) 『明孝宗實錄』 권68, 弘治 5년 10월 丙辰, "戶部會議各處巡撫都御史所陳事宜. (中略) 一, 順天府逃回富戶, 乞令所在有司每歲徵銀五兩 解部給付苑(平)大(興)二縣, 以備原設衙門雇役之用, 庶免淸勾擾人, (중략) 議上, 俱從之"

57) 주(4)에 전게한 후지이(藤井) 논문 및 쿠라모치(倉持) 논문으로, 두 사람 모두 은 3냥을 징수했다고 하고 있으나, 이것은 萬曆 『大明會典』 권19, 戶部6·戶口1, 「富戶」의 홍치 5년條의 잘못을 답습한 것이다. 본문에 인용한 『明孝宗實錄』에 기재된 은 5냥이 올바르고, 3냥으로 줄인 것은 홍치 7년의 일이다. 즉 同書 권93, 弘治 7년 10월 己卯條에, "先是以在京富戶逃回原籍者, 令每歲各徵銀五兩, 解順天府雇役, 免勾擾之患. 至是巡撫都御史唐珣奏, 逃回者名雖富戶, 其實貧難者十八九, 歲復一歲, 隣里俱被其擾, 乞歲止徵銀三兩. 從之". 이에 대해서는 이미 黃雲眉도 『明史考證』(中華書局, 1980) 권77 考證(604쪽)에서 지적하였다. 그리고 2냥으로 줄인 것에 대해서는 뒤의 주(58) 사료 참조.

58) 2냥으로 감액된 것에 대해서는 『明世宗實錄』 권358, 嘉靖 29년 3월 辛未條에, "嘉靖二十八年以虜警轉發助役銀於各邊充餉, 後遂爲常. 於是御史阮鴞疏請仍舊給民. 戶部言, 廂民生齒日繁, 不必仰給於逃戶, 請量發銀四百兩給之. 其逃戶故絶者, 止行原籍徵銀二兩. 未絶者卽於本戶徵銀, 無復累及他甲. 朝加"라고 되어 있다.

59) 주(58) 참조.

가운데에서 특히 주목해야 할 것은 정통 6년(1436)과 홍치 5년(1492)에 있었던 두 개의 조처이다. 먼저 전자인데, 앞에서 지적한대로 이주자를 상장의 역으로 충당한 것은 그들에 대한 일방적인 물적 수탈만이 아니라 그들을 행정 기구의 말단으로 삼았다는 것이다.

이것을 고려하면, 이 정통 6년의 단계에서 관리·양장·대호라고는 하더라도 범죄자를 부호에 충당하는 조처를 취한 것은 부민층 이주자를 행정 기구의 말단으로 두려는 측면이 후퇴하였음을 보여주고 있는 것이다. 이후, 부호 역의 성격은 점차 변질되어, 국가의 직접적인 요역 수탈이라는 측면이 점점 더 강해졌다. 거기에 상로(廂老, 향촌의 이노에 상당함)나 이서(里書) 등 중간층의 부정도 있어, 부호 역에 충당된 자의 상당수는 비참한 상태로 내몰리게 되었다. 『명헌종실록』권206, 성화 16년 8월 경오의 조에 보이는 호부의 상주는 그런 상황을 자세하게 전하고 있다.

> 또 다시 부호 보내는 것을 금하였다. 그 때에 호부 신하가 상주하기를, 요즈음 몇 년 천하에서 순천부를 보충하기 위해 부호를 북경으로 보내게 하였습니다. 그 간 이러한 사례가 많아, 보충도 징병도 하지 않아 풀어 놓아주어야 할 자 들입니다. 대개 본부에서 황책을 만들 때, 상로·이서가 간악한 마음을 품고 폐해를 일으키고, 더불어 이런 일이 없어지지 않으니, 이로써 사방에 공문을 돌렸는데, 소란함의 하나의 본보기입니다. 멀리 수 천 여리에 이르는 자 마저 있고, 공문서(公文書)가 일단 도착하면 전쟁에 내달리는 병사와 같이, 처자를 거느리고 아침부터 밤늦게까지 급히 달려 나갑니다. 본부에 이르면 이서로 하여금 여러 가지로 수색하게 하고, 압력을 가하여 비로소 돌아가도록 놓아주면, 곧 주머니에 재물은 없어지고 왕왕 걸식해서 길 가에서 죽어 갑니다.[60]

그 가운데에서도 "공문서(公文書)가 일단 도착하면 전쟁에 내달리는 병사와 같이, 처자를 거느리고 아침부터 밤늦게까지 급히 달려 나갑니다"라는 부분이

---

60) 『明憲宗實錄』권206, 成化 16년 8월 庚午, "禁重解富戶. 時戶部臣奏, 近歲天下解補 順天府富戶至京. 其間多是例不僉補不勾丁, 及該放免者. 蓋由本府造冊之時, 廂老·里 書懷姦作弊, 不與除豁, 是致移文四方, 一例勾擾. 有遠至數千里餘者, 文書一臨, 如驅 戰卒, 携妻抱子, 朝奔夜行. 及至本府及披里書百端搜索, 厭足始得放歸, 則囊資已罄, 往往乞食 死於道路"

있어, 초대 이주자의 B 좌덕순이나 D 황윤옥의 이주에 대한 일화[61]와 전혀 양상을 달리하고 있다고 할 수 있다.

다음으로, 홍치 5년의 도망 부호로부터의 은 징수 개시는 북경에 부적시킴으로써 나타났던 국가로부터의 직접적인 요역 수탈이 포기되었음을 의미한다. 그리고 이 때를 경계로 하여 북경에 부적되는 부호의 수도 급감했다. 『명신종실록』 권19, 만력 원년 11월 갑신의 조에 보이는 순천부 부윤 시독신(施篤臣)의 상주에 의하면, 영락 원년(1403)에 부호가 3,000호였는데, 홍치 연간(1488~1505)에는 200여 호였고, 더욱이 만력 원년(1573)에는 겨우 5호밖에 남아 있지 않았다고 보고하고 있다.

그런데, 『황명세법록(皇明世法錄)』 권34, 이재(理財)에 수록된 "천계년호부감정전량총책(天啓年戶部勘定錢糧總册)"[62]에는 각 지역에서 태창은고(太倉銀庫)에 보내었던 부호은액이 기록되어 있다(표 6). 본래 도망한 부호로부터 원적의 관청이 거두었다고 하는 부호은의 성립 경위로 보아, 여기에 보이는 각 지역 부호은의 액수는 영락 초년 각 지역의 이주자수를 어느 정도 반영하고 있으리라고 추측된다. 이들 은액에 의해 영락 초년 각 지역마다 이주자의 다과도 추정할 수 있을 것이다.

2. 과거에 의한 관료화

전항에서는 초대 이주자의 후대 세대에 이르면, 부호의 도망이 문제가 되었고, 이로 인해 일련의 부호 대책이 강구되었음에도 불구하고, 북경부적의 부호는 급속히 줄어들었다는 것을 밝혔다. 이것은 직접적인 요역 수탈의 면이 보다 강화된 것에 기인하고 있었다. 그러나 국가의 가혹한 수탈에 의해, 이주자의 후

---

61) 주(25), (30) 참조.
62) 『皇明世法錄』에 수록되어 있는 「戶部勘定錢糧總册」에 대해서는 타키가와 마사지로(瀧川政次郎), 「皇明世法錄考」 『史學雜誌』 56편 2호(1945) 참조. 타키가와의 고증에 의하면, 이 錢糧總册은 天啓 3년의 것이며, 官庫에 소장되어 있던 檔案으로 간행되지 않았다고 한다.

예가 한결같이 몰락의 과정을 겪었는가 하면 반드시 그렇다고는 단정할 수 없다. 부호적의 진사 합격자 사례가 눈에 띠고, 그 후 그들이 관료 신분이 되었다는 것을 지적할 수 있기 때문이다. 이 점은 종래의 연구에서 완전히 간과되어 있던 것으로, 여기에서는 부호의 관료화라고 하는 사실에 주목해서 고찰하고자 한다.

이미 언급한 것과 같이『명청역과진사제명비록』에 의해, 부호적 진사 합격자를 찾아보면, 〈표 5〉와 같이 북경의 경우 23명, 남경의 경우 3명으로 나타나 있다. 그 다음 북경의 경우만 각 연대별로 나누어 놓은 것이 〈표 6〉인데, 합격자의 상당수는 1430~1500년에 집중되어 있다. 이 시기는 초대 이주자부터 2대·3대째 자손 시기에 해당한다. 이러한 추정을 뒷받침하듯이, 앞에서 분석한 초대 이주자 A 왕숙의 경우는 아들 왕양이 정통 13년에, B 좌덕순의 경우는 아들 좌현이 천순 원년에 진사가 되었다. 또 C 한귀의 경우도 아들 한옹이 정통 7년의 진사, D 황윤옥의 경우는 아들 황용이 경태 5년의 진사이다.[63] 이러한 부호들의 진사 합격자가 그 후 관료가 되었다는 것에 대해서는 〈표 5〉 '관직'의 항에 나타난 그대로이다.

진사뿐만 아니라, 향시 합격에 의한 관료화의 예도 존재한다. 먼저 초대 이주자에서는 D 황윤옥 자신이 영락 18년의 순천향시에 합격해, 안찰사사첨사까지 승진하였다. E 진계종의 경우도, 손자인 진익이 향시에 합격해, 거인이 되었다.[64] 그리고 〈표 5〉 17번의 비개(費鎧), 21번의 비연(費淵), 23번의 비표(費標), 이 3명은 그들의 원적의 지방지인 천개『자계현지(慈谿縣志)』권6 선거, 부 의관 성사(付, 衣冠盛事)에 의하면, '삼세진사(三世進士)'라 되어 있어, 부모와 자식·손자의 삼대에 걸쳐 진사가 된 것으로, 이는 드문 예이다. 이 비씨는 그 밖에도 비찬(경태 원년)·비목(정통 11년)·비주(가정 34년) 등 3명의 순천 향시합격자를 내고 있다.[65] 이러한 예를 보아, 진사 합격자 이외에도 향시합격에 의해서 관료화

---

63) 주(23), (25), (28), (30) 및『明淸歷科進士題名碑錄』의 해당 연차의 題名碑 참조.
64) 주(30), (32) 참조.
65) 嘉靖,『寧波府志』권3, 選擧表「鄕擧·慈谿縣」의 항 참조. 이들 3명 합격자의 경우는 모두「順天府中式」이라고 기록되어 있다. 그들은 원적이 영파임에도 불구하고,

한 예가 상당히 있었음을 알 수 있다.

그런데, 이주자와 그 후예 가운데 진사나 거인을 많이 배출한 것은 이주 이전 원적에서 대토지 소유 등으로 재력이 풍부하였고, 이주 후에도 그런 경제력에 의해 생활이 유지되었기 때문이라는 면도 있으나, 거기에 더욱 강남에서 북경으로의 이주 자체가 결과적으로 과거 합격에 유리하게 작용하였다는 점도 생각할 수 있다. 그렇게 말할 수 있는 것은 수도 북경이 면학에 좋은 조건을 가지고 있었다는 점도 있지만,[66] 그 이상으로 명대에는 일반적으로 문사를 좋아하는 남인이 북인에 비해 과거에 합격하기 쉬운 추세였기 때문이다. 이를 테면 홍희 원년(1425)경, 남인과 북인의 진사 합격자의 비율이 9대 1이었다고 하는 지적[67]도 있다. 이런 엄연한 남북의 격차를 고려할 때, 본래 본적지가 있는

표 6. 연대별 북경의 부호적(富戶籍) 진사 합격자수

연대	합격자수	연대	합격자수
1430~1440	2	1491~1500	3
1441~1450	4	1501~1510	-
1451~1460	4	1511~1520	-
1461~1470	1	1521~1530	2
1471~1480	4	1531~1580	1
1481~1490	2		

순천향시에 합격하고 있다.

66) 주(33)의 초대 이주자 F, 鄭景範의 경우, 그가 죽은 후, 동생 鄭沂는 북경에 남아 있던 가족들에게 더 이상 고생을 시키지 않도록 하기 위해, 자기 자식 鄭佑를 북경에 보내어 부호의 역을 대신하게 했다. 그 때, 鄭沂는 정우에게, "내 듣기를, 독학하여 친구 없으면, 곧 학문이 얕아지고 견문도 적어지게 된다고 들었다. 경사는 문물과 사람이 많이 모이는 곳이라고 들었다. 너는 북경으로 가서 거기에 친숙해지도록 하라'고 권유했다. 이로 보아, 이주하는 측에서, 부호의 역이라고는 하더라도, 수도 북경에서 생활하는 것을 과거 합격의 첩경으로 여기고 있었다는 것을 알 수 있다. 결국 정우는 아버지의 명에 따라, 북경에서 대역을 함과 동시에, 아버지의 기대대로 경태 2년에 진사가 되었던 것이다.

67) 『明仁宗實錄』 권9하, 洪熙元年 4월 庚戌條.

성에서 밖에 응시할 수 없는 향시를, 이주자와 그 후예들은 화북의 순천향시에 응시할 수 있었기에,[68] 이것은 분명히 그들에게 유리하게 작용했을 것이다.

표 7. 각 지역의 富戶銀額

地域	富戶銀額	地域	富戶銀額
浙江布政使司	1044兩	直隷常州府	○
江西布政使司	969兩	直隷鎭江府	30兩
湖廣布政使司	398兩	直隷揚州府	100兩
福建布政使司	○	直隷淮安府	○
四川布政使司	64兩	直隷盧州府	98兩
廣東布政使司	○	直隷太平府	78兩
廣西布政使司	○	直隷寧國府	46兩
陝西布政使司	○	直隷安慶府	48兩
河南布政使司	○	直隷徽州府	39兩
直隷蘇州府	○	直隷鳳陽府	30兩
直隷松江府	45兩	合計	2,989兩

※ ○ 표시는 正德『大明會典』에 나타난 富戶 선출 지역인데, 『皇明世法錄』에는 富戶銀額 항목에 그 기록이 없어 그렇게 표시한 것이다.

또한 만력『대명회전(大明會典)』권78, 예부36, 학교·유학 '선보생원(選補生員)'에는,

> (홍무) 25년에 상주하여 허가받기를, 강제로 데리고 갈 부민의 원 계통의 생원
> 은 응천부학으로 보내서 공부하게 하였다.[69]

라고 하여 부호 가운데에서 이주 전에 생원이었던 사람에 대하여 응천부 부학의 입학을 허가하고 있다. 이것은 홍무 25년이라고 하는 시기라든지 응천부 부

---

68) 주(65) 참조.
69) 萬曆『大明會典』권78, 禮部36, 學校·儒學「選補生員」, "(洪武) 二十五年奏准, 起取 富民原係生員者, 送應天府學讀書"

학이라는 점에서 분명히 나타나듯이, 남경 이주자를 대상으로 하여 홍무 24년 (1391)의 남경 부민층 이주[70]의 직후에 내려진 조처이다. 북경의 부호에 대해서도 생원인 이상은 동일한 조치가 취해졌을 터이니, 이러한 점으로 보면, 국가 측에서도 부민층 이주자의 관료화를 꾀하기 위해서 어느 정도 배려가 있었다는 추측이 가능하다.

그런데 이주자가 관료화했을 경우, 부호적이 어떻게 되었는지가 문제다. 이에 대해서는 현재로서 명확한 규정을 찾아낼 수 없다. 전술한 비씨 가문의 '삼세 진사'의 예에서는 3명 모두가 『명청역과진사제명비록』에 '부호적'이라고 명기되어 있는 것으로 보아, 진사가 되어 관료 신분이 되었어도 즉시 부호적에 벗어난다는 특별한 규정은 없었던 것 같다. 그러나 초대 이주자 C 한귀(韓貴)의 경우[71]처럼, 아들 한옹(韓雍)이 취관 후 고향으로 돌아간 예도 보인다. 또, D 황 윤옥도 은퇴 후 고향으로 돌아가, 아들 융이 진사에 합격했을 때의 진사제명비에는 '은현민적(鄞縣民籍)[72]'이라고 기록되어 있는 것으로 보아, 실제 관료 신분을 취득함으로 말미암아 부호적이 떼어지는 경우도 종종 있는 것 같다.

지금까지 부호의 관료화를 중심으로 살펴봤는데, 부상화(富商化)한 예도 존재한다.[73] 『황명경세문론』, 권22, 「주침(周忱)」 "여행재호부제공서(與行在戶部諸公書)"에, 소송(蘇松)지방의 농민이 도망하는 현상을 초래한 일곱 개의 폐단이 지적되고 있다. 그 가운데 하나로,

> 그 이른바 군수(軍囚)로 끌려 온 자. 소주 송강에는 기술 좋은 사람이 많고, 그
> 들은 이르는 곳마다에서 장사를 곧 잘 한다. 그러므로 그 일하는 사람들 가운데,

---

70) 『明太祖實錄』 권210, 洪武 24년 7월 更子; "上諭工部臣曰, 昔漢高祖徙天下富戶於關中. 朕初不取. 今思之, 京師天下根本, 迺知事有當然不得不爾. 朕今亦欲令富民入居京師. 卿其令有司驗丁産殷富者, 分遣其來. 於是工部徙天下富民. 至者凡五千三百戶"

71) 주(28) 참조.

72) 『明淸歷科進士題名碑錄』의 景泰 5년의 항.
〈옮긴이 주〉은현(鄞縣)의 중요성에 대해서는 시바요시 노부, 『중국도시사』(신태갑·임대희 옮김, 서경문화사, 2008)의 132·145·192쪽에 강조되고 있다.

73) 초대 이주자 C 韓貴의 경우도 부상화한 예라고 생각된다. 주(28) 참조.

중외 안팎의 위소에 충군된 사람. 곧 향리 빈민을 꾀어 이를 여정(餘丁)으로 삼는다. 또한 각처의 하안(河岸)에 역을 개설한 경우, 향리의 소민을 불러내어 그들을 사환으로 삼는다. 북경에서 부호가 된 경우, 일가가 수처에 점포를 열기도 한다. 민이 되어 하간 등지에서 농사짓는 경우, 한 사람에게 여러 정(丁)의 아들·조카들이 있다. (중략) 이로 말미암아 군수(軍囚)의 생계가 나날이 번성하고, 남쪽의 농사짓는 농부들은 날이 갈수록 줄어들고 있다.[74)

라고 하고 있다.

이것은 전항에서 말한 사형 죄를 범했던 관리·양장·대호들이 형벌로 부호의 역에 충당된 예인데, 그들은 일가(一家)가 북경에서 몇몇 곳이나 점포를 소유할 정도로 부상화하고 있고, 소송(蘇松) 지방에서 도망나온 농민을 받아들이고 있었다. 그들의 경우, 죄수이기 때문에 과거 시험에 따라서 일가를 일으키는 길은 막혀 있었기 때문에 부상으로 성공하려는 길만이 남은 선택이었을 지도 모른다.

상술한 이주자의 후손에 대하여 고찰한 결과 밝혀진 것은, 북경 이주 후 약 30년이 경과되면, 국가 권력의 수탈아래에서 부호의 몰락과 도망문제가 대두하는 한편, 과거제도를 매개로 관료화해 가는 '몰락'과 '상승', 이른바 '양극 분해'의 과정을 겪고 있었던 것이다. 그러나 이러한 양극 분해의 과정도, 이주 후 약 100년이 되는 15세기까지로 국한된다. 〈표 5〉의 부호적 진사 합격자 명부는 원

---

74) 『皇明經世文論』권22, 周忱, 「與行在戶部諸公書」, "其所謂軍囚牽引者, 蘇松奇技工巧者多, 所至之處屠沽販賣, 莫不能之. 故其爲事之人, 充軍于中外衛所者, 輒誘鄕里貧民爲之餘丁. 擺站於各處河岸者, 又招鄕里之小民爲之使喚. 作富戶于北京者, 有一家數處之開張. 爲民種田于河間等處者, 一人有數丁之子佺. (中略) 由是軍囚生計日盛, 而南畝之農夫日以消矣"; 森正夫, 「15世紀前半太湖周邊地帶における國家と農民」『名古屋大學文部研究論集』38호(1965, 후에 『明代江南土地制度の研究』同朋舍, 1988년에 수록)에서, 주침의 이 글을 상세하게 검토하고, 이것을 다시 새롭게 구어체로 풀어썼기에 이해에 큰 도움이 되고 있다. 그런데 모리(森) 선생은 이 글이 "宣德 후반기, 적어도 宣德 10년, 1435년경에 이르러 써진 것이다"(78쪽)고 하고 있다. 그러나 본문에 인용된 부분 가운데 죄수로서 북경의 부호 역에 충당된 사람에 대하여 언급한 곳이 있고, 官吏·糧長·大戶 등의 죄수를 북경의 부호에 보충한 것은 전술한 것처럼 정통 원년(1436) 3월이 최초이다. 따라서 이 글이 쓰인 것은 적어도 정통 원년 이후로 보아야 할 것이다.

래 모든 이주자들 후예의 진사 합격자를 망라하고 있다고는 생각되지 않지만, 이 합격자 명부에서 작성한 〈표 6〉의 연대별 합격자수를 봐도 확실히 알 수 있듯이, 16세기에 들어가면 합격자수는 격감한다. 이러한 사태는 부호 역의 성격이 점차 변질되고, 국가가 직접적인 요역 수탈이라는 면을 보다 강화해 나갔기 때문에, 부호의 몰락을 가속화시키기도 했지만, 보다 직접적으로는 홍치 5년(1492)에 부호 역의 은납화가 시작됨으로 말미암아, 부호를 북경에 강제로 부적해 직접적으로 요역을 수탈하는 방침이 포기되었기 때문이었다. 따라서 이 단계에 이르러, 부호의 역은 완전히 변질되었다고 할 수 있고, 그 이후 명말에 걸쳐, 은납화한 부호은(富戶銀)이 재정상의 문제로 등장하게 되었던 것이다.

맺음말

'정난의 변'으로 제위를 찬탈한 영락제는 영락 원년에 원나라의 수도 북평을 북경이라 개칭하여, 남경과 북경의 양경체제를 창시하는 한편, 영락 18년에는 북경 천도를 향한 준비를 순조롭게 추진해 나갔다. 이 양경체제 창시 직후에, 남직례·절강·강서 등 강남의 각지에서 약 3,000호의 부민을 강제로 북경으로 이주시켰다. 대상이 된 이주자는 정덕『대명회전』에 보이는 규정과 달리, 실제로 농업을 경영하는 대토지 소유자가 대부분 선출되었다. 그들은 일족 모두가 강제로 이주하는 것이 아니라, 단혼가족이나 단신으로 이주하는 경우가 많았다. 그들의 새로운 이주지는 북경성 북부의 덕승문이나 안정문 주변 지역이었고, 거기서 농업이나 상업을 경영하여 생계를 유지해 나갔다. 국가는 이주자를 북경성 부곽의 완평·대흥 양현의 부호적에 올려, 상장(廂長)으로서 주로 관청의 차역이나 물품을 부담하는 한편, 상내의 행정 관리적 요역을 담당함으로써 행정 말단기구로 삼으려 하였던 것이다.

그러나 실제 이주자 및 그 후예들의 궤적을 살펴본 결과 밝혀졌듯이, 국가의 가혹한 수탈 아래에서 이주 후 1세대를 거치면서부터 부호의 도망과 몰락이 문제로 대두하였다. 이 때문에, 국가는 부호(상장 담당호)를 확보할 여러 가지 대책을 강구했는데, 그 과정에서 이주 당초 기대했던 행정의 말단 기구라는 성격은 후퇴하고, 보다 직접적인 요역 수탈의 면을 강화해 나갔다. 더욱이 홍치 5년의 은납화의 개시는 강제로 북경 호적에 올리는 방책도 포기되었다는 점에서 부호 역이 변질되어갔음을 의미하고, 이후에 북경부적의 호수는 격감했다. 그렇지만 이주 후 약 백 년간에 국한시켜 보면, 부호적의 진사 합격자의 예에서 보이는 것처럼, 과거제도를 매개로 하여 관료화하는 예도 많이 나타나, 몰락과 상승이라는 양극 분해 과정이 일어났다.

본장에서 분명히 밝힌 것은 이상과 같이 요약되지만, 이러한 점을 바탕으로 추찰해 보면, 양극 분해의 과정은 본래 상장의 역에 포함되어 있던 국가에 대한 요역 부담과 행정 기구 말단이라는 두 가지 측면으로 대응하고 있다. 주로 강남의 지주층에서 선출된 부호가 상장의 역을 지고 있었는데, 이러한 상장의 두 가지 측면이야말로 동시에 초기 명조의 지주 정책의 기본적 성격을 나타내주는 것이었다. 그런 의미에서도, 명초 북경의 부민층 강제 이주는 초기 명조 국가와 강남 지주층과의 관계를 나타내주는 상징적인 사건이라고 할 수 있다.

이상으로 본장을 고찰해 봤는데, 앞으로 검토되어야 할 문제가 아직도 많이 남아 있다. 우선, 부호 이주에만 한정하지 않고 장호·잡역호를 포함한 도시 조성 계획이라는 측면에서 북경으로의 강제 이주라는 전체상을 해명하는 문제가 남아 있다.[75] 그리고 북경 이주보다 12년이나 앞서서, 북경 이상으로 대규모적인 강제 이주가 실시되었던 남경의 경우와 비교 검토하는 문제라든지, 초기 명조 국가의 일련의 대지주 정책 가운데, 이러한 부민층 강제 이주에 대한 위치를 정립하는 작업도 필수적인 문제일 것이다. 이러한 문제에 대해서는 앞으로 더욱 고찰하고자 한다.

---

75) 夫馬氏는 앞의 주(4)의 논문에서 태조 주원장의 도시 계획을 해소하기 위해서, 홍무기의 남경 이주에 대하여 검토하고, 부민층 뿐만 아니라 하층민도 포함한 사회 각계각층이 이주 정책의 대상이 되었다는 것을 밝혔다.

명말 청초기의
여러 사료에 보이는 연왕부
=서원 소재설의 재검토

도입부

    명조 제3대 영락제는 '정난의 변'으로 제위를 찬탈한 그 이전에는 원대의 대도(大都 : 현재의 북경)에 연왕으로 봉해져 있었다. 그 연왕부가 놓인 위치에 대해서는 태액지(太液池, 현재의 북해·중남해)의 서쪽인가 아니면 동쪽인가 하는 문제로 논쟁이 계속 되고 있다.[1] 본서 제2장에서는 명초에 편찬된 사료, 그 가운데에서도 『태조실록』과 고려 사절의 연왕부 관계 기사, 이 두 측면에서 검토해, 연

---

1)   연왕부가 太液池의 서쪽, 명청시대의 西苑에 위치해 있었다고 하는 통설적인 연구 (연왕부=서원소재설)로는 朱偰, 『元大都宮殿圖考』(原刊 1936, 北京古籍出版社重印, 1990). 동 『明清兩代宮苑建置沿革圖考』(原刊 1947, 北京古籍出版社重印, 1990). 中國社會科學院考古硏究所編輯, 『明淸北京城圖』(地圖出版社, 1986)의 附表2 「明北京城復原圖建置資料表」. 果鴻孝, 「明初燕王府址考」. 北京市社會科學院歷史所編, 『北京史硏究(一)』(1986). 姜舜源, 「元明之際北京宮殿沿革考」 『故宮博物院院刊』 1991년 4기. 李燮平, 「燕王府所在地考析」 『故宮博物院院刊』 1999년 1期 등이 있다. 한편, 太液池의 동쪽, 원대의 대내궁성에 놓여 있었다고 하는 연구(燕王府=宮城 所在說)로는 王璞子, 「燕王府與紫禁城」 『故宮博物院院刊』 1979년 1期. 王劍英, 「燕王府卽元故宮舊內考」 北京史硏究會編 『北京史論文集』 제2집(1982). 王劍英·王紅, 「論從元大都到明北京的演變和發展—兼析有關記載的失實」 『燕京學報』(燕京硏究院) 新一期(1995) 등이 있다.

왕부가 원조 대도의 소장(蕭牆, 명청대의 황성에 상당함) 내에 있었고, 그 궁성은 태액지 동쪽, 원대의 대내궁성에 위치해 있었다는 것을 분명히 밝혔다(제2장의 〈도1. 연왕부·진왕부 추정도〉 참조).

이 결론은 궁성의 위치 면에서는 왕박자(王璞子)나 왕검영(王劍英)에 의해 주장되었던 대내궁성 소재설에 의거하고 있는 셈이다. 다만 종래의 논쟁에서는 연왕부의 궁성 위치만을 문제 삼고, 왕부 궁성(宮城)과 주원(周垣)의 이중구조로 되어 있는 연왕부의 구조2) 자체에 대해서는 의외로 간과되어 왔다. 필자의 이중구조에 대한 이해에 따르면, 서원(西苑)부분도 연왕부의 주원(周垣) 내에 포함되어 있으므로, 통설인 서원설(西苑說)도 하나같이 틀렸다고 할 수는 없다.

본장에서는 제2장에서 논할 수 없었던 명말 청초기에 편찬된 여러 사료를 재검토함으로써 연왕부=서원 소재설의 계보와 그 정착 배경을 고찰하고, 제2장에서 제기한 왕부 궁성과 주원(周垣)의 이중구조로 된 연왕부에 대하여 보완 설명하고자 한다.

---

2) 연왕부가 왕부 궁성과 周垣의 이중구조로 되어 있다는 것은 『明太祖實錄』 권127, 洪武 12년 11월 甲寅條에 보인다. "燕府營造訖工, 繪圖以進. 其制, 社稷·山川二壇在王城南之右. 王城四門, 東曰體仁, 西曰遵義, 南曰端禮, 北曰廣智. 門樓·廊廡二百七十二間. 中曰承運殿, 十一間, 後爲圓殿, 次曰存心殿, 各九間. 承運殿之兩廡爲左右二殿. 自存心·承運周廻兩廡至承運門, 爲屋一百三十八間. 殿之後爲前·中·後三宮, 各九間, 宮門兩廂等室九十九間. 王城之外, 周垣四門, 其南曰靈星, 餘三門同王城門名. 周垣之內, 堂庫等室一百三十八間. 凡爲宮殿室屋八百一十一間". 西安의 秦王府도 똑같이 주위 약 2.8km의 磚城과 주위 九里 三分 약 5km 蕭牆의 이중구조라는 것은 본서 제2장 「명초 연왕부를 둘러싼 여러 문제」의 주(98)에서 지적했다(圖一, 燕王府·秦王府 參照). 嘉靖, 『陝西通志』 권5, 土地3, 封建, 皇明藩封·宮殿, "蕭牆, 周九里三分. 磚城, 在靈星門內正北, 周五里, 城下有濠, 引龍首渠水入". 원래, 명청대의 西安城은 주위 약 13.8km였기 때문에, 진왕부만으로도 성내 면적의 약 8분의 1을 차지하고 있는 셈이다. 아울러 史念海 主編 『西安歷史地圖集』(西安地圖版社, 1996)의 "明代西安府城圖(嘉靖 21年)"는 이러한 이중구조가 표시되어 있지 않아 재검토 해볼 여지가 있다.

Ⅰ. 연왕부=서원 소재설의 계보

명초에 편찬된 사료로 연왕부의 소재지가 기록되어 있는 것은 『명태조실록』 권47, 홍무 2년 12월 정묘 조이다. 본서 제2장에서도 인용했는데 다시 인용하고자 한다.

> 호광행성참정(湖廣行省參政) 조요(趙耀)를 다시 북평행성참정(北平行省參政)으로 삼았다. 조요(趙耀)는 처음 호광행성의 관리로 임명받았으나, 사직하였다가 다시 여기에 머물러 있었다. 이때에 이르러 황제는 조요가 이미 서달(徐達)을 좇아 원의 대도를 취하고, 그 풍토민정·변사완급을 익히 알고 있었기에, 조요를 새롭게 북평의 관리로 임명하고 또한 그로 하여금 왕부의 궁실을 수호하게 하였다. 이미 불러들이고 일러 말하기를, "듣자하니, 몽골 사람들이 와서 귀부하는 자가 많다고 한다. 그대는 마땅히 빨리 가서 날쌔고 용기있는 쓸 만 한 자를 골라 병사로 삼고, 그들에게 매달 쌀을 지급하여 주거라. 나는 이들 모두를 임청·동창의 땅에 거하도록 하고, 이렇게 함으로써 땅을 잃어버리는 일이 없도록 하련다. 조요는 이로써 공부상서 장윤이 취한 '북평궁실도'를 바쳤다. 황제는 그것을 보고 원대 옛 황성 터에 의거하여 왕부를 개조하게 했다. 조요는 명령을 받자 그날 즉시로 작별 인사를 하고 떠나갔다.[3]

이에 의하면, '원의 옛 황성 터'를 왕부로 개조한다는 지시를 홍무제 자신이 내리고 있었다. 여기서 말하는 원의 '황성'이 후세와는 달리 대내의 궁전을 둘러싸고 있는 궁성을 가리키고 있다는 것은 이미 본서 제2장에서 검토했기 때문에 여기서는 생략한다.

이 실록의 기사 외에, 연왕부의 소재지까지 언급하고 있는 명초 사료는 현재 발견되지 않고 있다. 그러나 명대 후반기가 되면, 연왕부 소재를 언급한 것이 나타난다. 관견이지만, 가장 빠른 것으로는 가정 36년(1557)의 서문이 있는 고대(高岱)의 『홍유록(鴻猷錄)』 권7, 봉국연경(封國燕京)의 기사이다.[4]

---

3) 본서 제2장 「명초 연왕부를 둘러싼 여러 문제」의 주(39)에서 인용.

4) 순치 15년(1658)의 谷應泰가 서문을 쓴 『明史紀事本末』 권16, 燕王起兵에도 "(洪武)十一年 冬十二月, 定諸王宮城制式. 太祖曰, 除燕王宮殿仍元舊, 諸王府營造, 不得

성조 문황제는 태조의 네번째 아들이다. 홍무 3년 경술 4월, 태조가 조서를 내려 모든 황자를 왕으로 봉하였다. 성조는 연왕으로 봉해져 연경에 나라를 세웠는데, 이는 곧 지금의 경사로서, 본래 북평 포정사사였다. 城池·宮殿은 원대의 옛것에 따랐는데, 다만 기와 색깔을 바꾸었을 뿐이었다. 11년 11월, 제왕의 궁성제식을 정하였다. 태조가 이르기를 "연왕 궁전은 원대의 옛 것에 따르는 것을 제외하고, 제왕부의 영조는 연왕부의 사례를 인용하여 법식으로 삼을 수 없다"고 하였다.[5]

과거 북평에 설치된 연왕부의 성지나 궁전은 '원대의 옛 것'에 의거하고, 다만 기와의 색깔만을 바꾸었다고 하고 있다.[6] 이 기사는 아마 홍무 6년 5월 태조가 서문을 쓴 『조훈록(祖訓錄)』,[7] 혹은 보다 널리 유포된 『황명조훈(皇明祖訓)』의 기록에 의거한 것이라 생각되는데, 연왕부의 소재지에 대해서는 이들과 같이 명확히 기술되어 있지 않다.

그런데 만력 47년(1619)의 제기(題記), 곧 머리말로 되어 있는 주국정(朱國禎)[8] 『용당소품(湧幢小品)』 권4, 궁성(宮城)에는, 연왕부가 '서원'에 놓여 있었다고 명확히 지적하고 있다.

문황은 처음 연왕으로 봉해지고, 원대의 고궁을 왕부로 삼았는데, 그것은 곧 지금의 서원(西苑)이다. 정난의 변 이후, 그 지역에 나가 역시 봉천전 등 여러 전

引以爲式"이라고 동일한 기술이 있는데, 아마 다음 주에 나오는 『홍유록』에 근거한 것이리라.

5) 高岱, 『鴻猷錄』 권7, 封國燕京, "成祖文皇帝, 太祖第四子. 洪武三年庚戌四月, 太祖詔封諸皇子, 成祖封燕王, 國燕京, 卽今京師, 舊爲北平布政使司, 城池·宮殿仍元舊, 惟易瓦色. 十一年十一月, 定諸王宮城制式. 太祖曰, 除燕王宮殿仍元舊, 諸王府營造, 不得引以爲式"

6) 기와의 색깔은 황색에서 청색으로 바뀌었다. 『明太祖實錄』 권103, 洪武 9년 正月 己未條 ; 正德 『大明會典』 권147, 工部1, 親王府制, 事例.

7) 『祖訓錄』 營繕, "凡諸王宮室, 竝依已定格式起蓋, 不許犯分. 燕因元之舊有". 洪武 28년에 다시 개정하여 간행된 『皇明祖訓』에도 이 부분에 관해서는 『祖訓錄』과 완전히 일치하고 있다.

8) 朱國禎은 호주부(湖州府) 烏程 사람이다. 만력 17년에 진사가 되어 국자감 제주까지 올랐는데, 병을 이유로 고향으로 돌아와, 만력 연간에는 출사하지 않았다. 아마 그 이전에 『湧幢小品』이 집필되었을 것이다. 『明史』 권240, 朱國禎傳.

을 지었다. 영락 15년 다시 대내 궁궐을 동쪽에 짓고, 구궁까지는 1리 정도였다. 모두 남경의 제도와 같이 했으나 널찍하기는 그보다 더했다. 지금의 삼전 가운데의 하나인 정조전이다.[9]

이에 따르면, 연왕부는 원의 고궁 내의 서원에 설치되어 있었고, 정난의 변 후에 그 곳에 봉천전을 세웠으며, 영락 15년에 그 궁궐에서 동쪽으로 1리(약 3.93km) 떨어진 곳에 고쳐 지은 것이 지금의 대내(자금성)의 삼전이라는 것이다. 다만, 자금성 건설 이전에 서원에 지어진 행재소의 봉천전에 대해서도 언급하고 있지만, 서궁(후술 하겠음)이라고 기록되어 있지는 않다.

주국정은 숭정 5년(1632)에 간행된 『황명사개(皇明史槪)』의 「황명대정기(皇明大政記)」 9권, 존의(存疑)에서,

> 태종 문황제가 거처하던 왕부는 원의 고궁에 의거했는데, 지금의 서원(西苑)으로 앞에 조문(朝門)을 두었다. 원나라 사람들은 불교를 숭상하였고, 조문 밖에는 대자은사가 있었다. 지금의 사소(射所)이며, 동쪽은 회창(灰廠)이었고, 가운데에 담장사이로 좁은 길이 있었으며, 그런고로 황장 서남 모서리에만 건물이 없었다. (중략) 영락 15년, 해자 동쪽에 개건한 것이 지금의 정조(正朝)이다.[10]

라고 기록되어 있어, 앞의 『용당소품』 권4에서 말한 것과 같은 내용으로 이해하고 있다. 여기에 덧붙여서 서원에 세워진 연왕부 남쪽에는 조문(영성문)이 있고, 조문 밖으로 금대 이래의 경수사(慶壽寺, 후의 대자은사)[11]가 세워져 있었다는

---

9) 朱國楨, 『湧幢小品』 권4, 宮城, "文皇初封於燕, 以元故宮爲府, 卽今之西苑也. 靖難後, 其地亦建奉天諸殿. 十五年改建大內於東, 去舊宮可一里, 悉如南京之制 而弘敞過之. 卽今之三殿正朝大內也"

10) 朱國楨, 『皇明史槪』 「皇明大政記」 권9, 存疑, "文皇建邸, 因元故宮, 卽今之西苑, 開朝門于前. 元人重佛, 朝門外有大慈恩寺. 卽今之射所, 東爲灰廠, 中有夾道, 故皇牆西南一角獨缺. 文皇卽故宮建奉天三殿受朝. 海子水環于東南, 汪洋極目, 雜以古木樓殿, 晻映其間, 宛似圖畵. 永樂十五年改建于海子之東, 爲今正朝"

11) 慶壽寺는 그 서남 쪽 모서리에 쌍탑이 있었기에 雙塔寺라고도 불렸다. 서쪽의 9층 탑에는 원대 "佑聖國師"라고 봉해진 海雲 和尙이 모셔져 있었다. 명대 정통 연간, 태감 왕진에 의해 개수되어 '大興隆寺'로 개칭되었으며, 京師 "第一叢林"이라는 칭호를 받기도 하였다. 가정 14년에 화재로 소실된 후, 射所(후의 演象所)로 바뀌었

것도 새롭게 지적하고 있다.

명·청 양대에 걸쳐 관직에 있었던 관계로 북경 역사에 대하여 잘 알고 있는
손승택(孫承澤)[12]도 청초 순치(1644~1661) 간의 『춘명몽여록』 권6, 궁궐에서, 다
음과 같이 주국정의 기술을 거의 답습하면서 서원설을 택하고 있다.

> 명태종 영락 14년, 황제가 북경을 순행하였는데, 이로 말미암아 궁성 영건을
> 의론하였다. 처음 연왕부는 원의 고궁에 의거했고, 지금의 서원인데, 앞에 조문
> (朝門)을 두었다. 원나라 사람들은 불교를 중시하였고 조문 밖에 대자은사가 있었
> 다. 지금의 사소이며 동쪽에는 회창으로 삼았고, 안으로 좁은 길이 있었으며 황
> 장 서남 모서리에만 건물이 없었다. 태종 등극 이후, 고궁에 나아가 봉천전을 세
> 워, 순행시의 수조(受朝)에 대비하였다. 5년에 이르러, 황성을 동쪽으로 개건하였
> 으며, 구궁까지는 1리 정도 되었다. 모두 남경의 제도와 같이 하였으나, 다만 넓고
> 확 트인 것이 남경보다 더하였다.[13]

그런데, 손승택은 『춘명몽여록』 권6의 "부재궁전액명고(附載宮殿額名考)"의 말
미에는 다음과 같이 부기하고 있다.[14]

> 명나라 홍무 원년 8월, 대장군 서달은 지휘 장환을 보내어서 원대 황성을 헤
> 아리게 하니, 주위 1천 26장(丈) 정도였으며, 궁성을 훼파하였다. 홍무 22년이 되
> 어, 태종을 봉해서 연왕으로 삼았다. 공부로 하여금 원나라 황성 옛 터에 왕부를

다. 쌍탑은 서장안 거리의 확장 공사로 인해, 1954~1955년에 걸쳐 해체되었다. 『明
英宗實錄』 권163, 正統 13년 2월 己未條. 蘇天鈞, 「燕京雙塔寺慶壽寺與海雲和尙」
『北京史硏究(1)』(1986).

12) 孫承澤에 대해서는, 「碑傳集」 권10, 王崇簡 "光祿大夫太子太保都察院都御史吏部左
侍郞孫公承澤行狀" 참조.

13) 孫承澤, 『春明夢餘錄』 권6, 宮闕, "明太宗永樂十四年, 車駕巡幸北京, 因議營建宮城.
初 燕邸因元故宮, 卽今之西苑,, 開朝門于前. 元人重佛, 朝門外有大慈恩寺. 卽今之射
所, 東爲灰廠, 中有夾道, 故皇牆西南一角獨缺. 太宗登極後, 卽故宮建奉天三殿, 以
備巡幸受朝. 至十五年改建皇城於東, 去舊宮可一里許. 悉如南京之製 而弘敞過之"

14) 孫承澤의 강희 10년간 『天賦廣記』 권5, 宮殿에도, 동일한 기사가 실려 있지만, 원
나라의 옛 궁전을 없앤 것은 홍무 원년이 아니라 홍무 22년에 연결 짓고 있다. "附
載, 燕王舊宮(중략), 至二十二年封太宗爲燕王, 命工部於元皇城舊基建府, 折舊宮殿
爲之"

세우게 하였다. 그 제도에 사직·산천단은 왕성 남쪽의 오른 쪽에 두었다. 왕성 4
문. (중략) 무릇 궁전 실옥은 811칸이었다.[15]

이 기사는 본장 주(15) 인용 사료에 밑줄을 쳐 소개한 것처럼, 분명히『태조
실록』권34, 홍무 원년 8월 계사 조[16] 및 권127, 홍무 12년 11월 갑인 조[17]의
인용문이다. 손승택(孫承澤)이 실록 내지는 초록을 볼 기회가 있었다는 것을 보
여주고 있다. 주지하는 바와 같이, 명말이 되면, 궁중에 비밀리 보관되어 오던
실록을 사람들이 어느 정도 열람할 수 있게 되고, 그 초본도 유포되기 시작했
기 때문이다.[18] 부언하면, 후자의 권127의 인용 부분에는, 주(17)에 [   ]로 나
타내 보인 21자의 결락도 포함되어 있다.

그것은 그렇다 치고, 밑줄을 치지 않은 부분은, 손승택이 새롭게 추가 기록
한 것이지만, 근년의 연구에 의해 밝혀지고 있듯이, 홍무 초년에 원의 궁전이
해체되었다고 한 것은 중대한 사실을 오인하고 있는 것이다.[19] 또 홍무 22년에

---

15) 孫承澤,『春明夢餘錄』권6, 宮闕, 附載宮殿額名考, "明洪武元年八月, <u>大將軍徐達遣
指揮張煥計圖元皇城, 周圍一千二十六丈, 將宮殿拆燬. 至二十二年, 封太宗爲燕
王, 命工部於元城舊基建府. 其制, 社稷·山川二壇在王城南之右. 王城四門, 東
曰體仁, 西曰遵義, 南曰丹禮, 北曰廣智. 門樓·廊廡二百七十二間. 中曰承運
殿, 十一間, 後爲圓殿, 次曰存心殿, 各九間. 承運殿之兩廡爲左右二殿. 自八
間殿之後, 前·中·後三宮, 各九間, 宮門兩廂等室九十九間. 王城之外, 周垣四
門, 其南曰靈星, 餘三門同王城門名. 周垣之內, 堂庫等室一百三十八間. 凡爲
宮殿室屋八百一十一間</u>".

16)『明太祖實錄』권34, 洪武元年 8월 癸巳, "大將軍徐達遣指揮張煥計圖元皇城, 周圍
一千二十六丈".

17)『明太祖實錄』권127, 洪武 12년 11월 甲寅, "燕府營造訖工, 繪圖以進. 其制, [社稷]
·山川二壇在王城南之右. 王城四門, 東曰體仁, 西曰遵義, 南曰端禮, 北曰廣智. 門樓·
廊廡二百七十二間. 中曰承運殿, 十一間, 後爲圓殿, 次曰存心殿, 各九間. 承運殿之兩
廡爲左右二殿. 自[存心·承運周廻兩廡至承運門, 爲 屋一百三十八間. 殿之後爲前·中
·後三宮, 各九間, 宮門兩廂等室九十九間. 王城之外, 周垣四門, 其南曰靈星, 餘三門
同王城門名. 周垣之內, 堂庫等室一百三十八間. 凡爲宮殿室屋八百一十一間".

18) 間野潛龍,『明代文化史研究』(同朋舍, 1979) 第1章 第5節 明實錄の傳承. 실록 부본
이 작성되기 시작한 가정 13년 이후, 그 초록의 일부가 궁중 밖으로 유포되게 되었
다고 추정하고 있다.

19) 王劍英,「蕭洵《故宮遺錄》考辯」『北京史研究(一)』(1986) 및 單士元,「元宮毀于何時」

주체를 연왕에 봉해 왕부를 건조했다고 한 것은 연대 계산에 오류를 보이고 있다. 이미 고찰한 것처럼 연왕부의 건설은 홍무 5년 말에 시작되어, 홍무 12년 11월에는 완성되었고, 그 이듬해 북평으로 나가 취번하였기 때문이다.[20]

더욱 문제가 된 것은 "원의 황성 옛 터"에 연왕부를 세웠다고 하는 점이다. 여기에서 말하는 황성이란 당연히 인용 사료 앞부분의 대장군 서달에게 계측하게 한 "원의 황성"을 가리키고 있다. 그렇다면 이 황성은 본서 제2장에서 고찰한 바와 같이, 주위 3km 남짓의 대내 궁성을 의미하는 것이며, 『춘명몽여록』 권6에서 서원에 있다고 설명하고 있음에도 불구하고, 여기에서는 연왕부=대내 궁성설 입장에 서 있는 셈이 된다.[21] 손승택 자신이 이런 모순에 신경 쓰지 않고 조심성 없이 이 부분을 기록한 것은 큰 문제가 아닐 수 없다.

그렇다고 하더라도, 북경인 손승택이 주장한 연왕부=서원설의 영향력은 자못 크다. 후술할 흠정 『일하구문고(日下舊聞考)』를 만든 주이존(朱彛尊)도 강희 27년(1688) 간행된 『일하구문(日下舊聞)』 권6, 궁실4, 명1에서, 『춘명몽여록』의 서원설을 그대로 따르고 있다.[22]

더욱이 건륭 50년대(1785~1794)에 간행되었고, 근대 이전의 북경 연구를 집대성한 『일하구문고』 권33, 궁실, 명1의 모두(冒頭)에 보이는 안어(按語, 평어)에는

> 신들이 삼가 생각하건데, 명초 연왕 관저는 서궁의 옛 터에 의거하였으며, 바로 원나라의 융복·흥성 여러 궁의 옛 터에 해당하고, 태액지(太液池)의 서쪽에

『故宮札記』(紫禁城出版社, 1990).

20) 본서 제2장 「명초 연왕부를 둘러싼 여러 문제」.

21) 이 점에 대해서는 이미 王璞子나 王劍英도 지적하고 있다. 주(1)에 전술한 王璞子, 『燕王府與紫禁城』, 73쪽 및 王劍英, 『燕王府卽元故宮舊內考』, 186쪽.

22) 다만 『日下舊聞』의 朱彛尊의 自序(강희 27년)에는, "若夫元之宮闕, 以地度地, 當在今安定門北. 明初卽南城故宮, 以建燕邸, 而非因大都之舊. 蓋宮室城市, 基凡數易. 至琳宮梵舍之建置, 沿其舊者十一, 更額者十九. 故老淪亡, 遺書散逸, 歷年愈久, 陳跡愈不可得而尋矣"라고 하여, 연왕부가 금(金) 이래 中都城(南城) 고궁에 설치되었다고 하는 것은 원의 대내 궁성이 안정문 북측에 위치했다고 하는 지적과 함께 이해하기 어렵다. 또한 금(金)의 중도성이 원의 대도성 건설 후에도 존재하고 있었다는 것은 渡邊健哉, 「元の大都南城について」 『集刊東洋學』 82號(1999)에 있다.

있었습니다. 그 후 다시 도성을 세웠는데, 바로 연저의 구궁 및 태액지 동쪽의 원의 구내였으며 아울러 서원의 땅이었으며, 그리하여 궁성은 곧 동쪽으로 옮겨졌습니다.[23]

라고 되어 있다. 곧 연왕부는 서궁, 즉 원대의 융복궁이나 흥성궁에 놓여 있었다고 기록하고 있다. 이로 인해 연왕부=서원 소재설이 '정설'로 되었다. 일례를 들면, 청조 중기의 조익(趙翼)도 똑같이 서원설을 지지하고 있다.[24] 더욱이 청말 광서 연간에 무전손(繆荃孫) 등에 의해 편찬된 『순천부지』 권3, 경사지(京師志), 궁금(宮禁) 하(下)에 실려 있는 〈명고궁고(明故宮考)〉에는 "明成祖初封於燕, 其邸卽元故宮"이라 기록하고 있고, 거기에 '『춘명몽여록』 6'이라고 주석을 달아 놓기까지 하면서 분명히 손승택처럼 서원설을 채택하고 있다.

Ⅱ. 영락제의 서궁과 가정 연간의 서원 재개발

전절에서는 명대 후반에 이르러 주국정(朱國禎)에 의해 연왕부=서원소재설이 주창된 이후, 이 설의 정착 과정을 살펴봤다. 다만, 주국정이 『용당소품』을 정리한 것은 만력 말년의 일로, 정난의 변 이후, 연왕이 황제로 즉위하여 북평을 북경으로 승격시키고, 연왕부가 황성의 모습으로 변한 시점에서 약 2백년 정도의 세월이 경과한 시기이다. 그리고 그 주장도 구체적인 근거가 제시된 것은 아니다.

---

23) 欽定, 『日下舊聞考』 권33, 宮室, 明一, "臣等謹按, 明初燕邸仍西宮之舊, 當卽元之隆福‧興聖諸宮遺址, 在太液池西. 其後改建都城, 則燕邸舊宮及太液池東之元舊內, 並爲西苑地, 而宮城則徙而又東"

24) 건륭 60년의 머리말을 가진 趙翼의 『二十二史箚記』 권27, 明南北營建에, "(帝京) 景物略亦謂, 燕邸因元故宮, 卽今之西苑, 開南門於前. 永樂登極後, 卽故宮受朝. 至十五年改建皇城於東, 去舊宮里許. 悉如南京之制云云. 是宮殿亦別建也"라 하고, 劉侗‧于奕正의 『帝京景物略』에서 인용한 것이라 하고 있는데, 王樹民이 『二十二史箚記校證』(中華書局, 1984)에서 이미 지적하고 있듯이, 거기에는 보이지 않는다. 아마 손승택(孫承澤)의 『春明夢餘錄』이나 『天府廣記』 등의 잘못일 것이다.

그런데, 황성의 서원, 특히 태액지(太液池)의 서쪽 부분은 영락제가 북경 천도를 단행하기에 앞서 '시조지소(視朝之所, 정사를 돌보는 곳)'로서 서궁을 건설하였던 곳이기도 하다.

　　서궁을 축조하였다 애초에 황제는 북경에 이르러 옛 궁에 나아갔다. 이때에 이르러 바로 이를 폐하고 다시 짓고자 하였다. 이에 공부로 하여금 서궁을 지어, 정사를 돌보는 곳으로 삼도록 했다.25)

이 서궁은 북경 순행중의 영락제의 시조소(視朝所)로서 14년 8월에 건설되었다.26) 황제는 순행 당초에 홍무 연간 이래의 연왕부(구궁)를 개조한 행재소에 체재하고 있었는데, 천도를 앞두고 이것을 차차 철거하고, 새로 궁전을 건설할 필요가 있어서 일시적인 시조소로 지어진 것이 서궁이었다.27) 서궁은 그 후 15년 4월에 완성되었다.

　　서궁이 완성되었다. 그 구조는 한 가운데 봉천전을 두었다. 궁전 좌우 곁에 두 개의 전(殿)을 두었다. 봉천전 남쪽에 봉천문을 지었고, 좌우에 동서에 각각 문을 두었다. 봉천문의 남쪽에 오문이 있고, 오문의 남쪽에는 승천문을 두었다. 봉천전 북쪽으로 후전·양전·난전·인수·경복·인화·만춘·영수·장춘 등의 궁이 있는데, 모두 방이 1630여 칸이었다.28)

서궁에는 봉천전과 그 좌우 2전(아마 문화전·무영전)을 중심으로, 남쪽으로

---

25) 『明太宗實錄』 권179, 永樂 14년 8월 丁亥, "作西宮. 初上至北京, 仍御舊宮, 及是將撤而 新之. 乃命工部作西宮爲視朝之所"

26) 자세한 것은, 본서 제3장 「북경 정도」 4절 참조.

27) 주(1) 전게의 王璞子 논문이나 王劍英의 논문. 제1차·제2차 순행 중의 황제 체재 장소로 왕박자나 왕검영 및 姜舜源, 「元明之際北京宮殿沿革考」『故宮博物院院刊』 1993년 4기에서는, 太液池의 동편이었다고 하는데 반해, 李燮平, 「燕王府所在地考析」『故宮博物院院刊』 1999년 1기는 태액지 서편이었다고 하고 있다.

28) 『明太宗實錄』 권187, 永樂 15년 4월 癸未, "西宮成. 其制中爲奉天殿, 殿之側爲左右 二殿. 奉天殿之南爲奉天門, 左右爲東西各門. 奉天之南爲午門, 午門之南爲承天門. 奉天殿之北有後殿·涼殿·暖殿, 及仁壽·景福·仁和·萬春·永壽·長春宮, 凡爲屋千六 百三十餘楹"

봉천문과 동문·서문 가가의 문 이외에, 오문과 승천문이 배치되어 있고, 북측
으로는 후전·양전·난전 외에, 인수궁·경복궁·인화궁·만춘궁·영수궁·창춘궁
등이 배치되어 있었다. 서궁의 궁전 명칭과 배치는, 홍무 10년 10월에 개축된
남경의 대내궁성에 준한 것이었다.[29] 이후 영락 18년 말에 태액지의 동편에 새
로운 궁전(자금성)이 완성될 때까지 서궁이 이용되었는데, 곧 제3차 북경 순행
기간에 해당하는 3년 정도 사용되었다. 그러나 천도 후에는 황제가 대내의 자
금성으로 거주를 옮기게 되자, 작위를 빼앗긴 한왕이나 폐위된 경태제, 그리고
성화제의 폐후 오씨의 유폐 장소가 되어, 별로 돌아볼 일이 없게 되었다.[30]

---

29) 『明太祖實錄』 권115, 洪武 10년 10월, "是月改作大內宮殿成. 闕門曰午門, 翼以兩觀,
中三門東西爲左右掖門, 午門內曰奉天門, 門之左右爲東西角門. 內正殿曰奉天殿, 上
御之以受朝賀, 殿之左右有門, 左曰中左門, 右曰中右門, 兩廡之間, 左曰文樓, 右曰武
樓. 奉天殿之後曰華盖殿, 華盖殿之後曰勤身殿, 殿後則後宮之正門也. 奉天門外兩廡
之間有門, 左曰左順門, 右曰右順門, 左順門之外爲東華門, 內有殿曰文華殿, 東宮視事
之所也. 右順門之外爲西華門, 內有殿曰武英殿, 上 齋戒時所居也

30) 여기에서 宣德 연간에서 정덕 연간까지의 서원에 대해 약술하고자 한다. 宣德 원
년(1426) 9월, 한왕 高煦가 가족과 함께, 서안문내에 새로 만든 건물에 유폐된 적
이 있다(『明史紀事本末』 권27, 高煦之叛). 宣德 3년 2월에는 宣德황제가 장황태후
를 모시고 서원에 행차하여 瓊華島에 올라갔다. 이 때 상서·학사들도 여기에 수종
하였다(『明宣宗實錄』 권36, 宣德 3년 2월 丁卯 ; 楊士奇, 『東里續集』 권62, 「賜從
遊萬歲山詩有序」). 宣德 8년 4월에는 내각 대학사 양사기 등 15명이 개수된 서원
을 순유하였다. 환관의 안내를 받아 서안문으로 들어가, 가마를 타고 태액지에 이
르러, 그 동쪽을 순유하면서 신축한 圓殿과 개축한 淸暑殿에 들렀지만, 서쪽 남부
까지는 이르지 않았다(楊士奇, 『東里續集』 권15, 「賜遊西苑詩序」 ; 『明宣宗實錄』 권
101, 宣德 8년 4월 丁亥). 토목의 변 이후, 이른바 '북수'에서 돌아온 영종 정통제가
유폐된 것은 서궁이 아니라 남궁(현재의 南池子)였다(『明英宗實錄』 권195, 경태 元
年 8월 丙戌). '탈문의 변' 후의 천순 원년(1457) 2월에 景泰帝가 폐위되고 郕王으로
돌아가 서궁에 옮겨져 유폐된 적이 있다. 그러나 그 달에 죽었기 때문에, 거기에 유
폐된 것은 실제로는 20일 정도밖에 되지 않는다(高岱, 『鴻猷錄』 권10, 南內復辟).
한편, 영종 천순제는 복벽 후, 서원을 개조하여 천순 4년 9월에 새롭게 凝和殿(太
液池 동쪽)·迎翠殿(태액지 서쪽), 太素殿(태액지 서측 서남) 등의 삼전을 완성했
다(『明英宗實錄』 권319, 天順 4년 9월 丁丑). 이에 앞서 천순 3년 4월, 한림관 楊
鼎 등은 시랑·첨도어사 등 약간 명과 함께 신축 중이었던 서원을 유람할 수 있도
록 허용되어 있었다. 그 기록에 의하면, 서화문을 거쳐 서원문으로부터 원내로 들
어가, 태액지 동쪽의 원전이나 만세산, 남대행전과 서쪽 북부의 牲口房의 虎城이
나 賽瀛洲 근처를 돌아다니며 유람하였는데, 이때도 서쪽 남부까지 이르지는 않았

그러나 가정제 때에 들어오면, 의연하게 이곳이 주목 받게 되었다. 그렇게 된 것은 영락제처럼 외번에서 즉위한 가정제가 대내 건청궁의 생활을 싫어해 서원에 체재하게 되어, 이곳의 재개발이 집중적으로 진행되었기 때문이다. 만력 34년의 서문이 있는 심덕부(沈德符)의 『만력야획편』[31] 권2, 열조(列朝), "재궁(齋宮)"에는 그것을 다음과 같이 간결하게 적고 있다.

> 서원의 궁전은 가정 10년 신묘년부터 점차 흥하였고, 임술에 이르기까지 대략 30여 년, 그 사이에 새로 짓기를 멈추지 않았으며, 각 명칭을 다 쓸 수가 없다.[32]

서원이 있는 곳은 가정 10년(1531) 이래, 가정 41년까지 30여 년간 증개축 공사가 끊어지지 않았기 때문에, 그 명칭을 하나하나 다 기록할 수 없다고 한다. 이 인용부분 뒤에는 가정 41년 만수궁 재건 후에 건설된 궁전의 일부를 소개하고 있다.

그리고 심덕부는 이어서 가정제가 이곳에 주목한 이유를 다음과 같이 설명하고 있다.

> 대개 이 땅은 문황제(영락제)의 잠저(潛邸) 구궁이었다. 따라서 궁중으로 들어가 제위를 뒤 이었다. 더욱이 영락제 이래, 승하(昇遐)는 물론 빈어(嬪御) 한 사람

다(葉盛, 『水東日記』 권40, 「楊鼎自述榮遇數事」). 또 같은 시기에 李賢이나 韓雍, 彭時 등도 서원에서 노닐었다(李賢, 『古穰集』 권5, 「賜遊西苑記」; 韓雍, 『襄毅文集』 9권, 「賜遊西苑記」; 彭時, 『彭文憲公筆記』). 그리고 폐위된 성화제의 황후 오씨는 천순 8년부터 정덕 4년까지 서궁에 유폐되었는데, 그 때에 서궁에서 紀氏가 낳은 朱祐樘(후의 홍치제)의 양육을 도왔다(『明史』 권113, 皇后列傳, 憲宗廢后吳氏傳 및 孝穆紀太后傳). 정덕 연간에는 정덕황제가 악명 높은 豹房을 정비하여 머물렀지만, 이것은 牲口房이 놓여 있던 太液池 서쪽의 북부이다.

31) 다만, 현행의 『萬曆野獲編』 30권 본은 청대 강희 연간에 錢枋이 初編 20권 본(만력 34년의 서문 있음)과 속편 12권 본(만력 47년의 小引 있음)을 30권 본으로 정리한 것이다. 錢枋 『野獲編分類小編』 참조.

32) 沈德符, 『萬曆野獲編』 권2, 列朝, 「齋宮」, "西苑宮殿自十年辛卯漸興, 以至壬戌凡三十餘年, 其間創造不輟, 名號已不勝書. (中略) 蓋茲地爲文皇帝潛邸舊宮, 因而入紹大位. 且自永樂以來, 無論升退, 卽嬪御無一告殂於此者, 故上意爲吉地而安之. 禁籞初起, 命名爲仁壽殿"

도 이곳에서 운명한 사람이 없었다. 그래서 황제는 생각하기를 이곳을 길지로 여기고 여기에서 편안히 안주하려 하였다. 금원이 처음 세워지자, 명명하기를 인수전(仁壽殿)이라 하였다.

이 땅은 영락제의 '잠저 구궁' 즉 즉위 이전 연왕 시대에 여기에 머물러 있다가 남경의 궁중으로 들어가 제위를 잇게 한 곳이고, 영락 연간 이래, 황제는 물론, 측실조차도 어느 한 사람 여기서 죽은 사람이 없었기 때문에 황제는 길한 땅으로 여겨서 여기에 거하게 되었다고 심덕부는 추측하고 있다. 금원은 처음에는 인수전(궁)33)이라 명명되었다.

가정 21년 10월, 대내 건청궁에서 궁녀 양금영(楊金英) 등이 취침하고 있던 황제를 살해하려 꾀한 전대미문의 사건, 이른바 '궁위(宮闈)의 변(變)'이 일어났다.34) 황제는 목숨을 유지하기는 하였으나, 그 후 20년 정도 대내 궁궐을 싫어하여 서원 지역으로 옮아가 지내며 건청궁으로 돌아오지 않았다. 공교롭게도 '길지'라고 여겼던 가정황제 자신이 여기서 위독한 상태가 되고, 빈사상태로 급히 건청궁으로 되돌아 왔으나, 결국 황제는 그 날에 거기서 최후를 맞이하게 되었다.35) 뒤를 이은 융경제 시대에는 서원의 여러 궁전에 대한 해체가 논의되었으나, 결국은 편액을 철거한 것에 지나지 않았다.36)

『만력야획편』의 저자 심덕부도, 앞 절에서 살펴본 명말청초의 어느 사료보다 앞서서 서원 지역이 연왕부의 궁전이었다고 하고 있다. 실은 심덕부 이전에도

---

33) 서원의 仁壽宮은 가정 연간에 황제의 皇伯母 昭皇太后 張氏(효종의 황후)가 거처하던 奉先殿 동쪽의 仁壽宮과는 다르므로 주의해야 한다. 奉先殿 동쪽의 인수궁은 가정 4년 3월의 화재로 소실되었으나, 재건 공사가 곧바로 이루어지지 못한 것은 황제가 생모 蔣氏가 거처하는 淸寧宮의 공사를 우선하고, 황백모 장씨의 거처를 중시하지 않았기 때문이었다. 仁壽宮과 淸寧宮이 15년에 재건되자, 각각 옛 이름인 慈慶宮과 慈寧宮으로 회복되었다. 『明世宗實錄』 권49, 嘉靖 4년 3월 壬辰. 『明世宗實錄』 권54, 4년 8월 戊子朔. 『明世宗實錄』 권81, 6년 10월 戊午. 『明世宗實錄』 권130, 10년 9월 乙丑條. 萬曆 『大明會典』 권181, 工部1, 營造1, 內府.

34) 『明世宗實錄』 권267, 嘉靖 21년 10월 丁酉條. 卜鍵, 『嘉靖皇帝傳』(團結出版社, 1995) ; 林延淸, 『嘉靖皇帝傳』(遼寧敎育出版社, 1993).

35) 『明穆宗實錄』 권565, 嘉靖 45년 12월 更子條.

36) 『明穆宗實錄』 권3, 융경 元年 正月 戊寅條.

서원을 영락제의 '잠저'라고 한 사료가 있다. 이묵(李默)이 쓴 『군옥루고(群玉樓稿)』 권3에 있는 「서내전기(西內前記)」이다. 이 사료는 재개발이 활발히 이루어지고 있던 가정 10년대의 서원의 모습을 전해주는 귀중한 자료이다.

당시 이부낭중으로 있던 이묵은 태사 정부(程敷, 子舜)에게 서내(서원) 경치가 그곳 궁중 이외에서는 볼 수 없을 정도로 아름답다는 말을 듣고, 한번 보러 가자고 하여 약속했다. 가정 10년37) 6월 음력 16일, 비번인 그날 예부 의제낭중(儀制郞中) 육전(陸銓) 등과 함께 다섯 명이 말을 타고 서원으로 갔다. 서안문에서 말에서 내려 들어가 태액지(太液池) 서쪽 남부를 중심으로 유람하였다.

순로(順路)는 대략 다음과 같았다. 먼저 서원내문에 이르렀는데, 마침 천자가 행차 중이었기 때문에, 황급히 피해 인수궁 북문으로 들어갔다. 북측 공터에는 지은 지 얼마 되지 않은 새 친잠단전(親蠶壇殿)38)이 있었다. 인수궁의 정전에 이르러, 목수·미장이 등 장인들이 분주하게 일하는 모습을 보았다. 정전의 동서로는 영수궁과 만춘궁 등이 있었고, 정면 남쪽으로 인수궁 문밖에서 얼마 떨어지지 않은 곳에 신지단(神祗壇)이 지어져 있었다. 동북쪽의 무일전(無逸殿)과 그 남쪽의 유풍정(幽風亭)을 보면서 남쪽으로 걸어 나가, 성경정(省耕亭)을 지나, 소광전(昭光殿, 후의 大光明殿)·토아산(兎兒山)을 멀리 바라보았다. 그리고 태액지 동쪽의 서원문을 바라보면서 북쪽으로 걸어 나갔다. 동쪽으로 조어대(釣魚臺)를 바라보면서, 내수장을 나와 석교(옥하교)에 서서 구경한 후, 서쪽으로 석신사(惜薪司)를 거쳐 다시 서안문으로 나왔다.

흥미로운 것은 이묵 일행이 도중에 공부낭중인 감위림(甘爲霖)을 만나기 위

---

37) 李默이 서원에 유람한 시기를 가정 10년으로 판단한 것은 李默이 병부상서 王憲과 조정의 공연에서 말다툼하고, 가정 11년 5월에 외지로 나가 근무하게 되었다는 것(『明世宗實錄』 권138, 嘉靖 11년 5월 戊申朔)이나, 「西內前記」에 "前詹事霍韜丞議也"라고 하여, 곽도가 모친상을 당하여 관직에서 물러난 것이 가정 9년 7월이었다는 것(同書 권112, 嘉靖 8년 3월 丁亥. 권143, 嘉靖 11년 10월 甲申), 그리고 李默에게 西內의 빼어난 경치에 대하여 말한 程文德(자 舜敷)이 한림원 편수관에 있었던 것은 가정 8년 3월부터 11년 10월까지 3년간이었다는 것(후술의 주(51)의 사료) 등에 의한 것이다.

38) 서원내의 친잠단전(親蠶壇殿, 先蠶壇)의 설치에 대해서는 小島毅, 「嘉靖の禮制改革について」『東洋文化硏究所紀要』 권107(1992)에 자세하게 서술되어 있다.

해 인수궁 당직실을 방문하자, 마중 나온 감위림이 인수궁을 빠져 나온 곳에서, 손가락으로 가리키며 "여기가 문황제의 잠저(潛邸)입니다"라고 말한 점이다.[39] 이 진수궁(珍羞宮)의 문을 열어보니, 거기에 가정제의 어서와 정전(亭殿)의 편액이 많이 보관되어 있어, 한참동안 그것들을 바라보며 존경심을 표하고 공손히 거기에 절하였다는 것이다.

감위림은 가정 2년의 진사인데 공부낭중으로서 남교의 천단의 공사를 감독하였고, 10년 7월에는 태복시(太僕寺) 소경으로 승진한 사람이다.[40] 이묵이 방문했을 당시, 감위림은 공부 관료로서 인수궁의 수리를 맡고 있었다. 이묵은 직접 공사에 관계하고 있던 감위림으로부터 서원 인수궁 주변이 과거 영락제의 잠저였다는 설명을 듣게 되었던 것이다. 다만, 인수궁의 '진수궁(珍羞宮)'에 당시 가정제의 어서나 정전의 편액이 모아져 있다는 것만으로는 그곳이 영락제의 잠저라고 할 수는 없다. 그렇다고는 하더라도, 이묵이 '서내전기(西內前記)'를 정리한 것은 서원에 들어가 있던 직후인 가정 10년경으로, 시기적으로 빠른 때이므로 연왕부=서원 소재설의 최초라고 할 수 있다.

이 인수궁 주변이 처음 정비된 것은, 지원(至元) 10년(1273)에 원 세조 쿠빌라이의 장자로서 연왕에서 황태자로 봉해진 진금(眞金)을 위한 융복궁(隆福宮)이 건설된 시점까지 거슬러 올라갈 수 있다.[41] 왕박자(王璞子)가 이미 지적하였듯이, 어쩌면 이것이 명의 연왕부와 혼동된 이유였을지도 모를 일이지만, 현재로서는 확실히 알 수 없다.[42]

---

39) 李默, 『群玉樓稿』 권3, 「西內前記」, "正南爲門者三, 題曰, 仁壽宮門. 門外西南數十步, 築神祇 壇, 方可十步. 蓋倣周禮王社爲之, 從新制也. 直東爲帝社坊. 凡駕臨享, 特駐此坊. 東北爲無逸殿. 殿南爲豳風亭, 蓋望見焉. 還訪繕部甘子公望于直廬 邀予輩復自宮故道而出, 指謂予曰, 此文皇帝潛邸也. 啓珍羞宮, 所藏上御書·亭殿題額, 聳觀久之. 趨至無逸, 恭觀睿皇帝農家忙近體, 上爲序述甚備. 上又著豳風圖記, 幷揭亭中, 逐步出宮之東門, 南行, 西望黍菽盈疇"

40) 『明世宗實錄』 권128, 嘉靖 10년 7월 乙亥. 권326, 嘉靖 26년 8월 庚辰條.

41) 『元史』 권115, 裕宗傳.

42) 주(1) 전술한 王璞子의 논문 73쪽.

Ⅲ. 가정제의 서원 만수궁으로의 이거

전절에서는 심덕부나 이묵이 남긴 기록을 통하여 서원의 인수궁이 영락제의 '잠저 구궁'으로 이해되어 왔다는 것을 소개했다. 그런데, 서원지구의 재개발이 집중적으로 이루어진 가정(嘉靖) 연대의 기본 자료인 『세종실록』에는 종래 별로 주목받지 못한 사실이지만, 이와 다른 기술이 몇 군데 나오고 있다. 예를 들면, 『명세종실록』 권129, 가정 10년 8월 정미 조에,

> 황제는 무일전(無逸殿)의 동실(東室)로 나아가 말하길 "서원의 궁실은 짐의 문황제가 임어하여 다스리던 곳이다. 요즈음 건물을 보수하여 완성하였는데, 인수전에 황조의 신위를 모시고 제사지내고자 한다"고 하였다. 상서 이시(李時)가 말하길 "인수전 이미 오래도록 황폐해 있었습니다. 황상은 우선 먼저 잘 정돈하고 꾸미며, 황조를 추모하고 제고(祭告)의 예를 갖추어 더욱 성효(聖孝)를 나타내소서" 라고 하였다.[43]

고 되어 있다. 보수가 끝난 직후, 서원내의 무일전의 동실에 나간 가정제가, 예부상서 이시(李時) 등에 대해서, 서원의 궁실은 원래 영락제가 그곳에 임어(臨御)[44] 한 곳이었기에, 인수전 궁내에 황조의 신위를 배위하여 제사하고자 한다는 내용을 적고 있다. 가정제의 영락제에 대한 존숭의 모습[45]을 엿볼 수 있다는 데서도 흥미가 있는 서술이지만, 여기에서는 가정제가 서원을 연왕시대의

---

43) 『明世宗實錄』 권129, 嘉靖 10년 8월 丁未, "上, 御無逸殿之東室曰, 西苑宮室是朕文祖之御. 近修葺告成, 欲於殿中設皇祖之位祭告之. (尙書)李時曰, 仁壽殿久已廢圮. 皇上一旦整飾, 追慕皇祖, 行祭告之禮, 益見聖孝"

44) '御', 이 한 자를 임어(臨御)로 푼 것은, 『明世宗實錄』 권130, 嘉靖 10년 9월 乙丑條에, "西苑爲文祖臨之地"라고 되어 있는 것에 기초하고 있다.

45) 『明世宗實錄』 권111, 嘉靖 9년 3월 辛丑條에, "上復諭(張)璁曰, 我太祖高皇帝肇基受命, 配天地允當. 我太宗文皇帝繼靖內難, 功役甚大. 豈不可配天地. 實我太祖爲立極創建之君耳"라고 하고 있듯이, 가정제도 영락제의 공적을 태조 홍무제와 동등하게 보고 있었다. 그 후도, 영락제에 대한 존숭은 더욱 높아져, 영락제의 묘호를 성조(成祖)로 개칭한 것은 가정 17년 9월이었다. 『明世宗實錄』 권216, 嘉靖 17년 9월 辛未朔條.

왕부로서가 아니라, 영락제가 북경을 순행할 때의 행재소, 곧 이미 서술한 '서궁'으로 이해하고 있다는 점에 주목하고 싶다.

또 『명세종실록』 권503, 가정 40년 11월 신해 조에도, 다음과 같은 기록이 나온다.

> 만수궁에 화재(火災)가 있었다. 황제는 잠시 옥희궁에 나가 있었다. 만수궁은 서원에 있었는데, 원래 성조 문황제의 옛 궁궐이다. 임인년 궁궐의 변이 있은 후에, 황제는 곧 이곳으로 옮겨 정사를 보고, 다시 대내에 돌아가지 않았다. 이날 밤 화재 일어났는데, 금위(禁衛)가 모두 진화하지 못하여, 황제가 타는 수레와 입는 의복 및 조상 때부터 내려온 보물 등이 모두 불에 탔다. 이에 황제는 예부에 일러 말하기를, "짐이 황조의 초궁(初宮)에 나아가기 20여 년, 큰 변에서도 은혜를 입고, 오랫동안 심오한 이치를 깨달으며 편안하였다. 이에 큰 복을 입게 되어 더욱 조상의 보살핌을 느낀다"(하략)고 하였다.[46]

여기에서는 가정 40년 11월에 화재를 만난 서원의 만수궁(그 전신은 인수궁)은 원래 영락제의 구궁이었다고 설명하고 있다. 가정제 자신도 이 땅을 '황조의 초궁'이라 하여, 영락제의 최초 궁전[47]이었다는 점에 주목하고 있다.

실록 이외에도, 가정제의 총애를 받아 가정 22년에 무영전 대학사가 되어, 밤낮 서원 판방(板房, 내정에서 조서 및 공문서를 처리하는 곳)에 나가 봉직하던 엄숭(嚴嵩)이 "만수궁송유서(萬壽宮頌有序)"[48] 가운데에서도 이것을 언급하고 있다. 먼저 서문에서

> 생각건대 이 궁은 곧 우리 성조 문황제가 천명의 터를 세워 흥하게 한 곳이다.

---

46) 『明世宗實錄』 권503, 嘉靖 40년 11월 辛亥, "萬壽宮災. 上暫御玉熙宮. 萬壽宮在西苑, 本成祖文皇帝舊宮也. 自壬寅宮闈之變, 上卽移御此, 不復居大內. 是夜火作, 禁衛皆不及救, 乘輿服御及先世寶物盡燬. 上乃諭禮部曰, 朕御皇祖初宮二十餘祀, 大變蒙恩, 久安玄事. 玆荷洪庇, 益感眷祐. (下略)"

47) 최초의 궁전이라고 하고 있으나, 주(27)에서도 언급한 것처럼, 엄밀히 말하면, 영락제가 북경 순행 당초에 머문 곳은 구 연왕부 궁성이 있던 원대의 대내 궁성이지, 서원이 아니다.

48) 『明史』 권308, 奸臣列傳, 嚴嵩傳.

옛 이름은 인수라 하였는데, 황제는 여기에 임어한 지 이미 수년이 지났다.[49]

라고 말해 과거 인수궁으로 불리고 있던 만수궁은 영락제가 천명을 받아 처음 흥기한 장소라고 설명하고 있다. 거기에 이어 송(訟)에서는, 북경에 수도를 건설해 왕조의 커다란 기초를 연 영락제가 대업을 시작한 땅이 이 만수궁이고, 거기서부터 9대에 이른 가정제가 다시 이곳을 궁전으로 삼게 되었다는 것을 칭송하고 있다.

> 널리 생각해보니 우리 성조 문황제는 도읍지를 연기(燕冀, 北京)에 두고, 여기에 웅대한 기반을 닦아, 수래(綏來)를 정복하고, 천성(天聲)을 크고 융성하게 하였다. 그렇게 하여 위로 하늘에 대하여 받드는 일에 힘쓰고, 땅 이르는 곳마다 평정 귀속시켰다. 그 처음 시작의 땅을 상고해보니, 실로 그것이 바로 이 궁이었다. 구엽룡(九葉龍)이 일어나 공손히 우리 황제를 만났다.

가정 8년 과거 시험 기축과에서 제1갑 제2등으로 합격하여 한림원 편수가 된 정문덕[50]도, 『정문공공유고(程文恭公遺稿)』 권27 「서원화운(西苑和韻)」에, "등림(登臨)하는 일도 굳이 말하자면 궁궐에서 놀며 즐기는 것이고, 개창(開創)은 마치 문조의 거처를 바라보는 것과 같다(登臨敢謂宸遊樂, 開創猶瞻文祖居)"라고 해, 서원의 창건은 영락제의 거궁에서 시작되었다고 하고 있다. 남이 지은 시의 운자를 써서 답시를 짓는 것을 화운(和韻)이라 하는데, 이 화운이 만들어진 것은 서원 공사가 완성된 가정 10년 12월의 무렵이다.[51]

이상 두 개의 사료로 보아, 가정제는 물론 황제의 측근에서 시중드는 내각 대학사나 한림원 관리들은 서원을 영락제 서궁의 소재지로 인식하고 있었음이

---

49) 嚴嵩, 「鈐山堂集」(嘉靖 24년刻 增修本) 권18, 萬壽宮頌 有序, "維是宮乃我成祖文皇帝基命肇興之地. 舊名曰仁壽, 皇上臨御于玆, 旣閱數載. 洪惟我成祖文皇帝建都燕冀, 遹啓丕基, 征服綏來, 慕隆天聲, 以致際天丕冒, 亘地砥屬. 稽其肇跡之地, 實惟玆宮焉. 九葉龍興, 恭遇我皇上"

50) 『明世宗實錄』 권99, 嘉靖 8년 3월 乙丑條. 『國朝獻徵錄』 권18, 詹事府1, 羅洪先 "吏部左侍郎兼翰林院學士掌詹事府事松溪程君文德墓誌銘".

51) 『明世宗實錄』 권133, 嘉靖 10년 12월 辛卯條.

분명하다. 가정 연간에 들어와, 서원이 예전에 영락제가 나가 정사를 보던 궁전이라고 새삼스럽게 강조하게 된 것은 대내 건청궁을 싫어하여 서원으로 이주하여 정사를 돌본 가정제의 행동을 정당화 하려는 목적에서 나온 것이었다고도 할 수 있다. 그렇다고는 하더라도, '궁궐의 변' 후에 서원으로 이거하기 이전인 가정 10년대부터 이러한 지적이 나오고 있어, 서원은 이 시기에 집중적으로 재개발이 추진된 당초부터, 영락제의 잠저로서가 아니라 서궁으로서 인식되고 있었던 것이다.

맺음말

소론에서 분명히 한 것처럼, 서원의 재개발이 활발히 이루어지던 가정 연간, 서원에 주거를 옮긴 가정황제나 거기에서 근무하던 내각 대학사 엄숭 등은 서원의 땅을 영락제가 순행하는 동안 시조소 '서궁'으로 삼았던 장소로 알고 있었다. 그럼에도 불구하고, 재야 학자가 저술한 '야사'에는 영락제의 잠저라고 이해되었고, 그것이 그대로 답습되어 갔다. 청대가 되면, 건륭(乾隆) 연간에 출판된 흠정(欽定) 『일하구문고(日下舊聞考)』에도 그대로 흡수되어 이런 이해가 정착되어 갔다.52)

다만, 가정 연간에 한정해서 말한다면, 이 땅이 영락제의 잠저였다는 언급은 별로 남아 있지 않다. 오히려 만력 말년이 되어서, 제1절에서 살펴본 것처럼 주

---

52) 부언하면, 강희 23년의 自序가 있는 高士奇의 「金鼇退食筆記」 卷下에는, "萬壽宮在西安門內迤內, 大光明殿之東, 明成祖潛邸也"라고 하여 서원설을 취하고 있다. 자서에 의하면, 한림원 시강학사 高士奇는 日講官起居注로서 서원에 들어가 거주하고 있었다. 이에 대해, 건륭 53년에 간행된 吳長元, 『宸垣識略』 권4, 皇城2에는 "萬壽宮者, 文皇帝舊宮"이라고 지적함과 동시에, 서원에 대해, "西苑在西華門西. 創自金而元明遞加增飾. 金時祇爲離宮. 元建大內於太液池左, 隆福·興聖等宮於太液池右. 明大內徙而之東, 則元故宮盡爲西苑地. 舊占皇城西偏之八, 今祇十之三四, 門榜曰西苑"이라고 서술하여, 金·元이래의 변천 과정을 간결하게 정리하고 있다. 그러나 연왕부에 대한 언급은 보이지 않고, "例言(범례)"에 欽定 『日下舊聞考』나 朱彝尊 『日下舊聞』에 의거해 편집했다고 하고 있음에도 불구하고 西苑所在說의 입장에는 서있지 않고 있다.

국정을 시작으로 서원은 오히려 연왕의 잠저라는 말이 일반화 되었다. 그 이유는 분명하지 않지만, 그 하나의 원인으로, 대내 자금성이 완성되기 이전에 영락제에 의해서 영락 15년에 서궁이 건설되었다는 사실 그 자체가 잊혀지고 있었다는 것을 꼽을 수 있다. 이런 점은 이미 제1절에서 살펴 본 것처럼, 명말청초의 야사 가운데에 서궁 건설에 대한 언급이 전혀 없다는 데서도 엿볼 수 있다.[53] 야사라고는 할 수 없지만, 유일한 예외로 볼 수 있는 것이 만력 『대명회전(大明會典)』이다. 동서 권181, 공부1, 영조1, 〈내부〉에,

> 영락 15년, 서궁을 북경에 축조하였다. 안에 봉천전을 짓고, 궁전의 곁의 좌우로 이전(二殿)을 지었다. 봉천전의 남쪽으로 봉천문을 짓고, 좌우에는 동문·서문을 각각 두었다. 봉천문의 남쪽으로 오문을 짓고, 오문의 남쪽으로는 승천문을 두었다. 봉천전의 북쪽으로는 후전·양전·난전 및 인수·경복·인화·만춘·영수·장춘 등의 궁을 두었다. [(割註) 현재의 서성에 있음. 각 궁전 및 문들이 모두 다른 이름으로 바뀌었음][54]

라고 되어 있다. "안에 봉천전을 짓고" 이하, "창춘 등 궁이 있다"까지의 본문은, 분명하게 전술한 『태종실록』 권187, 영락 15년 4월 계미의 조를 답습한 것이다. 흥미로운 것은 이 서궁 건설의 기사가, 정덕 『대명회전(大明會典)』 권147, 공부1, 조영1, 내부 조에는 실려 있지 않다는 점이다. 정덕 4년 12월에 완성한 회전의 개정 작업은 가정 8년에 시작해 가정 28년에 일단 종료되었으나, 간행되지는 않았다. 만력 4년에 내각 대학사 장거정(張居正) 등으로 하여금 중수하도록 하여, 최종적으로 간행되는 것은 만력 15년 2월이었다.[55] 정덕 『대명회전』

---

53) 실록 내지 그 초록도 이용해 편집했다고 추정되는 陳建의 「皇明資治通紀」 권6, 成祖文皇帝紀에도, 영락제의 서궁에 대한 언급이 없다.

54) 萬曆 『大明會典』 권181, 工部1, 營造1, 內府, "永樂十五年, 作西宮于北京. 中爲奉天殿, 殿之側爲左右二殿. 奉天殿之南爲奉天門, 左右爲東西各門. 奉天之南爲午門, 午門之南爲承天門. 奉天殿之北有後殿·涼殿·暖殿, 及仁壽·景福·仁和·萬春·永壽·長春宮, [(割註)今在西城. 各殿門俱更別名"

55) 萬曆 『大明會典』 皇帝勅諭(嘉靖 8년 4월 초6일), 『萬曆野獲編』 권1, 列朝, 「重修會典」.

의 개정 작업이 시작된 시기는, 확실히 가정제가 서원의 재개발에 착수했던 시기와도 겹치고 있다. 이 때문에,『태종실록』에 실려 있는 서궁 건설의 사실이 주목받아 개정된 만력『대명회전』에는 새롭게 실리게 된 것이다.

이에 대하여, 재야에서는 실록을 열람하고 이용하는 것이 아직 용이한 일이 아니었기 때문에,『태종실록』에 실릴 영락제의 서궁 건설의 사실은 충분히 알 수 없어서, 서원 땅이 영락제 즉위 이전의 잠저라는 오해가 답습되었을 것이다.

가정 연간은 영락제의 묘호를 '태종'에서 '성조'로 변경하였다는 것에서도 나타나듯이, 영락제에 대한 관심이 높아지고 있던 시기였다.56) 이 묘호의 변경은 이른바 '대례'문제 가운데에서, 가정제가 친아버지 헌황제에 대해 '예종(睿宗)'의 묘호를 증정한 것과 함께 행해진 것이지만, 전술한 것과 같이 황제 자신이 영락제에 대하여 특별한 존숭심을 가지고 있었다는 것과도 밀접한 관련을 가지고 있다.

한편, 이 시기는 '정난의 변' 이후 100년을 경과한 때로, '정난의 변'에 대해서 금기시(禁忌視)하던 것이 점차 이완되어 갔다. 특히 정덕 연간 이래, 혁파된 건문조에 관한 사료 수집이 진행되게 되었다.57) 가정 연간에 들어오면, 정효·고대·진건 등 재야의 역사가에 의하여 야사가 찬술되기 시작하였다.

그렇지만, 재야에서는 실록 등에 기재된 모든 정보를 다 손에 확보할 기회는 아직 한정되어 있었다. 이 때문에, 역대 황제 실록에 기재된 방대한 사료로 뒷받침되는 '사실'과 민간에서 기록하여 남은 '사실' 사이에는 거리가 있다. 이런 상황에서, 서원은 영락제의 서궁과 잠저라는 두 개의 서로 다른 이해가 유포되어, 때로 혼동될 여지를 안고 있었다. 나이토(內藤湖南) 선생이 일찍이 지적한 것처럼, 왕세정이나 초굉 등에 의해 크게 달라진 명말의 사학이 실록에 의한 야사 비판으로 나온 것은58) 바로 그 때문이었다.

---

56)『明世宗實錄』권216, 嘉靖 17년 9월 辛未朔. 萩原淳平,「明朝の政治體制」『京都大學文學部 紀要』11(1967).

57) 牛建强,「明代中後期建文朝史籍纂修考述」『史學史研究』1996년 2期.

58) 內藤虎次郞,『支那史學史』11, 明代の史學(弘文堂, 1949). 후에『內藤湖南 全集』제11권(筑摩書房, 1969)에 수록. 李小林,『萬曆官修本正史硏究』(南開大出版社, 1999).

북경 천도 관계 연표

표 8.

홍무	원년(1368)		
		8월	2일 대장군 서달이 대도를 공략하다
			14일 대도로(大都路)를 북평부(北平府)로 개칭하다
	3년	4월	7일 제왕을 책봉하다. 넷째 아들 주체를 연왕으로 봉하다
	13년	3월	11일 연왕이 북평(북경)으로 취번하다
건문	원년(1399)		
		7월	5일 정난의 변이 일어나다
	4년	6월	13일 남경 함락되고, 17일에 영락제 즉위하다
		11월	13일 서황후 책립되다
영락	원년(1403)		
		정월	13일 북평을 '북경'으로 개칭하다. … 양경제 시작
		2월	3일 북경 행부, 북경유수행후군도독부 · 북경 국자감 설치
		11월	23일 남경 · 북경간의 역 증설
		윤11월	20일 황장손, 북경에서 남경에 이르다
	2년	4월	4일 세자들을 남경에 불러들여 황태자 · 한왕 · 조왕으로 책립하다
	4년	7월	18일 비방 금지 강화
		윤7월	5일 북경 궁전 건설을 위한 목재 · 전와 조달 개시
		9월	3일 북경의 무관직 · 군인 봉급 증액
			30일 익명문서 금지

영락	5년	7월	4일 서황후 사망
	6년	8월	1일 이듬해 봄에 북경을 순행할 것을 결정하다
	7년	2월	9일 첫번째 북경 순행 출발(→3월 19일 북경 도착), 황태자 남경감국
		5월	8일 산릉(천수산)의 영건 개시
		7월	7일·28일 북경 37위·금의중위·통주위창을 설치하다
	8년	2월	10일 1차 몽골친정(→7월 17일 북경 귀환), 황장손 북경 유수
		10월	4일 영락제 북경에서 남경으로 귀환(→11월 12 남경 도착)
	10년	3월	30일 순천부, 정3품아문으로 승격, 응천부와 동격이 되다
	11년	정월	17일 서황후의 재궁을 장릉에 안장하기 위해 발인(장릉 완성)
		2월	16일 두번째 북경 순행, 황태자감국(→4월 1일 북경 도착)
	12년	3월	17일 2차 몽골친정, 황태손 수행함(→8월 1일 북경 귀환)
	13년	2월	24일 북경에서 처음으로 회시 실시. 3월 1일 전시 실시
	14년	8월	28일 서궁(시조소) 건설(→15년 4월 27일 완성)
		9월	20일 영락제, 북경에서 남경으로 귀환(→10월 25일 남경 도착)
		11월	15일 문무 군신에게 물어 북경 영건을 재차 결정하다
	15년	2월	15일 태녕후 진규를 북경 영건을 위해 선공관에 명하다
		3월	26일 세번째 북경 순행, 황태자 감국(→5월 3일 북경도착)
		11월	2일 봉천전·건청궁 기공하다
			8일, 10일, 21일 금수하와 태액지(太液池)에 상서로운 길조가 나타나다
	17년	11월	24일 북경 남쪽 성벽의 확장 공사 개시
	18년	9월	4일 궁전 완성이 거의 막바지에 이르다. 행재흠천감이 이듬해 원단에 새 궁전에서 조하(朝賀) 의식을 거행할 것을 제안하다.
			22일 행재예부에게 이듬해 원단을 기해 북경을 '경사'로 칭하고, 남경아문에 '남경'이라는 용어를 사용하도록 명하다
		10월	17일 황태자를 남경에서 북경으로 불러오다(→12월 25일 북경도착)
		11월	4일 익년 원단에 봉천전에서 조하(朝賀) 받을 것을 내외에 통고
			11일 황태손도 북경으로 불러드리다(→12월 25일 북경 도착)
			18일 북경 관서(官署) 개편, 북경행부 폐지
	19년	정월	원단 봉천전 조하(朝賀), 궁전 완성으로 인한 대사면 … 북경 천도
		4월	8일 봉천전·화개·근신전 삼전 화재
			10일 정치에 대해 봉칙진언을 명하다

영락	19년	4월	12일 한림원시독 이시면이 북경 건설의 불편을 진술하다. 시강 추집이 남경 귀환을 제안하고, 급사중·감찰어사 등이 정치에 대해 진언
			17일 만수성절 중지하다
			21일 이부상서 건의·급사중 등 26명을 순행사로서 전국에 파견
		5월	4일 봉칙진언한 언관을 교지포정사 지주로 좌천
		11월	17일 친정에 반대한 호부상서 하원길(夏原吉)·형부상서 오중(吳中)이 투옥되고, 병부상서 방빈(方賓)이 자살하다
			22일 이시면 투옥되다
	20년	3월	21일 3차 몽골친정, 황태자 감국(→9월 8일 북경 귀환)
		윤12월	25일 건청궁 화재
	21년	7월	22일 이시면 석방되고 관직에 다시 복귀하다
			24일 4차 몽골친정, 황태자 감국(→11월 7일 북경 귀환)
	22년	4월	4일 5차 몽골친정
		7월	18일 영락제, 친정에서 귀환 도중 유목천(楡木川)에서 병사하다
		8월	5일 하원길 석방, 영락제 서거 공포, 15일 홍희제 즉위
홍희	원년(1425)		
		3월	1일 황태자에게 남경 유수를 명하다(→4월 13일 북경 출발)
			28일 북경 관청에 '행재'를 붙이다. 북경행후군도독부·행부 부활
		4월	3일 북경행도찰원 설치
			4일 남경황성 수리(→선덕 원년 11월 완성)
			5일 익년 봄, 남경 귀환을 남경 태감에 통고 … 남경 환도
		5월	12일 홍희제 서거
		6월	12일 황태자, 남경에서 북경으로 돌아와 즉위(선덕제)
		7월	11일 홍희제의 능침을 장릉 곁에 조성(헌릉)
선덕	원년(1426)		
		8월	21일 한왕 사로잡힘
	3년	8월	12일 북경행부·북경행후군도독부 폐지
	5년	2월	12일 행재예부 건설(6년 5월 완성)
정통	원년(1436)		
		10월	29일 북경성 9문성루와 하교 수리를 명하다(→4년 4월 29일 완성)
	5년	3월	6일 삼전이궁(三殿二宮)의 재건(→6년 5월 20일 완성)
	6년	11월	1일 북경 관청에서 '행재'를 제거하다. … 북경 정도

종장(결어)

본서를 마치기 전에 먼저 각 장에서 언급하여 온 것을 요약하고자 한다.

서장 "북경 천도 연구의 서론"은 1930년대부터 현재에 이르기까지 일본 및 중국을 중심으로 한 북경 천도 연구를 학설사적으로 크게 세 가지 영역으로 나누어 정리하였다.

첫째, '정난의 변' 연구로부터의 접근은 오함의 북변 방위를 중시하는 연구, 장혁선(張奕善)이나 주홍(朱鴻)에게 보이는 영락제의 심리나 성격을 중시하는 연구가 있다. 이러한 연구들은 북경 천도를 둘러싼 다양한 문제를 영락제시대로 제한해 버리는 성향을 지니고 있다.

둘째, 명초 정권 확립 과정으로부터의 접근은 하기와라 준페이(萩原淳平)의 영락기의 정치체제의 확립을 주장하는 연구, 파머(Farmer, E.L.)의 수도 위치 선택과 왕조 정치체제 확립 문제를 다룬 지정학적 연구, 단조 히로시(檀上寬)의 홍무에서 영락으로의 추이를 일관된 전제 지배 체제 확립 과정으로서 포착하려는 연구 등이 있다. 이러한 연구들은 군사·사회경제·지정학적 관점 등을 고려한 광의의 정치사로서 평가할 수 있다. 그러나 홍무·건문·영락으로 이어지는 초기 명왕조의 역사 전개를 '단절'로 보아야할 것인가 '연속'으로 보아야할 것인가를 가름하는 하나의 지표로서 천도 문제가 다루어지고 있는 것에 불과하므로, 북경 천도의 내용이 전체적인 측면에서 충분히 검토되어 있다고는 할 수 없다.

셋째, 중국 근세 사회사나 동아시아 세계 전개로부터의 접근은 기타무라 히로나오(北村敬直)에 의한 은(銀)경제의 국내적 계기로서 천도를 자리 매김한 시각, 미야자키 이치사다(宮崎市定)나 스기야마 마사아키(杉山正明)의 원·명의 연속성을 중시한 시각, 염숭년(閻崇年)을 비롯한 중국 연구자들에게서 흔히 볼 수 있는 다민족국가 형성을 중시하는 연구 등이 있다. 요즈음 새롭게 주목받고 있는 이러한 연구는 종래의 단대사적 연구나 일국사적 연구의 문제점을 재검토함으로써 한족 중심주의에 빠지기 쉬운 중국사 연구를 상대화시켜 보려는 지향성을 보이고 있다.

이상과 같은 연구사를 바탕으로 본서에서는 두 개의 과제를 설정했다. 하나는 종래 하나의 정치사적 사건으로 다루어져 온 북경 천도를, 홍무·건문시기부터 영락·홍희·선덕·정통 연간까지를 초기 명조 정권의 확립 과정에 넣으려 한 것이다. 특히, '정난의 변' 이후에 성립한 영락정권 아래에서 진행된 남경과 북경의 '양경체제'의 창시(1403)부터 '북경 천도'(1421)의 실현에 이르는 과정, 그 후 봉천전을 비롯한 삼전의 소실로 인한 수도 북경의 지위 동요, 영락제 사후 홍희제에 의해서 내려진 '남경 환도'의 결정(1425), 그리고 선덕제에 의하여 진행되어 영종즉위 후의 정통 6년에 확정된 '북경 정도'(1441)라고 하는 우여곡절을 거친 일련의 과정에 주목해, 수도 북경의 성립 과정 전체상을 실증적으로 분명히 밝혀보려는 것이다. 다른 하나는 이러한 것들을 바탕으로, 정치는 물론 경제·사회의 전반에 걸친 시스템의 변경을 불러일으킨 북경 천도의 역사적 의의를, 초기 명조 정권의 확립 과정만이 아니라, 원·명의 연속성, 나아가 중국 근세사의 전개라고 하는 수직축과 동아시아 세계의 전개와 여러 민족의 동향이라는 수평축이 교차하는 가운데 자리 매김을 해보려는 것이다.

상기의 과제 설정에 이어서, 연구에 이용된 실록이나 정사·야사·지방지·문집 등, 각 급 사료의 성격에 대해서도 개괄했다. 그리고 영락 초년부터 정통 연간에 이르는 수도 이전의 과정을 정치·사회사적 시점에서 고찰할 경우, 그 중심이 되는 것은 영락 천도 계획의 근본 사료인『태종실록』인데, 이『태종실록』이 사료적으로 미비하다는 문제에 대해서도 검토했다. 그 결과『태종실록』을 북경에서 편찬할 때에 천도 후에도 남경에 그대로 보관되어 있던 방대한 주본, 그 외에 관문서로 되어 있는 당안류가 충분히 이용되지 못했음을 밝혀냈다.

제1장 「초기 명조 정권의 건도문제」에서는 영락제가 실시한 북경 천도의 역사적 의의를 초기 명왕조사 가운데 평가하기 위한 전제로 홍무제 만년의 이른바 '북방 천도 계획'에 대하여 검토해 보았다. 오함(吳晗)의 연구 이래, 근년의 단조 히로시(檀上寬)에 이르기까지, 홍무 24년(1391)의 황태자 주표의 섬서 파견은 홍무제 자신이 만년에 이르기까지 북방 천도를 꾀하고 있었음을 나타내 보이는 것이라고 이해되어 왔다. 그러나 『명사』 권115, 주표전에 실려 있는 내용을 실록 등 관련 사료와 검토해 본 결과, 이 시기에는 서안에 왕부를 둔 진왕(秦王)의 정치적 과실이라든지, 태원에 왕부를 둔 진왕(晉王)의 모반 사건 등, 취번 10년을 경과한 후, 제왕(諸王) 봉건 체제에 나름대로 여러 가지 문제가 일어나고 있었다는 것이 밝혀졌다. 황태자를 서안에 파견한 목적은 수도를 남경에 둔 상태에서 북변을 중심으로 배치된 제왕(諸王) 분봉체제가 안고 있는 여러 문제를 조정하고, 북변 방위의 상황을 시찰하는 데 있었다.

또 홍무 연간에 수도 남경이 건설되는 과정을 검토해 볼 때, 황태자가 섬서에 파견된 홍무 24년의 단계는 홍무 8년에 중도(中都: 현재의 봉양: 鳳陽) 건설이 중지된 결과, 대내궁전의 개수나 효릉의 축조가 행해져 수도 남경의 전반적인 인프라 정비가 마무리 단계에 이르고 있었던 때로, 남경 이외의 다른 곳으로 수도를 옮긴다는 문제가 재부상할 가능성이 극히 적었다. 게다가, 황태자 파견의 한 달 전인 7월에는 남경으로의 부민층 이주가 강제로 실시되었다. 이주의 담당관청이 공부이듯이, 이 강제 이주는 남경의 도시 건설과 밀접하게 관련되어 있었다. 홍무제의 지시에 따른 부민층 이주는 황제 자신이 당시 남경 건설에 전력을 기울이고 있었다는 것을 나타내 보이는 것이다. 이상 여러 가지 사실로 보아, 홍무 11년 이후, 홍무제가 남경을 수도로 한 국가 체제를 확립하려고 했다는 것을 새삼 확인할 수 있었다.

제2장 「명초 연왕부를 둘러싼 여러 문제」에서는 홍무 연간 이래 북평(후의 북경)에 놓인 연왕부에 대해 고찰했다. 태조의 넷째 아들 주체(후의 영락제)는 홍무 3년 연왕에 봉해졌다. 그 후, 홍무 13년에 북평 성내에 설치된 왕부로 가서 취번했다. 연왕부는 주설(朱偰)의 연구로 대표되듯이, 자금성 내의 태액지(太液池) 서쪽, 이른바 '서원'의 땅에 두어졌다고 이해되어 왔다. 근년 이에 대해, 왕박자(王璞子) 및 왕검영(王劍英)에 의해 태액지 동쪽에 있는 원조의 대내궁성에 두

어져 있었다는 새로운 학설이 나와, 논쟁이 계속 되고 있다.

본장에서는 먼저 『태조실록』 소재의 관계 사료 및 고려 말기의 권근 『봉사록』 등의 고려 사절이 기록한 관련 기사 등, 이 두 가지 측면에서 검토했다. 이들 사료에 의해 검토해 본 결과, 연왕부가 원조의 옛 소장(蕭牆) 내에 위치하고, 그 궁성이 태액지(太液池) 동쪽의 대내궁성에 지어져 있었다는 것을 확인했다. 그 다음으로, 주체(朱棣)의 북평분봉과 연왕부 건설 과정에 대해 고찰했다. 영락 연간에 고쳐 편집된 현행의 삼수본(三修本) 『태조실록』에 그려진 연왕 주체에 대한 홍무제의 분봉 당초부터의 특별 우대는 사실이라고 보기는 어렵고, 분봉에서 취번까지는 진(秦)왕·진(晉)왕·연(燕)왕 3왕 모두 동등하게 취급되어 있었다는 것을 밝혔다. 원대의 고궁이 연왕부로 이용된 것도 새로운 토목공사를 극력 억제하려는 재정적 판단이 우선되었기 때문에, 호성하(護城河)는 설치되어 있지 않았고, 태액지 동쪽의 원조의 대내궁성을 개조한 왕성과 원조의 소장(蕭牆)을 그대로 이용한 주원(周垣)으로 된 이중구조로 되어 있었다는 것을 밝혀내었다.

제3장 「북경 천도」에서는 영락제의 북경 천도를 명조 최대의 사업으로 보고, 북경 영건의 범위를 단순히 협의의 궁전 건설에 국한시키지 않고, 관련된 다양한 건설공사 및 정치적 사건을 총체적으로 파악해 천도 실현 과정의 전체상을 재구성했다. 그 때 '사람'과 '물류'의 이동에 주목했다. 구체적으로 '사람' 이동에서는 공사에 동원된 장인이나 인부뿐만 아니라, 관료와 군대, 그리고 이들의 정점에 있는 황제도 천도 이전부터 '순수(巡狩)'라는 명목으로 이동하고 있었다. '물자' 이동에는 목재나 전와(磚瓦) 같은 건설 자재는 물론, 장인이나 군대·관료를 유지하기 위한 식량, 또 천도 계획이 한창 추진되고 있을 때 죽은 서황후의 재궁도 포함시켰다.

이하에서는 영락 천도 계획 실현에 이르는 전 과정을 다음의 네 단계로 나누었으며, 그에 앞서 그 전 단계로서 '정난의 변'이 끝난 후, 전후 부흥책이 꾀해지던 시기를 추가하여 고찰했다.

전 단계에 해당하는 '정난의 변 후의 부흥책'에서는 전후 북평지역의 농업 생산이나 사회 경제면에서의 황폐화를 훑어본 뒤, 세역면제나 일소(耕牛)·교초의 지급 등 각종 진휼 정책을 검토함으로써, 영락 5년 무렵까지 전후 부흥책이 거의 일단락되었다는 것을 지적했다. 그리고 전시 체제하에서 비대해진 군대를 양육할 군향(軍餉)의 부족을 메우기 위해서, 북평 각 창에 미곡을 납입하도록 한 개중법(開中法)이나 죄수자에게 수미(輸米)하여 속죄(贖罪)하도록 한 제도 등을 다루었다. 더욱이 전토의 황폐화를 회복하기 위해서 취해진 북평으로의 이민 정책으로서, 죄수나 일반 민호, 그리고 위소의 둔전(屯田)에 대해서도 고찰했다.

제1단계 "남북 양경체제의 시행"(홍무 35년 7월~영락 4년 윤7월)에서는 영락 원년 정월 13일, 남교 의식을 끝낸 후에 결정된 북평의 북경 승격으로 시작된 양경체제 이후의 움직임을 고찰했다. 그 다음 2월에는 새롭게 북경 유수(留守)행 후군도독부나 북경행부가 설치되었다. 이들 관청은 순행에 의해 황제가 북경에 체재하기 이전에 존재하여, 천도 계획을 추진하는 가장 중요한 역할을 하였다. 그리고 연왕부에서는 내관 계통의 왕부(王府) 승봉사(承奉司)를 북경 내관감으로 고치는 등, 구 왕부의 관직 개편이 추진되었다. 이 시기, 황제가 연왕부의 토지신과 오곡신을 제사하던 사직단의 국사·국직(國社國稷)을 남경과 같이 태사태직(太社太稷)으로 개편해야하는지의 문제를 일찍이 검토해 보라고 명한 것은 양경체제 창시 후 다음 단계가 될 북경 순행에 대한 황제의 강한 의지가 그 배경에 깔려 있었다. 양경체제 단계에서 순행은 이미 그 프로그램에 들어가 있었다. 그럼에도 불구하고 곧바로 실행에 옮길 수 없었던 것은, 남경에서 새로 즉위한 영락제로서, 그 권력 기반을 굳히는데 일정한 기간을 필요로 했기 때문이었다. 황제는 즉위 직후에 왕비 서씨(徐氏)를 남경으로 불러 들여 황후로 책립하고, 다음 영락 원년에는 장손 주첨기(朱瞻基)를 불러들였다. 게다가 영락 2년에는 세자 고치(高熾)와 둘째 고후(高煦)를 불러들여, 세자 고치를 황태자로, 고후를 한왕으로, 셋째 아들 고수(高燧)를 조왕으로 각각 책립했다. 세자를 남경으로 불러오는 데 1년 이상이나 지연되었는데, 그렇게 된 것은 북경 방비를 강화할 필요와 함께, 영락제 자신이 황태자를 결정하기까지 고민하였기 때문이었다. 순리대로라면 연장자인 세자 고치를 황태자로 세우는 것이 당연한 일이지만, 황제는 자신을 닮아 군사적 재능이 있는 둘째 고후에게 기대한 점도 있었다. 또한 황제가 세자 이상으로 그 아들인 황장손 첨기(瞻基, 후의 선덕제)에게 기대를 걸고 있었기 때문에 결정하기까지 오랫동안 고민하다가 결국 세자를 황태자로 정하였던 것이다.

양경체제라고 하면서도 세자나 황장손이 남경에 있고, 거기에 황제의 순행도 실현되지 않은 상태에서, 승격되어야 할 북경의 지위는 도리어 저하된 감을 주었다. 이런 공백을 메우기 위해서, 이미 남경에 들어와 있던 조왕 고수(高燧)에게, 영락 3년 2월에 다시 북경유수를 명하는 조치를 취했다.

　제2단계 "북경 영건 공사의 개시와 제1차 순행"(영락 4년 윤7월~10년 3월)에서는 문무 군신의 제안에 의해 북경의 궁전 영건이 결정되고, 목재 조달이 개시된 이후의 움직임을 살펴보았다. 이 때 결정된 궁전 건설은 천도 때문이 아니라, 어디까지나 황제의 순행에 대비한다는 것이 명분이었다. 목재 조달을 위해 관리가 파견된 지역은 사천·호광·강서·절강·산서 등의 지역이었다. 10만 명을 동원해 목재 벌채가 이루어진 호광 지방에는 미륵교도 이법량(李法良)의 반란이 발생했다. 이법량은 강서 출신으로 미륵교를 포교하고 있었는데, 장사부 상담현에 잠입하자, 벌목을 둘러싼 민중의 불만을 끌어들여 영락 7년에 반란을 일으켰다.

　또한 전국적으로 각종 장인을 동원시켜 영락 5년 5월을 기해 북경에서 공사에 종사하게 하였다. 군사 계통에서는 재경의 여러 위 및 하남·산동·섬서·산서도사와 중도유수사·직례 각 위의 군사가, 행정 계통에서는 하남·산동·섬서·산서포정사나 직례(直隸)의 봉양(鳳陽)·회안·양주·여주·안주·서주·화주의 민정(民丁)이 동원되었다.

　영락 6년 8월에는 영락제가 북경 순행의 시기를 이듬해 봄으로 정하여 지시하고, 예부에게 사전에 실시 요령을 협의하도록 명했다. 이 시기에 순행 결정이 이루어졌다는 것은 전월 4일에 서황후의 일주기가 끝났다는 것과 관계가 깊다. 서황후 생전부터 이미 거론되고 있던 북경 순행이 서황후의 죽음으로 인하여, 서황후의 서거 일주기를 마친 이후로 연기되었던 것이다. 제1차 순행의 주요 활동으로서는 산릉 '천수산(天壽山)' 영건에 착수하는 것도 그 중의 하나였다.

　영락 5년 7월에 서황후가 사망하자, 영락제 자신도 매장될 산릉을 어디로 선정할 것인가가 초미의 관심사였다. 황제 자신은 일찍부터 북경 천도를 구상하고 있었기 때문에, 산릉 예정지를 태조의 능묘 효릉이 있는 남경이 아니라, 새로운 수도 북경 주변에서 찾았다. 황제가 북경에 도착한 것은 영락 7년 3월의 일로, 도착 50일 후, 산릉 건설에 착수한 것으로 보아, 산릉 건설은 순행 당초부터 예정되어 있었다고 할 수 있다.

　제3단계 "제2차 순행과 서궁 건설"(영락 10년 3월~14년 9월)에서는 서황후 재궁 발인 후에 계속되어진 제2차 순행과 황성 담장의 정비와 서궁 건설을 다루었다. 천수산의 완성을 눈앞에 두고 있을 때, 북경 순천부를 정4품에서 정3품 아문으로 승격시켰다. 남경의 효릉과는 별도로 북경에 장릉이 설치된 이상, 북경의 지위가 남경과 어깨를 나란히 겨루는 것은 당연하다고 생각하였던 것이다. 또, 서황후의 재궁을 남경에서 멀리 떨어진 북경 근교의 천수산에 장송(葬送)할 준비를 하였다.

영락 11년 정월 17일 이른 아침, 남경에서 서황후 재궁의 발인식이 거행되었다. 발인한 지 꼭 한 달 후에, 서황후의 재궁은 완성된 지 얼마 안 된 장릉에 안장되었다. 그 당시 남경에서는 영락제가 북경을 향해 제2차 순행에 나섰다. 남경에서 북경에 이르는 연도에서 거듭 이루어진 황후의 재궁 장송과 그 후 이어진 황제 순행의 퍼레이드는 당시의 사람들에게 영락 7년 이래에 시작한 북경 순행이 단순한 '순수'에 머무르지 않은 것이라는 인상을 주었다.

황성 담장의 건설 정비에 대해서는 실록에 명확한 기록이 남아 있지 않으나, 이 시기에 집중적으로 나타나는 황성관계의 기사를 검토한 결과, 영락 12년경까지 황성 담장의 정비가 거의 종료되어 있었다고 추정했다.

제2차 순행중인 영락 13년 3월에 실시된 영락 을미과의 과거는 명이 북경에서 거행한 최초의 회시(會試)와 전시(殿試)였다. 북경에서 처음으로 행해진 이 회시와 전시는 먼저 주도면밀한 준비 아래에서 치러졌다. 실시에 앞서 합격자인 진사에게 하사할 관복 500벌을 준비하게 하는 등, 당초부터 합격자의 대폭적인 증가가 계획되었다. 이 전시에서는 북경이 문교의 중심, 즉 문화적 위신을 충분히 가지고 있는 위치에 있다는 것을 내외에 충분히 알려줄 필요가 있었기 때문이었다. 합격자 발표 후, 황제는 이 과거 합격자 명단이 영원히 후세에 전해지도록 하고자, 북경 국자감에 '진사제명비' 건립을 지시했다. 국자감에 제명록이 각석되어진 것은 원대 인종(仁宗) 때 처음 시작되었다. 그간 북경에 제명비가 세워진 것은 원말 지정 16년(1366)이 마지막이었으니, 영락 13년(1415)에 북경 국자감에 진사 합격자를 새긴 제명비가 세워진 것은 따져보면 정확히 반세기만의 일이었다.

영락제는 이 순행동안 북경에 체제하고 있던 영락 14년 8월, 행재공부에 명해 서궁 건설에 착수했다. 서궁은 일시적으로 정사를 돌보는 시조소(視朝所)로 건설되었다. 그렇다고 하더라도, 황제는 지금까지 홍무 연간 이래의 옛 연왕부를 행재소로 개조해 체재하고 있었는데, 이것을 철거하고 새롭게 궁전을 건설하려 했기 때문이었다. 따라서 서궁 건설은 그 후 계속된 자금성 건설의 서막이 되었다. 다음달, 황제는 서궁 공사가 시작되는 것을 지켜보면서, 제2차 순행을 마치고 남경으로 귀환했다. 그 사이 서궁 건설 공사는 순조롭게 진행되어 다음 영락 15년 4월에 완성되었다.

제4단계 "제3차 순행과 자금성 건설"(영락 14년 10월~18년 12월)에서는 최후의 순행인 제3차 순행과 그 기간에 이루어진 자금성 건설에 대해 고찰했다. 영락 14년, 순행 중에 영락제는 남경으로 돌아온 한왕 고후(高煦)가 불온한 태도를 보이고 있다는 소식을 접했다. 한왕의 행동에 대해 강한 의심을 가지게 된 황제는 남경으로 귀환하기를 결심했다. 또 반년 전인 3월에는 그때까지 북경 수비를 맡고 있던 조왕 고수(高燧)에게 하남 창덕부로의 개봉(改封)을 명했다. 11월에 남경으로 돌아온 황제는 호부에 명해 한왕과 조왕의 녹미를 1만석으로 감봉했는데, 이러한 조처는 두 왕의 처우문제에 대해 결말을 내려는 황제의 강한 의지가 나타난 것이었다.

영락 14년 11월 15일, 조정 회의에서 북경 영건공사가 정식으로 논의되고, 궁전 건설이 재가를 얻었다. 이 시점에서, 새삼스럽게 북경 영건이 논의되었다는 것은 두번째 순행이 실현되어 북경의 지위가 점차 높아지고 있기는 하더라도, 중요한 결정은 경사인 남경에서 이루어져야 한다는 인식이 아직도 바닥에 깔려 있었기 때문이었다. 다음 해 영락 15년 2월에는, 드디어 궁전 건설을 담당하는 선공(繕工)의 직이 정식으로 설치되어 태녕후(泰寧侯) 진규(陳珪)가 그 장관에 임명되었다. 진규는 그 후, 북경행후군도독부를 겸하여 관장하게 되었고, 공사는 계속하여 북경행후군도독부를 중심으로 진행되었다. 6월에는 마침내 봉천전과 건청궁의 궁전 건설이 시작되어, 영락 18년 말에 이르러 완성되었다. 궁전 완성이 목전에 다다른 영락 18년 9월, 행재흠천감은 이듬해 정월 원단에, 새롭게 완성된 궁전에서 조하(朝賀) 의식을 거행할 것을 상주했는데, 그것이 재가를 얻었다. 곧바로 행재호부상서 하원길(夏原吉)을 남경으로 보내어 황태자를 북경으로 불러오도록 조처를 취했다. 그리고 11월에는 황제가 새해에 새로운 궁전에서 조하를 받는다는 취지의 조서를 전국에 내렸다. 영락 19년 정월 원단,

계획대로 조하 의식이 새로 지어진 봉천전에서 성대하게 거행되었다. 영락제는 의식에 앞서 아침 일찍이 스스로 태묘를 찾아가, 덕조 이래 태조까지 5묘의 태황과 태후의 신주를 봉안했다. 황태자에게는 천지단에 나가 호천상제(昊天上帝)와 후토황지기(厚土皇地祇)의 신주를, 황태손에게는 사직단에 나가 태사(太社)와 태직(太稷)의 신주를 각각 봉안하게 하였다.

그리고 천도 이전에 황제의 북경 체재 기간을 주목해 보면, 제1차에서는 천수산 영조, 제2차에서는 서궁 건설, 제3차에서는 봉천전의 완성에 따른 조하(朝賀)의 결정 등, 천도가 실현되는 과정에서 각각 중요한 결정이 내려지고 있음을 알 수 있다. 순행은 단순한 퍼레이드로서의 의미에 머무르지 않고, 황제 스스로가 북경에서 영건공사를 추진해 가는, 말하자면 '촉진제'와 같은 역할을 하고 있었다. 순행 기간 동안, 황제는 그 자신이 독단으로, 또는 호종한 행재관이나 근시관과 함께 도모함으로써 이러한 중요 사항들을 결정하여 추진할 수가 있었다. 따라서 양경체제하에서 북경 순행이라는 '장치' 그 자체는 황제가 천도 계획의 주도권을 확보하는데 극히 중요한 역할을 하였던 것이다.

제4장 「북경순수와 남경감국」에서는 북경 순행중의 영락제와 남경에서 감국으로서 유수(留守) 역할을 한 황태자와의 사이에 나타난 정치적 권한 분할의 실태를 고찰했다. 북경 순행은 제1차(영락 7년 2월~8년 11월), 제2차(11년 2월~14년 10월), 제3차(15년 3월~18년 12월) 등 3회에 걸쳐 일어났는데, 합하면 거의 9년 가까이 된다. 순행 때에 정해진 '순수사의'나 '유수사의'를 검토하여, 그 권한 분할이 어떻게 규정되고, 그것이 회를 거듭할 때마다 어떻게 변화되어 갔는가를 검토했다. 그 결과 같은 '순수'라 하더라도 제1차·제2차 순행과 제3차 순행 사이에는, 황태자 감국의 정치적 의미가 변화하고 있었다는 점, 명칭 상으로는 북경이 아직 행재에 머무르고 있으면서도, 천도를 눈앞에 둔 영락 15년의 '유수사의'에서는 사후 보고를 포함해, 정보의 모든 것을 순행처 북경에 있는 황제 아래에 집중시키는 체제의 확립을 강하게 기도하고 있었다는 것을 밝혔다. 그렇지만, 『선종실록』에 보이는 영락 17년에 형과우급사중 이능(李能)이 주본을 자기 멋대로 남경에 잡아 두었다는 것으로 처형된 사실을 보아, 이러한 '유수사의'의 규정에도 불구하고 제3차 순행의 단계에서도 모든 주본이 다 북경으로 집중되는 체제가 아직 확립되지는 않았다는 것을 알 수 있다.

영락제 재위 기간의 거의 반을 차지한 북경순수와 황태자의 남경감국은 홍무 연간 이래의 남경=경사 체제를 바꾸어, 천도 실현을 위해 필요 불가결한 과도기적인 조처였다. 이로 인해 정보가 이원화되어 권력 분산을 초래하였고, 그 결과 황제와 황태자 사이에 불화나 대립이 생기기 쉬운 상황이 되었다. 이런 의미에서 영락 19년 원단 봉천전에서의 조하(朝賀) 의식을 거행하기에 앞서, 황태자와 황태손을 남경에서 북경으로 불러들인 조치는, 영락 7년 이래의 북경 순행과 남경감국체제를 최종적으로 청산하는 것으로, 타원형의 두 초점처럼, 북경과 남경으로 분립되어 있던 권력을 새롭게 북경으로의 통합을 상징적으로 나타낸 사건이었다.

제5장 「남경 환도」에서는 북경 천도 4년 후에 새로 즉위한 홍희제에 의해서 남경 환도의 결정이 내려지고, 북경 관청에는 다시 '행재'라는 명칭이 다시 붙게 되었는데, 이때의 역사적 경위를 고찰했다. 여기에서는 영락 19년 정월, 북경의 봉천전에 조하 의식이 거행되어 천도가 실현된 3개월 후인 4월 8일에 발생한 삼전 소실의 화재부터 홍희 원년 3월에 홍희제가 남경 환도를 결정할 때까지의 일련의 정치적 과정을 분석하고, 천도 후 이 시기에 수도 북경을 둘러싸고 그 지위가 동요하던 사실을 밝혔다.

이 화재 원인에 대해서는 『태종실록』을 비롯하여 중국 측의 편년 사료에는 그 기술이 명확히 나와 있지 않지만, 조선의 『조선왕조실록』 세종 권12의 기록에 의하면, 낙뢰에 의한 것이었다. 봉천전은 황제 '정조전(正朝殿)'으로, 여러 신하들에게 정령(政令)을 발하는 곳이다. 이곳이 최초로 낙뢰를 맞았다는 것은 당시로서는 천벌(天譴)로 여겨졌으니, 확실히 비상사태였다. 화재가 발생하여 하루 지난 10일에, 황제는 문무 신하들에게 천의를 돌릴 수 있도록 하고자, 재해의 원인이 된 황제 자신의 정치가 미치지 못한 점을 한 가지씩 상주하도록 칙유를 내렸다. 관료들은 조칙을 받들어 상주하였는데, 이들 상주의 대부분은 공공연하게 북경 천도는 바람직하지 못한 것이라는 내용이었다. '봉칙진언'이라는 공식적인 진언 기회가 주어졌는데, 이때 천도(遷都)에 대한 비판이 쇄도했다. 한림원 시강 추집의 '봉천전재소(奉天殿災疏)'는 보다 단도직입적인 표현으로, 북경 건설의 문제점을 지적한 후, 건설공사를 멈추고 천도한지 얼마 안 된 북경에서 일시 남경으로 귀환할 것을 요구하였다. 또 북경 건도의 불편을 지적하는데 가장 과격했다고 여겨지는 이부주사 소의(蕭儀)의 상주도 그의 문집 『말선집(襪線集)』에 의하면, 추집의 상주처럼 황제의 남경 귀환을 요구하였다. 다음 13일, 황제는 하늘의 뜻에 응해 20개 항목이나 되는 민의 불편이나 급하지 않은 부담을 멈추도록 한다는 조서를 내렸다. 내용을 보면, 그 가운데에는 추집 등이 제안한 여러 가지들이 받아들여졌다. 갑자기 나온 감이 있는 이 조서는 천도를 둘러싼 논의가 더 이상 되풀이되는 것을 피하기 위한 것이었다. 실록을 보면, 이 이후에는 천도에 대한 비판이 올라와 있지 않은데, 이것은 문제가 해소되었기 때문이라고 하기 보다는, 영락제의 재위 동안, 황제의 강권 아래 억압되어 물 속 깊이 잠겨져 버렸기 때문이었다.

그 후, 영락제는 몽골친정을 적극적으로 추진해 나갔다. 영락 20년, 21년, 22년과 그 죽음에 이르기까지 해를 거듭하여 몽골친정을 거듭하였다. 이 시기, 삼전 소실로 말미암은 천도(遷都)를 둘러싼 국내 여론의 동요가 크게 표출되고 있는 가운데, 황제가 집요하게 친정을 계속한 것은, 성공적인 친정을 통하여, 흔들리기 시작한 화이(華夷) 양세계 중심으로서의 북경이 가지는 지위를 확고하게 하면서 그 정당성을 부여하기 위한 것이었다.

만족할만한 성과없이 끝난 영락 22년의 몽골친정의 귀환 길에, 유목천(楡木川)에서 영락제는 사망하고, 그 대신 홍희제가 즉위하면서 사태는 급전환하였다. 새로운 황제 아래에서, 곧 바로 정치의 쇄신이 꾀해지면서 남경 환도의 계획이 떠오르기 시작하게 되었기 때문이다. 홍희 원년 3월 28일에, 황제는 남경 환도를 정식으로 결정하여 발표했다. 북경의 중앙 관청에는 다시 '행재' 두 글자가 붙여져 북경행부와 북경행후군도독부도 부활되었다. 4월 4일에는, 천도 이래 황폐화되기 시작한 남경황성을 수리하도록 홍희제가 명했다. 그 다음날 남경태감 왕경홍에게 '이듬해 봄'이라고 남경 귀환의 시기를 구체적으로 나타내 보였다. 그러나 11일, 황제의 용태는 급변하고, 그 다음날 황제가 급서했다. 그 죽음은 남경 환도의 공식 결정이 나온 지 불과 40일만이었는데, 유조 가운데에도 환도를 확실히 명시해 두었다.

제6장 「홍희에서 선덕까지」에서는 홍희제의 남경 환도의 결정이 뒤를 이은 선덕제 치세에는 휴지조각으로 되어 버리고, 재차 북경 정도를 향해 궤도가 수정되어 가는 과정을 분석했다. 먼저 홍희제가 남경 환도를 결정하기에 이르는

사진 10. 명13릉 분포도[1]

배경으로서 영락 천도의 시점에서는 조운(漕運) 등 물류면의 개선이 해결되지 못한 채로 남아 있었던 것을 밝혔다. 인종 홍희제는 이 때문에 영조(營造)와 원정으로 말미암아 영락만년의 정치적 혼란을 조정할 수 있도록, 즉위 조서에서, '서양(西洋)'으로 나간 보선(寶船)이나, 운남·교지에서의 금은·보석과 향료의 구입, 각지의 갑판(閘辦) 과정의 폐지 등을 내세웠다. 이들 조정책은 크게 효과를 올렸는데, 이것이 후세 '인선(仁宣)의 치'라고 칭해지는 이유가 되었다. 그러나 얄궂게도 황제가 의도하고 있던 환도(還都) 측면에서, 조정책은 부정적인 측면으로 작용했다. 그렇게 말할 수 있는 것은 이러한 조정책으로 말미암아 환도를 기대하던 사람들의 불만이 어느 정도 흡수되어 환도를 요구하는 여론의 물적 기초를 발밑에서부터 허물어뜨리기 시작했기 때문이다.

---

1) 〈옮긴이 주〉 明의 황제릉은 洪武帝의 孝陵이 南京에 위치하는 이외에는 대부분 북경 근처의 "명13릉"에 모여있다. 주원장의 祖父의 陵(明祖陵)은 泗州에 마련하였는데, 그곳에 曾祖父와 高祖父의 衣冠을 모신 衣冠塚을 마련하였다. 父親의 陵은 327쪽에 사진을 올렸듯이 鳳陽에 있는 明皇陵이다. 漢朝나 唐朝 및 北宋등의 왕조가

홍희제가 죽자, 남경 유수로 나가 있던 황태자가 급히 북경으로 올라와 즉위했다. 선덕제의 즉위 당초에 정치는 장(張)황태후의 후견 아래 선황의 유조 준수를 전면에 내세웠지만, 남경 환도에 대해서는 일찍부터 빠르게 궤도수정이 이루어져 나갔다. 해당 시기의 실록을 살펴보면, 선황의 유조인 남경 환도결정 문제를 둘러싸고 조정에서 정면으로 논의한 흔적은 없다. 반면 남경이 아니라 북경 서북의 천수산에 홍희제의 헌릉을 건설했다는 것은 환도 문제를 보류하겠다는 첫걸음이 되었다. 한왕 고후(高煦)의 '반란'을 평정한 선덕제는 선덕 3년 이후 남경 황성의 수리 공사를 중지시켰으며, 반면 8월에는 중신회의를 거쳐 북경행부와 행후군도독부의 폐지를 결정함으로써 선황에 의한 남경 환도 결정을 백지화시켰다. 이에 앞서 5월에 행재공부상서 이우직 등을 목재 조달을 목적으로 사천·호광 지방에 파견하였는데, 이것도 소실된 삼전·이궁을 재건하기 위해서였던 것이다.

제7장 「북경 정도」에서는 선덕 연간에서 정통 연간에 이르는 삼전·이궁의 재건과 수도의 공간 정비 과정을 살펴봤다. 선덕 연간에 영조 공사를 재개하는 과정에서, 군장(軍匠)의 편성 방법이 문제가 되어, 공사의 주요 노동력이 된 무공삼위(武功三衛)가 증설 정비되었다. 중앙 관청으로는 우선 행재예부가 대명문(大明門)의 동편에 건설되었다. 맨 먼저 행재예부가 건설된 것은 이 기관이 국가의 중요 제사나 내외의 조근(朝覲)에 관계하는 부서였기 때문이었다. 그 후, 정통 원년 말부터 2년 봄에 걸쳐, 삼전·이궁이나 경성9문의 성루 및 중앙 여러 관청의 건설 계획이 이루어졌다. 건청궁의 수복 공사에 이어, 정통 5년 3월 6일에는 봉천전·화개전·근신전 삼전과 곤녕궁(坤寧宮)의 재건 공사도 시작되었다. 6년 9월에 삼전·이궁이 완성되고, 10월 말일에 황제는 거주를 대내 건청궁으로 옮겼다. 다음 11월 초하루, 황제는 재건된 봉천전에서 처음으로 여러 신하들

方形墳丘를 채택하던 것을, 明孝陵때부터 圓形墳丘를 채택하게 되어 寶頂이라고 불렀다. 建文帝 朱允炆은 "靖難의 변" 와중에 그 소재를 잃어버렸다. 明成祖 이후의 14황제 가운데 오직 景帝 朱祁鈺는 明13陵에 묻히지 않고 北京 西郊의 金山口에 親王의 禮로 장례지냈다. 武宗 朱厚照가 繼位할 자식이 없이 죽었으므로, 朱厚聰이 皇位를 계승하여 世宗이 되었으며, 世宗은 生父인 朱佑杬를 睿宗으로 追尊하였다. 湖北省鍾祥市에 朱佑杬의 葬地는 皇帝陵의 규모를 갖추어 顯陵이라고 부른다.

의 조하를 받았다. 영락 19년 4월의 삼전 화재 이후, '정조(正朝)'의 장을 화재로 타다 남은 봉천문으로 옮겨, 정사를 돌보아 왔었는데, 이제 봉천전에서 정사를 돌보게 되었으니, 이것은 21년만의 일이었다. 삼전이 소실된 이래, 북경의 지위를 둘러싸고 많은 동요가 있었는데, 봉천전이 재건되고, 거기서 황제가 정사를 보게 됨으로써 북경을 둘러싼 동요는 끝내 청산된 셈이다. 이 이후, 북경의 여러 관청은 물론 개개인의 관직의 명칭에서 '행재'라는 관명도 제거되어 북경은 명실상부한 수도가 되었다.

삼전·이궁의 재건 이후에도, 북경에는 중앙 관청을 건설하는 공사가 계속 되었다. 그때까지 중앙 관청은 행재예부를 제외하고, 영락 연간에 순행할 때 사용되었던 옛 관방(官方)을 이용하고 있었다. 이러한 건물의 상당수는 원대의 대도(大都) 이래의 건물을 이용하였고, 이로 말미암아 여러 관청은 성내에 무질서하게 산재하여 있었다. 이것을 대명문의 좌우에 집중시키고, 더욱이 문무의 두 계통으로 나누어 배치했으므로 도성의 상징성이 보다 높아졌다.

정통 14년(1449)에 몽골친정에 출진하였던 영종 정통제는 북경의 서북쪽에 있는 토목보(土木堡)에서 오이라트부의 에센(也先)군의 포로가 되었다. 이 소식이 8월 16일 밤에 궁중에 전해지자, 또 다시 경사는 대혼란에 빠졌다. 수도 방위를 둘러싼 조정 회의에서는 한림원 시강 서정(徐珵)처럼 남천(南遷)을 제안하는 사람도 있었다. 그러나 인심이 동요하는 가운데에서도 남천의 여론은 대세를 이루지 못하였다. 그렇게 된 데에는, 선덕·정통 연간에 추진된 궁전이나 성벽·성호를 비롯한 수도의 공간 정비가 큰 의미를 지니고 있었다. 이때는 영락 19년의 북경 천도 이후 30년 가까이 지나, 이미 북경은 수도로서의 실질적인 기능을 충분히 갖추고 있었기 때문이었다.

부편 제1장 「명초 북경에의 부민층 강제 이주에 대해」는 영락제가 북경 천도를 준비하면서 추진한 '부호(富戶)' 이주 문제에 대해 고찰했다. '정난의 변'으로 황제위를 찬탈한 영락제는 남경과 북경의 양경(兩京)체제를 창시한 직후, 남직례·절강·강서 등 강남 각지에서 북경으로 약 3,000호의 부민을 강제로 이주시켰다. '진사제명비록'이나 '묘지명' 등의 전기(傳記) 사료에 의해 비로소 개개 이주자의 일부를 분명하게 분석하여 본 결과, 대상이 된 이주자들은 『대명회전』에 보이는 규정과는 달리, 실제로 농업 경영에 의한 대토지 소유자가 대부분 선발되었다는 점, 그들 이주에는 일족(一族) 모두가 강제 이주된 것이 아니라, 단혼(單婚)가족이나 단신으로 이주하는 경우가 많았다는 점, 새로운 이주지는 북경성 북부의 덕승문이나 안정문 주변 지역이었으며, 거기에서 농업이나 상업 경영으로 생계를 유지해 나갔다는 점, 국가는 이주자를 북경성 부근의 완평(宛平)·대흥(大興) 양현의 부호적(富戶籍)에 부적하고 상장(厢長)으로 삼아 주로 관청의 노역이나 물품 부담을 부과하는 한편, 상내의 행정·관리적 요역을 담당하게 함으로써, 그들을 행정 기구의 말단에 위치시키려 하였다는 점 등을 밝혀내었다. 그러나 현실적으로는 이주자 및 그 후예들의 궤적을 추적하여 본 결과, 국가의 가혹한 수탈아래에서 이주한 후 한 세대가 지난 무렵부터 부호의 도망이나 몰락이 문제화된 점이 밝혀졌다. 이주 후 약100년 간을 한정해 보면, 부호적으로서 진사에 합격한 예도 보이고, 과거제도를 매개로 관료화하는 예도 많이 있는 것으로 보아, 이들은 몰락과 상승이라는 "양극 분해"하는 상황으로 나갔다고 할 수 있다.

부편 제2장 「명말 청초기의 여러 사료에 보이는 연왕부=서원 소재설의 재검토」에서는 제2장에서 충분히 논급할 수 없었던 명말 청초기의 여러 사료를 기초로, 연왕부=서원소재설의 계보와 그 정착 배경을 고찰했다. 명대 후반기에 이르러 주국정(朱國禎)의 『용당소품(湧幢小品)』에 의해서 연왕부=서원소재설이 제기된 이후, 청대가 되면 흠정 『일하구문고』에도 이것이 실려, 이 설이 정착된 과정을 밝혔다. 그렇다고는 하더라도, 주국정이 이 사실을 지적한 것은 만력 말년이었고, 그 설명도 근거가 구체적으로 제시되어 있는 것은 아니다. 반면, 『세종실록』 등의 사료를 보면, 서원(西苑)에 주거를 옮긴 가정제는 물론, 황제 측근에서 시중드는 내각 대학사나 한림원관들에 의해, 서원(西苑)은 영락제의 잠저(潛邸)가 아니라 영락제의 서궁 소재지로 인식되어 있었음을 밝혔다.

이상, 본서에서 고찰해 본 것처럼, 명조에 남경에서 북경으로의 수도 이전 문제를 생각하는 데는 남경과 북경의 양경체제→북경 천도→남경 환도→북경 정도(定都)라는 일련의 과정에 주목할 필요가 있다. 태조 주원장이 금릉(金陵; 남경)에서 새 정권을 수립해, 중국 역대 통일 왕조 가운데 처음으로 남경에 수도를 두고 전국을 지배하였다. 그런데 '정난의 변'으로 황제위에 오른 영락제가 북경을 승격시켜 양경체제를 열고, 이어 계속되는 세 차례의 북경 순행을 거쳐 재위 20년째 되는 해에 북경 천도를 단행하였다. 그 후 제위를 이은 홍희제의 남경 환도의 결정, 그리고 정통 연간의 북경 정도로 이어지듯이, 초창기 명왕조의 정치적 중심은 시계추(振子)처럼 남북으로 계속 움직였다. 이러한 시계추의 왕복운동의 존재는 남경을 수도로 삼은 체제가 이미 굳어져가고 있다든지, 몽골 세력을 북쪽으로 쫓아 버린 한족 왕조인 명조가 원조의 대도(현재의 북경)로 수도를 옮긴 것의 곤란성을 나타내 주고 있다. 따라서 양경체제의 창시부터 천도의 단행까지 약 20년, 그 직후의 삼전 소실로 말미암은 북경의 지위 동요와 남경 환도의 결정에서 북경 정도까지 이르는 약 20년, 이들 모두를 아울러 40년간에 걸친 긴 세월은 태조 이래의 남경=경사체제를 바꾸어, 몽골적인 요소가 농후한 대도를 명조사회가 받아들여 가는 과정이기도 했다.

북경 천도의 곤란성은 거기에만 머물지 않았다. 일찍이 고대부터 황하 유역에 통일 국가를 형성해 온 중국은 삼국·남북조 시대 이후, 장강 이남의 평야 지역 및 델타 지역의 개발이 추진되어, 경제의 중심이 점차 동남으로 이동하기 시작했다. 오대 이후 북송에 이르는 대부분의 왕조들이 수도를 개봉(開封)에 정했던 것도, 이러한 경제 중심의 변화를 바탕으로 한 것이었다. 그 후 근세 사회를 맞이하자, 만리장성 밖의 북방민족이 군사적 우위를 가지고 요·금·원을 수립하여, 유목·수렵 지역과 농경 지역의 경계선에 가까운 현재의 북경으로 수도를 옮기었는데, 그 결과 한민족 정권은 강남으로 쫓겨나게 되었다. 중국 본토는 황하와 장강 사이를 흐르는 회하(淮河)를 중심으로 지리적으로 북과 남으로 나누어진다. 연 강수량 1,000㎖를 경계로, 1,000㎖ 이하 지역인 회하 이북은 조나 밀을 중심으로 한 한지(旱地) 농법 지대이고, 강수량이 1,000㎖ 이상이 되는 회하 이남은 물을 이용한 벼농사 지대가 펼쳐져 있다. 이런 지리적 차이 이외에 전술한 근세 이래의 역사적 요인도 함께 결부되어 남북 분열의 정국이 재현되고 있었다.

이렇게 북방민족의 대두에 의해서 분열의 시대를 맞이한 중국 사회는 군사력이 뛰어난 '북'과 생산력이 높은 '남' 사이에, 정치와 경제의 분리가 장기간에 걸쳐 이루어졌다. 당나라 멸망이후 300년 이상 걸쳐서 계속된 이러한 '제2차 남북조'라고도 불리는 분열의 형세는 세조 쿠빌라이가 이끈 원조 정권에 의해서 영토적 통일을 이룩하게 되었다. 그러나 원조 치하의 90여 년간에도 사회

저변에는 역시 분열 시대의 유풍이 여전히 온존하고 있었다. 이런 면은 원조가 화북의 '한지(漢地)'에 세량(稅糧)·과차(科差)의 법을, 강남에는 양세법을 적용하고 있었듯이, 남북에 서로 다른 세법을 시행한 것에서도 단적으로 나타나고 있었다. 이로 말미암아 분열된 남북 사회를 통일해야 한다는 과제는 몽골 지배에 종지부를 찍은 명조 정권에 다시 풀어야 할 과제로 떠넘겨졌다. 남북 경계선상을 흐르는 회하 부근에서 생활한 주원장은 바로 이 과제를 이어받아야 할 숙명을 안고 있었다고 할 수 있다.

그렇기는 하지만, '강회(江淮)의 자제'라고도 불리는 회하 상·중류 유역의 동향 집단과 함께 남하하여, 양자강을 건너 남경에 근거지를 두고 나라를 세운 주원장 정권은 당초 '남인(南人) 정권'으로서의 성격을 짙게 가지고 있었다. 황제의 권력 강화는 전제 권력 그 자체가 요청하는 것이다. 이것은 건국 공신이나 강남의 지주층에 의거한 남인 정권을 탈피함으로써 가능할 수 있는 것이었다. 홍무제가 이 탈피를 정당화하기 위해서 내건 것이 이미 언급한 남북으로 갈라진 사회의 통일, 즉 남북 일체화라고 하는 과제였다. 향리인 임호(臨濠:후의 봉양)를 '중도(中都)'라고 하여, 홍무 2년부터 시작하여 홍무 8년에 돌연 중지할 때까지 계속된 중도(中都) 건설은 홍무제가 이러한 과제를 실현하려는 의식을 강하게 가지고 있었음을 단적으로 보여주고 있는 것이다.

그리고 이갑제의 전국적 시행과 더불어 이것을 기초로 한 하세(夏稅)·추량(秋糧)의 징수도, 명조가 원조로부터 이어 받은 남북 일체화라는 과제를 실현하기 위한 하나의 처방전이었다.

그렇지만 홍무제가 중도(中都)를 건설하려고 한 강북 지방은 계속된 남북 분열로 인해 사회적으로 피폐해져 있어, 새로 수도를 건설하는 데에는 여러 곤란한 점들이 뒤따랐다. 홍무제 정권은 여러 가지 제약으로 중도 건설을 단념하고, 홍무 11년에 남경을 정식으로 수도로 정한 후, 남경=경사체제로 다시 회귀하였다. 이 남경=경사체제가 그 기능을 원활히 발휘하기 위해서, 북변의 군사력의 배치는 불가결한 일이었다. 이 때문에 진왕(晉王)이나 연왕(燕王)을 비롯한 제왕의 군사적 역할이 중요시 되었다. 이것은 홍무제 사후, 연왕에 의한 제위 찬탈극을 배태하는 요인이 되었던 것이다.

'정난의 변'에서 승리한 영락제가 추진하려던 북경 천도는 과거 연왕부가 있던 북경을 중심으로 하여, 북쪽으로부터 남북의 일체화를 꾀한 것으로, 이것은 남경을 중심으로 하여 남쪽으로부터의 남북 일체화를 꾀하려던 홍무제와는 다른 것이었다. 결과적으로 경제 중심의 동남 이동의 추세와는 반대로, 남북 분열 시대를 거쳐 확대된 중화 세계의 정치적 중심도 북쪽으로 옮겨지지 않을 수 없게 되었던 것이다. 북경은 두 말할 것도 없이 남북 분열 시대의 '북조' 정권의 핵심 도시였다. 분열 이전부터 북쪽으로 정치적 중심을 옮긴 영락제의 선택은 직접적으로는 몽골 황제 쿠빌라이에 의해 건설된 원조의 수도인 대도(大都)를 계승한 것이었다. 확대된 중화 세계가 농경 사회에 머무르지 않고 유목 사회까지도 포괄한 이상, 양 사회의 경계선상의 접점에 위치한 북경이 선택되었다는 것은 당연한 귀결이었다.

그렇다고는 하더라도 동남의 경제적 중심에서 멀리 떨어진 북방의 북경에 정치적 중심을 두기위해서는, 해결해야 할 어려운 과제가 남아 있었다. 영락 19년 천도(遷都) 시점에서도 조운 등 물류면의 정비는 잘 이루어지지 않았다. 봉천전 이하 삼전의 소실을 발단으로 한 북경 지위의 동요와 홍희제에 의한 남경 환도의 결정은 그런 면을 보여주고 있다. 반면, 이 남방의 경제적 중심과 북변에 근접한 정치적 중심을 결합시키기 위해 시도된 선덕 연간 이후의 조운의 정비를 시작으로 하는 재정 시스템의 확립은 은의 유통 등 내부 경제 발전의 계기를 마련해 주었던 것이다.

홍무 정권이 수립한 남경=경사 체제는 정치의 중심과 경제의 중심의 일치를 특징으로 하고 있는 데 반해, 영락 천도 이후에 형성된 물류·재정 등의 '북경 시스템'은 양자의 분리를 전제로 하고 있었다. 남북 분열을 실질적으로 통일한 명조 정권이 홍무 연간·건문 연간의 과도기를 거쳐, 영락 연간에 스스로 선택한 이 시스템은 선덕 연간에서 정통 연간에 걸쳐 정비되어, 국가와 사회의 괴리를 특징으로 하는 중국 근세 사회의 틀이 여기에서 완성되었다. 약 200년 후인 1644년, 중국 동북부에서 일어난 만주족이 만리장성을 넘어 중국 본토에 진출하였다. 입관 이전에 만주족·몽골족·한족으로 된 다민족 복합정권을 이미 형성하고 있던 청조도, 북경에 수도를 정하고, 명조가 만들어낸 북경 시스템을 그대로 이어받은 결과, 중화 제국의 번영을 18세기 말까지 지속시킬 수 있었던 것이다.

부록
근세 중국의 수도 북경의 성립

시작에 앞서–수도로서의 북경

중국에서는 기원전 221년, 진시황제에 의해 황제제도가 시작된 이래, 신해혁명으로 1912년에 청조의 선통제(宣統帝)가 퇴위하기까지, 왕조 유일의 최고 권력자의 정식 호칭으로써 '황제'라는 칭호가 사용되어 왔다. 황제가 독점하는 권력의 정통성은 우주의 주재자인 '천(天)'과 지상의 여러 사람들의 지지에 의해 보증된다고 생각하고 있었다. 그 하늘의 명을 받은 곳, 사람들의 추대를 받은 무대가 바로 수도이며, 수도는 본래 유일하지 않으면 안 되었다. 황제는 성벽에 둘러쌓인 수도의 공간, 즉 '도성'에 거주한다. 그런 까닭에 도성(帝都)의 역사도 황제 제도와 함께 오랜 역사를 가지고 있다. 게다가 황제 호칭이 생기기 이전의 왕도도 포함시킨다면 도성의 역사는 동주의 성주(成周, 현재의 河南省洛陽市)나 호경(鎬京, 현재의 陝西省長安縣西北), 더욱이 은의 옛 도읍지 은허(殷墟, 현재의 河南省安陽市西北의 小屯村)까지 거슬러 올라갈 수 있을 것이다.

〈옮긴이 주〉이 글은 본 저서에는 수록되어 있지 않으나 伊藤毅 編, (시리즈 都市·建築·歷史5) 『近世都市의 成立』(東京大出版, 2005)에 수록된 저자의 글을 첨가한 것이다.

왕조 교체를 반복해 온 중국에서는 과거 도성이 놓여 있던 옛 도읍의 수를 헤아려 보면 참으로 많다. 명말 청초를 대표하는 고증학자인 고염무(顧淡武)는 『역대택경기(歷代宅京記)』에서 전설상의 제왕인 복희(伏羲) 이래, 원대까지의 수도로써 배도(陪都, 副都)까지 합하여 46개소를 거론하고 있다. 또 현대 중국의 역사 지리학자인 사념해(史念海)에 의하면 독립한 왕조나 정권의 정치적 중심이 되었던 도성은 217개소에 이른다고 한다.[1]

일찍이 중국에서는 북경(北京)을 비롯하여, 서안(西安)·낙양(洛陽)·남경(南京)·개봉(開封)이라는 '5대 고도(古都)', 혹은 여기에 항주(杭州)를 포함하여 '6대 고도'라는 표현을 사용하여 왔다. 최근에는 1988년 중국 고도학회(古都學會)의 제안을 받아들여, 하남성의 안양(安陽)을 포함해 '7대 고도'라는 말을 사용하게 되었다.[2] 안양에서는 20세기에 들어 은대(殷代) 후기의 도시 은허(殷墟)가 발굴되었다. 그 왕도(王都)로써의 조기성(早期性), 왕도가 있었던 기간이 개봉이나 항주에 비해 백년 이상이 더 길다는 점, 게다가 은허의 동북 20km에는 5호 16국이나 북조의 수도였던 업성(鄴城)이 있었다는 점 등이 선정된 이유였다고 한다.

본장에서 이들 수많은 고도 가운데에서 특히 북경을 거론한 것은 북경이 13세기 후반, 몽골=원조(元朝)에 의한 대도(大都)성이 건설된 이래, 15세기에 명조의 수도 북경의 성립을 거쳐 현재의 중화인민공화국의 수도(首都) 북경에 이르기까지 직접 연결되어 있기 때문이다. 두말할 필요도 없이 수도(首都; Capital)란, 본래 근대 국민 국가에 있어 정치권력의 중심으로서 중앙정부가 놓인 도시를 가리키고 있다. 그런 의미라면, 중국에서 수도(首都) 탄생은 신해(辛亥)혁명에 의해 황제(皇帝)제도가 폐지되고 중화민국이 성립되어 10년 이상 경과한 1927년경까지 내려오게 될 것이다. 이때에 남경국민정부는 손문(孫文)의 유지를 이어

---

1) 史念海, 『中國古都和文化』(中華書局(北京), 1998).
2) 陳橋驛 主編, 『中國七大古都』(中國靑年出版社(北京), 1991). 妹尾達彦, 『長安の都市計劃』(講談社, 2001).
    〈옮긴이 주〉妹尾達彦의 책은 세오 다쓰히코(지은이), 최재영(옮김), 『장안은 어떻게 세계의 수도가 되었나』(황금가지, 2006)로 번역 출판 되어 있다.

받아 남경을 정식으로 수도로 정하고 '수도 건설계획'에 착수했기 때문이다.[3]

확실히, 근대 국가는 그 이전 시대와는 달리, 정치권력의 일원화를 강력히 추진했다는 점에 그 특징이 있다. 따라서 일국의 정치적 중심도 일원화하여 수도가 탄생했다.[4] 이에 반해, 황제로의 권력 일원화가 일찍부터 진행되어 왔던 중국에서는 정치적인 제 기능도 황제권력의 정통성이 보증되는 장으로써 왕조의 수도로 일원화되어 있었고, 일찍이 황제가 거주하는 도성 공간이 근대 이전부터 '수도성(首都性)'을 갖추고 있었다고도 할 수 있다. 물론, 모든 기능이 도성으로 일원화 되어 있지는 않았고, 수도의 기능을 보완하는 배도(陪都) 제도도 존재했다. 예를 들면 당의 숙종(肅宗, 재위 756~62년)때 시작하여 발해, 요, 금나라에서도 채택된 오경제(五京制)나 원나라(元朝)의 양도제(兩都制) 등이 그것이다. 그러나 중국사회 전통인 제천의례나 종묘·사직 등의 시설 배치로 보아 판단하건데, 그것들의 정점에 있는 수도를 특별히 지정하여 논하는 것은 가능한 일이다. 이상이 여기에서 근대 국민국가의 성립 이전 시기를 포함해 수도로써의 북경의 역사를 고찰하는 이유이다.

Ⅰ. 동아시아 속의 근세 중국

먼저 표제로 사용한 '근세중국'이라 할 때의 근세 개념에 대해 언급하고자 한다. 종래 중국사에서는 근세라는 개념은 무엇보다도 근대 국민국가의 성립을 설명하기 위한 개념으로써 사용되어 왔다. 신해혁명 후의 1914년, 나이토 코난(內藤湖南)은 『지나론(支那論)』에서 송대, 즉 10세기 이후를 특히 '근세'로 인식했다. 『지나론』이 현실에서 진행되고 있던 중국에서의 공화제 창출을 이해하기 위해 사용되었던 것처럼, 거기에서 자각적으로 처음 사용되었던 근세개념도 중국의 국민국가 형성에 이르는 역사를 설명하기 위해 준비되었던 것으로, 서구

---

3) 蔣順興·孫宅巍 主編, 『民國大遷都』(江蘇人民出版社(南京), 1997).
4) 수도의 개념에 대해서는 都市史硏究會編, 『年報都市史硏究』7(山川出版社, 1999)이 "首都性"이란 제목으로 특집을 편성하였는데, 참고가 되었다.

근대와의 대비를 강하게 인식했던 것이다.

　제2차 세계대전 후가 되어, 열강의 식민지가 되었던 아시아 지역의 민족독립과 '사회주의국가'의 성립이라는 현실을 앞에 두고, 세계사의 발전 법칙에 기초한 시대구분 논쟁이 활발히 전개되기에 이르렀다. 과거 나이토(內藤)가 근세라고 인식한 송대 이후의 사회는 마르크스주의 역사학의 영향을 받아 생산관계로써의 지주=전호(佃戶)관계를 중시하는 입장에서, '중세봉건제(농노제)' 사회로 평가되었다(중세설). 이에 반해, 나이토의 학문을 계승했던 미야자키 이치사다(宮崎市定)는 '동양적 근세'5)에서 통일·분열·재통일이라는 단계를 거친 유럽과의 비교사적 시각에서, 송 왕조의 천하통일을 가지고 동양의 근세 단계로 설정했다(근세설). 그것은 '국민주의(내셔널리즘)'의 발흥으로 근세적 통일이 달성되었다고 하는 데에서 분명히 나타나듯이, 동아시아 세계의 근세를 논하기보다는 어디까지나 중국 일국의 발전을 더듬어 찾으려는 것이었다. 이와 같이 1950년대에서 70년대에 걸쳐 중세설과 근세설 사이에 벌어진 시대구분 논쟁에서 초점이 된 것은 중국 일국의 발전 단계를 둘러싼 것이었다. 날카롭게 대립했던 두 학설이긴 하였지만, 쌍방이 함께 추구하고 있었던 것은 국민국가로써의 중국의 성립에 이르는 여러 단계를 가늠하기 위한 '잣대'였다고 할 수 있겠다.

　그 후 1980년대에 들어서, 전후 역사학의 패러다임이 전환하는 가운데, 발전단계론에서의 역사파악은 크게 후퇴함과 동시에, 중국 사회 고유한 구조를 중시하려는 입장에서, 유럽 모델을 비유럽 사회에 적용하려는 고대·중세·근대의 3분법적 파악도 그 의의를 급속히 상실하게 되었다.

　근년의 근세개념은 일국사적인 구속에서 벗어나, 다시 유라시아 규모에서의 일체화나 동아시아 세계에서의 시대적 공시성을 나타내는 것으로 사용하게 되었다. 이를테면 스기야마 마사아키(杉山正明)는 '근세'라고 분명히 말하지는 않으면서도, 13·14세기에 인류 역사상 최대의 판도를 실현했던 몽골에 의한 대통합에 착안하면서 유라시아와 북아프리카는 '몽골시대'를 통해 '중세'의 잔재를 떨쳐내고 '포스트 몽골시대'라고도 해야 할 시기를 거쳐 '근대'로 서서히 변천

---

5)　宮崎市定,「東洋的近世」『宮崎市定全集』2(岩波書店, 1992). 初出 1950년.

하여 왔다고 했다. 이른바 서유럽의 '대항해(大航海)시대'도 어디까지나 몽골시대의 온건한 일체화를 전제로 해서 일어난 것임을 강조했다.[6]

한편, 기시모토 미오(岸本美緖)는 일종의 편의적인 방법에 지나지 않는다고 단정하면서 16세기부터 18세기까지의 사이를 가리켜 동아시아의 '근세'로 파악했다.[7] 이것은 일본사에서 말하는 근세나 유럽사에서 말하는 근세(Early Modern)와도 거의 겹친다고 말한다. 그것은 아시아 여러 지역의 국가체제나 사회 경제의 방식이 유럽과 같아서가 아니고, 또한 '세계 시스템론'처럼 다른 체제가 하나의 분업시스템 속에 확실히 통합되어 있다는 인식에 기초하는 것도 아니며, "가지각색의 개성을 지닌 여러 지역이 상호 영향을 주면서 16세기에서 18세기라는 이 시대 격동의 리듬을 공유하고 있었다고 하는 인식에 기초한 것"으로, 말하자면 온건한 공시성(共時性)이라고도 할 수 있는 사고방식이다.

여기서는 후술할 중국 수도의 동서 이동에서 남북 이동으로의 변화에 착안해, 기간을 좀 길게 잡아 13세기부터 18세기까지를 동아시아의 근세로 파악하고 싶다. 스기야마가 말하는 '몽골시대'와 기시모토가 말하는 '격동의 리듬'을 준비했던 '포스트 몽골시대'에 각각의 지역에서의 독자적인 행보나 그 결과로 생긴 격동의 실상에 대해서도 주의를 기울이고 싶기 때문이다. 이것은 중세에서 근대로의 이행기를 적극적으로 평가해 보자는 본권의 '서론'(이토 쯔요시: 伊藤毅 집필)의 입장과도 생각의 기저에는 공통성을 가지고 있을 것이다. 근세는 중세도 근대도 아니다. 그 고유의 특징으로서, 통일화·집권화·상업화·세속화 등을 들 수 있다. 이러한 동아시아 세계에서 공시성 속에서만이 근세중국의 수도(首都) 성립의 특질도 분명히 드러나게 될 것이다.

---

6) 杉山正明, 「中央ユーラシアの歴史構圖 -世界史をつないだもの-」『岩波講座世界歷史』 11(岩波書店, 1998).
7) 岸本美緖, 『東アジアの「近世」』(山川出版社, 1998). 同 「時代區分論」『岩波講座 世界歷史』 1(岩波書店, 1998).

Ⅱ. 중국에서의 수도 이동-동서이동에서 남북이동으로

중국은 일국이라고는 하지만 유럽(약 500만 평방킬로미터, 단 시베리아는 제외)보다 훨씬 넓은 960만 평방킬로미터의 영역을 가지고 있다. 이 영역에 고유한 중화문명(여기서는 황하문명과 장강문명을 합친 것임)을 형성하고, 4천년 이상이나 이 문명을 지속해 왔다. 물론 그 사이에 왕조 교체가 자주 있었고, 유목민을 중심으로 하는 비한족(胡族·夷族) 정권이 성립된 적도 있었다. 하지만 끊임없이 한족(漢族)을 중심으로 주변의 수많은 소수(少數)민족을 안으로 포섭하면서 그 문명을 유지해 왔다는 것은 세계 역사상 보기 드문 예라고 할 수 있다.

그렇다면 중화문명의 경이적인 지속성의 비밀은 어디에 있는 것일까? 자세히 살펴보면, 실은 그 문명의 중심이 발상지의 하나인 황하 중류·하류 지역, 이른바 '중원(中原)'에 끊임없이 머물러 계속되어져온 것은 아니라는 것이다. 유럽 문명이 고전고대·중세에서 근대로 그 중심을 이동해 온 것처럼, 중국에서도 그 정치적 중심은 자주 이동하고 있었던 것이다. 다만 유럽의 경우는 근대를 맞이하자, 국민국가로써 각각 독자적으로 국가형성의 길을 걸어간 데 반하여, 중국은 근세 이후, 끝까지 그 통일을 유지해 왔다는 점에서 커다란 차이가 있다. 현재 추진되고 있는 유럽 재통합의 움직임은, 어떤 의미에서 유럽 근대의 이러한 국민국가 형성의 역사가 가지고 있던 한계와 역사성을 분명히 하면서, 새삼 중화문명이 가진 독자적인 존재 가치를 높이고 있다.

단지, 중화문명 위에 구축되었던 중국사회도 농경민으로써의 한족(漢族)에 의한 균질(均質)된 일원적 사회로 되어있는 것이 아니라, 각각의 민족 대립과 융합에 의해 다민족 사회가 형성되어 있었다. 중국사 특유의 다이나믹한 역사전개도 유목민으로 대표되는 주변 여러 민족과의 충돌과 융합의 소산이었던 것이다.

예를 들어, 중국의 역대 왕조의 수도나 근대 이후의 수도를 열거하면, 진(秦)의 함양(咸陽), 전한(前漢)의 장안(長安), 후한(後漢)의 낙양(洛陽), 삼국(三國)시대 위(魏)의 낙양(洛陽), 오(吳)의 건업(建業), 촉(蜀漢)의 성도(成都), 송(宋)의 개봉(開封), 원(元)의 대도(大都), 명(明)의 남경(南京)과 북경(北京), 청(淸)의 북경(北京), 중화민국의 남경(南京), 중화인민공화국의 북경(北京) 등, 대표적인 몇 개의 도시를 떠올릴 수 있다. 이들 도읍지나 수도의 이동 궤적을 보면, 은주(殷周) 시대부터 오대 북송까지의 동서이동과 그 이후 현재에 이르는 남북이동이라는 커다란 십자형을 그리고 있다. 이것이 염숭년(閻崇年)이 말하는 '동서남북 대십자형 천이(遷移)' 모델이다.[8] 이 십자형을 이루는 이동은 경제적 중심(주요 곡창지대)의 동남부로의 이동과, 북방민족 근거지의 서북지역에서 동북지역으로 이동이 서로 얽혀 생긴 것이다. 또 세오 다츠히꼬(妹尾達彦)가 지적하였듯이 수도의 입지는 중국 내부의 요인만이 아니라, 동아시아 세계의 공간적 확대와 그 역사에 따라서도 결정되어 있다. 한편으로는, 결정된 수도의 위치는 그 후 동아시아 세계 전체에 큰 영향을 준다는 상호 규정적인 관계도 나타나고 있었다.

전자의 경제적 중심이 동이(東移)[9]하는 사례에 대해서 좀 더 자세히 살펴보면, 3세기 이후, 삼국의 오(吳)나 남조(南朝)시대부터 강남(江南)의 개발이 진전되었고, 당대가 되면 국가 재정에도 큰 영향을 주기 시작했다. 수도 장안의 곡물 공급도 동남지방으로부터의 조운(漕運)에 의존하지 않을 수 없었다. 하지만 물자수송에는 어려운 문제가 따르게 되어, 결과적으로 수도 자체의 동방 이동을 불러 일으켰던 것이다.

10세기 이후가 되면, 중국에는 요(遼)·금(金)·원(元)·청(淸)으로 연달아 이족(夷族) 정권이 성립하게 된다. 그들은 모두 먼저 북중국에 도읍을 하고 천하를 호령했다. 그 결과 장안이나 낙양은 군사적 중요성을 잃어버려, 수도가 남에서 북으로 이동하기 시작하였다.

이러한 동서 이동과 남북 이동은 고대나 중세의 양경제(兩京制)와 근세의 양경제(兩京制) 사이에 차이를 단적으로 보여주고 있다. 전자는 장안과 낙양으로 대표되는 동서형의 양경제인데 반해, 후자는 명대의 북경과 남경으로 대표되는 남북형 양경제로 바뀌었다. 따라서 중국 역사상, 고대나 중세의 수도는 주로 장안에, 근세 이후는 북경에 두어졌다고 개괄할 수 있다.

---

8)　中國古都學會編, 『中國古都硏究』 2집(浙江人民出版社(杭州), 1986)[후에 閻崇年, 『燕步集』(北京燕山出版社, 1989)에 「中國都城遷移的大十字趨勢」로 수록]. 妹尾達彦, 「中華の分裂と 再生」 『岩波講座 世界歷史』 9(岩波書店, 1999).

9)　桑原隲藏, 「歷史上よりみたる南北支那」 『桑原隲藏全集』 2(岩波書店, 1968), 初出 1925년.

표 9. 中國의 王朝交替와 首都의 移動

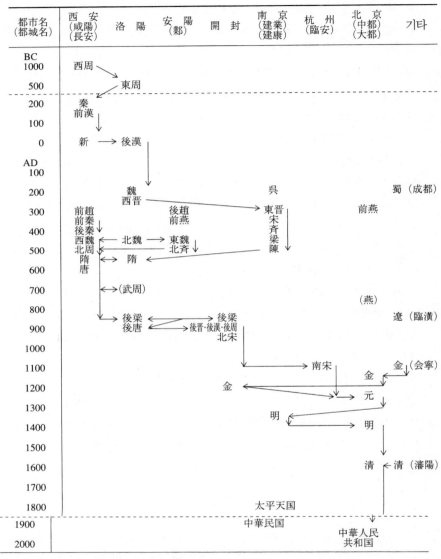

(注) →는, 王朝의 繼承關係나 首都의 移動을 가리킴.
(出典) 妹尾達彦,「中華의 分裂과 再生」(『岩波講座世界歷史』9, 岩波書店, 1999) 및
　　　 史念海,『中國古都和文化』(中華書局(北京), 1998)를 參照하여 作成.

흥미롭게도 양경(兩京)이 동서형에서 남북형으로의 변화는 도성의 평면 계획에서 중축선이 동서축(坐西向東)에서 남북축(坐北向南)으로 이행하는 것과도 대응하고 있다. 양관(楊寬)에 연구에 따르면, 도성의 중축선의 변화는 전한에서 후한을 거쳐 수(隋)·당대(唐代)에 이르는 시기에 진행되었다고[10] 하므로, 양경 배치의 동서형에서 남북형으로의 변화는 결과적으로 이것을 추인한 것이라고도 할 수 있다.

수도는 무엇보다 정치권력의 중심인 이상, 그것의 이동에 경제적인 요인보다도 정치적인 요인이 더 큰 의미를 가지는 것은 동서양을 막론하고 모두 마찬가지다. 특히 중국의 경우에는 정치적 요인이 보다 더 강하게 작용해왔다. 북경이 천년 가까이 수도로의 위치를 보유할 수 있었던 것도 북변 방위로 대표될 수 있는 정치·군사적 요인이 크게 작용하고 있었다. 오해를 두려워하지 않고 말한다면, 상업화 시대가 시작되는 근세 이후에도, 중국사를 관통하는 정치주의적인 굵직한 줄기를 찾아낼 수가 있다.

이상과 같이 중국사회의 경제발전과 정치적 전개가 불러온 민족 융합의 필연적 소산이 이 '동서남북 대십자형 천이'의 궤적이다. 이러한 동서 이동에서 남북 이동이라는 큰 변화 속에서 아마도 종착점으로 위치한 것이 현재의 수도 북경일 것이다(《표 9》 참조).

Ⅲ. 북경의 성립-여러 왕조들의 천도

근세 중국에서 수도 북경의 역사를 뒤돌아보면, 금나라의 해릉왕(海陵王)에 의한 연경 천도(1153년), 몽골의 쿠빌라이 의한 중도 천도(1264년), 명의 영락제(永樂帝)에 의한 북경 천도(1421년), 청의 순치제에 의한 북경 천도(1644년)와 같이 성립하였던 왕조의 수만큼이나 현재의 북경으로 천도했던 사례를 열거할

---

10) 楊寬, 『中國 古代 都城制度史 研究』(上海古籍出版社, 1993).
   〈옮긴이 주〉 이 책은 최재영씨가 번역하여 가까운 시일내로 출판된다고 한다.

수가 있다. 천도(수도 이전)라는 것은 궁전을 포함한 도성을 새로운 장소로 옮겨 놓는 일이지만, 그것만에 그치는 것이 아니라 천도를 계기로 각 정권이 안고 있던 여러 과제를 해결하고자 도모한 것이기도 했다.

이하에서는 지금까지의 많은 연구 성과를 발판으로 하여, 각각의 천도 경위를 추적함과 아울러 각각의 정권이 직면하고 있던 여러 과제를 분명히 밝혀보려 한다.

1. 해릉왕(海陵王)의 연경(燕京) 천도
-관료제적 집권 시스템의 수용

10세기 당말 이후, 군사적 우위를 바탕으로 하여 장성(長城) 밖의 북방 민족인 거란족(契丹族)·여진족(女眞族)·몽골족이 잇달아 정권을 수립하고, 농경지역과 유목·수렵 지역과의 경계선상에 가까운 현재의 북경으로 수도를 옮겼는데, 그 결과 한족(漢族) 정권은 강남으로 쫓겨났다. 이리하여 중국 본토에는 '제2차 남북조'[11]라고도 할 만한 남북 분열의 정국이 재현되었다.

거란족인 요는 5대 후진(後晋)에서 '연운십육주(燕雲十六州)'의 땅을 획득하여 다민족 복합국가를 이룩하였다. 그러자 938년(會同元年)에 그 중심지 유주(幽州, 현재의 북경)를 5경의 하나인 남경(南京)으로 승격시켰다. 남경성은 당의 절도사(節度使)가 있던 유주성을 답습한 것으로, 주위 26여 리로 되어 있었다. 단 유목 형태를 강하게 보유하고 있던 거란족이 본거지로 하고 있던 것은 상경(上京) 임황부(臨潢府, 현재 내몽골 자치구 巴林左翼旗林東鎭)였다. 남경유주부(南京幽州府)는 후에 연경석진부(燕京析津府)라고 불렸는데, 새로 획득한 한인 거주 지역의 중심

---

11) 愛宕松男, 『アジアの征服王朝』(河出書房新社, 1969). 愛宕松男·寺田隆信, 『中國の歴史 6, 元·明』(講談社, 1974). 愛宕는 전자에서 12세기의 동아시아, 즉 淮水를 국경으로 한 宋·金 100년간의 대립을 '제2차 남북조'로 파악하고 있는데, 후자에서는 10세기 이래의 거란과 중국의 오대·송과의 대립에도 부연하여 '제2차 남북조'라는 용어를 사용하고 있다.
〈옮긴이 주〉 이 책에 관해서는 本書의 〈서론-북경 천도 연구 서설〉 각주(9) 참조.

으로써 외교적 기능도 지니고 있어, 5경 가운데서도 경제적으로 가장 번영되어 있었지만, 그렇다고 하더라도 이곳을 요나라(遼朝)의 수도로 볼 수는 없다.[12]

이어 여진족의 금조는 제4대 해릉왕 때, 1153년(貞元 元年) 3월, 수도를 상경 회령부(上京會寧府; 현재의 黑龍江省 阿城縣의 남쪽)에서 연경으로 옮기고 '중도(中都)'로 개칭하였다. 중도성은 주위 37여 리로 확장되었다. 연경으로 천도한 이유는 잘 알려진 바와 같이, 제3대 희종(熙宗) 때에 금과 송 사이에 황통화의(皇統和議, 1142)가 성립됨으로써 회수(淮水)·대산관(大散關) 라인으로써 남송과 경계를 삼고, 금조의 영토가 북 중국의 태반에 이르고 있었다는 것이 들어지고 있다. 종래 상경 그대로라면 수도가 너무 지나치게 북쪽으로 치우쳐 버리게 된다는 것이다. 그러나 이런 수도의 공간적 입지 조건만이 문제가 된다면 요제를 본 떠 5경제를 시행해도 충분할 것이다. 거기에 그치지 않고 연경천도를 시행한 것은 이 시기의 금조가 '북아시아적인 부족 봉건제'에서 '중국적인 군주 독재제'로 이동하는 과도기였다는 정치사적 배경이 중요하다.[13] 1156년(正隆 원년), 중국적 관료제를 도입한 '정륭(正隆)관제'와 더불어, 농경지역의 북단에 위치한 연경으로의 천도는 금조가 한족 사회에 발달한 관료제적 집권 체제를 수용하는 것이었다.

해릉왕의 천도는 북경의 역사적 측면에서 보더라도 그 후의 원(元)·명(明)·청(淸)으로 이어지는 도성 시기의 막을 여는 중요한 결정이었다. 그렇다고 하더라도, 1151년부터 건설하기 시작한 도성계획이 완전히 북송의 동도(東都)인 개봉(開封, 汴京)을 모방한 것이라는 데에서도 보여지고 있듯이, 금조의 연경(燕京) 천도는 한족 사회의 모방과 수용에 머물고 있었다.

2. 쿠빌라이의 중도(中都) 천도 - 중화세계의 확대

1260년(중통 원년)부터 4년에 이르는 동안, 막내 동생 아리크 부케와의 몽골

---

12) 楊寬, 前揭書. 河上洋, 「遼の五京の外交的機能」 『東洋史硏究』 52卷 2號(1993).
13) 田村實造, 「海陵王の燕京遷都に關する一考察」 『中國征服王朝の歷史』(中)(同朋舍, 1971).

제국의 제위계승 전쟁이 종식되자, 칭기즈칸의 손자인 쿠빌라이(世祖)는 유라시아 유목지역과 농경지역의 쌍방에 기반을 둔 새로운 형태의 국가건설에 착수했다.[14] 그 국가의 기본 구상은 초원의 군사력, 중화의 경제력, 거기에 무슬림의 상업력이라는 유라시아사를 관통하는 세 개의 역사적 전통 위에서 이 삼자를 융합하려는 것이었다고 한다.

더욱이 이 시기에 이미 연경(燕京)-개평(開平, 현재의 내몽골자치구 正藍旗의 동쪽, 도론 노르 지구)에 도읍을 정한다는 구상이 되어 있었다. 1263년 5월 먼저 개평부(開平府)를 상도(上都)로 승격시켰다. 뒤이어 아리크 부케가 상도로 투항해 오자, 이듬해 8월에 연경을 '중도(中都)'라 개칭하고, 연호를 지원(至元)으로 개원(改元)했다.

애초에는 금조(金朝) 이래의 중도의 구성을 개조하려고 했다. 나중에 이를 단념하고 중도성의 동북 교외에 새로운 수도 카안발릭(카안의 수도, 역자 주 : 원대의 몽골인이 대도를 부르던 말)의 건설이 계획되었다. 결국 이 해에는 실현되지 못하였다고 하더라도, 통일 쿠릴타이가 예정되어 있었다고 하니, 이 새로운 도성의 건설은 무엇보다도 몽골 세계를 향해 계획된 것이었으리라. 이 시점에서는 쿠빌라이 정권이 중국식 국호 '대원(大元)'이라는 이름을 쓰지 않았고, 남송의 합병(1276년)도 아직 실현되어 있지 않았다. 카안발릭은 황제의 수도는 아니며 문자그대로 카안의 수도였다.

대도의 건설 과정을 보면, 1267년 정월에 새로운 도성의 성벽건설을 착수함과 동시에, 4월에는 카안의 오루도(天幕群, 천막군으로 되어 있는 유목 궁성)를 둘

---

14) 杉山正明, 「クビライと大都」 『中國近世の都市と文化』(京都大學人文科學研究所, 1984). 후에 同 『モンゴル帝國と大元ウルス』(京都大學學術出版社, 2004)에 수록. 同 『大モンゴルの世界-陸と海の巨大帝國』(角川書店, 1992) ; 同 『クビライの挑戰-モンゴル海上帝國への道』(朝日新聞社, 1995).

〈옮긴이 주〉 몽골이 지배했던 원대에 관한 구체적인 사항을 이해하기 위해서는, 한국에서 여러 책들이 번역되어 나왔다. 그 가운데 우선, 오타기 마쓰오 지음(윤은숙, 임대희 옮김), 『대원제국』(혜안, 2013). 杉山正明(임대희, 김장구, 양영우 옮김), 『몽골세계제국』(신서원, 1999). 杉山正明(양영우, 임대희 옮김), 「연구동향 : 일본에서의 요금원시대사 연구」 『중국사연구』 제3권(1998) 등을 참고하도록 소개한다.

러싼 궁성의 성벽 설치를 새로 착수했으며, 이듬해 10월에 완성했다. 1271년 11월에 국호가 대원(大元)이라 정해지자, 중국 왕조에 상응하는 대내 궁성을 건설하기 시작하였다. 1273년에 정전과 침전에 해당하는 대명전(大明殿)·연춘각(延春閣)이 완성되었다. 그 사이 1270년 2월에는 중도(中都)를 '대도(大都)'라 명명했다. 1274년 정월에 대내궁전의 완성과 함께 쿠빌라이는 정전에 나가 황태자·제왕, 그리고 백관의 조하를 받았다. 대도성의 외곽(나성)은 완공이 늦어져 1276년에 완성되었다. 더욱이 1293년(지원 30), 강남의 물자를 대도 성내의 적수담(積水潭)으로 운반해 들여올 운하 '통혜하(通惠河)'가 개통됨으로써 대도(大都)성은 거의 완성되었다.[15]

대도(大都)의 건설이 급속도로 진행되고 있는 사이에, 서북 유라시아의 쥬치가(家), 중앙아시아의 차카타이가, 서아시아의 훌라구가도 각각 자립의 태세를 갖추어, 몽골제국은 '다원복합연방국가(多元複合聯邦國家)'로 변신했다. 동편 쿠빌라이의 원조 정권은 유목지역의 몽골리아와 농경지역의 중국 본토와의 쌍방에 걸쳐 이루어진 국가로 변모했다. 그 양극성은 몽골 초원에 위치한 상도(여름의 수도)와 화북평원의 북단에 위치한 대도(겨울의 수도)를 카안 자신이 스스로 이동하는 양도(兩都) 순행제에 상징적으로 나타나 있다.

다시 중국 본토를 향해 주목해 보면, 원조의 성립은, 당(唐)왕조 멸망 이래 300년 이상이나 남북 분열이 계속되어 오던 중국 사회에, 오랜만에 통일 왕조가 출현했다는 의미를 가지고 있다. 그렇다고는 하더라도, 원 세조 쿠빌라이에 의해 영역적 통일이 이루어져 90여 년 간 몽골의 지배를 거쳤는데, 그때까지도 분열시대의 유산은 역시 온존하고 있었다. 그런 까닭에, 남북으로 갈라져있던 중국사회의 통일이라는 과제는 몽골 지배에 종지부를 찍은 명조(明朝)로 새삼 이어지게 되었다.

---

15) 陳高華(佐竹靖彦 譯), 『元の大都-マルコ·ポ-ロ時代の北京』(中央公論社, 1984). 杉山, 前揭, 「クビライと大都」.

3. 영락제(永樂帝)의 북경 천도 -확대된 중화세계의 계승

세 번째 천도는 명조 제3대 황제인 영락제에 의한 북경 천도이다. 현재의 북경에 대하여, 남경과 대비하여 짝을 이룬다는 의미로 '북경'이라는 명칭이 붙여진 것은 확실히 1403년(영락 원년) 정월, '정난(靖難)의 변(變)'에 승리하고 제위를 찬탈한 영락제의 결정에 의한 것이었다. 이에 따라 남경(南京) 응천부(応天府)와 북경(北京) 순천부(順天府)라는 양경(兩京)체제가 창시되었다. 이후, 영락제 자신에 의한 세 차례의 북경순행을 거쳐, 1421년 정월에 천도가 실현될 때까지 20년 가까운 세월이 걸렸다.[16]

그 경과를 보면, 먼저 1406년에 사천(四川)이나 호광(湖廣)지방에서 목재 등 궁전 건축 재료의 조달이 시작되었다. 1411년에는 황하와 위하(衛河)를 잇는 회통하(會通河)의 개수공사에 착수해, 배후지가 열악한 북경과 경제적 중심인 강남(江南)을 연결하는 대운하 정비를 꾀하였다. 1413년 친히 능묘 장릉(長陵)을 완성하고, 이어 1417년에는 자금성의 건설공사를 본격적으로 시작하였다. 1420년 9월, 궁전 완성을 목전에 두고, 이듬해 정월 원단에 갓 지은 새로운 궁전에서 조하(朝賀) 의식을 거행할 것이 제안되었고, 그 제안은 받아들여져 다음해 정월 원단에 새 궁전에서 조하의식을 거행하도록 결정되었다.

북경 천도는 중앙정부의 기능은 물론, 모든 것을 북경에 집중시켜, 명제국의 명실공히 수도로써의 지위를 북경에 약속하는 것이었다. 하지만 사태는 영락제가 기대했던 대로 진행되지 않았다. 그것은 조하(朝賀)의식이 거행되고 수개월 지난 후인 4월 8일에 낙뢰에 의해 금방 완성됐던 자금성의 삼전이 소실되었기 때문이다. 낙뢰를 맞아도, 삼전 가운데에서 가장 중요한 봉천전(奉天殿)이 직격탄을 맞았기 때문에 당시 사람들은 이것을 하늘이 내리는 벌, 곧 '천견(天譴)'으

---

16) 新宮學, 「南京還都 -永樂19年4月北京三殿燒失の波紋-」 『明淸時代の法と社會』 (汲古書院, 1993) ; 新宮學, 「洪熙から宣德へ -北京定都への道-」 『中國史學』 제3권 (1993). 뒤에 本書, 『北京遷都の研究 -近世中國の首都移轉-』(汲古書院, 2004)의 「제5장 남경 환도 -영락19년 4월 북경 삼전 소실의 파문-」과 「제6장 홍희에서 선덕까지 -북경 정도의 길-」에 수록되어 있다)

사진 11. 명의 중도(봉양)의 오문

사진 12. 명의 중도(봉양)의 궁성 서측의 성벽과 호성하

로 받아들였다. 이를 계기로 북경건설을 둘러싼 문제점이 단번에 분출하였다. 측근 관료 가운데서도 천도 반대론이 공공연히 제기되어, 새롭게 수도로 정해진 북경의 지위는 동요하기 시작했다. 이런 동요를 떨쳐내려는 듯이, 영락제는

몽골 친정을 1422·1423·1424년, 이렇게 연년으로 강행하였는데, 이것은 도리어 그 자신의 죽음을 앞당기게 하였다.

영락제 사후, 천도한 지 4년 후인 1425년(洪熙 원년) 3월, 아들인 홍희제(洪熙帝)는 남경으로의 '환도'를 결정했다. 북경의 관청에는 다시 '행재(行在)'라는 명칭이 붙여졌다. 그 후, 이 명칭에서 벗어나 북경이 명실 공히 수도로써의 부동의 지위를 획득한 것은 삼전이 재건된 16년 후인 1441년(正統 6년) 11월에 가서야 가능했다.

북경 천도가 구상에서부터 실현까지 20년이라는 긴 시간을 요했기 때문에, 영락제가 천도하려 한 의도에 대해서는 그것을 구상했던 제위찬탈 직후의 상황에 입각해서 고찰하지 않으면 안 된다. 그간에 남경을 중심으로 한 국내 여론의 동향과 북변의 몽골 동정에도 뚜렷한 변화가 존재했다고 생각되기 때문이다. 예를 들면, 일반적으로 지적되는 '북변 방위의 편의'가 직접적인 이유라고 하는 것도, 좀 검토할 필요를 느낀다. 몽골 기병의 군사력을 배경으로 '정난(靖難)의 변(變)'에서 승리했던 영락제는 즉위 당초 몽골의 위협을 별로 인식하지 않았다는 단락이 있다.[17] 북변에 배치되었던 영왕의 희망을 받아, 강서의 남창으로 이봉(移封)시키는 한편, 대녕위(大寧衛) 일대를 '정난(靖難)의 변(變)'에 협력한 타타르의 올량합(兀良哈) 3위[三衛: 타안=고북구(古北口)에서 산해관(山海關)까지, 태녕(泰寧)=광녕 전둔위(廣寧前屯衛)의 서쪽에서 광녕진(廣寧鎭) 백운산(白雲山)까지, 복여(福餘)=백운산(白雲山) 이북에서 개원까지]에 맡긴 것은 그런 면을 잘 나타내주고 있다. 북변방위의 중요성은 오히려 천도로 향한 움직임이 진행되는 가운데에서 새로이 강조되어, 영락제에 의한 몽골친정도 실현되었다고 해야 할 것이다. 더욱이 명 중기 이후가 되면, 북변의 위협이 현실적인 문제로 대두하였다.

북경 천도라는 거대 프로젝트를 실현하기 위해서는 황제 개인적 동기에 머물지 않는, 이른바 천도의 이념을 제시할 필요가 있었다. 바꿔 말하면, 동시대 사람들에게 '공동의 환상(幻想)'을 부여하지 않으면 안 되었던 것이다. 이에 대해 단조 히로시(檀上寬)는 '남인정권'에서 통일정권으로 라는 초기 명조정권의

---

17) 毛佩琦·李焯然, 『明成祖史論』 民族篇, 5, 遷都論(文津出版(臺北), 1995).

궤적을 바탕으로, 북방 천도의 이념을 '진정한 통일왕조 확립'에서 구하였다.[18] 다만, 홍무제가 천도를 모색하고 있었던 것은 홍무조 초기의 일이며 남경 이외에 구체적인 행동을 취한 것은 개봉(開封)과 봉양(鳳陽)에 대해서였다.[19] 개봉의 경우, 1368년 8월에 '북경'이라 명명된 적이 있다. 하지만 이것은 대도 공략 등 북벌을 위한 전진기지로써 설정된 것에 지나지 않았으며, 여기에 새로운 공사가 이루어졌다는 흔적은 거의 없다. 그 대신, 홍무제 주원장의 고향인 봉양(鳳陽)에서는 1369년 9월부터 궁성 건설이 시작되었으며, 1375년 4월에 돌연 중지 명령이 내려질 때까지 대규모의 공사가 계속되었다. 그 넓은 유구(遺構)의 일부는 현재에도 실제로 볼 수 있다(사진 11, 12). 봉양은 '중도(中都)'라 명명되어, 홍무제가 확실히 남북통일의 과제 실현을 강하게 의식하고 있었다는 것을 단적으로 보여주고 있다.

홍무제 사후, 조카인 건문제(建文帝; 홍무제의 손자)와 숙부인 연왕(燕王; 홍무제의 아들, 후에 永樂帝)과의 사이에 일어난 싸움인 '정난(靖難)의 변(變)'은 말할 것도 없이 주씨(朱氏) 명왕조 내부의 황위 계승을 둘러싼 다툼이었다. 4년에 걸쳐 이어진 전투는 연왕측이 강하게 의식했던 것처럼 '남북전투'(『명태종실록』권69)로써 싸웠기 때문에, 그 '정난(靖難)의 변(變)' 후에 다시 남북의 대립과 경제적 격차가 표면화되었다. 이 때문에 영락제는 치세 대부분을 홍무제와는 반대로 조운제도를 중심으로 한 국가적 물류를 지렛대로 해서 북으로부터 남북 일체화를 추진하여 나가게 되었다.

홍무정권이 당초 세웠던 남경=경사체제는 정치의 중심과 경제의 중심과의 일치를 그 특징으로 하고 있었던 것에 반해, 영락 천도 이후에 완성된 '북경시스템'은 양자 분리를 특징으로 하고 있다. 남북분열을 실질적으로 통일했던 명 조정권이, 홍무(洪武)·건문(建文) 왕조의 과도기를 거쳐 영락 연간에 스스로 선

---

18) 壇上寬, 『明朝專制支配の史的構造』(汲古書院, 1995).

19) 松本隆晴, 「明代中都建設始末」 『東方學』 67輯(1984). 王劍英, 『明中都』(中華書局(北京), 1992). 이 외에 서안도 홍무 초년의 건도 논의 속에 후보지의 하나로서 건의되었던 적이 있다. 新宮學, 「初期明朝政權の遷都問題について -洪武24年皇太子の陝西派遣をめぐって-」 『東方學』 94집(1997). 후에 本書 『北京遷都の研究』에 수록.

택한 이 시스템은 국가와 사회의 괴리를 특징으로 하는 중국 근세 사회의 기틀 완성을 의미했다.

또 영락제의 북경 천도는 홍무제가 강력하게 진행하던 중국 본토의 남북통 일에 그치지 않고 중화(中華)와 이적(夷狄)을 통합하는 '화이일통(華夷一統)'을 실 현하는 것이기도 했다. '화이일통'이라는 표현 자체는 이미 홍무제의 조서에도 보이는데, 농경지역과 유목·수렵지역의 경계선상에 위치한 경계도시 북경으로 의 천도는 이런 이념을 실현하는데 보다 현실감을 주었을 것이다. 몽골·원조 시대에 확대된 중화세계의 계승, 화이일통에 의해 형성된 세계는 미야자키 이 치사다(宮崎市定)가 말하는 '동아(東亞)공동체'[20]로도 바꿔 말할 수 있을 것이 다. 몽골 친정 외에 영락 연대에 행해진 정화(鄭和)의 남해(南海) 원정, 안남(安 南) 출병, 이시하(亦失哈)의 시베리아 탐검(探檢)도 이러한 확대된 중화 세계의 계승이라는 이념을 구체화하려는 것이었다. 무엇보다도 '토목(土木)의 변(變)' 이 후, 명조 군사력의 약체화가 드러나 몽골이 우위에 서자, 이런 이념은 궤도 수 정을 하지 않을 수 없어, 한족 왕조로서의 성격을 강화해 나갔다. 그렇다고는 하더라도, '화이일통'의 상징성을 부여받은 북경의 다민족 도시로서의 유산은 다음 청조(淸朝)에서도 계속 이어져 나갔다.

4. 순치제(順治帝)의 북경 천도 -다민족 복합 국가의 수도

1644년(崇禎 17) 3월, '유적(流賊)' 이자성(李自成) 군대가 단번에 북경성을 함 락하자, 명의 숭정제(崇禎帝)는 자살하였고, 이로써 명조는 망했다. 이로부터 40 일쯤 되었을 때, 명의 항장 오삼계(吳三桂)의 안내를 받아 산해관(山海關)에 들 어온 청군이 북경에 다다르자, 이자성은 새로운 정치 체제를 세우지 않고, 자금 성에 불을 지르고 북경을 떠났다. 그 이틀 후인 5월 1일에 교체된 청조의 섭정 왕 도르곤이 북경의 자금성에 입성했다. 다음날 타고 남은 무영전에서 명조의

---

20) 宮崎市定, 「洪武から永樂へ -初期明朝政權の性格-」『宮崎市定全集』 13(岩波書店, 1992), 初出 1969년.

항복한 신하들을 맞아 축하를 받았다.

청군이 북경을 점령하자 성경(盛京) 심양(瀋陽)에서 북경으로 천도하는 문제
가 수면에 떠올랐다. 6월 11일 도르곤은 제왕, 베이러(貝勒), 대신들과 상의하
여 천도를 결정하고, 유왕(幼王)인 복림(福臨, 세조 순치제)을 맞이하기 위해 사자
를 보내었다.[21] 그 뒤 순치제(順治帝)를 성경에서 북경으로 맞이하자, 10월 1일
에 수도를 북경으로 정할 것을 정식으로 결정하고, 남교에서 중화세계의 황제
로 즉위한다는 것을 하늘에 고함과 동시에, 종래대로 대청(大淸)이라는 국호와
순치(順治) 기원을 사용하도록 했다[『청세조실록』권9, 순치 원년(1644) 10월 乙卯朔
의 조]. 고제(告祭) 의식에, 명조이래의 천단(天壇)을 그대로 사용하고 있다는 점
이 보여주듯이, 청조에 의한 천도(遷都)라기보다는 중화왕조와 그 제위 계승이
라는 면이 중시되었다.

청조가 북경으로 수도를 옮긴 것은 두말할 것도 없이 중국 본토의 통일적
지배가 계획되어 있었기 때문이다. 청조의 중국 지배에 대한 선로(線路)는 앞에
서 언급한 것처럼 도르곤에 의해 깔린 셈이다. 그의 기본 방침으로서, 청조는
이민족 정권이면서도, 중국의 정통 왕조로써 명조를 이어받았다는 인식을 철
저히 했다. 명은 역적 이자성에 의해 멸망된 것이고, 청조는 도의적 행동에 바
탕을 두어 이자성을 벌하였으며, 그 결과 명을 이은 후계 왕조가 되었다는 시
각에서 모든 정책이 입안되었다.

하지만 이것은 단순히 명조 대신에 중국 역대 왕조의 지위를 차지했다는 것
을 의미하는 것만은 아니다. 입관전인 1635년 홍타이지는 내몽골의 차하르부
를 평정하고 만주족은 물론 몽골 제왕이나 한족 무장의 추대를 받아 이미 대
청황제로 즉위하였다. 또한 이 시기에 청조의 주력이 되는 팔기(八旗)도 정비되
어, 만주팔기·몽골팔기·한인팔기로 된 다민족 공생 집단으로 새롭게 갖추어져
있었다.[22] 이 집단이 입관 후에는 기인(旗人)으로써 청조 지배층을 구성했다. 이

---

21) 『淸史編年』第1卷, 順治元年(1644) 6月 丁卯(中國人民大學出版社(北京), 1992). 谷井
陽子,「淸朝漢地征服考」『明末淸初の社會と文化』(京都大學人文科學硏究所, 1996).
22) 石橋崇雄,『大淸帝國』(講談社, 2000).
〈옮긴이 주〉이 책은 이시바시 다카오 지음, 홍성구 옮김, 『대청제국; 1616~1799』

렇게 형성된 다민족 복합국가의 수도로써 북경이 선택되었던 것이다. 그와 동시에 명대에 이미 완성되어 있던 강남으로부터 북경으로의 국가적 물류 시스템을 거의 그대로 답습했다.

그 후, 청조는 만주인(중국 동북부)·한인(중국 본토)·번부(藩部, 몽골, 티벳, 위구르)의 세 영역을 내부에 포함하는 중화제국으로 발전했기 때문에, 북경 이외에도 중심지를 두지 않을 수 없었다. 하나는 누르하치가 1625년 이후부터 입관 전까지 수도로 했던 성경(盛京) 심양(瀋陽)이다. 여기에는 6부 가운데 이부(吏部)를 제외한 5부를 두고 만주인 관리를 배치하였다.[23] 여기에는 만주인의 전통과 결속을 유지하는 상징적인 의미가 내포되어 있었다. 또 하나가 승덕(承德: 熱河)이다. 장성(長城) 밖에 있는 승덕의 피서 산장에는 몽골족·티베트족·위구르족의 왕후, 조선이나 동남아시아의 조공 사절도 정기적으로 방문하였다.[24] 이것은 몽골 제국에 의해 확대된 내륙 아시아 세계의 중심으로 북경을 보완하는 역할을 하였다. 청제국은 확실히 몽골 제국과 명제국, 이 두 제국을 계승하려 했던 것이다.

사회적 측면에서 보면, 앞에서 논술한대로, 명의 영락제 북경 천도에 의해 국가와 사회의 괴리를 특징으로 하는 근세 사회의 틀이 이미 만들어져 있었기 때문에, 한족이 압도적인 비율을 차지하는 중국 사회가 만주인을 중핵으로 하는 다민족 복합 국가를 큰 혼란 없이 받아들일 수 있게 되었던 것이다.

이상, 천도에 주목하면서 근세중국의 거시적인 정치사의 전개를 살펴보면, 한족을 포함해 주변 여러 민족이 각각의 근거지에서 정권을 수립하고, 그 여세를 몰아 오늘날의 북경까지 내 달려와, 거기에 정치적 중심을 옮겨놓는 과정이었다고 바꿔 말할 수도 있을 것이다.

일본의 전국시대에 각지 유력한 무장들이 앞 다투어 경도(京都)로 올라가려

(휴머니스트, 2009)로 번역 출판되었다.

23) 鄭天挺, 「明淸的 "兩京"」『探微集』(中華書局(北京), 1980).
24) 岩井茂樹, 「乾隆期の大蒙古包宴」河內良弘 編 『淸朝治下の民族問題と國際關係』(文部省科硏費硏究成果報告書, 1991) ; 片岡一忠, 『淸朝新疆 統治硏究』(雄山閣, 1991).

고 했던 것은 거기에 자신의 군사적 권력과는 다른 권위, 곧 천황이 존재했기 때문이었다. 그러면 근세 중국의 북경에는 무엇이 있었을까. 거기에는 새로이 얻은 권력이나 권위는 없었다. 천도를 한 것은 이미 카안이나 황제를 칭하고 있던 인물이며 권력과 권위 어느 것이나 이미 수중에 쥐고 있었다. 물론, 권력을 획득하기까지 여러 면에서 그 기반에 아직 취약한 부분도 있었지만, 다만 획득되어진 것은 거기에 수도를 둠으로써 중화와 이적(夷狄) 양 세계로 넓혀진 확대된 중화 세계에 군림할 수 있게 되었다는 지정학적 사실이다.

Ⅳ. 도성의 개조-대도성에서 북경성으로

앞 절에서는 근세 정치사 가운데 각 정권이 천도에 이르기까지의 과정과 천도에 의해 해결하려 했던 여러 과제들을 살펴보았다. 여기서는 도성 공간의 변천에 주목하면서 북경성의 성립에 대해서 생각해 보려고 한다. 이미 선행연구에서 지적되었던 것처럼, 북경의 도성 공간의 변천을 살펴보면, 대도(大都)성의 도시 계획이 명청의 북경성에 계승된 것이 많다. 예를 들면, 도성의 중앙을 크게 점유하고 있는 태액지(太液池)나 적수담(積水潭) 등의 수변(水邊) 공간, 도시 내 격자 모양으로 나누어진 큰거리(大街), 게다가 가로 내의 호동(衚衕)이라 불리는 작은 길의 배치 등이다. 오늘날의 북경도 이러한 도성 공간의 역사적 전통에 강한 영향을 받아 그렇게 되어 있다.[25] 하지만 여기에서는 명의 북경성이 원의 대도성을 그대로 계승하지 않고, 개조한 부분에 주목하여 고찰하려고 한다.

명조가 창설된 후 얼마 되지 않은 1369년(홍무 2), 태조 홍무제가 건도 후보지에 대해 노신들에게 물어본 적이 있었다. 당연히 역대 수도로 되어 있던 서안·낙양·개봉 등의 이름이 거론되었다. 어떤 신하가 전 왕조인 원조의 대도·북평을 들어, 궁실이 완비되어있어, 백성의 노고가 절약될 것이라며 추천했다. 이에 대해 홍무제는 원조의 궁실도 "개조 없이 그대로 사용할 수 없는 것이므

---

25) 陣內秀信·朱煊自·高村雅彦編, 『北京-都市空間を讀む』(鹿島出版會, 1998).

로, 이것도 쉬운 일이 아니다"고 답하였다[『명태조실록』 권45, 홍무 2년(1369) 9월 계묘의 조]. 아무리 원조의 궁전이 그대로 남아있다 하더라도, 한족 출신의 주원 장(朱元璋)에 의해 창설된 명조로서는 있는 그대로 사용할 수가 없었던 것이다.

몽골의 중국 지배가 종지부를 찍고 한족 왕조의 재흥을 표방하는데 있어, '호원(胡元)'의 도성이었던 대도(大都)인 '카안발릭'으로 수도를 옮긴다는 것은 적지 않은 거부반응을 일으키는 일이었다. 그렇다고 하더라도 왕조 창설 당초에는 전 왕조의 도성을 그대로 이어받음으로써 새롭게 갓 출범한 정권의 정통성이 보증되는 이점도 있었을지 모른다.

그러나 영락제가 천도를 구상하던 영락 초기는 명조 성립으로부터 30년 이상 경과했고, 남경=경사체제가 거의 고착되어 있던 때였기 때문에, 어려움이 더욱 증대해 있었을 것이다. 양경체제의 창시(1403년)부터 천도(1421년)까지의 약 20년, 천도 직후의 동요와 남경 천도의 결정(1425년)에서 북경 정도(1441년)까지의 약 20년, 합하여 40년간에 걸친 긴 기간은 홍무제 '조법(祖法)'으로써의 남경=경사체제에 대한 중대 변경임과 더불어, 몽골적 요소가 짙게 남아 있는 대도(大都)를 명조의 국가와 사회가 수용해 가는 과정이기도 했다.

1. 북향[向北]에서 남향[向南]으로

대도(大都)성의 평면 계획은 일반적으로 『주례(周禮)』 「고공기(考工記)」 〈장인 영국(匠人營國)〉조(條)의 "국도는 사방 9리인데, 도성의 매 면마다 3문을 내고, 도성 내에는 남북으로 9개 도로, 동서로 9개 도로를 내며, 각 도로의 가로 폭은 아홉 대의 수레가 나란히 통과할 수 있는 크기로 하고, 태묘는 동쪽에, 사직단은 서쪽에 두며, 조정은 궁정의 남면에, 시장은 궁정 후면 북쪽에 둔다"[26]라는 기록에 근거하여, 이상적인 도성 설계를 충실히 재현했다고 한다. 하지만 대명전(大明殿)이나 연춘각(延春閣)으로 되어 있는 궁성을 소장(蕭牆)으로 두른 황성의 위치는 남쪽으로 지나치게 치우쳐 있었다. 이 점을 문제로 삼은 스기야마

---

26) "方九里, 旁三門, 國中九經九緯, 經涂九軌, 左祖右社, 面朝後市"

마사아키(杉山正明)[27]는 1260년부터 1266년까지의 '연경(燕京) 근교(近郊)'의 쿠빌라이 동영지(冬營地)를 카안의 사적인 공간으로써 든든히 둘러싸고 있는 것이 대도 황성이고, 그 위치 선정과 설계에 있어서는 경화도(瓊華島)를 포함한 태액지(太液池) 주변 전체를 둘러쌓는 것이 최우선으로 되어 있었고, 단순히 고량하(高梁河) 수계를 이용한 자연 조건만이 아니라 몽골 왕권으로부터의 요청이 주된 원인이 되어 파격적인 대도(大都) 황성이 탄생하게 되었다고 지적했다. 이것은 대도가 몽골의 조립식 이동행궁 위얼뚜어(斡耳朶: Orudu)의 배치에 기초한다는 무라다 지로(村田治郎)의 설명[28]을 더욱 진전시켜 대도의 평면 계획에서 보이는 몽골적 요소를 강조했던 것이다. 거기에 더욱 대도는 쿠빌라이가 대표하는 몽골적 측면과 유·불교에 모두 정통한 지략 있는 모신(謀臣) 유병충(劉秉忠)을 대표로 하는 중국의 전통적 국도 이미지, 거기에 세계 제국의 수도로써의 현실적 요청 등이 모두 결합되어 탄생한 것이라고 결론을 내렸다.

또 원의 대도의 도성 설계에서 주목해야 할 점은 도시 계획에 기하학적 중심점이 설정되어 있었다는 것이다. 이 중심점은 정곡을 찔러 '중심대(中心臺)'라고 불리었다. 『석진지집일(析津志輯佚)』[29] 「고적(古蹟)」에는 "중심대는 중심각(中心閣)의 서쪽 15보에 있다. 그 중심대는 사방 폭(幅)이 1무이며, 담으로 둘러싸였다. 정남(正南)으로 석비(石碑)가 있으며, '중심지대(中心之臺)'라고 새겨져 있다. 실로 도성의 동·남·서·북 사방의 중간이다. 원묘(原廟, 역자 주, 정묘 이외에 다시 지은 종묘를 이름) 앞에 있었다"라고 되어 있다. 중심대는 중심각으로부터 서쪽으로 약 23미터 지점에, 넓이 5·6에이커의 사각형의 대(臺)가 설치되어 있었다. 담장을 두른 그 가운데에는 정면 남향으로 석비가 세워져 있고, 거기에는 '중심지대'라는 글귀가 새겨져 있었다고 한다. 다만, 엄밀히 말하면 이곳은 남북의 성벽에서 등거리에 있으나, 동서의 성벽에서는 등거리가 아니라 약간 동쪽으로 치우쳐 있었다. 오히려 현재 구고루(舊鼓樓) 거리에 있던 제정루(齊政樓, 원대의 고

27) 杉山正明, 前揭, 「クビライと大都」.

28) 村田治郎, 「元大都における平面圖形の問題」『中國の帝都』(綜藝舍, 1981).

29) 熊夢祥·北京圖書館善本組輯, 『析津志輯佚』(北京古籍出版社, 1983).

루) 쪽이 보다 더 평면 계획의 중심에 가까웠다. 후에 중심대 동북방 모서리의 가까운 곳에 세워진 것이 성종(成宗) 티무르 카안의 사묘(祠廟)가 놓여 있던 대천수만녕사(大天壽萬寧寺)이다. 이것도 중심대에 인접해 있었기 때문에 중심각이라 불리었다.

이 주변에는 도청(都廳)에 해당하는 대도로총관부(大都路總管府), 치안을 담당하는 경순원(警巡院), 금융업무를 담당한 보초고(寶鈔庫)나 도사고(倒鈔庫), 시간을 알리는 고루(鼓樓)와 종루(鍾樓) 등, 대도(大都) 주민의 도시 생활과 관계가 깊은 여러 시설이 즐비하게 늘어서 있었다. 해자(海子: 積水潭) 연안을 따라 서북으로 비스듬히 뻗어나 있는 거리는 대운하를 통해 남쪽에서 운반된 물자를 실은 배가 와서 닿는 선착장이었다.

주의해야 할 것은 대도의 중심대가 왕권의 성스러운 공간인 황성과는 별도로 다른 장소에 두어져 있었다는 것이다. 황성의 중심은 스기야마(杉山正明)가 분명히 밝혔듯이, 천도(遷都) 당초에는 태액지(太液池) 내의 경화도(瓊華島)에 두어져 있었다. 경화도의 산 정상에 있는 광한궁(廣寒宮)은 접견이나 의식의 장소로 사용되고 있었다. 1274년(지원 11) 10월 궁성이 완성된 후에는 당연히 그 회장은 궁성 내의 대명전으로 옮겨졌을 것이다. 어쨌든 도성 계획 전체 중심점과 왕권의 공간인 황성의 중심이 일치하지 않는다는 것은 명의 북경성과 비교해 볼 경우, 도성 계획으로서 통일성이 결여된 면이 있다는 것을 부정할 수 없다. 후술하겠지만 북경성의 경우, 도성의 중심점인 경산(景山)을 남북으로 꿰뚫는 중축선상에, 왕권의 공간인 궁성이나 고루(鼓樓)·종루(鐘樓)가 아름답게 늘어서 있고, 그 연장선상에 천단(天壇)까지도 위치하도록 되어 있었기 때문이다.

이러한 점으로 보아, 대도(大都)는 양관(楊寬)이 이미 지적하고 있는 것처럼, 궁성을 남쪽에 두고 북쪽을 향하게 한 '좌남향북(坐南向北)'의 배치를 하고 있으며, 그 배치는 남송의 임안(臨安) 항주성(杭州城)과 일치하고 있다.[30] 그러나 이것은 임안을 모방했다기보다는 앞에서 논한 것처럼 새로이 건설되었던 도성이 설계되었던 당초에, 북방으로 넓게 펼쳐진 몽골 세계를 강하게 의식하고 있었

---

30) 楊寬, 前揭書, 467쪽.

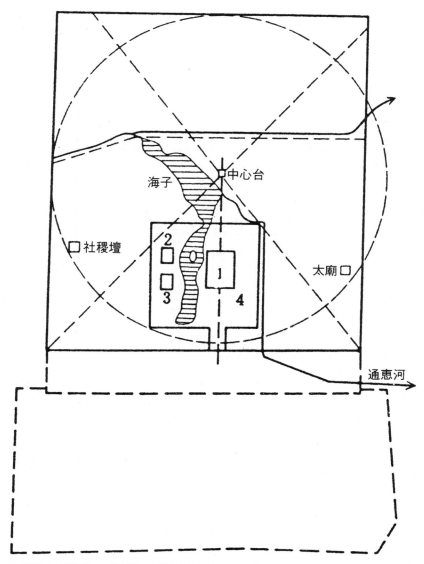

中心台

海子

□社稷壇

太廟□

1

2

3

4

通惠河

1: 宮城, 2: 興聖宮, 3: 隆福宮, 4: 蕭牆(나중에 皇城).
(出典) 侯仁之, 「北京紫禁城在規劃設計上的繼承與發展」(『國學研究』第1卷, 1993)를
　　　 參照하여 作成.

도 5. 원대도성

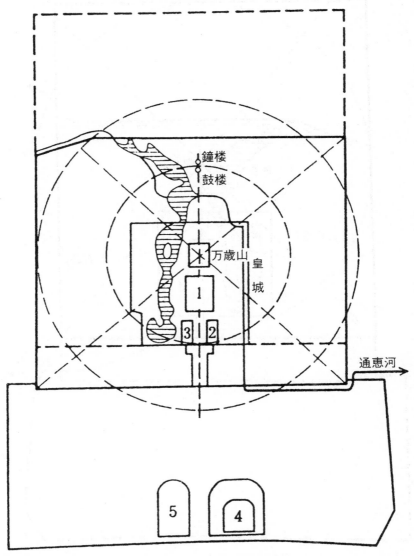

鐘楼
鼓楼
万歳山
皇城
1
3 2
通恵河
5 4

1: 宮城(紫禁城), 2: 太廟, 3: 社稷壇, 4: 天壇, 5: 山川壇(先農壇).
(出典) 侯仁之, 「北京紫金城在規劃設計上的承展」(『國學研究』第1卷, 1993). 후에 『侯仁
　　之文集』(北京大學出版社, 1998년에 수록)을 참고하여 작성.

도 6. 명청북경성

기 때문이었을 것이다. 물론 원이 남송을 합병하고 중국 왕조로써의 성격을 강화함과 더불어, 천보랑(千步廊) 등 '향남(向南)'으로의 궤도 수정이 꾀하여져 최종적으로는 〈도 5〉에 게재된 것과 같은 대도의 도성 공간이 형성되었다고 생각된다.

명대에 들어와 대도(大都)성을 접수하자, 즉각 북부의 성벽을 축소하고 종래의 성벽에서 남으로 5리(약 2.5km) 부분에 새로운 성벽을 쌓았다[『명태조실록』권34, 홍무 원년(1368) 8월 정축의 조]. 이로 인해, 대도성 북측 부분은 성벽이 이중구조로 되어, 방위상의 강화가 꾀해졌다. 영락 연간에 북경 천도를 향한 대규모적인 개조에서는 1419년(영락 17) 11월까지 남측의 성벽을 남으로 1리 반 정도 확장하고,[31] '향남(向南)'을 보다 강조했다[『명태종실록』권218, 영락 17년(1419) 11월 갑자의 조]. 더욱이 몽골군이 북경성을 수일간 포위했던 '경술의 변' 이후인 1553년(嘉靖 32)에 내성의 남측을 감싸는 형식으로 외성이 건설되어 '좌북향남(坐北向南)'의 도성공간이 완성되었다[『명세종실록』권403, 嘉靖 32년(1553) 10월 신축의 조].

청대의 북경성은 잘 알려진 것처럼, 북측의 내성에는 지배층인 기인이, 남측의 외성에는 한인이 사는 형식으로 거주지가 구분되어 있었다[『청세조실록』권40, 順治 5년(1647) 10월 신해의 조]. 그렇기에 유럽이나 미국 학자들은 외성(外城)을 '차이니즈 시티', 내성(內城)을 '타타르 시티'라고 부른다. 이것은 명대에 완성되었던 '좌북향남'이라는 도성의 공간 질서를 궁성 배치에 그치지 않고 주민의 거주지 구분이라는 사회생활 단계로까지 확대시켰다는 것을 나타내고 있다.

2. 중축선(中軸線)의 문제

또 한 가지 중요한 것은 도성의 중축선(中軸線) 문제이다. 북경성의 황성(皇城)이 대도(大都)성의 것보다 동쪽으로 확장되어 있었다는 것에 대해서는 『명선종(宣宗)실록(實錄)』이나 손승택(孫承澤)의 『춘명몽여록(春明夢餘錄)』권6, 궁궐 등

---

31) 同上書, 528쪽.

에도 보인다. 하지만 대도성의 중축선 위치에 대해서는 두 가지의 다른 견해가 대립하고 있다. 하나는, 주설(朱偰)이나 왕박자(王璞子, 璧文)의 설로, 중축선이 현재의 구고루대가(舊鼓樓大街)에서 고궁 내의 무영전(武英殿) 부근에 걸쳐 존재하고 있었다는 것이다.[32] 이에 대해 후인지(侯仁之)·서평방(徐苹芳) 등은 1960년대부터 70년대에 걸쳐 행해진 중국 과학원 고고연구소와 북경시 문물 관리처에 의해 편성되었던 '원(元)대도(大都)고고대(考古隊)'의 발굴조사 결과를 기초로 하여, 원의 대도성과 명청대의 북경성의 중축선에는 변화가 없이 일치하고 있다고 주장했다.[33]

이것은 '원(元)대도(大都)고고대(考古隊)'가 자금성(紫禁城) 북측의 지안문내(地安門內) 이서(以西)의 유칠작호동(油漆作衚衕)·미량고호동(米量庫衚衕)·공검호동(恭儉衚衕)에서 경산(景山) 서문을 지나 경화도(瓊華島; 현재의 북해공원) 맞은편 동측에 있는 척산문대가(陟山門大街) 등의 지역을 실제 현장조사한 바, 원대 도로 등의 유적이 전혀 보이지 않는다는 것이 밝혀졌기 때문이다. 이에 의해 대도의 중축선이 구고루대가(舊鼓樓大街)의 남북선상에 있다는 가능성이 부정되었다. 결국, 그 후에 발굴된 경산(景山) 수황전(壽皇殿) 앞의 항토(夯土, 판축부분)

---

32) 朱偰, 『元大都宮殿図考』(上海商務印書館, 1936), (후에 北京古籍出版社에서 1990년에 再版), 王璞子, 「元都城平面規劃述略」『故宮博物院院刊』 2권(1960).
   〈옮긴이주〉 534쪽의 〈도 6〉에서 보이듯이, 현재의 북경에는 鐘樓와 鼓樓가 남아있는데, 도로의 이름은 鼓樓를 중심으로 지정되어 있다. 鼓樓의 동쪽으로 뻗은 길이 鼓樓東大街이며, 鼓樓의 서쪽으로 뻗은 길이 鼓樓西大街이다. 鼓樓大街는 지하철 2호선과 지하철 8호선의 驛이름으로는 존재하지만, 실제로 그러한 거리가 이제는 없다. 舊鼓樓大街는 2環도로에서 남쪽으로 鼓樓西大街에까지 이르는 거리이며, 舊鼓樓外大街는 舊鼓樓大街에서 2環도로 넘어서 북쪽으로 뻗은 도로이다. 鼓樓外大街는 舊鼓樓外大街의 한 블록 동쪽에 있으며 남북으로 뻗은 도로인데 2環도로에서 3環도로까지 연결되어있다. 이와 같이 鼓樓라는 명칭이 붙은 도로는 이 부분의 주위에 많이 있으며, 각기 별개로 존재한다. 따라서, 이 부분은 각기 고유명사이므로, 지금 불리고 있는 그대로 표기한다.
33) 中國科學院考古研究所·北京市文物管理處 元大都考古隊, 「元大都的勘察和發掘」『考古』 1972年 1期. 徐苹芳, 「古代北京的城市規劃」『環境變遷研究』 第1輯(海洋出版社(北京), 1984), 후에 두 논문은 徐蘋芳『中國歷史考古學論叢』(允晨文化實業股份有限公司(臺北), 1995)에 수록. 侯仁之·鄧輝, 『北京城的起源與變遷』(北京燕山出版社(北京), 1997).

를 원의 궁성 북문인 후재문(厚載門)의 유지(遺址)로 보고, 똑같이 동서 양 담장 토대의 잔존부분(폭 16m)을 원 궁성의 동서 성벽으로 하고, 경산 북쪽 기슭의 도로 유지(遺址; 폭 28m)를 대도 중축선상의 큰 길로 하는 결론이 내려졌다.[34] 현재로서는 이 결론이 거의 통설로 되어 있다.[35]

그렇지만 근년에 이르러 강순원(姜舜源)이 대도(大都)의 중축선이 현재의 구고루대가(舊鼓樓大街)와 자금성(紫禁城) 내의 무영전(武英殿) 부근에 있는 단홍교(斷虹橋)를 묶는 선상에 있었다는 것을 다시 주장하였다.[36]

강순원(姜舜源)의 새로운 설을 간단히 요약하면, 이전에 행해졌던 지안문내(地安門內)에서 척산문대가(陟山門大街)까지의 조사는 중축선이 구고루대가(舊鼓樓大街)의 남북 선상에 존재하지 않는다는 것을 증명하기에는 불충분하다고 비평하고, 1970년대에 조사한 지점은 모두 원대(元代)의 후재문(厚載門) 밖에 있던 어원(御苑) 내에 해당하며, 그러므로 도로 흔적(遺址)이 나타나지 않은 것은 오히려 당연하다고 했다. 또 원대의 고루에서 해자교(海子橋)로 이어지는 중축선의 큰거리(大街) 서측에는 해자(海子)가 있었다고 했다. 게다가 자금성의 무영전 동측에 있는 단홍교(斷虹橋)가 원의 궁성 숭천문(崇天門) 밖의 주교(周橋)라는 점을 새롭게 지적했다. 원대 숭천문의 위치는 현재의 태화문(太和門)과 태화전(太和殿) 사이에 있었다고 추정되고 있다. 자금성내에서 가장 오래된 교량으로 되어 있는 단홍교는 거의 그 연장선상에 있다. 다리의 길이는 18.7m로 현재의 태화문 밖 금수교(金水橋)의 19.5m에 거의 필적한다. 다리 폭은 9.2m, 본래 '주교삼홍(周橋三虹)'으로 불려, 세 개의 교량으로 된 돌다리였으나, 명 영락 연간에 양측 두 개의 다리를 절단했기 때문에 단홍교라 불리게 되었다고 추정하고 있다.

강순원(姜舜源)의 새로운 연구에 의하면, 대도(大都)성의 중축선은 구고루대

34) 單社元,「北京明淸故宮藍圖」『科技史文集』5(上海科技出版社, 1980).

35) 北京文物硏究所編,『北京考古40年』第3章 元代(北京燕山出版社, 1990). 傅熹年,「元大都大內宮殿の復原硏究」『考古學報』1993年 1期. 張寧,「關于北京城傳統中軸線的歷史考察」『中國古都硏究』13輯(山西人民出版社(太原), 1998). 田中淡,「元代の都市と建築」『世界美術大全集 東洋篇7』(小學館, 1999) 등.

36) 姜舜源,「故宮斷虹橋爲元代周橋考-兼論元大都中軸線」『故宮博物院院刊』1990年 4期.

가(舊鼓樓大街)와 자금성 내의 단홍교를 남북으로 통하는 선상에 있으며, 북경성의 축선은 대도성의 중축선을 동으로 150m 정도 이동한 것이 된다. 더욱이 앞에서 논한 것처럼 대도의 평면 계획의 중심점과 황성의 중심이 일치하지 않는다는 것을 고려하면, 애초 원대의 대도성에 중축선이 설정되어 있었는가 하는 문제도 생겨난다. 이후 자금성의 단홍교 주변의 고고학적 조사가 기다려진다.

명청의 북경성은 원대의 대도(大都)성의 동서 성벽을 그대로 이용하면서, 북의 성벽과 남의 성벽을 각각 남쪽으로 이동시켰기 때문에, 앞에서 논한 대도의 평면 설계의 중심점에 설정되어 있던 중심대의 의의는 사라진다. 원대의 중심대로 교체되어 새로이 중시되었던 것이 북경성의 중축선으로. 그 중앙에 있는 것이 〈도 6〉에서처럼 만세산(萬歲山; 景山)이었다.[37] 만세산은 높이 43m로, 북경 성내에서 가장 높은 곳이다. 영락 연간에 북경을 영건할 때, 궁성을 둘러 새로 설치한 호성하(護城河, 筒子河)나 옛 태액지(太液池)의 남측에 개착한 남해에서 흙을 쌓아올려 조성한 것이다.

북경성에서 중축선의 중시는 결과적으로 황성의 담을 동쪽으로 확장하는 결과를 자아내었다. 여기에는 아마도 황제가 거주하는 자금성의 존엄성을 높이고자 하는 의도도 있었을 것이다. 앞에서 논한 것처럼, 경화도(瓊華島)를 포함한 태액지(太液池) 주변 전체를 둘러싸는 것이 최우선시 되었던 대도(大都) 소장(蕭牆) 내에는 명청대의 자금성처럼 봉천전(奉天殿)·화개전(華蓋殿)·근신전(謹身殿)의 세 군데의 전(殿)과 건청궁(乾淸宮)·곤녕궁(坤寧宮)의 두 군데의 궁을 중심으로 하여 구성되어 있지는 않았다. 태액지를 사이에 두고 동서로 카안의 궁전과 황태자의 궁전인 융복궁(隆福宮)이 짝을 이뤄 배치되어 있었다. 이 점에 대해 막 건설된 대도를 방문했던 마르코 폴로(Marco Polo)도 『동방견문록』에서 "이어 계속해서 말씀드리고 싶은 것은 카안이 그 궁전 근처에 세부까지 완전히 같은 궁전을 또 하나 짓게 하였다는 것이다. (중략) 그렇기 때문에 궁전의 크기가 똑같다면, 둘러싼 담장도 위에서 기술한 것과 완전히 같은 방식으로 만들게 하였

---

37) 侯仁之, 「北京紫金城在規劃設計上的繼承與發展」 『國學研究』 第1卷(1993). 후에 『侯仁之文集』(北京大學出版社(北京), 1998)에 수록.

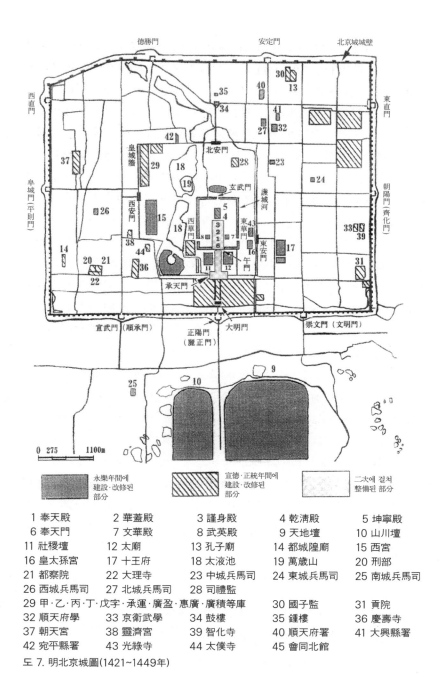

도 7. 明北京城圖(1421~1449年)

永樂年間에
建設·改修된
部分

宣德·正統年間에
建設·改修된
部分

二次에 걸쳐
整備된 部分

1 奉天殿	2 華蓋殿	3 謹身殿	4 乾淸殿	5 坤寧殿
6 奉天門	7 文華殿	8 武英殿	9 天地壇	10 山川壇
11 社稷壇	12 太廟	13 孔子廟	14 都城隍廟	15 西宮
16 皇太孫宮	17 十王府	18 太液池	19 萬歲山	20 刑部
21 都察院	22 大理寺	23 中城兵馬司	24 東城兵馬司	25 南城兵馬司
26 西城兵馬司	27 北城兵馬司	28 司禮監		
29 甲·乙·丙·丁·戊字·承運·廣盈·惠廣·廣積等庫		30 國子監		31 貢院
32 順天府學	33 京衛武學	34 鼓樓	35 鍾樓	36 慶壽寺
37 朝天宮	38 靈濟宮	39 智化寺	40 順天府署	41 大興縣署
42 宛平縣署	43 光祿寺	44 太僕寺	45 會同北館	

다"[38]고 설명하고 있다. 덧붙여 그 뒤 1309년(至大 2)에 황태후 궁전으로 흥성궁(興聖宮)이 건설되자, 경화도(瓊華島; 万壽山)의 광한전(廣寒殿)과 요(邀)·금(金) 이래의 의천전(儀天殿)을 중심으로 3개의 궁전이 정립하는 형태가 되었다.

중축선이 중시됨으로 말미암아, 자금성 동측의 궁성 담과 황성 담과의 거리가 좁아졌다는 것이 문제가 되었다. 황성 동안문(東安門) 밖을 흐르는 통혜하(通惠河) 연안에는 관리 및 군민·공장의 집, 그리고 상점이 많이 늘어서 있어, 소음이 자금성 안 까지 들려왔기 때문이다. 이 때문에, 1432년(宣德 7)에는 황성 담을 통혜하의 동쪽 언덕에 옮겨 쌓고, 강 연안에 있던 민가를 황성 서측의 공터로 이전시켰다[『명선종실록』 권9, 선덕 7년(1432) 6월 甲辰 ; 같은 책 권94, 8월 己亥의 조]. 황성 확장의 결과로써 통혜하의 일부 구간(玉河)이 황성 안으로 편입되게 되었다(도 7). 조운량을 실은 거룻배[剝船]가 황성 안을 통과하는 것은 치안상 문제가 되는 일이었지만, 명조 전기에 통혜하는 조운의 기능을 거의 유지하지 못하는 경우도 있어,[39] 그 당시에는 별로 문제가 되지 않았던 것 같다. 결국 원대에 선착장으로 이용되고 있던 해자(海子)의 역할이나 성내를 통해 해자까지 연결하는 운하로써의 통혜하의 기능도 완전히 포기되어진 상태였던 것이다.

이러한 중축선이 동쪽으로 이동한 배경을 고찰하는데 있어서, 대도(大都)의 황성은 서(西)를 존중하는 몽골의 습관이 반영되어, 서쪽에는 자신들이 좋아하는 정원을 배치하였고, 동쪽에는 비 몽골적인 '한(漢)'의 예제에 의한 건축을 배려했다는 후쿠다 미호(福田美穗)의 지적[40]은 중요하다.

이상 북경성의 '좌북향남(坐北向南)'의 완성과 중축선의 중시는 몽골적 색채를 띠고 있던 카안의 수도로부터 전통적 중화 왕조의 수도에 상응하는 도성으로의 개조가 함의되어 있었다. 대도성에서 북경성으로의 개조에 대해서는 그밖에도 제사 시설로서의 천지단(天地壇) 설치 등, 논해야 할 문제가 아직 많이 남아 있다.

---

38) 愛宕松男 譯註, 『東方見聞錄1』(平凡社, 1970), 206쪽.
39) 新宮學, 「通州·北京間の物流と在地社會 −嘉靖年間の通惠河改修問題をてがかりに−」 山本英史編 『傳統中國の地域像』(慶應義塾大學出版會, 2000).
40) 福田美穗, 「元大都の皇城に見える"モンゴル"的要素の發見」 『佛教藝術』 272(2004).

결론을 대신하여-동아시아 세계 중심으로서의 북경

마지막으로 이상과 같은 역사를 거쳐 15세기에 성립된 수도 북경이 당시 근세 동아시아 세계 속에 어떠한 위치를 가지고 있었는지를 일본에서 견명선(遣明船)의 부사(副使)로 북경을 방문했던 오산승(五山僧)인 사쿠겐 슈료(策彦周良)의 저술을 중심으로 생각해보고자 한다.

영락제는 '정난(靖難)의 변(變)'을 통해 제위를 찬탈했다는 과정에서, 스스로 자기 정권의 정통성을 강화하고자, 즉위 당초에 외국의 수장에게 조공과 신하의 예를 구했다. 한편, 남북조(南北朝)의 합일을 달성한 일본의 무로마찌(室町)막부의 장군 아시카가 요시미쯔(足利義滿)는 홍무(洪武) 연간 이래 명조에 의한 국제적 인지를 얻고자 모색하고 있었는데, 영락제 즉위 직후인 1404년(일본·應永 11, 명·永樂 2)에 정식으로 '일본국왕'으로 책봉되어, 그 정권 기반을 군힘과 함께 정기적인 조공을 허락받아 명일무역에 의한 이익을 차지했다.[41] 하지만 아시카가(足利) 정권의 약체화와 함께, 15세기 후반이 되자 무역의 주도권은 오오우치(大內)나 호소카와(細川) 등 유력 수호다이묘(守護大名, 옮긴이 주: 무로마치시대, 한 지역 또는 여러 지역을 영지로 하여, 다이묘화 한 수호)의 손으로 넘어가 있었다.

1538년(일본·天文 7), 오오우치(大內) 씨에 의해 파견된 견명선의 부사로 선발된 사람이 사쿠겐 슈료(策彦周良)였다. 그들 일행은 다음해(명·嘉靖 18) 4월 영파(寧波)에 상륙하여, 강남 운하를 따라 항주(杭州)·소주(蘇州)를 거쳐 장강(長江)을 건너 양주(揚州)·회안(淮安)·임청(臨淸)과 대운하를 따라 북상해서 통주(通州)의 장가만(張家灣)에서 육로로 북경으로 향하였다. 3월 2일 북경성의 동남에 있는 숭문문(崇文門)을 통하여 옥하관(玉河館; 會同南館)에 도착했다. 종래 일본의 조공 사절단은 회동관(會同館)에 숙박하게 되어 있었다. 하지만 1523년의 영파(寧波)사건 이후, 오랫동안 일본으로부터의 조공이 이루어지지 않았기 때문에, 회동관이 몹시 황폐화 되어 있었고, 그곳을 수리하는 동안 옥하관에 일시

---

41) 今谷明, 『室町の王權 -足利義滿の王權簒奪計劃』(中央公論社, 1990). 檀上寬, 『永樂帝-中華「世界システム」への夢』(講談社, 1997).

체류하게 되었던 것이다. 옥하관에는 조선(朝鮮)이나 류우큐우(琉球), 덧붙여 달단(韃靼, Tatar)의 사절도 체재하고 있었다. 그 다음 다음 날에 사쿠겐 슈료는 타타르인이 옥화관 앞을 지나면서 갈대 피리를 불며 손뼉 치는 것을 보고서는 후한의 채염(蔡琰)이 지었다고 하는 악부 '호가십팔박(胡笳十八拍)'의 의미를 이해하기도 했고, 춤추는 것을 보고서는 이것이 그 유명한 안록산의 '호선무(胡旋舞)'이든가 하는 것 등을 그의 일기체 입명기(入明記)인『초도집(初渡集)』에 써 놓았다.

사쿠겐 슈료 등이 북경에서 이따금 함께한 조선·류우큐우·달단 등은 어느 나라든 그 당시 명조와 긴밀한 조공관계에 있었다.

조선왕조 태조 이성계가 고려를 이어 받아 정권을 장악하고, 남경의 홍무제에게 사절을 보낸 것은 1392년이었다. 이때, 새로운 국호로써 '조선(朝鮮)'과 '화녕(和寧)' 가운데 어느 쪽으로 하는 것이 좋을지를 물었는데, 홍무제가 '조선'을 택하여 줌으로 국호를 '조선'으로 정했다. 영락제 이후 한반도에 가까운 북경이 수도로 정해지자 양국의 관계는 한층 더 긴밀해졌다. 조선에서는 매년 3차례 (황제 탄생일·황태자 탄생일·원단) 축하 사절단을 파견하였다. 책봉체제하에서 주자학 중심의 중국문화를 적극적으로 수용했던 조선은 명조의 연호를 사용했다. 15세기 말에는 궁정내의 치열한 논의를 거쳐 조선 스스로 하늘에 제사를 지내는 원구단(圜丘壇)을 폐지하였다. 이것은 중국 황제의 권위에 의해 정치권력의 정통성을 보증 받는다는 조선의 왕도 한성(서울)에 대해, 권위 있는 황제의 수도 북경이 존재한다는 구도가 만들어졌음을 의미하고 있다.[42]

---

42) 吉田光男,「朝鮮近世の王都と帝都」前揭書『年報都市史研究』7.
〈옮긴이주〉조선과 명(明)의 관계에 관련해서 여러 가지로 논란이 많다. 전체적인 시야에서 균형적인 관점으로 쓰여진 전해종(全海宗),『한중관계사연구(韓中關係史研究)』(일조각, 1970)가 크게 도움이 될 것이다. 그 가운데「청대 한중 조공 관계고(淸代韓中朝貢關係考)」나「한중조공관계개관(韓中朝貢關係槪觀)」에서는 조공(朝貢)이 가지고 있는 실질적인 내용을 구체적으로 밝히고 있다. "조공관계" "준조공관계" "비조공관계"라 분류하여, 광범한 검토를 하고 있다. "조공관계"는 使臣의 내왕으로 수행되고 처리되었는데, 이 논문의 제4절은 경제적인 측면에서 분석하고 있다. 朝貢과 回賜를 나누어 검토하였고, 方物의 가치를 계산하였고, 使行의 贈給이나 禮單도 분석해보았고, 路費의 부담도 검토하였다. 그 결과로 경제적 부담과 경제적 소득을 비교한 것이다. 이에 따라서 조공관계의 성격을 귀납적으로 밝힌 것

류우큐우(琉球)왕조는 중산왕(中山王) 삿도(察度)가 1372년에 처음으로 명조에 입공한 이래, 거의 1년에 한 번 꼴로 조공을 바쳤다. 홍무제 시기의 류우큐우는 중산(中山)과 산남(山南)·산북(山北)의 삼산(三山) 구스쿠(성새, 역자 주 : 오키나와 주도의 남부지역을 중심으로 남서제도에 분포된 성이나 요새)가 각각 명과 조공관계를 맺고 있었다. 삿도(察度)가 죽은 뒤, 아들 부네이(武寧)의 요청에 응해, 영락제는 1404년에 부네이를 '류우큐우(琉球)국 중산왕(中山王)'으로 봉했다. 그 뒤에 중산왕인 쇼하시(尙巴志)에 의해 통일 사업이 완료되었던 1429년(宣德 4)에는 외교권도 중산왕으로 일원화 되었다. 류우큐우도 조공국으로서 대 중국의 공식문서에서는 중국 연호를 사용하고 있었다. 그리고 '류우큐우국'이라는 국호 자체도 1372년에 홍무제가 중산왕 삿도에게 명(明)으로의 입공을 촉구한 조서가운데 처음 사용되었던 것이다.[43] 이후, 류우큐우는 명조의 보호를 받으며 해상왕국으로서 동아시아 세계의 해상무역을 담당하며 크게 활약했다.

달단(韃靼)은 몽골 칭기즈칸의 후예이다. 원조(元朝)의 순제(順帝, 妥懽 帖睦爾, 토곤 티무르)는 명초에 대도(大都)에서 내몽골의 응창(應昌)으로 도망하였지만, 1388년에는 그 혈통도 끊어져 쿠빌라이 이래의 원조는 소멸되었다. 그 후 몽골족은 서북의 오이라트(瓦剌)의 세 부족장이 1408년에 재빨리 조공해 각각 왕으로 봉해졌다. 이윽고 에센(也先)이 나와 실권을 쥐고 오이라트에 의한 몽골 지배가 계속되었다. 영락제의 친정이 행해졌던 1412년을 제외하고는 '토목(土木)의 변(變)'이 이르기까지 거의 매년 1,000명 규모의 조공사절을 중국에 보내왔다.

정통제가 몽골군에 붙잡혀 포로가 되었던 '토목의 변'도 조공무역의 제한이라는 경제문제가 그 한 원인이었다. 에센(也先)이 부하에게 살해당하자 몽골은 분열되었는데, 타타르부에서 칭기즈칸의 혈통을 잇는 다얀 카안이 나와 몽골을 통일했다. '달단'이라는 것은 타타르를 이르는 말이다. 다얀 카안은 1498년

이다. 이는, 이전의 학계에서 제기되었던 "조공(朝貢)관계가 조공(朝貢)을 바치는 물품의 가치보다도 하사(下賜)받는 물품의 가치가 컸던 데 따른 경제적인 실익을 얻기 위한 것"이라는 주장에 대해서, 전해종 교수는 꼼꼼한 사료 제시를 통해서 실증적으로 비판한 역작이라고 할 수 있다. 홍성구, 「明代 北邊의 互市와 朝貢」『중국사연구』72(2011)에도 영락제 시기와 관련된 개괄적인 내용을 검토하고 있다.

43) 高良倉吉, 『琉球王國』(岩波書店, 1993).

(弘治 11) 이후, 명에 조공 사절을 보내었다. 그 후 손자인 알탄 카안 시대를 맞이하여 타타르는 명의 북변을 자주 침공하였는데, 명조는 이를 왜구의 침공과 함께 '북로남왜(北虜南倭)'라 하여 두려워하고 있었다.

그런데 사쿠겐 슈료(策彦周良) 등 일본에서 간 일행은 3월 18일 아침 일찍이 옥하(玉河) 동남쪽에 있는 회동관(會同館)에서 식사 대접을 받았다. 회동관 내에는 '만국래동(萬國來同)'이라는 4글자로 된 가로의 길쭉한 편액이 걸려있었다. 아마도 북경 체재 중에 지었을 것으로 생각되는데, 사쿠겐은 다음과 같은 7언 절구를 작시하였다.

회동관(會同館)
사해구주(四海九州)에서 회동관으로 몰려오다
토산품 헌납은 각각의 공로를 나타내는구나.
나는 어떤 흔적을 내어 중국에 갔다는 것을 구할손가
오늘 온 나라에서 온 영웅들을 친히 만날 수 있으려나(『謙齊南遊集』)

표제에는 "북경 순천부(順天府) 내에 있는 회관이다. 만방에서 온 여러 정식 사절이 여기에 모인다"라는 주기가 붙어 있다.

앞에서 논했듯이 영락제의 북경 천도는 중국 본토의 남북일체화에 그치지 않고 중화와 이적(夷狄)을 통합한 '화이일통(華夷一統)'의 실현을 목표로 한 것이었고, 몽골·원조 시대에 현격하게 확대되었던 중화세계를 계승하려 한 것이었다. 그러나 영락제에 의한 몽골 친정 결과에서 드러나 있듯이, 화이일통의 실현은 결코 쉬운 일이 아니었다. 또한 16세기에 북경을 방문했던 사쿠겐도 거기서 조선·류우큐우·달단의 사절과 함께 있었다고는 하더라도, 회동관에서 각 나라의 사절과 자유롭게 '은밀히 행하는 협상 외교'를 전개할 수 있었던 것은 아니다. 그렇다고는 하나 사쿠겐이 읊었던 것처럼 수도 북경에 있는 회동관은 사해구주(四海九州)에서 모여든 천하 영웅을 만날 수 있는 장이고, 명조의 책봉체제에 의해 형성된 중화세계의 넓이를 실감할 수 있는 공간이었다. 명조의 책봉체제 하에서, 북경은 실로 동아시아 세계의 중심으로서의 기능을 다하고 있었던 것이다.

사쿠겐 슈료(策彦周良)의 북경 체류로부터 반세기여쯤 지난 후에, 토요토미 히데요시(豊臣秀吉)가 임진왜란[중국에서는 '만력(萬曆) 조선(朝鮮)의 역(役)', 일본에서는 '분록꾸(文祿)·케이쵸(慶長)의 역'이라 함]을 일으켰다. 임진왜란을 일으켜 곧바로 서울·평양을 공략한다는 작전에서 첫 승리를 거둔 후 사기가 오른 히데요시는 1592년 5월 18일에 명조를 정복한 후의 계획을 세워, 그의 양자(養子)이자 관백(關白)인 토요토미 히데츠구(豊臣秀次) 앞으로 공문을 보내었다. 그 내용은 ① 연내에 히데요시의 북경 진군, ② 이듬해에 중국 관백을 히데츠구에 넘겨줌, ③ 고요제이(後陽成) 천황(天皇, 1571~1617)을 북경으로 옮겨서(移居), ④ 북경 주변의 십여개 지방을 다스리는 궁성과 직할령을 헌상하고, 쿠게(公家)44)·다이묘(大名)에게 영지 지배권(知行)을 나누어 줌, ⑤ 히데요시의 중국 영파(寧波) 주재 등으로 되어있었다[『존경각문고 소장문서(尊經閣文庫所藏文書)』]. 이것은 일본의 북경 천도 계획이라고도 할 수 있는 것으로, 너무도 엉뚱한 내용으로 되어 있어 놀라지 않을 수 없다. 히데요시의 주변에는 일찍이 유럽 선교사들도 있어, 새로운 지리적 지식을 접하고 있었을 것이다. 그럼에도 불구하고 천황은 북경으로 옮기고, 스스로는 영파에 주재한다는 식으로, 히데요시의 구상은 당시 북경을 중심으로 한 명조의 책봉체제의 틀에서 한 발자국도 나가지 못하고, 단순한 그 개작에 불과하였다. 이러한 히데요시의 인식에서도 16세기 말 동아시아 세계의 중심에 있던 근세 중국의 수도 북경의 중요성을 새삼 발견할 수가 있다.

---

44) 〈옮긴이 주〉 武家시대에 조정에 출사하는 사람.

후기

　먼저 본서의 제목을 『북경 천도 연구』라고 하였으면서도, 명대 영락 연간을 중심으로 한 북경 천도만을 다룬 점에 대해 한 마디 하고자 한다.

　북경이라는 이름을 가진 도시로 천도한 것이라면, 1644년 10월, 청조 순치제가 성경 심양에서 북경으로 천도한 것은 말할 것도 없고, 이보다 앞서 서안(西安)을 점령하고 그곳을 서경(西京)이라 하며, 대순(大順)정권을 성립시켰던 '유적(流賊)' 이자성 집단이 명조를 멸하고 북경을 점령한 42일간까지도 여기에 포함시킬 수 있다. 그리고 현재의 북경 지역으로 천도한 것이라면, 1153년 금나라의 해릉왕(海陵王)에 의한 연경(燕京) 천도라든지, 1264년에 이루어진 원나라 쿠빌라이에 의한 중도(中都) 천도의 예도 여기에 해당한다.

　그렇지만 영락 천도는 원래 새로 북경이라고 이름 지어진 이 도성으로의 최초의 천도라는 점에서, 또한 그간 본서에서 자세히 살펴본 바와 같이 '북경'이라 명명한 영락제가 거의 20년 가까운 시간을 소모하면서 강한 주도권을 가지고 북경 천도를 실현했다는 점에서, 다른 시기의 천도와는 비교할 수 없는 대규모적인 계획이었다. 그리고 이 천도가 중국 역사상, 또는 동아시아 세계의 전개 과정에서 지니는 역사적 중요성도 본서에서 이미 언급한 대로이다.

　본서는 일본 학술 진흥회로부터 2003년도 과학연구비 보조금(연구 성과 공개 촉진비)를 받아 간행되었다. 관계 여러분에게 감사를 드린다. 본서가 완성되기까지 여러 분들로부터 많은 지도와 협력을 받았는데, 이에 대해서도 감사의 뜻을 표한다.

본서는 2002년 5월에 토오호꾸대학(東北大學)에 제출한 학위 청구 논문을 기초로 하여, 거기에 가필 보정한 것이다. 국립대학 법인화 문제로 여러 가지 분주한 가운데에서도 심사를 허락해 주신 야스다 지로(安田二郎) 선생님, 나까지마 류조(中嶋隆藏) 선생님, 구마모토 타까시(熊本崇) 선생님(심사위원장), 미우라 슈이치(三浦秀一) 선생님 등 여러 선생님들에게 먼저 깊은 감사의 뜻을 전하고 싶다.

　돌이켜보면, 내가 중국학 연구로 오랜 전통을 가진 토오호꾸대학 문학부 동양사 연구실에 진학한 것은 1976년 4월이었다. 이 때는 오따기 마쯔오(愛宕松男) 교수님이 퇴임한 직후로, 주임 교수인 사토 게이시로(佐藤圭四郎) 선생님이 테라다 다카노부(寺田隆信) 선생님과 함께 연구실 운영을 맡게 되었고, 거기에 이노우에 히데오(井上秀雄) 선생님, 이토 도꾸오(伊藤德男) 선생님도 동양사 강의를 맡게 되었다. 그 다음 해, 그리고 이어 그 다음해에는, 신진기예의 야마다 가쯔요시(山田勝芳) 선생님과 야스다 지로 선생님이 연달아 부임하였다. 여러 선생님들께서는 개성 넘치는 중국사 연습·강독, 그리고 특강으로 나에게 학문에 입문할 수 있는 길을 열어주었고, 더불어 나는 귀중한 지도를 받게 되었다. 더욱이 선후배들과 함께 진행된 사료 윤독회와 활발한 논문 발표회는 언제나 나에게 절차탁마의 기회가 되었다. 동양사 연구실에서 7년간 열심히 터득하고 익힌 것들이 현재 나의 학문의 기초가 되어 있음을 재차 실감한다.

　박사 과정을 마치고 다행히도 계속 연구할 수 있게 된 것은 고쿠시칸대학(國士館大學) 문학부의 나카야마 하치로(中山八郎) 선생님의 후임으로서 전임강사로 채용된 덕분이었다. 마에다 카츠타로우(前田勝太郎) 선생님, 고이와이 히로미츠(小岩井弘光) 선생님, 후지타 타다시(藤田忠) 선생님 등 세분 선생님을 모신 가운데, 주도면밀한 학생 지도 방침과 반골정신이 넘치는 동양사 연구실에서 교수로 출발할 수 있었던 것도, 큰 행운이라 할 수 있다.

　5년 반에 걸친 도쿄에서의 연구생활은 야마네 유끼오(山根幸夫) 선생님이 주관하는 '명대사 연구회'를 비롯해 여러 연구회에 참가하면서 학문적 수양을 쌓는 시기가 되었다. 특히 '명대사 연구회'에서는 일일이 이름을 거론할 수 없지만, 수도권에 거주하면서 명대사를 전공하는 여러 선생님, 그리고 외국에서 온 방문 연구자들과 함께 귀중한 학문적 교류를 가질 수 있었고, 그런 교류는 지금도 계속되고 있다. 야마네 선생님께서는 본서를 출판하도록 큐코쇼인(汲古書

院)에 소개해 주셨다. 1982년 가을, 본서 부편에 실린 논문이 '동양문고 화문기요(東洋文庫和文紀要)'의 『동양학보(東洋學報)』에 게재될 때에 선생님으로부터 논문에 대한 지도와 조언을 직접 받았고, 그 후 계속 선생님으로부터 변함없는 지도 편달을 받아 오고 있다. 호시 아야오(星斌夫) 선생님 이후, 명청사 연구가 크게 축적되어 있는 야마가타대학(山形大學) 인문학부(人文學部)로 옮긴 후에도, 사료 열람을 위해서 상경하여 동양문고에 들러 선생님을 뵐 때마다, 박사 학위 논문을 빨리 정리하여 제출하도록 격려해 주셨다.

본서의 윤곽이 거칠게나마 드러난 것은 1992년 여름으로 기억한다. 그 이후 근무처인 야마가타대학(山形大學)에서 매년 특수강의 때는 물론, 홋카이도대학(北海道大學) 문학부(1994년), 토오호꾸대학(東北大學) 문학부(1997년 이후), 오사카시립대학(大阪市立大學) 문학부(1998년), 불교대학(佛教大學) 문학부(2000년), 코치대학(高知大學) 교육학부(2001년), 카나자와대학(金澤大學) 문학부(2002년), 이와테대학(岩手大學) 인문사회학부(2003년)의 시간 강사로서 학생들을 가르칠 때에, 그때그때마다 집필 중에 있던 본서 각 장의 개요를 그대로 강의하면서 반응을 확인하였다. 미처 전체적인 모습을 충분히 제시할 수 없는데다가, 숙달되어 있지 않은 강의를 끝까지 참을성 있게 들어 준 당시의 여러 학생과 원생들에게도 감사한 마음을 전하고 싶다.

1994년 9월부터 10개월간에 걸쳐 이루어진 북경에서의 연구 생활은 직접 현장의 공간개념을 확인하면서 본서를 구상할 수 있는 절호의 기회였다. 원조의 대도성 내의 서북쪽 모서리에 위치한 북경사범대학에서의 생활은 과거 역사상에 나타난 북경의 공간 구성을 체감할 수 있었다. 나의 해외 연구가 실현될 수 있었던 것은 투병 중임에도 불구하고 이를 인정해 준 후나코시 타이지(船越泰次) 선생님, 나의 해외 출장 중 학생 지도를 맡아 준 오토시 테츠야(大稔哲也) 선생님의 덕분이었는데 이분들에게도 감사를 드린다.

북경사범대학에서 나를 받아준 역사학부의 고성(顧誠) 선생님은 연구 방면은 물론, 사적인 생활면까지도 세심하게 배려해 주셨다. 특히 격주로 한 번씩, 선생님 자택의 서재를 방문하여, 북경 도서관이나 그 외의 전문 도서관에서 이루어진 사료 수집 진전 상황을 보고하고, 또한 서툰 중국어로 궁금 사항을 귀찾게 질문하곤 했는데, 그 때마다 언제나 친절하게 대해 주셨던 그 알찬 시간들은 잊을 수 없다. 중국 사회과학원 휘학(徽學) 연구센터의 주소천(周紹泉) 선생님은 그곳 역사 연구소에서 격주마다 열리는 '근세사 연구회'에 참석할 수 있도록 기회를 주셨다. 연구소의 직원은 물론, 당시 일본에서 유학 온 야마모토 에이시(山本英史) 선생님, 노리마츠 아끼후미(則松彰文) 선생님, 다키노 쇼우지로(瀧野正二郎) 선생님, 그리고 한국이나 홍콩에서 온 연구자도 함께 참석하여, 그야말로 국제 도시 북경에 상응할만한 국제적인 연구회가 이루어졌었다. 유감스럽게도 주소천 선생님은 작년(2002) 9월에, 고성 선생님은 금년(2003) 6월에 세상을 떠나셨다. 두 분 선생님께는 뒤늦게나마 북경에서의 재외 연구 수료 리포트 성격으로서, 졸저를 헌정할 생각이었지만, 이것은 때 늦은 일이 되어버리고 말았다.

1987년에 모리 마사오(森正夫)와 하마시마 아츠토시(濱島敦俊) 선생님 등의 주선으로 시작된 '명청사 하계 합숙 연구회'는 나에게 언제나 풍요로운 학문적 자극을 주어 왔다. 특히 1998년의 츠쿠바(筑波) 연수 센터에서 이루어진 하계 합숙 연구회에서, 간사를 담당한 사토 후미토시(佐藤文俊) 선생님이 나에게 "북경 천도 연구 서설"이란 제목으로 발표할 수 있는 기회를 주었는데, 이는 그동안의 나의 연구를 재정리할 수 있는 좋은 기회가 되었다. 그 밖에 너무 많아서 이름을 다 거론할 수 없는 같은 세대의 연구자 여러분과의 교류는 평상시 명청사에 대해 대화를 나눌 동료가 없던 나에게 그 무엇과도 바꿀 수 없는 연구 원천이 되어 왔다. 이 자리를 빌려 새삼 감사를 드린다.

그 밖에 감사의 인사를 하지 않으면 안 될 것이 있는데, 그것은 중앙연구원 역사어언연구소의 영인본인 『명실록(明實錄)』에 대해서이다. 누가 뭐라 해도 본 서가 학문적 연구사에 새로운 식견의 지평을 넓혀주었다고 한다면, 그것은 『명실록』 영인본을 빼놓고는 이야기 될 수가 없다. 대학원에 진학한 그 해 8월에, 4개월분을 모아서 지급되었던 일본육영회 장학금의 태반인 16만 엔(圓)을 주고 구입한 『명실록(明實錄)』·교감기(校勘記), 전 183책이 4개의 큰 상자로 하숙집에 도착했을 때, 기뻐 어찌할 줄을 모르며 들뜬 기분으로 상자를 개봉했던 그 감격적인 순간은 이미 25년 전의 일이지만, 지금도 그 기쁨의 순간이 생생하기만 하다. 대만에서 직접 구입할 수 있도록 도움을 주신 분은 그해 여름 국제회의 차 도항하였던 교양부 소속의 요시다 코우헤이(吉田公平) 선생님이었다. 그리고 대학원에 진학하여 명청사를 본격적으로 연구하려 한 나에게 먼저 『명실록(明實錄)』을 통독하여야 한다고 정확한 조언을 해 주신 분은 테라다 다까노부(寺田隆信) 선생님이었다.

그리고 한적 등 전문 도서를 소장하고 있는 동양문고, 국립 공문서관(구 내각문고), 국립국회도서관, 동북대학 부속 도서관, 경도대학 인문과학 연구소, 도쿄대학 동양문화연구소, 정가당문고, 존경각문고 등에서의 열람은 지방에 거주하고 있는 나에게 항상 시간에 쫓기게 하였지만, 나로 하여금 사료의 넓고 깊은 바다로 뛰어 들게 하였고, 더불어 새로운 원기를 공급해 주었다. 근무지인 야마가타대학 부속도서관의 직원 여러분에게도 감사한다. 적은 전문 인력임에도 불구하고 도서관 이용을 최대한 배려해 주었고, 국내는 물론 중국 북경이나 타이베이 등지에서 자료를 입수할 수 있도록 여러 가지 절차를 밟아준 데 대하여 고마움을 느낀다.

본서 말미에 실린 중문 요지는 과거 동료였던 제저춘(解澤春) 선생의 도움을 받아 작성하였다. 영문 목차는 동료 오오코우치 쇼우(大河內昌) 선생에게 부탁하여 문장을 고쳐 받았다. 본문의 교정은 동향 동학의 친분이 있는 오쿠야마 노리오(奧山憲夫) 선생의 도움을 받았다. 사료 조회 등은 동북대학 대원생인 아시노 모또코(芦野元子)님과 야마가타대학 학생인 이마에 나오야(今江直弥) 군의 도움을 받았다. 큐코서원(汲古書院)의 상담역인 사카모토 다케히코(坂本健彦)님과 편집부 고바야시 준(小林淳) 님은 본서를 출판하는 데 여러 면으로 힘써 도움을 주었다. 이상의 여러분들에게도 충심으로 감사의 인사를 올린다.

끝으로 사적인 얘기지만 5년 전에 잇달아 세상을 떠나신 아버님 사토우 데츠오(佐藤鐵雄), 어머님 모토(茂登)께 본서를 올려드린다. 대학 입학 이래, 나 자신 자유롭게 행동할 수 있도록 늘 곁에서 지켜 봐 주시던 아버님과 어머님은 본서의 인쇄를 가장 오랫동안 손꼽아 기다리며 기대하고 계셨을 것이기 때문이다.

2003년 9월 19일
갓산(月山)이 멀리 바라다 보이는 코지라카와(小白川) 연구실에서
아라미야 마나부

옮긴이 뒷글

오늘날의 북경은 영락제가 남경에서 북경으로 수도를 옮긴, 이른바 '북경 천도'에 의해서 시작되었다. 북경은 중국의 경제·문화의 중심부인 강남에서 멀리 떨어져 있으며, 북쪽 국경과 너무 가까워 이민족의 침략을 받을 우려가 있다는 점에서 당시로서는 그렇게 이상적인 도시로 여겨지지 않았다. 그렇지만 1421년에 영락제가 연왕(燕王) 시절부터 자신의 세력 기반이었던 북경으로 수도를 옮김으로써 이후 명조는 화이(華夷)를 아우를 수 있는 통일적 지배 체제를 갖추게 되었고, 그것이 청으로 이어져 오늘날까지 중국의 수도로서 정치, 경제, 문화의 중심지로 발전하여 왔다는 점에서 영락제의 북경 천도의 문제는 여러 학자들의 관심 대상이 되어 왔다.

북경 천도 문제를 집요하게 연구하여 온 저자는 본서에서 기존의 북경천도 연구 동향을 크게 3가지로 파악하면서 문제를 제기하였다. 첫째는 「정난의 변」 연구로부터의 접근 방법이다. 정난의 변 이후, 북변 몽골의 군사적 위협을 막기 위하여 군사의 중심지와 정치의 중심지를 일원화(一元化)하여 천도를 단행하였다는 것이다. 이것은 북경천도를 둘러싼 다양한 문제점들을 연왕 내지는 영락제의 시대로 제한시켜 버리는 협의의 정치사에 머물게 하고 있다고 지적하였다. 둘째는 초기 명조정권 확립과정으로부터의 연구로, 군사나 사회경제, 지정학적 관점 등을 고려한 광의의 정치사적인 측면인데, 여기에는 홍무·건문·영락으로 이어지는 초기 명왕조의 역사 전개를 '단절'인가 '연속'인가를 판단하는 하나의 지표로서 천도문제가 다루어지고 있어, 북경 천도 사업의 전체상을 구명하는

데에는 한계를 지니고 있다고 지적하였다. 셋째는 최근 들어 새롭게 주목받고 있는 접근방법인데, 근세사회사나 동아시아세계 속에 북경천도를 위치시키려는 입장이다. 이것은 종래의 단대사(斷代史)적인 연구나 일국사적 문제점을 재검토하여, 한족중심주의에 빠지기 쉬운 중국사연구를 상대화하려는 것이다. 저자는 이런 입장에서 북경천도 사업의 전체상을 실증적으로 명확히 하려 하였다.

그는 정치적인 면은 물론 경제·사회의 전반에 걸친 변화를 '북경 시스템'이라는 용어로 표현하면서 북경 천도를 가지고 초기 명조정권의 확립과정을 논하였다. 뿐만 아니라, 원·명의 연속성과 나아가 근세사회사의 전개라는 수직축, 동아사이 세계의 전개나 여러 민족들의 동향이라는 수평축, 이 두개 축을 설정하고 그 교차점에서 북경 천도를 설명하려 하였다. 다시 말하면, 저자의 연구는 오랜 동안 명조의 정치사 속에서 하나의 사건으로만 갇혀 있던 북경 천도의 문제를 화이질서의 통합과정으로 풀어가면서 '근세 사회사' 또는 '동아시아 세계의 전개'로부터의 접근을 시도하였는데, 이는 현 중국이 세계 최대의 다민족 국가라는 현실적 입장을 중시하여 중국근세사의 새로운 지평을 개척하였다는 점에서 그 의의가 크다.

또한 본서는 다룬 시기가 종래의 연구와 차별성을 가지고 있다는 것이다. 종래에는 영락 19년(1421)의 북경 천도를 하나의 정치적 사건으로 다루어 온 감이 짙었으나, 원저자는 천도문제를 홍무·건문 시기에서 영락·홍희·선덕·정통 연간까지 시야를 확대시켜, 초기명조정권의 확립과정 속에 포함시켜 다루었다. 특히, 정난의 변 이후에 성립된 영락정권 아래에서 진행되었던 북경천도를 영락연간 이후만으로 한정하지 않고, '양경체제의 창시'(1403)에서 '북경정도'(1411)의 실현에 이르기까지의 전 과정을 다루었다. 곧 남경 북경의 양경체제의 창시(1403)→북경 천도(1421)→영락제의 사후 홍희제에 의해 내려진 남경 환도의 결정(1425)→선덕제 아래에서 진행된 영종 즉위 후 정통 6년에 확정된 북경 정도(北京定都, 1441) 등, 여러 단계를 설정하여 각종 실증적 사료와 정황적 증거를 동원함으로써 북경 천도의 전체상을 제시하려는 데 힘을 쏟았다. 본서는 북경의 수도화 과정에 착목하여, 북경 천도 사업의 전체상을 새롭게 밝히려는 것으로, 특히 영락제의 북경 천도, 그 후의 남경 환도의 움직임, 선덕·정통기의 북경 수도의 공간 정비의 진전과 정도 등 영락 연간에서 정통 연간에 걸친 시기를 시야에 넣고 천도의 전모를 밝힌 역작으로, 북경 천도 연구의 기본서가 되고 있다.

또한 역사학적 방법 외에 고고학, 역사 지리학, 원대 대도성(大都城)과 명대 북경성의 공간배치 등 다각적인 지식이 동원된 실증적 연구가 이루어져 있기에, 중국내는 물론 동아시아 도성사 연구자들에게도 주는 시사점이 크다. 고려(高麗) 말부터 조선(朝鮮)시대 초기의 한양(漢陽) 천도 문제는 물론, 동서양의 도성사 관련 연구자들이 반드시 참조해야 할 필독서로서의 가치가 있는 역작이다.

국내에서도 최근 북경 천도에 대한 관심이 일고 있다. 그간 북경 천도에 대한 연구는 의외로 미미하여 그저 개설 수준에 머물고 있을 따름이었고, 그것도 영락제를 언급할 때 부차적으로 북경 천도를 소개하고 있을 정도였으나 최근 북경천도와 관련된 연구가 소개되고 있음은 고무적인 일이다. 윤정분(尹貞粉)은 「永樂帝의 經筵 運營과 그 特徵」(『中國史硏究』 49집, 2007)에서 영락제의 경연(經筵) 활동을 북경 천도와 관련시켜 고찰하였고, 조영헌(曹永憲)은 「北京首都論과 大運河」(『中國史硏究』 55집, 2008)에서 대운하와 조량 문제를 북경 천도와 연관시켜 고찰하였으며, 전순동(全淳東)은 「영락제의 북경천도와 그 의의」(『中國史硏究』 65집, 2010)에서 영락제가 수도를 북경으로 옮긴 것은 단순히 그의 세력 근거지라는 심리적인 요인이나, 북변 방비라는 군사적인 측면만이 아니라, 정난의 역에 대한 정당성, 홍무제의 후계자로서 정통성, 그리고 전제적 지배 체체 확립 등 내치라는 정치적 구도가 더 크게 작용하였다는 점을 지적하면서 명초의 정치사를 '안정된 중국 통합의 실현'이라는 입장에서 문제를 해결하려 하였다. 이들 연구는 영락제에 대한 이해를 깊게 하고 있다.

본서가 발간된 후 곧바로 일본과 한국의 학계에서 서평이 나왔다. 일본에서는 오오다 유키오(大田 由紀夫)가 『史學雜誌』 114-7(2005.8)에 서평을 게재하였고, 와다나베 겐야(渡辺健哉)가 『山形大學 歷史·地理·人類學論集』 7(2006)에 서평을 실어 평가하였다. 한국에서도 조영헌이 『명청사연구』 27(2007.4)에 서평을 실어 소개함으로써 관심을 불러 일으켰다. 조영헌의 서평은 후에 『山形大學 歷史·地理·人類學論集』 12(2011)에도 일본어로 번역(서인범 옮김)하여 게재함으로써 북경 천도에 대한 한국 학계의 이해도를 알리는 계기가 되었다.

실로 근세중국의 수도 이전에 대하여 정치 사회사를 비롯하여 여러 각도에서 실증적인 방법을 동원하여 북경천도의 의미를 해명하고 있는 이 책은 단순히 북경사 만이 아니라 최근 새롭게 주목받고 있는 근세 사회사나 동아시아 세계로부터의 접근이라는 점에서 중국근세사회의 성립을 고찰하는데 통과해야 할 책이고, 도성사(都城史) 연구자들에게도 많은 시사점을 주고 있음을 발견한 것도 이 책을 통한 큰 수확이라 할 수 있다.

이 책을 번역하게 된 경위는 세오 다쯔히꼬(妹尾達彦) 교수가 이 책 원본이 여분으로 생겼다면서 옮긴이에게 보내주었으며, 원저자에 대해서 좋은 평가를 덧붙이고 있었다. 그후 언젠가 북경에 갔을 때에, 쯔루마 가즈유끼(鶴間和幸) 교수를 만나기로 했는데, 원저자와 함께 나왔다. 옮긴이가 중국의 도시에 관한 학술서를 그동안 몇권 번역하였던 것을 알고 있던 쯔루마 교수가 본서도 번역해 보는 것이 어떻겠느냐고 권유했었다. 이에 자극을 받아, 명초 정치사를 전공하며 영락제의 북경 천도에 관련된 연구를 계속해 온 전순동 교수와 상의한 결과 번역하기로 하였다. 원저자도 매우 기뻐하였다.

원저자는 본서를 번역하는데, 많은 도움을 주었다. 원래, 외국의 책을 번역·출판하는 데에는 많은 행정적인 절차가 수반되는데, 이는 번역 자체만큼이나 번거롭다. 일반적으로는 이를 해결하기 위해서 번역·출판하는 출판사가, 원저를 출판한 출판사의 해외 담당 부서를 찾아가기도 해야 한다. 대부분의 경우에 출판사가 판매이익이 생기는 도서를 번역·출판하므로, 판권 교섭하는 업체에 맡기게 마련이다. 그러나, 학술서적의 경우에는 최근에는 100부 정도만을 출판하는 지경에 이르렀으므로, 판권교섭 업체에 맡길 수 있는 비용을 부담할 수도 없게 되었다.

이러한 번역판권 등의 교섭 부분을 원저자가 모두 해결해 주었다. 큐우코서원(汲古書院)의 미쯔이 히사또(三井久人) 사장께서 충분히 납득하고 동의해 주셨으며 이에 감사드리는 바이다. 원저자가 썼던 논문에서 만력(萬曆)년간의 북경지도를 실어놓은 적이 있는데, 그 지도를 원색 그대로 이 번역본에 넣고 싶다고 원저자에게 부탁하니 동북대학 도서관(情報サービス課)에서 그 허가를 받아주었다. 단, 번역본의의 맨 앞에 만력(萬曆)년간의 북경지도를 넣는 것을 수락하면서, 이 사진이 다른 곳에 전재(轉載)되는 것을 금한다는 문구가 적힌 계약서에 원저자가 대신 서명하였다. 이 내용을 지키겠다는 서약을 옮긴이에게 받아들이게 하겠다면 실어도 좋다는 내용이었다. 이 책에는 일본의 대학출판사가

발행한 도서가 자주 인용되어있다. 이 부분을 표기하는 과정에서 앞의 각 대학의 이름은 일본식 발음으로 표기하고 한자(漢字)를 붙였으나, "대학"의 부분은 한글로만 표기하였다. 그런데, 아마도 대학 본래의 이름만 한자로 표기하는 것이 어색하게 느껴질 수 있다면서, "대학"에 한자(漢字)를 넣어달라는 부탁을 받았으며 이에 따랐다.

그리고, 이 번역본에는 원서(原書)에 있는 사진이 선명도가 낮은 경우에 옮긴이가 직접 현지에 가서 새로이 찍은 사진으로 대체하였다. 그리고 몇몇 추가로 사진을 삽입하였는데 원저자가 흔쾌히 수락하였으며, 〈사진〉이라고 표시한 곳이 그에 해당한다. 이 책의 출판이 마무리되기까지, 남인국 교수와 이준갑 교수의 도움을 받았다. 그리고, 이 책의 부록으로서 원저자가 집필한 〈근세 중국의 수도 북경의 성립〉을 추가하였다. 맨 뒤에 넣었는데, 오히려 전체적인 윤곽을 파악하는 데에 도움이 될 것이다. 이 과정에서 동경대학출판회(東京大學出版會)의 저작권 담당자인 후꾸시마 쇼오따(福島正太)씨의 도움을 받았다.

번역이 어느 정도 마쳐진 상태에서 출판까지 오랜 시간을 지체하게 되었는데, 그동안에 이 책을 경북대학교 교육대학원의 수업 교재로 쓴 적도 몇 번 있다. 그 자료들을 Cyworld의 〈중국문화탐방〉(http://junggug.cyworld.com)에 올려두었다.

풍부한 사료를 꼼꼼하게 처리하는 원저자의 학문적인 철저함을 배울 수 있었다. 북경 천도에 관한 전문서적을 한국어로 번역할 수 있는 기회를 준 아라미야 교수에게 고마운 정을 느끼면서, 읽어보면 읽을수록 원저자의 면밀한 구성을 발견하게 된다. 그러한 만큼 역자로서 원저자와 출판사 관계자들뿐 아니라 독자들에게도 출판 지연에 대한 용서를 구하고 싶다. 또한, 이 책을 통해서 명대사나 북경의 역사, 또는 도성사(都城史)에 관심을 가지고 계신 독자뿐 아니라 보다 폭넓은 층의 독자들에게 다양한 시각에서 도움이 된다면 더없는 보람으로 남을 것이다.

2016.2.
옮긴이 전순동·임대희

찾아보기